中華料理的世界史

岩間一弘
陳嫺若——譯

目次

PART 2

亞洲的民族主義與中國菜

PART 3

歐美的種族主義與亞洲人的中國菜

PART 4

日本膳食與中國料理的界線——世界史裡日本的中國菜

導讀　中華料理，與它們的產地

陳玉箴／台灣師範大學台灣語文學系教授

菜餚的國籍？

二〇二四年末，韓國「黑白大廚」烹飪競賽實境節目引起討論熱潮，節目中的主廚們都有各自專長，參賽者彼此區分著：這是做韓國料理的主廚、做日本料理、中華料理、港點、義大利菜，或者fine dining的……。的確，無論在日本或韓國，都有所謂中國料理或中華料理店，我們在選擇餐廳時也常會以國籍來思考，要吃法式、日式、印度菜，還是無國界料理？然而，這些菜餚的「國籍」是從哪裡來？所謂「無國界」，是跨越了什麼？

菜餚的國籍來自「民族國家」（nation state）的建立，換言之，先有國家或民族，才有所謂的「國族菜」（national cuisine）。例如新加坡，建立於一九六五年，在此之後才有所謂的「新加坡菜」，而由於新加坡在建國之前的歷史與馬來西亞高度重疊，因此新加坡菜與馬來西亞菜也有許多共同之處，如海南雞飯、叻沙、肉骨茶，這些菜到底屬於哪一國？至今仍常成為新、馬人爭論的話題。

雖然相異的族群、文化與歷史塑造了不同的國族菜，但「國族菜」也經常有所變動，國族的歷史越長久越複雜，菜餚的內涵就越豐富。總有新的要素加入，改變著國族菜的形貌。不僅如此，飲食文化更經常向外溢出，經由文化傳播、殖民、移民、戰爭，將一地的飲食要素傳散到其他國家。

以中華料理而言，因為廣大而長久的移民傳布，世界各地都找得到中餐館，不僅如此，更有許多國家受到中菜的影響，並將之轉化為自己國家的佳餚。例如在韓國，朝鮮王朝的歷史塑造了韓國宮廷菜餚，但炸醬麵這樣的經典中國北方麵食也逐漸成為韓國的代表性美食짜장면；源自中國東北的餃子，則轉化為日本別具特色的煎餃ギョーザ。這些變化如何發生？本書提供了充分的解答。

中國飲食文化史研究的重要鉅著

本書作者岩間一弘教授任教於日本慶應義塾大學文學部，是日本知名的中國城市史、飲食史、東亞史研究者，有超過二十年的研究資歷並發表眾多研究論文。他曾在二〇一六年邀集多位學者籌組「中国料理をめぐる近現代東アジアの文化交流」研究群，筆者也參與其中。研究群除了曾舉辦多次工作坊進行研討外，研究成果在二〇一九年出版為《中国料理と近現代日本：食と嗜好の文化交流史》一書，該書主要是談中國料理在日本的發展，作者涵蓋川島真、草野美保等學者。岩間一弘教授也在書中發表了

〈序章 日本の中国料理はどこから来たのか〉及〈京都の中国料理——伝統の創造と料理の帰属〉二文。

此書出版後，岩間教授以很高的效率，繼續在二〇二一年底出版了專著《中国料理の世界史》，就是以他長期以來的研究成果為基礎，從全球史的角度書寫中國料理之發展。此書在二〇二二年立刻得到日本「三得利學藝獎」（サントリー学芸賞）及「辻静雄食文化賞」，顯示此書受到高度的肯定。

從學術研究的角度來看，本書無疑是中國飲食文化史研究的重要鉅著。Chinese cuisine（中華料理）的研究過去以英文書籍為主，包括考古人類學者張光直所編《中國文化中的食物：人類學與歷史學觀點》（*Food in Chinese culture: anthropological and historical perspective*, 1977）、曾在台灣長期進行田野調查的美國人類學者安德森（Eugene N. Anderson）出版《中國的食物》（*The Food of China*, 1988）。此二書將Chinese cuisine視為一套文化體系，探析其歷史演進、飯—菜飲食結構、地區差異、藥膳飲食等。

另外，美國人類學者西蒙斯（Frederick J. Simoons）在一九九一年出版《中國的食物：文化與歷史的探討》（*Food in China: A Cultural and Historical Inquiry*），進一步介紹動植物食材的源起與應用。哈沃森（Francine Halvorsen）在一九九六年出版《中國的食物與烹飪：探索中國、香港和台灣的中華料理》（*The Food and Cooking of China: An Exploration of Chinese Cuisine in the Provinces and Cities of China, Hong Kong, and Taiwan*），以菜系分類說明類型的形成。人類學者吳燕和、陳志明主編的《中華飲食傳統在亞洲的變遷》（*Changing Chinese Foodways in Asia*, 2001）檢視中華菜系在亞洲的混雜與改變。

這些著作大多由歷史學者與人類學者撰寫，關注中華菜系的歷史源流，包括地理環境、食材使用、烹飪方式等，然而對當代飲食著墨卻不多。相較之下，岩間教授的這本書從歷史論至當代，從中國擴及世界，序章中敘明，本書欲「從宏觀角度來思考料理在國家史與國際交流史的定位」，探討民族國家的成立如何形塑、改變了中國菜並影響了其他國家的料理。筆者認為有如下三大特點：

第一、從國族菜（national cuisine）的角度來討論，國族菜研究在學術界的發展已經超過三十年，從印度菜、墨西哥菜、日本料理的研究開始，如今已有豐碩成果。如本書中所引用，美國金恬（Michelle T. King）教授所編的《亞洲的烹飪民族主義》（*Culinary Nationalism in Asia*, 2019）一書，也是此主題重要著作，但嘗試對國族菜概念提出不同見解。從現有研究可以看出，「國族菜」作為一種分類與劃界，更彰顯出社會文化面的重要變遷。

第二、本書為飲食研究中少見的世界史觀點。前述國族菜研究大多局限在特定國家或區域，然而，由於中國菜傳布廣、變化多，在許多國家有新創類型，甚至被轉化為他國的代表性料理。基於此，本書從世界史觀點提出更深刻的剖析，論及許多中國菜在一般人較不熟悉國家的發展歷史，例如印度、歐洲、拉丁美洲等。

第三、與大眾文化貼合，可以說更「接地氣」、用更精簡易懂的方式回答了一般大眾對中國菜感興趣的疑問，也破除許多成見與刻板印象。例如，書中指出「滿漢全席」其實來自民間，而非許多人認為的清朝宮廷。又如「李鴻章的廚師創造雜碎」之說法不是事實。就筆者多年從事飲食文化研究的經驗，有太多未經查證或甚至錯誤的飲食文化資訊在網路任意傳播，積非成是，這導致了許多對飲食歷史的錯誤認知。本書提出許多紮實論據，相當有力地對部分訛誤說法提出反擊，值得更多人了解。

從餐桌到世界

以下簡單介紹本書結構及各章節主要內容，更可看出前述三大特色。

本書共分四大部，第一部〈中菜的形成〉論述清代宮廷御膳，及近代重要的城市料理，包括北京、上海、重慶、香港的地方特色菜如何形成。第一部的第三章對於「國宴」尤其有相當豐富的介紹，從這一章及下一章以「中國菜」申請聯合國非物質文化遺產失利的經驗，均可明顯看出美食如何成為政治、外交上的競技場。本部接著以台灣菜的研究為例，彰顯二者在國宴上的對比，以及台灣與中國飲食在二十世紀後半如何走上不同的發展道路。第六章「豆腐的世界史」聚焦在大豆食品從中國傳播到其他地區後的在地化歷程，由此銜接到本書第二部。

第二部〈亞洲的民族主義與中國菜〉著眼於中國菜在鄰近亞洲國家的發展與在地化，各章節從新加坡、馬來西亞、越南、泰國、菲律賓、印尼，一路介紹到韓國、印度。特別是對較少人論及的菲律賓、印度，也有相當豐富的專章介紹。

作為一本世界史的著作，第三部〈歐美的種族主義與亞洲人的中國菜〉範圍更廣，從美國的雜碎與「熊貓快餐」、英國華埠的中菜館、澳洲多元主義下的中國菜，到chifa（吃飯）如何成為秘魯「中國菜」之代名詞，都提供相當豐富的調查資料與討論。

第四部〈日本膳食與中國料理的界線——世界史裡日本的中國菜〉聚焦在作者著力最深的日本「中國料理」之發展，對轉盤圓桌、味精、拉麵、橫濱中華街等議題有深刻分析，說不定會翻轉讀者們對這些飲食文化要素的印象與理解。

流動的歷史，流動的中國菜

本書指出，廣大的華人移民以及因為戰爭所導致的人口流動，是塑造「中國菜」新型態與意義的重要因素。也讓中國菜「在近代以來成為世界各國料理的一部分」。包括在台灣廣泛流傳的各種中菜，也是中國菜向外傳播過程中的一環。

另外須補充說明的是，「台灣料理」、「台菜」、「台灣菜」這些名詞看似同義，但其實有不同的發展脈絡。「台灣料理」源自日治時期；「台菜」被視為二戰後中國菜系中的一支，與湘菜、川菜、粵菜、閩菜等並列；較為當代發展出的「台灣菜」則是經過重新論述與建構所形成，包含多種台灣飲食要素如：原住民菜、客家菜、新式台菜等。類似的，岩間一弘教授也針對「中華料理」、「中國料理」、「支那料理」等概念在日本的發展脈絡做了相當詳盡的爬梳，讀者不妨參照比較，可看出這些相近名詞其實都是不同歷史與社會脈絡下的產物，也因此承載了相異的文化意義。

本書除了運用豐富史料與作者親身田野調查外，也援引了許多學術圈的研究成果。藉由此書，讀者也能同時讀到眾多新穎的當代研究成果。綜言之，本書不僅對中華料理飲食文化圈有精到的分析，更以淺顯易懂的方式說明此龐大而複雜的議題。藉由書中展現的種種實證，更能了解中國菜在全球的發展，相信在其中會找到許多有趣的發現。

序章　中國菜裡的世界史

料理的民族主義

為什麼中國菜[1]能像如今這樣名滿天下？中國菜為世界各國的飲食文化帶來了怎樣的改變？放眼世界，日本人與中國菜的關係是否非同一般？

本書將抱持這幾個單純的疑問，探索今日「中國菜」形成的軌跡，進一步揭示中國各地料理如何成為其他國家的「國民美食」，並藉此重新客觀檢視日本人鍾愛的中國菜在世界史上的定位。換言之，本書的目標是解讀各國民眾對中菜傾注的想法和情感，進而編織成一則歷史故事，傳達給大家。

不論是穀類、蔬菜還是肉，人類的食物數千年來或許沒太大改變，但每個時代賦予食物的意義和添加的調味料卻各不相同，進化得既多元又複雜。是以我們如今的食物——從追求效率的速食店漢堡，到重視當季食材、賓至如歸的日本料亭——不但涵蓋了廣泛的「思想」，甚至還具備了中國菜、法國菜、

① 編注：又稱中國料理、中菜、中餐。「中華料理」在日文裡有特定意涵，後段詳述。

日本料理這樣的「國籍」。

將這種進化而來的料理視為文化或藝術的一環，如今已經不會引發太多質疑。而如同其他文化或藝術領域，料理也不可能擺脫政治權力的影響而獨立發展。儘管如此，不單單視料理為微觀的生活史，而是將飲食文化結合社會、政治進行考察，從宏觀角度來思考料理在國家史與國際交流史的定位，這樣的研究取徑尚未被充分嘗試。

國家權力利用文化來壯大自身，為國家權力服務的文化則得以繁榮不衰。文化與政治這般相輔相成，在東西方都不乏具體事例。例如收集古代青銅器的北宋徽宗、重視茶湯的織田信長與豐臣秀吉，以及在維也納會議上讓天才主廚卡雷姆展現廚藝的法國外交官塔列朗（Charles Maurice de Talleyrand-Périgord）等，各位心中或許都浮現了一些例子吧。正因如此，從世界史的角度來重新客觀檢視那些可能在無意間被一國政治或社會所局限的料理或食物觀點，就別具意義。

本書將帶領讀者理解近現代世界史，同時聚焦於全書最重要的主題——民族國家的成立，來探討它是如何改變中國與世界各國的料理。在十八世紀後期美國獨立宣言和法國大革命之後，擁有領土、主權及國民主體的民族國家（nation-state）於歐美陸續誕生，到了二十世紀中葉則席捲了包含亞洲、非洲、拉丁美洲在內的世界各地。此後，以法國為首的民族國家創建了「國族菜（national cuisine，國族料理）」，運用於外交場合，在二十一世紀有越來越多國家向外宣傳和出口自家的國族菜。這樣的國族菜在歐美已經累積不少討論[1]，也成為日本近年熱門的探討題材[2]。

本書會先從清朝的御膳談起，揭示象徵近代中國城市文化的中國菜有了怎樣的變化，又是在怎樣的過程下成為「國族菜」。如同阿君・阿帕度萊（Arjun Appadurai）的著名論文所述，相比於法國、日本等國，中國與印度這種擁有廣大國土和多民族的國度更難形成民族國家，而且地方和民族料理都有顯著的固有特色，並不容易演變成單一的「國族菜」[3]。即便如此，二十世紀後期開始，中國與印度的「國族菜」創建也還是有了些眉目。

其中顯而易見的一點是，「國族菜」與「國民服飾」的形成過程有部分發展軌跡的重疊。故而「中國服」的形成過程，或許能作為我們思考「中國菜」是如何樹立起來的一種參考。根據山內智惠美的中國服飾史研究，孫文常穿的中山裝在一九二〇年代尾聲成為「國服」，這種說法與事實不符。因為，一九二九年南京國民政府公布的服制條例裡，並沒有中山裝的蹤跡。一九四二年汪精衛（汪兆銘）親日政權公布的服制條例首次將將「中山裝式」定為「國民服」並納入法令，但影響力相當有限，後世也對這段不堪的史實不屑一顧。

另一方面，一九二九年的服制條例雖然將依西式風格改良、逐漸轉為中國洋裝的「旗袍」定為女用的禮服與公務員制服，但在國際場合仍舊要求穿著西式禮服。民國時期是個五花八門服飾混合穿著的罕見年代。旗袍的流行雖與服制條例無關，但在中華人民共和國（簡稱中共）建國後，旗袍被視為剝削階級的奢華服飾，穿著的人也因而減少。

後來文化大革命爆發，到了一九六〇年底，官服的中山裝與另一種流派的便裝人民服（軍便服）成為實質上的「國民服」。不過自一九八〇年代起，隨著「改革開放」政策的普及與經濟發展，旗袍再度成為禮服與餐廳旅服務生的制服，被人們穿回身上。因此，中山裝與旗袍逐漸被視為中國的「民族服」、「國民服」，甚至二〇〇一年上海舉辦亞太經合組織第九次領導人非正式會議（APEC China, 2001）之後，還掀起一波新唐服熱潮，翌年更發起漢服運動。這四種服裝在如今形成了競逐「民族性」、「愛國主義」[4]之勢。在大家把這樣一段「國民服」形成的概念謹記在心的同時，本書先來闡述中國「國族菜」的創建過程[5]。

作為一種軟實力的中國菜

美國國際安全事務專家約瑟夫．奈伊（Joseph Samuel Nye）曾提出「軟實力」的概念。他認為軟實力是一種「讓別人想要你想要的結果」的力量，一種不是脅迫他國、而是吸引拉攏他國的力量。而一個國家的軟實力取決於三種來源：其文化、其政治價值觀，及其外交政策[6]。

如第一部第三章所提到的，中共自一九四九年建國後就積極在外交場合運用中國菜，獲得外賓不少好評，這也是一九七〇年代美國與日本民眾對中國的關注與好感度有所提升的契機。中國菜雖略晚於一九四一年中國國民黨對美宣傳時致贈的貓熊[7]，但也同樣成為中國的「軟實力」，為中共贏得了不少國際支持。

我們可以透過香港對中國菜的看法，以及台灣菜與新加坡料理②的形成，重新以客觀角度審視中共這般「中國菜」的奠定過程。新加坡和台灣分別自一九九〇及二〇一〇年代開始在國外舉辦美食展，藉此積極宣傳不同於中共的飲食文化。這意味著中共以外的政府，也將中式料理利用於「公共外交」（Public Diplomacy）[8]。但若換個角度來看待這件事，我們也可以這樣想：中共以外的國家也在向全世界推廣中國菜。

另外，本書也想一併探索在亞洲的新興民族國家，以及對亞洲人有著根深柢固種族刻板印象的歐美民族國家，各自對中國菜有怎樣的定位。藉此，我們可從旁重新審視與中國、日本或世界各國飲食有關的民族主義。再者，將以日本料理為首的亞洲料理，以及以法國料理為首的西式料理，來與中國菜比較論述一番，我們希望刻劃出中國及東亞各國料理在國際社會的定位與變化。

這裡所提的「民族主義」，指的是創建、維繫民族國家及民族文化的情感、思想和行動。不過即使定義如此單純，也很難不讓人去質疑「軟實力」、「公共外交」這些思想背後有堅實的民族主義做支撐。

---

② 編注：台灣菜一般常以「台菜」簡稱，慣用「台」字。新加坡料理也可以「星洲料理」稱之，或沿用本書第二部第一章的概念，統稱為「星馬料理」。雖同屬當地華人社群所創，但特定料理的發源地常引發新馬兩地華人熱烈爭論。本書沿用作者用語，不做判別。

某國民眾共同喜愛某些食物，進而希望其他國家的人也能廣泛接受這些食物，這種想法確實是民族主義重要的一環。

本書對全人博愛與愛鄉愛國情懷同等看待，尊重且絕不否定國家與民族情感[9]。不過若對民族主義有明確認知，就會更容易控制住無意識的同化與排外情緒。而且，若想了解自國的民族主義，與他國的民族主義做對照，應該會有很大的幫助。

本書試圖從中國菜出發，藉由比較世界各國的民族主義現況，超越單一國家的政治和社會見解，來探索中國菜的創建與普及在世界史的意義。也許會因此不符部分讀者的期待，但本書欲仔細考察的並不是料理本身的食譜或口味，而是接納這些料理的社會背景，以及利用這些料理的政治局勢。打個比方，中國菜對本書來說，就像是用來洞悉世界史的一面透鏡，是描繪世界史的切入點，也是用來拼合世界史的空白處。

料理與帝國

瑞秋・勞丹（Rachel Laudan）以烹飪為主，縱觀古代到現代的世界史著作《帝國與料理》（*Cuisine and Empire: Cooking in World History*），內容講述帝國的興亡對料理帶來的影響。勞丹認為，「自從有國家出現以來，食用範圍最廣的料理，始終屬於那些面積最大、勢力最強的政治單位。而在過去四千年間，最強大的政治單位一直都是帝國。」換句話說，《帝國與料理》中所謂的「帝國」，是一種可代換為「大國」的廣義概念[10]。我們在討論料理是如何傳遍全世界之前，須先在此處思考帝國是什麼。

關於「帝國」的定義有很多說法，但其中最重要的特點是擁有廣袤的統治領域，並有意識擴大版圖。以共和體制時期的法國或十九世紀末以後的美國為例可知，皇帝的統治並非「帝國」的必要條件。此外也有說法指出，「中心—周邊」及其間的「統治—被統治關係」，與「民族、文化的多樣性」並列，一直是古代到近代的帝國基本結構[11]。在這樣的背景下，帝國會失衡地重組民族與文化，去強硬創造出新民族與新文化，這部分從日本帝國創造出「台灣菜」或「滿洲料理」以示與中國菜的區別，就可窺探一二（第一部第五章）。

本書將「東亞」一詞作為包含東北亞與東南亞二者的廣義地域概念使用。而在討論近現代東亞時，必須注意到中華帝國（中國）、西方帝國（大英帝國等）、日本帝國（大東亞共榮圈）、蘇維埃聯邦（俄羅斯）帝國、美利堅帝國（美蘇是否為「帝國」見解分歧）建立的廣域秩序，以及它們之間的競爭對立[12]。這些帝國裡除了中華帝國之外，全都可以歸類為近代帝國。

也就是說，在某種程度上，我們可以辨別出前近代帝國與近代帝國之間存在著的基本特性差異，如同大陸帝國（占據一塊大陸）與海洋帝國（跨越海洋統治周邊領土）、普遍性帝國（不承認其他競爭的政治體）與領域性帝國（意識到自身帝國的領域性，與對等的其他帝國競爭）的差異。此外，近代帝國（帝國主義）的特徵在於建設及擴張帝國時，也同步形塑擁有領土、主權、國民的民族國家[13]。於是在殖民地傳播開來的帝國飲食文化，便與殖民母國（宗主國）的國民美食、國族菜的形成密不可分。

中國菜與帝國主義

「歐洲的食物與飲食方式，是在近代，也就是世界所謂西歐化的政治、經濟、軍事背景支持下拓展的。相較之下，中國菜不與國家權力等關係掛鉤，而是實實在在地作為一種美食，獲得在地民眾的好評，使得中餐館遍及全世界。這一點在在說明了中國的飲食傳統是如何的出類拔萃[14]。」日本飲食文化研究先驅、文化人類學家石毛直道提出了這樣的說法，來解釋中國菜名滿天下的原因。

石毛的見解有不少發人深省之處。中國菜的普及，的確未與中華帝國的領域擴張及周邊民族「漢化」的過程同步。我們可以觀察到，中式飲食文化反而是在中華帝國衰退、陷入危機的時期，才莫名地傳播到世界各國。中國菜在十九至二十世紀普及世界各國的過程，與十八至十九世紀法國料理普遍用於外交場合、因而推廣到世界的過程迥然不同。這與受歐美列強帝國主義擴張影響的亞洲各地對西式料理的接納過程，恰好形成鮮明對比。

因此，要訴說中國菜是如何傳播到世界各地時，主角並非中國的政府或大企業，而是一個個的「中國人」與「華人」。認真說起來，我們很難說中國菜在一九四九年中共建國前，就已成為中國的「軟實力」。中國菜之所以能普及全世界，主要是移民將故鄉的家常菜傳播到世界各地所致，至少在二十世紀前期以前，中國菜的傳播與中華帝國的興盛或中國民族國家的建構，並沒有直接的因果關係。

但若從世界史的觀點出發，至少有三點可以反駁石毛的概論。第一，石毛的看法是從亞洲的角度出發，如果站在歐美的立場，同一件事就會有截然不同的看法。例如，羅馬征服世界的方式靠的是軍團（region），大英帝國倚靠的是海軍，美國仰賴的是大眾消費，而中國則是廉價的勞動力。因此華人主廚被比喻為「帝國的服務生（stewards of empire）」[15]。在接納這些華裔苦力的地主國的勞工眼中，送出大批低廉華人勞工的中國，簡直就是帝國主義的體現。

第二，中國對外出兵或擴張勢力，也是將中國菜傳到國外的契機。例如前近代一二九三年蒙古帝國（元）遠征爪哇，據推測，正是這時的元軍逃兵將豆腐的作法，還有白菜、芥藍菜等中國蔬菜及炒菜等烹調法傳到了印尼群島（第二部第五章）。

此外，近代的清朝也和歐美列強一樣，對朝鮮實行了殖民主義式政策。這項政策也帶動了中國菜在朝鮮的普及，那便是一八八二年閔妃等人為鎮壓壬午兵變③，向駐屯朝鮮的袁世凱軍隊求援以逃出重圍。此事使袁世凱與大清對朝鮮的影響力得以越發擴張。同年，大清與朝鮮締結了《中朝商民水陸貿易章程》，依據此法，朝鮮分別於一八八四年、一八八六年、一八八八年在仁川、釜山、元山開設大清專

③ 譯注：朝鮮高宗之父、攝政的大院君兵變奪權，後由大清的朝鮮事務大臣平定。

管租界。於是，這幾個中國租界便成為了中國菜在近代朝鮮半島傳播的發源地（第二部第六章）。

而第三，也是最重要的一點，就是中國菜普及世界各國的過程中，中國菜與接納它的地主國國家權力關係，更勝於中國。波蘭學者契菲艾德加（Katarzyna J. Cwiertka）就指出，日本對中國的軍國主義擴張，是中式料理得以普及日本的關鍵，其重要性甚比西式料理在文明開放政策下得以普及日本[16]。如同拙著中也提到過的，有豐富的實例可以佐證，中國菜是日本帝國主義向台灣及中國擴張，才進而傳回日本的。

舉例來說，甲午戰爭、日俄戰爭陸續取得勝利後，東京出現了中國留學生街和許多的中餐館。此外，日軍自一九一八年起也積極將中國菜融入軍糧。而訪問台灣的日本人，下自旅客上到皇太子、皇族、首相，也都獲得了「台灣菜」的款待。餃子和羊肉料理更從滿洲傳入日本（第一部第五章）。

一九三八至一九四五年從軍、見識過中國各地飲食習慣的篠田統，奠定了日本對中國飲食史的研究基礎。還有，由於日本在中日戰爭時未能攻入蔣介石的據點四川省，導致四川菜遲至戰後才傳進日本[17]。這些例證皆說明了日本帝國擴張與接納中國菜之間的關係。

除了日本外，侵略亞洲的西方帝國也將中國菜傳入本國。例如，以香港為殖民地的英國自十九世紀後半開始，就有華人在倫敦、利物浦形成社區，一九六〇至八〇年代也有許多香港移民到倫敦等地開設中餐館，將中國菜傳入英國（第三部第二章）。

此外，荷蘭從十七世紀開始就陸續將印度尼西亞群島納為殖民地，印尼先後歷經一九四二至一九四五年間日軍進駐、一九四五至一九四九年獨立戰爭、一九六五年九三〇事件④，政局不穩，移民到荷蘭的民眾絡繹不絕。一九六〇年代的阿姆斯特丹，也出現了多家印尼華人開設的「印尼中式餐館」。

同樣地，法國與印度支那（越南）的殖民關係，讓接連經歷亞洲太平洋戰爭、印尼戰爭、越南戰爭的越南難民大舉湧入法國。巴黎的越南華人會拿中國菜與越南菜當招牌，開設「中式越南餐館」（第三部第三章）。

其他像是美國，也在一八九八至一九四六年將菲律賓據為殖民地，在二次大戰後仍於世界各國設立駐軍基地，行使強大的國際影響力。十九世紀末左右，雜碎⑤等美式中國菜（American Chinese cuisine）已然盛行，在兩次大戰的戰間期也傳到了倫敦、東京等國際城市，很有可能也傳到了菲律賓。甚至在二戰前又傳入印度，戰後則傳入美軍基地所在的沖繩、橫須賀等地（第二部第四章、第七章；第三部第一章；第四部）。

中國菜有著這麼一段隨著帝國主義、殖民主義擴張至世界各國的歷史，因此也不能說它的傳播過程與國家權力全然無關。

④ 譯注：一九六五年印尼少將蘇哈托反對總統蘇卡諾的親共政策，發動兵變，並策動反共大屠殺，許多華人因而遭害。
⑤ 譯注：chop suey，又稱李鴻章雜碎。充分利用手邊食材，沒有固定食譜的拌炒料理。一般使用肉類和數種青菜等食材，輔以醬油、蠔油、胡椒、麻油等調料拌炒。

中國菜的在地化與世界各國的國族菜

這些傳播到中國國外的中國菜，其在地化程度可分成三大類。第一類是在以華人為主的地主國，使用在地食材的同時，盡可能烹調得接近故鄉風味，保留傳統、追求道地的中國地方料理（如廣東、山東料理等）。第二類是在地主國進行過在地化的中國菜，也就是中國本土沒有的中國菜，例如日本的桌袱⑥、普茶料理⑦，新加坡、馬來西亞的娘惹料理，還有雜碎等美式中國菜，都相當具代表性。第三類則是以中國菜為基礎創作出來的地主國料理，例如日本的拉麵和餃子、韓國的炸醬麵、越南河粉、泰國的炒金邊粉、新加坡的海南雞飯、印尼的印尼炒飯、秘魯的炒牛柳等，這些都成了各國的國民美食。

中國菜以第一類↓第二類↓第三類的順序，逐步增強「在地化」的程度，進而深度滲透到當地的飲食文化中。另一方面，中林廣一則自創了「源地化」一詞，用來論述二十世紀末以降重辛辣的麻婆豆腐在日本大受歡迎的現象[18]。套用他的說法，中國菜就是在無數的「在地化」與「源地化」的競合中，有了豐富多元的變化。甚至如同以京都的中國菜為例的論述中提及的，追求正宗道地的中國菜，與意圖化作在地料理的中國菜，彼此間也產生了傳統與創新的競合[19]。

話雖如此，但本書最想關注的是，中國菜對上述這些世界各國在地國民美食的誕生，所造成的巨大影響。外國料理成為在地國民美食的案例比比皆是，比如印度「咖哩」在英國跟日本都是極富代表性的國民美食；土耳其旋轉烤肉⑧在二次大戰後隨著土耳其移民傳開，如今也成了德國人的國民美食代表[20]。不過有許多例子顯示，世界各國民眾在替中國菜「翻案」（配合新目的而做的改變）的過程中，也創造出屬於自身國家的特色。

而最熱衷於從事這種創意改良的，恐怕就是日本人了。故而在本書論及的中國菜近現代史中，日本人會以存在感十足的配角身分出場。此外，本書也會聚焦在活躍於國外、將中國菜推廣到歐美的日本人（「和僑」、「日僑」）或日裔人士。當然熱愛中國菜的亞洲及歐美各國民眾，也在故事裡扮演了不可或缺的重要角色。

投向中國菜的東方主義視角

稍微離個題。一九三〇至四〇年代，舊金山有名的夜總會兼雜碎店（chop suey house，中餐館）「紫禁城」裡面有日本、朝鮮、菲律賓裔的表演者，但店家往往會要求他（她）們打扮成華人上台。換言之，華人經營的夜總會，在讓亞裔美國人飾演白人角色前，會先讓他們扮成華人，以此保有華人舞台的尊嚴（第三部第一章）。

---

⑥ 譯注：多為接待客人專用的日式中國宴席料理。將菜品盛裝瓷盤中，擺放到共同用餐的餐桌上各自取用。
⑦ 譯注：據說是江戶初期由黃檗宗僧人引進的中國風精進料理（遵循佛教戒律的日本傳統料理）。
⑧ 編注：日文拼音Döner Kebabı，為德文的旋轉加上土耳其文的烤肉。台灣多半稱作沙威瑪（Shawarma），源自阿拉伯文。

如同舞台表演，同樣的情境也可套用到料理上面。舉例來說，中國人、台灣人、韓國人經營日本料理店，或是越南人經營中餐館，詹姆斯．法洛（James Farrer）等人即以「民族繼承（ethnic succession）」的概念來解釋這種現象[21]。近年來，許多歐美的華裔或韓裔主廚會提供比中國菜更具高級感的日本料理。但在二十世紀前半，卻是較多的日裔人士提供比日本料理更受歡迎的中國菜（第三部第一章）。

也就是說，歐美亞洲菜館中「民族繼承」的重心，從烹調中國料理的日本人轉移到了烹調日本料理的中國人身上。這也表示對歐美民眾而言，比起區分是中國料理還是日本料理、是華人還是日本人，「亞洲料理／亞洲人」這個大範疇顯得更重要。

但在二十世紀，地主國消費者投向中國菜的視角發生了改變，帶上了相當重要的社會性意義。即使沉浸在根深柢固的反華情緒中，美國自十九世紀末起還是掀起了一股中國菜風潮。但那其實只是對實際上並不存在於中國的、以雜碎為首的美式中餐的擁戴。也就是說，他們將「東方主義」視角裡對空想、幻想的「東方」憧憬都投向了中國菜，與提供它的唐人街（Chinatown，又稱華埠或中國城）或亞洲人身上。

美國人對中國菜的好奇目光，同樣投向了夜總會裡的「華人」舞台，這也是所謂「中國風（Chinoiserie，或是東方主義）」的一環，並在戰間期隨著雜碎一起傳播到以倫敦為首的歐洲各大城市，甚至傳到「東方」的帝國——日本的首都東京和古都京都（第三部第一章、第二章；第四部）。

多元文化主義當中的中國菜

在二戰期間與戰後，美國唐人街作為表現民族、人種的多樣性，也就是所謂的「種族熔爐（melting pot）」範例，成為政治宣傳電影裡不可或缺的場景。而美國在一九四三年通過《麥諾森法案》，修正了原先的排華法案，到了六〇年代後期民權運動高漲，則澈底修改了移民制度，華人移民人數激增。這些人讓中國各地的料理在美國普及，終結了雜碎的時代，也將美式中國菜更新為現代化的口味。例如在這個時期移居美國的程正昌（Andrew Cherng），就在加州創立了中式快餐店「熊貓快餐（Panda Express）」，並於全美及包含日本在內的世界各國開設連鎖門市（第三部第一章）。

而澳洲一九七六年就任南澳大利亞州州長的唐・鄧斯坦（Donald Allan Dunstan）出版了刊有他親自拿著中華炒鍋照片的食譜書，並表示「我們已經是多種族社會，將來應該還會有更大的種族融合吧！」從這個時候開始，亞裔移民對南澳洲首府阿德萊德的飲食文化帶來了巨大影響。其中，咖哩叻沙更成為了「澳洲式」（Australianness）種族熔爐的象徵（第三部第三章）。

不僅如此，新加坡自一九六五年獨立後，治理方針一直秉持多元文化主義，維持華裔、巫裔（馬來人）、印度裔等各族群與文化差異之際，也努力將所有人凝聚成新加坡的國民。在這種存異求同的族群政策中，華人男性與在地原住民女性的混血後代——峇峇娘惹創造的「娘惹料理」，不但是「正宗傳統的海峽華人料理」，更被定位為新加坡的代表性料理。

新加坡人會用「羅惹」（rojak）來比喻本國的多元文化。羅惹是一種混入蝦醬的蔬果沙拉，在馬來語有「混合」（mixture）的意思。雖然所有食材都混入同一個沙拉碗中，卻是各自分離的一道料理（第二部第一章）。

到了一九六〇至七〇年代，有一種明顯不同於以往「東方主義」的目光，將焦點轉向了華人與中國菜。亦即，在提倡不同族群和文化共生共榮的「多元文化主義」之際，也積極著眼於接納華人與中國菜的政策與活動。

的確，在世界各國，以自身民族為中心的民族主義仍舊根深柢固，如一九八〇年代以降的澳洲就有保守派政黨回過頭來推動反多元文化政策。但即使如此，「多元文化主義」的經驗仍舊是一項傳承至今的珍貴資產。在歐美各國，也有越來越多人對亞洲料理表現出超越好奇心的深刻理解，努力學習區分中國與日本料理，並提升自我文化素養。

超越中國民族主義的中菜世界史——本書的目的

過去已出版了不少透過飲食談論世界史的知名著作。這些書採用的方法是以單一食品或奢侈品來論述世界史（single-item approach），講述了諸如砂糖、茶[22]，以及鹽、胡椒、辣椒、醬油、馬鈴薯、香蕉、咖啡、巧克力等食品的世界史，都寫得很有見地。

其中關於茶的研究更是不勝枚舉。英國在十七至十九世紀吸納了中國茶，將之融入帝國文化。到了十九世紀後期，茶已從中國的飲品轉化為大英帝國的飲品。在十九世紀末到二十世紀前期，來自英國殖民地印度和錫蘭的茶葉，更是擴大了英國及殖民地的茶葉市場。即使在二次大戰期間，茶在大英帝國也扮演著不可或缺的角色。到了戰後，更是完全從帝國商品重新被定位為世界商品[23]。既往研究揭開了這段歷史全貌。

但能用一國料理來描寫世界史的書，除了中國菜之外，只有寥寥無幾的印度、土耳其、法國料理等少數幾樣。而依個人淺見，除了印度咖哩之外[24]，還沒有任何料理足以從世界史的角度做綜合性的討論。

本書在此想闡述的，並不是中國菜的民族主義和跨國主義的成功故事。筆者想表達的意思是，只靠中國在建設民族國家的同時整頓「中國菜」，進而讓海外華人跨越國家的藩籬，將中國菜傳播到世界，這番故事情節並不能讓我們充分理解中國菜的近現代史。

舉例來說，中國菜在中國成為一個衰弱的帝國和民族國家之際，傳播到了全世界。雖然中國遲遲未能建立中國菜的體系，但透過民間人士向外傳播的地方料理，卻成為了其他國家的國民美食。而且不只中國人、華人，就連外國人（尤其亞洲人）也在推廣中國菜之列。其中，日本及日本人（日裔）在中國菜普及世界的過程發揮了重大作用。筆者也希望能具體談談這些史實。

換言之，本書的目的是闡明中國菜是如何演變成今天的樣子，尤其又是如何在近代以降成為世界各國料理的一部分。希望藉由這個方式，去理解隱含在飲食文化中的中國、日本及世界各國的民族主義，並以相對比較的方式重新加以掌握。

探討飲食文化史——翻開本書前

此外，本書亦力求能在一般啟蒙書與學術研究書之間取得平衡。首先，作為一般啟蒙書，筆者會從民族主義與世界史的觀點，整理出關於中國菜的有趣研究結果，盡可能介紹得簡明易懂。

關於中國菜的歷史概述，日文文獻已有篠田統的《中國食物史》（柴田書店，一九七四年）、田中靜一的《一衣帶水——中國料理傳播史》（柴田書店，一九八七年）、張競的《餐桌上的中國史》（筑摩書房，一九九七年）等佳作。此外，近年在英語圈和中文圈（以台灣為主）亦快速累積了有關世界中國菜的學術研究成果。可惜的是，日本的研究狀況尚落後於這些成果。

故而本書希望在介紹中國菜的近現代史，以及亞洲、歐美各國中菜狀況的同時，也充分考慮社會背景和政治情勢，將整體論述提升至世界史的層次。透過中國菜描寫世界史可能是個魯莽的嘗試，但為了培養超越自己所屬集團、地區、國家等生活空間的想像力，絕對少不了向世界史挑戰。本書以華人學者為主，整理並介紹其近年來積極進行的研究成果，也從日本學者的觀點重新解讀這些成果，並補充史料和討論，是一本嘗試綜合性論述的「中國菜的世界史」。

另一方面，作為學術研究書，筆者將致力於從中國菜的形成史，以及中國菜相關的國際文化交流史的觀點，提出個別有趣的主題，並重新審視既有史料，挖掘出新的材料。本書也重視後繼研究者提出的參照與反證的可能性，附上許多注釋（一般內容總結至一定程度，重要史實則個別詳述），逐一標示論述的典據。

話雖如此，在飲食文化史領域，經常有許多與事實相悖或相反的正反兩種說法輕易地傳播開來。從歷史學者的角度來看，這些也許都是值得研究的領域。但只要細細分辨飲食的歷史就會發現，想不去「三人成虎」或助長「飲食的偽造傳說（culinary fakelore）[25]」，實在非常困難。例如北宋詩人蘇東坡發明「東坡肉」、滿漢全席為大清宮廷御膳、轉盤圓桌發源於日本等偽造傳說，早已透過書籍、網路、電視等一再傳播。若想阻止這種誤解擴散，我們所能做的就只有調查與確認原典史料。筆者引用研究書籍、論文等史料時，都會盡可能一再確認原典，但過程中有時也會碰見意想不到的新史料。即使如此，很多地方也不得不依據二手文獻進行論述，這種狀況筆者會列出原典史料的參考文獻。

本書較著重於傳播新飲食文化的大城市餐廳，而非家常菜、家政學、衛生知識的近代化主題，主要論述國族菜、族群料理（ethnic food）、地方料理的形成與傳播。筆者把重點放在外食餐廳而非家庭煮食，原因是近現代人會先透過外食體驗異地、異族、異國的料理，然後才將其帶入家庭料理之中。餐廳與裡頭的料理代表著新的「思想」，超越時空解讀它們，不只是一種飲食文化交流史的研究方式，更是一種享受飲食的樂趣。

本書並沒有提及太多融合（fusion）料理和多國籍（無國界）料理。這是因為日、中、韓、法等各國料理之中，都有著融合了多國料理的一面。再加上就現況而言，一些料理主張無國界所能得到的東西並不比失去的多。

另外，筆者順帶在這裡先就重要用語來做一下說明。本書全部統一使用「中國菜」、「華人」，而不使用「中華料理」、「華僑」（編按：繁中版考量語境不同，書名作「中華料理」）。這是因為在一九六〇至八〇年代的日本，推出需要正宗烹調技術菜色的高級餐館會自稱「中國料理」，藉此和滿街的「中華料理」做出區別。再者，在中國或韓國等民眾眼中，「中華料理」意味著迎合日本人口味、並且已經日本化的中國料理[26]。基於以上種種原因，筆者認為唯有日語裡的「中國料理」，才更貼近「中菜」或「中國菜」的翻譯用語。

此外，「華僑」與「華人」二詞雖會基於國籍與世代考量，視狀況酌情使用，但灰色地帶很多。而且「僑」這個字有「暫居者」的含意，在馬來西亞等地的部分人士會對「華僑」的稱呼感到不快。因此，除了史料或固有名詞等情況外，筆者將用「華人」作為一般性稱呼，合併標注「中國移民」或「華裔〇〇人」等指稱。

其他必須言明的是，日本從一九八〇年代開始就把亞洲各國料理納入「民族特色料理」的範疇，將其視為與「和・洋・中」不同領域的料理。不過為了探究中菜與和食的真正價值，大家必須認識到日本料理、西方各國料理、中國料理也都可以成為「民族特色料理」。此外，「民族特色料理」也有外國移民帶來的料理之含意。不過，本書希望將民族特色料理與「族群料理」當作同義詞來做使用。

又及，本書一律省略書中出場人物的敬稱，希望各位諒解。

本書的概要——作為讀書指南

本書第一部論述中國和台灣，第二部談亞洲，第三部談歐美，第四部談日本的中國菜。首先介紹「中國菜」的形成，「台灣菜」的誕生，接著再來看看中國的料理是如何傳到亞洲及歐美，進而成為世界各國的國族菜、國民美食的一部分。最後，再從中國菜的世界史裡找到中國菜在日本的定位，並刻劃出它的獨特性。諸位讀者可參照以下概要，自行翻閱有興趣的地區與主題。

第一部〈中菜的形成——美食的政治史〉的第一章「清朝的料理——從宮廷御膳到滿漢全席」，此章會先說明中國最後一個王朝——清朝（一六一六～一九一二年）的御膳料理，是以滿族所在的東北地方料理為基礎，承襲明朝首都北京的山東料理，並汲取江南料理而成。接著介紹飲食簡樸的努爾哈赤、康熙，以及美食家乾隆、慈禧太后等歷代皇帝及掌權者的飲食是如何變遷，宮廷御膳到了近代又是如何傳承下來的。

其中，大家印象裡清朝御膳的「滿漢全席」，已被證實是十九至二十世紀在民間興起的宴席。另外書中也會介紹最新的研究成果，並質疑中國菜的民間傳說，核查基礎知識。舉例來說，所謂中國的「四大」菜系成為常用分類模式，是始於二十世紀後期；「東坡肉」一稱源於明代，一些崇拜北宋詩人蘇軾（蘇東坡）的文人官吏在宴會上推出這道菜，因而得名等等。

第二章「成為近代城市文化的中國菜——北京・上海・重慶・香港的料理」，本章聚焦在中國歷朝主要城市各式地方料理的流行與變化，從清朝的北京、近代的美食之都上海、中日戰爭期間的臨時首都重慶、中共建國初期的北京和上海，再到九七回歸前後、雨傘運動時期的香港。本章也會探究中國菜及其背後的推手，在這段統治權力和社會秩序劇變的過程中所經歷的命運。

文中將包括「食在廣州」這句俗諺，有可能是從民國時期的上海傳播開來的，藉此論及上海菜的形成與普及過程，以及戰時往返重慶的人們如何孕育出「官菜」或「川揚菜」。也會提到出身上海的董竹君女士聞名天下的四川菜高級餐館「錦江飯店」的創業經歷，以及中共建國初期與文化大革命發生前，高級餐館與主廚的地位極高。再來談談香港、新界的本土宴席料理「盆菜」是如何蘊含了向中華人民共和國輸誠的政治性意涵。另外也會提及「中國菜」是在一九四九年中共建國之後，才建立起國族菜體系。

第三章「中國的國宴與美食外交——燕窩・魚翅・北京烤鴨」，此章解說近現代的中國政府如何將中國菜運用到外交場合，以及中國的國宴料理如何創建和做出革新。有關中國的美食外交（料理外交、舌尖上的外交），相關史料與研究都很匱乏，不是很明確，但本章仍竭力蒐集了上至一八七〇年代美國卸任總統尤利西斯・格蘭特（Ulysses Simpson Grant）訪問大清和日本的環遊世界遊記，下到負責中共國宴料理的名廚回憶錄，試圖透過拼湊這些片段史料，將一段可能不盡完整的通史描繪出來。

文中也提到了清朝漢人官吏的代表性待客料理——燕窩和魚翅，皆為中華民國與中共所繼承。鴨肉料理是明初首都南京的名菜，北京烤鴨是中共建國後才成為代表中國的料理。還有中共建國初期國宴的整頓、毛澤東與鄧小平主導的國宴簡樸化。另外也帶大家一窺招待美國尼克森總統、英國伊莉莎白女王、日本平成天皇的國宴幕後祕辛。

第四章「向聯合國教科文組織申請世界非物質文化遺產——從文思豆腐到餃子」，則討論進入二〇一〇年代以後，法國、土耳其、韓國、日本料理紛紛登錄為聯合國教科文組織的世界非物質文化遺產（簡稱非遺），但唯獨中國菜的申請屢戰屢敗、一再調整嘗試的過程。

聯合國教科文組織重視的是根植於民眾日常生活的飲食習慣，但相較之下，中國卻有著欲向世界誇耀以高度烹調技術製作高級料理的強烈意圖。中國各地的地方料理甚至為了取得申遺代表權，而產生利權紛爭。這種狀況與中國國內為了申登國家級、省級、市級非物質文化遺產的爭執相似，申請世界非物質文化遺產可以算得上是國內戰線的延伸。

第五章「台灣菜的去殖民化與在地化——昭和天皇・圓山大飯店・鼎泰豐」，將參照近年突出的研究成果，探討「台灣菜」與「中國菜」在二十世紀國際政治與社會秩序的變動中，是依據什麼樣的意義進行區分。同時也進一步介紹台灣在外交場合會端出什麼樣的菜色。

「台灣料理」在日本統治時代和「滿洲料理」一樣，都是在殖民者日本人強調下出現的料理類別。皇太子時期的昭和天皇、首相時期東條英機等人訪台時，台灣方面都以「台灣料理」來招待。國共內戰後，撤退到台灣的蔣介石政權在圓山大飯店舉辦國宴，宴席上端出來的是源自中國大陸的「川揚」（四川與淮揚的融合）菜。但二〇〇〇年執政的民進黨政權，則積極推動國宴的在地化（台灣化）。

一九四九年從大連遷來台灣的烹飪專家傅培梅，最初是將中國菜宣傳為中華民國料理。不過到了一九七〇年代，隨著中共加入聯合國，國際地位有所提升，這種宣傳漸漸有了難度。進入二十一世紀，珍珠奶茶、鼎泰豐的小籠包等食物則逐漸在國外成為台灣的美食代表。

第六章「豆腐的世界史——從民族主義到全球主義」，敘述大豆及豆製食品從原產地中國傳播到日本、韓國、越南、印尼、歐美等地，在各地進行在地化的同時，也出現了各種不同的食用方式。

在一九一〇至二〇年代的中國，素食主義曾被視為一種十分進步的科學概念，豆腐等豆製食品也被定位為國民美食。後來即使一九三〇年代以降素食主義退燒，但中國礙於經濟因素未能普及肉食，因此還是繼續推廣豆腐及豆漿。

第二部〈亞洲的民族主義與中國菜〉的第一章「新加坡與馬來西亞——海南雞飯・小販文化・娘惹料理的歸屬」，談及長期被殖民統治、缺乏本土經驗的新加坡在二戰後自英國及馬來西亞獨立後，推出了什麼樣的菜餚作為「新加坡料理」。也要看看新加坡料理與鄰國「馬來西亞料理」之間又產生了什麼樣的競爭關係。

「娘惹料理」因為符合新加坡的世界主義、多元文化主義形象，所以被旅遊局宣傳它為最接近新加坡的本土料理。但馬來西亞政府也將娘惹料理登記為非遺。新加坡與馬來西亞甚至還為了「海南雞飯」的歸屬權爆發爭議。

此外，新加坡將「小販文化（Hawker culture）」登記為非遺，但小販文化在馬來西亞也同等重要。除此之外，「肉骨茶」（以帶肉豬骨熬煮的煲湯）在馬來西亞華人之間的受歡迎程度，也和新加坡有得比。話雖如此，身為伊斯蘭國家的馬來西亞，並未將其宣傳為國家的代表性料理。

第二章「越南——從越南河粉與越式法國麵包看中國與法國的影響」，首先縱觀越南飲食文化從紀元前開始就已經深受中國影響，到了十九至二十世紀又受到法國的巨大影響，形成今日筷子與長棍麵包普及的現況。接著再考證越南料理是如何創建，並進一步探討人們又是如何理解和區分越南料理與中國菜。

其中越南河粉（Phở）一般被認為是十九世紀末以後的河內或南定，在廣東料理的湯麵裡加入法式料理用的牛肉片煮成的料理。至於這菜名的語源，又以取自法國料理「Pot-au-feu」（燉菜）中的「feu」（火的意思）的說法最為有力。

越南人大多把用米製料理當作越南菜，麵粉製料理當作中國菜。例如，越南生春捲（Gỏi cuốn，意思是涼捲）的一大特徵，就是捲皮原料用的是米粉而非麵粉，英語名稱則是「夏捲（summer roll）」，與中國的「春捲」做區別。

第三章「泰國──泰式炒河粉的國民美食化和海外拓展之道」，首先追溯至隨國際情勢變化的拉達那哥欣時代[9]宮廷御膳，見證華人與中國菜的強大影響力，繼而解說十八世紀末泰國料理的形成，以及十九世紀西方料理蔚為顯學、中國菜則被邊緣化。

至於二十世紀的泰國，因應民族主義高漲變更為君主立憲制，二戰時成為日本的同盟國，戰後則接受美援完成經濟復甦。在這段激盪的政治史中，我們見證了排華主義的興起。我們將考察在這種風潮下，以中國麵食為基幹而發想出來的「泰式炒河粉（Phat thai）」一步步成為泰國國民美食的過程，也會進一步說明近年來泰國料理是如何建立起體系，又是如何向國外做宣傳的。

第四章「菲律賓──在上海春捲和廣東麵走紅之前」，先談談始於十六世紀的西班牙統治時期的華人地位，和「Panciteria」（菲式中餐館）的出現。接著再印證自十九世紀末到二次大戰期間的美國統治時期，遠渡美國的菲律賓移民是如何愛上雜碎等美式中國菜。

隨後介紹二十世紀菲律賓料理的形成，以及「pancit」（菲式炒麵）及「lumpia」（春捲）等菲律賓化的中國菜。

第五章「印尼——荷蘭殖民地、伊斯蘭教與中國菜的困境」，首先概述自古以來中國與印尼群島之間的貿易往來、中國飲食文化的傳播，以及十七世紀起荷蘭人統治下的巴達維亞（雅加達）等地的華人及其飲食文化。再來看看中日戰爭期間，從上海逃到巴達維亞的華人帶來的料理。

接著，我們會介紹一九五〇年成立的印度尼西亞共和國，隨著「印尼料理」這個共通概念的建立而產生的相關事蹟。另一方面也細述印尼大半國民都是避諱豬肉料理的穆斯林，再加上反華情緒高漲，所以中國菜處境持續艱困，但在二十世紀末以降的民主化過程中，娘惹料理和中國菜也逐漸流行。

第六章「韓國——胡餅・雜菜・強棒麵・炸醬麵」，將綜觀朝鮮（韓國）料理的形成。日本殖民時期曾發行以韓語介紹朝鮮料理的相關書籍，「韓國泡菜」、「雪濃湯（先農湯）」、「烤五花肉」也都頗受日本人好評。但韓國直到一九六〇年代朴正熙執政期間，才將朝鮮的御膳料理建制成國家象徵。

接著會敘述大型中餐館在殖民時期的京城、仁川十分盛行，這些餐廳後來也都成為朝鮮民族運動者與反殖民人士的據點。二次大戰後，中國菜的推手從華人變成了韓國人，「強棒麵」因而變得辛辣，「炸醬麵」也增加了黑色調和甜度，逐漸讓中國菜韓國化。

⑨ 譯注：從一七八二年建立扎克里王朝到一九三二年暹羅立憲革命為止，因權力中心位於曼谷拉達那哥欣，因而得名。

除此之外，本章也會一併驗證與中國菜淵源深厚的「雜菜」、強棒麵的建立，以及炸醬麵成為國民美食的過程。

第七章「印度──紅褐色的四川醬」，首先談到由於英國與中國在二次大戰期間結成同盟，所以中餐館在英屬印度的加爾各答和孟買邁向最鼎盛的時期。據此推測，美式中國菜「雜碎」很有可能就是這個時候傳進印度的。

另外，雖然唐人街在二十世紀後半逐漸衰頹，但直至二十一世紀前，以「四川醬汁」為特色的印度式中國菜曾蔚為風行。

第三部〈歐美的種族主義與亞洲人的中國菜〉的第一章「美國──從雜碎到熊貓快餐」將整理近年累積的研究成果，確認並補充重要史料，來概述美國的中國菜與華人的歷史。該章著重探討美國人的反華情緒是如何在一八八二年制定歧視人種的《排華法案》時達到巔峰，中國菜又是如何在一八九六年李鴻章訪美之後，以及中美同盟的二次大戰期間掀起一番熱潮。

此外本章也查證了，李鴻章的廚師草創雜碎的民間傳說並非事實，繼而一覽「雜碎」是如何在十九世紀末至一九六〇年代成為「紫禁城」等夜總會場所裡的美式中餐代名詞，又是如何成為繪畫、攝影和音樂的題材。

其他還有，為什麼紐約的猶太人如此鍾愛中國菜？中餐館推出的幸運餅乾，為什麼是日裔人士想出來的點子？美軍為什麼會把雜碎傳播到全美國及全世界？這些耐人尋味的問題令人忍不住想抽絲剝繭一番。另外也會一探早期中國、日本、朝鮮的英文版食譜。

談到二次大戰後的發展，我們會提及一九六五年的《移民法》修正，以及美國的中國菜在一九七二年尼克森總統訪中的契機下產生的一波巨大改變，同時也會提及美國移民與料理之間的地位關係。

接著，將介紹江孫芸等人的人生故事，他們這群餐廳經營者對美國的中國菜發展做出了貢獻。最後再加以比較在美國普及的泰式料理、在加拿大普及的中國菜，以及美國的中國料理，進行補充說明。

第二章「英國——雜碎．中國飯店．中國菜大使」，首先來看看二十世紀初之前倫敦形成華埠之際，以薩克斯．羅默（Sax Rohmer）所創作的「東方怪人傅滿洲博士」為代表的華人高度危險印象，是如何在英國蔓延開來的。但該章也會談到一次大戰後，英國民眾與美國一樣，對以雜碎為主的中國菜越來越感興趣。繼而再細述倫敦也曾有日本人經營中餐館，但亞洲太平洋戰爭爆發後，在英日籍人士都遭到了扣押。

二次大戰後，倫敦市中心出現了正宗的中餐館和新的華埠，來自殖民地香港等地的移民紛紛成為老板或店員。接著該章把重點放在一九八〇年代起發展觀光，到了九〇年代，中國移民開設的中餐館也不斷增加。

此外，也會介紹羅孝建、周英華等中餐館老板的成名故事。

第三章「歐洲・大洋洲・拉丁美洲——中菜文化意義上的多樣性」，將以下述現象為中心，討論其他國家的中菜特徵和定位。在歐洲，法國的中國菜習慣最先端出湯品（中國則是最後）或邊喝粉紅酒邊享用。法國出現了「中式越南餐館」，荷蘭則出現了「印尼中式餐館」。德國以漢堡為中心，開了多家中餐館，它們都成了近代和世界主義的象徵。

中國食品的安全性在俄羅斯備受質疑，被中國勞工搶走工作而產生危機感的民眾也出現反中情緒。故而與朝鮮、日本、泰國等料理相比，中國菜難以普及。華裔移民在二十世紀末社會主義瓦解後流入保加利亞，開設中餐館。對保加利亞人來說，品嚐美國電影裡才看得到的中國菜，意味著全球規模的西方體驗。

澳洲自十九世紀華人勞工流入之後，排外的白澳主義便高漲至二十世紀中葉。但一九七〇年代在多元文化主義倡導下，甚至出現了鄧斯坦這類推薦購入中華炒鍋的政治人物，而娘惹料理的咖哩叻沙（Curry Laksa）也成了象徵澳洲多種族社會的美食。

在拉丁美洲，秘魯的利馬是中餐館最多的城市。華人經營的食堂扮演起將快炒烹飪技巧和白米飯等中華飲食普及秘魯的角色。到了一九三〇年代，隨著高級中國餐廳的勃興，也出現了以「chifa（吃飯）」指稱中國餐廳的叫法，「chifa」也在後來成了秘魯中國菜的代名詞。以「番茄炒牛柳」（Lomo Saltado）為首的「秘魯中國菜」一直到現在都還是秘魯料理的核心。居住在秘魯的日本移民也愛吃中國菜，戰後經營中餐館者隨之大增。

除了秘魯的利馬外，巴西的聖保羅也有很多中餐館，炒麵、炒飯、雜碎等料理也大受歡迎。據說聖保羅的東方街亦漸漸從日本城轉變成中國城。

第四部〈日本膳食與中國料理的界線——世界史裡日本的中國菜〉，根據前面所介紹的亞洲、歐美各國的中菜歷史，本章將以世界史的角度重新審視日本的中國菜，針對日本的中國菜重新討論以下幾點。

第一章「淺談近代這個時代——偕樂園・雜碎・轉盤圓桌・味之素」，將從代表明治時期中國菜的偕樂園料理開始談起，它是在江戶時代歷史悠久桌袱料理影響下產生的一種變化。中國菜在明治維新過後的日本低迷不振，此情形同樣發生在同時代試圖西化的泰國。而後，雜碎等中國菜經由歐美傳入大正、昭和初期的日本。此外，本章也指證中國菜使用的轉盤圓桌源於日本的說法乃為訛傳，它早在歐美和中國就已廣為倡導。

此外，很少有兩種國族菜能像中國料理和日本料理這樣，自近代以來從各種觀點進行諸多比較與對照。本章還提出，發源於日本的味精，統整了中國、日本、東南亞、歐美的中國菜味道，並促進了中國菜的標準化。

接下來第二章「從近代到現代——拉麵・陳建民・橫濱中華街・中華年菜」，將探討拉麵的稱呼如何隨著國際局勢的變化而改變、用麵粉而非蕎麥粉製作成的「沖繩麵」之所以被稱為「蕎麥麵」的歷史緣由，以及速食麵與餃子成為日本國民美食、甚至世界美食的過程等等。此外，也會介紹在二戰期間流離東亞、戰後分別定居中、台、日、美等地大展廚藝的幾位主廚經歷，以及橫濱中華街躍升美食主題樂園的過程。而後，將進一步揭露「和魂漢才」的中菜系譜，以及其中的中華年菜在日本出現並普及的軌跡。

如上所述，包括「中國菜」與中國「四大料理」的分類，代表現代中國的種種美食文化一一誕生，以及中國地方料理傳播到日本甚至世界各國，這些主要都發生在十九至二十世紀。

解讀中國菜在近現代亞洲、歐美各國政治、社會、國際情勢的變化之際，本書希望刻劃出這些崛起的民族國家改良、創新並製成料理的軌跡。同時，一方面查證中國菜相關民間傳說與常識，一方面也同步關注除了中國人（華人）外，以日本人為首的世界各國人士在中國菜的發展與普及過程中扮演的角色，進而描繪出一幅中國美食菜盤上的世界史面貌。

第一部
Part One

中菜的形成
——美食的政治史

第一章　清朝的料理——從宮廷御膳到滿漢全席

中國的四大料理是在何時出現的？

在日本也廣為人知的中國四大菜系，是參考當地氣候風土和地域經濟圈，將中國疆域大致分成東、西、南、北四大區，來分別解說代表性的地方菜系[1]。

至於歷史學家金恬等人所述的「四大」或「八大」料理系統（菜系），是二十世紀後半起為了方便向別人、尤其是外國人說明的常用分類法[2]。一九八〇年北京《人民日報》（〈我國的八大菜系〉，六月二十日第四頁）將魯（山東）、蘇（江蘇）、浙（浙江）、粵（廣東）、閩（福建）、徽（安徽）、湘（湖南）、川（四川）作為中國菜的「八大」菜系。不過香港、台灣等地所指的八大菜系各不相同，直至現在仍無統一見解。

自古以來，中國便屢現南北兩大料理派系之分。據說唐宋之前各地方料理各自發展，一直到清初才出現四大菜系的概念[3]。這種通論未必有史料根據，但也不能一概否認。知識分子在明末清初之前，就已經對以下提到的①北方（魯）、②江南（淮揚）、③西南（四川）、④華南（閩粵）菜系有某種程度的認知。六一〇年，隋煬帝開通了連接黃河與長江的大運河，修築運河的負擔成為隋朝（五八一～六一八年）短命的原因之一。但滅掉隋朝的唐朝（六一八～九〇七年）卻利用大運河，將江南的稻米等糧食運到首都長安或東都洛陽。自唐代後，北方就被定調為首都所在的政治中心，南方則是向北方運糧的經濟命脈，這種地域關係從此固定下來。淮揚一帶（淮河與長江下游）也靠著這條運河日益繁榮，成為南北物流要地，繼而孕育出代表中國的菜系之一——淮揚菜。

此外，眾所皆知唐朝的楊貴妃愛吃荔枝，曾命人從廣東直送首都長安，但此後廣東一直未能出現足堪出色的菜系，反倒被來自北方的訪客留下廣東食物難吃的惡評。例如北宋詩人暨政治家蘇軾（蘇東坡，一〇三七～一一〇一年）便在首次左遷地黃州（現湖北省內）發明了東坡肉，而成為知名的美食家。但據說蘇軾的妻子在他第二次左遷到惠州（現廣東省內）時飲了蛇湯而喪命[4]，而蘇軾也不喜歡最後流放地海南島的飲食[5]。

蘇軾嗜食豬肉，或許也的確在黃州想出了燉煮豬肉的方法，但是否為其獨創則未可知。而「東坡肉」本身是崇拜蘇軾的明朝文人官吏端上宴桌，或作為贈禮的一道美食。東坡肉並非庶民的家常菜，而是象徵明清士大夫（知識階層）身分地位的菜品[6]。因此相傳「東坡肉」始於一〇八九年蘇軾任杭州太守之際，將當地人答謝其治理西湖而贈送的豬肉與紹興酒一起入菜的著名軼事[7]，不過是沒有史料佐證的後世創作罷了。

此外，建於杭州西湖畔的「樓外樓」（創業於一八四八年）與無錫的「迎賓樓」、蘇州的「松鶴樓」等江南三大著名老店，亦將東坡肉作為一道特色菜餚來供應。樓外樓更因一九二〇年代的芥川龍之介、中共建國後的美國總統尼克森等重要人士蒞臨而聲名大噪[8]。然而芥川在記錄造訪樓外樓的遊記裡，卻隻字未提東坡肉[9]。故而可推測，東坡肉最早也是到民國時期以後才成為杭州名菜[10]。

始於宋朝的新變化——地方料理的認知與熱炒的出現

因城市繁榮、印刷品流傳，而對各地飲食傳統有了系統化認知，是宋代最重要的一大變化。《東京夢華錄》（孟元老，一一四七年撰成）描述十二世紀初北宋末期徽宗治下的汴京（現河南省開封），裡頭記錄了當時的酒樓、食品店、魚市或肉市、食物和水果等等。卷四〈食店〉則記載販賣魚料理的「南食店」（南方＝江南的飯館）、「川飯店」（四川飯館）[11]，加上汴京（北方）的當地料理，奠定了宋朝的三大地方料理。

換言之，當時的首都汴京群集了許多為了科舉等理由不遠千里而來的全國各地士大夫。在一些配合各地飲食習慣而經營的客棧與食堂中，有為吃不慣北方食物的江南人提供南方口味的「南食店」也因而生意興隆。江南發展出獨特的麵食，譬如汴京「南食店」的特徵即是蝦類麵食。另外以蘇東坡為代表、往返或逗留汴京的蜀（四川）人也不少，因此有了「川飯店」[12]。

順帶一提，這本《東京夢華錄》作為史料，也佐證了中國菜代表烹調法「熱炒」在宋代以前就已經存在。卷二〈飲食果子〉登載的三種熱炒裡，有兩種是海鮮類（蛤蜊與蟹）[13]。中國文學家張競據此認為，熱炒很可能始於江南沿海地區的人們想在短時間內加熱海鮮等食材，之後才漸漸擴展運用到肉類上。推測宋朝料理最初也和唐朝一樣以「羹」（湯品）為主，但自宋朝敗給大金並遷都江南後，熱炒料理才漸漸變多[14]。

根據石毛直道的說法，熱炒技術隨著宋朝後焦炭（Koks）運用於炊事，以及鐵鍋的普及而廣為流傳。再加上中國自古以來便多半將全穀雜糧蒸熟食用，水蒸食物的技術在全球也算得上是獨步天下。這些蒸煮、熱炒的烹調技術都為中國菜增添了更多特色[15]。

躲避金人追擊、逃到杭州的高宗在一一三八年將該地定為首都，改稱「臨安」（現杭州）。成了南宋國都的臨安，聚集了來自全國（尤其是北方）的大批難民和僑客，大大小小的餐館與食品店不分晝夜地開著，因而催生出需要高度烹飪技巧的專業料理。從汴京來到臨安的人們也開起餐館，促進了北宋首都河南與南宋首都浙江兩地的菜品融合[16]。

舉例來說，仿《東京夢華錄》格式描寫南宋首都臨安的《夢粱錄》（吳自牧，一三三四年撰成）散文集中就提到：「向者（昔日）汴京開南食麵店，川飯分茶（四川飯館），以備江南往來士夫，謂其不便北食故耳。南渡以來，幾二百餘年，則水土既慣，飲食混淆，無南北之分矣。」（卷十六〈麵食店[17]〉）說明當時臨安也很難再清楚區分南北料理了[18]。

到了明末（一三六八～一六四四年），還加入了第四項的廣東（粵）菜。魯菜、淮揚菜、川菜、粵菜成為公認的四大料理[19]。謝肇淛（一五六七～一六二四年）的博物誌《五雜俎》收集了許多明末萬曆年間各地飲食物產，其中就談到了「關於口福，吳、越不及閩、廣。」（地部二〈九福〉）。謝肇淛是福州府長樂縣出身的文人官吏，因此可視為是在自誇家鄉的食物。不過他的生母為浙江（杭州）人[20]，因而也可得見，當時閩粵菜已獲得與淮揚菜同等的評價。

提到中國對食材和烹調法的記述，可追溯至紀元前十二至七世紀左右的《詩經》[21]。這種書籍可分為兩類，一是根據草本植物效用，記述萬病食療法或養生法的書冊，如唐朝昝殷的《食醫心鑑》與元朝忽思慧的《飲膳正要》等。這類書籍的目的在於治病養生，所以食材記述詳盡。相較之下，另一類則是著重講述加工調理法的食譜書，如賈思勰於北魏末年撰寫成的《齊民要術》，就是此類現存最古老的食譜農技書[22]。

食譜主要在江南發行流通，發行量亦隨著時代增長。但中國的食譜皆為男性文人所寫。中國第一本由女性撰寫的食譜，是一九〇七年清末的女醫兼詩人曾懿（一八五二～一九二七年）的《中饋錄》[23]。她與同一時期在中國和美國展現才華的金雅梅（參照第六章）一樣，都是中國第一批女醫師，在近代飲食界扮演了重要角色。

大清立國與料理——滿族・山東・江南的料理

中國最後一個統一王朝——清朝（一六一六～一九一二年）是稱霸大中華、規模最大的多民族國家，也是統治地區與統治結構直接與現代中國連通的國家。大清的統治結構可略分為直接統治的「旗人」（享有特權的社會團體，包括偏居東北的滿人，以及蒙古人與漢人）與「漢人」（中國內地的漢人），以及間接統治的「藩屬」（蒙古、西藏、新疆、青海）。這樣的結構到了民國初期，成為北方高呼「五族共和」口號中的民族（漢、滿、蒙、回、藏），不過一九二〇年代孫文等人否定了「五族共和」，強調「團結國內各民族，合為一大中華民族」。至於統治地區，大清的直接統治區幾乎都能對應到現代中國的省，間接統治區則對應到自治區（青海省除外[24]）。

這裡要劃的重點是，大清版圖曾擴及蒙古、西藏、中亞，且清代有許多華人跨海前往東南亞，所以麵食等中國飲食文化也普及到這些地區[25]。此外大清對近現代中國的「國宴」（state banquet，本書將官方主辦的國家宴會簡稱為「國宴」）和「國族菜」（national cuisine）的形成也起了相當大的影響力。因此，本章會先以歷任皇帝的御膳和國宴為例，看看大清出現了什麼樣的料理。

滿族（滿人）在大清建國前就在東北從事農耕，因此除了打獵捕獲的野鹿等，也會飼養豬和羊等家畜[26]。然而他們的烹調方式較為單純。清朝的開國皇帝努爾哈赤（一五五九～一六二六年）在飲食方面相當樸實。不過自第二位皇帝皇太極（在位期間一六二六～一六四三年）一六三六年將國號從金（後金）改為大清時，就邀請外藩王公等人到盛京（現瀋陽）皇宮參加盛大儀式，他為備有各式山珍海味的高級宴會開了先例。一旦統治體制穩固且經濟狀況好轉，大清就逐漸開始追求佳餚美饌，之後透過派赴各地任職的滿人官員，將這些料理傳往全國各地[27]。

話說回來，作為現今標準漢語（「普通話」、「國語」）基礎的清代北京官話，是北京宮廷與中央官吏使用的語言。以滿語為母語的女真族（滿族）旗人，在明末還以遼東平原（現遼寧省遼河以東）為據點的時候就已經會使用漢語了。該漢語源自於與遼東交流頻繁的山東方言。旗人遷到北京後，也引進了根據山東方言而成的獨特旗人漢語，並發展成北京官話[28]。至於清朝宮廷御膳形成的過程，與北京官話可說是如出一轍。換句話說，以滿族為主的統治階層將根據地從遼東遷到北京，也發展出以山東菜（魯菜）為基礎的獨特宮廷御膳。

關於大清的御廚出身，第一，清廷御膳基本都使用滿族發源地東北地方的食材與烹調方法，所以滿人御廚最多，地位也比漢人御廚優越。第二，明朝自遷都北京（一四二一年）後山東籍的御廚變多，承襲這點的清朝也有不少山東籍御廚。第三，乾隆皇帝（第六位皇帝，在位期間一七三五～一七九六年）幾次巡幸江南（蘇杭），甚愛當地料理，因此乾隆年間也增加了江南出身的御廚。

因此，大清御膳房除了滿人以外，還有許多來自山東和江南的廚子。不過滿族、山東、江南等菜系並未明確區分。他們用東北的食材製作山東及江南料理，而滿人廚子也會製作山東及江南料理，相互影響融合[29]。

清朝的宮廷御膳——御膳房與光祿寺

清朝的皇帝多半獨自用膳，每天正式用膳（正餐）兩次，不定時吃些小食。除了皇太后之外，其餘人等皆不許與皇帝同桌吃飯。皇后與嬪妃各有獨立的小廚房，幾乎不曾和皇帝一同用膳。但因為開國皇帝努爾哈赤會與人同桌共食，所以清朝承襲這個傳統，會在皇帝的餐桌邊另外放置桌椅，擺放賜給親族或臣子的膳食[30]。因此，中國菜之所以盛行大盤菜是因為皇帝要藉由與臣子同桌共食體現親睦之情，這種民間盛傳的說法缺乏說服力。

開創大清盛世的一代名君康熙皇帝（第四位皇帝，在位期間一六六一～一七二二年），尋常飲食便能滿足，既不追求美食也不鋪張奢侈。但他在位期間一共舉辦了兩次盛大的「千叟宴」，招待滿、蒙、漢族六十五歲以上的文武百官、士族、庶民等數千人。宴會上會端出代表滿族的料理「野意火鍋」（野肉火鍋）和「餑餑」（後述）等，帶有明顯政治目的，意圖以料理與宴會尋求國泰民安。「千叟宴」在乾隆朝也舉辦兩次，甚至招待過朝鮮使者，但後來便不再舉辦[31]。

康熙曾巡幸北方、東北、山東、江南等地，這個傳統同樣被後代皇帝乾隆承襲[32]。康熙曾北巡多達數十次，經常設宴款待那些來進貢且宣誓效忠大清的蒙古各部使節（九白宴），另外也會擺宴款待與大清結盟的蒙古各部王公貴族，以及之後的回、藏部族（外藩宴）。到了乾隆朝，乾隆將東突厥斯坦一帶命名為「新疆」，納入理藩院（管轄各民族自治的藩務機構）管轄，這類宴會也邁向巔峰期（大蒙古包宴[33]）。

乾隆經常在這些宴會上招待蒙古奶茶。在茶飲中加入牛奶、羊奶等乳品，是漢族不曾有過的飲食習慣。大清的滿人為了與其他遊牧民族建立友好關係，故端出這類茶點[34]。

大清在康雍乾時期版圖擴大，進入盛世。其中象徵皇室權威的宮廷宴會，也是在康熙朝開始做出變革，到了乾隆朝才固定下來[35]。負責皇帝御膳的是內務府之下的「御茶膳房」（清初）或「御膳房（內膳房）」（清中期以後），但實際指揮御膳房的不是內務府，而是熟悉皇帝口味的宦官。在清末組織改革之前，御膳房之下還設有「葷局」、「飯局」、「點心局」、「素局」、「包哈局（掛爐局）」等機構，而御膳房中最重要的機構是「葷局」，局內設有多座灶台，擺上大鍋，用各種方法加熱食材[36]。

「包哈局」是製作肉類炙烤料理的地方，雖然也烤鹿肉和羊肉，不過其中發展得最好的是並稱「雙烤」的烤豬與烤鴨。漢族也吃豬肉，但北方遊牧民族的直火炙烤手法十分獨特。話雖如此，六世紀的《齊民要術》（卷九，炙法第八十）中，就已出現過烤全豬的「炙豚法」：「緩火遙炙，急轉勿住」（以小火遠遠炙烤，維持轉動不可停止）[37]。

烤全豬在清朝被視為「滿漢全席」裡最上等的菜餚，在宴會現場切割分食是滿族相當重視的禮節[38]。而烤乳豬（圖1－1）在廣東則被定為清明節的祭祀料理[39]。甚至到了二十世紀，烤乳豬仍舊是廣州、香港盛行的滿漢全席（大漢全席），以及廣式婚宴裡不可或缺的代表菜品[40]。至於另一道料理「烤鴨」，則留待稍後再做介紹。

圖1－1　紅烤乳豬（銀座亞斯特〔aster〕）。

此外還有個名叫「光祿寺」的機構，執掌清朝宮廷的儀典和祭祀，準備宴席款待進貢的外國、外藩和各省官員。光祿寺本是承襲明朝的機關，一六四四年設於禮部之下，一六七一年成為獨立的部門[41]。

一六八四（康熙二十三）年開始編纂的《大清會典》（行政法規、案例集）中寫有〈光祿寺則例〉，其中嚴格區分「滿席」與「漢席」，「滿席」的等級比「漢席」高，「滿席」分為六等（舉例來說，皇帝、皇后崩逝後的宴席為第一等，朝鮮的朝貢使節為第五等，越南、琉球、暹羅等使節為第六等），「漢席」分為三等，各等級「滿席」與「漢席」使用的食材分量皆有詳細規定[42]。

綜上所述，宮廷裡的「滿漢全席」並未將統治者滿族的料理與其他民族的料理合併到一起。區分「滿席」與「漢席」是治理漢族的政策一環，也是為了保留滿族飲食文化而做的一種努力[43]。

「餑餑」——滿族的飲食文化

在此筆者先來介紹一下代表滿族飲食文化的「餑餑」。「餑餑」泛指用麵粉和五穀粉做成的點心（小食）。清朝初期只會用東北的穀物來製作，但到了乾隆時期也開始使用黃河流域的穀物。滿族的「麻花」（麵糰揉製成麻繩狀後油炸，圖1—2）十分知名，但蒙、回、漢族及各省也都有麻花，可見彼此間的相互融合。例如，清朝宮廷的「餑餑」便汲取了江南點心的製作技術和工具[44]。

滿族擅於製作「餑餑」，正如俗話說的「滿點漢菜」，滿人的點心（麵粉製成的小食）與漢人的菜餚是宴會菜單的主力[45]。不僅如此，滿族的「餑餑」地位非比尋常，在清朝祭祀或政治上的許多場合都少不了「餑餑」。

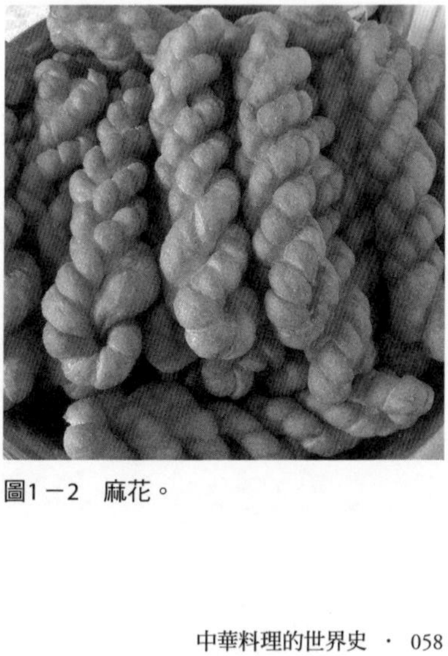
圖1—2　麻花。

舉例來說，「煮餑餑」指的就是水餃。水餃的歷史久遠，是滿人重要的主食[46]。從努爾哈赤時代開始，宮裡就會在除夕食用不包肉餡的素餃子（自光緒即位後改成肉餡）來祭奠先人，這也成了祖先留下來的遺訓。即便到了清末慈禧太后「垂簾聽政」的時代，除夕還會糾集宮中多人一起包餃子，在大年初一合夥吃餃子，感謝神明和祖先的庇佑[47]。

此外，春捲的原型源自晉代周處（二三六～二九七年）《風土記》記載的「五辛盤」（鋪成薄餅狀的五種辛辣春季蔬菜），唐代稱為「春盤」，宋代以後稱「春餅」，是在立春時慶祝春季降臨的吃食。清代宮廷也延續了這種習慣，從乾隆時代開始，會在立春的前一天食用包有東北物產內餡的「春餅」[48]。如此，當春捲被選為清朝宮廷御膳後，就成了富含滿族色彩的菜餚。

另外還有月餅，相傳是在唐朝李世民（太宗，在位期間六二六～六四九年）時代由吐蕃（西藏的統一王朝）商人傳入。宋代前後，人們開始流行在中秋節吃月餅，到了明代還出現各式餡料的月餅。清代宮廷裡也會享用多種口味的月餅，更將中秋節視為僅次於新年的重要節日，以月餅作為供品[49]。

這些用於國宴的「餑餑」也流傳到民間，還在北京開了「餑餑鋪」專售店。雖然「餑餑鋪」主要販售的是仿製的宮廷點心，但也會販賣一些將八種點心拼成一組，取名為「大八件」、「小八件」這類宮廷裡沒有的點心[50]。

美食家皇帝——嗜吃燕窩・鴨肉・河魚料理的乾隆

北京的中國第一歷史檔案館收藏了清朝宮廷日常飲食紀錄（清宮膳底檔），其中留存最多的是乾隆時代的文獻。第六位皇帝乾隆是個對食物極盡奢侈的美食家，除了一天兩頓主餐（早上六至七點與下午一至兩點）之外，還會品茗和享用點心，但每次用餐時間不超過十五分鐘。乾隆皇帝平日飽嚐滿族、漢族、北方、江南的所有菜餚，巡幸大清疆域各地也都帶著廚子同行，經常在盛京（瀋陽）吃江南菜，在江南時吃北方菜[51]。

〈盛京照常節次膳底檔〉記錄了乾隆巡幸盛京時的每日飲食。一看內容就知道，乾隆最喜歡的廚子是擅長做江南料理點心的蘇州人士張東官。張東官從一七六五到一七八四年間擔任宮廷御廚近二十年。乾隆每天用膳吃到的第一道菜，大多也是出自張東官之手。而且乾隆指名張東官加菜的次數也很多[52]。

乾隆喜食燕窩、鴨肉、江南的河魚料理和點心，卻幾乎不碰魚翅、海參、蝦、鮑魚等海鮮。相傳乾隆對於朝鮮獻上的大量海參，也只是評賞了一下[53]。

附帶一提，依據歐洲觀察者的記述，十七世紀初期荷屬東印度的巴達維亞（現雅加達）就已向中國出口燕窩。十八世紀泰國的華裔商人也熱中於採掘與出口燕窩。到了十九世紀，除了巴達維亞，新加坡也成了燕窩的交易據點。十八世紀的巴達維亞每年約交易四百萬盞燕窩，到了十九世紀末，推算每年約有八百五十萬盞燕窩運抵廣東。其中最頂級的燕窩會送往北京[54]。

乾隆在位期間除了江南廚子之外，也會配合皇帝、后妃的口味，另外雇用各類手藝的廚子。例如一七五三年，北京大街上流行豆漿風味的料理，於是內務府從民間聘請了手藝精湛的廚子到宮廷裡磨製豆漿。一七五九年朝廷平定準噶爾後，將準噶爾等地命名「新疆」，納入管轄。當時與清軍同盟的回部出了一位嫁給乾隆的容妃（一七三四～一七八八年，傳說中香妃的原型），宮中替容妃聘用了回族的廚子，為其烹煮「清真膳」（中國式的清真膳食）[55]。

乾隆之後的皇帝，只有道光帝（第八位，在位期間一八二〇～一八五〇年）飲食清淡。不過其他如嘉慶帝（第七位，在位期間一七九六～一八二〇年）、咸豐帝（第九代，在位期間一八五〇～一八六一年）、同治帝（第十位，在位期間一八六一～一八七五年）、光緒帝（第十一位，在位期間一八七五～一九〇八年），膳食之豪奢皆不在乾隆之下。而咸豐的嬪妃、同治帝的母親慈禧太后（西太后，一八三五～一九〇八年）飲食更是極盡奢華之能事[56]。

從食材上來看，康熙帝以前的清朝宮廷基本上還是遵循東北的飲食習慣，大半食材都是從北京、蒙古、東北調度過來的。乾隆以後除了上述三地，還大幅增加了江南、西北、新疆的食材。道光在位期間再次減少江南食材，改以北方食材為主。同治時期的宮廷御膳比乾隆更加豐富多彩，當時北方除了福建的燕窩，也會烹調許多南方的名產（火腿、香菇、青菜等）。此外，由於光緒特別愛吃海鮮，所以每餐必定出現沿海的魚翅、鮑魚、海參、蝦子、海帶等海味[57]。

值得順帶一提的是，中國魚翅需求量大增導致國產品逐漸不敷所需，遂從印度、菲律賓、荷屬東印度、緬甸、夏威夷群島等地進口大量的魚翅。十九世紀末，印度的孟買、馬德拉斯（現清奈）港逐漸成為魚翅出口中國的一大供應地。到了一九二〇年代，中國進口的魚翅大部分都是源自印度[58]。

宮中的御廚在乾隆、嘉慶時期約有四百人之多，道光時期減半，後來又再次增加。宮裡的廚子按手藝高低也有等級之分，人數最多的是打雜的雜役，而受到賞識的廚子可獲得等同知縣（底層地方行政官）的七品官俸祿。但由於手藝好的廚師大多是世襲，所以宮廷御膳的變化並不大[59]。

被軟禁的光緒與形如擺設的料理

雖然光緒帝時期清朝已面臨滅亡危機，但宮中卻依然歌舞昇平。甚至菜品的數量和宴會的等級，還比乾隆及嘉慶在位期間大幅提升不少。然而光緒的生活乃至飲食，都受到慈禧制約。一八九八年光緒支持改革，被慈禧與袁世凱連手阻擋，演變成兵變（戊戌政變）後遭軟禁，光緒自此便過著食不果腹的日子。

依據《清稗類鈔》（第四十七冊〈飲食（上）〉「德宗食草具」）所載，「每餐向光緒帝呈上數十道料理，但放在離坐席較遠的菜品，半數皆已腐敗酸臭，因為每餐進呈的菜都只作為擺設，並未撤換。其餘的菜不是乾掉就是冷了，味道難吃，所以〔光緒帝〕每餐都吃不飽。偶爾〔光緒帝〕會命御膳房換一道菜，但御膳房必定向西太后稟告，而西太后總是以節儉之德責備光緒。〔光緒帝〕一句話都不敢說。」（〔〕內為岩間補記，以下皆同）60。

慈禧太后的美食——鴨肉與豬肉料理

而清朝末年掌握實權的這位慈禧太后（圖1—3）超越了清朝全盛時期的乾隆，以美食家和浪費聞名於世。服侍慈禧太后的女官德齡在回憶錄《御香縹緲錄》（*Imperial Incense*）（英文版一九三三年，中譯版一九三四

圖1－3　慈禧太后。

年）中〈九·天廚玉食（Court Cookery）〉中描述，慈禧一日兩餐（正餐），每次都呈上一百道菜；一日兩次小食，每次呈上二十至五十道左右的料理。但慈禧只吃得下三、四道，剩下的不是丟掉就是賞給宮女或宦官[61]。德齡的這些描述一點也不誇張，清末宦官信修明的《宮廷瑣記》和故宮博物院保存的御膳菜單都能佐證[62]。

〈九·天廚玉食〉還提到了，慈禧最愛吃的菜是「清燉肥鴨」和「清燉鴨舌」。「清燉肥鴨」在《御香縹緲錄》英文版翻譯為「Peking duck」，與後述今日的「北京烤鴨」是截然不同的兩道菜品。

此外，她也愛吃「烤鴨」（烤全鴨）、「烤乳豬」、「燻雞」、「煨羊腿」等菜餚，時時出現在她的餐桌上。在這些烤肉當中，慈禧尤其愛吃帶皮豬肉用少許油稍微烤過再烹煮的「燒豬肉皮」。另外，據說豬肉切成小塊加入櫻桃一起燉煮的「櫻桃肉（cherry pork）」也是她相當愛吃的一道料理[63]。

不過，若將乾隆與慈禧兩人的御膳菜單（故宮博物院藏品）兩相比較，就能發現二者之間的對比。乾隆除了鴨肉外，吃得最多的就是野生鹿肉與山鳥肉。相較之下，慈禧的菜單多是飼養的動物肉，也會攝取大量新鮮的蔬菜和菇類，還有不少白菜、豆腐料理[64]。

話雖如此，慈禧相當排斥有別於清朝宮廷傳統飲食的「素食」。第一代非佛教徒的素食者伍廷芳（一八四二～一九二二年，生於新加坡，曾到倫敦學習法律，活躍於清末民初的政治家、外交官）曾向慈禧建議茹素，就被她拒絕[65]。

末代皇帝——溥儀的飲食與清朝的傳統

清朝末代（第十二代）皇帝（宣統，在位期間一九〇八～一九一二年）愛新覺羅溥儀（一九〇六～一九六七年）在自傳《我的前半生》（北京，群眾出版社，一九六四年）中提及宮中每頓飯都會端出三十道以上的菜品（也有證詞指出品數更多）。

話雖如此，按該書所述，御膳房在皇帝一聲令下，就必須馬上出菜，所以通常是提前半天至一天煮好保溫候傳，以至於不知不覺間加熱過度。因此，自光緒在位以來，皇帝已習慣吃太后或太妃廚房剛做好、端上來的飯菜。而御膳房的菜都放在遠遠的角落，當成樣板[66]。

溥儀就任日軍扶植的傀儡國家「滿洲國」（一九三二～一九四五年，一九三四年溥儀稱帝後改稱「滿洲帝國」）的執政／皇帝，於是滿洲國也沿用了清朝飲食的相關規則，在宮內府之下設立司房（帳房）、膳房（做菜的地方）、茶房（做點心的地方）、倉庫。滿洲國的宮廷御膳負責人常榮，出身自清朝擔任好幾代掌廚的御廚世家。宣統帝退位後，他也繼續追隨其後，是個頗有風骨的忠臣。

根據當時溥儀近侍尚士科的回憶，滿洲國膳房的廚子大多是從北京清宮帶來的滿族人，少數自新京（長春）招聘而來，其中一人據說還會製作西式料理與日本料理。另一方面，宮中官員的膳食由大和旅館的廚師提供。滿洲國時期的溥儀用餐通常是「八菜、八飯、一湯」（八道菜、八道主食、一道湯），但由於他情緒不穩定之故，實際上有二至三年的時間只吃素齋[67]。

此外，同一時期日本天皇已廢止用餐前侍從試毒的規矩，但滿洲國皇帝溥儀用餐時依舊如此行事，這也為他在一九三五年初次赴日時帶來了一些問題。根據當時擔任宮內廳大膳廳主廚長、統領宮內廚房的秋山德藏回憶，溥儀一行人扛著用黃銅緊箍固定的大桶來到赤坂離宮，放在下榻房間附近，桶裡裝著特地從滿洲帶來的蒸餾水。一行人也把蒸餾器具帶在身邊，三不五時就蒸餾清水加以補充，由守衛嚴加看管。製作料理、茶水和咖啡等飲食都必須使用這桶蒸餾水。

溥儀還派了二、三個人守在廚房時刻緊盯，甚至在秋山烹煮皇帝膳食時，還站到身邊監視一舉一動。做好的膳食雖是由日方主膳者端出，但從廚房到房間的一路上，不論是走廊還是樓梯，都有滿洲人站崗嚴加監視。待菜盤送上後，還會有二到三人負責試毒，用筷子或叉子把擺盤精美的菜餚翻攪得一塌糊塗。秋山看不下去上前質問，之後才有所收斂[68]。

滿漢全席的誕生——烤乳豬和燕窩羹

一直以來，「滿漢全席」便以滿族與漢族雙方名菜中精挑細選出來的頂級宴席料理而聞名。然而，滿漢全席被認為是清末誕生於民間的菜式，實際上未曾於宮中供應。換句話說，宮廷裡的官方宴席如前所述，粗分成「滿席」與「漢席」，並各設等級之分。這部分反映出清朝滿、漢壁壘分明的政治思維，即使官場中設有「滿、漢」二席，也沒有二者共上一桌的「滿漢席」[69]。

一六八四（康熙二十三）年開始編纂的《大清會典》，提及關於「滿席」與「漢席」的規定。從中可得知康熙年間，宮中會按「滿席」與「漢席」分別上菜。而最早在文中同時記述「滿」、「漢」料理的是上海學者姚廷遴描述從自己出生的一六二八至一六九七年間經歷的《歷年記》，在一六九四年（康熙三十三）年記述裡提到了「擺滿、漢飯」[70]。

乾隆在位六十年間曾南巡六次。巡遊期間，各地高官都會奉上特產。於是乾隆的南巡助長了「南味」（江南料理）在北京宮廷裡與官場的傳播，建立起融合歷朝且各地料理集大成的最終典範。與此同時，乾隆的南巡也影響北京宮廷御膳的傳播，將「滿、漢席」推廣到江南的富裕階層[71]。

關於「滿、漢席」的記述，也可在袁枚的《隨園食單》（一七九二年）等作品中窺見一二。錢塘（杭州）人袁枚所寫的《隨園食單》一書，強烈主張對美味相關知識的考究，是本堪可與幾乎同時代的法國美食作家薩瓦蘭（Jean Anthelme Brillat-Savarin）《美味的饗宴》（*Physiologie du Goût*，直譯「味覺的生理學」）（一八二五年）相提並論的著作[72]。《隨園食單》的〈須知單〉與〈本分須知〉中以「滿洲菜多燒煮，漢人菜多羹湯」做分類。後又提及滿族官員以漢族料理招待漢族官員，漢族官員以滿族料理招待滿族官員，批評他們忘了各自的本分[73]。

此外，大約在乾隆年間或其後不久寫成的食譜書《調鼎集》中，則列出「烤小豬」、「掛爐鴨」、「白哈爾巴」和「烤哈爾巴」（用豬等動物腿節肉製作的料理）等菜品為「滿席」的基本料理[74]。與之相對，「漢席」的代表性料理則有燕窩羹、燉魚翅或海參等菜品。不過在清朝，即使是「漢席」中最高級的燕窩羹，等級也比「滿席」的烤全豬還要低。

時至今日，作為中國菜最高級別菜品流傳下來的漢族代表性料理，仍可在李斗記錄了「滿、漢全席」的《揚州畫舫錄》（一七九五年）卷四〈新城北錄中〉[75]得到證實。[76]當時的揚州與北京宮廷有著特殊關係，靠著政府的專賣政策而腰纏萬貫的鹽商把水陸交通要衝的揚州設為據點，而乾隆也藉著巡幸地方強化了與鹽商的關係。正是這些鹽商支撐起《揚州畫舫錄》中描述的揚州飲食文化鼎盛時期[77]。

附帶一提，雖然筆者未能親眼確認，但據說日本一七八四年發行的《唐山款客之式》也介紹了「滿、漢之席」[78]。推測江南的飲食文化很早就傳到長崎。

依據中國料理史研究學者趙榮光的說法，可以確認將「滿席」、「漢席」合為「滿漢席」而非「滿、漢席」的最早記述，收錄在平步青（一八三二～一八九六年）的《霞外攟屑》卷三〈辛夷坨蕞言〉中，由陳文述（錢塘人，一七七一～一八四三年）撰寫的《蓮花筏》卷一〈戒殺生[79]〉。因此，「滿漢席」在十九世紀初之前奠定於江南地方民間飯館的說法，最為有力。而聽上去就比「滿漢席」更加豪華的「滿漢全席」稱呼，則首次出現在松江（現上海市）人士韓邦慶於一八九二至一八九三年連載集結而成的小說《海上花列傳》（一八九四年刊）第十八回中[80]，在上海妓院接待來客的場面描述。於是，「滿漢全席」早在清朝末期之前，就已經成為泛指最豪華的高級宴席代名詞，在官民之間廣為使用[81]。

然而，在太平天國之亂（一八五一～一八六四年）中顯而易見、「漢族」對「滿族」的排他性民族主義，也在推翻清朝的辛亥革命前後大為高漲。清末以滿族為主體的四至五百萬旗人，在民國時期被人們與清政權劃上等號，免不了遭受政治性與民族性的歧視待遇，使得孫文的「五族共和」淪為口號。許多旗人遂將滿族姓氏改成漢姓，隱瞞自己的旗人身分[82]。

同樣的狀況也發生在料理界。也就是說，在辛亥革命推翻滿族的大清王朝之後，上海等地便將原先「滿漢席」的整套菜餚改名為「大漢全席」[83]。相傳廣州和香港等地早在清末時期就已經有了「大漢全席」這個叫法[84]。到了民國時期，北京、上海、廣州及香港等地都辦過高價位的「大漢全席」，廣州「謨觴館」的豪華滿漢全席尤其有名[85]。

一九三二年，在日軍主導下建國的傀儡國家——滿洲國的高級餐館也曾推出「滿漢全席」、「滿漢酒席」和「三套碗席」（滿族大型宴席）[86]。這一點可從滿洲國首都新京（現長春）中央飯店曾提供「滿漢全席」得到確認[87]。此外，滿洲國的滿漢全席中還有「滿洲小八炒」套餐，八炒的菜名全都冠上「御府」二字，如「御府八寶醬」（醬油炒八種食材）等。明朝於一六四四年覆亡、清人在尚未越過山海關遷都北京前，有段時期（一六二五～一六四四年）曾定都瀋陽（一六三四年起稱為盛京），當時將宮廷御膳稱為「御府菜」，因而以此命名[88]。

滿漢全席在香港與北京的重生

①香港的大同酒家

香港的「大同酒家」創業於一九二五年，一九二七年起就以開辦大規模宴席而聞名[89]。在香港，豪華宴席上若用到燕窩、魚翅、海參、「魚肚」（魚鰾）、「鰣魚」、駝峰肉、鹿筋、熊掌等水陸八珍，包含烤乳豬、燒鴨、「哈爾巴」等滿族風味，以及用麵粉製作的點心，就會稱為滿漢全席（大漢全席）。滿漢全席曾因治港的英國人批評和民眾對奢侈的反感，在二戰時一度衰退，但戰後又日漸復甦[90]。

圖1－4　滿漢全席的樣貌（香港大同酒家，1973年）。

圖1－5　滿漢全席（大漢全筵）房間裝飾（香港大同酒家，1973年）。

而後，一群香港的美食家於一九五六年八月在大同酒家舉辦了長達兩天的「大漢全筵」大宴席。這是二戰後首次舉辦的正宗滿漢全席[91]。從此之後，香港的中國餐廳紛紛仿效，備置稀有珍饈、豪華房間裝飾、演奏宮廷樂曲、讓服務生打扮成宮女與宦官大張旗鼓上菜，以清朝宮廷御膳的形式推出「滿漢全筵」

（「滿漢華筵」、「大漢全筵」等）。這類滿漢全席增添了一九六〇至七〇年代拜金主義式的豪奢氣味[92]，還傳到了台灣和日本（圖1—4、圖1—5）。

一九六五年三月，日本御茶之水湯島聖堂的書籍文物流通會主辦了香港「滿漢全席之旅」，這是最早以滿漢全席為目的進行的美食旅遊[93]。後來在御茶之水女子大學中山時子等人的主導下，又組成了香港大同酒家滿漢全席旅行團[94]。到了一九七七年，TBS電視台《料理王國》節目播放了在香港「國賓大酒樓」舉辦的香港史上最昂貴的滿漢全席，受到萬眾矚目。次年同一家店的滿漢全席再次上了電視，在日本全國各地掀起對中國菜的新一波關注。前往香港或台灣品嚐滿漢全席的旅行團絡繹不絕[95]。

在一九六〇至七〇年代的香港，滿漢全席也相當受到因越戰致富的暴發戶的吹捧，不過香港人忙於事業，沒有太多時間用餐，而且婚禮或一般宴席也會推出滿漢全席，因而新鮮感漸失。結果滿漢全席的人氣在一九八〇年代之前就大幅衰減，只有少數組織專為滿漢全席而來的日本觀光客還能吃得興高采烈。一九八九年，以烹製滿漢全席聞名的廚師李樹福過世，「金冠酒樓」歇業，後就幾乎不再舉辦滿漢全席的美食秀了[96]。

但當滿漢全席就快在香港消失的時候，一九八六年四月，中國共產黨政權下的上海，在南京路的燕雲樓舉行了第一次的滿漢全席[97]。

②北京的仿膳飯莊

北京也承襲了清朝宮廷御膳及「滿漢全席」的技藝。辛亥革命後，清朝末代皇帝溥儀及其皇族在《清室優待條例》（一九一二年）的庇護下，繼續住在紫禁城過著奢華生活。然而一九二四年，軍閥馮玉祥為對抗有意擁戴溥儀復辟為己用的勢力，也為了減輕北京政府財政負擔，宣布廢止《清室優待條例》，將溥儀等人趕出紫禁城。第二年，清朝御膳房的廚子與雜工們在北海公園開了「仿膳茶莊」。最開始販賣的是點心和茶飲，一段時間後雖也提供簡單餐食，但在民國期間並未推出滿漢全席。

中共成立後，仿膳茶莊在一九五五年轉為國營。一九五六年，店名改為「仿膳飯莊」，並招聘五名清朝前御膳房廚師。同年國慶（十月一日）仿膳飯莊首次開辦宴會款待外國賓客，提供了四千個慈禧太后吃齋時吃的「小糖窩頭」（玉米粉與大豆粉揉拌成圓錐狀蒸熟的食品）。

之後，仿膳飯莊便主推清朝時期的宮廷御膳。一九五九年店址從北海北岸遷到乾隆時期古建築林立的湖中島。中國商業部從全國各地發掘、整理大量菜譜，並招攬各地方料理名廚，提升仿膳飯莊的烹調技術。如今仿膳飯莊提供的滿漢全席，是共產黨政權下眾人努力的結晶[98]。

此外，廚師周錦（生於一九四五年）自一九二六年就向清廷御膳房董局的前「御廚」楊懷學習手藝，一九六七年師父過世後，他又轉向同窗師兄蘇德海（北京便宜坊鴨店名廚）學藝。周錦在二〇〇二年出版了《滿漢全席》（農村讀物出版社），向世人介紹滿漢全席，更在二〇〇四年參加第五屆中國烹飪世界大賽，他

圖1－6　仿膳飯莊的料理「蔥扒駝掌」。

創作的「滿漢全席．祝壽宴」得到了金獎。他創辦北京御膳房滿漢席研究中心，傳承烹飪技術，更被選為「國寶級」烹飪大師[99]。

到了二十一世紀，滿漢全席在中國大放異彩，宛如一九六〇至七〇年代的香港和日本。相關的電視節目，有二〇〇二至二〇〇七年中央電視台、中國烹飪協會、青島電視台共同製作的中華美食文化大型節目系列《滿漢全席》。此外，漫畫領域有二〇〇九至二〇一〇年，揚眉在上海東方出版中心出版的系列作品，專業書籍則由北京的故宮出版社於二〇一七至二〇一九年陸續出版。

如前所述，清朝宮廷會製作融合滿族、山東和江南飲食文化的料理。清朝皇帝的御膳自乾隆後越見奢華，清末掌握實權的慈禧太后雖以豪奢聞名，但並非只有她特別突出。

另一方面，眾所皆知的滿漢全席與清宮沒有直接關係，而是十九世紀以降自民間發展起來的宴席菜餚。進入二十世紀，滿漢全席盛行於民國時代的美食之都上海及廣州等地，在日本傀儡政權滿洲國也風靡一時。二次大戰後，在英國統治下的香港也曾大為流行。

香港的滿漢全席風潮雖於一九八〇年代衰退，但在中國卻被當局保護，一九五〇年代於北京復興，近年來再度以豪華宴席之姿成為民間矚目焦點。如此流傳至今的滿漢全席，與其說是清宮的遺產，倒不如說是在民間奢華風潮的帶動，以及中共政府努力之下發展的結果。

第二章　成為近代城市文化的中國菜
——北京・上海・重慶・香港的料理

清代北京的餐館——都一處的燒賣

一六四四年，李自成率農民叛軍起兵滅了明朝，大清幼帝順治（第三位，在位期間一六四三～一六六一年）趁機進入北京城。清朝承襲了明都所在的北京皇城（紫禁城）、內城、外城三層結構，並於入城數年後下令內城的漢族遷至城外。故此，北京的內城為旗人官吏、將領及眷屬居住，外城則為漢族官吏、庶民居住。內城的商業在漢族離開後大為衰滅，不過位於城內外分界上的正陽門、崇文門與宣武門外側則形成了熱鬧的商業區。尤其是中央的正陽門一帶（現前門大街），密集開設了許多飯莊[1]。

現存於前門大街的「都一處」也是這類飯莊之一。該店由一名山西人在一七三八年[2]乾隆年間開業，同治年間開始販賣特色十足的著名燒賣（圖1—7）。一七五二年乾隆微服上門後，御賜店名匾額。

近年來，這樣一則軼事猶如半正式的歷史，一再為人們反覆傳頌。

然而，這些軼聞全都找不到史料根據。依據袁家方的古書研究，都一處的創業者是山西人的可能性很高，但能確實證明這間小飯館存在的時點，是嘉慶年間以後。使用與乾隆有關的傳說作為店內宣傳，已是民國時代以後的事了[3]。

圖1－7　都一處的燒賣。

清朝時期的北京與江南相比，大多是在飯館宴客，而非請廚子到家裡外燴。從潘榮陛的《帝京歲時紀勝》（一七五八年刊）等資料可知，乾隆年間北京的滿族料理占比雖大，但也不乏山東、清真（伊斯蘭教）、江南、山西、四川等地的名菜與點心[4]。北京的飯館多由職業受限的旗人出資，而經營者、廚子、雜役等雇員即使是漢族，也多是山東人。不過從十九世紀道光年間（一八二一～一八五一年）開始，隨著「旗民分城」、「滿漢分居」的制度弛緩，內城的商鋪有增無減，十九世紀後期咸豐年間開始，對旗人的職業限制也放寬了。

即使辛亥革命推翻清朝，進出城內外還是必須經過正陽門、崇文門、宣武門。甚至因為清末京奉、京漢鐵路整建完成，車站設在正陽門附近，所以周邊紛紜雜沓，市內交通阻塞。不過一九一三年拆除部分城牆，將城門附近開闢成道路，提升了交通的便利性，「滿漢分居」的痕跡也完全消失。北京滿人貴族官員沒落，他們捧場的餐館也跟著生意凋零，新的餐館興起取而代之。例如，北京原本流行山東菜，但在民國初期袁世凱當上大總統後，袁世凱老家河南的料理也變得大受歡迎[5]。

袁世凱本人愛吃「清蒸鴨」，據說一到冬天，每餐都能在桌上看到它。而主食方面，除了饅頭與米飯，他也經常食用河南飲食，用米、粟、玉米、綠豆煮的粥品。此外，袁世凱在一八八二年應閔妃政權的要求，率領李鴻章的淮軍出兵朝鮮，平定壬午兵變。直至袁軍一八九四年回國前，宗主國大清對朝鮮王朝都擁有強大的影響力。於是袁士凱長駐朝鮮，納朝鮮王妃之妹金氏為妾，也愛上她醃製的「高麗白菜」[6]。

一九二七年四月，蔣介石於南京成立國民政府，南京開始扮演起中華民國首都的角色。一九二八年北京改稱「北平」，過去最繁榮的前門街與外側的大柵欄商業區門可羅雀。小吃店集中在西長安街，但也不復往日盛況[7]。

清末民國時期的美食之都．上海——對「中國菜」、「華菜」及各地方料理的認知

英國與清廷在鴉片戰爭結束後簽訂的《南京條約》（一八四二年），是在擁有主權、人民及領土的國家確實存在的前提下成立的規章，在此也可看作中國自此開始朝向形成民族國家[8]。依照條約開放上海、寧波、福州、廈門、廣州等港口，香港也成為英國的殖民地，許多中國移民因此前往國外、傳播中國

菜，中國的城市居民也有更多機會接觸外國文化，並進一步理解中國文化。

例如，查閱清末民初代表上海的報紙《申報》（一八七二年創刊）資料庫，意指中國料理的「唐菜」用語是從一八七七年開始使用，而後代常用的「中國菜」、「華菜」則始於一八八四年。意指中國料理的「唐菜」、「中國菜」、「華菜」、「中餐」的詞彙，與意指西式餐點的「番菜」、「外國菜」、「西菜」、「西餐」等詞彙互為對應。後者成為前者誕生的契機[9]。十九世紀末是中國人開始普遍認為自己的國家是世界列強之一的時期，也是連接二十世紀初光緒新政整建近代國家各項制度的時期[10]。

十九世紀前期的上海除了地方料理外，只有安徽菜和寧波菜幾種料理。安徽（徽州）商人從鴉片戰爭前就在上海活動，除了販賣鹽和布匹外，也掌控了造船與金融（錢莊、當鋪）領域。十九世紀的上海林立著許多徽商的當鋪和安徽飯館。但上海開港後，徽商的經濟力慢慢下滑，鄰近上海的寧波商人興起，寧波飯館也隨之增加。

一八四五和一八四九年，英、法兩國分別在上海設立租界。後來發生太平天國之亂（一八五一～一八六四年），和受其影響的祕密結社小刀會占領上海縣城（一八五三年）的事件，導致許多難民湧進上海租界，外國商人坐收房租。在這種混亂的狀況下，官府默許中國人也可以和外國人一起居住在租界內，「華洋雜居」掀起了第一波不動產熱潮。於是從這時期開始，上海租界開始出現中國各地的餐館。上海第一家北京菜館是同治年間創業的「新新樓」。後來的高級北京菜館因方便接待北京來的官吏而生意興隆，取代從前安徽菜館的地位[11]。

據井上紅梅（一八八一～一九四九年，據稱是第一位把麻將介紹到日本的中國文學研究者）所述，至光緒初年（一八七五年）為止，天津菜在上海租界盛極一時，寧波菜館等餐館只能退居其次。後來又出現南京・揚州菜館、南北折衷菜館等餐館，到了光緒末年（一九〇八年），北京・天津料理復興。辛亥革命後，隨著「南方派」（許崇智或後述的福建派海軍）勢力擴大，福建菜也順勢崛起。接著四川爆發保路民眾抗爭，也帶起四川菜的流行。一九一〇年代是福建・四川料理的全盛期[12]。為數眾多的地方料理出現如此顯著的流行轉變，堪稱是清末以降的一種飲食文化的近代性。

此外，天津的餐廳數量也與上海一樣，隨著港口開放而爆增。一八六〇年依《北京條約》開港的天津，設立了中國境內最多的九個國家的租界。直隸總督、北洋通商大臣、各國領事、洋行（外國商貿公司）及中國企業遂在此雲集，商業得以發展，被稱為「八大成」的八家大型飯莊等各式餐廳也蓬勃發展。民國時期的天津宛如成了北京的內廳，許多政界名流、軍閥、官僚、外國商人、中國買辦、清朝遺臣等人都住在租界，餐飲業十分興盛。北京也是如此，更早在二十世紀初就開設了不少南方（江南、上海）的飯莊。民國時期北京飯館進軍南方的數量，還不如南方飯館進軍北京來得多，餐飲業的競爭相當激烈[13]。

就這樣，競爭激烈的餐館，使得以上海為首的大城市餐飲業蓬勃發展，也讓當時的中國人比較本國料理和外國料理的同時，加深了對本國飲食文化的自信心。孫文（一八六六～一九二五年）曾一度於一九一

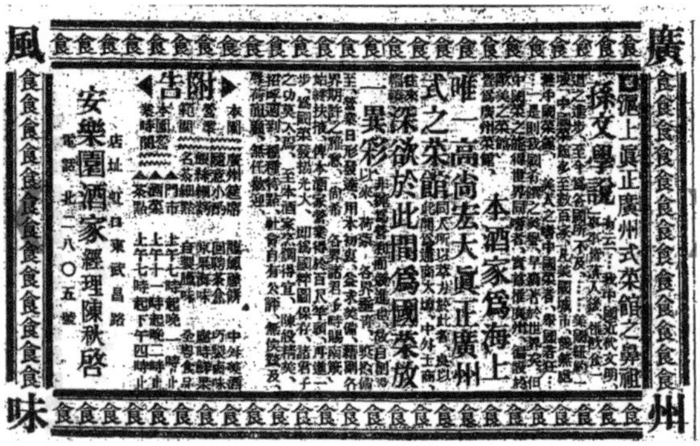

圖1－8　上海的廣州式菜館．安樂園酒家的廣告（《申報》1927年3月28日）。

二年在南京就任中華民國臨時大總統，後流亡日本（一九一三～一九一六年）。之後孫文被選為一九一七年在廣州成立的中華民國軍政府（廣東軍政府）大元帥，但因爭奪主導權失敗而於翌年辭職[14]，並寫下《建國方略：孫文學說》（一九一九年初版）。孫文在書中提到：「我中國近代文明進化，事事皆落人之後。惟飲食一道之進步，至今尚為文明各國所不及」[15]。

這本《孫文學說》裡的言論，被一九二〇年代上海虹口的廣州菜館——安樂園酒家引用來打廣告拉生意（圖1—8）。而孫文自誇傳播到歐美的中國菜，其實主要就是廣東（粵）菜[16]。他的這套中國菜優越論，也於二十一世紀向聯合國教科文組織申請登錄中國菜為非物質文化遺產的爭論上被數度引用[17]。

於是，在民國時期流行日新月異的上海，中國各地菜品的差異逐漸廣為人知。一九一七至一九二〇年，上海商務印書館出版了徐珂（浙江杭州人）的《清稗類鈔》。如同後述，他將中國菜與日本及西洋料理互相比較並引以自誇，但也指出中國各地飲食嗜好各有不同。徐珂提到：「北人嗜蔥蒜，滇、黔、湘、蜀人嗜辛辣品，粵人嗜淡食，蘇人嗜糖。[18]」誠然，如歷史學家金恬所述，徐珂只是列舉中國各地飲食的明顯風俗，遠不及有體系的各地方料理系統分析[19]。話雖如此，我們還是能在堪稱中華民國飲食文化主要發祥地的上海，明確認識到中國菜的優越性與中國各地飲食文化的差異。

近代上海的四川、廣東、福建料理

在此特別以①四川菜、②廣東菜、③福建菜為例，研究一下這些料理是如何傳到上海。再進一步透過美食之都上海，看一看近代這三種地方料理的處境變化。

①四川菜與麻婆豆腐

民國以後上海中國菜的流行變化，在當時最高水準的美食指南《上海的吃》（狼吞虎嚥客編，上海流金書店，一九三〇年出版）等書籍中有生動的描述。四川菜在兩次大戰戰間期的上海美食指南裡頭雖以精緻美觀著稱，卻未將辣味作為料理特色。而二戰後在日本成為四川菜代名詞的「麻婆豆腐」，在戰前的上海也似乎仍未普及。

據說麻婆豆腐這道菜發祥於清末成都城北門郊外，一說是同治年間陳氏發明，另一說則是光緒年間溫氏發明[20]。較有力的說法是，一名陳姓廚子的妻子在食堂裡做出了這道菜，她是個麻臉，所以稱為「陳麻婆豆腐」，簡稱「麻婆豆腐」[21]。傅崇矩（一八七五～一九一七年）編纂的《成都通覽》（成都通俗報社，一九〇九年出版）中記載「陳麻婆之豆腐」是「成都著名食品店」[22]，可見麻婆豆腐在清末的成都已是當地名菜。

此外，記錄清末成都的《芙蓉話舊錄》（周詢著，出版年不詳）卷四寫道：「北門外有陳麻婆者，善治豆腐，連調和物料及烹飪工資一併加入豆腐價內，每碗售錢八文。兼售酒飯，若須加豬、牛肉，則或食客自攜以往，或代客往割，均可。其牌號人多不知，但言陳麻婆，則無不知者」[23]。《芙蓉話舊錄》的「陳麻婆」記載，收錄於〈小食〉（茶點）項目中，可見當時的麻婆豆腐只是地方百姓的一道小點，而非高檔餐館會提供的菜品。料理當中的肉原本是外加的配料，但到了一九二〇年代搖身一變成了有肉的料理，在二十世紀中葉更成了使用高級調味料豆瓣醬的菜餚[24]。

這道麻婆豆腐成為馳名全國的菜餚，至少是在中日戰爭期間，各地民眾逃往國民黨掌控下的四川，又於戰後回歸全國各地之後的事了。舉具體例子來說，在一九四八年五月介紹成都食物的報導裡，「麻婆豆腐」首次登上大型報刊《申報》。這篇報導甚至將麻婆豆腐的由來上溯到三國時代諸葛亮軍隊發生的軼事[25]。一些在中共成立時逃離共產政權的廚師們，也將四川菜和麻婆豆腐傳到了香港、台北。而四川菜會傳入日本，陳建民（一九一九～一九九〇年）尤其居功厥偉。

雖然筆者無法取得文獻而未能確認，但據說清末《錦城（成都）竹枝詞》中也記載了「麻婆陳氏」一事。此外，二〇〇二年「麻婆豆腐宴」獲得了「中國國宴」的評價，「陳麻婆豆腐」更於二〇一〇年登記為成都市無形文化遺產[26]。關於麻婆豆腐的誕生故事，今後也會扎根且不斷傳頌下去。

②廣東菜——「食在廣州」

回歸正題，上海四川菜的流行，到了一九三〇年代完全被廣東菜取代[27]。廣東菜（粵菜）是由廣東籍華裔商人開在南京路的四大百貨店（先施、永安、新新、大新公司）的餐廳開始掀起新一波流行，「食在廣州」的名聲遂在上海不脛而走[28]。廣東菜在上海崛起，也被比喻為一九二六年從廣州開始北伐的蔣介石國民革命軍[29]，隱含著對抗西洋料理、又打敗中國其他各省料理的意涵[30]。

例如，從新新公司獨立出來的新都飯店，就舉辦了上海幫會頭子杜月笙之子的婚宴。此外，與新都飯店齊名的新雅粵菜館，甚至有名到出現「上海的外國人最熟知的餐廳是『新雅』，他們將『新雅』的粵菜視為國菜。[31]」的說法。中日戰爭後，新雅粵菜館的客人有三分之二是歐美人，據說代總統李宗仁也曾在這裡宴請外國賓客[32]。

民國時期的上海既是美食之都，也是大眾文化的中心，當地報章雜誌刊登了多則稱讚廣州飲食的報導。文學家兼作家周松芳主張「食在廣州」這句話，應該是從民國時期的上海流傳開來的[33]。這個見解在報紙和網路新聞上面流傳而廣為人知[34]，更被百度百科納入「中國菜」、「四大菜系」的條目當中，漸成定論。周松芳還著眼於上海式廣東菜（海派粵菜）的蓬勃發展，給了「國菜」、「表徵民國」的高度評價[35]。

不過周松芳雖然分析民國時期上海報刊對廣州飲食的報導，但其中最多的是關於「茶樓」的報導[36]。按中國料理研究家飛山百合子的說法，原本「飲茶」是將重點放在喝茶，所以粵菜有個「茶樓不賣料理，酒樓（餐館）不賣點心」的不成文規定。因此，一九二〇年代以前的茶樓只提供餅食。一九三〇年代開始，茶樓和酒樓的界線雖日漸模糊，但即使如此，茶樓還是以供應餃子、燒賣、饅頭等點心與麵飯類為主[37]。

因此，民國時期的上海人對「食在廣州」這句話的印象，主要是茶館的飲茶。由此可知，上海人雖對海派粵菜盛讚有加，卻對廣東在地正宗料理不甚清楚。

另一方面，自一九〇〇年前後開始有許多廣州餐飲業者跑到香港尋求發展，開設販售鮑魚、魚翅等高級料理餐館[38]。既是如此，當時的香港才是真正的「食在廣州」，因而也很難否定這句名言可能是先在清末民初的香港流傳，然後才傳到上海。而且「食在廣州」的認知在上海廣泛流傳開來已是一九二〇年代左右的事，那時在廣東「食在廣州」一說已開始退流行，並逐漸轉為「食在香港」了[39]。

接下來帶大家簡單看一看廣州的名店。一九三〇年代，代表「食在廣州」最有名的「四大酒家」是

「南園」、「文園」、「西園」、「大三元」[40]。其中創業最早的「大三元酒家」據說是一九一九年從一家賣粥麵的小店開始經營[41]，也是廣州餐館中最早裝設電梯的店鋪，早在一九三〇年代前就已聲名遠播（二〇〇〇年歇業[42]）。

廣州首屈一指的名店「廣州酒家」，前身「西南酒家」於一九三五年[43]或一九三七年[44]左右開業，民國時期獲得政商有力人士贈予「食在廣州」、「廣州第一家」匾額，在中共建國後的一九五七年舉辦的中國進出口商品交易會（廣州交易會）也被指定為接待外賓用的餐廳。

與廣州酒家一同被刊在中共初期編纂的《中國名菜譜》的名店——「大同酒家」[45]，前身「廣州園酒家」是一九三八年日本人中澤親禮開設的餐館。後來廣州園酒家經營不善，一九四二年由香港大同酒家（前述滿漢全席名店）老板收購，改名「大同酒家」[46]。

③福建菜與中國海軍

即使過了辛亥革命後的全盛期，福建菜「小有天」的「紅燒魚翅」依然名氣不墜。福建菜（閩菜）格外受日本人喜愛，一九二二年「中有天」在日本人居住區的北四川路開張，立刻就引來日本客連日造訪，搶走了「小有天」的客人[47]。

另一方面，上海南側江邊碼頭一帶簡樸便宜的福建菜館林立。該區是中國海軍軍艦停泊處，也是海軍司令部所在地。附近飯館的菜品雖然便宜，但也不乏廚藝精湛到曾當過司令艦長私人廚師的大廚，好吃程度不下於小有天等名店[48]。

順帶一提，一八六六年福州外港馬尾興建了當時東亞最大的造船廠「福州船政局」，一八六七年開設了「福州船政學堂」海軍學校，此後閩系（尤其是福州）成了海軍最大派系，這便是海軍將官士兵偏好福建菜的原因。中國海軍遭人非議的是福建人的海軍，內部同鄉意識很重，甚至重用同鄉人到出現非閩籍不能成為司令官的說法。

一九〇五年，大清政府合併南北兩洋水師，在上海的江南機器製造總局（江南造船廠前身）設立海軍機關，由福州人薩鎮冰統理南北兩洋水師。閩系海軍在辛亥革命後成為北京政府的「中央海軍」，並在蔣介石開始北伐時加入國民革命軍，直接成為國民政府的「中央海軍」。直到中日戰爭爆發前，都一直是海軍中地位難以撼動的最大派系[49]。

上海菜如何形成並傳入香港——老正興館與德興館

接著讓我們來看看上海菜的形成與普及。正如上海話揉合了寧波、蘇州等地的方言，上海菜也融合了寧波菜的烹飪技術和蘇州、無錫等地的口味[50]。上海菜的最大特色是用了「濃油赤醬」[51]，一種油多、味濃、甘甜的醬油，適合用來製作色澤油亮的「紅燒」菜。

民國時期的上海菜被稱為「本幫菜」、「本地菜」。這種店大多是寧波菜館改裝而成，規模小，且只提供家常便飯。「老正興館」、「正興館」、「全興館」等上海菜館櫛比相鄰，形成了一條飯店弄堂[52]。一九二六年重訪上海的谷崎潤一郎因為想去「珠簾式麵店」、「底層場所」，所以被帶到「老正興館」。那是一家「純正的寧波料理」餐館，顧客也多是寧波人。絕大部分菜品的食材都是鮮魚。谷崎吃下後，想起了兒時母親做的家常菜——醬煮魚[53]。

直至一九二〇年代以前，上海菜在上海本地都乏人問津，卻在三〇年代急速流傳開來。究其背景原因，大抵是十六鋪（黃浦江岸）的「德興館」（創業於一八七八年或一八八三年）這類本幫菜館推出的「蝦子大烏參」（先用大火炸烏參，加入蝦卵、酒、醬油等調味料後慢燉而成）①名菜，以及培養出的名廚，提升了上海本幫菜的格調與地位所致。加上杜月笙、宋美齡（蔣介石夫人）等名人愛吃上海菜，引來諸多關注，以致追隨者大增。但在上海菜開始流行、「老正興」（最早源於一八六二年寧波人祝正本經營的小吃攤）名氣傳開後，各處都出現了取名「老正興」的菜館，假冒的上海本幫菜也變多了[54]。

中日戰爭結束後，許多上海人盼望找回戰前的繁榮，上海菜成了勾起往事的媒介而人氣大漲，迎來鼎盛期。據說直到國民黨政權在中國大陸的末期，蔣介石之子蔣經國「打老虎」（取締金銀、美元、物資囤積、投機行為）最盛時期，都會到德興館吃上海菜。

一九四九年中共建國前後，許多上海人移居香港和台灣，上海菜成了懷念故鄉的料理，港台也開設上海菜館。一九五〇年代的香港，號稱「小上海」的北角附近住了許多上海人，上海菜館（滬菜館）便以此為中心，開設多家以「和平菜館」和「四五六」雙龍為首的餐館，繁榮一時。當時的香港，來自上海的富裕階層比香港本地人多，他們多半會捨廣東菜、而用上海菜舉行豪華宴會[55]。

此外，民國時期的上海也出現了引進歐美風格夜總會和劇場餐廳經營形態的中餐館（酒樓）。酒樓裡有歌手搭配樂隊現場演唱，客人可以一邊欣賞一邊吃喝，還可以到舞池跳舞。如第三部第一章所見，雜碎餐館（中餐館）在美國成為夜總會的先驅，所以也很有可能是這股風潮流行到了上海。一九五〇年的香港北角等地也開起了這類店鋪，叫作「酒樓夜總會」或「海派酒樓」，建立起六〇年代香港的「夜總會」黃金時代[56]。

杜月笙在一九四九年移居香港，一九五一年在當地病逝，雖然移居時間短暫，但他仍舊十分懷念上海菜，從上海招攬廚師到香港。杜月笙獲得上海市副市長潘漢年的特許，將德興館名廚湯永福及徒弟請到香港，烹製上海菜[57]。德興館在香港中環的「公教俱樂部」、「麗池花園」開店，上海名菜「蝦子大烏參」也很受歡迎[58]。一九五五年香港還開了間上海「老正興」的分店，一九九三年改名為「老上海」[59]。

①編注：原文為「在白蘿蔔仿製的海參肚中填入肉與蝦卵後蒸煮，再淋上醬油調味」，因與常見作法不同，故正文刪除，另放上正確做法。

另一方面，上海德興館在一九五〇至六〇年代成為接待鄧小平、宋慶齡（孫文夫人）、陳雲、李富春、羅瑞卿等黨政名流的餐廳。陳毅擔任上海市長時，在德興館點了「蝦子大烏參」等上海菜招待鄧小平，大受好評[60]。北京、天津等大城市在中共建國初期也開設了「美味齋」、「老正興」等上海菜館。話雖如此，在實施計畫經濟的環境下，上海菜並未在上海之外的地方流行[61]，要到一九九〇年代末期，上海菜才開始受到全國矚目，這一點後面會再提到。

上海菜確立於一九三〇年代，九〇年代末流行到全國，這跟兩次大戰戰間期和改革開放時期上海的經濟繁榮不無關係。誕生於近代的上海菜，已然成了比歷史悠久的淮揚菜還有名的地方料理。

從首都南京到陪都重慶——「官菜」與「川揚」料理的形成

自清末民初開始，南京城南的鬧街已經有了為數眾多的餐廳。一九二七年南京國民政府成立，南京成為首都，餐飲業也跟著突飛猛進。隨著全國的政治人物及官員紛至南京，廣東、北京、四川、寧紹（寧波、紹興）等各式菜系餐廳也紛紛開張，互相競爭。

例如一九二八年，就任南京國民政府首任主席、行政院院長的譚延闓（一八七九～一九三〇年，湖南人）就十分愛顧南京的湖南菜館曲園，許多政治人物和文人都光臨過該店[62]。另外，一八四〇年從回民（穆斯林）小吃攤發跡的「馬祥興」，在辛亥革命後與政治人物及文人建立起關係，一九二七年以後，汪精衛

（汪兆銘）、白崇禧等國民政府高官都是常客。而馬祥興也受到了曾在一九四六年來此與國民政府談判的周恩來庇護，於一九五八年轉為國有。現在該店仍舊提供養生的清真料理，以阿拉伯文字做廣告文宣，是南京現存最古老的餐廳[63]。

一九三七年十一月，遭到日軍侵略的國民政府發布《國民政府移駐重慶宣言》，十二月將重慶定為中華民國戰時首都。國民政府的中央機關暫時移到武漢，蔣介石也在十二月七日撤離南京。十二月十三日，日軍攻陷南京。一九四〇年九月六日，國民政府正式定重慶為中華民國的「陪都」（準國都）。這種狀態一直持續到戰後一九四六年五月、國民政府發布「還都令」從重慶凱旋南京才解除。

因此，即使重慶只是戰時的臨時首都，外食產業也很興盛。全國各地的民眾蜂擁至重慶。那些在重慶的公家機關、企業員工大多沒有攜眷，所以薪水族從日常飲食到應酬宴會，對餐廳的需求極大。再加上戰時重慶的娛樂業並不發達，所以許多人都用追求美食來取代娛樂[64]。

當時的重慶除了本地的四川菜館，北平的豐澤園（山東菜）、厚德副（河南菜）、曲園（湖南菜）、廣州的大三元（前述）、上海的冠生園（廣東菜、西洋料理）等各地方菜系的名店也都在這裡開店[65]。尤其是以上海為根據地、在重慶開分店製作外食點心的冠生園，一九四三年之前還一手包辦了國民政府招待外賓的宴會與茶會[66]。

但是，當地的四川菜常常不合退守重慶的政府官吏及家眷的口味。因此，官府與官員雇用的廚師

（官廚）對川菜進行改良，烹調出既保留川菜特色，又合乎沿海地區民眾口味的料理，稱之為「官菜」。很可能是中央飯店舉辦過多次大型宴會而聲名遠播，所以做出來的料理被稱為「官菜」。近年來也有人批評重慶的「官菜」只不過是「中華民族不幸歷史的產物」。對於重新發掘官菜的歷史文化價值或商業上的重生，大多持批判意見[67]。

一九四〇年代初期，南京及上海開始出現同時做南京（淮揚）與重慶（四川）兩種菜系的餐館。該時期隨著兩地相關人員的遷移，創作出融合了四川與淮揚的「川揚菜」而風行一時，一九四五年戰爭結束後更是熱度大增。

其中最具代表性的菜館梅龍鎮，是一九三八年開業於上海威海路的一間小店，提供揚州點心等吃食，但後來經營不善，為左派文藝家李伯龍收購，搬到南京路現址，交由舞台兼電影女星、同時也是共產黨地下黨員吳湄（一九〇六～一九六六年）經營。吳湄聘請名廚後，梅龍鎮成為遠近馳名的淮揚菜館。日本戰敗一年前，吳湄看準了日本必敗，認為四川菜會在上海流行，所以聘用四川菜名廚沈子芳開發菜色。於是梅龍鎮在揚州菜之外又加了四川味，成為四川菜融合揚州菜的上海式料理。

吳湄的算盤打得沒錯。戰勝後，國民政府的接收人員及家眷從重慶來到上海，他們懷念四川的味道，所以上海又開始流行起四川菜。梅龍鎮生意興隆，融合四川與揚州菜的「川揚」料理就此定型下來[68]。依據一九四六年十月市財政局的統計，上海一千一百一十四家中餐館裡就有三十六家川揚菜館[69]。

一九四九年國民政府退守台灣，包括官員及眷屬，還有在政府機關烹煮川揚菜式的主廚們都跟著到了台灣。後面會再提到，在一九五二年開業的台北圓山大飯店裡擔任廚師長的程明才就是其中一員[70]。如本章所述，國民政府的所在地匯集了中國各地料理，隨著國民政府的遷移，料理的中心地也從南京、重慶移至台北。

留在上海的吳湄繼續擔任梅龍鎮酒家的經理，一九五六年完成餐廳公私合營化之後，就任上海市飲食服務公司的副經理一職。但在文化大革命時，她被江青拿演員時代的舊聞攻擊，從而遭到殘酷迫害，最後含冤慘死[71]。

上海董竹君與錦江飯店的四川菜

在這一節，筆者想介紹一下二十世紀上海的女企業家董竹君（一九〇〇～一九九七年），看看她名聞遐邇的高級川菜飯店「錦江飯店」的創業過程。董竹君一九〇〇年生於上海，一九一三年進入妓樓，一九一四年與前四川省副都督革命黨員夏之時結婚。婚後前往日本就讀東京女子高等師範學校，修完所有課程後返回上海，生下一子四女，一九三四年離婚。董竹君見上海的四川菜味道太重、太辣、不易消化，除了四川人以外不太有人買單，所以打算在上海開一家改良調味的四川菜館。一九三五年三月，她在上海的大世界遊樂場附近開了間小吃店，取名「錦江」。

開張後的錦江高朋滿座，南京國民政府要員、上海軍政人士、黑社會、祕密結社領袖等等都紛紛上門光顧，據說光是候位就得花上不少時間。其中就連身為祕密結社青幫頭子的美食家杜月笙也成了錦江的常客，還出力協助餐廳擴張[72]。不過，要想在民國時期的上海開餐廳，店老板必須先與祕密結社（幫會）、警察、黨、政府等人打通關節，所以飲食業常被人看輕，視作一種「下等行業」[73]。

圖1－9　董竹君在錦江菜館前留影（1935年）。

當時的四川菜跟官場上的宴席與平民料理大不相同。前者做工精細、不油膩，也不那麼辣，後者則多為簡易菜式，油膩而嗆辣。錦江綜合了兩者的優點，不偏向四川人的口味，而是改良成迎合中國南方人、北方人以及外國人都能接受的口味，吸引華人和外國人上門。尤其是「香酥雞」（中式烤雞）、「紙包雞」（用油紙包住雞後油炸）、「乾燒冬筍」（竹筍煸炒紅燒）等菜式最受歡迎。聽說出身英國的喜劇演員兼電影導演卓別林也很愛吃香酥雞。

此外，一九三六年法國租界的法國公園（現復興公園）附近開了一家錦江菜館的分店「錦江茶室」。在日占時期（一九四一～一九四五年）的上海，茶室大多靠著異國情調的歌曲與女侍獻媚吸引顧客。因此，維持正統派茶室氛圍的錦江頗受到打擊，但該店也得到《大公報》（一九〇二年創刊至今，為中國發行期間最長的報紙）女記者的稱讚。

由於錦江的成功，世界各地冒出了許多模仿店，香港、台灣、巴黎、洛杉磯等地也紛紛出現以「錦江」為名的餐廳。美國大使館的商務公使有意邀請錦江到紐約開分店，國民黨政府黨報《中央日報》也提出向中央銀行融資，將錦江擴建成飯店的計畫，杜月笙則提議錦江在他創設的大型綜合娛樂設施內開店，但全都沒能實現。一九四〇年，董竹君逃到菲律賓馬尼拉，一度決定開設錦江馬尼拉分店，可是又因太平洋戰爭爆發而中止。

上海的錦江在汪精衛對日合作政權之下依然門庭若市，但代理經營者卻中飽私囊。一九四五年一月，董竹君乘坐難民船逃出日軍占領下的馬尼拉，經過門司、釜山、奉天、天津，二月回到上海。那一年晚春，董竹君派人向新四軍聯絡部長陳同生傳話，說自己已經回國，希望攀上黨組織。曹荻秋（新四軍行政公署主任，中共建國後就任上海市長）等人遂向饒漱石（中國共產黨華中局代理書記、新四軍政治委員）報告已與董竹君取得連繫。董竹君得到指示後開設了地下印刷廠，進行文化宣傳工作。日本戰敗後，一九四六年晚夏，中國共產黨成立上海局，錦江菜館、茶室成為黨的祕密聯絡據點。

一九四九年五月，人民解放軍進駐上海。幾天後，前新四軍各方面的多位負責人在錦江菜館現身，舉辦大型宴會。一九五一年初春，上海市公安局與市黨委員會，請求將錦江菜館、茶室遷到樓高十三層的華懋公寓（Cathay Mansion，原為英籍猶太人薩遜持有，現錦江飯店北樓），發展為接待中央領導、高級幹部和外國賓客的高級飯店。錦江菜館與茶室的裝修搬遷費用，則由上海市黨委員、副市長潘漢年籌措。飯店的名稱就叫「錦江飯店」，董竹君就任董事長兼總經理，一九五一年六月正式開業。

依據百度百科上的〈錦江飯店〉條目，錦江飯店接待的第一位外賓是著名的朝鮮舞蹈家崔承喜（一九一一～一九六九年？）。崔承喜在日本學習現代舞，加入朝鮮舞蹈的元素，在日本及歐美都獲得了高度評價。她在中日戰爭期間參與了慰勞日軍的活動，戰後與丈夫一同搬到北韓，一九五一年來到北京指導舞蹈。

一九五三年，董竹君因政治因素遽然從錦江飯店第一線退下，成為董事長兼顧問，一九五四年被任命為上海市人民代表大會代表，一九五七年成為中國人民政治協商會議委員。後因為文化大革命，被迫在一九六七年入獄五年[74]。不過當時錦江飯店成為一九七二年尼克森一行人訪中時下榻所在處，二月二十七日更在這裡簽訂了《中美聯合公報（上海公報）》[75]。

一九九九年，董竹君戲劇性的傳奇生涯被拍成了電視劇《世紀人生》（謝晉總導演），她被人們譽為「紅色資本家」。從她的成功故事中，可以一窺四川菜小吃店是歷經了怎麼樣的一番發展，才成為代表上海的高級飯店。

社會主義競賽與飲食博覽會——中華人民共和國初期京滬廚師的地位

城市餐廳數量的增減，敏銳地反映出景氣的好壞。中日戰爭前的上海約有三百家餐廳，到了戰爭初期隨著人、物資、金錢流入租界，一時爆增到一千五百家店左右，後又因物資不足與物價高漲等因素驟減。在戰後經濟復興帶動下，一九四六至一九四八年又恢復到了七百餘家店。不過在共產黨政權成立前，官員富豪紛紛逃離上海，餐廳營業額減少，一九四九年時減至六百家左右。

到了中共建國初期，北京與上海的餐飲業因為黨部、軍幹部等應酬而再次興盛起來。一九五三年，自由市場一時擴大，企業利潤增加，對資本家來說甚是難忘的黃金一年。大吃大喝的社會現象廣為流傳，餐廳也跟著蓬勃發展。直至一九五六年政府宣告完成民營企業公私合營化（實質上是國營化）時，上海有近八百家餐廳[76]。

一九五〇年代，中國共產黨需要接待地方、黨中央、政府幹部等要員，所以努力重建高級餐廳。一九五〇年代末期至六〇年代初期，政治精英成了這類餐館的主要顧客。官員們即使在大躍進政策後的大饑荒時期都還在大魚大肉，因此這些價格超出一般工人購買力的名菜餐廳才能存續下去[77]。

只不過一九五〇年代的上海，餐館都集中在商業中心黃浦區等地，工廠附近或郊外卻是一家也無。這種不合理的地理分布，以及店裡即使有會計、服務生、打雜人員卻沒有廚子，即「三多一少」的狀況，成為相當嚴重的問題[78]。廚師之所以人手不足，是因為上海的餐飲業陷入困境，廚師不收徒弟，再加上不少廚師投奔外地或轉換其他行業[79]。為了解決這個問題，戰略上得將餐廳重新定位為生產場所，而非消費場所，讓廚師參與訓練，視高級餐廳的廚師為社會主義的模範勞工[80]。話雖如此，靠著這種「社會主義競賽」的作法，也依舊無法解決廚師不足的問題[81]。

至一九六〇年為止，中國烹調技術以師徒制、教到出師的方式為主流。此種作法從這個時期開始逐漸轉變為現代的學校教育。一九六〇年代，以北京、上海為首的全國各城市紛紛成立職業烹飪學校（餐飲學校），透過學校推廣標準化的料理[82]。這導致許多外省的學生跑來上海學藝，為了練習而在教室大排長龍。也有烹飪學校的學生忙於接待工作和政治運動，失去了對廚藝訓練的熱情[83]。

另一方面，位於上海市中心黃浦區的新都飯店，在一九五六年五月舉辦了「飲食展覽會」，引起全市矚目。這場飲食展覽會在各地方菜系餐館送來的約三千八百種菜品當中，選出了廣東、北京、蘇州、湖南、四川等十五個地方的一千四百一十九種菜餚做展示。除了兩百餘種「名菜名點（有名的料理、點心）」之外，展示還分成了「欣賞菜點（鑑賞料理）」、「一般菜點」、「回菜・素菜（清真・精進料理）」、「糕團點心」、「西菜西點」、「野味滷味」七大部門。展覽會展示的名菜與點心，都是由黃浦區知名餐館和錦江飯店、國際飯店等一流飯店派遣過來的廚師親手烹煮[84]。

此外，繼上海市之後，廣州市也在同年六至七月舉辦了「廣州市名菜名點展覽會」，在廣州酒家一樓大廳展示約六百道料理和一百三十八種點心。這些料理和點心的食譜，據說幾乎全是民國時期名店流傳下來的好味道[85]。

但是，一九五六年舉辦這些飲食展覽會的當下，各地方（幫）菜品已然失去本身的特色，即使是有名的老店，料理品質也有所下降。由於中央政府商業部明確指示應在商業經營中保持本身優秀的特色，所以上海市政府也相當重視這個問題。當時認為「發揚並保持餐飲店經營的特色」是重要的任務，與後來的文化大革命時期迥然不同。名廚的社會地位高，一般人尊重名廚，社會也追求這種氛圍[86]。一九六〇年以前，上海市第二商業局認為中國菜是「我國寶貴的文化遺產之一」，上海有四十家特色獨具的名店，名菜點心多達五、六千種，逐漸失傳的傳統特色菜品和烹調技術，基本上都全數再生了[87]。

而當時的北京則在國務院總理周恩來的關照下，自全國各省市拔擢優秀的廚師，配置到黨中央、國務院各機關和市內大型飯店[88]。例如一九五六年八月，廣州的大同酒家派遣廚師和服務生前往北京，在北京也開設了大同酒家[89]。另一方面，國務院在一九六四年自北京派遣四十九名主廚和三名酒樓服務生到上海，接受為期半年的訓練。一眾廚師在錦江飯店學習四川菜、廣東菜品與點心，在國際飯店學習北京菜、麵食與點心，在上海大廈學習淮揚菜、麵食與點心，在和平飯店學習上海、四川菜以及亞洲各國菜品，在華僑飯店學習福建、廣東菜。服務生則一齊在錦江飯店學習[90]。

值得注意的是，上海國際飯店的北京菜竟然出名到有廚師專從北京來學藝的程度。一九四七年，國際飯店與北京的豐澤園飯莊（一九三〇年創業，中華人民共和國期間在十大元帥之一葉劍英的授意下，成為接待外賓的餐廳[91]）合併，在飯店二樓開設豐澤園菜館，其後再從北京、天津聘請廚師。

中共建國後，國際飯店成為接待外國政府元首與外國賓客的外交用飯店。其中提供的「乾燒黃肉魚翅」乃是國宴常用的重要菜品。改革開放前，國際飯店的北京料理保持傳統的同時，也進行了「上海化」。例如「糟溜魚片」（酒糟芡汁魚片）在北京、天津用的是鯉魚，但在不易取得鯉魚的上海，國際飯店改用「黃魚」（石首魚、白姑魚、黃姑魚類）來取代[92]。

《中國名菜譜》的建立及其政治背景——特級廚師與第一期烹飪技師

就在這段期間，一九五八至一九六五年出版了《中國名菜譜》（第二商業部飲食業管理局編，輕工業出版社）全十一卷。之後又發行了針對一般家庭的《大眾菜譜》（輕工業出版社，一九六六年一月初版），進而於一九七五至一九八二年發行了《中國菜譜》（中國財政經濟出版社）全十二卷。這些書是最早將中國各地菜式體系化、定位為國族菜的食譜書。

順帶一提，中華民國時期也出版過許多食譜書。諸如《家庭食譜》（李公耳著，中華書局，一九一七年）、《家庭食譜》續、三、四篇（時希聖編，中華書局，一九二四、二五、二六年）、《美味烹調祕訣——食譜大全》（李公耳編，世界書局，一九二五年）、《葷蔬烹調——中西食譜大全》（祝味生編，大通圖書社，一九三五年）等書籍。不過這些食譜全都是為生活在上海等城市的中產階層女學生、主婦等人提供的日常食譜集，如果將這些食譜視作以科學觀點撰寫的料理及食品相關啟蒙書，自是有其劃時代的意義，只是很難看出書中意圖有系統地向全國及外國人介紹中國菜。

在當時的北京，陳勝（廣東廚師，一九五九年北京市勞動模範）、范俊康（四川廚師，北京飯店副經理，一九五九年全國勞動模範）、羅國榮（四川廚師，北京市政治協商會議委員）、王蘭（淮揚廚師，一九五九年度北京市勞動模範）四人號稱中國餐飲界「四大名廚」（圖1－10），不僅極具權威，說話也頗有分量。這四位名廚負責國宴菜，他們的「國粹食藝」被評為對中華人民共和國外交做出不朽的貢獻，更被讚譽是「中國外交業務的功臣」，這便是中共建國初期編纂《中國名菜譜》的政治背景。

圖1－10　中華人民共和國初期，北京的「四大名廚」（自左起為陳勝、范俊康、羅國榮、王蘭，《北京晚報》1959年10月20日）。

陳勝、范俊康、羅國榮、王蘭與梁書增（新僑飯店，俄羅斯料理）五人，在一九五九年北京烹飪技術示範大賽時，以「特級廚師」的身分負責最後審查。該次大賽贏得冠軍的是上海市配屬北京飯店的揚州菜廚師李魁南。一九六〇年一月，中央政府商業部授予五十四位名廚「第一批烹飪技師」的稱號。為首的是范俊康，排名第二是羅國榮，第三陳勝，第四李邦慶（北展餐廳，俄羅斯料理），第五王蘭，第六梁書增，其他還有第九名彭長海（後面會提到的北京飯店譚家菜）、第三十一名李魁南，以及第四十四名伍鈺盛等人[93]。

這裡想介紹一下伍鈺盛（一九一三～二〇一三年）。伍鈺盛出生於四川省遂寧縣，一九三三年起在重慶最知名的白玫瑰酒家任職。由於國民黨政權遷到重慶時將其訂為戰時首都，故而他也曾為蔣介石、何應欽、宋子文、孔祥熙等國民政府的大人物烹煮宴會料理。尤其他還曾主掌過蔣介石的重要宴會，為蔣的四個公館做菜，接受過宋美齡與蔣經國的犒賞，也曾見過前來國共和談的周恩來。一九四六年之後的兩年期間，他都在上海的玉園餐廳工作，為祕密結社首領黃金榮、杜月笙、大企業家榮毅仁、胡文虎等人烹煮宴會料理。後來移居香港，也為香港、澳門總督做過菜。

一九五一年在周恩來的招攬下，他從香港遷到北京，加入中華人民共和國的建設。伍鈺盛受到國家副主席張瀾（中國民主同盟的創始者之一）、政務院副總理董必武（中國共產黨創黨人之一）等人盛讚，在西長安街開設北京最大的四川菜館峨嵋酒家，獲梅蘭芳（京劇名角）、張友漁（法學家）各界名流的光顧。

一九五一至一九五六年，峨嵋酒家受到「三反五反」運動（意在肅清官僚、民族資本家綱紀的政治運動）影響，不得不暫停營業。但伍鈺盛在峨嵋酒家擔任廚師長長達四十年，奠定了「峨嵋派」四川菜。一九五〇年，他改良的「宮保雞丁」（辣炒雞肉與堅果），將雞肉切成塊狀以利於均勻受熱，擴大調料入味的面積，更獲得最高級料理「狀元菜」的美譽[94]。一九五八年出版的《中國名菜譜》就收錄了「宮保雞丁」等伍鈺盛在峨嵋酒家最拿手的八道菜[95]。一九五九年，伍鈺盛被選為五十四名中華人民共和國第一期「烹飪技師」中的一人[96]。

文化大革命與上海蟹

一九六六年文化大革命風潮下，廚師與服務生提供具一定特色的服務，被批判是在「為資產階級效勞」。這種「修正主義經營路線」也被批判是中國赫魯雪夫的劉少奇、上海的代理人陳丕顯（中國共產黨上海市委員會書記、上海市領導）、曹荻秋（上海市長）所追求的路線[97]。

為了工農兵，餐廳進行大眾化改良。而所謂的大眾化，也就是簡單化。結果就是地方菜館喪失了傳統，四川、北京、廣東、淮揚等菜系也失去了既有特色[98]。前述的梅龍鎮酒家成了一眾送貨卡車司機每天中午到南京西路排隊吃飯的食堂[99]。此外，「五味齋」、「新雅」、「大三元」也各別改成「人民」、「紅旗」、「工農兵」等帶有革命風格的店名。不僅如此，店內還四處張貼「毛主席像」與「毛主席語錄」，轉變為迎合工農兵的大眾食堂，甚至是紅衛兵的指揮所或免費食堂[100]。

一九七六年，領導文化大革命的「四人幫」垮台時，正是秋蟹最肥美的時節，所以上海人把四人幫比喻為「三雄一雌」的螃蟹，煮蟹喝酒來慶祝勝利。這件事被刊載在一九七七年二月四日的上海《文匯報》，而該報正是發表了姚文元〈評新編歷史劇《海瑞罷官》〉（一九六五年十一月十日）、為文化大革命打響第一槍的報紙。

依據《文匯報》的報導，四人幫什麼事也沒幹，卻像螃蟹一般向黨、政府、軍隊、文化伸出蟹腳，橫行霸道地掌握大權，為所欲為。但最後也像螃蟹一樣，什麼也沒抓到，就被送上了歷史的審判台[101]。

改革開放時期的國家名廚與日本

文革結束後的改革開放時期，廚師的地位再度回升，其背後不乏烹飪協會設立的因素在裡頭。一九八四年創設「北京烹飪協會」，一九八七年設立全國組織的「中國烹飪協會」，一九九一年創辦「世界中國烹飪聯合會」，一九九四年又為餐飲業者設立了「中國飯店協會」。

二〇〇二年，北京烹飪協會選出了十六名「北京國寶級烹飪大師」，二〇〇六年商務部第一次表揚了全國的名廚。二〇一二年，北京烹飪協會與商務部首次發行冠上「國家」名稱的主廚立志傳集《國家名廚》（中國商業出版社）。想登上《國家名廚》的廚師，首要條件是「愛國愛黨」。檢視這六十一名因傑出人格及手藝而被挑選出來的「國寶級烹飪大師」，其中二十三名、相當於三分之一以上的廚師都居住在北京[102]。「國寶級」廚師選拔偏重首都北京，由此可見其聲望和影響力在北京以外或許十分有限。

值得一提的是，若檢閱「國寶級」主廚的經歷就會發現，在改革開放初期的中國菜發展，尤其是確立代表「國家」的名廚及中國菜成為國族菜一事上，日本都扮演了重要角色。例如「國寶級」山東菜泰斗崔義清，一九二二年生於山東省濟南，一九三八年曾在濟南的日式料亭「日本閣」學習日本料理，之後更到東京銀座學習西式料理。他自一九四六年起在濟南的聚豐德修習山東菜，並在一九六〇年代加入《中國名菜譜》的製作。

另外，素有「中華料理鐵人」稱號的崔玉芬（一九四三年生），自一九七〇年起被派到北京的全聚德烤鴨店，一九七四年拜「全鴨席」名廚王春隆為師。一九八二年東京新高輪王子飯店開業後，曾到店內的中式餐廳工作兩年，為昭和天皇烹煮的菜餚也獲得一番讚許。一九八五年她開始擔任北京國際飯店山東菜館的料理長。之後在一九九九年，她接受日本富士電視台邀約出席《料理的鐵人》節目，打敗了著名的陳建一，榮獲「中華料理鐵人」的稱號。

不只這位崔玉芬，光是從《國家名廚》的名單裡，就可以確認六十一名「國寶級烹飪大師」中就有十九名在一九八〇年代到二〇〇〇年代前半訪問日本，擔任飯店廚師與主廚長、烹飪示範、演講員或國際烹飪大賽的選手與裁判[103]。此時期中日兩國的貧富差距甚大，對中國菜的一流廚師來說，日本成了一個極有前途的工作地點，而且在日本的經歷也有助於在中國獲得名望。從另一個角度來看，當時水準最高的中國菜也可說是平行傳到了日本。

改革開放時期地方菜的流行變遷——廣東菜・四川火鍋・上海菜

四川人在上海的川菜餐廳吃四川菜，會說那不是四川菜。廣東人走進上海的粵菜館，會說那是上海的廣東菜。一九八六年，上海市的餐飲業者針對「是否應該強調是某菜系正宗口味」進行了一場討論，但得出的結論是否定的。上海的餐館提議必須走自己的路，開創出上海菜系統（「海派菜」、「上海菜系」）的特色。此外，上海（本幫）餐館則認為除了上海菜（本幫菜）之外，也提供四川、山東、廣東等各地方菜色，讓顧客們自由選擇就行了[104]。於是上海地方菜再次展開瞬息萬變的流行變遷。

一九八〇年代，香港文化成為廣東省改革開放的象徵，香港的粵菜被瘋狂追捧。這股流行浪潮散布到中國全境的大城市，在上海稱作「粵菜北伐」。廣東菜捲土重來，被比喻成民國時期蔣介石的北伐。上海有許多餐廳把從香港禮聘來的主廚作為賣點，其中尤以新鮮的海鮮料理最受讚揚。之後潮州菜也大行其道，許多餐廳都標榜潮州口味[105]。

一九八九年六月發生天安門事件，民主化運動遭到鎮壓，改革開放也停滯。但一九九二年，鄧小平主張推動市場經濟，在南方各城市發表「南方談話」。之後政府對個人經營的餐廳放寬管制，掀起了全國性的家常菜熱潮[106]，也成為了以豪華海鮮為主的粵菜的競爭對手。例如在一九九〇年代中期的上海，相較於黃河路待客應酬用的高級餐廳林立，乍浦路的美食街則是以端出「熗蝦」（涼拌鮮蝦青蔬）、「醉蟹」（酒漬螃蟹）、「鹹泡飯」等家常菜的小吃店為中心，彼此相互競爭[107]。

而同時期的上海除了廣東菜、家常菜之外，還有四川菜，火鍋料理更是大受歡迎。一九九二年冬季流行起「四川火鍋」，到了一九九五年冬季「鴛鴦火鍋」又引發另一波熱潮[108]。當時的四川菜，一般來說都是「大菜不辣小菜辣」（大盤的宴席料理不辣，小盤的家常料理香辣），這是因為赴宴的人口味各有不同，所以做出來的菜必須合乎所有人的口味。在這當中，前述錦江飯店的四川菜也在上海再次受到矚目。它雖然源自四川，卻有一股不同於四川的獨特風味。例如「巴蜀飄香」這道菜就汲取了福建高級菜餚「佛跳牆」的特色，嗆辣的同時又讓味道更顯鮮美[109]。

於是自一九九〇年末開始，「上海菜」在上海市及全國各地開始流行。當時上海的舊縣城地區，圍繞著豫園湖心亭的茶館（一八五五年創業）、綠波廊（歷史雖可追溯到明朝，但在一九七八年才成為餐館）、南翔饅頭店（一九〇〇年創業）等老店的中心街道重新開發。就連附近的街道也打造出「上海老街」，修建成具地方特色的觀光區，重現明清和民國時期的街景。

於是，地方政府企業及有力人士都開始著手復原舊街區，全國各城市也開始開發提供地方特色美食的觀光。但就如社會人類學家河合洋尚在廣州市西關的田野調查所示，新創的「飲食景觀（foodscape）」在那些從以前就住在當地的本地人眼中，卻是畫虎不成反類犬的冒牌貨[110]。

一九九九年，上海市兩萬多家飯店與餐廳中，約有三分之一以上海料理（上海菜、本幫）作為主打。而上海菜在一九九〇年代末首次在全中國流行，連北京和深圳等地都看得到「上海本幫菜」、「正宗上海菜」、「上海家常菜」的廣告。繼廣東菜、四川菜之後，上海菜也在北京風靡一時，到了一九九七年，北京已有三十家以上較大型的上海菜館。例如北京的「夜上海」餐廳就貼了一九三〇年代《天涯歌女》、《馬路天使》等電影海報，播放當時的流行歌曲〈四季歌〉等唱片。上海菜館常常把「海派文化」擺到前面，促銷上海菜。

不過上海有許多上海菜館都是順應流行，從廣東菜轉換過來的，而上海以外的上海菜館則幾乎都不是上海人經營的店。因此，在上海菜（本幫菜）的菜單上也看得到四川菜的「麻婆豆腐」、廣東菜的「蠔油牛肉」。這樣的狀況被稱為「離譜」現象（脫離原本食譜）。這種冒牌上海菜（假本幫）充斥市面的狀況，引來眾人一再討論，到底什麼才是正宗的上海菜[111]。

話說香港的上海菜館，原本也是只有一部分從上海遷來的人會上門光顧，多數香港居民對此知之甚少。到了一九九〇年代末期，高級上海菜館一家家開張。香港特別行政區第一任行政長官董建華（一九九七～二〇〇五年任職）是一九四七年舉家從上海遷居香港的大企業家。他在任內拜訪上海時，特地請到擔任德興館總經理的「國家級高級技師」任德峰為他做菜[112]。

從客家菜．「新派粵菜」看香港社會的變化

一八四二年大清在鴉片戰爭中戰敗，簽訂《南京條約》割讓香港給英國，又在英法聯軍之役後的一八六〇年簽訂《北京條約》，再度割讓九龍半島南部給英國。一八九八年，英國以九十九年的期限租下九龍半島北部的新界。

十九世紀成為英國殖民地的香港，自此大半個二十世紀幾乎一直是大英帝國的屬地。香港在亞洲太平洋戰爭中被日軍占領，但在戰後重新為英國掌控，一九四九年建國的中華人民共和國也維持並利用這種狀況。經過一九八〇年代的歸還談判，英國終於在新界租借期限結束的一九九七年，將香港全境歸還中國，劃下統治終點。

飛山百合子曾採訪香港一流的美食評論家兼企業家唯靈，將這段二十世紀的香港史寫入聚焦中國菜論述的名著《香港老饕》（白水社，一九九七年）。《香港老饕》完全發揮了唯靈與飛山對中國菜的深厚造詣，極富啟發性。但本書主要依據唯靈的親身體驗與認知撰寫，所以史實考證方面並不充分，有些記述也不正確。而且也沒有論及二十一世紀的狀況。

本書將在補足這幾點之餘，先舉例客家菜與「新派粵菜」這兩個相互對照的流行，來回顧香港飲食文化的現代史。

①客家菜——梅菜扣肉

二次大戰剛結束不久的一九五〇年代，香港流行起客家菜。客家人雖為漢族，但帶著「客人」與「新來者」的意思，典型的客家人散居於中國南部偏僻的山區，在各地區的社會地位十分低下[113]。此外，客家人是指自古以來從北方南下的族群，因此他們說的客家話還保留著中原（黃河流域）的古音。

圖1－11　代表性的客家菜——梅菜扣肉。

客家菜的特色是「肥」、「鹹」、「香」，擅長做鹽漬的魚或肉、菜乾、醬菜等長期保存食品，反映出他們遷徙的歷史。豬五花用醬油醃漬香煎再跟梅乾菜一起蒸煮的「梅菜扣肉」（圖1－11）是最具代表性的客家名菜。一九五〇年代的香港輕工業起飛，大規模基礎建設也進行中。那些在工地裡工作的工人最愛吃的，就是又油又可口的客家菜。香港的客家菜在一九六〇年代迎來巔峰期，開了三十家以上的客家菜館[114]。

話雖如此，在一九八〇年代之前，香港歷經急速的經濟成長，生活較有餘裕的階層開始追求更精緻、更有異國特色，也更講究的料理，以至於客家菜館逐漸沒落。

但是，一九九〇年底，客家菜重新奪回眾人目光。究其背景主要有：第一，客家菜反映了香港的經濟發展，讓老年人追憶起往日美好時光。第二，香港居民平常會到華南一帶旅行，客家庄都打造成觀光區，重現傳統的飲食生活。第三，香港經濟不景氣，造成高級餐點的需求大幅降低[115]。

②新派粵菜——活用素材風味的廣東菜

接著再來看看「新派粵菜」（新廣東菜）的蓬勃發展。「新派粵菜」可定義為受一九七〇年代初期法國菜「新潮烹調」（nouvelle cuisine）潮流影響，在七〇年代的香港落地生根，於八〇年代大為盛行的國際性（Cosmopolitan）廣東菜。

「新派粵菜」的特色在於使用海鮮、水果及蔬菜等多種食材，減少炒炸物，活用食材原味，進行健康的簡單烹調。減少鹽分和辛香料，熬煮出製程費工，被稱為「上湯」的清淡高湯原汁，裡頭使用大量的鮑魚、海參等乾貨，經常盛放在素面的骨瓷容器裡，藉此充分展示食材。此外，受到日本料理影響，也會使用芥末等調味醬[116]。甚至包括蛇、鹿、貉一類被稱為「野味」的野生鳥獸料理、多用水果的料理、飯後的水果拼盤、「外省菜」（廣東以外中國各地的料理）等，都是新派粵菜的重要特色。

大型飲食企業美心集團於一九七一年開設「翠園」，早早便將西式服務和經營手法引進中式餐館，大加推廣穿著燕尾服、戴上白手套的服務生幫忙將菜餚分成小盤的「美心式服務」。此外，美心集團還拓展了「外省菜」連鎖餐館，在新派粵菜的蓬勃發展過程扮演了重大的角色[117]。

不過，因為廣東菜經常有所變化，所以很難論斷新派粵菜的潮流究竟自何時興起。一九三〇至四〇年代的上海式廣東菜已出現像是日式生魚片前菜、用鳳梨或檸檬入菜的家禽料理、「龍蝦沙律」（在龍蝦頭、尾殼內擺放拌入沙拉醬的水煮龍蝦沙拉）這些能讓人聯想到香港新派粵菜的料理。另一方面，初期的新派粵菜多是在既有菜餚的擺盤上下工夫來表現新鮮感，例如用櫻桃或不時閃爍的燈泡充當烤乳豬的眼睛[118]。

新派粵菜出現的背景，在於一九七〇年代的香港已發展成一個經濟富庶，以商業人士、白領為主的中產階級現代城市，人們也更願意追求更加精緻的高級料理。到了一九八〇年代，加拿大的城市購物商場也出現新派粵菜餐廳[119]。

隨著新派粵菜興起，傳統「甘脆濃肥」（甘甜、爽脆、濃醇、油潤）的口味過時之後，保守的「老派粵菜」也不得不向符合時代所需的「清淡自然」（簡單調味，活用食材原味）口味靠攏。因此，一九九〇年代「新派」與「老派」之間的藩籬漸漸消失，香港的廣東菜進入下一階段[120]。

圖1－12　萬壽果燉魚翅（木瓜蒸魚翅湯。周中菜房・白金亭）。

而在日本，代表新派粵菜的廚師——周中的「周中菜房・白金亭」二〇〇六年於東京白金台開張。該店用挖空的木瓜為容器蒸煮成的蒸魚翅湯（萬壽果燉魚翅）十分美味（圖1－12）。據說這是周中在夏威夷想做冬瓜盅，卻無法從市場上買到冬瓜，才想出來的一道菜品。

從「盆菜」看香港政治

到了一九九〇年代的香港，標榜本土、家常、傳統烹調技術的鄉土料理蔚然成風。其中最有名的是一種叫「盆菜」的宴席菜。盆菜是自古住在香港新界一帶的居民，普遍用在祭祀祖先的儀式或結婚喜宴上的料理。他們將便宜的食材層層堆疊，盛在一個大「盆」裡，再擺到桌子正中央，任憑眾人自由伸筷取用。

人們會藉由一起吃盆菜（食盆），來明確界定宗族（父系同族團體）範圍，並起到排除客家族群參與新界地方政治的作用。新界的盆菜文化甚至帶來了地方觀光產業的振興。自一九九〇年代起，它對本地觀光客的吸引力更甚於外國觀光客。

盆菜的起源眾說紛紜，但不管怎麼說，盆菜已是近年被「重新發現」的鄉土料理，被當地觀光業者拿來作為「傳統好味道」大力宣傳。盆菜對許多香港人來說，是一種有別於中國大陸、專屬於香港的本土傳統料理。人們對於盆菜這類香港本地、鄉土、前殖民地傳統味道的追求，在一九九七年香港回歸前後的不穩定時期裡，反映出了香港居民間萌生的自我認同與危機意識。

在一九九〇年代的香港，隨著英國結束統治時間點的逼近，盆菜夾帶了許多港人追求文化歸屬意識的政治訊息，它成了全港統合的象徵，不再僅止於新界[121]。一九九七年六至七月，香港旅遊發展局（當時為）「香港旅遊協會（Hong Kong Tourist Association）」等行政組織與各種團體為慶祝香港結束英國統治時期的關鍵歷史時刻，舉辦了盆菜宴會。於是盆菜就成了香港從英國回歸中國，以及香港——中華人民共和國特別行政區——這個獨特地位的象徵[122]。

但後來，連鎖餐廳等將盆菜商品化，逐漸沖淡了政治意義。約莫在二〇〇〇年前後，美心集團的連鎖店開始在春節提供盆菜，其他的快餐連鎖店也隨之跟進，二〇〇四年的香港已然一年四季都吃得到盆菜。大眾媒體將盆菜視為「正宗香港菜」，將其宣傳成廣東人眼中有著悠久傳統的年菜（圖1—13）。由於外帶盆菜回去家庭聚餐非常省時省力，在香港中產階級間也備受青睞。

圖1－13 香港的盆菜。

話雖如此，香港有九成以上的居民都不是新界人，對盆菜原也不甚了解，所以盆菜可以被理解為新界的菜餚，卻不能以此認定它是全香港的傳統文化。就這層意義上來說，盆菜堪稱是近年才被創造出來的一種香港文化遺產[123]。

根據在香港新界做田野調查的社會人類學家華琛（James L. Watson）的說法，盆菜反映了二〇一〇年代中期以後香港社會與文化上的轉變，再度增添政治色彩。二〇一四年爆發抗議香港特首選舉方式的反政府示威（雨傘運動），香港自治和民主化運動方興未艾，盆菜成了對中國表達忠誠的料理。

例如，二〇一四年央視播出的紀錄片《舌尖上的中國》（後述），就以鄰近香港的經濟特區——深圳的粵人村莊宴席菜，以及廣東省北部的梅州客家菜，來介紹盆菜。這是因為在中國的認知當中，盆菜不是香港的料理，而是一項廣東菜。

二〇一七年，香港慶祝回歸中國二十周年，舉辦了不少場盆菜宴席。單是一場以新界某組織舉辦的盆菜宴，就有一萬三千人共襄盛舉，慶祝香港回歸，同時支持政府的經濟改革，反對反政府示威者占領中環。反政府示威群眾自然也吃盆菜，只是它並未成為運動的象徵。

此外，與香港經濟貿易辦事處有連繫的倫敦華埠商會，也在同一年於倫敦華埠中心的傑拉德街（Gerrard Street）舉辦了盆菜宴，邀請包含國際發展事務大臣與幾位倫敦自治區的區長等人在內近八百人參加。

而盆菜也在這一年被選為了代表香港的無形文化遺產，登記在中國政府名下。於是盆菜成了具有「香港脫離殖民，而且屬於中國的一部分」意涵的料理，至此確立不可撼動的地位[124]。

綜上所述，從清朝走入民國時代，再步入中共時期的各種料理，紛紛成為城市文化的一部分，在國內政治的影響下瞬息萬變。城市與國家的發展融合進了全國各地料理，近代開創全新飲食文化的速度明顯加快許多。

中央集權的中華人民共和國的成立，對於促使中國菜自成體系、推動國族菜的形成一事至關重要。下一章我們將關注的焦點自內政轉向外交，看看中國在外交場合上的料理變遷。

第三章　中國的國宴與美食外交——燕窩・魚翅・北京烤鴨

美國前總統格蘭特環遊世界與中國・日本料理

在美國南北戰爭（一八六一～一八六五年）期間擔任司令官、率領北軍獲勝的尤里西斯・格蘭特將軍（一八二二～一八八五年），一八六九年三月至一八七七年三月就任第十八任美國總統。卸任後不久，一八七七年五月他從費城出發，花了兩年多時間與妻子環遊世界，並於一八七九年九月返抵舊金山。

愛爾蘭籍記者約翰・楊格（John R. Young）也陪同格蘭特一起環遊世界，他在一八七九年出版了附插圖的《與格蘭特將軍環遊世界》（*Around the World with General Grant*）上下兩冊遊記，獲得廣大迴響[1]。

①泰國——西式料理與泰式咖哩風味餐

環遊世界的尾聲，格蘭特以首位美國前總統出訪身分，在一八七九年四月造訪泰國（當時的暹羅）、五月到中國（當時的大清），六月抵達日本，受到各國領袖的隆重款待。

在泰王主辦的晚宴上，除了美國人不敢吃的數道泰式咖哩之外，宴會也提供歐式料理[2]。一八七〇年代的泰國王宮，拉瑪五世正熱中於引進西式料理和西式餐具，這一點會在第二部第三章介紹。

②中國——用刀叉吃燕窩羹・燉魚翅・烤鴨

相較於泰國和後述日本官方的西式料理國宴，中國舉辦的國宴就端出清一色的中國菜。廣州的晚宴很可能是交由兩廣總督劉坤一主辦，但除了擺上刀、叉和玻璃杯之外，上桌的全都是中國菜，也擺了筷子。包含燕窩羹、燉魚翅、烤全豬、烤鴨等共七十道菜餚，可說是最頂級、最高規格的款待。

然而楊格提到燕窩羹時，雖然尊其為「中國文明巔峰之一」，但也批評「清淡無味」、「是一種吃起來不會令人不適，但需要再做調味的黏稠食物」。至於燉魚翅，儘管理解這道菜在中國十分珍貴，但他還是給了「油膩腥臭」的嚴苛評價。而且格蘭特一行人似乎也對中國的晚宴沒有提供麵包、餐飲間一直共用大盤子和不曾更換從盤中夾菜的筷子，感到十分不滿[3]。

格蘭特一行人經由澳門、上海到達天津，在那裡晉見了直隸總督兼北洋通商大臣李鴻章，之後前往北京。北京宮廷由光緒帝叔父、軍機大臣兼總理衙門大臣恭親王奕訢代替年幼的光緒帝和攝政的慈禧太后主持國宴，招待格蘭特一行人。北京的晚宴還是一樣端出了燕窩羹、燉魚翅和烤鴨等菜餚，但與廣東、上海、天津宴會不同的是，整場晚宴氣氛十分安靜。格蘭特在擺出茶、點心和香檳的餐桌上，繼續與恭親王在餐室裡會談（圖1—14）。

會談的題材遍及中國的教育、資源開發和外國的政治影響等方面。尤其是對日本併吞琉球一事，恭親王說「琉球自明朝起就承認中國的主權，但此島的國王被帶往日本逼迫退位，所以喪失主權。」他批評此舉違反國際法，也對日本未與大清進行任何涉及此事的協商而感到不滿。格蘭特對此表示，自己現在已是一介平民無權干預，但也勸說避免戰爭的重要性，承諾會與日本協談這個問題。

圖1－14　格蘭特與恭親王奕訢的會談（1879年）。

格蘭特等人前往日本的途中，再次經過天津與李鴻章再會，李鴻章也提到恭親王說過的議題，並補充說明日本占領琉球群島，會阻斷大清的太平洋通商路線，所以大清不可能放任不管。格蘭特對此表示，他有意願協助和平解決這個問題。

而後一八七九年六月，天津舉辦了象徵飲食文化交流的宴會。天津的海關稅務司德璀琳（Gustav Detring）邀請格蘭特與李鴻章出席晚餐與晚宴派對。李鴻章雖在一八九六年才赴外旅行，但其實他早在那之前就有過在女性也出席的晚宴上與歐美人士見面社交的機會。

此外，李鴻章夫人也曾邀請格蘭特夫人和住在天津租界的數位歐美籍夫人參加晚宴。會場的餐桌採歐式風格，擺上法國製的銀製餐具，布置了許多花飾，並在鄰室放置鋼琴。菜品方面，最先端出的是歐洲風格的套餐，接著搭配銀器、銀製小柄杓、象牙筷，送上中國菜與中國酒。然而相較於歐美夫人們努力嘗試中國菜、也使勁使用筷子，中國的夫人們卻只吃中國菜[4]。

③日本——鮮魚天婦羅・生魚片、湯品

格蘭特環遊世界的最後一站來到日本，是首位訪日的前美國總統。一八五四年日本簽訂《日美和親條約》後，幕府曾在橫濱以鮮魚為主的本膳料理①招待培里提督等人，卻得到美方「琉球人的飲食生活明顯比日本人好」的差評[5]。可能是基於這個原因，一八六七年德川慶喜將軍在大坂城招待英、法、美、荷四國公使之際，就請來了在外國人居留地橫濱經營飯店的法國人來烹調法國料理[6]。

之後，日本政府主持的國宴似乎也都不招待日本料理。不過，格蘭特來日之際，長崎的商人們招待一行人到市中的古寺，以花費六至七小時烹製而成的在地料理舉辦了場盛大的款待宴。這部分楊格也鉅細靡遺地記錄下來。

宴席上不但備有多種鮮魚的魚湯、條石鯛等製成的鮮魚天婦羅、生魚片、醋漬魚、海藻等豐富的海

① 譯注：武士階層之間三菜一湯的待客料理，源自室町時期。

鮮料理，更將菜餚擺飾成如同富士山的風景，搭配出一整套向外國人強調日本料理特色的套餐。但格蘭特一行人對餐桌上只有米飯和日本酒、卻沒有麵包和葡萄酒感到不滿。而且，他們似乎也沒膽嘗試將活蹦亂跳的鮮魚現切成片狀的生魚片[7]。

格蘭特夫婦前往東京，在岩倉具視的隨同下，前往皇居覲見了明治天皇與皇后。格蘭特曾在總統任期中的一八七二年晤見了訪美的岩倉使節團，所以這次與岩倉的見面，算得上是相隔七年的重逢。而岩倉在此次重逢之際，已然成為明治政府的核心人物。明治天皇在會面中主動向前與格蘭特握手，這也是日本天皇第一次與賓客握手[8]。

天皇提出希望能改日與格蘭特進行非正式會談的請求，於是在岩倉具視作陪下，和格蘭特在皇居進行了一場長時間的對談。除了論及國會的開設、外債的危險性等話題，也談到了格蘭特拜訪中國之際受恭親王與李鴻章託付的琉球議題。岩倉知曉與大清維持友好關係的重要性，格蘭特便力勸日本應與大清就琉球議題進行協商，避免爆發戰事，以免歐美各國繼續擴大在東亞的影響力。

但是，岩倉具視派遣伊藤博文與西鄉從道到格蘭特一行人造訪的日光，雙方於七月二十二日再次針對琉球議題做出議論。伊藤主張，日本自古就擁有琉球的主權，格蘭特對此則表示，或許有大清能接受、又不侵害日本權利的解決方法，勸說日本在軍事上也許能戰勝大清，但日本與大清戰爭只會讓歐洲各國得利[9]。

④在舊金山受到華人歡迎

格蘭特一行人完成環遊世界旅行，於一八七九年九月返抵舊金山。格蘭特獲得以市長為首的各方人士歡迎，然而他對於是否接受舊金山華裔商人的拜會頗感猶豫。這是因為，一八七〇年代的加州正值反華情緒的高峰，這部分會在第三部第一章談到。

不過，格蘭特為回報中國統治者和政治人物的殷勤招待，很想向居住在美國的華人表達善意。在歐文・麥克道爾（Irvin McDowell）將軍府邸舉辦接風會的當天，格蘭特公開向華人代表寒暄問候[10]。

清末民初的國宴——消失的鹿肉料理

除了上述格蘭特的環遊世界遊記之外，對於大清與中華民國政府用了什麼菜餚款待外國賓客，並沒有留下詳細的相關史料。不過筆者在此想介紹一份研究中國政治外交史的川島真挖掘出來的史料。

中央研究院台灣史研究所保留了一九一〇年十一月十一日（宣統二年十月十三日）大清外務部主辦的晚餐會菜單。其中可知的菜色有「清湯官燕」（燕窩羹）、「燒桂花魚」（煮鱖魚）、「白燒魚翅」（原色原味的燉魚翅）、「紅燒鹿筋」（醬煮鹿肉）、「白燒鱉群」（原色原味的燉鱉肉）、「炒八寶菜」（炒什錦）、「紅酒沙雀」（紅酒）、「燒鴨」、「什錦桂花糕」（丹桂做的蒸糕）、「鮮果」（水果）[11]。

這些菜餚呈現出了清末的宮廷御膳，可以從鹿肉料理上看出滿人統治者的影響。此外「白」（不用調味料調味，保留食材本色）或「白煮」（用湯或熱水清煮）與「燒烤」（直火炙烤肉類）同為具滿族特色的烹調法[12]。在該菜單裡也看到了「白燒」。

該套餐的中國菜搭配的是洋酒（紅酒），同一份史料裡還記載了用到起司、奶油、白醬、鵝肝和生菜的法國料理套餐菜餚。由此可以確知，清末招待外國賓客，不只會提供中國菜，也有法國料理。

滿族建立的大清王朝滅亡後，在清朝竄升為一流食材的鹿尾等料理就不再出現在中華民國的國宴上[13]。這一點從一九一三年十月十日袁世凱就任中華民國大總統當日的晚宴菜單就可知曉。根據英國代理公使丹尼爾・瓦勒的紀錄，晚宴的菜餚有「燕窩、魚翅、蝦、燉雞、菠菜炒肉、蛋糕（長崎蛋糕）、燉魚、燉鴨、青菜、水果、咖啡」[14]。這份菜單不含鹿肉、直火炙烤的料理，也盡可能不用調味料的「白」料理等，完全抹去滿族的痕跡。

另一方面，在清朝作為漢族料理（漢席）代表的燕窩羹和燉魚翅則在中華民國的國宴中保留了下來。這些菜品再加上烤全鴨（後來的「北京烤鴨」）等菜餚，成為款待外賓的國宴上不可缺少的美饌，從大清一直延續到現在的中華人民共和國。

譚家菜的燉魚翅——廣東菜成為國宴料理

在論述中華人民共和國的國宴前，讓我們先來看看清末民初馳名天下的「譚家菜」成為國宴菜的過程。譚家菜奠定基礎的過程，不僅象徵了廣東老饕料理成為中國菜的軌跡，也是近代中國個人、家庭、地方菜成為國族菜的一個範例。

廣東菜在民國時代迎來巔峰，其中尤甚的是江太史公（江孔殷，一八六四～一九五一年）的「太史菜」，以及在譚篆青時代進入全盛期的「譚家菜」。有不少人說，這兩種料理開啟了「食在廣州」的時代[15]。而且，相對於太史菜貫徹了廣州的粵菜傳統，譚家菜則融合了淮揚料理等其他菜系，成為北京最頂級的「官府菜（官衙菜、官府宴客菜）」，進而晉升為國宴菜。

清末的北京官員經常互相擺宴款待彼此，廣州籍的譚宗浚（一八四六～一八八八年）成為北京翰林院（起草詔書等文書的官署）官員後，就將北京的料理巧妙地融入故鄉的廣東菜中，以風格獨特的美食招待同僚。譚宗浚相繼到四川、江南、雲南就任，後從官場退休，在回鄉途中病歿。

三兒子譚篆青對美食的熱忱不亞於父親宗浚，他趁父親調任各地時，收集了當地的古菜譜。父親過世後，譚篆青並未回到故鄉廣東，而是定居北京出仕為官。另一方面，譚篆青自民國初年便不惜重金招聘各地名廚，譚家菜隨之得到越多的讚賞。當時的北京有幾家私房菜館聲名遠播，包括段祺瑞（先後歷經北京政府陸軍總長等職務）的「段家菜」，譚家菜也位列其中。譚篆青可說為譚家菜奠定了基礎。

一九二〇年代的譚家雖已沒落，但譚篆青仍不減對美食的熱情，甚至變賣家產和田宅以作支持。但隨著生活日漸拮据窮困，譚篆青終於想到販售譚家菜的點子，開始承包宴席收取費用。不過為了保住家族顏面，他並未掛牌營業，只在府內經辦宴席，取名「家廚別宴」。一九二三年曹錕賄選前後，北京出現了靠收賄致富的議員，高官間流行起奢華的餐宴。在這樣的風氣下，譚家菜也在上流社會風靡一時，幾乎很難預訂得到。

譚家菜第一位大廚，是曾向淮揚菜高手的家廚陶三等人學做菜的譚大夫人，由譚家二姨太打下手。一九二〇年代末兩位夫人過世後，譚篆青從廣州娶了精通廚藝的三姨太，在北平繼續提供譚家菜。為了保護譚家菜的招牌，譚篆青十分小心不讓菜色外洩。一九三〇年代，時任國民政府行政院院長汪精衛為了在北平宴客向譚家外借廚師卻被拒絕，這段軼聞廣為人知。到了一九四〇年代，譚篆青與三姨太相繼過世，譚家菜失去了精神支柱，進而沒落。彭長海（前述）、崔鳴鶴、吳秀全與他們的徒弟陳玉亮離開譚家菜自立門戶，四個廚師在北京的西單開了飯館[16]。

中共建國後，政府為了保護譚家菜，將其納入廣東菜館「恩成居」，成立譚家菜部。恩成居搬到西單附近，在前院賣一般廣東菜，後院賣譚家菜[17]。話雖如此，吃過譚家菜的高級官員們在中共建國前逃的逃，沒落的沒落。此外，彭長海等人在共產黨政權下的北京，也不敢標榜舊社會頂級的官衙菜（官府菜）。

但是一九五八年，周恩來招待法國外賓時，外交部禮賓司（儀典局）建議採用彭長海等人的譚家菜。周恩來嚐過譚家菜後大加讚揚，認為這些菜餚堪為國粹，應該盡力保護。同年，彭長海等人全體入駐北京飯店，北京飯店繼山東、廣東、四川、淮揚菜之後，又加入了譚家菜。北京飯店培育了許多廚師，紛紛進入後述的人民大會堂和釣魚台國賓館，譚家菜成了國宴菜的一部分。

譚家菜的特色在於，都是以燒、蒸、燴、燜、「扒」（以文火長時間熬煮）等慢火細燉的烹調技術，而不採用大火快炒。此外，只用鹽和砂糖帶出食材本身的鮮味，而不使用胡椒、山椒、味精（鮮味調味料）。魚翅與燕窩稱得上是譚家菜宴客菜的雙璧[18]。北京飯店內的譚家菜現已對國賓之外的一般人開放，筆者曾於二〇一九年到訪，感覺那裡不太像是個人會去用餐的場所，而是公費宴客的地方。

北京飯店與「開國第一宴」的淮揚菜

中華人民共和國的建國者毛澤東，並不似乾隆和慈禧那般會在食物上追求豪奢，不過他和孫文一樣推崇中國菜。根據一九五〇年代毛澤東醫生徐濤的回憶，毛曾說過以下一番言論，「我看中國有兩樣東西對世界是有貢獻的，一個是中醫中藥，一個是中國菜飯。飲食也是文化。全國有多少省和地方，所以菜飯有多少種？」、「西方人食物裡脂肪多，越往西越多，他們得心臟病的也比中國多」、「中國飯菜合理，在對人的健康方面比西餐要好很多」等[19]。

本章特別就中國的「國宴」（state banquet）進行一番探究。國宴是國家元首或政府領袖用來招待國外賓客和國內要人的正式宴會。政府主持的「公宴」除了「國宴」外，還有「省宴」、「市宴」、「縣宴」和「鄉宴」等[20]。而「國宴」是其中規格最高的一種。此外，外交上的宴會除了「國宴」之外，還有「晚宴」、「招待會」、「雞尾酒會」、「茶會」、「便餐」等類別[21]，「國宴」是其中最嚴肅、最正式的宴會。

一九四九年十月一日開國大典後，周恩來、朱德、劉少奇等中央人民政府的領導人與國內外來賓六百餘人，一同從天安門廣場移駕北京飯店，參與在正午[22]舉辦的中華人民共和國首次的盛大國宴[23]。

主辦會場北京飯店是北京（北平）市中心極少數的高級飯店，也是中國動盪近代史的舞台。一九〇〇年法國人在東交民巷開設北京飯店，第二年因支持義和團的清朝軍隊包圍公使館，引發八國聯軍入京，故遷到聯軍駐紮地的北側，一九〇三年又搬遷到現在長安街、王府井南口的地址。北京飯店是孫文一九二五年過世前最後下榻的飯店，也是一九三六年西安事變後張學良與蔣介石第一次見面的地方。

亞洲太平洋戰爭爆發後，法籍業者把北京飯店轉讓給日本人，戰後由國民政府接收。一九四六年一月，國民黨的張群、共產黨的周恩來、美國的喬治・馬歇爾（George Marshall）在此地舉行三方會談，發表停戰協定[24]。一九四九年，這裡舉辦了中共的「開國第一宴」，肩負起重大的歷史使命。

十月一日，由於前一晚在中南海懷仁堂召開政治協商會議準備會，北京飯店的工作人員負責閉幕式宴會，所以需要通宵工作[25]。建國大典的宴會以淮揚料理為主，並進一步集結全國各地方菜系。紅燒魚翅、紅燒鯉魚、紅燒獅子頭、紅扒鴨等，共計端出了八種加熱烹調的主菜[26]。擔任總廚師長的朱殿榮精通淮揚菜，最拿手的是燒獅子頭等菜餚[27]。

如前所述，淮揚菜可說是隋煬帝鑿通連結黃河、長江一帶的大運河後，在南北交流中孕育出來的產物。之所以在中共開國大典雀屏中選，是因為它位居北方與南方烹調技術、辣味菜系與甜味菜系的中間，較易符合全國各地所有人的口味[28]。其中更詳細的內情，相傳是因為周恩來出身江蘇省淮揚，對淮揚菜更加親切熟悉，甚至還為了國宴聘請了九名淮揚菜廚師[29]。另一個說法是，政務院典禮局局長余心清和北京飯店經理王韌決定採用較中庸的淮揚菜，作為從政治協商會議到開國大典上的宴會菜[30]。

中華人民共和國初期的國宴與周恩來、毛澤東

一九四九年十月中央人民政府外交部成立，一九五四年九月更以此為基礎，成立中華人民共和國外交部。外交部長周恩來提出「十六字方針」，意即「站穩立場，掌握政策，熟悉業務，嚴守紀律」。這是初入外交部的人員最先學習的一句話[31]。一九五四年，中華人民共和國外交部禮賓司正式成立，第一任司長柯華在周恩來強烈主導下，籌辦國宴事務。

舉例來說，依據《小康》雜誌記者孫曉青在外交部檔案館找到的周恩來手稿，一九五六年二月，周恩來總理對國宴形式做出指示，為了活絡宴會的氣氛，方便談話，要求將方桌改為圓桌[32]。台灣的國宴也在二〇〇〇年陳水扁就職總統時將方桌改成了圓桌[33]，由此可見，周恩來對國宴的巧思相當具有開創性。

一九五七年四月十七日，毛澤東在中南海懷仁堂迎接蘇聯最高蘇維埃主席團主席（相當於國家元首）的克利緬特・伏羅希洛夫（Kliment Voroshilov），當晚劉少奇與周恩來等中共最高領導人全員出席，舉行國宴。一九五六年二月，赫魯雪夫（Nikita Khrushchev）開始批判史達林時，伏羅希洛夫曾短暫加入舊史達林派，攻擊赫魯雪夫（一九五七年六月赫魯雪夫權力鬥爭勝利後又倒戈回去）。當時中國的國宴都在北京飯店舉行，但那次卻破格在中南海（黨中央委員會、國務院、黨及國家領導人居處所在的政務中心）舉行，很可能是反對批判史達林的毛澤東所授意。根據外交部檔案館保留的史料顯示，當晚的菜色包含燕窩、魚翅等六道主餐，十分豪華。

另一方面，赫魯雪夫雖也在一九五八與一九五九年訪中，卻並未受到如此優厚的接待[34]。這個小故事告訴我們，外交場合的宴會內容會依主客的重要程度而有差別，國宴的菜色也會因為對賓客的政治判斷而大有變動。

中共建國初期的國宴中，燕窩和魚翅是出現最頻繁的主菜，也最受重視[35]。國宴使用的食材都會經過再三斟酌，嚴格挑選產地，譬如燕窩選用泰國的上品、魚翅產自南中國海、鮑魚來自大連，採用高麗蝦（中國白蝦）和山東的鯛魚，龍蝦來自福建，羊肉是張家口、鰣魚是鎮江，金絲小棗來自樂陵等。另外還會依據時節，使用當季盛產的食材[36]。

依照某位大廚的回憶，建國初期負責國宴的廚師約有一百六十名之多，總廚師長一人，下面分成八個部門，設有正、副主廚，還有特級、特技、高級、中級的等級之分。負責國宴的廚師從全國選拔而來，必須接受政治審查且具備高度的政治涵養（對中國共產黨的忠誠）。進而也要求文化素養，必須研究世界各地的風俗文化，與全國各地的知名料理[37]。

人民大會堂的「堂菜」——「中菜西吃」

自一九四九年中共建國至一九五九年九月為止的國宴，都在北京飯店舉行。但在為了配合建國十周年國慶而建造人民大會堂之後，一九五九年九月三十日晚上七點，便在該地點舉辦建國十周年的慶祝晚會，共計四千六百四十七人（其中一千六百八十一人為外國人）參加。因為規模盛大，晚宴只能採用自助餐的形式，加之受到大躍進失敗導致的大饑荒影響，據說這個時候連豬肉都買不到。

自此之後，歡迎國賓的正式宴會便都在人民大會堂舉行。由於人民大會堂的完工，中國政府不時就會舉行數千人以上的大規模國宴[38]。

人民大會堂的大廚們，把自己做的菜稱為「堂菜」。「堂菜」裡也採用了不少西式料理的烹調法。雖然周恩來一開始指示食材全部使用國產品，不過隨著西式餐點的提供，禁令很快就解除了。

一九五九年成為人民大會堂司廚、之後擔任司廚長長達五十年的郭成倉表示，湯品會在前菜（冷盤）之後、主菜之前上桌，這種「中餐西吃」的方式充分表現出人民大會堂的國宴特色。

此外，國宴使用的食材自建國以後都是由北京東華門大街三十四號的特供處負責。為了隱藏此處的存在，長年以來都只用「三十四號」代稱。人民大會堂廚房的食品安全檢查並不由公安部門直接參與，而是由人民大會堂的化學檢查室和專職檢查的人員負責。切好的食材跟煮好的菜餚出鍋後，科學檢查員都會立刻取樣保管，若用完膳的二十四小時之後沒有發生問題，就會廢棄[39]。

釣魚台國賓館的「台菜」——「清鮮淡雅」

同樣在一九五九年九月，釣魚台國賓館也竣工，作為舉辦國宴的場地。釣魚台因八百年前金代章宗築台垂釣而得名。此地在元朝時是遊覽名勝，明朝永樂年間之後成為高官及貴族的山莊，清乾隆帝將之定為離宮。釣魚台國賓館是接待外國國家元首、政府首長、代表團等國賓的設施，日本天皇、英國女王、美國總統都曾經下榻此館[40]。

釣魚台國賓館的飯菜素以「台菜」之稱聞名，不論中國菜還是西式餐點都獲得高度評價。「台菜」吸收中國各地菜餚的長處，上自宮廷御膳，下到民間美食，外從各國美饌，內到國內八大菜系，廣泛汲取箇中精髓。在遵從中國「上等美味必須清淡」傳統的同時，也考慮世界重視「低糖、低鹽、低脂肪、高蛋白」的趨勢，進行適度改良，調製出「清鮮淡雅、淳和雋永」等釣魚台料理的獨有基調[41]。

釣魚台國賓館自一九七九年起對外開放，接待過許多名人和旅行團。釣魚台國賓館的中國菜甚至還遠征國外，新加坡、香港、澳門等地也紛紛介紹。一九九二年，東京四季飯店椿山莊開了中菜餐廳「養源齋」後，釣魚台國賓館每年輪替派遣主廚以下的數名廚師前往（二〇〇五年歇業[42]）。

順帶一提，北京飯店自一九九九年九月開始對外販售重現一九四九年十月一日「開國第一宴」的菜品[43]。人民大會堂也對外開放，能在這裡舉行記者會（新聞發布會）是企業和個人身分地位的象徵，例如二〇〇五年二月，中國扶貧基金會在人民大會堂舉辦慈善晚宴，最貴的「總統貴賓席」每人要價人民幣三萬八千元（相當於當時的新台幣十五萬元）[44]。

但中國烹飪協會會長蘇秋成表示，早在二〇〇五年以前，就有餐廳就打著「國宴」、「國宴大師」、「國宴菜點」的廣告標語，意圖擴大生意並引人矚目。他認為「國宴」是國家主席和總理代表國家舉行的禮節與儀式之一，是帶有強烈政治性質的嚴肅稱呼，呼籲不要隨便使用這些用語來宣傳不曾在國宴做過菜的廚師及其菜餚，以免誤導消費者[45]。筆者二〇一九年六月造訪北京時，北京飯店已經沒有「開國第一宴」的菜單，人民大會堂也不受理民眾參觀了。

北京烤鴨的誕生——南京的「鹽水鴨」與北京的「烤鴨」

中華人民共和國成立後，北京烤鴨的名聲與日俱增，馳名海外[46]。一九五八年出版的《中國名菜譜》第一輯（第二商業部飲食業管理局編，輕工業出版社）的開頭（第五頁）就登出「掛爐烤鴨」、「北京烤鴨」，並記載「全聚德」與「便意坊」（應該是「便宜坊」誤植）最為有名。北京烤鴨自此正式成為中國菜的代表，全聚德也成為北京烤鴨的代表。

不過「烤鴨」成為代表北京與中國的菜品，絕對是在北京成為中國首都之後的事。從歷史上來看，南京的鴨肉料理比北京發達。包括《楚辭》等文獻就記載當地人們自先秦時代就開始吃鴨肉，鴨肉料理更早在明朝前就已是首都南京的名菜。直至清末以前，南京的鴨肉料理更是名滿全國。慈禧太后每年都從南京採購大量的「鹽水鴨」（鹽醃後水煮）和「板鴨」（用鹽和醬油浸泡後風乾），它們都獲得了貢品的殊榮。

舉例來說，南京「韓復興」（一八六六年創業）的「板鴨」就是以進獻給北京官署的「官禮貢鴨」而聞名。到了一九一〇年，板鴨在南京舉辦的中國首次大型物產博覽會——南洋勸業會上獲得金獎，在民國時期成為南京鴨肉料理之首，與北京全聚德齊名。韓復興板鴨店在一九九四年與南京其他食品業者合併，組成南京桂花鴨集團。南京人素有「無鴨不成席」一說。相較於北京人現今仍大多在餐廳裡吃「烤鴨」，南京人則多半是把「鹽水鴨」等菜餚買回家享用。南京的鴨肉料理比北京更加深植於庶民的生活中[47]。

一般認為江南．淮揚一帶的鴨肉料理，是明朝在一四二一年從南京遷都北京時一併帶入的。由於江南的鴨子是關在籠裡，經由大運河以船隻運送，因此抵達北京時已相當肥美。然而北京當地的鴨子必須在短期內增肥，於是他們便想出了從鴨嘴灌食的「填鴨」法。「填鴨」在浙江錢塘人夏曾傳（一八四三～一八八三年）撰寫的《隨園食單補證》〈蒸鴨〉裡首次出現。裡面提到，「北人多（將飼料從鴨口）填鴨，可使之剋日而肥」[48]。這種強制灌食的飼養法，與法國的肥肝一樣，都是會受現今動物倫理批判的做法。

鴨肉的烤法有兩種，一種是燕烤（燜爐烤鴨），在北京以明初自南京傳入北京的便宜坊最為有名。另一種是直火燒烤（掛爐烤鴨），相傳是始於清朝宮廷並於清末前傳入民間，後由全聚德引進，與便宜坊做出區隔[49]。

二〇二一年便宜坊官網的正式宣傳稿裡提及，便宜坊創業於一四一六年，該店烹調技術在二〇〇八年被選定為國家無形文化遺產，同年開設北京燜爐烤鴨技藝博物館[50]。而全聚德則創業於一八六四年[51]，其技術亦於二〇〇八年被選為國家無形文化遺產[52]，為紀念創業一百五十年而在二〇一四年開設烤鴨博物館[53]。但是也有另一種說法，認為便宜坊實際上是創業於一八五五年[54]或一八六九年，全聚德則創業於一九〇一年，年代較新[55]。雖說是代表中國的老店，但它們很可能都把創業年分宣傳得比實際時間還要早。

周恩來總理高度關注北京烤鴨的利用價值，曾為了視察與接待外賓，親訪北京全聚德二十九次。周恩來還吩咐將包鴨肉的麵餅從圓形改成橢圓形，贏得外國賓客的好評[56]。此外，一九六六年八月北京爆發文化大革命時，紅衛兵最早闖入的餐館是全聚德，他們在店裡張貼「反革命」等罪狀，將店名改為「北京烤鴨店」。周恩來在這種狀況下依舊到訪，成了全聚德廚師們的精神支柱[57]。

一九七一年七月亨利・季辛吉（Henry Kissinger）祕密訪中，與周恩來進行會談，他對周恩來招待的全聚德北京烤鴨非常滿意。季辛吉回國後閃電宣布尼克森總統將於祕密會談的第二年訪中，對日本和世界各國造成衝擊（尼克森衝擊）。季辛吉後來再訪中國時也光顧了全聚德[58]。尼克森訪中時，周恩來也招待了北京烤鴨，這使得北京烤鴨在美國掀起流行。

生於牧師之家的美國作家賽珍珠（Pearl Sydenstricker Buck）自小在江蘇省長大，也在南京住了很長一段時間。儘管如此，賽珍珠晚年於一九七二年出版的《賽珍珠東方食譜》（*Pearl S. Buck's Oriental Cookbook*）（四〇八頁，圖3－7）中介紹的名產並非南京的「鹽水鴨」，而是北京的「烤鴨」[59]。由此可知，北京烤鴨之所以能成為聞名中外的料理，而非南京板鴨，全是定都北京的中共政府重視這道菜的結果。

國宴改革與周恩來的反對

依據編纂《毛澤東選集》的黨中央宣傳部副部長胡喬木的說法，張聞天（一九五四～一九五九年就任外交部副部長）十分佩服周恩來總理孜孜不倦的工作態度。但周恩來有個事務主義（捨本逐末）的缺點，那就是事必躬親而不委任屬下，導致政策研究與規則制度設計等基本事務都安排得有些不夠全面[60]。而周恩來也確實連國宴的上菜順序都絕不含糊。

比方說，根據禮賓司代理司長魯培新的回憶描述，周恩來十分重視國宴席次，會親自打電話指示座位。此外，一九六〇年代中蘇開始交惡時，中蘇雙方在國宴上發表談話，蘇聯使節團總在宴會中途退席表達抗議。由於當時都是在主菜上菜前發表談話，所以很多使節主菜還沒吃，就餓著肚子退席了。周恩來總理得知此事後，便指示禮賓司把談話順序調換成在第三道主菜上菜之後，讓蘇聯使節團吃飽飯再走[61]。

由於時常過度款待外國賓客造成浪費，於是一九五七年外交部副部長張聞天便打算配合國際慣例實施「禮賓改革」。但當時身兼國務院總理暨外交部長的周恩來強烈反對，並表示今後如果沒錢招待外國人，可以從他薪水裡扣，於是「禮賓改革」並未實行[62]。

不過一九五九年七月，外交部仍提出「調整接待各國元首與政府代表團禮遇處置之相關建議（草案）」，建議大幅縮小國宴規模。一九六五年二月，外交部更提出了「幾項改善籌辦國賓接待禮儀的意見」，提出外交團不要在國宴上舉杯，並避免在協議後排成一列去敬酒，中國領導人也不到各使節的桌前敬酒等建議。

但這些改革在之後的文化大革命期間並未推行，直到一九七八年九月才正式實施[63]。一般認為這些由外交部主導的國宴簡化改革之所以進展緩慢，主要就是因為受周恩來的消極態度影響。

「四菜一湯」——毛澤東的國宴改革

另一方面，毛澤東的名言「革命不是請客吃飯」，在文革期間甚至成為革命歌曲的歌名，因而廣為人知[64]。毛澤東強烈批評盛大的國宴，一九六五年三月透過親信汪東興表達國宴相關的意見[65]。自一九六五年開始擔任禮賓司參贊近二十年間的吳德廣參閱的筆記上面，記載了中共領導人對禮賓或禮儀的指示及談話要點。其中可見毛澤東下達的指示十分嚴格。

依據毛澤東的指示，接待賓客的宴會都極盡奢華之能事，導致剩食過多，浪費國家的金錢資源。全都比照這種方式提供燕窩與魚翅等上等菜品，只會平白耗費金錢卻無實利，而外國人也壓根就不想吃這些菜，因此他指示，招待外國人時只要有「四菜一湯」就行了[66]。受到毛批判後，周恩來總理決定將「四菜一湯」作為國宴標準[67]。據吳德廣表示，一九六五年周恩來向禮賓司說了，「要把『禮賓革命』四個字貼在牆上，銘記在心」[68]。

國宴改革也反映在毛澤東自身的飲食生活當中。根據相關者回顧，毛每日三餐都遵守「三菜一湯」或「四菜一湯」。除了豬肉之外，還常吃菠菜等青菜，喜歡食材的原味，雖然也會用到辣椒，但不添加薑蔥等調味料，醬油也用得很少。毛澤東最愛吃的主食是「八寶飯」（在蒸好的糯米裡加入砂糖和豬油等調味料，並加入桂花、椰棗、蓮子、龍眼等配料，用於慶祝臘八節的料理），配菜則是「紅燒肉」，都是很簡樸的菜色。

眾所皆知，毛澤東愛吃肥肉，以及用豬油烹調的料理，尤其對「紅燒肉」更是情有獨鍾。毛待在抗日戰爭時期的中共據點延安時，妻子江青不准他吃紅燒肉，說那是土包子吃的菜，從此之後毛就不再與她一同吃飯。後來在國共內戰期間，他照樣吃這道菜，說可以「補腦子」。此外，毛澤東還自創以油煎煮蘿蔔芽和葉柄的「娃娃菜」（讓在場人士哈哈大笑的菜）料理，他不僅偏好這道菜的苦味，還推薦放入國宴菜單，自一九六〇年在武昌款待北韓賓客後就經常使用。

相較之下，毛澤東對燕窩、魚翅、海參等高級食材興趣缺缺。舉例來說，印尼在一九六五年因九三〇反共事件，剿滅了與中共關係親密的印尼共產黨，許多印尼華人因而犧牲，華人與中國之間的連繫也遭到嚴密監視。當時的中國政府聲明會保護印尼華人，所以印尼華人送了大量燕窩給中國。不過毛澤東一點也沒有藏私，下令全部用於人民大會堂招待外國人[69]。

此外，雖然如今毛澤東的飲食習慣已公諸於世，但這些資訊在他過世之前一直都是國家機密。根據一九五六到一九七六年擔任毛澤東、江青專屬廚師的程汝明（一九二六～二〇一二年）回想，他每做完一餐就得自行銷毀菜單，防止三餐菜單的變化洩漏國家領導人的健康狀態[70]。

在此再例舉一個同樣符合毛澤東心意、且極端質樸的國宴菜。一九六五年五月，周恩來將來自阿爾巴尼亞的三十餘人帶到大寨，盛情款待。周恩來以「大寨精神」為話題，訴說中國共產黨「艱苦奮鬥、自力更生」的輝煌足跡，同時也招待他們可口又實惠的「大寨飯」。從太原招募過來帶到大寨的主廚和服務生張羅了「玉米麵窩窩頭」（玉米粉拌入大豆粉蒸煮成的粗糧，多為窮人在吃）、小米稀飯、羊肉餃子、油糕（添加豬油的糕點）等主食的「四菜一湯」。一行人甚至喝著大寨高粱白，吃著土豆絲和醃鹽菜[71]。

一九六六年九月，外交部對宴會節流相關事宜的報告，除了定下「四菜一湯」之外，也提議宴會時間限定在一個半小時，均得到中央政治局的認可。之後外交部嚴格遵守「四菜一湯」的原則，到一九九〇年代末也嘗試「三菜一湯」、「兩菜一湯」的標準，二〇〇〇年代初開始「三菜一湯」成為基準。不過，菜品數量的規定畢竟只針對主菜數量，前菜（冷盤）、點心、水果等菜品不算在內，所以實際上這些配菜想安排幾道都可以。甚至一只盤子還允許盛裝兩樣菜品[72]。

鄧小平時期的國宴改革——規模・時間的合理化與「分餐制」

一九七八年起，外交業務交由鄧小平負責。外交部一方面節省人力、物力、財力，以及中央領導人的時間，一方面為展現中華民族重視禮節，不脫離國際標準，提出了多達二十條的「禮賓改革」計畫，並得到批准。這個計畫大半都是鄧小平親自審查修訂，自實施以後，國宴不再發表演說，使節也不參加國宴，所以國宴的規模從約五十桌縮減到十桌左右[73]。

事實上，合理修改國宴的鄧小平雖然算不上真正的美食家，但也不像毛澤東。他既會吃高級食材，也曾給予稱讚。粵菜裡的鮑魚和魚翅屬於高級宴會菜不可缺少的兩大食材，鮑魚名店「富臨飯店」，魚翅名店「新同樂」、「福臨門」在一九七〇～八〇年代的香港名噪一時。富臨飯店的創業人楊貫一（暱稱阿一）在一九八六年受釣魚台國賓館邀請，為政府要員烹製鮑魚料理。鄧小平吃過後稱讚楊煮的鮑魚好吃，說了「因為國家實行開放政策，所以才吃得到這麼好吃的鮑魚[74]」，連帶自誇自己的改革開放政策。這段發言在中國經報導後，楊貫一的鮑魚料理更加出名，富臨飯店也接受中國政府邀請，一九九五年在北京開設分店[75]。

除此之外的國宴改革，還有原先中共建國初期國宴將菜餚放在大盤中端上桌，由各桌服務生負責分給每個人，剩餘的菜擱在盤中央，想吃的人再自行取用的做法。這個做法自一九八七年開始改成了「分餐制」，由廚師事先根據宴會人數，將做好的菜餚分別盛放到每個人的餐盤中。據說這是總書記胡耀邦訪問法國時體驗到「分餐制」的國宴，回國後便與前述的程汝明與警衛局服務處的幹部討論，決定引進這種作法[76]。這算是法國料理的用餐方式影響中國菜國宴的一個例子。其他改革還有諸如建國初期的國宴從原先的二至三小時，改為後來的一小時十五分鐘[77]。

國宴品牌與「國酒」——從茅台酒到紹興酒

建國初期將「中華」牌香菸、貴州的茅台酒、浙江的龍井茶等列為國宴的標準品項。不過在改革開放後推行「禮賓改革」，國宴不再提供香菸與烈酒，取而代之的是紹興加飯酒、王朝葡萄酒、天津干白葡萄酒、可口可樂、燕京啤酒、橙寶（柳橙汁）、椰子汁、碧雲洞礦泉水等，均是國宴使用的主要飲品[78]。

貴州的白酒——茅台酒曾在一九一五年舊金山舉辦的巴拿馬．太平洋萬國博覽會（Panama-Pacific International Exposition）上與紹興酒一同獲得金獎[79]。一九三五年三月，中共紅軍攻入貴州茅台時，士兵們曾仿效當地的習慣，用酒來洗臉洗腳，結果被周恩來訓斥。一九五〇年九月，中共建國的第二年國慶前，政務院總理周恩來選中茅台酒作為慶祝酒，並親自打電話給貴州省委書記蘇振華，讓人把酒寄過來[80]。茅台酒就此固定下來，成了國宴用酒。一九六九年三月，周曾指示國宴上不要再用茅台酒（白酒）[81]。

話雖如此，後來一九七二年二月二十七日在上海簽署《中美聯合聲明》（上海公報）的慶祝酒會上，周恩來請尼克森吃大閘蟹時仍以茅台酒敬酒，而非香檳或紹興酒。周的此種款待方式也成了遠近馳名的「茅台外交」[82]，向全世界宣傳茅台酒（圖1－15），國宴上的貴州茅台酒被人們譽為「國酒」。一九七五年，國務院副總理王震在全國性的會議場合宣布將貴州茅台酒當作「國酒」[83]。一九八六年，也製作並播出了電視連續劇《茅台酒的傳說》（貴州電視台），來紀念茅台酒獲得巴拿馬太平洋萬國博覽會金獎七十周年[84]。

圖1－15　以茅台酒款待尼克森總統的周恩來總理（照片攝於1972年2月25日）。

但自一九八八年八月，李鵬總理招待日本竹下登首相開始，國宴上使用的中國酒就從茅台酒換成了紹興酒。當晚外交部官員在回答《人民日報》記者的提問中表示，國際慣例上極少以烈酒來招待貴賓，所以做了改革，不再供應包含茅台酒在內的烈酒[85]。

紹興酒曾在一九一〇年南京舉辦的南洋勸業會，以及一九一五年巴拿馬太平洋萬國博覽會上獲得金獎，因而知名度大漲。一九五二年，周恩來下令改善紹興酒的生產設備，建設國宴酒專用倉庫。一九五五年，外交部、商業部、輕工業部、浙江省出資實現了這個計畫，提高紹興酒的產量與品質。繼而，一九五六到一九六七年間的《十二年科學規劃》中也包含了「紹興酒總結與提高」一項，紹興市釀酒總公司生產的「古越龍山」牌紹興酒（加飯酒、花雕酒）自一九五九年起也被選來用在釣魚台國賓館和中國大使館等場所，因而聞名中外。

於是，自從一九八八年國宴不再使用茅台酒，紹興酒就成為國宴專用酒而備受矚目。但立刻就有假稱「名牌」、「紹興特產」、「名酒」等劣質紹興酒充斥市面，因此紹興市釀酒總公司注冊「加飯酒」等商標來保護品牌，以維持「國賓酒」的名聲[86]。

在日本，二〇一二年四月，國家戰略大臣古川元久發表了將日本酒和燒酎定位為「國酒」並支援銷往海外的方針[87]。之後，官民合作的「ENJOY JAPANESE KOKUSHU（享受國酒）」項目啟動，國家戰略室官網還做出了「日本酒、燒酎為日本的『國酒』，象徵了日本的氣候風土，以及日本人堅毅、周到和心思細膩，可謂是『日本精粹的結晶』」的說明[88]。日本的這個「國酒」計畫，是受了中國將貴州茅台酒尊為「國酒」所啟發[89]。

迎合各國政要的國宴

話說回來，國宴在準備菜品時，必須細心留意各國的風俗與習慣。舉例來說，一般的國際會議宴席，會考慮伊斯蘭教的教義等因素而不使用豬肉[90]。擔任釣魚台國賓館副總廚王洪友說，主掌國宴的廚師必須詳知各國的飲食禁忌。

例如，面對視牛為聖物的印度人（印度教徒），不能端出牛排；面對認為山羊和孔雀不祥的英國人，不能將食物雕刻成這兩種動物的形狀；面對不喜菊花的法國人，則不能擺出菊花[91]。

這裡就依序來看看北韓、美國、英國、日本、俄羅斯的例子。

①金日成主席與狗肉料理

一九七〇年四月，周恩來總理訪問北韓時，金日成主席以全狗肉的午餐會（全狗午宴）款待。據說後來毛澤東和周恩來等人招待金日成訪中，一定會加上一道金嗜吃的狗肉料理[92]。

事實上，中國吃狗肉的歷史悠久，紀元前的《周禮》就提到狗肉是士大夫（貴族）以上階級的日常食物，高度評價狗肉適合養生、養老。但到了六朝時代，因為驅狗狩獵的遊牧民成為統治民族，再加上佛教不殺生的思想廣為傳布，吃狗肉的風氣逐漸衰微，變成一般百姓吃的不入流料理[93]。近年廣東常吃狗肉，很可能也是有吃狗肉習慣的漢族南下的結果[94]。

一九五〇年，香港的愛狗人士巧妙利用狂犬病大流行一事，促使政府制定禁吃狗肉的條例[95]。台灣也在二〇〇一年修訂《動物保護法》，禁止屠殺狗、貓等寵物[96]。中國大陸至今雖仍可吃狗肉，卻並未如朝鮮半島那樣把狗肉當成國民美食，和文化認同結合到一起。

②尼克森總統的國宴菜單

各報章雜誌報導一九七二年二月二十一日晚上七點於人民大會堂舉辦招待尼克森總統的國宴菜單，內容雖有若干不同之處，但大致有「白汁冬筍」、「紅燒魚翅」、「油爆大蝦」、「皮蛋」、「蛋捲」（油炸蝦泥雞蛋捲）、「火腿香腸」、「椰子燉雞」、「北京烤鴨」、「杏仁奶露」、「蒸餅時菜」等。

這場歷史性的國宴，是一九七九年中美關係走向建交的開端。在日華裔的中國廚師與研究家們對這次的國宴菜紛紛給出了「如果用日本的物價來看，一桌大概三萬五千日圓吧。成為新中國之後，大國元首似乎也沒有得到特殊待遇呢！」（顧中正）、「用國內隨意就能取得的食材做出的菜品，尤其高級料理少了燕窩和海參料理，實在寒酸」（臼田素娥，名作家邱永漢之姊）[97]等辛辣的評語。不過當時的國宴設有前述「四菜一湯」的限制，除去前菜（冷盤）與點心，主菜（熱菜）原則上最多只能有四種[98]。

再者，這次國宴的食材挑選標準高於一般，例如冬筍來自四川省長寧縣，縣政府接到緊急指令，需調用兩斤（約一公斤）冬筍，縣政府完全不知用途為何，只把收集冬筍當作政治任務，從後來的報導才知道是用在尼克森的國宴上[99]。

而在二月二十五日的回禮宴，由於美方要求不要有魚翅，所以打算用白木耳（銀耳）取代。但當時野生種的白木耳價值高貴，是魚翅的五倍價，而且優質的白木耳全部外銷，難以取得，好不容易才向北京同仁堂買到藥用的木耳[100]。

此外，招待尼克森的宴會上還使用了黃海的鮑魚。這是遼寧省大連市長海縣獐子島人民公社的潛水隊接到政治任務後，在一九七二年一月底頂著零下二十度的酷寒從海中採集，精挑細選送到北京的優質品[101]。

周恩來對尼克森如此一番款待，也將中國菜宣傳到了美國與全世界。尼克森總統夫人派翠西亞造訪北京飯店廚房的舉動透過電視播放，帶動全美掀起中國菜熱潮[102]（圖1—16）。周恩來主辦的國宴不只以「茅台外交」聞名，還有「烤鴨外交」[103]。尼克森的訪中行促成了北京烤鴨在美國流行（第三部第一章）。

尼克森訪中之後，藤山愛一郎、三木武夫、竹入義勝、川崎秀二及田中角榮幾名日本政治家也率團訪中，在晚宴上接受中國菜的款待。日本週刊雜誌報導這則新聞時就寫道：「中國菜是中國外交最有名的武器」[104]。

③伊莉莎白女王與佛跳牆

一九八六年十月，英國女王伊莉莎白二世訪中。當時最高領導人鄧小平在北京釣魚台國賓館的養源齋會見女王一行人，設午宴招待，端出以魚翅、鮑魚、海參等高級食材燉煮數日的福建菜「佛跳牆」

圖1－16　在北京飯店廚房試吃的尼克森總統夫人派翠西亞（1972年2月22日）。

[105]。後來還前往上海的伊莉莎白女王，在豫園商城的綠波廊酒樓享用點心，於是佛跳牆也成了聞名天下的「國宴小吃」[106]。

「佛跳牆」這道菜最有名的，就是它美味到讓和尚都忍不住翻牆來吃的菜名。據說美國的雷根總統（任期一九八一～一九八九年）和老布希總統（任期一九八九～一九九三年）也愛吃[107]。佛跳牆出現的經過不得而知，不過相傳應該是清末福州官銀局長官在家裡招待布政司的福州菜衍生出來的。

佛跳牆早在一九五〇年代以前就已經傳入地理、語言，以及文化都與福建十分相近的台灣。在台北得知佛跳牆這道菜的香港富商高卓雄，於一九六〇年代末在「金冠酒樓」繼魚翅之後推出了佛跳牆作為招牌菜，這便是香港最早的佛跳牆[108]。廣州也在一九六〇年代中期將佛跳牆拿來當作政府招待國外大人物的宴客菜，而大受好評[109]。日本的高人氣漫畫《美味大挑戰》（雁屋哲原作・花咲昭作畫）中也介紹佛跳牆是「頂級菜單」之一（第九卷第二話，一九八七年）。

可以說佛跳牆就是這樣成了待客宴席上的一道萬用菜品。製作佛跳牆要花費很多時間，將大量乾貨泡發熬煮。儘管如此，趕流行的攤子，小餐館、快餐店等餐飲店都紛紛將其加到菜單中，不過縮時快煮出來的佛跳牆味道不佳，所以並未流行太久[110]。這種狀況不論是在過去的香港，還是近年的上海都一再反覆出現。

圖1－17　佛跳牆（銀座亞斯特〔aster〕）。

④平成的天皇．皇后與大閘蟹

回到主題，國宴的舉行更值得關注的，是必須要顧慮各國政要的特別要求。例如一九九二年十月，平成天皇伉儷到中國進行友好訪問。這是歷史上頭一遭天皇訪中，所以日本媒體極度關注。

天皇到達上海時，國宴上端出了大閘蟹。但日本方面認為在電視上播出天皇吃螃蟹的模樣不太好，而要求取消。廚師為了打消日方的疑慮，採取了先將蟹肉剝下，再重新填回蟹殼中，讓天皇吃的時候不需用手剝就能吃完。

⑤葉爾辛與茅台酒

同年十二月，俄羅斯聯邦第一任總統葉爾辛第一次訪中，國家主席楊尚昆在人民大會堂舉行盛大的國宴。據當時的禮賓司代理司長魯培新回憶，這場國宴，菜餚的分量比較多，也不使用俄羅斯人不喜歡的海參。

另一方面，雖然當時國宴已不提供烈酒，但卻打破慣例，端出茅台酒款待[111]。

如上所見，如燕窩羹、燉魚翅、烤鴨等中國的國宴菜，有著清朝至今不曾改變的延續性，同時也反映了領導者的想法和外交姿態，在兩者間來回調整。

而中華人民共和國的建國，不僅僅只是創建出了中國國內的中國菜系與國族菜，在招待外國賓客的國宴菜變革和完善上，也都具有重要意義。中華人民共和國豪華而周到的國宴菜雖是在周恩來的指導下完成，但也在毛澤東的指示下變得簡樸，又經過鄧小平的調整而更加合理化，發展至今日的地步。

第四章　向聯合國教科文組織申請世界非物質文化遺產

——從文思豆腐到餃子

中國國內的非遺政治

接下來，本章將來談談中國是如何像法國、日本、韓國一樣，多方嘗試將本國料理申請登錄為聯合國教科文組織世界非物質文化遺產（以下簡稱申遺）的一段政治歷程。說得直白一點，這是中國努力嘗試向外國展現高度烹調技術，卻伴隨著國內的利權競爭而屢戰屢敗的過程。

二〇〇三年十月，聯合國教科文組織大會通過了《保護非物質文化遺產公約》，中國也在二〇〇四年八月簽約加入。從二〇〇三年開始，中國就立即在各省、（直轄）市、自治區、市、縣等地積極進行國內非遺申請及審核作業。國務院也在二〇〇六、〇八、一一年公布了國內國家級非物質文化遺產名單及擴大名單，並於二〇一一年公布並實施《中華人民共和國非物質文化遺產法》[1]。

這部法律第一章總則的第一條是「為了繼承和弘揚中華民族優秀傳統文化，促進社會主義精神文明建設，加強非物質文化遺產保護、保存工作，制定本法」。第四條為「保護非物質文化遺產，應當注重其真實性、整體性和傳承性，有利於增強中華民族的文化認同，有利於維護國家統一和民族團結，有利於促進社會和諧和可持續發展」。如同《非物質文化遺產法》再三強調的，中國政府注冊非物質文化遺產的目的，在於發展「中華民族」的傳統文化[2]。

而後，中國政府文化部在二〇〇七、〇八、〇九年，分別發表代表國家級非遺的傳承者名單。但飲食相關項目卻是公式化地分發至傳統手工技藝、傳統中國醫藥、民俗等不同的範疇中[3]。例如二〇〇八年，國務院訂定的第二期「國家級非物質文化遺產」的「傳統手工技藝」名單中，就包含了全聚德掛爐烤鴨、聚春園（福州，一八六五年創業）的佛跳牆等約七十個飲食相關項目。這說明政府文化部對料理和食品申遺之事並不積極。說起來，一九八七年成立的中國烹飪協會登記在民生部，由商務部管理，根本不能直接與文化部接觸[4]。

此外，企業冠名的申遺也都產生不少爭議。這裡引用百度百科〈飲食申遺〉（二〇二一年四月左右刪除）條目記載的狀況作為參考。二〇〇九年，省、市公告的非遺名單雖然包含了飲食相關項目，但大多是以製造工廠或商店的名字做推選。有一派意見認為全聚德的烤鴨等老店有著中國優秀的技藝、生產工程、傳統，成為非遺恰如其分，但也有另一派意見批評，非遺可能會被拿來做商業廣告利用。

申遺的相關爭議

二〇一一年，中國烹飪協會將中國烹調技術分為三十五個領域、一百三十系列的技藝，並以此為主題，第一次嘗試申請加入聯合國教科文組織的非物質文化遺產名錄[5]。但這次嘗試報送的不是具體美食，而是中國烹飪技藝[6]。非遺的保護及傳承者成了專業廚師，主婦及一般家庭等廣大民眾的飲食實踐遭到漠視，基於以上原因，此次申請以失敗告終[7]。

中國菜申遺的爭論始於二〇〇八年。二〇一一年十一月在杭州舉辦了第一屆亞洲食學論壇，揚州大學旅遊烹飪學院季鴻崑發表的論文吸引了媒體的關注，引發激烈辯論。季鴻崑提議以重視刀工、火候、風味調整三項技術的「中國烹飪」之名，申請登錄世界非遺。但另一派反對意見主張中國菜有各省菜系，並沒有遍及全國的一般料理或食品，所以無法用一句「中國烹飪」來涵蓋，而且飲食的遺產只能靠民眾的嘴來保護，所以沒必要申遺[8]。

舉例來說，民俗學者萬建中在《中國藝術報》上主張，中國菜並未處於必須登錄進世界非遺才能保護的危急狀況。而且它比法國料理等國族菜更有發展，就算不登錄也會有光輝的未來[9]。對此季鴻崑則回應，這是一種為不同民族、不同地域的飲食文化分出高下的錯誤想法[10]。

但季鴻崑並未回答萬建中的另一個指摘，這才是問題的核心。那就是申請加入非遺名錄相關的金錢與權力問題。也就是說，申請過程和申請結果都會帶來巨大的經濟利益，所以只要從形形色色的地方菜、族群料理當中挑選某樣菜作為「代表」、「典型」加以保護，這層保護就會衍生出特權，成為眾人爭奪的對象，而申遺也將變成一種政治現象。結果就是，申遺將飲食文化以優劣高低區分成國際級、國家級、省級、市級及其他，也正是這一點違背了保護文化的原則。

舉例來說，如果把中國四大地區的端午節登錄為國家級非遺，其他地區的端午節便有陷入荒廢的危機[11]。另外，北京的「東來順」等老牌企業在二〇〇八年作為牛羊肉烹調技術的典範，被登錄為國家級非遺，這等於排斥了不吃豬肉的回族人口較多的寧夏與甘肅料理[12]。

說個題外話，根據《中國名菜譜》，咸豐四（一八五四）年在北京前門街開店的「正陽樓」是漢族第一家賣涮羊肉的店，它改良了切肉技術，遠近馳名[13]。一般認為正陽樓的羊肉料理是一九一〇年代以後傳入滿洲的日本人社會，乃至於日本本土的羊肉火鍋原型[14]。至於東來順則發源於一九〇三年回民丁子清開設的飯館，一九一二年招聘正陽樓優秀的切肉師傅及徒弟，開始賣起涮羊肉。一九四二年正陽樓歇業，東來順的涮羊肉就成了北京首屈一指的老字號[15]。

與韓國的比較辯論

而後二〇一〇年代，世界各國的飲食文化陸續申遺成功，這也驅策著中國菜的登錄申請。二〇一〇年法國人的美食技藝、墨西哥傳統料理（二〇〇五年申請失敗）、二〇一一年土耳其的祭禮料理——喀須喀克（ke kek；婚禮喜宴菜）的傳統、二〇一三年韓國的醃泡菜（製作泡菜和分享）、土耳其咖啡的文化與傳統、地中海飲食、日本和食等都分別成功登錄。

其中最令中國在意的是法國、土耳其、韓國與日本。這是因為在中國看來，被稱作世界三大菜系當中的法國料理和土耳其料理都已登錄為世界非遺，唯獨中國菜還被排除在外。甚至韓國料理和日本料理都屬於中國菜系的分支，卻領先中國申請成功[16]。在中國烹飪協會工作的飲食業研究家程小敏指出，中國人飲食文化相關的實用主義哲學丟失了法國堅守法國料理的態度、日本對和食的敬畏，以及韓國對韓食的驕傲[17]。

其中，韓國對自家飲食文化的自傲與積極對外宣傳，強烈刺激到了中國人，甚至發展成論戰。韓國早在二〇〇五年就成功將江陵端午祭登錄為世界非遺。中國傳入韓國的端午節和飲食習俗，卻搶先中國成為世界非遺，這對中國來說無疑是一個警鐘[18]。

而且，韓國從二〇〇九年起更推動「韓食世界化」戰略，積極向國內外宣揚韓食文化。李明博總統（任期二〇〇八～二〇一三年）在各種場合表達了對韓國料理的誇讚，並宣布要在二〇一七年之前將韓國料理發展成世界五大料理之一[19]。韓國人習慣醃漬泡菜過冬，與鄰居一同分享泡菜，以此培養一體感和歸屬感。光州被宣傳為「泡菜之鄉」、「文化之都」，自一九九四年起每年十月都會舉行泡菜節。

但話又說回來，中國收錄紀元前詩歌的最古老詩集《詩經》裡提到的「菹」，就被解釋為稱得上是韓國泡菜起源的一種醃菜。就在二〇一三年醃泡菜入選世界非遺時，中國網路上出現了很多「四川也有『泡菜』（不同於韓國的泡菜「辛奇〔Kimchi〕」的醃漬蔬菜）」的意見，討論韓國辛奇起源於四川或中國東北部。還評論韓國之所以在申請前將原本稱為「中國白菜（Chinese Cabbage）」的泡菜更名為「辛奇白菜（Kimchi Cabbage）」，是因為韓國人度量狹小[20]。

後來二〇二〇年十一月，中國泡菜的製法得到國際標準化機構（ＩＳＯ）認證，也引發了韓國網友的強烈抗議。韓國農林畜產食品部對此發表聲明，表示中國泡菜的相關ＩＳＯ認定與韓國泡菜沒有絲毫關係。韓國政府的態度經官媒《環球時報》報導後[21]，中韓的「泡菜」爭論在兩國Youtuber網紅留言欄的隔空互嗆下越演越烈，連中共中央政法委員會的社群網站都受到波及[22]。

韓國的飲食文化研究家李盛雨等人指出，中國的「菹」的確影響了韓國醬菜的發展，但近代朝鮮半島的泡菜會在裡頭加入山椒、大蒜、生薑、辣椒、魚蝦內臟發酵而成的調味醬等佐料，早已演變成了風味獨特的醃漬菜。這種見解也傳入中國[23]。

《舌尖上的中國》・軟實力・世界非遺

中國人對本國料理的自豪也展現在其他方面，譬如直屬中共國務院的央視在二〇一二、一四、一八年播出的紀錄片《舌尖上的中國》。該節目不僅介紹了中國菜的美味之處和烹調手法，更細膩地描摹出中國不同地區、不同民族、不同世代的人們是如何在各自的生活習慣中創造出這些飲食文化。《舌尖上的中國》把中國描寫成多民族國家，努力塑造中國式的多元文化主義。

《舌尖上的中國》中介紹的各個故事，感動了中國觀眾，也建立起中國人對本國飲食文化的信心，喚起人們「中華美食」的見解。這與習近平政權在二〇一二年十一月提出的「中國夢」——「中華民族偉大復興」的統治理念不謀而合[24]。

擔任《舌尖上的中國》製作顧問的中國美食家董克平認為，中國菜申請非遺，直接關係到中國軟實力的提升。此處將介紹百度百科〈飲食申遺〉（約於二〇二一年四月刪除）條目刊載的董克平發言供大家參考。董認為：「對中餐來說，申遺是幫助中餐走向世界的一大步。時至今日，在國外唐人街的中餐依然是最便宜的，這和我們的文化地位極為不符。〔中略〕中餐飲食文化一定會提升中國的文化軟實力，這點無庸置疑。」

不過《舌尖上的中國》也試圖在飲食文化的範疇裡，劃定出中華人民共和國的疆域。二〇一二年的系列節目中，除了新疆的「饢」（麵粉發酵後烤成圓盤狀的「餅」，又叫胡餅）、西藏的松茸，也介紹了台灣的烏魚子。此外，二〇一四系列節目中展示中華人民共和國各地區特產的地圖版圖時，也包含了台灣[25]。

順帶一提，同一時期出版的《中國飲食文化史》（趙榮光編，中國輕工業出版，二〇一三年）全十冊系列，也配合漢族的居住地區將中國分成十大地域。書中並未將新疆、蒙古、西藏等少數民族的飲食文化單獨編纂成冊，而是打散編入各卷之中，讓人不易查找。這些舉動顯示如今身為民族國家的中國，正意圖讓料理的歷史去吻合那些以中華人民共和國的輪廓為出發點的地域框架[26]。

此外，與中國烹飪協會立場相近的飲食業研究家程小敏認為，過去中國菜的海外發展並非倚靠國家策略推動，而是迎合國外消費者喜好進行在地化而來。此種作法雖能使中國菜成為國際化的大眾口味，但在地化的過程中，往往也很難避免失去一些「中華飲食文化傳統」。由於它已經不是「正統的中國飲食文化」，即使有許多中餐館遍布世界各地，得到國際讚揚，但還是減低了對傳統文化的堅守，以及對中國菜的自尊心[27]。

正當這種「必須運用國家策略在全世界推廣真正的中國飲食文化」的主張崛起之際，中國烹飪協會以歐美的孔子學院為據點，熱烈展開中國菜的展示和教學，努力發揮國家的軟實力與民間外交的影響力[28]。孔子學院是中國政府旨在教育並宣揚中國話和中國文化的政府機關。第一所孔子學院二〇〇四年十一月於首爾開設，日本的第一所則是二〇〇五年設立的立命館孔子學院。

一再叩關申遺

聯合國教科文組織二〇〇四年創立的「全球創意城市網絡（Creative Cities Network）」項目中，認定中國的成都市（二〇一〇年）、廣東省佛山市的順德區（二〇一四年）、澳門（二〇一七年）、揚州市（二〇一九年）為

「美食之都（City of Gastronomy）」（日本只有以出羽三山精進料理聞名的鶴岡市〔二〇一四年〕獲選）。這些城市也紛紛開始推動以飲食為主題的觀光宣傳活動[29]。

中國烹飪協會祕書長馮恩援表示，中國烹飪協會在中國政府文化部的要求下，準備在二〇一三年以前申請登錄世界非遺，以「中國烹飪」的名稱提交申請[30]。

二〇一三年十月，聯合國教科文組織的創意城市高峰會在北京召開，總幹事伊琳娜・博科娃（Irina Georgieva Bokova）訪中。中國烹飪協會馮恩援會長藉此機會針對中國菜申遺一事，與其進行了一番意見交換[31]。

二〇一四年七月，中國烹飪協會正式公告，將於次年向聯合國教科文組織遞交申請，將中國菜登錄為非遺。中國以二〇〇一年聯合國教科文組織實際認定昆曲為非遺（二〇〇九年正式登錄）為開端，其世界非遺入選項目至二〇一三年末已累積二十七個項目，位居世界榜首。他們對於往日累積至今的申請經驗和影響力信心十足[32]。到了二〇一五年，上百名被視為中國八大菜系權威的頂尖廚師齊聚北京，相互展示菜品，進行向教科文組織遞交申請的協商，中國烹飪協會也宣布要正式提出申請。

然而中國地大物博，存在著變化多不勝數的菜品和飲食文化。中國烹飪協會馮恩援指出，在中國菜分為三十五類、一百三十個系列的烹調技法當中，光是「油炸」這一烹調法就又細分成七至八種，內容太過多樣而難以表現。再加上蘭州的廚師推薦蘭州拉麵，四川廚師推薦火鍋，河南廚師推薦「洛陽水席」（始於唐朝武則天時代，全二十四道湯品），每一省的人都會推薦自己的家鄉菜，遲遲決定不了到底要申請什麼為好。

討論階段推舉出了①烹調技藝（如「蘭花刀」〔在蔬菜上面雕出精美花樣〕等），②飲食習俗（如圓桌、春節包餃子等），③成功保下傳承的事例（山西清徐縣釀造的老陳醋等）作為申請候選案。其中公認②的習俗最為有力。於是中國烹飪協會派遣專業團隊到全國各地尋找最有競爭優勢的候選者，最後列出北京烤鴨、年夜飯、餃子、月餅、豆腐、蘭州拉麵、火鍋、粽子等名單作為候選[33]。

值得一提的是，蘭州拉麵在中國十分普及，甚至有名到一般人們口中說到拉麵，就是在說「蘭州拉麵」。不過蘭州拉麵是回族廚師馬保子在一九一五年時開創出來的菜品，屬於比較新的料理。直到一九九〇年代以後，蘭州以外的地方才吃得到，也被視作是「清真」料理。此外，中國各地經營蘭州拉麵店的老板，大多不是蘭州人，而是隔壁青海省化隆回族自治縣或周邊離鄉營生的農民。甚至蘭州拉麵的連鎖店中也有並非回族出資的企業[34]。即使如此，甘肅省蘭州市的金味德蘭州拉麵文化產業集團（成立於二〇〇八年）還是在二〇一八年開設蘭州牛肉麵博物館，供民眾在此實際體驗擀製麵條[35]。

「敗戰部隊」的料理——連戰連敗

中國政府有別於日本，從不公開向聯合國教科文組織提出的申請細節，後續的決策流程也不明。不過就結果看來，那些被列為候選的菜品幾乎全軍覆沒，後又照樣在二〇一五年集結中國八大菜系的烹調技術提交了申請。二〇一五年三月，中國烹飪協會獲得食用油大企業「金龍魚」的協助，率領二十名大廚前往巴黎聯合國教科文組織總部，邀請一百四十名教科文組織官員、各國代表、非物質文化遺產的審查委員，舉辦中國八大料理烹調技藝的示範和品評會。

當時中國烹飪協會從廣大、深遠、複雜的中國菜系中，選出了以下八道菜作為最具代表性的料理。即「廣式燒鴨」、「剁椒蒸魚」（加了湖南辣椒的蒸魚）、「杏香蝦排」（炸蝦）、「蒜香雞翅」（大蒜醬油滷雞翅）、「五香凍羊糕」（羊肉凍）、「揚州炒飯」（蛋炒飯）、「文思豆腐羹」（清朝乾隆時期揚州名僧文思做出來的豆腐羹）、「梅乾菜燜牛排」（用廣東省梅州醬菜一起燉煮的牛肋排）八道菜品。

與此同時，還現場表演與展示「龍鬚麵」（北方的極細長麵條）、「果蔬雕刻」、「莜麵窩窩」（排列成巢窩般的中空圓筒狀燕麥麵）、「擀皮」、「包餃子」、「切豆腐絲」（切成細絲狀的豆腐，文思豆腐也是其中一種）、「墊綢布切肉絲」（將肉切成細絲的山東料理）等中國傳統烹調技藝。例如，中國申遺活動代表團副總廚師長、金龍魚國際烹飪研究院（二〇一〇年開校）院長周曉燕，就表演了細切文思豆腐的技法。之後中國政府就立刻向聯合國教科文組織正式遞交非遺名錄申請[36]。

二〇一五年的申請，集齊了共計五十多道各菜系代表性料理，全面展現中國飲食文化豐富的歷史與內容。名單中有不少都已登錄為中國的省、市、縣級非遺[37]。

不過這次的申請，中國菜還是未能如願入選世界非遺。據《人民日報（海外版）》報導指出，二〇一五年的申遺不只展現了令人驚嘆的烹飪技藝、珍貴的食材和豐富的料理，也展現出以民眾為主體，重視與民同享、營養又有益健康的飲食文化[38]。話雖如此，實際上依舊把重心放在前者，後者並不突出。申請內容隱隱流露出中國烹飪協會一流廚師們對烹調技術的萬分講究和強烈自尊心。

《科技日報》的楊雪稱前述在聯合國教科文總部展示的八道料理為「敗戰部隊」，給出一番猛烈抨擊。楊雪認為這些太過高尚的料理，連美食家都只吃過半數，還不如去歐美旅遊時都能吃到的尋常「宮保雞丁」[39]。

而且這八道最具代表性的料理中，只有「揚州炒飯」算是地方色彩較濃厚的料理。從中也可隱約看出中國國內圍繞在飲食文化保護下飽受批評的政治爭奪戰結果。有趣的是，揚州的家庭雖然常吃蛋炒飯，但並不會稱它為「揚州炒飯」[40]。

申請失敗的孔府菜

二〇一六年，山東省曲阜的「孔府菜」申請加入世界非物質文化遺產名錄[41]。根據百度百科上的〈孔府菜〉條目等資料，孔府菜是北宋第四代皇帝仁宗治世的寶元年間（一〇三八～一〇四〇年）整建曲阜孔府後建立起來的菜系，在清乾隆年間走入鼎盛期。清康熙帝與乾隆帝雖然巡幸時都到過曲阜的孔廟，但很難認為他們吃過所謂的「孔府菜」。

即使在中國，知道孔府菜特色的人也不多，一定程度遠離了大多數人根植於日常生活的飲食習慣。因此孔府菜申遺並未得到多數人的理解。據《科技日報》楊雪的說法，仔細分析研究了南韓泡菜的申遺報告之後，發現介紹泡菜本身才占百分之二十的內容，而製作泡菜過程中的鄰里交往、吃泡菜時的習慣、泡菜帶給生活在這片土地上的人們之精神享受和影響才是重點。相較之下，中國乾脆請出了詩禮傳家的華宴，以便彰顯我中華儒家文化的正統[42]。

孔府菜申遺本就帶有很明顯的商業目的，企圖利用聯合國教科文組織將料理品牌化，中國國內專家與國家官員都與之保持距離。這樣的料理欠缺登錄世界非遺的可能性[43]。

餃子的申請——從「美食非遺」到「飲食非遺」

經歷二〇一一、一五、一六年的三次失敗，再次提案向聯合國教科文組織非物質文化遺產名錄叩關，這次不再是山珍海味或高貴的宮廷御膳、官府菜，而是一些滿懷情感的家鄉味、媽媽的味道，留在多數人記憶中的平凡食物。具體來說，被提名的有餃子、豆腐、火鍋、月餅、粽子等選項[44]。而從中國烹飪協會的副主席高炳義和副會長邊疆的發言可以推測出，正在進行餃子的申請。

高炳義表示，「餃子具有兩千年的優秀歷史，深深烙上了中國『家』與『親情』的印記。每年除夕，一家人在一起包一頓團圓的餃子，是中國大部分地區的傳統習俗。〔中略〕從歷史的深度、地域的廣度、食用的次數、文化的寓意，餃子都是中國美食的優秀代表。[45]」此外，據邊疆表示，中國在二〇一七年的時候就已經逐步確定要以餃子為中心的「年夜飯」來遞交申請。

不過要想向教科文組織提交申請，必須先向中國政府文化部（二〇一八年改組為「文化和旅遊部」）推薦，再加以選拔。但餃子的申請卻仍舊處在由業界團體與民間組織推動的階段，政府的關注和資金都不充分[46]。文化部對料理方面的登錄申請態度消極，單純是基於成本效益分析。所以，民間團體有必要出示該項申請符合聯合國教科文組織的要求[47]。

在這種狀況下，曾是二〇一五年申請時的贊助企業金龍魚，在二〇一八年時主辦了「中華餃子全席」，邀請美、法等二十國使節參加，由十六名承辦過國宴的主廚，使用金龍魚的業務用餃子粉，製作出一百零八種口味的餃子。希望透過這樣的企劃，推動餃子順利申請列入聯合國教科文組織非物質文化遺產[48]。

民間相傳餃子是源自東漢末期醫學家張仲景發明的食物「嬌耳」。但就文獻記載，餃子最早是出現在三國時代魏國的訓詁學者張揖編寫的百科事典《廣雅》（二二七～二三二年完成）中記載的「餛飩」。後來在一九五九年，新疆維吾爾自治區吐魯蕃縣阿斯塔納村的唐代古墓中，更挖出了與如今的餃子及餛飩相差無幾的化石[49]。因而可以篤定，中國的餃子約有一千三百年以上的歷史。

文化人類學者菲利浦・丹姆贊斯基（Philipp Demgenski）批評中國烹飪協會的錯誤認知，也就是認為一定得是有高烹調技術的高級料理才能獲得文化方面乃至非遺的認可，這給人一種「精英主義」的印象。但他也表示，這種精英主義的傾向近年來已有轉變的徵兆。舉例來說，意指食物非遺的用語簡稱，從「美食非遺」改成了「飲食非遺」。伴隨而來的是，地方文化比國族文化越來越受矚目，關於世界非物質文化遺產，人們也慢慢理解到若想成為全球性的文化遺產，必須得先成為地方性遺產[50]。

二〇二〇年底，新加坡的小販中心（Hawker Center）文化被選入世界非遺，相信這個結果也能為中國的相關單位帶來一些啟發。

中國菜並不是國家一手建立出體系的國族菜，而是各地方發展出來的民間美食，再散播到世界各國的典範，這一點第二部、第三部會再詳細解說。丹姆贊斯基的評述極具啟示，這是近來中國在世界非物質文化遺產的登錄申請中，一再重蹈覆轍的事實。

十九世紀到現在，已然演變成地方性產物比國家級產物更容易全球化的局面。所以，現代中國若想提高中國菜的世界認知和評價，就必須面對如何克服「美食民族主義」的問題。

第五章　台灣菜的去殖民化與在地化

——昭和天皇・圓山大飯店・鼎泰豐

日治時期台北的中餐館

本章接著把目光轉移到台灣史。值得注意的是，日治時期台灣的中菜（台灣料理、支那料理），與近年「台灣人」自我認同的產生也有關連，相關研究進展非常活躍[1]。

「台灣料理」是一八九五年日本占領台灣後不出三年，由在台日本人開始使用的稱呼[2]。不過「台灣料理」與「支那料理」的稱呼被混為一談，當時的「台灣料理」指的是用了魚翅等高級食材的中國宴席料理[3]。

最早的「台灣料理」食譜，是一九一二年發行的《台灣料理之栞》，由台灣總督府法院通譯林久三著，台灣打狗（高雄）新濱的里村榮發行。林久三在序言中提到，台灣料理的烹調法十分簡單，只要有鍋、菜刀和蒸籠就足夠，所以推薦家庭主婦們不妨試著做成平日吃的小菜。這本書是食譜集，其中還有用到咖哩粉做的「加里雞」和「加里魚」。

此外，日治時期的台北三大繁華區按新舊順序分別為城內、艋舺、大稻埕。日本對台灣展開殖民統治不久的二十世紀初，飲食娛樂業在艋舺發展最盛，大稻埕則靠著茶葉貿易蓬勃發展，聚集了台北半數以上的人口，是繁榮的中心地區[4]。

此處將先依據台菜史研究權威曾品滄、陳玉箴夫妻的研究，介紹日本統治時期台北五家代表性中餐館[5]。

①平樂遊與福建菜

一八九六年左右的艋舺，雜技師黃潤堂開設福建菜館「平樂遊」。平樂遊剛開始盛極一時，直到一九一〇年代沒落。沒落的原因大抵有中國各地料理經日本傳進台北，平樂遊單純的福建菜已逐漸無法滿足賓客，還有平樂遊讓藝伎學習「南管」，但當時已經有越來越多人唱「北管」和流行歌了。

不過平樂遊的沒落還有個更大的原因，那就是艋舺的舊士紳沒落，大稻埕的商人、地主作為新世代的精英崛起。士紳文人們的集會與宴客場所，從艋舺的平樂遊轉移到了大稻埕的「東薈芳」等場所。

②大稻埕的東薈芳

東薈芳為一八八四年（眾說紛紜）廈門廚師白阿扁在台北的大稻埕一手所創。一九一〇至一九一三年間，吳江山加入經營後，改裝成仿日本料亭與西餐廳的華麗裝潢，東薈芳一炮而紅。吳江山走遍中國和南洋，會說多種中國地方方言，是個人脈廣博的企業家。

然而一九二五年，東薈芳的股東間產生糾紛，導致飯店關門歇業，「江山樓」繼而成為台灣首屈一指的中餐館。

圖1－18　江山樓外觀（《台灣日日新報》1921年11月18日）。

③江山樓——台灣最大的「支那菜館」

江山樓（圖1－18）一九二一年（也有一九一七年等各種說法）開業於大稻埕，在日本統治時期算是台灣中餐館第一把交椅的名店。該店是吳江山退出東薈芳營運以後，以他在上海遊覽過的新世界遊樂場（一九一五年開業）為藍本一手創建，所以江山樓的建築不似日本，而更接近上海的近代建築。因此江山樓可說是台灣人超越日本帝國圈的範圍，積極汲取中華圈現代感的代表範例。

江山樓為四層建築，可容納八百餘人，還備有理髮、入浴設施。台灣地方名士多是江山樓的顧客，在此進行各種政治、商業、文化活動。還舉行過首次「花魁票選」，是熱鬧喧囂的場所。這樣的江山樓與台北的「梅屋敷」（日本料亭兼旅館，孫文也曾下榻此地，現在移設為國父史蹟紀念館）、「鐵道旅館」（西餐廳），或上海的「新世界」（遊樂場）齊名。

江山樓打出「支那菜館」的廣告，除了福建菜之外，也提供中國各地（北方、四川、江蘇、浙江、上海、廣東等）料理。江山樓的菜單中也有北方的「掛爐烤鴨」和浙江的「東坡肉」等菜品。

但在日本人看來，江山樓就是「台灣料理」的代表。如同後面也會提到的，一九二三年日本皇太子（後來的昭和天皇）視察台灣之際，作為「台灣料理」端上來的菜餚主要也是由江山樓提供。

④春風得意樓——台灣文化協會的反殖民運動

日治時期的台灣，大稻埕成為新思想、新文化的發源地。「春風得意樓」（一九二〇年開幕）充分見證了這點。台灣文化協會在此舉行宴會和演講會，一九二三年社會運動人士蔣渭水（一八九〇～一九三一年）更成為春風得意樓的店主，使得本店聲名大噪。

一九二一年蔣渭水與企業家林獻堂（一八八一～一九五六年、一九四五年當選貴族院敕選議員）成立台灣文化協會。該組織表面上主張「促進本島文化」（台灣文化發展），實際上卻是反對殖民主義的社會文化運動大本營，也是台灣議會設置請願運動的中心組織。這個台灣文化協會，後來也成為台灣人自我認同的歷史依據。

⑤蓬萊閣的福建．廣東．四川菜

一九二七年（也有人說是一九二三年），「蓬萊閣」在東薈芳的新大樓開幕，發展為代表台灣的中餐館。蓬萊閣跟江山樓等餐館一樣都自稱是「支那菜館」，但都被人們視為「台灣料理」的代表。

蓬萊閣最初主打福建菜，老板黃東茂本身遊歷過上海、杭州、蘇州、天津等地，研究過中國各地菜色。他特別聘請四川菜的廚師來台，又請來孫文的粵菜私廚杜子釗。四川菜在日本是中日戰爭後才流傳開來的，但在台北卻早在戰前的日治時期，就在幾位餐館老板的努力下引進。

此外，蓬萊閣開業的一九二七年，正值左派勞工運動的高峰，他們在蓬萊閣舉行過多場大眾集會。一九三六年接手經營的陳水田（食材批發商兼五星商會老板）也立刻展開「料理行腳」，前往中國各地（北平、上海、南京、福州、廣東、香港），還造訪日本東京以西各地的知名餐廳，尋覓蓬萊閣菜品的發展[6]。

蓬萊閣在一九五五年歇業，但一眾廚師和服務生轉投到於一九五〇至六〇年代推動觀光開發的新北投「蓬萊閣別館」繼續發光發熱，成為如今台灣菜的源流之一。

對殖民時期的在台日本人而言，台灣文化就是中國文化的替代品。日本人將這些「酒樓」（中餐館）視作中國文化的一部分，但後來逐漸被解讀為構成日本帝國殖民地的特色場景。對熟知中國傳統文化的日本人來說，去酒樓品嚐中國菜，體驗文人文化，是觀光的一大焦點。尤其在一九二〇年代江山樓、蓬萊閣開幕後，那聳立的高樓和可口的好菜，便一再出現在日本人描述的台灣旅行記事當中，成為象徵台灣城市文化的元素。

與此同時，台灣的中餐館則逐漸日本化。諸如在店門前掛出寫上「御料理」的木牌招牌、提供日本料理（及日本酒、日本啤酒、咖啡、蛋糕等）、穿著日式服飾的服務生、說日語的藝伎和酒女等場景，逐漸隨處可見[7]。

被視為殖民地料理的「台灣料理」——皇太子的台灣行啟

日本殖民者企圖透過區分「台灣料理」與「支那料理」（中國菜），與中國文化切割，以此將台灣菜納入日本帝國文化的一部分。比如一九〇三年大阪舉行的第五次內國勸業博覽會，為了讓台灣總督府介紹「新領土」而設置了台灣館。館中除了介紹台灣烏龍茶的茶館之外，也開設了模仿台灣酒樓的「台灣料理店」，由台灣請來的廚師提供麵、雞、鴨（沒有豬）、魚、蝦、蟹、魚翅等料理，款待了近四萬人[8]。於是一九〇三年的內國勸業博覽會宣傳了「台灣料理」，讓民眾第一次認識到作為本國「殖民地料理」

的中式菜餚。

之後在東京舉辦的各種博覽會，也一再推銷「台灣料理」。舉例來說，勸業博覽會（一九〇七年，上野）就開設了提供台灣烏龍茶等茶品的茶館[9]。平和紀念東京博覽會（一九二二年，上野）也設有台灣料理店[10]。台灣博覽會（一九三二年在兩國的國技館開展）的「烏龍茶宣傳部」則提供「台灣料理定食」[11]。

台灣料理店也進一步在日本內地開店。一九一一年，一位名叫陳千萬的口譯員，在京都市大宮通花屋町上之地開店，四月上旬邀請新聞記者，舉行記者招待會兼開幕慶祝酒會。據報導，這家店「聘用了二到三名十二、三歲的可愛少女，以極低廉的價格販賣各種台灣料理」，目的在於方便台灣（本島）民眾來京都參加本山寺院大遠忌（祖先歿後的法會），同時也將台灣人的生活介紹給日本內地民眾。《台灣日日新報》報導的這則新聞，依個人淺見，應是日本內地最早的台灣料理店紀錄。同時也是京都最早的中餐館（除普茶料理外）紀錄[12]。

圖1－19　前來訪問台灣的皇太子（《台灣日日新報》1923年4月26日版）。

台灣方面則是在一九二三年四月迎來了皇太子（後來的昭和天皇）親訪，這也是天皇、皇太子唯一一次巡幸殖民地的例子（圖1—19）。皇太子的台灣行啟在蔣渭水發起台灣議會設置請願運動等民族運動方興未艾的期間。此次視察的目的在於讓人們理解到台灣是天皇制度統治空間下的一個「地區」，也是意在強化「帝國」統合儀式的戰略性一環[13]。

在此次台灣行啟當中，皇太子享用了「台灣料理」。當地的高級中餐館江山樓、東薈芳使用燕窩、魚翅等較具代表性的高級食材，烹調出「台灣料理」款待皇太子，此事也被《台灣日日新報》大幅報導[14]。這是日本天皇、皇太子首次在殖民地品嚐當地料理，亦是首次在國外享用西餐以外的外國菜，為此自然需要一番精心準備。烹飪材料由江山樓、東薈芳兩家餐館素菜部精心挑選，做菜的八名廚師也從一星期前就在隔離出來的地方齋戒沐浴[15]。皇太子如此品嚐「台灣料理」的過程，可視作是將殖民地納入帝國統合的儀式。

不過，這位後來的昭和天皇也愛上了中國菜。日後被稱為「天皇御廚」的秋山德藏，一九一三年自法國歸國後，一九一七年就任第一代宮內廳大膳職主廚長，負責準備大正及昭和天皇的餐食，總管宮中膳食。一九二三年，秋山在宮內省命令下遣調中國大陸，以上海為據點花了半年時間研究中國菜[16]，因此宮中至一九二五年便時常烹製中國菜[17]。

繼皇太子之後陸續訪問台灣的秩父宮（一九二五年五月）、朝香宮（一九二七年十月）、久邇宮（一九二八年四月）、伏見宮（一九二九年五月）、梨本宮（一九三四年十月）等皇族也品嚐了「台灣料理」[18]。這些日本皇族品嚐「台灣料理」的事蹟經《台灣日日新報》再三報導，讓民眾逐漸區分「台灣料理」與「支那（中國）

料理」，普遍將之理解為「帝國一方[19]」的料理。而一九四三年五月訪台的東條英機首相，也在長谷川清總督主辦的招待晚宴上吃了「台灣料理」，據說東條本人吃得非常滿意[20]。

「台灣料理」、「朝鮮料理」、「滿洲料理」——日本帝國的殖民地料理

在此想補述的是，除了「台灣料理」之外，日本人欲與「支那料理」（中國菜）做切割並將之納入帝國文化一部分的料理，此外也說說「滿洲料理」。一九三二年三月，日軍樹立傀儡政權「滿洲國」後，與滿洲國素有淵源的各式菜品開始在日本本國流行開來。例如，慶祝滿洲國建國的「新滿洲散壽司」、「新國家丼」、「五族協和丼」（圖1－20）、「國旗便當」。除此之外，日本還試圖推廣普及滿洲產大豆與綠豆的豆芽菜做成的中國菜、以滿洲糧食資源高粱等雜糧揉製成的高營養價值「滿洲麵包」，甚至還想出了使用白菜、雉、鵪鶉等滿洲特產品烹煮而成的高級日本料理[21]。

圖1－20　五族協和丼（《糧友》1939年）。

值得關注的是，日本的目標是建立起「滿洲料理」作為「滿洲國」這個民族國家的國族菜體系，並加以普及。滿洲國是個多民族國家，儘管主體是中國人，也是個「混血民族」，所以「從正確的意義（原文未改）來說，並沒有

像滿洲料理這類特殊的高級料理」的說法是事實[22]。儘管如此，當時著名的中國料理研究家山田政平表示：「成就北京菜基調的反而是滿洲料理」、「如同過去清朝成就了北京料理，我們深切希望今後的滿洲也能讓滿洲料理集大成。[23]」山田試圖奠定出與中國菜有所區隔的「滿洲料理」。

此外，滿洲國的相關人士也使用「滿洲料理」的稱呼，而非中國料理[24]。像這樣將「滿洲文化」從中國文化裡切割出來，強調前者的固有性與獨立性，在民族學、歷史學、國立博物館的展示、電影等多個面向都一以貫之，這些都反映了滿洲國的文化政策。

一九三四年七月，日本旅遊局的大連分部創立旅遊雜誌《旅行滿洲》（一九三八年四月號改名《觀光東亞》）。翻開該雜誌便可看出，南滿洲鐵道株式會社經營的大和飯店、鐵路餐車、國策旅行社的日本旅遊局的創建，目的都在於建立滿洲國獨有的飲食文化，開創出大和牛排、成吉思汗料理、高粱甜點等名產。但這些「滿洲料理」、「滿洲食」卻缺乏當地中國人的支持，自滿洲國垮台後，便幾乎在中國東北銷聲匿跡[25]。

另一方面，煎餃和成吉思汗料理等菜品也作為滿洲菜，傳入日本本國。中文「餃子」在日語中的「gyouza」發音，應是二十世紀前半當時中國東北（滿洲）腔的中文發音，由於同時期有不少作為根據的文獻史料存在，所以這一點大抵無誤[26]。此外，將烤羊肉料理命名為「成吉思汗」的是一九一〇年代駐北京的日籍記者。一般認為，成吉思汗料理是從北京傳播到滿洲和日本內地的各城市[27]。一九二七年十一月，陸軍糧秣廠的外圍團體糧友會會刊《糧友》（二卷十一號）在刊頭登出了「羊肉食宣傳主旨」。從那時開始，成吉思汗料理也開始在日本內地普及。譬如一九三三年三月於東京大井春秋園召開的滿洲國建國一週年紀念晚宴，主菜就是「成吉思汗料理」[28]。

就這樣，日本帝國占領台灣、朝鮮、滿洲以後，日本人對殖民地的飲食文化就開始湧現較濃厚的興趣，日本內地也對「台灣料理」、「朝鮮料理」、「滿洲料理」的分類有了一定認知。殖民地的料理屢次出現在日本的料理雜誌或女性雜誌上，這是在侵略亞洲的歐洲列強各國不曾見過的現象。其發生的背景有很大的因素在於日本本國與台灣、朝鮮殖民地皆同屬亞洲國家，飲食文化較為類似。再加上，日本在遠東建設殖民地並建立小帝國的時間晚於西洋列強，中國菜在飲食領域上已經比日本料理更加遍及全世界，這應該也是日本人對「台灣料理」、「滿洲料理」感興趣的原因。

而且，與其說二十世紀初期興起的「台灣料理」和一九三〇年代興起的「滿洲料理」是受當地被殖民者吹捧才出現的料理分類，倒不如說它們是在日本殖民者大捧之下才得以如此突出。相較之下，後述的「朝鮮料理」則經常被視為象徵殖民地的民族主義。

不過這些曾是日本帝國殖民地料理的「台灣料理」、「朝鮮料理」、「滿洲料理」在二次大戰後各自走上了不同的道路。台灣當地的文化人自一九三〇年代末期開始將鄉土料理稱為「台灣料理」，到了六〇年代，也有越來越多店家將在地庶民料理稱為「台菜」[29]。「朝鮮料理」雖然逐步發展並宣傳為民族文化，但韓戰之後南北分裂，又產生了「韓國料理」與「朝鮮料理」的區別。至於「滿洲料理」則是隨著日本人的撤退一同消失在中國大陸，僅在日本成為懷舊的對象，留下些許殘影[30]。

二戰後於台灣誕生的飲食文化——淮揚・四川・湖南菜的流行

一九四九年十二月，國共內戰敗北的蔣介石退守台北，在這裡維持中華民國政府，將台北的道路名稱都取名為三民主義的「民族」、「民權」、「民生」和中國大陸的省名、城市名。中國大陸的廚師也隨著中華民國政府一同來到台灣，但他們大多是軍人、高官、富商等人的私人廚師，大多來自江蘇、浙江和湖南。例如，台北市中心的衡陽路有許多上海、浙江、江蘇人入住，他們經營起餐廳，就成了台北的「小上海」。直至一九六〇年代之前，台北便已成為世界聞名的中國菜中心之一。

當時在台灣流行的菜系，第一是江蘇、浙江菜（蘇浙菜），或稱淮揚菜。從蔣介石到國民黨的黨、政府、司法人員多為江蘇及浙江籍人士，所以蘇浙菜被稱為「官菜」，廣為流傳。

第二，四川菜也大為流行，因為在重慶歷經對日抗戰後，來到台北的國民黨相關人士大多出身四川。例如，一九五〇年創業的「滄園川菜餐廳」算得上是台灣最老的四川菜專門店，招牌菜是肉末炒冬粉的「螞蟻上樹」。此外，一九三八年在上海創業的梅龍鎮菜館，如前述在戰後提供「川揚」料理（融合四川與淮揚的上海式料理）而興隆，後來也在一九六一年於台北開店。在一九八四年前，台北光是四川菜館就有三百家以上，當時全世界唯有台北這個城市才有這種規模。

第三，湖南菜的流行，據說是受到一九四八年陳誠比蔣介石先一步率軍來到台灣，就任台灣省主席兼台灣警備總司令的影響。陳誠的妻子是湖南督軍兼省長、湘軍總司令譚延闓的女兒，陳誠的同袍也大多出自湖南地方，所以湖南菜又叫作「軍菜」。再加上四川菜與湖南菜融合，成為「川湘菜」（四川、湖南菜），在台灣的小吃店經常可見，也出現在家常菜中[31]。

在這種局勢下，二戰後的台灣出現了許多道代表台灣的重要菜品，後來都固定成為招牌菜。在此介紹一下「左公雞」、「清粥小菜」、「三杯雞」、「牛肉麵」等四道菜品。

①左公雞——誕生於台灣並在美國廣泛流傳的湖南菜

「左公雞（左宗棠雞）」（General [Governor] [Tso's] chicken）（淋上甜辣醬汁的炸雞肉）是在台灣誕生的湖南菜，發明者彭長貴（一九一八～二〇一六年）曾說自己是在一九五二年國民政府海軍將官宴請美國海軍第七艦隊司令官的餐會上，第一次做出這道菜的原型。不過彭長貴也曾說他是在一九五五至一九五六年創作出這道菜。以後者的時間較為可信。所以想當然耳，就連為出身湖南的毛澤東做過多次湖南菜的名廚，也沒聽過「左公雞」這道菜。

順帶一提，這道菜名中的「左公」左宗棠（一八一二～一八八五年），是湖南籍的高官，在清末討伐太平天國之亂時升任閩浙總督，改任陝甘總督時平定回民起義（伊斯蘭教徒造反抵抗清廷）和雅霍甫伯克之亂。左宗棠尤以反對李鴻章等人主張優先防備沿海的海防論，鼓吹重視內陸邊境防備的塞防論而為人所知。因此「左公雞」可說是順著蔣介石不放棄反攻大陸的夢想而取的菜名。

彭長貴在一九四九年中共建國前後撤到台灣，一九七四年前往美國，在紐約曼哈頓開設「彭園」。彭園立刻登上ABC電視台的紐約地方新聞。經此報導，「左公雞」取代了「李鴻章雜碎」成為美國最知名的中國菜之一，進而從美國傳到韓國、菲律賓、多明尼加等地，甚至還傳進中國大陸的大城市裡。

不過彭長貴表示，湖南菜並不像美國左公雞那麼甜，也不用青花菜鋪底。如今美國流行的左公雞菜譜是迎合美國人的口味，歷經將雞皮做得酥脆等多方改良才得到的結果。

一九七七年，當時還是交換留學生的馬英九（湖南人，後成為台北市長、中華民國總統）在彭園舉行了結婚典禮。此外，季辛吉也相當喜歡彭園和它的左公雞。不過彭長貴在一九八〇年代收了紐約的店面回到台灣，後來成功在台灣發展彭園連鎖餐飲店[32]。

②「清粥小菜」——從「台灣料理」到「台菜」

冷戰期間的台灣面臨了國外對台運輸停滯，高級食材越來越難取得的處境，在蔣介石政權反攻大陸的目標下，奢侈的飲宴也沒有增加。因此一九六〇至七〇年代，提供日常樸實小吃的「台菜」餐館取代了高級宴會餐廳，一間接一間開。

當時搭配稀飯一起吃的簡單「清粥小菜」，成了到夜總會等場所玩樂後必點的深夜美食。舉例來說，「菜脯蛋」等料理成了代表「台菜」的菜品[33]。一九六四年，以「清粥小菜」為賣點的台灣菜館「青葉」也在中山北路開業。

相對於自日治時代就使用的「台灣料理」這個稱呼，「台灣菜」、「台菜」是在中華民國政府遷台之後才採用的稱呼。而且「料理」一詞多用在費時精緻的高級菜品，而「菜」指的則是一般的家常菜。

一九六〇年出版的《台灣菜烹飪精華》（鄭文龍著，台中瑞成書局）是第一本以「台灣菜」為書名的食譜書。其特色在於雖或多或少受到殖民時期日本飲食文化的影響，但也收錄了台灣攤販賣的小吃。此外，一九七七年李秀英開創的「欣葉」餐廳，成為一九九〇年代以後正宗「台灣菜」、「台菜」的先驅。李秀英也在一九九七年出版著作《台菜精選料理》（台南中流）[34]。

③三杯雞——一九七〇年代廣為流行的國民美食

另外值得大家關注的是，如今的台灣代表料理都還出奇地新，有不少是二次大戰後發明並普及的菜色。如「三杯雞」（圖1－21）就是以三杯調味料

圖1－21　三杯雞。

的醬油、米酒、麻油和砂糖，在土鍋裡燉雞，最後再加入提味關鍵「九層塔」的料理。

戰後初期，外省人相傳這道菜是從江西等地傳來，本省人則說這是用來延長雞的調味期限，或孕婦產後進補的料理。不過一般認為三杯雞是一九七〇年代「土雞城」（在郊外戶外吃土雞等食物的設施）形成後才流行開來的，烹調法也邁入標準化[35]。

④牛肉麵——台灣發祥說的真偽

一說到台灣，也許有些世代最先聯想到的是「牛肉麵」。按照寫過台灣、香港美食相關文章的古代史家逯耀東的說法，台灣「紅燒牛肉麵」的根源，第一，可能源於高雄岡山空軍基地。岡山的空軍軍人及眷屬很多都來自成都，他們在岡山生產豆瓣醬，在地化做出口味偏甜的「岡山豆瓣醬」。使用該豆瓣醬製作成的牛肉料理「紅湯牛肉」也同樣經過在地化，加入麵條，成為台灣的牛肉麵。

而牛肉麵根源的第二個說法則指出，可能是同一時期台北流行的「清真牛肉麵」。清真牛肉麵除了有煮到軟爛的牛肉外，還浮著「反共抵俄餅」（發酵麵餅烘好後再印上政治標語）。賣清真牛肉麵的大多是山東人，他們在懷寧街、博愛路一帶擺攤。後來因道路整修攤販各尋出處而導致清真牛肉麵沒落，只有四川風味的牛肉麵留了下來[36]。

這種牛肉麵發祥於台灣的說法雖廣為人知，卻缺乏史料根據，跨不出推論的領域。據說中日戰爭時期，四川、湖南、上海等地就已經可以吃到各種各樣的牛肉麵[37]。不過一九六〇年代後期以降，台灣開始製造並販賣速食麵，紅燒牛肉麵成為各家公司的主力商品而普及。

到了一九七〇至八〇年代，華裔企業家們在美國（加州）及中國大陸開設連鎖牛肉麵店。因此在如今的中國城市，都還看得到「李先生加州牛肉麵大王」或「美國加州牛肉麵大王」的連鎖店。

圓山大飯店的開幕——發揚中華民國的國威

圖1－22　圓山大飯店（2010年）。

台北的圓山大飯店（圖1－22）是接待國賓用的飯店，相當於中華人民共和國的釣魚台國賓館。圓山大飯店是由台灣神社（台灣神宮）舊址興建的台灣大飯店改建而成，於一九五二年開幕。

這裡簡單介紹一下，台灣神社一九〇一年創建於劍潭山，作為台灣的總鎮守神社，一九四四年升格為「台灣神宮」。一九五〇年六月，麥克阿瑟（Douglas MacArthur）將軍訪問台北之際，台北還沒有國賓用的飯店，正好蔣介石搬遷到士林官邸，就招待他住在空下來的陽明山草山官邸[38]。草山官邸原本是台灣製糖株式會社為歡迎一九二三年皇太子（後來的昭和天皇）巡視台灣，而於一九二〇年興建的招待所。一九四九年底蔣介石撤守台北後，該處成為最早的總統官邸，即使一九五〇年卸任後也仍舊被蔣家人拿來作為避暑之用。二〇〇二年被台北市政府指定為「歷史建築」，命名「草山行館」[39]。

此外，為一九二三年皇太子視察台灣參拜台灣神社而開闢的「敕使街道」，在二次大戰後成為中山北路。一九五〇年代，沿著中山北路興建了國民黨高級官員的住宅、美軍設施、外國大使館等建築，所以中山北路也成了國內外的政治舞台。當國賓來訪時，被動員的學生們會沿路站在中山北路旁揮舞國旗以示歡迎，並由位於中山北路的圓山大飯店招待外國來的賓客。

韓戰爆發後，台灣的中華民國加入了美國與西太平洋各國的安全保障框架。一九五三年底，時任美國副總統尼克森與國務卿達勒斯（John Foster Dulles）相繼訪台，促成了一九五四年十二月簽訂規範冷戰期間美台關係的《中美共同防禦條約》。在這段期間，一九五四年七月蔣介石宣布發展觀光事業，規劃興建具備接納外國賓客水準的飯店。中華民國政府以樹立政權正統性、發揚國威的政治性理由，在觀光業投注心力[40]。

一九六四年日本開放海外自由旅行，日本人來台（台北）觀光被形容成享受不夜城的「男人天國」遊。不過一九七七年二月，《朝日休閒》規劃了「女人的台灣旅遊」，不但規劃入住一九六七年被美國《財富》雜誌選為世界十大飯店的圓山大飯店，舉辦台灣歌手翁倩玉的「環顧翁倩玉旗袍派對」，還有「四川、廣東、上海、台灣料理吃到飽」，以此吸引女性觀光客造訪「料理天國・台灣」。不過當時受矚目的餐飲，是四川菜、飲茶、海鮮料理、紹興酒、台灣水果等美食，稱得上「台灣料理」的餐點少之又少[41]。

圓山大飯店的國宴菜——以「川揚」菜為中心

曾品滄和陳玉箴對圓山大飯店及國宴菜都有著相當深入的研究[42]。圓山大飯店雖是登記為私人所有的商務飯店，但實際管理者是蔣介石夫人宋美齡與她的外甥女孔令儀，是一家由當時現任總統家人經營的飯店。一九六〇年代，中華民國與中華人民共和國在外交上的競爭越演越烈，國民政府便著手擴建了接待訪台外賓的圓山大飯店。

一九七三年，圓山大飯店增建為十四層樓的中國宮殿式主廳建築，成為如今的模樣。台灣傳統的建築樣式主要是閩南式風格，但對當時占大多數的中國大陸中高級官員來說，不過是一種地方特色。中華民國政府提倡民族固有傳統文化的復興，痛批一九六六年開始的毛澤東文化大革命是「破壞傳統文化的行為」，因此發動「中華文化復興運動」以資對抗。當時興建的國立歷史博物館（一九六四年落成）和國立故宮博物院（六五年落成）等公共設施，全都採用古典中國風格，圓山大飯店的主廳便是其中之一。

此外，台灣招待國賓和皇室的國宴，會在總統府、中山樓、士林官邸等地開席。即使在這些地方宴客，圓山大飯店的廚師與工作人員也都肩負著相當重要的角色。中華民國政府想把王朝時代的中國形象移植到台灣，所以蔣介石與官員們會在國宴中穿上中國傳統的長袍，擺放中國家具、播放傳統音樂，或用紀元前的秦朝篆書體書寫菜單。

在圓山大飯店初期擔任大廚的程明才（一九一二～一九八一年）生於揚州，專長是蘇浙菜。他在上海菜館工作後，便隨著國民政府官員一同在一九四九年來到台灣。擔任蔣家家廚一段時間後，他被任命為圓山大飯店的主廚[43]。後來程明才前往日本，在橫濱、東京當廚師，一九七三年遠赴美國。程明才的兒子程正昌（Andrew Cherng）後來在美國創立第一家中菜連鎖速食餐飲——熊貓快餐（後述）[44]。

值得關注的是，程明才手下有許多擅長「川揚」（融合四川、淮揚）風格的廚師，所以圓山大飯店成為川揚菜的中心與發祥地[45]。據蔣介石友人奚炎的媳婦嚴裘麗表示，蔣介石偏愛蘇浙菜，但魚香茄子（用魚香辣醬炒茄子的料理）這些四川菜也吃得不少[46]。因此川揚菜深受蔣家人和其他許多中央政府官員的喜愛，成為台灣政府高官開宴時常用的共通菜色。

國民政府相關人士之所以常點川揚菜，是因為它很適合戰中、戰後中國貧困的時期。當時比起使用魚、蝦、蟹等高級海產烹製出口味清爽的淮揚菜，使用便宜的豬肉、雞肉塊烹調得油亮噴香的川揚菜更受歡迎。一九六〇年代川揚菜以圓山大飯店為中心，從國宴裡普及到一般市民階層，成為宴會菜的主流。

話雖如此，國宴還是會使用淮揚菜和四川菜。自一九七〇年代開始，川揚菜日漸式微，在當時經濟發展的背景下，採用新鮮海鮮的廣東菜順勢興起，隨著台灣人意識的高升，本地的台灣菜也逐漸受到關注[47]。除了川揚菜之外，圓山大飯店的北京烤鴨、魚翅、乳鴿等菜品也都相當有名[48]。

而川揚菜不只從上海傳播到台北，也從上海傳到了北京、天津。北京的民族飯店在一九八三年出版了《北京民族飯店菜譜——川蘇菜》（中央旅遊出版社）食譜集。書中提到「川蘇菜」（幾乎與「川揚」同義）始於上海，在北京、天津等地也深受歡迎，連民族飯店的廚師也都是在上海習得作法[49]。

此外，圓山大飯店和北京的釣魚台國賓館、人民大會堂一樣，對外國賓客飲食的禁忌都十分注意。例如，他們認為不吃雞肉的人比較少，不吃牛、羊肉的人比較多，並考量穆斯林等宗教因素，原則上不用豬肉，也會留意有些國家禁止飲酒[50]。

一九五八年，伊朗國王巴勒維（Mohammad Reza Pahlavi，一九七九年伊朗革命中垮台的末代國王）訪台時，從全台灣召集了清真料理的名廚，烹調了三十種以上的菜品做款待。由伊斯蘭教協會派遣的宣教師依據伊斯蘭教的教義，在屠殺動物時朗誦古蘭經[51]。此外，圓山大飯店二〇一七年取得中國伊斯蘭協會「穆斯林友善飯店」的認證，向外開拓穆斯林市場。

國宴菜的變遷——豪華的廣東菜到「族群融合」．環境保護

其次值得注意的是，台灣國宴的頻率和內容，隨著總統輪替而有了大幅變動。蔣介石總統時期的國

宴分有西式和中式，採用中式時會以上述的川揚菜為中心，菜單也使用直寫篆書體。此外，飯後還會提供包子，希望在這才剛結束多次戰亂的時期，讓賓客吃飽。

蔣經國總統時期，菜單改成橫寫楷書。從樸素儉約的觀點來看，國宴次數減少，時間也縮短，雖然少不了龍蝦和魚翅，但在其他菜品中增加了日常菜色。「五（六）菜一湯」組成的樸素「梅花餐」，從蔣介石時代就已用於國宴。但蔣經國時期卻展開了力行樸素儉約的宴會改革。政府向各級機關、公營及民營團體大力推薦梅花餐。

圖1－23　圓山大飯店的「紅豆鬆糕」。

李登輝總統時期，舉辦了最多場盛大的國宴。當時的台灣經濟富裕，國宴也相當重視體面，以多達十道的廣東菜為中心，選用魚翅、鮑魚、龍蝦等高級食材組成豪華的菜單。此外，除了圓山大飯店，國宴也會在民間的高級飯店裡舉行[52]。

接下來的陳水扁總統（任期二〇〇〇～二〇〇八年）在二〇〇〇年實現了華人世界首次經由民主普選完成的政權交替，成為由民進黨提名的首位總統。陳總統以繼承李登輝前總統的路線，強調台灣的主體性，不認為台灣是中國的一部分，意圖將稱呼從「中國」改變為「台灣」加速「台灣在地化」而為人所知。

二〇〇〇年五月慶祝陳水扁總統上任的國宴裡，包含了平民化、在地化、族群融合等政治性意涵。

舉例來說，「四季宴」中的「夏之宵」就有「台南碗粿」、「虱目魚丸湯」，象徵台灣的在地化與總統的平民化。蔣宋美齡喜歡吃圓山大飯店的「紅豆鬆糕」，遂而成為一項名產（圖1—23）。陳水扁總統的國宴耗費心思，積極採用台灣本土食材，將紅豆鬆糕的紅豆餡改成芋泥與番薯泥，紅豆則是撒在表面上，藉由「芋頭」和「番薯」來表現「族群融合」（本省人、外省人、閩南人、客家人等社會群體）。

而後二〇〇四年五月，慶祝陳水扁總統連任的國宴主題則是「南北一家親」。因此，總統府盡可能尋找台灣本土食材，或是帶有「族群融合」寓意的食材。此外，陳水扁總統任職時期相當重視地方，國宴不只在台北圓山大飯店進行，也在高雄、台中、宜蘭、新竹等地方城市舉辦。就連台灣各地方特色食材，也都配合季節挑選。例如，夏季選的是人稱三芝「美人腿」的筊白筍，和宜蘭的「鴨賞」、屏東的櫻花蝦等食材。

馬英九總統（任期二〇〇八～二〇一六年）的就任國宴，在高雄的圓山大飯店舉行。由於主題是「環保」、「節能減碳」，所以不採用遠距運送的食材，或向遠處採購。但主菜的「龍蝦」只能使用進口品。為了追求生態環保，已成保護對象的鯊魚魚翅和高價的鮑魚，也因媒體關注而未使用[53]。

魚翅不再入菜的原因，主要是二〇一〇年，具世界影響力的NGO世界自然基金會發起反對濫捕鯊魚和殘忍漁獵的運動，獲得美國NBA前職業籃球選手姚明以及電影明星成龍等人的支持。而在二〇一一年，美國夏威夷州和加州、加拿大多倫多等地明令禁止華裔居民較多的地區持有或買賣魚翅。在此風潮下，二〇一二年起，世界各地半島飯店集團的餐廳都不再提供魚翅料理[54]。

因而這個時期的中華人民共和國與中華民國（台灣）的國宴菜單，都剔除了魚翅料理[55]。近代以來，魚翅在宴客場合一直是不可或缺的頂級料理，但中日戰爭期間汪精衛政權就曾禁止於宴會中使用燕窩、熊掌、鮑魚和魚翅[56]，到了二十一世紀初期終而完全失去地位。在這股全球性反對魚翅的運動中，中國大陸更加在二〇一三年展開反對浪費食物運動的「光盤行動」（吃光盤中料理的意思），二〇二一年公布並施行《反食品浪費法》，禁止在公務接待的宴會菜上使用魚翅等高級食材。

受前述影響，鯊魚漁獲量日本第一、標榜「鯊魚城」的氣仙沼魚翅價格，在十年內從二〇〇六年的史上最高價跌到只剩六成。但這裡必須留意的是，在氣仙沼捕獲的鯊魚中占九成以上的大青鯊和鼠鯊都不是瀕臨滅絕物種，而且從江戶時代末期就開始生產魚翅的氣仙沼，自明治時代就開始盛行用鯊魚肉製作竹輪、魚板、鱈寶等魚漿製品，所以絕無丟棄其他部分、只留魚鰭的殘忍狀況。日本水產廳從二〇〇八年起也禁止割下鯊魚鰭後將剩餘部分丟回海中的捕鯊割鰭（shark-finning）行為[57]。

二十世紀後期的美食外交與傅培梅

一九五六年時，歐洲的中餐館不到五百家，但在一九六三年時約達三千家，光是英國就有約兩千家，法國、荷蘭各有兩百多家，西德約一百家、比利時約五十家。同一時期，美國的中餐館超過一萬家，光是紐約就有兩千家以上。日本光是華人經營的中餐館也超過了兩千家，印度和中南美洲的中餐館也在增加。在這種趨勢下，世界各地華人經營的中餐館均出現廚師人手不足的狀況。

一九六三年，中華民國政府的僑務委員會向世界各國的大使館和華人團體寄出信函，請他們調查華人經營的餐廳需要的廚師人數。之後由僑務委員會與台灣省台北區國民就業輔導中心挑選擅長中菜的廚師，錄用了經驗豐富的九十三人。他們大多被派遣到西德、日本、琉球、韓國、義大利、法國、留尼旺島（法屬）、西班牙、葡萄牙、葡屬東非（現莫三比克）、英國、比利時、瑞典、馬來西亞、泰國、伊朗、衣索比亞、美國，由當地餐廳聘僱[58]。

而後一九六四年七月，中華民國政府派遣中菜專家到韓國。他們到韓國介紹餐廳的經營管理方法和烹調技術，也與韓國的料理專家會面，設立訓練班。料理方面並不單單只有北方口味，還在菜單裡添加各種料理與點心[59]。

此外，中華民國政府的僑務委員會為了發展海外的中國菜事業，自一九八七年開始將料理專家傅培梅的烹飪錄影帶《傅培梅時間》分送給歐洲各國（比利時、西班牙、西德等）的華人團體，供他們作為改善、革新料理的參考資料，大獲好評。尤其是來自東南亞印尼等地的移民所經營的中小型中餐館，大多難以聘僱專業廚師，所以這套教學帶讓他們獲益匪淺[60]。傅培梅女士對中華民國向海外宣揚中國菜一事居功厥偉。

圖1－24　在台灣上電視示範的傅培梅。

傅培梅（一九三一～二〇〇四年，圖1－24），原籍山東，出生於關東州大連市，接受日文教育，會說一些日語。一九四九年隨政府來台，一九六一年在自家開設烹飪班，一九六二年起隨著台視開播，開始在電視上教授廚藝。一九七〇至八〇年代，她前往菲律賓、日本、新加坡、香港、韓國、馬來西亞、澳洲、南非、美國、荷蘭等國傳授中國菜。此外，她也在一九七八至一九八三年日本富士電視台的《夫人的廚房》（奥さまのクッキング）節目登台，教觀眾做中國菜。傅的節目還配上了他加祿語的配音在菲律賓播出，她本人更曾受相當於大使館的台北經濟文化代表處邀請，到美國錄製電視節目[61]。

依據歷史學家金恬的查證，傅培梅於一九六九、七四、七九年出版了《培梅食譜（*Pei Mei's Chinese Cookbook*）》，其中一九六九年版（台北，中國烹飪補習班）將中國菜分成東、西、南、北四大菜系來解說，是世界上最早的中菜食譜之一。一九六九年版的《培梅食譜》把中國的地方菜分成四種，也許中國知識分子的讀者會認為過於單純而反對，但這的確是個讓外國讀者簡單掌握中國各地方菜系差異的好方法。由此可知，中國四大菜系被定調為向外國人解說時的普遍說法。

順帶一提，《培梅食譜》（一九六九年版）也收錄了一般家庭難以製作的北京烤鴨和美國的中式料理——

雜碎。而一九六九年當時，中華民國（台灣）的國際影響力正處於巔峰，所以可以一面將中華民國的歷史上溯到孫文，同時將中國菜宣傳為中華民國的料理[62]。

不過一九七一年，聯合國大會表決通過承認中華人民共和國的中國代表權，中華民國退出聯合國。因此一九七四年版的《培梅食譜》雖然仍舊引用孫文的三民主義，但特別強調台灣在政治、物質上的成功。而一九七九年版的《培梅食譜》及其後出版的書籍，大幅減少了有關台灣政治名聲的敘述，轉而強調中國菜的文化面向，提示台灣是吃得到全中國各地料理的地方，進而將福建、湖南與台灣一起加入獨立的地方菜系統。

話雖如此，傅培梅與這個世代的多數名人一樣，宣揚只有台灣才保有正統中國菜傳統。中國的傳統文化只在台灣欣欣向榮，這種觀點是當時國民黨的部分主張[63]。

傅培梅是一九六〇至八〇年代台灣的中國菜代表人物。但在一九九〇年代以後，台灣菜的食譜書陸續出版，其中如鄭衍基（阿基師，一九五四～）的食譜與電視節目成為時尚新寵，取代了傅培梅的地位[64]。

二十一世紀的美食外交與鼎泰豐的小籠包

台灣（中華民國）不再是聯合國會員之後，文化外交，尤其是美食外交，對台灣而言就成了一種珍貴的外交手段。台灣政府支援並推動台灣食物普及，目的在於讓外國人認識台灣與中國大陸食物的差異，以及台灣的魅力與趣味，進而透過食物來吸引觀光客來台[65]。例如二〇〇七年十二月，台灣政府在巴黎美食展示會上支援「鼎泰豐」，將其變成台灣的外交活動。但鼎泰豐的招牌菜並不是台灣的地方料理，而是以小籠包為首的上海周邊料理。

如今的鼎泰豐在海外已成長為代表台灣的連鎖餐飲企業，創業者楊秉彝一九二七年生於山西省，年輕時在家鄉從軍加入抗日戰爭，一九四八年夏天自上海來到台北。一九四九年，楊秉彝在親戚的介紹下，到油商「恆泰豐」就職。後來他與同事賴盆妹（台灣客家人）結婚，一九五八年一手創立「鼎泰豐」油行，一九七二年開設同名餐廳。顧客雖有蔣緯國、連戰等外省高官，但據說屬於本省人的李登輝、陳水扁等人從未光顧。

一九九六年，鼎泰豐與高島屋簽訂加盟連鎖契約，在日本設立五家店鋪，讓小籠包在日本流行起來。二〇〇〇年更是鼎泰豐大轉機之年。這一年鼎泰豐引進外來資金，從家族經營轉為法人經營，招聘專業的經營團隊，除了手工小籠包之外，全部交由工廠生產。同年起，又在中國（上海）、美國（南加州的阿卡迪亞）等世界各國開設分店[66]。

台灣為了向世界傳遞這項文化，由位居民進黨陳水扁總統之下的副總統呂秀蓮自二〇〇〇年開始，將其強力塑造成一種「軟實力」。二〇〇八年成立的國民黨馬英九政權也接下這個棒子，正式大力推展[67]。

以台灣政府在英國的美食外交為例，二〇一〇年馬英九總統斥資約兩千萬英鎊，促銷推廣台灣的食物。此後，後段將詳述的「珍珠奶茶」在英國急速流傳，英國人對台灣食物的認知度確實大幅提升。二〇一四年九月，台灣政府文化部同樣在巴黎主辦了一場為期九天的美食節。而這樣的台灣政府文化外交，也越來越強調台灣人的固有稟性，意圖將台灣（中華民國）與中國大陸（中華人民共和國）區隔開來。

此外，二〇一三年台灣投入三千四百二十萬美元，規劃促進台灣飲食文化普及。這是個帶動近六千兩百萬美元民間投資的計畫，支援海外台菜館的開設，在台灣海內外開展三千五百家左右的台式菜館。透過這個計畫，如「85℃」咖啡在美國加州的爾灣（Irvine）就極受歡迎。

台灣的政府還提供了其他諸如台式菜館與台籍廚師的訓練支援、主辦烹飪比賽、創設有關料理的智庫，開創支援食品及觀光產業合作的產業鏈。此外更支援台灣「夜市」觀光旅行。

值得一提的是，馬來西亞政府也和台灣政府一樣，將小吃街用於美食外交，並在倫敦、紐約、洛杉磯開設小吃街[68]。但如同前述二〇二〇年底，新加坡小吃攤販美食街的「小販文化」獲登聯合國教科文組織的世界非遺之列，台灣、新加坡、馬來西亞的小吃街，在外國人眼中反而變得很難明確區分。

珍珠奶茶──台灣在海外的飲食文化象徵

最後我們再來看看享譽國際、幾乎成為台灣飲食代表的珍珠奶茶。珍珠奶茶發祥於台灣，是在香甜

奶茶中加入大顆的黑粉圓，再以專用粗大吸管飲用的飲品，可從中享受珍珠軟Q的獨特口感。這是台灣鬧街上許多飲料店的代表飲品，

一九八〇年代前後，台灣的茶攤賣的是裝在塑膠袋裡、附上吸管的紅茶。之後流行的是將紅茶與碎冰一同倒入雪克杯裡調製而成的新潮飲品「泡沫紅茶」，裡面再添加通常用來作為刨冰配料的大顆黑粉圓，一般認為這就是珍珠奶茶的由來[69]。

一九九〇年代，日本的台灣新住民在新宿經營的台菜館「吟品」等餐飲店，是最早引進珍珠奶茶的店家。二〇〇〇年以後，珍珠奶茶大幅出現在日本亞細亞航空的廣告中，並被儂特利採用為期間限定奶昔，以及全家便利商店的促銷商品。原宿也出現了以珍珠奶茶為賣點的速食店。珍珠奶茶在日本爆紅以後，也引來香港人的關注，透過華人社會網路，從香港又傳到了馬來西亞、新加坡等東南亞國家，後來還展店到中國大陸、韓國和美國[70]。

近年來，台灣主要進軍國外的外食企業中，珍珠奶茶連鎖店總是名列前茅，成為台灣外食企業國際化的特徵。而這些企業在中國大陸展店的集中度高，形成了台灣多數外食企業國際化即等於進軍中國大陸的狀況[71]。此外，二〇二〇年新冠病毒引發世界大流行的前夕，日本正迎接第三波珍珠奶茶的熱潮，從橫濱中華街到東京都內的商店街中，由本地人出資的珍珠奶茶店遽增。

這樣的一種珍珠奶茶是中國的茶葉遠渡歐洲，製成紅茶後反向輸入台灣，加入黑粉圓進行改良，而

後再次銷往世界的飲品[72]。跟牛肉麵和鼎泰豐的小籠包一起，成為外國人眼中象徵著台灣飲食文化的一種存在。

換句話說，珍珠奶茶的誕生就是接納外來產物、於本國一番進行改良後發展而來。有的人會將此事理解成台灣文化的特長，再連結至台灣人的自我認同。包含台灣在內的許多亞洲國家或地區的民眾，都十分善於接納與應用外國文化，並且引以為傲。

本章從殖民地當局款待日本皇太子開始，談及皇族和首相的「台灣料理」、蔣介石在圓山大飯店招待國賓的川揚菜，以及生於山西省的創業者從台灣發展到世界各地的鼎泰豐小籠包等歷史過往，為大家介紹了誕生於中國大陸，於台灣開花結果的料理。

此外，也從二戰後成為庶民小吃而大受歡迎的「台菜」，一探一九八〇年代自台灣小吃攤中誕生、並傳布到日本、亞洲、美國的珍珠奶茶，還有在食材和菜單上面體現「台灣在地化」以及展現環保意識的二十一世紀國宴菜，裡面甚至加入了台灣土生土長的飲品和食品。

這些東西可謂是象徵了台灣各個時代的飲食文化，整體變遷也與台灣現代史——成為日本殖民地、反攻大陸的據點，進而發展成擁有獨立民族認同的土地——的軌跡不謀而合。

第六章　豆腐的世界史——從民族主義到全球主義

中國・日本・朝鮮半島・越南的大豆食品

中國菜當中尤其風靡世界的基本食材，就是麵和豆腐。其中有關麵的部分，從紀元前中國的起源到近現代日本的拉麵發展，都有許多饒富深趣的研究書籍[1]，本書會在第四部論及。本章想驗證一下豆腐與大豆食品在中國發祥與發展，而後被東亞及歐美接納的過程。近年來為解決全球性的人口增加、糧食不足、環境破壞問題，人們對低成本又可攝取到蛋白質的大豆食品，期待越來越高。因此威廉・舒雷夫（William Shurtleff）與青柳明子[2]，克莉絲汀・杜波瓦（Christine du Bois）[3]等人針對豆腐與大豆的世界史也都發表了相當出色的研究成果。

中國、日本、朝鮮半島、越南是經常食用豆腐的核心地區[4]。在此想特別帶大家來看看，儘管以豆腐為首的大豆食品早早就在東亞普及，甚至讓人幾乎忘了豆腐來自中國，深深滲透到人們的飲食生活，但豆腐仍舊是近代中國的國家象徵（national symbol）。

中國的「豆豉」（大豆鹽漬發酵而成的調味料），早在西漢（紀元前二〇六年～紀元後八年）以前就開始使用。此外，一般認為「醬」（調味醬、味噌、醬油的根源）是西漢到宋朝中期的主要調味料[5]。

關於豆腐的製法，有一說認為是漢族從北方遊牧民族的牛、羊奶製品的作法中學來的[6]。明朝李時珍撰寫的《本草綱目》（一五九六年出版，一六〇七年，林羅山在長崎取得後獻給德川家康）中提到，西漢開國皇帝劉邦之孫淮南王劉安（紀元前一七九～一二二年，《淮南子》的主要作者）發明了豆腐。不過豆腐首次於文獻中出現，是在十世紀五代末到北宋初期，陶穀記述的《清異錄》的〈小宰羊〉，因而有人認為劉安發明的說法不過是個傳說[7]。但劉安約二世紀後的東漢墓地（一九五九～一九六〇年，在河南省密縣打虎亭村被發掘）的繪圖中，也出現正在製作豆腐原型的食物，使得這個解釋頗有可信度[8]。

此外關於朝鮮半島，一般認為三國時代（紀元前一世紀到紀元後七世紀）的高句麗，已有用大豆做的發酵調味料「醬」。但進入二十一世紀後，中韓之間為了高句麗到底是朝鮮民族的獨立國家，還是隸屬中國的地方政權爭得不可開交。這場高句麗爭論，也連帶引發了發明「醬」的究竟是朝鮮人還是中國人的爭議[9]。

朝鮮在三國時代到幾個世紀後為止的一段時間內，發展出了「醬油」、「大醬」（味噌）。十六世紀後半辣椒一傳入，十七世紀後半前就發明出了「苦椒醬」（顏色深紅、鮮香甜辣的韓式辣醬）[10]。

「醬」在平安時代的日本已經在地化，不只用大豆，還加入米製作出味噌，並在室町時代發展出了味噌湯。另一方面，關於醬油的部分，鎌倉時代的禪僧覺心在南宋時代留學杭州，將「徑山寺味噌」（金山寺味噌）的作法傳授給故鄉紀州的湯淺。有一說認為從這裡流出的「溜醬油」是醬油的始祖。此外，由於釀製醬油不像味噌那麼容易自製，所以直到十六世紀左右才終於普及，在江戶時代廣泛用來沾取生魚片與壽司等料理[11]。

至於豆腐，則是在八世紀左右由留學僧、歸化僧傳入日本[12]。至今，日本以外的其他國家都找不到專做豆腐的高級餐館，日本可謂是獨自發展出了自成一家的豆腐料理。

至於越南的「醬」，則有說法認為是在紀元前於中國製作出來，沒多久就傳入的[13]。但也有人認為豆腐是在五世紀[14]，或是十至十一世紀左右傳入越南。十至十一世紀是越南佛教的鼎盛時期，應該是中國宋朝與受其冊封的越南李朝進行佛教交流時一併傳入的。

大豆和豆腐直至十八世紀才出現在越南的文獻史料中。黎朝後期的官員兼學者黎貴惇（Lê Quý Đôn，一七二六～一七八四年）的《芸台類語》（*Vân đài loại ngữ*）（一七七三年）裡出現了「大豆」、「豆腐」[15]。而著名的醫師黎有晫（Lê Hữu Trác，一七二〇～一七九一年）的《女功勝覽》（*Nữ công thắng lãm*）（一七六〇年）中也論及「豆〔豆𪉥〕（Đậu Nành）」（豆腐）。《女功勝覽》的字喃（越語的漢字拼音）原典雖然無法取得，不過據說黎有晫介紹了豆腐的製法、用豆腐入菜的蔬菜料理，以及豆腐的種種效用（負傷的復原、女性美容、解毒作用等）。從這些記述可以推斷，豆腐早在十八世紀的越南就已經成為一種家常食品[16]。

印尼的天貝（tempeh）

大豆食品也同樣傳入印尼群島，並在這裡完成了獨立的進化。一二九三年蒙古帝國（元）軍遠征爪哇，後來爪哇人打退元軍，建立滿者伯夷王朝（一二九三～一五二七年？）。應該就是在此時，而逃離元軍並留在爪哇的華人士兵則將豆腐的作法傳給印尼群島。

圖1－25　天貝（雅加達）。

另外，英國的探險家和移居者曾記載，大豆在十七世紀以前傳入蘇門答臘。但荷屬東印度時期（一六〇九～一九四九年），尤其是在一八二五至一八三〇年的爪哇戰爭後，反殖民運動被鎮壓。之後荷蘭帝國在該地引進種植菸草、茶葉、咖啡的種植園，同時也忽視稻米、大豆等日常食用作物的栽培[17]。

但如今印尼島上最具代表性的大豆食品並不是豆腐，而是使用天貝菌的大豆發酵製品天貝（圖1－25）。以爪哇語撰寫於一八一四年的古典寓言教誨集《塞拉特・真提尼》（*Serat Centhini*）記載天貝是一種營養食品[18]。當時正是英國東印度公司的萊佛士（Thomas Stamford Raffles，新加坡的創建者）在爪哇經營殖民地的短暫期間（一八一一～一八一六年）。之後到十九世紀末前，荷屬東印度整建了區分歐洲人與當地人的官方法制。隨之而來的是，荷蘭人家庭也開始區分歐洲與當地食物，不再食用天貝。不過孩子們還是會瞞著父母，在小商店（warung）買天貝來吃。

一九四九年領導印尼獨立的蘇卡諾總統，一再主張印尼「不能成為天貝國」，也就是不能讓國民再繼續吃著天貝那種廉價又平凡的食物過日子。蘇卡諾的想法繼承了殖民地統治階層所秉持的，不能吃天貝這種土著食物的思想[19]。

不過一九六八年蘇哈托政權成立後，印尼政府的教育部自七〇年代開始發派用印尼語和各地方方言書寫而成的小冊子，想要將天貝的作法推廣到全國。這種教育上的努力沒什麼成效，直到後來政府派遣做豆腐和天貝的師傅到缺乏蛋白質的島嶼，才有了不錯的成果。而後在一九九七年受亞洲金融危機影響，經濟蕭條而減少肉類消費，大豆食品在這時期彌補了蛋白質的不足。

在印尼的普通家庭當中，天貝比烙上華人食物印象的豆腐更加普及[20]。因為天貝是不分貧富差距都能吃到的食物，所以在二〇〇〇年代重新獲得了「民主」的評價[21]。後來即使在總統官邸的派對中，也會出現天貝這種代表國家的食物[22]。

印尼在二〇一七年將天貝列為非物質文化遺產，更有意向聯合國教科文組織申遺[23]。但值得注意的是，天貝也在馬來西亞政府國家文物部（Jabatan Warisan Negara, National Heritage Department）官網刊登的非遺名錄之中[24]。

大豆食品與民族主義——近代中國的素食主義

話說回來，中國北方（華北）的大豆，是用來作為長江下游流域栽培棉花的豆渣肥料。但自一八四〇年代開始，最多用在浙江、廣東、福建的甘蔗栽培上。而後從一八九〇年左右開始，大豆多數運往了工業用材料（肥皂、印刷墨水等）與肥料需求增高的日本[25]。

歐洲也從十九世紀後半開始，在法國的順化協會、奧地利皇家農業學院的費德利希・哈伯蘭特（Friedrich Haberlandt）等人的主導下，對使用大豆製成食品、油品、飼料展開了一番研究[26]。二十世紀初期，年輕的李石曾（一八八一～一九七三年，擔任過故宮博物院院長等職務）在巴黎學習生物學的同時為無政府主義所折服，搭上滿洲大豆輸往歐洲數量大增的便車，做起生意獲得利益。

於是一九〇九年，李石曾在巴黎郊外獨立創業，開了一家製作豆腐、豆漿及其他大豆製品（醬汁、麵條、餅乾、蛋糕、食用油、麵包、抹醬）的工廠，一直營業到一九二一年一次大戰後的不景氣來襲為止。一九一〇年，他在英國也申請了「使用青菜汁及大豆衍生食品」的專利。李石曾提倡蔬食（素食）主義，積極介紹中國從植物裡榨取漿汁的方法[27]。但也有人認為，當時李石曾的身分主要是孫文中國同盟會在巴黎行動的代表，豆腐公司只是革命的偽裝，實際上並沒有製造與銷售豆腐[28]。

李石曾甚至於一九一〇年，在上海與素食者外交官伍廷芳一起創設了中國第一個素食主義團體「慎食衛生會」。而且李石曾很可能在此之前，就在上海法租界的飯店一角，開設了試驗性質的素食主義西餐廳「密采里」。「密采里」的嘗試和巴黎的豆腐公司一樣太過冒進，以短命告終。不過他在一九二二年於上海開立遠近聞名的佛教素食餐廳「功德林」之前，還曾先以中國人的身分開設素食主義西餐廳，這一點倒是頗令人玩味[29]。

素食主義在一九二〇年代以前的歐洲，成為一種十分進步、科學又衛生的飲食習慣。但在亞洲，素食主義也是一項與民族主義有關的飲食習慣，如同一八八〇年代末，旅居倫敦之後成為素食主義者的甘地。

一九一七至一九一八年間，上海《東方雜誌》的編輯章錫琛與胡愈之、氣象學者竺可楨等人，曾在雜誌上介紹海外學說的同時，提倡素食主義。他們批判肉食會增加生活費，奪走窮人賴以生產低價又健康食物的土地。一九一七年，北京大學的學生發布公開信，要求開設素食的食堂。校長蔡元培（一八六八～一九四〇年，擁護學術自由，也參與新文化運動）給予正向的回應[30]。

曾在香港學習西洋醫學，在澳門與廣州擔任醫生的孫文，在一九一九年發表的《建國方略》中，也曾提倡將豆腐定位為中國的國民日常食品。孫文表示：「中國素食者必食豆腐。夫豆腐者，實植物中之肉料也，此物有肉料之功，而無肉料之毒，故中國全國皆素食，已習慣為常，而不待（西洋）學者之提倡矣。[31]」

不過中國在一九二〇年代末以前興起了反素食主義，素食主義漸漸衰退。一九二七年，生物化學家兼營養學家吳憲發表了相當具影響力的論文〈中國食物之現代營養學識觀〉。文中提到，中國食物裡頭的動物性蛋白質含量，比歐美各國，甚至日本都要來得少（但比朝鮮多），這並不妥當[32]。以吳憲為首的多位營養學家，對大豆成為動物性蛋白質的替代品持懷疑態度，鼓勵多消費雞蛋、飲用牛奶及使用奶油。

儘管如此，在當時的經濟情況下，想要多加攝取動物性蛋白質並不實際，所以還是建議使用大豆與大豆製品。於是中國營養學家和生理學家也都著手展開實驗，將過去的「豆漿」（大豆泡水後研磨而成）改變為現代化的優質豆奶①[33]。

一九二八年起，生理學家祝慎之（Ernest Tso）等人發表了研究成果，說明以嬰兒豆奶取代母乳或牛乳的效用。南京市政府更在一九三三年實行了派發豆奶給營養失調幼兒的實驗性計畫。據一九三四年上海市政府調查顯示，共同租界的周邊共有十五家以上的豆奶工廠。而在中日全面爆發戰爭前，基督復臨安息日會的醫療傳教士哈利．米勒耳（Harry Miller）對上海豆奶的開發和普及貢獻極大。

一九三七年十一月至一九三八年三月，上海難民兒童營養委員會派發豆奶與豆渣餅（黃豆渣製成的烤

① 編注：依文章原意為經高溫殺菌、脫臭等精製過程的豆漿。

餅）給一萬到一萬五千名難民兒童。一九三〇年代末以前，豆奶的廣告重視孩子，將其視為主要受益者。美國商人朱利亞・安德諾（Julean Arnold）在一九三七年日軍侵略中國時，曾前去支援將豆奶用於中國人的營養補給。此外，一九三九年加拿大華裔商人之子陳達明（Harry Chan）醫生也在上海銷售製法自行研發的豆奶「鈣奶生營養粉」。

他們將大豆稱為「中國的乳牛（Cow of China）」。豆奶在二十世紀前期成了科學性食品，被視為中國發展的象徵。不過時至今日，已經幾乎看不到將大豆製品（包含豆奶）與中國民族主義綁在一起的討論了[34]。話雖如此，即使到了現在，中國豆奶的種類還是遠比牛奶更加豐富多元。

另外一個重要的大豆食品是醬油。龜甲萬的醬油與味之素、仁丹並列於近代中國擴大銷路的日本食品。日本醬油的釀造始於滿足日俄戰爭的滿洲軍隊所需，戰後機具轉讓給了當地日本人。滿洲是大豆產地，日本人也可以在當地生產低價的日本醬油，產出的下級品在價格上也可與中國醬油一爭高下，普及到中國的高級中餐館或中上層家庭。一九三〇至四〇年代，龜甲萬（野田醬油）和山佐等大型釀造業者也進軍滿洲，開始在當地進行生產。

不過在長江以南的中國醬油主產地，中國醬油的高級品好到日本人也會拿來使用，價格還不到日本醬油的一半，所以日本醬油的銷路無法擴大。直到二次大戰期間，中日醬油的競爭在中國市場以及後述的世界市場裡，中國醬油完全立於不敗地位[35]。

擴大到歐美的大豆食品——從醬油到素肉

西洋人早在十六世紀末就已留下在日本和中國的大豆見聞紀錄，不過大豆真正傳到歐美已是十八世紀之後的事了。一七三九年，住在中國的法國傳教士將大豆種子寄到巴黎植物園，巴黎植物園開始栽培大豆[36]。

北美洲的大豆最早在一七六五年種植於喬治亞殖民地[37]。一七七〇年，班傑明·富蘭克林（Benjamin Franklin，一七〇六～一七九〇年，政治家兼物理學家）寄給朋友約翰·巴淳（John Bartram，一六九九～一七七七年，被譽為「美國植物學之父」）的信中，說明了如何用豆子做出乳酪。可以想見中國發明的豆腐此時已傳到了美國移民者手中[38]。話雖如此，直到十九世紀末，北美的農家與科學家還是幾乎不把大豆栽培放在眼裡。

關於醬油則是在十八世紀以前，由荷蘭商人自日本引入傳到歐洲各地。十九世紀，日本醬油在歐洲掀起一陣旋風，促使出口量大增。不過歐洲人使用醬油的用法主要是混入醬汁之中增添鮮味，因而紛紛選擇品質較差但便宜的中國醬油，取代高價的日本醬油。再加上印尼產醬油「甜醬油（kecap manis）」會裝到跟日本醬油一樣的容器中，當作日本醬油低價販賣。其結果導致日本醬油大概在明治初年就被趕出了歐洲市場。如此，從日語「しょうゆ（shouyu，醬油）」轉化成的荷蘭語「soya」，也主要用來指稱中國醬油，而不再是日本醬油及其原料大豆[39]。

順帶一提，英國開始於一八三七年製造與銷售的伍斯特醬（worcestershire sauce，日本人經常使用）中也摻入了醬油。算得上是醬油在歐美最早的商業性利用[40]。

甲午戰爭（一八九四～一八九五年）之後遠東的大豆貿易隨之擴大，美國農業部於一八九八年開始栽培新種大豆。而後的日俄戰爭（一九〇四～一九〇五年）也是一場爭奪滿洲大豆權益的戰爭。此戰過後，大豆在世界經濟上的重要性增加，日本將滿洲產大豆作為油與肥皂的原料輸往歐洲。但即使一次大戰期間（一九一四～一九一八年）歐洲油脂不足，也因為滿洲大豆品質粗劣而擴大了美國產大豆的市場。

圖1－26　刊登於《紐約時報》的金雅梅肖像（1917年）。

美國直至進入二十世紀之後，才開始興盛大豆栽培和大豆研究。尤其是一戰期間，農業部與軍隊進行符合美國人口味的大豆食品研究。其中畢業於美國醫科大學的中國女醫師金雅梅（一八六四～一九三四年），在研究的引領和啟蒙上扮演了相當重要的角色，一九一七年一月《紐約時報》大幅報導了她的故事[41]（圖1－26）。此外，福特公司也在汽車工業之外，展開了「農業化學」的革新事業，並於一九三〇年代開創了大豆在素肉、纖維、塑膠等方面的獨創運用方法。

美國的大豆產量在二戰期間的一九四二年，終於超越滿洲。美國產大豆被拿來作為大豆油、軍用糧食（K－口糧）、義大利麵、人造奶油等食品原料。由於二戰期間多數肉類都被挪用為士兵們的食物，因而大力要求美國農家增產大豆並鼓勵民眾多吃大豆。一九四三年美國國內的超級市場擺出了大豆粉，大豆也因為能添加到肉類和烤點心裡面，發揮增加分量的作用，而備受人們青睞。

第二次世界大戰一結束，大豆蛋白質頓失榮光，大豆加工食品的消費一落千丈，大豆渣也從食用轉為飼料用途。不過一九七〇年代後期興起的新紀元運動（New Age movement，神祕主義式的自我啟發運動），將大豆視為個人或人類既有道德又正確而純粹的食物，使之再度受到矚目。此外，因為健康與醫學上的見解，以及亞裔移民增加，人們對大豆的關注度越來越高，美國對大豆食品的消費也再次直線上升。

而在一九七〇年代以前，全美出現了多家外帶炸雞店。由於這項產業需要讓作為食材的家禽吃大豆飼料、使用大量的大豆油去油炸雞肉，使得大豆的需求量也大幅增加[42]。

巴西及阿根廷也是從這個時候開始，與美國一起競爭大豆生產。二〇二〇年，這三個國家的大豆產量約占全世界八成，巴西更是超越美國，成為世界第一大的大豆生產國。不過巴西生產出來的大豆幾乎都用於榨油或雞用飼料。日裔人士及華人常吃的豆腐和大豆食品並沒有成為巴西料理的一部分[43]。另根據美國農業部統計，若按人口平均計算每人的大豆消費量，數量最多的群體是巴拉圭、阿根廷和巴西，中國少於美國，日本則更少於中國[44]。

「素菜」（以大豆等植物及菌類製作而的菜品）在中國具有足可遠溯到紀元前的悠長歷史。近年來在美國、日本、台灣等地，用大豆、豌豆等植物為原料的高品質「素肉」開發和市場正在加速擴大。本章所見早期大豆食品的全球化，已然超越了料理的國籍與範疇，今後也隱有繼續發展之勢。但也期望在追求生產、消費更加美味的大豆食品之餘，也能兼顧安全衛生、環境保護及貧困問題。

大豆和大豆食品從中國傳到東亞、歐美，帶動了食物的全球化。大豆和大豆食品在清末民國時期曾作為中國食物，激起中國人對本國飲食文化的自豪與民族意識。然而時至今日，大豆食品不論是在中國海內外，幾乎都已經不會讓人強烈意識到它是源於中國的產物。

這種發展進程與中國地方菜的普及過程相同。中國菜在海外，隨著反華情緒或排華意識的高漲而陷入困境的情況在所難免。但更重要的是，也有不少中國菜脫離中國民族主義，褪去中國食物的烙印，在地主國的民族主義抬頭之下進行改良與普及，成為外國料理的一部分。我們將在接下來的第二部、第三部看看這兩個面向。

第二部

Part Two

亞洲的民族主義與中國菜

第一章　新加坡與馬來西亞

——海南雞飯．小販文化．娘惹料理的歸屬

東南亞的中國菜——各地方菜的在地化

曾在世界各地唐人街進行田野調查的人文地理學者山下海清表示，中國菜是華人在異國形成街區時最大的「武器」與「資源」。而中國菜有別於日本料理的長處就在於中國菜能迎合當地人喜好，利用移居地的食材輕易進行在地的大眾化。山下高度讚賞中國菜在世界各地的擴展，他認為印度的咖哩和中東的烤串（Kebab）在國外雖然也「流通性」極高，但卻沒有一種能像中國菜一樣具有強大的適應力，使用在地食材做出迎合當地人口味的菜餚，而廣受移居地人民的歡迎[1]。

筆者對山下的說法毫無異議。中國菜在世界各國料理當中最大的特色，便是在世界諸多國家實現了在地化，深深滲透到人們的飲食生活，其次則是有很多中國菜都超越了外國料理或民族特色料理的框

架，成為地主國的國民家常菜。環顧整個世界，中國菜在中國大陸與台灣之外的國家，尤其是東南亞、日本、韓國、歐美各國，都完成了自成一家的進化，就連秘魯跟印度等國也發展出了獨特的中國菜。

那麼，為什麼中國菜能在全球引發這麼大的影響力呢？第一，比起日本料理一類大多採用一百度以下的熱水烹煮，以此帶出食材本身鮮甜美味的作法，中國菜主要以兩、三百度的熱油爆炒煎炸，再額外添加調味料注入鮮香滋味，更容易迎合未知的當地食材。

第二，中國移民人口眾多且移民歷史悠長。根據各種統計，中國海外的華裔人口按各種推算，約有四千萬人至六千萬人，其中的七～八成都住在東南亞[2]。尤其是十九世紀後期人口大舉移民海外的時代，更是增加了許多依附早先移民過去的同族或同鄉的「連鎖式移民」。

因此，東南亞到處都有廣東人、客家人、海南人移民。福建人（閩南人）多數移民到馬來西亞、新加坡、印尼、菲律賓；潮州人大多移民到泰國、寮國、柬埔寨；雲南人則大多移民到泰國與緬甸[3]。於是中國各地的地方菜在東南亞四處傳布，各自在地化融入當地料理，同時進一步有所發展，所以中國菜和受其影響的當地料理都變得豐富且多樣化[4]。

故而，想在東南亞明確區分中國菜與當地料理，往往不太容易辨到。東南亞的廚房裡普遍使用兩側帶有提把的中華炒鍋作為萬用鍋使用，烹飪用的菜刀一般都是長方形刀刃的中式菜刀[5]。此外，東南亞各地常見的豆腐、麵食料理、熱炒的烹調法、雞鴨豬肉搭配白飯一起吃的料理等，都是受到中國菜的影響[6]。不過跟中國不一樣的是，東南亞並不生產小麥，所以多半使用米線。

再加上，東南亞的城市有許多華人，所以也可以把中國菜賣給當地的華人顧客，在保留一定程度原型的狀態下，為各地民眾所接受。相較之下，美國的中國餐館打從一開始面對的就是華人之外的本地顧客，所以才會出現很多美國化的中國菜，諸如完全不存在於中國的「雜碎」等菜品[7]。

本章首先來介紹堪稱東南亞中國菜重鎮的新加坡，和鄰國馬來西亞的狀況。希望能為大家闡明「新加坡料理」和「馬來西亞料理」究竟是如何形成的，中國菜在這些料理當中又占據了什麼樣的位置。

新加坡的殖民地化與中國地方菜

新加坡（當初為「淡馬錫」）在十三至十五世紀是個繁榮的貿易港，但到了十八世紀末英國東印度公司入侵之際，早已不復中世紀繁榮的樣貌，不過是個小漁村[8]。一八一九年，英國東印度公司的萊佛士趁柔佛蘇丹國（一五二八年～）內亂，買下新加坡島（當時叫「新加坡拉」〔Singapura〕，獅城之意）建設要塞和商館，宣布要成為自由貿易港。一八二四年，大英帝國獲得新加坡主權與占領權，一八二六年建立由檳城、馬六甲、新加坡三地組成的海峽殖民地。海峽殖民地先納入印度孟加拉總督府轄下，一八六七年轉交英國殖民地省管轄。

一八八七年，新加坡設立萊佛士飯店，該飯店的「提芬廳」（Tiffin Room）（提芬是意為午間餐點的南亞語）

自一八八九年起提供雞肉咖哩等便飯。一九一五年起，長吧（Long Bar）調製出甜味雞尾酒「新加坡司令」（Singapore Sling）等知名飲品[9]，享譽國際，至今依舊吸引大批觀光客到訪。

一八二〇年代的馬來半島掀起錫礦熱潮，近一萬兩千名華人礦工大舉湧入半島，至一八六〇年左右已然增加到十萬人。截至一八三〇年代為止，新加坡仍以馬來人占人口多數，但自一八四〇年代開始轉變成華人人口超過半數，占據主導地位。一八四四年，英國宣布在海峽殖民地出生者皆為英國臣民，受英國保護。為了與英國對抗，大清也開始主張該地華裔為大清的臣民，稱其為「華民」、「子民」與「商民」。華人直至此時才獲得大清實質上的認可。

大清在一八六八年進一步決定派遣領事進駐當地，一八七七年開始實行。一九〇九年大清制定的《大清國籍條例》以父系血統主義為大原則，並不否定雙重國籍，只要父母任一方為中國籍，子女便自動歸為中國臣民。而血統主義和承認雙重國籍，也為一九二九年國民政府制定的《中華民國國籍法》所繼承。但自一九五〇年代中期開始，中華人民共和國為向東南亞各國表示友好而轉變方針，在一九八〇年制定的《中華人民共和國國籍法》裡首次注明不承認雙重國籍[10]。

清末針對復興、重建中國的輿論上，不論立憲派還是革命派，都致力於形成以漢族為中心的民族國家，他們紛紛重新審視華人的價值，重視「愛國華僑」在財政及精神上的支援。以「滅滿興漢」為志的孫文組織興中會，在廣州起義失敗後，興中會幹部尤烈前往新加坡，打壓保皇派康有為一派的勢力。孫文暫時逃到日本和夏威夷，一九〇五年在東京創立同盟會，第二年於新加坡設立分會。

十九世紀末開始，新加坡出現了英語「nation」這個現代觀念，來解釋「華僑」集團的當地華人知識分子。一九一九年孫文組建中國國民黨，與新加坡、馬來半島的華人建立關係，這層關係在一九四九年中共建國之後，由台灣的國民黨政權繼承。另一方面，支持共產黨政權、如新加坡富商陳嘉庚這般回歸中國大陸於北京擔任人民政治協商會議副主席的華人，也不在少數[11]。

關於二十世紀前期新加坡的料理情勢，據一九三二年針對華人發行的新加坡美食指南可以得知，新加坡的酒樓（中國餐館）吃得到潮州、廣東、福建、海南島、馬來料理[12]。而根據一九四〇年代日本人的回憶，暫住新加坡一帶的日本人，去吃中國菜（支那料理）的人比吃馬來料理的人多。新加坡的中國菜由於食材調度困難，算不上是上等菜，但因燕窩、蝦蟹類豐富又價位低廉，所以人們也還算常吃。再加上「大眾支那蕎麥麵店」不論開在哪裡都生意興隆，雖然大多數都是廣東菜系，但福建麵（福建餛飩）尤其受到長崎一帶的人們所喜愛[13]。

近年來，海南雞飯、咖椰吐司、三水薑蓉雞等菜品都包裝成勾起鄉愁的食物，加以商品化，成為新加坡的代表料理。後面會再提到，這些菜也都源於這個時期。這些稱得上是新加坡國民美食料理，之所以全都不是高級料理，而是隨處可得的庶民小吃，是因為它們原本就是移民工人在移民經營的小吃店裡常吃的日常餐點。

新加坡的第二次世界大戰與去殖民地化

一九三〇年代，華人在世界經濟大蕭條，以及英國殖民地政府朝令夕改的農民政策下進入農村，與馬來人產生衝突。繼而在日軍一九四一年底入侵馬來半島之際，為了弭平抵抗勢力，日軍將住在城裡的華人趕到農村，助長了馬來人與華人之間的緊張關係。一九四二年二月新加坡的英軍全面投降，日軍運用民族分治政策，重視反英核心的馬來人左派，利用馬來官員取締與強制勞動徵用抗日華人。兩個民族之間就此被煽動起敵對意識，也成為日後產生衝突的原因之一。

一九四五年八月日本投降，馬來半島重回英國統治，但馬來亞共產黨（一九三〇年成立）在日本占領期間，因抗日游擊戰爭在華人社會中建立起穩固的基礎，更於一九四八年掀起武裝鬥爭，向英國要求獨立。後來華人抗日運動與支持共產勢力的經歷，使得馬國政府懷疑當地華人串聯中國大陸的共產黨政權，企圖發展革命運動，因此推動遭受打壓的華人在地化[14]。

由於二戰期間英國在馬來半島防衛日本進攻失敗，所以一般認為戰後不可能重回舊秩序，國家獨立的政治議題比過去更重要了[15]。在英國的主導下，一九四六年成立了「馬來亞聯邦」（Malayan Union），其憲法規定不分種族都享有公民權。這條法律引來了主張「馬來人的馬來亞」的馬來公民不滿，並於同年組建「馬來民族統一機構（United Malays National Organization, UMNO，又譯巫來由人統一組織，簡稱巫統）」。該團體的目標在於建立多民族國家，但實際上是想限制華人的公民權。

一九四八年英國解散馬來亞聯邦，成立了承認馬來人特權的「馬來亞聯合邦（Federation of Malaya）」，恢復馬來西亞各州象徵性君主（蘇丹）的地位。而後在一九五七年，馬來亞聯合邦從英國獨立出來，在巫統掌握主導權下，馬來人、華人、印度人三個民族政黨合組聯盟，共同執政。一九六三年更加入了舊英屬新加坡、沙巴、砂拉越，成立「馬來西亞聯邦」（馬來西亞），不過新加坡在一九六五年脫離出去，獨立建國[16]。

去殖民地化時代的新加坡飲食文化——西式料理與中國菜

於是，即使二戰後馬來半島已經從英國獨立，正在摸索新的國家形態，但新加坡出版的食譜書大多還是介紹利用當地食材製作的歐洲料理，直至一九五二年才首次出版當地作者撰寫的新加坡料理食譜[17]。話雖如此，翌年出版的艾利克斯的《馬來亞菜單》（P. Allix, *Menus for Malaya*, Singapore: Malaya Publishing, 1953）也依舊延續英國殖民主義式導覽書的傳統。這本食譜的菜單「大多為歐洲口味，但也不乏馬來亞傳統」。此處的「馬來亞傳統」指的是殖民地傳統，也就是歐洲的傳統，而非馬來西亞當地的料理。但除此之外也為了添加少許異國情調，不時穿插「周日咖哩」和中國菜[18]。

不過一九五〇年代開始，針對歐美人出版的多本新加坡旅遊書，幾乎沒有刊登任何馬來料理，倒是介紹了不少中國菜和餐廳。舉例來說，一九五六年出版的某本旅遊書就收錄了「新加坡東方餐館完全美食指南（A Complete Gastronomic Guide to Singapore Oriental Restaurant）」，裡頭介紹福建麵類似義大利直麵、粿條形似義大利寬扁麵、廣東的餛飩類似義大利餃。此外還登出了廣東、廣式素食（Cantonese vegetarian）、潮州、北京、四川、海南菜的餐廳。例如北京菜介紹了提供「北京烤鴨（香酥鴨）」的餐館，海南菜則介紹供應海南雞飯（後述）的餐廳[19]。

而一九六〇年新加坡的美食專業指南，大多是為歐美籍士兵、船員、航空員及其家屬等人而出版的。書中介紹到的整整二百零六道菜品，有一大半都是西式料理。不過其中也介紹了二十道中國菜。除了咕咾肉（sweet and sour pork）、叉燒（Chinese barbecued pork）等經典廣東菜之外，還包含了美式雜碎（chop suey）和標注為「海峽華人（Straits Chinese）」料理的炸春捲（popiah goreng）等菜品。比起馬來料理只介紹沙嗲咖哩（satay curry）和馬來風味的番木瓜（papaya à la Malaya）兩道菜，中國菜的數量顯然多得多了[20]。

此外，一九六一年出版針對歐美人的觀光指南，將中國城的人民公園（Peoples Park in China town）介紹為可買到便宜美食的熱門景點，更舉出幾間頗具代表性的中國餐館，如明古連街的「香港飯店（Hongkong Bowl）」、梅費爾飯店（Mayfair Hotel）內的「香檳廳」等等[21]。

此外，一九七一年出版的新加坡美食指南裡介紹新年熱鬧的用餐地點，有①福建麵等美味的福建街，②美芝路小巷「沙嗲」（串燒）小吃攤成排的「沙嗲俱樂部」（Satay Club）（一九四〇年代～一九九五年[22]），③販售福建麵、沙嗲、蚵仔煎、羊肉咖哩、餡料煎餅（murtabak）、炸香蕉、甲魚湯等單種小吃的移動攤販集中的烏節路、汽車公園等[23]。至於福建麵則主要有三種，新加坡是加了鮮蝦的白炒麵（圖2—1），吉隆坡是黑炒麵，到了檳城則演變成了紅蝦拉麵。

就這樣，新加坡對歐美觀光客而言是個充滿異國情調的城市，可以品嚐到殖民地時期以來的西式料理，還有多種中國地方菜。中國菜從精緻複雜的高級菜品到簡易攤販小吃，再從中國各地的招牌菜到深植海外的在地化獨特料理，品項包羅萬象。如何將這樣豐富多元的中國菜重新編輯成「新加坡料理」，也是新加坡這個自英國及馬來西亞獨立出來的民族國家所面臨的一大課題。

圖2—1　新加坡的福建麵。

至於沙嗲（satay）則是印尼、馬來西亞、新加坡、菲律賓、泰國等地普遍吃得到的串燒料理，可能是以南亞的烤串為原型，再由爪哇的露天攤商改良開發出來的食品[24]。不過相傳「沙嗲」的名稱，源於中國話（廣東話）中意思為「三個」的詞彙[25]，這個說法可查證溯及一九〇九年以前[26]。

第二次世界大戰前至大戰之際，暫居馬來半島的日本人也表示，沙嗲既便宜又好吃所以很常吃。日本人所知的「沙嗲」是「削下牛或山羊的骨邊肉，用竹籤串起，浸附辣湯咖哩後烤熟的食物，類似內陸地區的雞肉串燒」[27]。而且現在新加坡華人的沙嗲攤子，也能點購到豬肉沙嗲了[28]。

此外，台灣等地時常看得到的「沙茶」調味醬，也是源於沙嗲。十九世紀潮州、汕頭的移民，從東南亞攜帶沙嗲回到故鄉，改良成「沙茶」，並於二戰後傳到了對岸的台灣，以「沙茶醬」、「沙茶牛肉」、「沙茶火鍋」的形式融入日常生活。沙嗲和沙茶雖然會根據地區的不同而存在許多種類，相較於沙茶甜中帶辣又有股濃郁花生香氣，沙茶吃起來不辣且蝦醬味道濃郁[29]。

新加坡美食節——強調「多元文化社會」

新加坡穩健的民主社會主義派領袖李光耀（一九二三～二〇一五年），一九五四年創立人民行動黨（People's Action party, PAP）號召左派勢力支持的同時，一面回應華人民族主義的情緒，增加發言的影響力。李光耀為了將一九五七年成立的馬來亞聯合邦整合成一九六三年馬來西亞聯邦，訴諸國民投票步向加盟新聯邦。但李光耀與巫統的領導群對立，在人民行動黨內部也與親共派分道揚鑣。此種情況下，更是在一九六四年爆發了要求頒布馬來族居民優惠政策的示威人士和華裔居民起衝突的「新加坡種族騷亂」。

一九六五年八月九日，巫統黨魁、馬來西亞聯邦首相東姑阿都拉曼（Tunku Abdul Rahman）與人民行動黨黨魁李光耀達成共識，將新加坡以逐出馬來西亞聯邦的形式分離獨立出去。李光耀在向國民傳達獨立的電視演講上流下了眼淚，因為這並不是新加坡期望的獨立[30]。獨立之後，在雙方關係冷漠的馬來西亞成了必須戒備的鄰國，且駐地英軍也宣布撤出的情況下，新加坡國民的心情如同政治、經濟上的倖存者。而在優先形塑國民和國家存續的意識中，國民歷史（national history）的建構只能暫時先擱到一邊。其中對民族族群（ethnic group）的固有記憶，潛藏著招致民族衝突的可能性，所以政府刻意將之抹除[31]。

圖2－2　新嘉坡佳餚嘉年華會（1965年）的宣傳手冊。

但就在新加坡獨立還不到兩個月的一九六五年九月底到十月初，新加坡就快速舉辦了「新嘉坡佳餚嘉年華會（Singapore food carnival）」。其宣傳手冊（圖2－2）寫上「在新嘉坡看到更多東方（YOU SEE MORE OF THE ORIENT IN SINGAPORE.）」宣傳語，把美食節會的主要舉辦目的定位為「讓各國觀光業代表更進一步了解我國觀光業的發展」。故而打算在美食嘉年華裡「介紹我國華（中華）、巫（馬來）、印（印度）等各民族的名菜。」

李光耀總理在這場美食節裡傳達了「新加坡各式料理反映了我們多元文化社會（multi-cultural society）」的訊息。新加坡旅遊促進局（The Singapore Tourist Promotion Board，新加坡旅遊局的前身，一九六四年一月一日創設）主席波恩也強調嘉年華會是新加坡「許多人種的國民（the peoples of many races）」合力促成的。

然而儘管如此，嘉年華會裡介紹的料理，幾乎全都是華人的菜餚。宣傳冊裡作為「佳餚美點（Special

Dishes）」介紹的七十一家餐廳、小吃攤中，可以確認為西式餐點的有三家，日本料理一家，馬來料理兩家，印度料理一家，其餘應該全都是中國餐館。更是大篇幅報導了麗華酒家」、「喜臨門大飯店」的北京烤鴨（北京填鴨），以及請來「香港名廚」的「九龍樓」廣東菜、「梅林菜館」的「江南名菜」[32]。

由此可見新加坡的飲食文化中，中國菜實際占據了一大半而位屬強勢。不過這樣的現實狀況在統治理念與文化政策當中，一向遭到低調處理。而新加坡食譜、觀光指南的編輯理念，也逐漸從英國統治時代半無意識的殖民地主義，轉變成獨立後有意識地強調多民族、多元文化主義。

借助妮可・塔魯列維齊（Nicole Tarulevicz）的表現，獨立後的新加坡，透過喚起中國的過去，刻意地將過去創造出來的英國傳統置換成亞洲的過去。與此同時，也基於多民族主義，對多元料理的傳統一視同仁地表達敬意。這樣的飲食意識形態，與李光耀著名的擁護亞洲價值的言論——視整個亞洲為一體，藉由宣揚其現在與過去的作法來填補新加坡欠缺殖民地化以前歷史的言論——串聯到一起[33]。

《李太食譜》——新加坡人的娘惹料理

一九七四年，李光耀總理的母親李進坤夫人（Mrs. Lee Chin Koon, Mama Lee），為傳授過去家族祕傳的娘惹料理技術，出版了實用的食譜《李太食譜》（*Mrs. Lee's Cookbook*）。李夫人表示，當時的主婦在家中越來越沒有學習做菜的機會，娘惹料理瀕臨失傳。

李夫人在該書的序言中表示，自己是「海峽華人（Straits-born Chinese）」第四代，直言：「我們海峽華人就是眾所周知的『土生華人』（Peranakan），女性稱為娘惹，男性稱為峇峇。」又言談中以「我們娘惹（We Nyonyas）」及「我們的娘惹料理」自述。最後以「我們海峽華人不再是分離的群體，我們全都是新加坡人（We Straits-born Chinese are no longer a separate group, but instead we are all Singaporeans.）」為序文作結[34]。

這部「娘惹料理」的先驅著作，為新加坡政府意圖建立新加坡人歸屬意識的政策課題做了開路先鋒[35]。

就在該書出版約三十年後的二〇〇三年，李夫人的孫女李雪梅（Lee Shermay）出版了新版《李太食譜》[36]。目的在於將「道地的土生華人料理（authentic Peranakan dish）」流傳給後代，完成李夫人的心願。

李雪梅的重製版與李夫人的原版相比，進行了食譜作法的精簡、讓香料與調味更加柔和，以及顧及馬來人而多雞肉少豬肉等一系列改良，更加著重在促進娘惹料理於一般家庭內的普及。就連料理的稱呼也從「娘惹料理」改名為「峇峇娘惹料理」（Baba-Nyonya cuisine），這一點也如同後述般值得我們多加關注。

新加坡料理的創始——海南雞飯·羅惹·辣椒螃蟹

一九八〇年代中期以後，新加坡政府明確意識到，擁有一段共同記憶對國民情感來說究竟有多重要，遂而正式展開復興新加坡的過去。由於新加坡並不是一個歷史悠久的國家，所以便將各個民族族群的歷史串聯到新加坡的歷史當中，以此來創造更深遠的國家根源。時至當下，民族固有的歷史已不會被聯想到政治上的緊張局勢，於是民眾熱切想表現過去在官方歷史說法中被邊緣化，或視而不見的峇峇娘惹及廣東人等亞洲民族族群的記憶。

此中最受人矚目的就是料理。新加坡有許多食物的歷史比民族國家更悠久，所以這些食物作為民族族群自我認同的重要產物，成為一個收集記憶最有力的手段之一。例如「海南雞飯」本身並非中國海南島的雞肉料理，卻透過向外展示其具備中國久遠傳統，來獲得新加坡料理的正統性。

圖2－3　羅惹的食物模型（檳城的食物狂想館〔Wonder Food Museum，2015年開館〕）。

由此可見，新加坡國民美食並不是由各地方料理建構而成。對新加坡及其料理來說，最重要的就是創造出「新加坡華人、新加坡馬來人、新加坡印度人（Singaporean-Chinese, Singaporean-Malay, Singaporean-Indian）」等加了連字符的民族認同，與國家認同共存的空間。因而多民族與多元文化間的不同，並未獲得標準化或融合，而是更加受到強調與固化[37]。

新加坡人用「羅惹」（rojak）（圖2－3）這道菜來比喻多元文化主義。羅惹是一道在馬來西亞、新加坡、印尼等地的水果與蔬菜沙拉中，混入添加了辛香料的蝦醬調味醬和花生。「羅惹（rojak）」這個字，在馬來語中意為混合（mixture），寓意雖然所有食材都放進同一個沙拉碗裡卻各自分離。混合多元文化的「文化融爐（cultural melting pot）」思想至今都未在新加坡得到普及。人民行動黨會介入語言習慣、住宅、社區組織等，防止加了連字符的民族認同威脅到國家認同。

順帶一提，馬來西亞試圖維護馬來人霸權、語言與文化純粹性的馬來人民族學家等人，會將「羅惹文化（kebudayaan rojak）」這個詞用在否定意義上面。但就如短篇動畫《羅惹（*Rojak!*）》（二〇〇九年）所示，自由開明的馬來西亞人則是會將這個詞用在肯定的意義上。影片最後是共同吃飯的場景，表現出對食物的愛將所有馬來西亞人連結在一起[38]。

圖2－4　新加坡的中國城。

另外，新加坡政府在一九七九年創立國家口述歷史部（National Oral History Department），一九九三年創立國家文物局（National Heritage Board, NHB）。國家口述歷史部在國家文物局的支援下，交由國立公文書館（National Archives）經營，執行保管「國民記憶（national memory）」的業務，以此與新加坡人共有國家認同。甚至在國家文物局的支援下，自二〇一一年開始出版了記錄「新加坡飲食記憶的系列書籍」（"Singapore Memories Gastronomic Literary Series"），其中就包含了《鄉愁是最有力的調味料》等著作[39]。

在這種情況之下，隨著再開發，基於公共衛生的觀點而遷移到熟食中心的中國城熟食攤販街，在相隔約二十年的二〇〇一年重新整建為美食街。此外也依循新加坡旅遊局（Singapore Tourism Board, STB）的宣傳，開設了以歷史為主題的峇峇娘惹菜館和廣東湯品餐廳等餐飲店[40]。

新加坡還自一九九四年起，定期在國內外舉辦美食節活動，提供海南雞飯等料理。在印度的孟買（一九九八年）和清奈（二〇一三年）推出辣椒螃蟹、印尼炒麵（mi goreng，添加參巴辣醬等調味的炒麵）、印尼炸豆腐（tahu goreng，填入蔬菜的炸豆腐）、「薄餅（popiah, poh pia）」（生春捲）。在倫敦（二〇〇五年），展出沙嗲、「娘惹紅豆冰（ais kacang）」（刨冰）。更在日本（二〇〇六年）展出前述的「新加坡司令」等飲食品[41]。

而說到辣椒螃蟹，據說這是一九五〇年代住在新加坡的潮州籍警員之妻發明出來的一道菜品。她採用有別於一般吃螃蟹的蒸煮手法，先用番茄醬拌炒螃蟹，接著再加上添入辣椒的一道工序。夫妻倆先是放在手推車上販賣，一九五六年在海岸邊開起小小的飯館。相傳這便是此道菜的起源[42]。

「土生華人」與「峇峇」、「娘惹」

相傳十五世紀明朝永樂皇帝將女兒嫁給馬六甲的蘇丹，連同永樂帝女兒的侍女們也都嫁給服侍蘇丹的侍從，造就了馬來半島華裔土生華人的起源。「土生華人」或「峇峇」、「娘惹」的稱呼，一般來說指的是福建或潮州裔的開拓者，與馬來當地女性結婚生下的子孫。馬來西亞或新加坡的土生華人，說的母語是混合化的馬來語。而檳城的多數土生華人，說在地化福建話的人數比馬來語更多。至於新加坡的多數土生華人，如今說英語的人反而變得比馬來語還要來得多。將男性稱為「峇峇」，女性稱為「娘惹」（馬來語中太太的意思）[43]。

而在一九七〇年代以後的新加坡，「土生華人」的稱呼比「峇峇」、「娘惹」更常為人們所使用。不單只是海峽華人，更隱含著團結砂拉越和東南亞島嶼一帶全體華人的政治思維。因而也有人批評這是「土生華人主義（Peranakanism）」[44]。本書由於「土生華人」可同時指稱男女雙方，運用起來較為方便，所以統一採用這個用語，但在料理方面，則會使用更普遍的「娘惹料理」指稱。

華工（中國移民工人）自十八～十九世紀就從中國本土來到馬來半島，但土生華人不論是在實力或人數都依舊凌駕來自中國本土的華人勞工之上，是因為成功的移民往往會被土生華人社會所吸收。華人雖然實現了會說馬來語等文化適應，但因為不是穆斯林，所以並不被視作馬來人，依然還是華人的身分。甚至就算華人改信伊斯蘭教，當地人也不會就此將其接納為馬來人，反倒會引得非穆斯林的華人不再承認其華人的身分。也因此，克服了文化適應也未改信伊斯蘭教的土生華人方能得以存續下來。

約莫自一八三〇年代開始，英屬馬來半島也被納入經濟上的國際分工化，英人在此開闢胡椒、甘蜜（Gambir，染料）、西米等植物的種植園並進行錫礦開採，來自鴉片的收益也有所增加，加速土生華人社會的成長。土生華人自十九世紀中葉起就宣誓效忠英國，自認是「國王的華人（King's Chinese）」，從事穿西服的職業（殖民地官吏或英國企業職員等）而躋身上流階層者不在少數。

一八九〇年代，整個海峽（檳城、馬六甲、新加坡）共有五萬名土生華人，占總人口的一成左右，足見馬來半島的土生華人占比之大。但到了十九世紀末，來自人稱「新家」的中國（尤其是福建）的新移民遽增，與此同時，土生華人的部分事業也走入瓶頸，其社會及文化皆緩慢走向凋零。而隨著大英帝國勢力在亞洲太平洋戰爭期間與戰後的衰減，被視為親英的土生華人族群也跟著衰退，在一九四〇至五〇年代失去了許多物質文化。時至今日也只有特色工藝品、料理和服飾，作為文化遺產和觀光資源留存下來[45]。

娘惹料理——叻沙・雜菜・薄餅・小金杯

有人說娘惹料理「融合了中國烹調手法及馬來西亞食材與辛香料」。娘惹料理的馬來元素主要會使用到：①使用椰漿或椰子油，②用羅望子汁或柑橘類果汁代替醋作為酸味料，③調味料有「參巴辣醬（sambal）」（用於印尼或馬來料理的代表性辣味調味料）、「蝦醬（belacan）」（鹽漬好的小蝦或糠蝦發酵三週至四個月固化而成的醬料）、「參巴蝦醬（sambal belacan）」（用蝦醬製作的參巴辣醬，蝦風味的辣醬）、「辣咖哩醬（gulai）」（印尼或馬來西亞加入椰漿的咖哩湯）等調味料。

例如娘惹料理中就有道頗具代表性的「叻沙（laksa）」料理。所謂的叻沙是一種辣味米粉麵湯，也是新加坡和馬來西亞的代表性料理。相傳「娘惹叻沙」是叻沙的始祖，添加大量椰漿的濃郁滋味為其最大特色。

有幾種娘惹料理雖然很像馬來料理，但端看是否用到豬肉就能明確區別土生華人與馬來人的料理。另一方面，帶有濃厚中國菜色彩的菜品則有「雜菜（chap chai）」（拌炒金針菜或乾豆皮、冬粉等食材的土生華人式炒青菜）、「娘惹薄餅」（特色在於混入大量蛋液製成的絲滑餅皮，搭配融入黑砂糖和米粉醬汁的春捲）等。更為重要的是，娘惹料理的烹調技術極受好評，甚至在馬來西亞和新加坡只要一聽到「娘惹式……」就知道是那是高級料理。當地還有娘惹料理高級餐館，更不乏獲得米其林星級評鑑的餐廳，娘惹料理的發展已完全超越家常菜的範疇。

再加上可以從娘惹料理中看出英國殖民地時代的影響，這一點也很耐人尋味。例如，娘惹料理常規前菜「小金杯（kuih / kueh pie tee）」是一道在塔皮式的小巧杯餅裡填入小蝦等餡料的菜品。小金杯形似圓頂硬帽，也有人叫它「禮帽（top hat）」，很有可能是從英國十八世紀末到十九世紀中葉在上流階層之間流行的絲帽造型中得到靈感後，在馬六甲誕生出來的菜品[46]。

不過也有說法指出它的原型應該是日軍占領新加坡時期聞名的「昭南派」。此外檳城的娘惹料理，會在「娘惹炸雞（Inchee kabin）」等菜品裡用到英國的伍斯特醬。其他還可吃到娘惹鳳梨酥[47]。

《小娘惹》——土生華人文化的影視作品化

容筆者在此換個話題，來討論一下土生華人文化的影視作品。二〇〇八年十一月～九年一月，新加坡媒體企業新傳媒（Mediacorp）播出電視劇《小娘惹》（*The Little Nyonya*）（國語發音、英文字幕），描述三個富裕土生華人家族自一九三〇年代橫跨七十年的苦難故事。《小娘惹》在新加坡境內，重新喚起說中國話、受英語教育的華裔新加坡人、不說中國話的馬來人和印度人等廣大群眾，對土生華人文化的關注。而且繼新加坡之後，《小娘惹》也立刻在馬來西亞、柬埔寨、法國、菲律賓、緬甸、美國、越南、泰國、上海、中國、香港等地播出。

然而這卻是一部將土生華人的現狀投射到歷史裡的電視劇。首先，電視劇裡描繪出來的土生華人，是一般人印象中二次大戰前海峽殖民地的精英階層，極少有貧窮的土生華人。來自中國生活貧困又工作勤勉的苦力，與生於當地的富裕土生華人，大多可以用二分法來區別。但實際上，土生華人未必同樣經濟富裕。

第二，電視劇裡土生華人女子會穿著「可巴雅（kebaya）」（馬來人或爪哇人的女仕服飾）便裝。但相傳一九三〇至五〇年代的土生華人女子和一般華人女子一樣，在家都是穿「衫褲（samfoo）」（中國式女裝），又稱「上海衫裙」。

第三，電視劇裡並未描寫一九三〇至六〇年代馬來半島上的多民族、多語言狀況，也就是土生華人平日與馬來人、印度人、歐亞混血民族等當地人互相接觸的情形。電視劇裡出現的只有會說中國話的當權者，以及幾個說英語的英國人而已。這個發展經濟需要英語和中國話兩種語言的現象，可謂是反映了現今新加坡開發主義者的抱負[48]。

就這樣，中國系統的土生華人象徵了新加坡的世界主義。新加坡旅遊局更是進一步將這種形象營造成面對外國訪客時的新加坡品牌形象[49]。

儘管新加坡自一九八〇年代就展開土生華人文化的再生，但九〇年代的土生華人協會還是宣布其文化與傳統有滅絕之虞。不過進入二十一世紀之後，土生華人文化復興之路有了進展。例如二〇〇八年就開設國立土生華人博物館屋和峇峇屋，展示工藝品、家具、餐具等文化遺產。之後更進一步開設多家土生華人餐廳，希望透過料理達到推廣土生華人文化的目的。

建構土生華人餐廳的形象——可巴雅、紗籠與店屋

新加坡土生華人餐廳的宣傳廣告常搭配穿著可巴雅或「紗籠（sarung, sarong）」（男女都穿的筒裙）的土生華人女性形象（圖2—5）。餐廳也往往會開在土生華人的「店屋」（採分棟排屋形式，一樓為店鋪、二樓為住家的房子），陳列娘惹料理的廚房用具和食材等器物，由穿著可巴雅與紗籠的土生華人女子負責接待與桌邊服務，端出用土生華人的瓷器餐具盛裝料理或茶（圖2—6）。

諷刺的是，傳統的娘惹料理想要延續下去就需要擺到餐廳裡販售，而為了能在餐廳裡販售就需要改良「正宗口味」。例如經典的咖哩雞娘惹料理「咖哩雞（ayam buah keluak）」需要在其中加入黑果（buah keluak）果肉（圖2－7），但也有些餐廳會捨棄帶苦味的黑果，加入蝦和豬絞肉[50]。

新加坡旅遊局將土生華人料理宣傳為「最接近新加坡固有菜品的料理（the closest Singapore has to an indigenous cuisine」（二〇〇一年）。於是土生華人餐廳也打出了「正宗傳統海峽華人料理（authentic and traditional Straits Chinese cuisine）」的廣告[51]。

社會學家阿君・阿帕度萊提到，將「蒙兀兒菜」（蒙兀兒帝國時蓬勃發達的南亞與中亞、伊朗飲食文化混合而成的料理）標

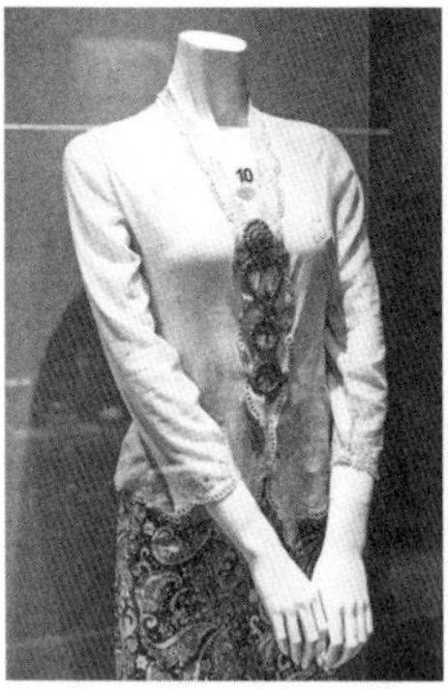

圖2－5　土生華人女性穿的可巴雅與紗籠（吉隆坡的馬來西亞國立博物館）。

圖2－6　開在店屋的娘惹料理店（馬六甲）。

圖2－7　加入黑果的咖哩雞（新加坡加東的土生華人民宿）。

示為「印度料理」是開創印度國族菜的首重之事。相比之下，娘惹料理在新加坡開創國民美食一事上也扮演了不可或缺的角色。娘惹料理成為融合民族與文化的象徵，且由於土生華人的社群規模小，強調娘惹料理也不會動搖既有的民族階層。所以娘惹料理有助於起到讓新加坡國民回想過去的作用[52]。

同時對外也將土生華人料理宣傳為新加坡的國民文化。二〇一〇年上海世界萬博會上，叻沙、小金杯、咖哩雞等娘惹料理成為新加坡館的熱銷食品。那一年中國的肯德基炸雞推出咖哩口味的娘惹雞翅（Nyonya chicken wing），搭配穿著可巴雅和紗籠的女性照片來宣傳。

接著同年八月，國家機構新加坡國際企業發展局（International Enterprise Singapore）在北京舉辦了新加坡美食促銷展。穿著沙籠與可巴雅的模特兒，在會中展出新加坡的飲食文化。此時，新加坡的女外交官在北京的活動中，也屢屢穿著沙籠和可巴雅亮相。

自二〇一一年起，新加坡旅遊局與新加坡國際企業發展局等組織展開「外送新加坡（Singapore Takeout）」的企劃案。讓名廚拜訪世界主要城市（倫敦、巴黎、紐約、香港、上海、莫斯科、雪梨、德里、杜拜）製作叻沙、鮮蝦咖哩、春捲等娘惹料理，推廣新加坡料理。於是土生華人女性（娘惹）的形象成了新加坡文化的象徵，即使是海外人士也知曉土生華人（娘惹）料理是代表新加坡的料理[53]。

鄉愁滋味的再生

除了娘惹料理之外，這裡還會再進一步介紹五種因成為代表新加坡的料理，而廣為人知的飲食文化。

①海南島沒有的海南雞飯

圖2－8 海南雞飯（新加坡的津津餐室，1955年創業）。

本章也出現好幾次的海南雞飯（圖2－8），相傳是由一九三〇年代武吉士的「逸群（Yet Con）」等店創始[54]。至於後來被譽為新加坡最美味海南雞飯的「瑞記（Sweet Kee）」則創業於一九四九年[55]。

海南島原本就沒有「海南雞飯」這道料理，很有可能是來自海南島的新加坡或馬來西亞人，依據海南省文昌市著名的文昌雞飯再開發出來的菜品。海南雞飯除了用到特別的辣椒醬之外，是一道用到了中國菜裡極其普通食材的速食。

這類料理除了新加坡、馬來西亞的海南雞飯之外，還有廣東的「切雞飯」、泰國的「Kao Mun Kai」、越南的「Com Ga」、印尼的「Nasi Ayam」、柬埔寨的「Bai Moan」等各式雞飯，廣泛分布在中國到東南亞，用到的調味料、烹調法也形形色色。尤其在新加坡、馬來西亞、泰國等地，更是堪稱國民美食地，穩固成為了極具代表性的小吃攤料理。繼而美國等地的新加坡料理、馬來西亞料理專門店的菜單必定會有海南雞飯，泰國菜館大抵也都會有泰式海南雞飯。

雖然綜上可知海南雞飯是一道多國籍食品，但新加坡特別積極於將其塑造為國民美食，還為了讓觀光客更好記住而稱之為「新加坡雞飯」[56]。

②海南人開設的鄰里咖啡店

很可能在馬來半島發明出了海南雞飯的海南島人所開設的「鄰里咖啡店（kopitiam）」也頗為出名。由於他們是晚來的移民，所以架起了賣給先到的福建、潮州籍移民的便餐小吃攤，或是到英國殖民地政府官家裡當起了廚師與佣人。只是海南島並沒有獨特的咖啡文化，於是聊天喝茶的海南島習慣（老爸茶）便被帶進了馬來半島，融合當地及英國人飲食習慣的同時，又讓華人養成早餐喝咖啡吃麵包的習慣[57]。

鄰里咖啡店賣的是加了砂糖、奶精的「kopi」（咖啡）或「tea」（紅茶）等飲料，以及「咖椰吐司」（抹上咖椰醬和奶油的夾心吐司）等便餐。營業至今的名店有一九一九年創業的「基里尼咖啡店」（Killiney Kopitiam），一九四四年創業的「亞坤咖椰吐司」咖啡店（Ya Kun Kaya Toast，前身是一九二六年開張的咖啡店）[58]。

依據一九二八年公布的新加坡各項產業調查報告，有三百六十六家咖啡茶館，取得工部局的許可營業，經營者多是來自廣東、福州、海南島（瓊州）的人[59]。當時針對華人發行的新加坡美食指南提到，咖啡是新加坡十分普遍常見的日常飲料。不論是鬧區中心或鎮外小巷，到處都看得到咖啡店。由於同樣的西餐廳不少，經營者或廚師也多為海南島人，所以西式餐點也被稱為「海南菜」（海南料理）[60]。

令人玩味的是，人們將鄰里咖啡店與新加坡的國民歷史交疊來解讀。例如，從海南島來到新加坡來的亞坤咖椰吐司創業人，便是以娶了中國妻子維持民族界線的同時，靠著勤奮和自我犧牲，從身無分文到白手起家開立公司而為人所知。這個故事和李光耀的自傳重合，強化了新加坡的國家歷史。因此新加坡國立博物館（以一八八七年創立的萊佛士圖書館、博物館為基礎，於二〇〇六年十二月開館），也曾將鄰里咖啡店作為反映新加坡民族多樣性、異文化交流和文化革新的存在，於一九五〇至七〇年代的新加坡街頭小吃展出。海南雞飯和鄰里咖啡店被視為了解先祖軌跡的重要文化遺產[61]。

一九五〇年代開始還出現了提供麵和粥的鄰里咖啡店，成為人們在電視機普及到一般家庭前的社交與資訊交換的重要場所。如今的鄰里咖啡店已從店屋轉移到商場，從自營小店面升級到連鎖店。現代化的鄰里咖啡連鎖店以「南洋」與「海南」為關鍵字，將店內裝飾得充滿復古情調，巧妙利用觸動新馬華人心弦的懷舊過往。

現代化的鄰里咖啡店，甚至還提供馬來人伊斯蘭教徒也可以食用的清真食品，成為跨越民族藩籬的共食場所。所以鄰里咖啡店被視為一個歡迎跨越民族、階級、性別、世代的多樣性及公民民主言論的世界主義性飲食空間。還被拿來作為海內外新加坡人、馬來西亞人線上公開討論網站的名稱，成了新加坡、馬來西亞公民的國家認同象徵。不過這樣的鄰里咖啡店的飲食文化，近年來在商業上遭受到了來自港式咖啡店「茶餐廳」的挑戰[62]。

③湯餐廳與三水薑蓉雞——廣東菜的復興

目前新加坡「湯餐廳（The Soup Restaurant）」或「三盅兩件」的餐廳連鎖展店。湯餐廳的菜品發祥於中國城，成為其文化遺產的一部分。新加坡直至一九七〇年代為止，舊市街區都呈現中國城式的樣貌，但如今一提到中國城，標示在觀光指南上的「中國城」卻是唐人街的牛車水地區。一九九八年，新加坡旅遊局宣布出資協助牛車水重建為飲食街，正式展開觀光開發[63]。

圖2－9　三水薑蓉雞（〔三盅兩件〕湯餐廳）。

湯餐廳是新加坡中國城出生的廣東籍老板莫一平（Mok Yip Peng）想保留自己的根，以中國城原本就有的廣東茶館為藍本而開的店。湯餐廳採用了在一九二〇年代（一說是十九世紀末）來到新加坡，在建設工地工作的廣東三水區女子畫像。三水婦女因為故鄉三水的水患與新加坡人力不足而來到此處工作，她們頭上綁著的「紅頭巾」成為注冊商標，是新加坡最早的女工。

湯餐廳將廣東三水區出身的女工們在農曆新年（春節）吃的三水薑蓉雞（圖2—9）作為招牌菜，但又在原有口味的基礎上做了改良。三水薑蓉雞本來是過年過節時吃的特別料理，如今倒是成了家常菜。此外，從前原本是用抹了鹽又硬又柴的帶骨肉沾取薑蓉醬來食用。現在則是走健康路線，用無骨的切片雞肉搭配生菜一起享用。

湯餐廳專做廣東菜裡的重要湯品，和廣東家庭裡比炒菜更多的蒸煮菜餚。這些料理從老板莫一平的角度來看，是中國城裡極其平常的菜品。但是蒸煮菜餚很花時間，因為眾人懶得等而逐漸式微。於是在港式廣東菜加入以後，許多餐廳越來越公式化，拿出來的菜品缺乏特色[64]。

圖2－10　新加坡的咖哩魚頭。

④咖哩魚頭——新加坡南印度系移民的創作料理

咖哩魚頭（圖2—10）可以說是中國與印度飲食文化在馬來半島上相遇，並創造出嶄新料理的最佳例子。來自南印度的印度教徒坦米爾人，大多是英國殖民地當局，為建設英屬馬來亞基礎設施而招募過來的工人後代。而且有一部分印度次大陸來的移民是穆斯林，他們與馬來人有了婚姻關係後，就成了「爪夷峇峇娘惹」（Jawi peranakan）」[65]。於是馬來半島南印度系移民也吸收了中國菜的諸多元素。雖然咖哩魚頭的辛香料、烹調法與南印度的咖哩魚相似而普遍被認為是印度料理，但印度人並不會只用魚頭來做菜。

一九五〇年以前，來到新加坡的許多南印度移民支起攤位（hawker），販售盛裝在香蕉葉上再用手抓取食用的辛辣料理。而來自喀拉拉邦（Kerala）的戈梅茲（MJ Gomez）擺攤時發現華人愛吃魚頭，於一九四九年想出了用魚頭和咖哩一起烹煮的料理，後受到華人顧客的歡迎。即使後來戈梅茲回歸故里，咖哩魚頭也依舊廣為流傳。

而後一九三六年來到新加坡的華人洪阿公（音譯，Hoong Ah Kong）學習印度料理，想出了魚頭要在放入咖哩之前先蒸上一遍，藉此讓魚肉口感更佳的作法，在一九五一年開了間自己的餐館，主打咖哩魚頭。此後，咖哩魚頭便在新加坡掀起一陣旋風。一九六〇年代，魚頭價格甚至因為都被買去製作咖哩魚頭而水漲船高。

此外，一九七二年打造出來的觀光名勝魚尾獅，就是一尊上半身是獅子，下半身是魚的塑像。因而有人開玩笑說是原本的魚頭被拿去煮咖哩魚頭，所以才裝上了獅子頭[66]。

⑤成為世界非物質文化遺產的小販中心

從一八六〇年代開始，販賣簡單地方小吃的攤販，成了新加坡日常可見的風景，並在一九五〇至六〇年代，在急速的都市化中形成了多座小販中心（聚集了餐飲店、攤販的複合設施）。一九六八至一九六九年，新加坡實施了全國攤販登記，後又在一九七四至一九七九年強化小販中心的建設，街頭的攤販從此消失[67]。小販中心聚集了不同民族、性別與世代的人們，他們可以是廚師也可以是顧客。那裡不只提供廉價可口的日常餐點，也是家人好友的社交場所，成為新加坡飲食生活不可或缺的一部分。

圖2－11　老巴剎（小販中心）。

近年來，新加坡政府開始期許能以小販中心培育出共同的國民意識，成為象徵、體驗新加坡文化的地方[68]，繼而展開了保護計畫。國父李光耀之子李顯龍（生於一九五二年，自二〇〇四年起就任總理）在二〇一八年八月宣布，將新加坡的小販文化推薦到聯合國教科文組織。二〇一九年三月，新加坡政府更是提交了「小販文化——多元文化都市狀況下的社群飲食與料理實踐（Hawker Culture in Singapore: Community Dining and Culinary Practices in a Multicultural Urban Context）」申請世界非物質文化遺產登錄。於二〇二〇年十二月登錄成功[69]。

新加坡旅遊局努力將小販中心及小販風格的料理，樹立為新加坡的品牌。例如老巴剎（Lau Pa Sat）（圖2－11）美食廣場是觀光區最有名的小販中心，它在一九七三年被指定為國家級歷史建築。一八九四年，老巴剎從海岸搬到現在的市中心，繼承了極具特色的維多利亞風格八角形建築，並增加了鐘塔和鑄鐵骨架。老巴剎從原本的海岸市場，搖身一變成為國家公認的小販中心，實現了品牌化並且轉作觀光資源用於宣傳[70]。

不過必須注意的一點是，在馬來西亞、台灣、香港等地也都有和新加坡小販中心一樣的飲食攤販街，且台灣和馬來西亞也如前述般，將其作為對外宣傳的觀光資源。

而新加坡的小販中心，也不是所有國民都能無條件共食。截至一九六〇年代為止，穆斯林的馬來人的確會與華人在小販中心一起用餐，享用不含豬肉或豬油的食物再喝些小酒，都是很稀鬆平常的事情。但在一九六四年新加坡發生了種族騷亂，以及翌年新加坡獨立象徵著馬來人與華人關係持續緊張的狀況下，伊斯蘭教對飲食的戒律越發嚴格。例如一九七〇年代中期開始，在馬來人多的地區出現了伊斯蘭式的小吃攤，並被冠上「清真小販中心（halal hawker centre）」等稱呼[71]。

馬來西亞料理的開創與椰漿飯

在此，讓我們把目光從新加坡轉到馬來西亞。我們很難說馬來西亞存在著有體系化、有制度化的國族菜，而且就算提到了「馬來西亞料理」，多數人腦海裡也浮現不出什麼具體的形象。原因之一是英國殖民者幾乎完全忽視了馬來菜，大大阻礙了人們對它的認知和發展。「馬來西亞料理」不發達，與「台灣菜」在日本殖民者的宣揚下蓬勃發展恰好形成明顯對比。

但如果把「馬來西亞料理」定義為會在馬來西亞烹調與食用的一連串食物，那麼也可以說它是存在的。用椰漿、辛香料烹煮在地食材，並避開與豬肉相關的一應食材，就可視為馬來西亞特有的料理[72]。

馬來西亞的料理大多可以追溯到英國統治時代反映「MCIO（Malays, Chinese, Indians and Others）」的族群分類來說明。

①「馬來料理（Malay cuisine）」特色是香料和椰漿。

②「馬來中國料理（Malay Chinese Cuisine）」——「肉骨茶（bak kut teh）」、「炒粿條（char kway teow）」、咖哩麵、檳城福建麵、「板麵（pan mee）（客家口味的麵）」、餛飩麵等。

③「馬來西亞印度料理（Malaysian Indian cuisine）」——手抓蕉葉飯、恰巴帝（Chapati，一種麵餅），咖哩魚頭等。

④娘惹料理（Nyonya cuisine）的四種料理[73]。

二十世紀初期開始，對抗英國殖民地統治的馬來民族主義興起，形成一個被稱為馬來人的共同民族族群。殖民地政府引進按民族分治的土地法和政府機構等制度，明確區分馬來人與非馬來人，為獨立後的民族政治指明了方向。伊斯蘭教、馬來語、蘇丹（伊斯蘭世界的君主）的地位這三項對馬來人自我認同的形成至關重要。一九六九年，馬來人與華人因為總選舉的結果，在馬來西亞首都吉隆坡發生衝突而引發暴動（五一三事件），演變成一場多人死亡的重大慘案。事件發生的背景是一九六三年建國以後，華人在自由放任經濟下經濟實力大增，馬來人產生了被遺棄的不滿。

馬來西亞政府因為這場暴動，在巫統的主導下，於一九七一年引進優惠貧困馬來人的新經濟政策（俗稱「土著政策」）。於是一九七〇年代起，穆斯林的馬來人與馬來西亞其他土著民眾，為了對抗華人，一同集結在「土著（Bumiputera）」（土地之子）的大旗下。

與此同時，馬來西亞政府開始貫徹強調國民統一與民族和諧的政策，其中的一環就是一九七一年，在吉隆坡的馬來大學舉行國民文化會議（National Culture Congress），並在會中以馬來西亞國民文化的三原則之一，宣告伊斯蘭教的重要性[74]。

於一九七二年創立馬來西亞觀光發展協會（The Malaysian Tourist Development Corporation），自一九八七年由文化觀光部（The Ministry of Culture and Tourism）接手任務。一九九八年起，文化觀光部（二〇一三年起重組為旅遊、藝術及文化部〔The Ministry of Tourism, Arts and Culture Malaysia〕）展開有名的「Malaysia Truly Asia（馬來西亞～亞

洲魅力所在）」宣傳活動。說明只有多種民族族群和平共存的馬來西亞，才是「真正的亞洲」。

馬來西亞政府自一九九〇年代起，將飲食視為觀光資源，投入更多關注。後於二〇〇六年引進「世界的馬來西亞・廚房」企劃案（Malaysia Kitchen for the World's programme, MKP），援助國外的馬來西亞菜館開業或進行改善。第一家店是二〇〇八年在東京開設的「Jom Makan」（二〇一〇年代後期歇業）。這家馬來西亞政府支援的半官方餐廳，繼東京之後，也在倫敦等地開店。尤其是自二〇一〇年起，馬來西亞政府嚴格規定馬來西亞的國民美食，試圖在英國、美國、澳洲、中國等世界各國推廣普及[75]。

說到馬來料理，而且是馬來西亞料理的代表，大多會提到用椰漿煮秈米的「椰漿飯（nasi lemak）」。馬來的穆斯林或多為素食主義的印度裔人、吃豬肉的華人，都是以米飯為主食。椰漿飯既不會被素食主義者排斥，又類似華人的粽子，所以很輕易地就受到馬來西亞全國人民的喜愛[76]。

不過馬來西亞視為國家代表食物的椰漿飯，在新加坡也極受歡迎，華人和土生華人都紛紛開發出了風味獨特的椰漿飯。例如，華人考慮到椰漿飯中的椰漿容易導致腸胃脹氣，所以有些椰漿飯的小吃攤不加椰漿[77]。海南雞飯也和椰漿飯一樣，因為相同的理由而廣受馬來西亞人喜愛[78]，卻也如前文所述地成了新加坡人的國民美食。

馬來西亞的肉骨茶與中國菜

必須更加留意的是，馬來西亞政府雖為了宣傳本國文化而選用了民族食物，但也是依循伊斯蘭教的教義，挑選官方介紹的料理。「Malaysia Truly Asia」的活動官網，介紹到了華人系料理炒粿條、海南雞飯、「釀豆腐（yong tau foo）」、月餅等食物。釀豆腐是道將魚漿、鑲餡豆腐及蔬菜汆燙好以後，加到湯麵裡一起享用的客家菜[79]，據說是孫文的心頭好[80]。

不過另一方面，特別廣為人知的肉骨茶，則是因為要迴避豬肉和豬油而從未被馬來西亞政府當作本國料理來介紹[81]。肉骨茶是用各種香料燉煮豬排骨的湯品。由於製作簡單又可口，肉骨茶一舉成為深受星馬華人喜愛的代表性食物，近年在日本也變得較為常見。

肉骨茶的由來有諸多說法，人們一直為了究竟是馬來西亞的巴生（Klang）港或新加坡而爭論不休。依據一九八三年（二月十九日），馬來西亞《新生活報》公布的採訪報導（邱敬耀〈尋訪巴生肉骨茶傳人〉），第二次世界大戰前，一些來自福建省永春的華人在巴生的南區（舊街區）一帶街頭，賣起了故鄉的小吃。那時就已經有了用醬油燉煮帶骨豬肉的「肉骨」料理。再加上福建永春向來便有燉中藥湯補身體的飲食習慣，所以華人漸漸會在燉豬肉的時候加入中藥。

二戰期間巴生南區淪為廢墟，戰後有個叫李文地的人在南區一角開起「肉骨」專賣店「德地」，人氣鼎盛一時。人們從李文地的名字中取一字，稱呼他賣的肉骨為「肉骨地」，而「地」與「茶」在福建永春的方言裡同音，所以「肉骨茶」的稱呼就此傳開。

另外，當時豬肉這項食材和中藥都很便宜，所以肉骨茶原本是港口工人的食物。他們吸了鴉片後，來到肉骨茶的攤子，啜飲濃茶，滋潤喉嚨。據說這或許也與「肉骨茶」的名稱有關。由此可見「肉骨茶」的稱呼本身，是在二戰之後誕生的。但是李文地的父親在戰前的一九三六年以前就賣過應該被稱為肉骨茶的小吃。因此，這道菜的起源應可追溯到一九三〇年代以前的巴生[82]。

圖2－12　肉骨茶（新加坡的松發）。

肉骨茶有潮州、廣東、福建三種版本，潮州口味最受大眾喜愛，也許它的根源並不是福建省永春。另一方面，新加坡肉骨茶的起源至今尚且不明。可以知道的是，在新加坡最有名且開了多家分店的「松發肉骨茶（Song Fa Bak Kut Teh）」（圖2－12）創業於一九六九年在新加坡中心的鬧區武吉士[83]。

馬來西亞對豬肉和豬油特別小心謹慎，所以學校等公共設施的餐廳不提供豬肉。而且馬來人即使到華人家玩，也不方便使用可能接觸過豬肉產品的餐具，所以華人會用店裡買來的盒裝飲料招待。此外，華人在中國餐館舉行婚禮的時候，也會為穆斯林的朋友另外準備一桌，但即使如此，有些穆斯林還是會感到不安[84]。

儘管馬來西亞的華人以福建人占多數（不過吉隆坡和怡保等地廣東人較

多），但是在料理方面卻是以廣東菜居多，這也可以算是馬來西亞中國菜的特色。究其歷史背景，可能是因為活躍於餐飲界的廣東人比較多。此外，也有可能是因為即使尋常家庭平常吃的都是福建菜，但是在餐廳宣傳更有異國情調，且享譽國際的廣東菜會更加吸引人的緣故。馬來西亞也有廣東菜廚師廚藝最頂尖的刻板印象，而且廣東菜的名聲經常和香港扯上關係。如「香港點心」、「香港燒烤」（烤豬、鴨、雞肉）、「香港餛飩麵」，很多餐館都會在菜名冠上「香港」二字。

再者，馬來西亞的印尼穆斯林小吃店，也會賣中國的麵、包子、春捲等食品。馬來西亞的馬來人直到一九八〇年左右，才開始接受中國菜，但相反地，許多印尼人從很早以前就接受了中國菜。由於印尼群島與馬來半島的人們之間語言、文化相近，所以中國菜是經由印尼人之手在馬來西亞普及開來的[85]。

馬來西亞與新加坡料理的共通性與相互競爭

馬來西亞政府的國家文物部（Jabatan Warisan Negara, National Heritage Department）官方網站刊登的馬來西亞非物質文化遺產名單，包含了前述的椰漿飯、也是新加坡多元文化主義象徵的羅惹及娘惹料理的常規前菜小金杯，還有後面會介紹的「魚生（yee sang）」、薄餅（生春捲）[86]。除此之外，馬來西亞與新加坡華人之間還有許多如海南雞飯、肉骨茶、炒粿條（圖2—13）、咖哩叻沙等共通料理。

馬來西亞與新加坡雖自一九六五年以後，成為了兩個獨立的主權國家，但原本就屬於同一個文化圈。土生華人的美食作家克里斯多夫・譚（Christopher Tan）指出，新加坡料理與馬來西亞料理乍看之下雖然相似，但內裡乾坤卻大有不同，那是一種類似「重音（accent）」的東西，雙方之間各有不同的著重之處[87]。

於是兩國的知識分子、在地的有力人士及華人政治家等人，針對那些料理的國家認同展開爭論。關於宣傳食物振興觀光的事情，新加坡一向更為積極，但近年來，馬來西亞也相當踴躍。這些共通料理雖然被新加坡宣傳為本土料理，但馬來西亞在地的有力人士和華人政治家反對這種說法，他們主張那些菜都屬於馬來西亞料理。接下來要介紹七種新加坡與馬來西亞之間共通的代表性料理，為本章做收尾。

圖2－13　炒粿條的食物模型（檳城食物狂想館，2015年開館）。

①娘惹料理

娘惹料理雖被定位為新加坡料理的核心，但在吉隆坡的觀光民族餐廳，卻是作為檳城等地的地方料理亮相[87]。

馬來西亞政府也和新加坡一樣，將土生華人文化視為文化遺產而給予支援。一九八〇年代起，新加坡與馬來西亞兩國都將娘惹料理包裝成商品，進而連印尼都出現娘惹料理的餐廳。而土生華人本身也取得身為華人的認同，所以娘惹料理也算得上是中國菜的一種[89]，很難界定娘惹料理是哪一國的料理。

圖2－14　檳城的魚生與撈起。

②海南雞飯

海南雞飯是將雞肉燙熟，再搭配用雞湯炊煮出來的米飯一起享用的料理。

二〇〇九年，馬來西亞海南會館聯合會發布海南雞飯的合格證，證明它是正宗雞飯。但實際上，馬來半島華人新創的料理依據現在的國境，是無法明確區分究竟歸於哪國[90]。

③魚生

除此之外，馬來半島華人還有個行之有年的「撈魚生」（prosperity toss）吃法，他們會在農曆新年祈願發財與長壽，一面吆喝著「撈起（lo hei）」一面將稱為「魚生（yee sang）」的生魚片沙拉拌勻食用（圖2－14）。

撈起是在新加坡獨立前一年的一九六四年，由「麗華酒家（Lai Wah Restaurant）」（一九六三年創業）首創，後來成為代表新加坡的飲食文化而廣為人知[91]。

關於吃生魚的習慣最早可以追溯到古代中國的「膾」。不過馬來西亞的華人對魚生的起源有不同主張，以至於馬來西亞國家文物部也將其列入馬來西亞非物質文化遺產[92]。

圖2－15　薄餅（檳城）。

④薄餅

名為「薄餅（popiah, poh pia）」（圖2－15）的生春捲在馬來西亞和新加坡都很受歡迎，但它應該是由福建省的「潤餅」演變而來的。甚至在印尼與菲律賓也同樣叫作「潤餅（lumpia）」，只是各國使用的食材和大小等細節不盡相同。

廣泛流傳到東亞的春捲變種其實風格繁多，明確補足其全貌將是今後的課題。

⑤河粉

馬來西亞、新加坡和泰國，都有「河粉（hofan）」這種寬板米粉麵。

河粉在馬來西亞以怡保（Ipoh）風味最為出名，人稱「怡保河粉」。怡保河粉也叫「沙河粉」（沙河是廣州市街區的地名），所以很可能是近代廣州傳過來的美食。

怡保河粉也出現在澳大利亞等海外地區的馬來菜館中，成為區隔馬來西亞中國菜與香港、台灣菜的標誌。

⑥潮州粥

在馬來西亞一提到粥品，最為有名的就是「潮州粥」了。對東南亞的華人來說，粥品通常是嬰兒和病人的食物。不過潮州籍華人也喜歡跟日本粥品相似，不加配料熬煮的白粥，時常配著鹹魚和醬菜一起享用。

此外，東南亞廣為人知的潮州料理還有沙鍋、粿條、燕窩羹，還有魚翅等美食。

⑦蠔煎

「蠔煎（oh chian）」是福建南部和潮州常見的食物。在馬來西亞和新加坡，也是小吃攤常賣的著名小吃[93]。

如本章所述，英國殖民地時期新加坡的代表性料理，對歐美人來說是西式餐點，對中國人與日本人等國人士而言是中國菜。一直到二次大戰結束後，新加坡的英文版旅遊書都列有西餐菜單。另一方面，新加坡獨立的一九六五年，政府主辦的美食節，集結了中國菜餐廳和攤販。

但後來的新加坡積極建立本國菜體系，將其作為國家認同的依據和觀光資源加以運用。而被定位為新加坡料理核心的娘惹料理、登錄為聯合國世界非物質文化遺產的小販文化，都曾一度面臨衰退、消亡的危機，在新加坡建國後得到保護才得以重生。

此外，海南雞飯始於一九三〇年代的歷史為人們所發掘，並成為代表新加坡的料理而受人矚目，都是八〇年代以後的事了。新加坡這些飲食文化的每一項料理都與馬來西亞共通，所以新加坡政府越是整建新加坡菜品，強力對外宣傳，也就越容易和馬來西亞產生爭議。

第二章　越南

——從越南河粉與越式法國麵包看中國與法國的影響

中國的文化影響——漢越語、筷子與南國意識

在東南亞諸國中，越南是受中國影響最大的國家。如今的越南北部曾經歷一段在紀元前一一一年到紀元後九三九年期間，受到中國統治逾千年的歷史。也就是說，紀元前二二一年統一中國的秦始皇在二一四年平定嶺南地方，包括了現在的華南到越南北部。紀元前二〇三年秦滅亡以後，南越國在該地建國，但漢武帝在紀元前一一一年滅了南越國，建交趾、九真、日南三郡。之後，越南北部雖起兵造反數次，但直到九三九年建立第一個獨立的民族王朝「吳朝」之前，大半時期都在中國的主宰之下。

中國各王朝讓此「北屬期」的越南，引進了根植於儒教的官僚制度、用漢字拼寫越南語（「漢越語」，今日越南語有百分之六十五～七十的語彙是源自漢語的漢越語）、科舉等中國式的儀式和行政等文化制度，讓越南

人民得以「開化」。另一方面，中國的地方官、商人與農民往來於中國與越南之間，逐漸與越南同化的人也不在少數[1]。

長此以往，越南受到了來自中國的深遠影響。除了主體為華裔居民的新加坡之外，越南是東南亞唯一一個，吃中國菜和麵條外的所有餐食也都用筷子的國家。泰國繼越南之後，也屬於比較常用筷子的國家，但深受印度文明影響的東南亞國家則大多以手抓食為主。據推測，大約從紀元前三世紀秦攻打越南時起，筷子就已漸漸在越南普及。相較之下，日本則是到六〇七～六〇八年推古天皇指派小野妹子為遣隋使之後，筷子才得以流傳開來。所以越南使用筷子的時間比日本早很多[2]。順帶一提，筷子在中國的擺法，現已從橫向改成了縱向，唯獨日本還保留橫擺的古老習慣，越南和朝鮮半島早已隨中國將筷子擺直了。

越南研究學者古田元夫認為，越南自十世紀脫離中國獨立，再到十九世紀淪為法國殖民地之前，基本上都認為自己是中華世界的一員。前近代越南的國家意識認為中國是「北國」，對此主張越南＝南國的文明性與自主。

這種將自身視為中華世界一員的自我意識，並非中國千年統治下的遺產或產物，更接近越南自主性的選擇。那是一種為了對抗中國壓力而做出的選擇，「為脫離中國而中國化」或是「為了不被中國化而中華化」。這種名為「南國意識」的越南版中華意識，連帶強化了對抗中國的國家意識。但在另一方面，也有著企圖以文明對比野蠻的形式來強調，越南有別於周邊未共享中華文明的百姓與國家[3]。

阮朝時代的料理——宮廷御膳與庶民料理

近代這個時代，都市化及工業化不斷推進，民族主義興起。一七八九年，西山朝拒絕大清的干涉，統一了越南。但阮福暎在一八〇二年接受法國的援助推翻西山朝，成為阮朝開國皇帝嘉隆（在位期間一八〇二～一八二〇年）。而這個越南的末代王朝阮朝（一八〇二～一九四五年）統治了近代的越南[4]。

阮福暎在十八世紀末的前半生，一心投入湄公三角洲的戰役，飲食生活十分簡樸，所以阮朝的宮廷御膳，還包含了貧苦人家也吃得到的菜品。阮福暎之所以能在軍事上獲勝，是因為他在湄公三角洲開闢種植園，栽培豐富的米糧。再加上嫁給皇帝來到國都順化的嬪妃們，也都帶上庶民食物來到宮廷。不過全國各地本就會送高地野獸肉或各地米糧等特產品到宮廷。

第二位明命皇帝（在位期間一八二〇～一八四一年）將宮廷御膳的規則明文化。皇室的食物由內務府負責監督，皇帝會獨自用膳，每餐飯有五十道菜，由禁止不潔之事的十五名廚師烹製，每位廚師須對自己做的菜負全責。但到了末代保大皇帝（在位期間一九二六～一九四五年）時，料理的數量減到了三十五道。

嫁入王室的女子張氏璧（Truong Thị Bich，一八六二～一九四七年），寫了一部宮廷御膳食譜《食譜百篇》（*Thực Phổ Bách Thiên*）。根據書中所述，阮王室中，第一是河魚、貝類、海鮮配米飯吃，第二是蔬菜，肉只擺在第三順位。發酵的魚或醬菜較受歡迎，但另一方面，魚翅、鮑魚、燕窩等用於中國菜的高級食材，只有偶爾才會出現[5]。

十七世紀清朝建國後，除了之前來到的廣東、福建商人外，還有明朝的舊臣和士兵等人也逃到越南（安南），定居在會安，建立村落。而在當地出生的中國移民子孫，與只僑居做生意的華人開始被動做出劃分，中國移民子孫的村落在一八二七年從「明香社」改稱「明鄉社」。官方雖然要求這些華越混血者「明鄉」的服裝等一應風俗習慣皆須改成越南式，但此舉也打開了他們在阮朝為官之路[6]。

在東南亞各地華人與當地女子通婚誕下的混血子弟中，與當地社會同化的明鄉並沒有繼承自有文化，所以較接近泰國的洛真人（Luk Chin，中泰混血），有別於新加坡、馬來西亞、印尼的土生華人或菲律賓的麥士蒂索人①[7]。十九世紀初期前，有三萬多名華人住在越南南部，包含數千名華越混血者，據說裡頭有人至少會說廣東、潮州、福建、海南、客家五種方言。

如果丈夫是第一代或第二代中國移民的話，越南妻子會聘請華人或明鄉來準備特別的料理。而且越南的城市裡也有了中國餐館，主要賣的是廣東菜。廣東籍男性會開食材雜貨店、肉店、肉類加工品店，在店頭吊上叉燒、淋上醬汁的烤鴨。推測是廣東商人把細火慢熬的粥（老火粥）、湯麵、餛飩麵等菜餚帶入越南，這些菜餚復又演化成了越南的「鍋（Lẩu）」菜、「Hủ tiếu」（加了豬肉、蝦、豆芽等食材的越南南部半乾

① 譯注：mestizo，此處指的是祖先一方為外國人的菲律賓混血兒。

米粉麵）、「餛飩」（北部叫vằn thắn，南部叫hoành thánh）等菜式[8]。

法國殖民統治的社會影響與華人

一八五八年，法國的拿破崙三世以阮朝處決傳教士為藉口，派遣法國西班牙聯合艦隊到越南。當時法國也在中國參與英法聯軍之役，一八六〇年戰爭一結束，就將兵士調集到越南。一八六二年法越簽訂《西貢條約》，迫使阮朝開放港口並割讓包含西貢的交趾支那（越南南部）東部。法國在一八八〇年代也侵略了越南北部，在一八八四年中法戰爭取得勝利，並於次年的《天津條約》中，迫使大清承認法為越南的保護國。一八八七年，法國在越南與柬埔寨成立法屬印度支那聯邦，更於一八九九年令寮國成為保護國，編入聯邦之中。

此後開始的法國殖民統治（一八八七～一九四五年），在將越南與中華世界切割上起到了重大作用。也就是說，法國藉著統治越南：①否定了中國對越南的宗主權，②將越南與「印度化的東南亞」成員柬埔寨、寮國一起納入印度支那的框架加以統治，③廢除科舉制度，普及越南語的羅馬拼音法，讓知識分子脫離漢字文明。法國的殖民地統治可以說是在這三個面向中，圖謀越南的去中華世界化[9]。

法國殖民地時期的越南，華裔商人擴大了與越南人的交易，充分扮演了法國人與越南人之間的溝通橋梁。越南的中國移民激增，一八八〇年左右約有四萬五千人，但在一九〇二年底前增加了約兩倍，一九一一年以前增加到約三倍。儘管如此，法屬印度支那的華人並不享有什麼政治權利，法國人認為把華人當作外國人，讓他們得以留在殖民地這件事就是一項特權。法國人把華人當中間人使用的同時，又想在獲得利潤的經濟部門上取代華人的地位。

由此可知，十九世紀華人在越南和美國（後述）所處的經濟環境恰成對比。在美國，華裔苦力與當地白人勞工互相競爭，害怕「黃色無產階級」的心態在下層人民之間蔓延。與之相對，野心勃勃的新進法國企業家，則是對早已在越南樹立地位的華裔企業家看不順眼[10]。

而且，法屬印度支那有些刻板印象的言論，稱華人貿易商賺了大錢，娶了妻子卻又不知廉恥地拋下越南妻子，回到中國建立真正的家座。但實際上，身為華越混血的明鄉已在城市形成社群，亦與地方廣泛產生連結。此外，辮髮與肥胖也成了在越華人男子的一項外在標誌。人們認為越南人一般比華人還瘦，是因為華人壓榨了貧苦的越南人，所以才顯得如此肥碩。

其他還有諸如一八八〇年代住在西貢中國城堤岸（Cholon）的華人大富豪，以高薪聘請法國廚師，要他們烹調各種高級中國菜的傳聞流出。這則傳言真假不明，但華裔有力人士訓練法國廚師，要他們烹製精製中國菜的認知，更堅定了對殖民地華裔企業家財富與權力的批判[11]。

法國殖民地時代的飲食文化——越式法國麵包與越南咖啡

筆者在這裡想以艾瑞卡．彼得斯（Erica J. Peters）的出色研究為主要根據，談一談法國殖民地時期的越南飲食文化。據其論述，「努庫曼」（音譯，Nước mắm。小魚鹽漬發酵而成的魚醬）和米酒（Nep Moi等）等日常食品，原本大家並未被人們認為是越南的食物，直到遭受法國攻擊後，才成為代表越南的飲食品。

但與此同時，越南的料理也深深受到了法國料理的影響。一八八五年，法國擁立親法派的同慶帝（在位期間一八八五～一八八九年）於順化即位。同慶帝即位後的第一次新年（Tet，農曆新年）宴，邀來一眾法國官員，舉辦豪華的歐式宴會。同慶帝準備的豪華西式料理，雖然得到法國人的稱許，但他在越南人眼中卻已然形同法國走狗。

此外，堤岸的有力人士——身為明鄉的大富豪杜有芳（Dỗ Hũu Phuong）的著名事跡，就是引進法國料理，讓越南料理更精緻。一八九三年以前，他會用豪華的越南料理招待上門拜訪的賓客。尤其接待法國賓客之際，還會在精心準備的越南料理宴會後，周到地端出歐式牛排以做款待[12]。

而就在法國殖民統治開始後的不久，法國的長棍麵包便在越南流行開來。它最早叫作「巴印太（音譯，bánh tây）」，意指「西洋麵包」，後來改稱為意指「小麥麵包」的「巴印密（音譯，bánh mì）」。

長棍麵包最初是抹上人造奶油、奶油、砂糖，或是果醬一起食用。但自二十世紀初起開始，越南的長棍麵包進行了一場革新，改變成夾上越南食材便於每天享用的三明治吃法。越式法國麵包對越南人來說，並不是足以代替午飯或晚飯熱米飯的食物，而是作為早餐或點心享用。題外話，南北分裂期（一九五五～一九七五年）的南越，會配給切達起司等食物給來自北方的難民，但並不怎麼受歡迎，所以後來就把它夾在越式法國麵包裡低價販賣[13]。

此外，在一八八〇年代以前，法國的酒類逐漸出現在越南宴會當中。越南精英人士或華裔富人階層會飲用法國紅酒、香檳，以及從香港流入的假法國酒。一九一〇年代法國產的葡萄酒消費激增。

除此之外，牛奶也和香檳一樣，成為既謀求現代化又親法的越南人象徵。十九世紀末前，西貢為了向法國人提供牛奶，讓塔米爾移民開立了多家酪農場[14]。到了一戰期間，罐裝奶粉的廣告登上了越南語報紙。越南語的廣告上宣傳，進口的奶粉可保身體健康強壯，也可展現社會的進步。大都市的越南人會在甜點、醬汁、咖啡裡加上罐裝奶粉。

加入牛奶的越南咖啡也是從法國殖民時期就喝得到的飲品。一八八〇年代末，西貢的各個街角，可以看到越南女子在賣咖啡[15]。而且自當下開始，咖啡豆的大規模種植農場就不斷擴大，時至今日越南的咖啡生產量已位居世界排名第二，僅次於巴西。

法國殖民者的飲食生活與華人廚師及中國菜

另一方面，法國殖民者害怕人種污穢，不吃越南和中國的食物。法國人的小社群嚴格維持傳統飲食文化的界線，所以他們會批評吃亞洲食物的法國人和吃法國食物的亞洲人。殖民地的法國人吃下了比本國人還多的肉量，還有在法國絕少吃到的罐裝蔬菜。但由於咖哩並不是越南本地料理，還經過英國的自行解讀與改良，所以這道料理也經常出現在殖民地法國人的餐桌之上。

還有，許多殖民地精英最親近的華人男性是他們的私人廚師。一八七〇至八〇年代的交趾支那，華人男性是殖民地上最優秀的廚師，乃是當時人們的普遍共識[16]。

但即使如此，十九世紀的中國國內，參加中國菜宴會的法國人相當少見。甚至有人建議住在中國的法國人，可以把宴會上不想吃的食物丟到桌下，或是表明已經吃飽來婉拒宴會。一九〇六～一九〇七年，交趾支那流行起腺鼠疫，法國人對中國食物的恐懼攀升，禁止所有中國系移民進入交趾支那，並且加強對華人社群的監視。越南的法國人比中國的法國人更不願接受中國菜，直到一九二〇年代左右，他們當中有人與華人做生意，才終於積極參加中國菜的宴會[17]。

而與法國人形成鮮明對比的是，越南人如同接納歐洲食物那般地接受了中國菜。因為這有助於表現殖民地城市的高尚，提高個人的威信。儘管有毒或有污染的傳聞四起，但越南人還是會上中國餐館，會吃街頭賣的中國食物，享受華人做的食品、茶飲和美酒。有位越南籍下級官員表示，他在故鄉西貢有家心愛的咖啡店和中國餐館，一九二二年即使去河內旅行時，那裡的中國餐館竟比越南菜館更讓他感覺身在故鄉[18]。

越南的大饑荒與戰爭時期的食物

一九四〇年日軍攻入法屬印度支那，法國親德維琪政權下的讓德句（Jean Decoux）總督印度支那殖民政府同意供給日本米和橡膠。於是法國在日軍進駐後，繼續統治殖民地。一九四一年七月，法國維琪政權以日本承認法國對印度支那的主權為條件，同意日本進駐法屬印度支那南部的要求。日軍與法國印度支那殖民地政府的糧食徵發雖然嚴格，但在戰時的配給制度下，握有權勢的越南人和華人可取得「歐洲人」的配給卡，把罐頭和進口酒拿到黑市去賣。

但在一九四四年秋天，天候不良導致糧荒，加上橋梁等交通渠道遭美軍空襲毀壞，並且軍需品運輸優於民需品，所以肥沃的南部湄公河三角洲難以輸送糧食到北方。故而發生了「越南大饑荒」，越南北部主要一帶餓死人數到達空前未有的數目（推斷最多約兩百萬人）[19]。

另一方面，一九四一年胡志明（一八九〇～一九六九年）領軍的「越盟」（越南獨立同盟會）正式成立。這裡必須注意的是他們以「越南」作為組織名，而非「印度支那」。「越南」是阮朝時代的正式國號，二十世紀初潘佩珠等人將它視為恢復祖國獨立的架構。一九四〇年代，追求民族獨立的黨派都共同使用這個名稱[20]。

越盟組織地方居民，在二戰期間對日軍隱匿存糧，也在戰後中國國民黨軍來到北越監視日軍撤退時，對中國軍的徵發糧食隱瞞存糧。受到「越南大饑荒」的影響，人民對越盟的支持擴大，在胡志明的領導下，集結了與殖民統治對抗的政治勢力。日本投降的一九四五年八月，胡志明在全國各地起義，建立越南民主共和國[21]。

但是一九四五年九月，英國第二十印度步兵兵團抵達西貢，妄圖繼續支配法國的殖民地。之後法軍也到達，法國與越南民主共和國之間爆發印度支那戰爭。一九四九年，法國在南部建立越南國，擁立阮朝末代皇帝（保大帝，在位期間一九二六～一九四五年）。同年受中華人民共和國建國的影響，擔心越南赤化的美國也介入支援法國。

越盟見狀，撤回農村繼續抵抗。數萬名城市人集中在農村持續抗爭，因而一九四六年開始長達七年的反殖民地戰爭，讓剛歷經史上最慘「越南大饑荒」的農村缺糧狀況更加雪上加霜。

不過北越自一九四〇年代末期展開了將地主的土地轉讓給佃農的土地改革，在一九五二年後加快速度。土地改革雖是導致許多地主被村中法庭審判處死的殘酷變革，但動員佃農耕作才有辦法供給糧食到戰場。這個狀況間接促使越盟在一九五四年奠邊府戰役中戰勝法國。戰敗的法軍傾向休戰，同年達成《日內瓦停戰協定》。這個協定決定南北以北緯十七度為界休戰，兩年後舉行南北統一選舉。

但是美國放逐保大帝，支持吳廷琰（一九〇一～一九六三年）建立越南共和國（一九五五～一九七五年），南北統一選舉未能實施。於是胡志明在一九六〇年建立越南南方民族解放陣線（越共）與之對抗，在南越展開游擊式的起義[22]。

法國、美國、俄羅斯的飲食文化——長棍麵包・白吐司・黑麥麵包

一九五五年十月南越成立吳廷琰政權，身後的後盾從法國轉為美國。於是，美國的漢堡、熱狗、即溶咖啡和立頓紅茶等國民美食，風行於年輕人之間。話雖如此，即使街頭開始賣起製作三明治的香軟白吐司片，卻並未如法國的長棍麵包那樣受歡迎。南越受美國影響的時期，美國軍人、民間人士、外交官、新聞記者、勞工支持者等人大舉進入越南，因為美國人喜歡法國的食品和餐廳，所以法國的飲食文化比美國的更加蓬勃發展[23]。

一九六四年發生北部灣事件，美國決定開始轟炸北越，自一九六五年起投入大規模軍隊到越南，使用燒夷彈和落葉劑擴大了人為災害。不過美國也在勉強的苦戰中陷入財政困難，一九七三年在《巴黎和平協議》下撤離越南。

這場戰爭是美國史上第一次敗戰，戰中美軍提供的罐頭味道，越軍吃不習慣而乏人問津。一九六〇年末，考慮到魚醬容易腐敗，因此在美國產的糧食上使用了大豆醬油，這使得南越軍人的士氣更加低落。相對的，向南越發動攻擊的北越士兵成功重新引進反殖民戰爭時期引進的戰場無煙炊飯[24]。

一九七五年越南民主共和國（北越）取得勝利，結束越南戰爭統一南北越。於是一九七〇年代末到八〇年代期間，許多蘇聯的官員與商業人士也紛紛到來，將俄羅斯的黑麥麵包和酸奶油等飲食帶入越南。當時由於低品質的麵粉做不出酥脆的長棍麵包而嚴重缺貨，於是俄羅斯的黑麥麵包取而代之流入市場。

話雖如此，多數俄羅斯食品因為價格高昂，且口感吃起來不合胃口，並未普及到一般庶民生活之中。據說越南的消費者在蘇聯人員離去後，就立刻把俄羅斯食物拋到腦後[25]。

另一方面，法國殖民地時期普及開來的咖啡，在赤化的北越地區也廣受喜愛，因而二〇一〇年代，以共產主義為概念的懷舊咖啡館——越共咖啡（công càphê）也開始以河內為中心陸續展店。

越南粉的誕生——中國菜的麵與法國料理的牛肉片

代表越南料理的國民美食「越南粉（Phở）」（肉片米粉麵），在法國殖民時期的二十世紀初以前就已形成，後於越南戰爭（戰爭起訖時間眾說紛紜，這裡姑且視為一九五四～一九七五年）時期普及開來。越南粉雖不是一項源遠流長的食物，卻是一種能在當地享用並重新發現新美味的料理。彼得斯描述，在廣東的湯麵裡加進法國料理中的牛肉片的作法，使它成為全新的經典[26]。不過越南粉形成的過程可能沒有那麼單純，而且廣東的湯麵是麵粉麵，越南粉是米粉麵，後面也想再解明這一點不同的重要性。

越南粉的起源幾經探查還是不得其解。是從十九世紀末到二十世紀初，由法國殖民者將吃牛肉的習慣流傳到河內才演變出來的呢？還是在離河內東南約一百公里的南定（Nam Định）作為供應法軍飲食才誕生出來的呢？存在著各種說法。

成為法國殖民地之前，越南人因為用牛耕種，所以不吃牛肉。但到了二十世紀初期前，法軍駐守在

圖2－16　牛肉越南粉（河內的老店札丘園〔音譯〕Gia Truyen）。

河內及越南各地後，法國料理的燉牛肉不只餐廳會做，也常見於一般家庭，越南人就此開始吃起牛肉。例如，路邊的小吃攤也會把越式燉牛肉「波扣（bò kho）」搭配沾著吃的麵包一起販售[27]。

關於「粉（Phở）」的語源，最有力的說法是來自法語「Pot-au-Feu」（燉牛肉火鍋）中意味著火的「feu」一字。早期越南人會用竹竿挑起兩個木箱，走在大街上沿街叫賣越南粉。因為賣的時候會把木箱放在街頭點火，把越南粉燒熱，因而也可以推敲出法軍見了便喊「feu」的說法[28]。另外一種語源的說法，著眼於麵條本身。可能是來自於扁平的米粉麵「河粉（hofan）」、同樣是米粉麵的「粿條」（kway teow），或是以米粉為原料的「粉（fen）」等主食。不過按越南語研究家清水政明（大阪大學外國語學系）的說法，越南北部不太可能出現「河粉」以外的發音變化。而且在紅河的碼頭供給華人勞工吃的牛肉米粉麵，原本叫作「ngưu nhục phấn（牛肉粉。發音：古扭庫粉）」，因而有一說認為是攤販把名字做了一番簡略，才演變成了「粉」[29]。

而針對粉誕生的年代，做過最縝密研究的鄭光勇（Trịnh Quang Dũng）認為，粉出現於一九〇八年，在一九三〇年代到一九五四年左右進入第一個巔峰期。二十世紀初期，法國人和中國人經營的汽船，經過自中國雲南省流向越南北部的紅河，往來於河內、海防、南定、諒滄府等。這些地方碼頭，最早賣的是「炍熡」（xào trâu）的水牛肉湯麵。想來是華人將牛肉與自家的麵組合到一起，製作出新的料理。

此外，詩人傘沱（Tản Đà）的詩作〈賭博（Đành bạc）〉（一九〇五～一九〇七年）中出現了「粉（pho）」字，但杜姆提耶（G. Dumoutier，一八五〇～一九〇四年）這位先生曾寫下「越南在一九〇七年以前還沒有粉」。這些證據加起來，可以推測越南粉的誕生，是在一九〇八年左右[30]。

此外，被推斷為越南粉發祥地的南定，在法國殖民時期成長為以纖維工業為主體的工業城市，晉升為越南北部紅河三角洲繼河內、海防之後的第三大城。二〇〇〇年開始河內出現了掛著「南定粉（Phở Nam Định）」的店。

這些越南粉店，有八成的店主同樣都來自南定的萬古（音譯，Vân Cù）村，而且同樣姓「瞿（Cồ）」的人家。萬古村的耕地少而稻作不足，村人多外出作生意。賣越南粉的瞿姓村人相傳是丁部領（丁先皇，九二四～九七九年）平定越南北部，九六八年定國號「大瞿越」開啟丁朝時傳承下來的一族。他們也不知道是誰發明了越南粉，不過最早來河內開越南粉店的是一個叫「萬（vặn）」的村人，而那已是一九二五年的事了[31]。

順帶一提，相較於南定越南粉不怎麼帶有甜味，河內越南粉的特色就在於用牛骨熬製高湯，讓牛肉的清甜更加突出，至於西貢越南粉則是口味更加甘甜[32]。近年由於進口中國產棉布，南定街頭變得冷清，許多人口都出移到河內或胡志明市。因此據說全國知名的南定越南粉，現在也變得不好吃了。

越南粉原本就是庶民食物，只有加了汆燙牛肉的米粉麵，即使在河內，直到一九四五年前也幾乎沒有賣雞肉越南粉的店[33]。不過關於「雞肉越南粉（Phở gà）」的普及有兩種說法，一是一九三九年政府為管理役用動物的宰殺，規定每週一、五兩天禁止販賣牛肉[34]，另一說則是主張因為日本侵略，導致戰爭末期牛肉不易取得[35]。一九六〇年代的河內也一樣，隨著牛肉的禁止販賣帶動了雞肉越南粉的普及[36]。

圖2－17　烤肉榨粉（胡志明的Dac Kim，1966年創業）。

另一方面，一般認為豬肉與越南粉的味道不搭，但另一種米粉麵「米粉（bún）」分類裡，搭配豬肉一起吃的「烤肉榨粉」（bún chả）（圖2－17）就非常受歡迎。榨粉是從木筒孔洞中擠壓出來的細米線，仔細觀察就會發現這種細米線也被用在生春捲和許多越南料理當中。也有人將其與扁平的越南粉並稱為越南國民美食。古都惠安也有出名的榨粉[37]，海株子（阮文珊）編輯的《大南國語》（一八九九年發行）中，提到了「粉米〔米本〕」（三十二頁）一詞，由此可知榨粉是比粉更古老的越南麵條。

越南粉的普及——從北部到南部，而後是全世界

一九三四年，河內的愛國諷刺詩人秀肥（Tú Mỡ，本名胡重孝〔Hồ Trọng Hiếu〕，一九〇〇～一九七六年）寫下〈越南粉頌歌（Phở Đức Tụng）〉，以「別把粉當作寒酸的食物輕視它」的詩句為其頌揚[38]。從這首詩裡可以看出，河內的越南粉早在兩次大戰的戰間期以前，就已經成為代表性的庶民美食。

繼而出生於河內的作家阮遵（Nguyễn Tuân，一九一〇～一九八七年）也在一九五七年發表了一篇〈粉（Phở）〉的散文。身為美食家阮遵生動地描寫出了，越南粉對越南人的特殊意義、河內各式的越南粉和賣粉的餐館，以及與粉相關的生活習慣和觀念等細節[39]。不過受到中華人民共和國「百花齊放．百家爭鳴」的影響，越南民主共和國也有一段政治上充滿自由氣氛的時期，這篇散文恰在此時發表，又並非鼓舞革命精神的文章，所以該篇散文〈粉〉後來被越南勞動黨批評為「內容貧瘠且違背社會主義理想的作品」，逼迫阮遵進行自我批判[40]。

一九五四年簽下《日內瓦停戰協定》後，法國一撤出印度支那，就有近兩百萬人從北越逃往南越，促使越南粉從越南北部流傳到越南中部與南部[41]。

順帶一提，越南南部的飲食文化，可以理解為融合以下三項特點的產物。①湄公河三角洲高棉人的食物，多用椰子果實、椰漿，偏愛辛辣的辛香料，②十七世紀明、清王朝輪替期出現政治難民以來，從廣東來到西貢的人們的食物中，以火鍋、麵、餛飩為代表，偏重使用砂糖的食物，③從越南北部南下而

來的人們的食物[42]。據說越南粉是在一九五〇年前後傳入西貢。也許越南中、南部在一九五四年以前就已經有越南粉，但因為不易與其他中國麵食做出劃分，所以也沒有顯著地位[43]。

一九五〇年代末以後，政府將許多事業轉為國營，民眾想吃越南粉就必須乖乖地到國營店前排隊。為了節省白米，河內街頭賣的越南粉用的是馬鈴薯澱粉做的麵，店裡的廚師也是外行人，因而吃不到好吃的越南粉。但即便如此，此時的越南粉日後依然成為人們懷舊的對象。一九六五年美國正式軍事介入越南後，越共的間諜組織在西貢開起名叫「Phở bình（阿平河粉）」的小店，該店在諜報和運輸武器中扮演了相當重要的角色，也是一九六八年春節攻城的據點[44]。

一九七五年越戰結束，許多因戰爭而流亡世界各地的越南人，在各個國家推廣起越南粉。一九八〇年代，來到過去的宗主國——法國首都的越南移民，也把越南粉帶到巴黎，而後大受歡迎[45]。此外，紐約唐人街也有原本是廣東出身的華裔越南、寮國、柬埔寨難民流入，集中住在東百老匯一帶[46]。

越南的早餐多以粉、烤肉榨粉、越式法國麵包、糯米飯（xôi）為主，但近年的速食麵改變了早餐的風貌。越南速食麵的消費量比日本還多，位居世界第三名（二〇二〇年）。尤其是一九九五年進軍越南的日本ACECOOK招牌商品「好好（Hảo Hảo）」（二〇〇〇年開始發售）速食麵，市占率高達越南速食麵的百分之五十以上，甚至被說成是越南的新「國民美食」[47]。

越南的華人與中國菜——西貢的堤岸

中國菜在越南最蓬勃發展的地方，是西貢（一九七六年改名為胡志明市）的華埠「堤岸」。一九三〇年代末期至一九五〇年代之間，許多中國難民來到堤岸，建立起越南共和國（南越）時期華人經濟的基礎。河內沒有華埠在於越南的大部分華人原本就都住在南部，但因《日內瓦停戰協定》南北分裂，導致更多華人往南方移動，住到了西貢的堤岸。一九五〇年代的堤岸有各種各樣的中國餐館，堤岸是個比香港更熱鬧的大都會，在有「小巴黎」之稱的西貢裡，被譽為了「小廣州」。

一九七五年越南民主共和國（北越）接收西貢之前，西貢市約有三百七十萬人口，其中華人約有一百一十萬人（約百分之三十），光是堤岸就有近七十萬華人居住。但到了後來多數華人計畫逃往國外，私營商業全面遭到禁止的一九七八年前，堤岸的華人人口減少到十萬人左右。

直到一九八六年將政策轉換為「革新」（Đổi mới）、一九九〇年代中越關係修復之後，越南華人才逐漸恢復地位且人口有所增加。堤岸中國餐館的主流是攤販，以及從攤販發展起來的小型食堂，據說大型中國餐館當中還有一些會令人聯想到越南共和國時期的店鋪。

而值得注意的是，從越南再移居海外的二次移民華人，將越南料理普及到世界各地。供應越南料理的中國餐館，不單只局限於東京，還開遍了日本各地。這些店鋪裡也包含了從越南移民到日本的華人所經營的餐館。香港著名的越南餐館「燕萍」（二〇〇一年創業）據說就是來自胡志明市的越南華人夫妻所創[48]。

越南菜與中國菜的界線

中國人常說「南米北麵」（南方人吃米煮成的飯，北方人吃小麥做的麵食），但在越南則有「越南人吃米粉麵，中國人吃麵粉麵」的說法。越南人將越南人和中國人放到一起比較，就相當於中國人將南方人和北方人擺在一起比較，越南與華南（中國南部）在歷史上可以說是同屬一個「越（Yue / Việt）文化圈」[49]。

因此在越南跟華南都可以看到，許多共通的食物成為了兩地各地區的傳統料理，或是越南的代表性食物其實是源自中國的情況發生。耐人尋味的是，二次大戰後在日本開業的越南菜館，因為當時日本對越南菜一無所知，所以都掛上中國餐館的名字[50]。理由在於越南菜與中國菜相似度極高，外國人很難輕易分辨。這裡將舉出五個例子。

①魚醬、蝦醬

舉例來說，可以搭配任何食物一起享用的「努庫曼（Nước mắm）」是一種用魚類鹽漬發酵製成的魚醬之一，也是越南最具代表性的傳統調味醬。不過魚醬在福州等地使用的頻率比醬油更高，在香港等中國東南沿海一帶也擁有一段頗為悠久的歷史。

越南另一種極具代表性的調味料「曼東（mắm tôm）」是以蝦肉發酵而成的調味料（蝦醬），普遍用於香港等華南地區[51]。

因此香港的越南料理，菜色豐富而味道醇和，甚至據說比越南本地菜更加好吃[52]。

圖2－18　餅卷與努庫曼。

②餅卷與腸粉

此外，越南的「餅卷（bánh cuốn）」（圖2－18）是舀出一杓生米漿攤平蒸熟，擺上絞肉和木耳等配料，再捲包起來的蒸春捲。餅卷與香港的「腸粉」同樣都是燜蒸米漿製作而成的料理，但是餅卷被視為越南料理，腸粉被視為中國菜，成為分屬兩地的傳統料理。

越南吃餅卷當早餐已經有一百五十年以上的歷史。廣東在一九三〇年代流行起吃腸粉。抗日戰爭期間，廣州「泮塘荷仙館」創製出腸粉，而廣州「銀記」的牛肉腸粉則是以皮薄彈牙、口感滑嫩最為出名。此外，豬肉腸粉應該也是一九三〇年代，經由小吃攤的渠道流傳開來的。

廣東的貿易商人與越南人進行商業交易長達數百年。因此，一般推測餅卷應是廣東商人從越南帶到廣州，稍加改良後成為豬肉腸粉，最後才演變為如今香港的腸粉[53]。此外，廣州的銀記腸粉店截至二〇二〇年，已紛紛在多倫多、洛杉磯、舊金山、紐約、新加坡等地開設分店[54]。

③生春捲（夏捲）與春捲

生春捲（Gỏi cuốn〔發音：苟依袞〕，在北部也叫Nem cuốn〔發音：拈袞〕）與越南粉同為代表越南料理的一道菜品，在日本等海外各地尤為聲名遠播。生春捲在日本會沾取泰國甜辣醬一同享用。雖然炸春捲在全中國各地都吃得到，但越南生春捲最大的特色就在於餅皮是用米粉（而非麵粉）做的。

越南的生春捲，用中國話來說叫「越南春捲」或「夏捲」，英語也稱為「summer roll」，以此來和中國的炸春捲做出區隔。

另一方面，越南也有用糯米紙包住肉、菇類、蔬菜等餡料下鍋油炸的春捲（Chả giò〔發音：恰鄒〕、nem rán〔發音：拈展〕）。在殖民時代結束以前，法國人會吃炸春捲，也曾在法國的烘焙店裡販售[55]，後來隨著越南移民還流傳到了歐美。

④方形粽、圓筒粽與粽子

其他還有越南式的粽子方形粽（Bánh chung），與農曆過年（春節）祭祀用的供品「圓筒粽」（Bánh tét，餅越），雖然同樣源自中國，但現已被認同為越南的食品。

過年的習俗和「餅（Bánh）」、「節（tết）」的稱呼，雖全都來自中國，但越南各地也流傳著與圓筒粽相關的傳說。據說紀元前文朗國的六代王為了決定繼承者而讓王子們比賽，要他們帶回世界上最美味的食物，後來由帶回此種樸素粽子的王子繼承了王位。這則傳說旨在告訴我們，作為王者，最重要的能力是讓所有人民有食物吃，以及白米遠比高級料理還重要的道理。

方形粽和圓筒粽不只是祭祀的常規食物，也是西山起義（一七七一年）到奠邊府戰役（一九五四年），以及越南戰爭（一九五四～一九七五年）之間，兵將與軍人們保命的重要食糧。不僅便於保存與攜帶、高營養價值與高熱量，更是一種獲得公認的越南代表性食物，令人從中得到文化與心理上的滿足[56]。

⑤ quẩy與油條

插個題外話，二〇一九年筆者去了趟越南旅行，據觀光導遊表示，如今在越南最受歡迎的外國料理是中國菜。它的對手日本料理和法國料理價格太貴，泰國料理和韓國料理則是偏重辣味的印象太過強烈。

而在旅行中觀察到的中國菜與越南菜，還是有微妙的差別存在。依個人所見，民眾大多認為餛飩、包子是中國食物，而炒飯則是越南料理。這種區別也許是受到小麥產自中國，稻米屬於越南的觀念影響。

有趣的是，越南的早飯中，搭配越南粉和粥一起吃的「quẩy」，是一種又細又長的炸麵糰，與中國的「油條」十分相似。只不過它是用米粉製做，所以被認知為越南食物。

另外，若單就中國菜與越南菜的相異點來說，中國菜偏好火鍋等溫熱料理，而越南料理雖然也少不了溫熱的米和麵，但似乎比較多常溫的食物。

如本章所見，越南人都會用的筷子和在越南吃得到的越式法國麵包，都是飲食文化分別受到始於紀元前的中國統治，和十九世紀後法國統治影響的典型代表範例。相較之下，越南粉雖然在二十世紀受到中國（華人）和法國兩種飲食文化的強烈影響，但卻採用越南盛產的米粉製麵，從越南北部發源並普及到全國，進而傳布到全世界，因而可以定位為越南的代表料理。

越南菜與中國的廣東菜有很多共通點，此外，中國菜在越南也是最受喜愛的外國料理之一。但是越南料理與中國料理有著明確的區別。而法國飲食文化對越南料理的影響，就和日本飲食文化對台灣菜造成的影響一樣，盡皆成為了二者與中國做出明確劃分的自我認同依據。不過即使只在飲食文化方面，關於印度支那戰爭後取得獨立的越南人對法國人抱持的想法，與未經歷過獨立戰爭的台灣人對日本人抱持的想法，或許也不能就這樣一概而論。

第三章　泰國——泰式炒河粉的國民美食化和海外拓展之道

泰國的華人與拉達那哥欣王國的建立——米的生產與出口

泰國（舊國名「暹羅」，統一標示為「泰國」）與中國之間，自南宋以來就有人文方面的交流往來。眾所皆知蘇可泰朝（一二四〇年左右～一四三八年）向元朝朝貢，明朝鄭和船隊也曾停靠此地。

在泰國南部落地生根的華人，自阿瑜陀耶王國（一三五一～一七六七年）時代就打開了融入泰國社會的發端。泰國和華南都吃魚和米，且氣候類似，在宗教上也沒有歧異之處。阿瑜陀耶王國由王室壟斷貿易經營，主要靠著出口稻米到中國南部來積蓄國力。但一偏重農業，也就相對降低了對工匠、服務業、商人的關注度，所以對外接納華人以填補這些空白。十七～十八世紀，相較於一年約有三十多艘駛往馬尼拉的福建船，以及十至二十艘前往巴達維亞的船隻，前往泰國的福建、廣東船隻數量卻是高達一百艘。可以想成國都阿瑜陀耶的人口約有十分之一以上都是華人。

一七六七年緬甸貢榜王朝大舉入侵，攻破了阿瑜陀耶城，滅掉阿瑜陀耶王國。地方勢力之一吞武里的鄭信（中國，潮州裔泰國人）率軍反擊緬甸軍，恢復獨立並就任王位。鄭信王將吞武里（現曼谷市內）立為新都。於是曼谷塔昌地區王宮前的區域成了華人的大本營，國王鄉親潮州人勢力大為擴展。

鄭信王的政權並非繼承阿瑜陀耶王國，而是透過分布整個印度支那半島的華人社會關係網連結形成的國家。鄭信王當即於一七六八年派遣使節到清朝，一七七六年以暹羅國鄭昭的名義得到朝貢的取可，與清朝恢復邦交。說到這裡，歷史上留有鄭信王向大清購買大批鍋具的紀錄，想必是當時駐泰的清朝援軍和華裔商人有此需要[1]。

然而鄭信王怪異的行徑逐漸嚴重，一七八二年遭下屬卻克里奪取王位，建立了延續至今的拉達那哥欣王國（札克里王朝）。這位札克里王（拉瑪一世，在位期間一七八二～一八〇九年）卻彷彿王朝未變一般，依據鄭信的中國名鄭昭，取名鄭華繼續朝貢貿易。

札克里的兒子拉瑪二世（一七六七年生，在位期間一八〇九～一八二四年），以詩人得名。曾於皇太子時期創作出一首歌頌食物的皇船搖槳歌〈kap He Chom Khrueang Khao Wan〉。也是首次概括性表達了泰國多種料理的文學創作。該作品裡也點到了印度的咖哩、中國小吃、葡萄牙甜點，但許多料理對當時曼谷的普通人來說，都是只有特別的機會才能吃到的大餐，被定位為今日泰國料理的先驅[2]。

拉達那哥欣王國定吞武里對岸的曼谷為首都，得到原本華人富商擁有的昭披耶河沿岸土地，建設王宮。後又為了轉移鄰近王宮的華人居住區，新建了現在的三聘街作為替代地。一八六四年，建造了從王宮到領事館街的石龍軍路（新路），形成約三公里的華商街。

另外，自曼谷成為首都以後，昭披耶河的廣大三角洲濕地，就轉變為種植稻米、甘蔗的種植園地帶。拉達那哥欣王國同樣以王室壟斷貿易來鞏固財政基石，具有通商國家的特性，以曼谷為中心，靠著交易與農業而欣欣向榮。泰國成為華人最大的航海目的地。根據港灣統計，一八二四～一九一七年之間，流入泰國的華人總數有兩百零三萬人，排除離鄉賺錢的苦力，單純入國者約占百分之三十七[3]。

泰國王國的宮廷御膳——泰國、中國、西洋的料理

泰國與大清的交易在拉瑪三世（在位期間一八二四～一八五一年）時代到達巔峰，來自大清及鄰近各國的大量移民，提高了泰國的國力。所以當時中國飲食文化在泰國王宮內廚中也連帶著分量大增。舉例來說，農曆新年時，華人會向國王獻上雞和鴨，國王便把這些禮品賞予僧人。此外，王族或政府高官等上位者，比起外食，更加偏愛在官邸聘僱華人廚師，讓他們除了西式餐點之外，也順帶做些中國的便食。

例如法國天主教傳教士讓．巴蒂斯特．帕萊戈（Jean Baptiste Pallegoix）在一八三〇年拉瑪三世王時期來到泰國，一八六二年在曼谷結束了一生。依據帕萊戈的紀錄，當時的曼谷可以吃的食物，有泰國菜與中國菜兩種，泰國菜辣到受不了，而中國菜味道清淡[4]。

拉達那哥欣王國在拉瑪四世（蒙固，在位期間一八五一～一八六八年）和拉瑪五世（朱拉隆功，在位期間一八六八～一九一〇年）的時代，受到與緬甸合併的英國，和占領印度支那的法國雙方逼迫割讓領土，面臨了被殖民的危機。拉瑪四世在一八五四年拒絕向大清朝貢，脫離冊封體制的另一方面，次年與英國簽訂《寶寧條約》，修改王室壟斷貿易，接受自由貿易，承認百分之三的固定關稅、領事裁判權及治外法權、鴉片交易合法化等條例。

但即使如此，肩負王室壟斷貿易的華人群眾並未就此沒落。歐洲人由於缺乏泰國市場的語言能力、知識和人脈，不得不仰賴華裔商人，將歐洲的資本挹注到既有的華人貿易網中[5]。其結果便是，據推測十九世紀末泰王國的華人有三分之二住在曼谷，而曼谷的人口約有半數是華人[6]。

被迫與英國簽下不平等條約的拉瑪四世延攬多名外國顧問，為泰國謀求現代化。例如，拉瑪四世從英國聘請家庭教師安娜·李奧諾文斯（Anna Leonowens），讓子弟接受西洋教育。這段故事後來被瑪格列特·蘭登（Margaret Landon）寫成小說《安娜與暹羅國王》（*Anna and the King of Siam*，一九四四年）而聲名大噪。但泰國人認為依據這本小說拍攝的電影和音樂劇，並沒有正確描述拉瑪四世，在泰國飽受抨擊而禁止上映。這樣的拉瑪四世時代的宮廷晚宴中，演變成了先上西式餐點，接著再按泰國菜、中國菜的順序出菜。

從這樣的餐飲面向也可看出，中國文明的巔峰時期已然過去，人們開始透過西洋作風追求文明化。

例如拉瑪四世時期，筷子對泰國精英階層來說，都是再熟悉不過的慣用餐具，但是從拉瑪三世的治世末期起，就開始漸漸使用湯匙和叉子。而在一八七〇年，拉瑪五世以泰國國王身分首次出國訪問新加坡後，日常的三餐也正式引進歐式早餐、湯匙、叉子和餐巾，在一八八八年以前就已經使用全套的西洋餐具了。伴隨而來的是，國王平常用餐時也會先把西洋食物擺在桌子正中央，米飯和泰國食物擺在國王的右側，中國食物則放置在左側。王族和高級官員也紛紛效尤[7]。

拉瑪五世還運用靈活的外交手法與英國、法國周旋，致使泰國雖然割讓了大片國土，卻仍是東南亞唯一免受殖民危機，並得以保持獨立的國家。泰國是因為成為列強間的緩衝地帶，才維持住獨立的理論，也因而受到了來自泰國學者的挑戰。

由於泰國在飲食體系方面也不曾受到殖民，自然也就沒有味覺方面的去殖民化爭議。十九世紀末以前，西式的杏仁蛋糕與冰淇淋等甜點食譜，刊登到了英文版的《曼谷官報》（*Bangkok Gazette*）中，由此可以想見，泰國國民毫無抗拒地接受了歐洲的食品[8]。再加上泰國在拉瑪五世的遠見下，靠著西洋的技術與華人苦力，自一八九七年開始就將鐵路網延伸到了北部和東北。於是從二十世紀初大量貨物開始運輸通暢時起，豬肉從泰國東北部、北部運到曼谷，華人之外的其他人民也漸漸都能吃上豬肉[9]。

所以，一般認為近代泰國料理的形式（食材、餐具、烹調法等）應該確立於拉瑪五世治世後半期。曾為拉瑪五世提供服務，擔任過大臣職務的官員貴族夫人譚卜真・蒲里安・帕莎可拉翁（Thanpuying Plian

Phasakoravongs）在六十大壽時出版了《天生廚娘》（*Mae Krua Hua Pa*，一九〇八年初版）。這本書反映了十九世紀後半泰國宮中及周圍人士的餐桌。是最早網羅收錄泰國料理的正式食譜書，相當於近代泰國料理的濫觴。

《天生廚娘》是根據英國作家伊莎貝拉・畢頓（Isabella Beeton，一八三六～一八六五年）於一八六一年出版的《家政讀本》（*The Book of Household Management*）為範本撰寫而成的。不過《家政讀本》是針對中產階級所寫，但《天生廚娘》卻是給泰國上流階層閱讀的書，而且其中還介紹了多道中國菜，如燕窩羹、炒飯等[10]。

曼谷華埠與中國餐館的興隆——魚翅和燕窩

到了十九世紀末，曼谷石龍軍路的華商街附近又建了耀華力路，石龍軍路、耀華力路、三聘街三條平行的馬路成為華人的據點。泰國政府將國家壟斷的木材、酒、鴉片、賭博等事業下放給民間，從中取得穩定的財源進項。國家甚至還將城外的土地低價轉讓給民間，王族、官員貴族、華人富豪展開投資，透過建設道路和運河，各自賺取了莫大的資產。

於是以耀華力路為據點的華人大富豪就此誕生，曼谷也成為了與新加坡、香港齊名的華人商圈重心。耀華力路周邊建起了泰國最高的摩天樓、夜總會、賭場、妓院、劇院、電影、音樂廳、市場等娛樂設施，熱鬧非凡。

而耀華力路也出現了名為「樓（lao）」的高級中國餐館。最早的樓是一九一二年客家和潮州富商一手創辦來作為社交場的「海天樓」。海天樓到二〇一〇年為止一直由泛太平洋酒店集團經營。

「樓」出現時的泰國，外食文化並不發達，除了飯店內的西餐廳之外，並沒有什麼正式的餐廳。因此樓和競相仿效的中小餐館，不只出現在曼谷，也擴展到了華人較多的地方城市。伴隨而來的是中國菜融入泰國菜之中，以高級店為主的餐飲店裡逐漸看得到以中國菜為基礎的菜品。於是在人們的日常生活裡，泰國料理多是在家自己做，或是去市場買回家吃，上餐廳則是去吃中式菜色，大餐的風氣漸漸變得普及起來[11]。

圖2－19　也走進美食街的魚翅料理專門店（曼谷的購物商場）。

而關於泰國的中國菜發展，直到近年，曼谷有名的中國餐館販售的菜色幾乎都是中國的南方菜，經常可以看到魚翅、燕窩等南方產的高級食材。曼谷華埠的華人尤以潮州裔人士居多，潮州常見的魚翅料理專門店比比皆是。即使到了今天，想在曼谷尋找北京烤鴨等中國北方的料理，也依舊不是那麼容易辦到的一件事[12]。

民族主義的高漲，與華人歸化政策

拉瑪六世（瓦棲拉兀，在位期間一九一〇～一九二五年）在泰國，被視為民族主義之父。拉瑪六世主張對「泰國的中心思想（lak thai）」，即「châat、宗教、國王」絕對的忠誠。「châat」這個字相當於nation，涵蓋了民族、國民、國家三個含意，泰國在一八八〇年代以後，常常用到這個字[13]。

泰國的經濟自一八五五年《寶寧條約》之後，對華人掌控的食品產業的依賴度不斷升高。一九一〇年，曼谷華人因前一年發布的人頭稅發動全面罷工，食品生產停擺引發價格上漲，加深泰國人對華人的反感情緒。

在這種狀況下，相傳由拉瑪六世親筆撰寫的〈東方的猶太人〉（*Jews of Orient; Phuak Yiw Haeng Burapha Thit*）（一九一三年刊行）批評華人不曾同化，抱持著騎牆的投機主義，欠缺公民的德行，是拜金之徒。該篇文章的用意在於喚起泰國國民對國家主權與自主性的覺醒，走向新的時代，所以啟發國人多關注華人，不過中國菜並未因為這種反中國情感而被排除於泰國之外[14]。

一九一〇至二〇年代，自華南流入泰國的人口數量達到高峰，華人占據了農業之外六～七成的勞動力，在企業界約占百分之八十五，在貿易方面則約占九成。面對這種局勢，泰國在一九一三年實施了採取屬地主義的國籍法，謀求華人歸化。透過華人與本地人通婚的普及，增加「Lûuk Ciin」（父親為中國人的泰國出生子女。中文稱為「僑生」或「華裔」）和「Luat Phasom」（父親為泰國人而母親為中國人的泰國出生子女，在華人社群中遭到邊緣化）的人數。不過除了一九五〇年代的某段時期之外，不論父母國籍為何，凡是在泰國國內出生的孩子都能取得泰國國籍。甚至在一九一九年制定的私立學校法裡領先東南亞各國，要求外國學校必須有泰語必修學分，要求外國學校的校長需具備修完泰國中學教育的資格，也要求外籍教師必須具備泰語能力的認證資格。

之所以會採取這種強制同化政策，主要原因在於泰國民族主義高漲的同時，移居泰國的中國女性與中國式家庭雖然有所增加，但華人歸化的腳步卻太過緩慢。當時隨著華人移居人數的增加，街頭出現了更多大規模的市場，周邊也漸漸賣起了炒粿條等簡單的中國小吃。

不過勞力不足的問題在獲得解決之後，沒多久就邁向了飽和。曼谷泰國人與華人苦力的摩擦在一九二八～一九三四年到達巔峰，在一九二八年發生杯葛運動，並在一九三二年以後陸續發動罷工。再加上一九三〇～一九三三年世界經濟蕭條，橡膠、錫礦市場崩跌，薪酬下降，華人赴泰的人數也大幅縮減[15]。

一九三二年六月二十四日，人民黨發動立憲革命，國王拉瑪七世（在位期間一九二五～一九三五年）也點頭同意，泰國在未流血的狀況下改變為君主立憲制。其後熟知宮廷御膳的貴族開起了餐廳、書寫食譜書，宮廷御膳的知識漸漸普及到曼谷社會當中。

一九三三～一九三八年出任總理的人民黨披耶帕鳳（Phot Phahon Yothin，一八八七～一九四七年）為鞏固立憲制，提出重視「châat」的政策，制定國歌與節日掛國旗等規定，意在於將人民對國王的忠誠轉移到其他方面。

與此同時，一九三六年實施的商業登記法，將商業一律納入政府的管轄之下，限制了華裔商人的買賣經營，連商店招牌都需以泰語標示。立憲政府的激進派官員當中也有許多已經歸化的富裕華人子弟，從他們的角度來看，泰國的歷史、文化才是文明，排斥了保留中國色彩的華人。此外也因為中國國民黨發起反英運動，致使親英的泰籍官員不再信任華人[16]。

一九三八年，鑾披汶（Plaek Phibunsongkhram，總理在任期間一九三八～一九四四，一九四八～一九五七年）就任總理。鑾披汶主張 châat 建設的基本政策，意圖在經濟和軍事方面取得成果的同時，更加著力於國民文化的創造與國民塑造。一九三九年，鑾披汶政權制定六月二十四日立憲革命日為 châat 日，在當天發表最初的〈Ratha Niyom（唯國主義）〉（總理頒布建立châat獨特風俗、傳統的公告），並將國名由外稱的「暹羅」改成「泰」。

之後鑾披汶又陸續公布了補足唯國主義的多項要求、通告與命令。例如，一九三九年六月發布通告，要求姓名必須變更為符合泰國國籍的泰語式發音。一九四〇年，明令禁止將中國農曆新年視為假日。唯國主義與給予華人泰國國籍的政策並行，挾帶著把華人同化為泰國人的同化政策用意。另外，鑾披汶也在推動唯國主義的同時推行經濟與教育方面的泰化。例如，除了菸草與碾米工廠外，政府還介入船舶業、石油業，將這些產業交予泰國人。另外還修訂了所得稅法，加重華人的稅賦負擔。甚至關閉華人學校，嚴格管制華語報社[17]。

就連華人從事的燕窩採集作業也在這個時期受到了管制。取得許可的華裔商人自十八世紀就開始採集燕窩，但採集到的燕窩並不用於泰國料理，主要出口到中國和越南[18]。

二戰期間&戰後華人的政治與飲食文化——泰國料理的興起

一九四一年十二月八日，日軍進駐泰國，鑾披汶政權決定與日軍合作。同月二十一日簽訂《日泰攻守同盟條約》，泰國成為日本的同盟國。隔年一月，泰國向英美宣戰，作為軸心國一員加入世界大戰。而後鑾披汶政權分別承認了滿洲國與汪精衛政權，加強了親日的姿態。

在這種局面下，從事抗日運動的華人們也態度大變，焚燒蔣介石的照片、張掛汪精衛政權的旗幟。一九四二年一月，泰國的中華總商會聲明將全力協助汪精衛，停止對重慶國民政府的援助。身處泰國和日本的華人雖心存抵抗也必須支持對日合作政權，轉換為「親日派」立場才能存活下去。

然而一九四四年七月，鑾披汶垮台，辭去總理一職。由在美國號召泰國人抗日運動「自由泰運動」（一九四一～一九四五年）的領袖接手政權。泰國的中國國民黨組織雖然在一九三九年以前就解散了，但自由泰運動從一九四二年開始與重慶國民政府取得合作。

一九四五年八月日本投降後，英國有意把泰國當成戰敗國。不過美國認為泰國應該比照法國而決定忽略泰國的宣傳通知，不追究泰國的戰爭責任，但鑾披汶等親日分子都遭到了關押。日本投降兩天後的八月十六日，中華總商會會長陳守明遭人暗殺。一般認為應是華人地下組織，對日軍占領期間握有領導權的陳守明懷恨在心而犯下的謀殺案[19]。

由於主張反日路線的自由泰選擇與美國合作，所以泰國未被追究軸心國的責任。甚至在戰後美國的支援下進行經濟復興。親日被捕的鑾披汶也在一九四八年重掌政權，採取親美反共路線。

一九四八年春到一九五〇年夏，中國共產黨的人氣和政治影響力，於泰華人之間直線上升。但在一九五〇年六月到隔年年底之間，泰國政府強化反共政策，共軍也自韓戰中退兵，再加上一九五一年左右，土地改革的惡評從潮州傳來，在泰華人的親北京熱潮漸漸冷卻。《華僑日報》在一九五一年十月以前，報導了共產黨統治下的中國大陸實況，以此反抗中共政權。

鑾披汶政權進一步在一九五二～一九五四年之間，實施嚴格的反華人政策，壓制華人學校，推動泰化運動。對華人來說，這段時間可謂是足以與一九三九～一九四〇年黑暗時期（第一次鑾披汶內閣成立，檢舉華人危險分子、日軍進駐法屬印度支那）相匹敵的艱困時期。反共主義與反華人主義相結合，被利用在維持軍事、反民主統治之上，對華人的偏見，比一九三八年更加強烈[20]。

一九五七年九月，沙立．他那叻將軍（Sarit Thanarat，一九五九～一九六三年擔任總理）主導發動政變，推翻了鑾披汶政權。一九五九年二月，沙立就任總理，重新翻出拉瑪六世定型化的「châat、宗教、國王」泰國中心思想，作為國家建設的意識形態。沙立一面提升立憲革命之後落入谷底的國王權威，一面合理化自身的權威主義體制，積極引進外國資本，展開發展性獨裁。一九四六年到二〇一六年在位的拉瑪九世（蒲美蓬，Phumiphon Adunyadet）也積極強化王權，之後數次做出了諸如利用超越法規的舉措逼迫總理辭職等行使非正式政治權力的行為。

在沙立的開發政策下，來自泰國東北的勞工絡繹不絕地流入曼谷，他們將東北部的料理帶進泰國中央地區。泰國東北的伊森料理，擁有與泰國其他地區脫節的傳統。因為伊森料理的主食是糯米，有著生吃肉和昆蟲的習慣，又有獨特的烹調方式，一開始被人們當成了類似外國料理的食物對待。

沙立於一九六三年病故，其後的政權全都帶有軍事背景，維持壓制議會政治，推展開發的發展性獨裁體制。另外，泰國屢屢發生軍事政變，每次都是拉瑪九世調解，發揮獨特的君主立憲政治作用。此外，泰國於一九七五年與中華人民共和國建交[21]。

而自一九六〇至七〇年代起，泰國料理興起，中國菜對曼谷餐館的影響也相對減少。二戰後的曼谷，只有幾家高級中國餐廳和飯店（東方飯店等）的西餐廳，沒有大型餐廳的選項。而且，小店裡也只有賣粿條、泰式米線（khanom chin，類似日本的細麵）等米粉麵以及泰式咖哩等菜品[22]。

不過到了一九六〇至七〇年代，中國餐館成為飯店的常見設施，在中國餐館之外還設有泰國菜館的中、高級飯店也有漸增的趨勢。由於這些餐館都是應觀光客想吃泰國菜的要求而加設，所以在泰國菜中做出了減少辣味、多用肉類等口味上的調整。這些現象的背景原因在於大批美國大兵造訪越戰期間曾供他們暫作休養的泰國，所以出現了不少以他們為客群的泰國菜館，外國人也因而認識了泰國菜[23]。

一九七六年，曼谷的公車路線由民營轉為公營，擴大通勤圈並促進了人口增加，在當時已超過了五百萬人。這些新興開發地區，自一九八〇年代中期，出現了占地寬闊的巨型餐廳。其菜單雖然也受到中國菜的影響，但還是以泰國菜為主角[24]。

政府主導帕泰的誕生——與中國麵食做出區隔

說到代表泰國的國民美食，也是最受外國人歡迎的「帕泰」（Pad thai; phat thai，泰國炒麵、泰式炒河粉），是在二次大戰時發明，並於戰後普及的新穎食物。帕泰是為了區別中國麵食與泰國麵食，在一九三〇年代末的曼谷，基於民族主義的觀念而設想出來的食品[25]。

帕泰的發想和普及的相關研究，仰賴曼谷研究學者協助尋找同時代的資料，但很可惜的是並沒有發現可作為直接根據的史料。目前網路上口耳相傳的軼聞當中，日文版維基百科的「帕泰」記述頗為有趣，不失為一項參考[26]。在此主要還是根據蒲朋・寇維本察（Poonpon Khowiboonchai）近年的研究，概觀泰式炒河粉誕生的前因後果。

利用熱傳導率佳的金屬鍋與豬油熱炒，是華人帶進泰國的烹調手法。泰國人在此之前都是用陶鍋煮菜，所以採用的是浸漬、涼拌、滷煮等烹煮方式，最接近熱炒的煮法是不加油的乾炒。認為只要國民健康，國家也會跟著健康的泰國政府，自一九三四年起展開了向大眾呼籲，使用植物油代替豬油的宣傳活動。儘管植物油價格高昂，也不能為料理增添香氣與光澤感，但還是在一九五七年前後正式受到採用。

帕泰是鑾披汶政權時期誕生的料理。當時「炒粿條」這種熱炒米粉麵的中國菜，早已深受好評。就在米價受二次大戰影響居高不下之際，出現以白米生產過程淘汰下來的碎米為原料製成米粉，並混入其他食材做成的粿條，不但價格低廉還營養均衡。政府也為了減少稻米的消費而獎勵國人吃粿條。

一九三九年十一月公布的唯國主義愛國信條第五號公告，規定泰國國民應使用本國生產製造的消費財。第一項明記「泰國國民應只消費原產於泰國國內或以泰國國內生產的原物料製作的食物」。於是，鑾披汶總理等人想出了抹去中國菜的色彩，將粿條與大豆製豆腐、乾燥蝦米、蒜葉、雞蛋、生豆芽一起拌炒來轉變成泰國料理的辦法。其中，豬肉是中國菜的常見食材，而泰國人不太吃豬肉，所以改用蝦肉取代。

這道菜被重新命名為「粿條．帕泰」（在後述提普沙麥「Thip Samai」餐廳的說明裡稱其為「粿條帕」）。政府鼓勵民眾多煮這道菜代替粿條來食用。用帕泰取代粿條，是泰國政府努力將中國排除於泰國文化領域之外的一環。帕泰可以說是一道改良中國菜並作為完整的泰國菜確立下來的菜品。

與此同時，政府還拋出了「栽培豆芽菜賣給附近人家就能脫離貧困」的標語，推行國民親手培育並消費豆芽菜的宣傳活動。而後政府也在愛國信條第七號公告中獎勵養雞，以期「每天都吃雞蛋」。因為雞蛋容易取得，還是營養豐富的食材。於是，帕泰在絕對君主制剛瓦解，但階級造成的文化差異依然根深柢固的時代中，成為所有國民不論身分高低都能一享口福的料理，可謂是為泰國的階級社會建立了新的規範。

二戰後，泰國的戰後賠償義務就是無償提供一百五十萬噸的白米給英國。民眾吃粿條和帕泰，間接減少了泰國國內白米的消費。泰國政府成功讓國民相信，帕泰是國民自身創造的文化。帕泰在泰國國民得以演變出如今的「泰國本色」一事上居功厥偉[27]。

誠如上述，帕泰這道泰國料理與越南的越南粉一樣都是以中國麵食為基礎，而後做出創新與之劃分界線。且泰國政府在帕泰的發想與普及，也發揮了比越南粉更加舉足輕重的影響力。值得注意的是，帕泰發想與普及的一九三〇至五〇年代，正是泰國民族主義高漲、反華情緒激化，並且強力推動華人泰化政策的時期。泰國的同化政策不只針對華人，更擴及華人的飲食。帕泰就是在這種氛圍下的產物。

粿條與國民美食化的帕泰

筆者想在此介紹一下曼谷一家自稱是帕泰發祥店的「提普沙麥」（二〇一九年三月訪問）宣傳故事。該店在官網上面公開了自家店鋪與帕泰歷史之間的相關影片[28]。根據影片的說明，一九三八年鑾披汶就任

圖2－20　依照曼谷提普沙麥原始配方做的炒河粉（Superb Padthai）。

圖2－21　曼谷提普沙麥現在一般的炒河粉。

總理以後，為了降低白米的消費而獎勵麵食，發想出了作為國民美食的「粿條帕（kuay tiew phad）」並力行普及。所謂的「帕」就是炒的意思，這種「粿條帕」演變成後來被稱為「帕泰（phathai）」的「泰式炒河粉」。

一九三九年，小小年紀的沙麥（Ms. Samai）會每天到運河的船上，一邊幫母親賣食物，一邊學習做菜。沙麥在婚後的一九四八年，與丈夫擺起帕泰的小吃攤，據說聽聞好評的鑾披汶總理也曾特地跑來一嚐。他們在一九六六年開了間店，取名為「鬼門的提普沙麥炒河粉（Thipsamai Padthai Pratoopee）」（鬼門為街區名）。但後來因為房租調漲而又回去擺攤，在一九八三年再次開店。二〇一二年，沙麥的兒子（Dr. Sikarachat Baisamut）接手店鋪，開始了現代化的經營，期許將正宗的帕泰和泰國文化傳播到世界。

提普沙麥現在供應兩種帕泰（圖2—20、圖2—21）。鑾披汶總理吃過的經典帕泰配方也保留了下來。那是一種先將名叫「森嗆」的米粉麵拿來拌炒，拌入濃郁的蝦油，再用蛋汁包裹起來，盛上蝦肉。雖不是常見的帕泰但味道十分美味。提普沙麥還售有帕泰醬，讓顧客在家也能做出店裡同樣的味道。

一九四八年，剛就任總理的鑾披汶來到頗受好評的沙麥小吃攤吃炒河粉的傳聞，很有可能並非空穴來風。二戰之後，泰國政府為了解決糧食不足和失業問題，致力於帕泰的普及。鑾披汶甚至要求全國各縣的學校教師和公務員也來賣米粉麵，藉此推動「泰國化」[29]。在帕泰走向國民美食化的過程中，中國菜也因為被泰國料理同化，而讓人民忘卻了反華情緒。

順道一提，中國米粉製麵食的湯麵和炒麵，早在拉瑪五世（在位期間一八六八～一九一〇年）時代以前，就已經是曼谷當地深受人們喜愛的民族美食了[30]。因此用粿條做的中國菜至今在泰國，也仍舊和帕泰一樣同為常見的大眾美食。例如，黑醬油湯「船粿條（kuaitiao ruea）」酸酸辣辣的味道很對泰國人的口味。該料理原本是運河上的小船供應的小吃，所以也叫「船麵（boat noodle）」，據說是一九四二年洪災的時候在曼谷流傳開來的[31]。

這樣的泰式麵食有很多種類，「燴炒粿條（kuay tiew rad naa）」就是在炒好的粿條裡加入肉和青菜，再加上有些稠的甜鹹芡汁。這種麵接近日本的「廣東麵」，是泰國最受歡迎的中國菜之一[32]。必須注意的是，使用粿條製作的麵食有很多種，但只有帕泰成為代表泰國料理的國民美食，其他都被當成泰式的中國菜。

而米粉麵之外的中國菜對泰國食物的影響也極為廣泛，不少泰國菜與中國菜之間沒有明確的劃分。

例如在中國常吃的「烤鴨」、用八角燉煮的豬肉、魚丸、發酵大豆等，也都被加進泰國料理的陣容當中。

加上泰國的街頭小吃，有不少是源自中國的食物[33]。譬如「泰式燒賣（kanom jeeb）」就是把中國的蒸燒賣，改良成外皮是米粉，肉餡稍微帶點辣味的泰式口味[34]。其他還有將雲南回族傳到緬甸及寮國、泰北的麵食，改良成雞蛋麵放進加了椰漿的咖哩湯麵裡享用的「金麵（khao soi）」[35]。

「全球泰」計畫與泰國的四大地方菜系

泰國到國外開設泰國菜館，正式來說是始於一九八五年[36]。當時在總理官邸設立了國家認同委員會（National Identity Board），他們認識到飲食對泰國的自我認同來說，是相當重要的一環[37]。而後自二〇〇二年起，塔克辛・欽那瓦總理（Thaksin Shinawatra，漢名丘達新，華裔客家企業家，任期二〇〇一～二〇〇六年）的推動下，展開擴增全世界泰式料理店的「全球泰」計畫。

也就是由泰國政府指揮及監督泰國料理店的開業，對增進泰國期望形象的餐廳，發放「泰精選（Thai Selec）」貼紙。這些餐廳會被要求將特定的泰國料理放進菜單，以此堅守泰國的國家形象。帕泰（泰式炒河粉）與冬蔭湯（Tom yum goong）、椰汁雞湯（Tom kha gai）、綠咖哩等菜品，都包含在標準化、統一化的泰國料理正式菜單之中[38]。帕泰在美國等地，也成為了僅次於冬蔭湯的熱門泰國料理。

這個「全球泰」計畫隨即登上英國經濟雜誌《經濟學人》(*The Economist*)，獲得「美食外交(gastrodiplomacy)」的評論，成為後來台灣「點心外交」、韓國「泡菜外交」、印度「咖哩餃(samosa)外交」等飲食外交手段的先驅[39]。

儘管泰國料理存在地方差異，但魚醬、香茅、芫荽、大蒜、紅骨九層塔、薄荷、辣椒、薑或是南薑(galingale)等辛香料調和到一起的味道，成為大眾認知中泰國的共通風味。此外，大豆製醬油在泰國，在中國菜以外的料理上並不怎麼受重視。換句話說，泰國菜的基本調味是由香草植物和辛香料組合而成，與日本料理中的高湯，或是中國菜中的「上湯」，法國料理的湯底(fond)或肉湯(bouillon)都不一樣。

順帶一提，泰國的宮廷御膳與農民料理相比，原材料的品質和做出的菜品數都大有不同，顯得更加精緻、味道調和而甘甜，裝飾與服務也都更加用心。不過兩者的料理結構相同，並沒有宮廷才有的特別料理。因此自一九七〇年代以來，由宮廷御膳簡化成易於烹調的料理，作為正統泰國風味在食譜書裡重現於世[40]。

而泰國料理，可以分成北部(清邁一帶)、東北部(伊森地區)、中部(曼谷)、南部等四種地方料理，各區都受其鄰國的影響。例如，南方的咖哩會加椰漿，而東北部的料理受寮國的影響較大，不太加椰漿。泰國地方料理近年來也受到首都曼谷料理不少影響。但自一九八〇年代起，外國觀光客和移居者的增加，曼谷市內提供各地料理的場所增加，地方料理的差異才漸漸受到重視[41]。

舉例來說，泰國曼谷的文化部文化推廣司（Department of Cultural Promotion, Ministry of Culture）發行了一本《四地區泰國料理的特性》（*The Identity Of Thai Cuisine In The 4 Regions*）[42]。其中的序言提到「泰國料理是價值高尚且卓越的國民文化遺產，是為推廣認知而具有普及與推動價值的食物」、「文化部認為應將獲得非物質文化遺產專家支持的泰國料理資訊，傳達給企業家、組織和一般民眾」。泰國政府的文化部為了宣傳泰國料理，將泰國飲食文化分成四大地方菜系（北部、中部、南部、東北部）來加以說明。也在官方見解裡，談論到了從華人那裡承繼下來的中國菜的影響。

依據《四地區泰國料理的特性》一書，第一，清邁等北部料理的特性在於使用有黏性的米、辣豬肉和番茄做成的「番茄辣肉醬（nam phrik ong）」、將豬肉發酵保存的方法，以及製作沙拉也會使用煮熟的青菜等作法。而且北部料理還包含了受中國系移民「秦霍人（Jee Haw, Chin Haw）」（多為經緬甸和寮國來到泰國的雲南人）影響的「泰北金麵（khao soi）」等麵食。

第二，中部的料理不僅受到了婦女會將水果、蔬菜雕刻成花形的宮廷文化影響，也受到交易熱絡的各國文化影響。舉例來說，含有椰漿和綜合咖哩的料理來自印度，用油熱炒或用來煮菜的圓形中華炒鍋則來自中國。說個題外話，在中國的鐵鍋傳進來以前，泰國都是將料理做成串燒，或是放入陶器用火加熱[43]。而帕泰（炒河粉）也被列入中部的料理之一。

第三，東北料理的特色是會日常性地使用鹽漬魚肉發酵的調味料「pla-rah」，或是將當地蔬菜製成

「拉帕（laab）」（用碎肉做的涼拌沙拉）和青木瓜沙拉「somtam」等料理來食用。不過，東北部的伊森料理，在泰國人眼裡也是一種特殊料理，為了將它列入標準化的泰國菜中，曼谷的中層階級排除發酵的魚、昆蟲等料理，減少青木瓜沙拉、拉帕、辣拌烤雞等的辣椒量並增加砂糖，來調整味道。

至於第四種南部料理的特色，則在於味辣而鹹、多薑黃和新鮮蔬菜等方面[44]。

如以上所見，儘管泰國延續了拉達那哥欣王朝，自十八世紀至今也未能發展出不同於庶民料理的獨特宮廷御膳。十九世紀前半的泰國宮廷中，國王的餐桌上與泰國菜並列的是中國菜，十九世紀後半開始則是西式餐點、中國菜。

十九世紀的泰國，雖免於淪為英法兩國的殖民地，但在貿易到食品產業的經濟面向上都依賴華人甚深。因此泰國都會區中，華人在大富豪到苦力的人口當中，占據了相當大的比例。華人的社會性、文化性影響力增強，在飲食的範疇上也未有例外。

不過隨著二十世紀民族主義的高漲，泰國政府推動苛刻的反華人政策和華人文化的泰國化運動，強烈要求華人與中國文化同化為泰國人與泰國文化。帕泰也作為這種同化政策的一環，從中國麵食的「粿條」改良成泰式口味，搖身一變成為正宗的泰國料理。

越南河粉與泰國帕泰的共通之處在於，它們都是二十世紀自中國麵食的改良之中誕生，並各別於國內普及成為國民美食，最後再流傳到海外。不過帕泰的形成比越南河粉晚了三十多年，而且與越南河粉不同的是，它是由政府主導發想並普及的料理。換句話說，越南河粉是在誕生一段時間後，才與越南的民族主義扯上關係，但帕泰就如「帕＝炒；泰＝泰國」的字面意思，是泰國民族主義下的直接產物。

第四章　菲律賓——在上海春捲和廣東麵走紅之前

西班牙統治時期的華人與中式菜館

一五六五年，西班牙帝國在菲律賓（呂宋島）開闢殖民地，一五七一年開放馬尼拉港，作為通商與傳教的基地。之後連結馬尼拉與阿卡普高（墨西哥）展開了利潤豐厚的大帆船貿易。華人早在宋朝之前就來到菲律賓，自那時起菲律賓的定居者才有所激增，到一六〇〇年以前已約有兩萬多名華人住在馬尼拉一帶，凌駕於西班牙人之上。一六〇三年，西班牙當局懷疑華人叛亂而引發了屠殺事件，殺死約兩萬名華人。但即使如此，仍有許多華人前仆後繼來此尋找經濟機會。馬尼拉的華人人口在數年間，又回到一萬人上下。

十七至十八世紀左右前往菲律賓、爪哇和馬來西亞的華人，以福建南部人為主，但也不乏廣東東部人。華裔商人除了把絲織品和陶瓷器帶入馬尼拉，交換墨西哥白銀之外，也從馬尼拉採購玉米、番薯、菸草、花生等新大陸的作物。自十七世紀起，這些作物在中國未開墾的荒地發揮拓殖的威力，間接帶動福建等中國內地人口激增，也是將移民再次推向海外的因素之一。

一六二一年，西班牙殖民政府貼出布告，限制馬尼拉「巴利安」（一五八一年設置的華人指定居住區）的華人人口必須在六千人以內。但允許改信天主教者或與當地女子通婚生下的「麥士蒂索人（mestizo）」（改宗混血者）可以到巴利安之外與原住民混居到一起。

後來在一六三九、一六六二、一六八六、一七六二年也先後發生了華人屠殺事件。然而這也並未能夠阻止華人前來菲律賓尋找經濟發展的機會，所以在十七世紀大半過後，華人人口保持在二到三萬人的規模。但在一七五五與一七六六年，西班牙對華人執行了大規模的驅離出境。之後的數十年間，華人人口下降到五千至一萬人的低水平。

在這樣的西班牙統治時期之中，住在菲律賓的華人丟棄了中國姓氏，混入普遍被認為較自由且屬於更富裕社會階層的麥士蒂索人範疇當中。也因此，麥士蒂索人在十八世紀達到了菲律賓人口的百分之五，到了十九世紀前更是一提到麥士蒂索人，幾乎就是直指華裔的中菲混血者。舉例來說，以獨立運動而聞名的荷西・黎剎（José Rizal，一八六一～一八九六年），就是第五代中菲混血者（後來轉籍為原住民）。

華裔中菲混血者集居於馬尼拉市內和外圍，以及呂宋島中部城鎮，盤據了連結馬尼拉與地方的物流樞紐，在菲律賓的經濟與社會中都扮演了相當重要的角色。但他們跟馬來西亞和印尼的土生華人一樣，並沒有發展出獨特的料理，華裔混血者形成的獨立社會集團，在西班牙統治末期前消亡。

近年菲律賓由於改宗政策和通婚的因素，加速了華人的同化，菲律賓華人的人口比率只有百分之一強。菲律賓與泰國同樣很早就推行華人同化融入當地社會。在民族國家的建設中，華裔人才也相當活躍。華人的存在是印尼和馬來西亞等國家建設民族國家之際的一大絆腳石，菲律賓與泰國恰好與之形成了鮮明的對比[1]。

此外，西班牙殖民政府培植菸草產業來增加歲收，但隨之而來也出現了提供工地苦力餐點的華人行商。這些行商很快就有了自己的店面，他們開的餐館被人們稱為「panciteria」（後統稱菲式中餐廳）。他加祿語中的「pancit」意指中國式的麵食，一般認為源自於福建話的「便食（pian-sit）」（準備起來很方便的食物），或是「扁食（pian sit）」（薄而扁的福建米粉麵）。菲式中餐廳就是提供這種麵食的地方，由於除了麵食之外還供應各式中國菜，所以也等同於中國餐館的合稱。可以說是菲律賓中國餐館的原型。

從菲利普二世（在位期間一五五六～一五九八年）時期公務員的信札中可以得知，當時菲式中餐廳裡中國菜的菜單都是用西班牙語書寫而成。由此可知中國菜早期是透過西班牙語這個媒介，為菲律賓人所接受。後來菲式中餐廳的菜單除了西班牙語，也附記他加祿語和英語[2]。

菲律賓的獨立運動與美國的殖民統治

一八三四年，西班牙帝國將原本獨占的馬尼拉港，開放為國際貿易港。甘蔗、馬尼拉麻、菸草等出口用的經濟作物，在菲律賓急速擴大栽種規模。隨著種植園的開發而大量栽培的經濟作物，帶來經濟上的發展，結果便是身為麥士蒂索人的混血者與「indio」（菲律賓群島的原住民）之間，出現了富有階層。這些新興富人子弟得到前往西班牙留學的機會，獲得了從局外人的客觀角度定位菲律賓的眼光，帶動了菲律賓革命的爆發。

一八九六年八月，名為「卡蒂普南」的地下組織發起反西班牙的武裝起義，一八九八年，埃米利奧・阿奎納多（Emilio Aguinaldo y Famy）成立獨裁政權並宣布獨立。阿奎納多等人在一八九九年一月組織內閣，公布憲法，正式樹立菲律賓共和國（菲律賓第一共和國、馬洛洛斯共和國）。這是亞洲第一次民族解放運動的勝利，至今也仍是菲律賓人國家認同的來源。但美國在美西戰爭（一八九八年）、美菲戰爭（一八九九～一九〇二年）中取得勝利，將菲律賓占為殖民地，所以當時菲律賓的獨立短命而終[3]。不過美國殖民時代也將自治、選舉、議會帶進菲律賓，造就出曼紐・奎松（Manuel Luis Quezón）這種嫻熟議會的政治家，影響了二戰後的國家建設[4]。

話分兩頭，一八三四年馬尼拉港開放以後，允許大量中國裔移民流入，自美國開始掌管殖民地之際，菲律賓的華人約有十萬人。美國於一八八二年制定的《排華法案》，也適用於一九〇二年成為美國領地的菲律賓。不過已經定居的華人被視為無法歸化的外國人，不在《排華法案》規範之列而掌控了殖民地的商業活動。這導致菲律賓人的民族主義高漲，醞釀出了「排華」的形勢。一九二〇年代到一九四〇年之間，政府對外國人從商設下了種種限制。話雖如此，到一九三九年以前，華人增加到近十二萬人。

一九三〇年代，海外華人為支持中國的抗日運動，做出了資金、人力調配和宣傳活動等多方貢獻，其中尤以菲律賓的華人最為熱心，日本方面也注意到這一點。一九四二年，日軍占領菲律賓，雖然也有華人協助日本，但更多華人暗中潛伏，或者參與游擊隊。日本占領期到戰後之間的菲律賓陷入飢貧交迫的時期，人們主要以番薯粥、香菇、中國醬油、豆豉醬等食物充飢[5]。

另一方面，美國本土的菲律賓人雖被列為無法歸化的外國人，但並不在美國移民限制的範圍內，所以一九三〇年以前在加州從事農業勞動的菲律賓人大增到約占百分之十四。二戰結束前，約有十五萬菲律賓人住在美國、夏威夷和阿拉斯加[6]。

一九二〇年代以前的菲律賓人，在美國的唐人街開設餐廳和食品店，運用當地食材提供菲律賓菜品。甚至在一九三〇年代以前，洛杉磯、舊金山、西雅圖、史塔克頓等城中心都出現了菲律賓人街（菲律賓城、小馬尼拉、馬尼拉小鎮）。菲律賓人街和日本人街一樣都鄰近唐人街，依附著它而形成。再加上菲律賓人也經常會上中國餐館。由於菲律賓人熟悉中國菜，也吃米飯，在中國餐館又沒有受人歧視的顧慮。

菲律賓人在沒有菲律賓人街的地區十分看重中國餐館[7]。

菲律賓人與第三部第一章將談論到的猶太移民等族群一樣，都認為去吃「雜碎（chop suey）」這種類似八寶菜的美式中國菜象徵性菜品就意味著美國化。美國的菲律賓人會在發薪日、生日、洗禮日等各種節日，找機會出外吃雜碎。一九三六年第一家菲裔美國人食品連鎖店在加州的皮斯摩海灘（Pismo Beach）創業。之後P・I超市（菲律賓島超市）成為菲裔美國人社群的據點。時至今日，菲裔美國人在亞裔美國人中的人口數依舊也僅次於華裔。不過菲律賓人並不把餐廳當作主要的收入來源，所以非菲裔的美國人對後述酸烹雞（adobo）、春捲（lumpia，潤餅）、菲式炒麵（pancit）之外的菲律賓食物都一無所知[8]。

菲律賓在一九四六年的美國獨立紀念日（七月四日）這一天也實現了獨立。然而這是美國賜予的獨立，獨立後仍有美軍繼續駐守，並照舊維持仰賴美國的單一栽培經濟。此外也對華人掌控經濟命脈一事提高戒心，一九五四～一九七五年之間，華人的經濟活動受到限制，不但提高取得國籍的門檻，亦不准許外國籍居民從事零售等各類型經濟活動，連房屋與土地的持有也都遭受限制。對菲律賓人卻與之相對地給出了外幣優惠分配制度，意欲讓菲律賓人主控外國貿易。

之後，親美反共的馬可仕總統（任期一九六五～一九八六年）自一九七二到一九八六年間維持軍事獨裁政權，由其家族獨占開發的利權。但其政權在一九八六年二月民眾發起的非暴力抗議活動「人民力量革命」（乙沙革命）中遭到推翻，馬可仕逃亡夏威夷。柯拉蓉・艾奎諾（任期一九八六～一九九二年）就任總統。

艾奎諾總統是福建省泉州府同安縣（現廈門市同安區）許氏的子孫，也是中菲混血者譜系的人物之一[9]。

菲律賓料理的形成——馬來西亞、中國、西班牙及美國帶來的影響

「菲律賓」這個名字源自於西班牙遠征隊，借十六世紀西班牙皇太子菲利普（後來的菲利普二世）之名取為「Islas Felipenas」（菲利普王的島嶼）。而後經過一八九六～一八九八年菲律賓革命與共和國的建立，以及與干涉獨立的美國之間的戰爭，才讓「Filipino」（菲律賓人）這個詞彙成為含括島嶼上所有人的代名詞。菲律賓人的自覺最初只限於少數富裕精英階層，但解放菲律賓和為菲律賓人的自由奮戰的動機也透過天主教的信仰，在一般民眾心中生根發芽。菲律賓的獨立運動家荷西・黎剎（一八六一～一八九六年）被處死後，民眾便將他比喻為耶穌・基督的受難[10]。

一八九八年，慶祝菲律賓共和國成立的酒會上端出的是法國料理。而且，從第二次世界大戰後的獨立到近年為止，即使是馬拉卡南宮（總統官邸）的晚宴，菲律賓料理也只有寥寥幾道。菲律賓政府之所以看輕本國料理，應該是受到近代殖民地化，二戰後再殖民地化的影響。不過大城市以外的地方餐廳，幾乎看不到西班牙、美國的食物，中國的食物也在漫長的時光洗禮下與菲國同化，被人們認作是全然的土著料理。換句話說，菲律賓人吃下肚的土著食物比所謂的「殖民地料理（colonial cuisine）」還要來得多[11]。

一九一八年，記者兼作家的女權主義者普拉．維拉紐瓦．卡拉瓦（Pura Villanueva Kalaw，一八八六～一九五四年）以西班牙語出版了《土產的調味料》（*Condimentas Indigenas*）小書冊，後來也發行了他加祿語版。這本手冊按照民族主義的標準選擇食物，被歸為最早期的菲律賓食譜之一。話雖如此，在手冊出版之後，菲律賓料理也仍舊是食堂、小吃店的食物，直到一九七〇年代左右，才終於有鋪上桌巾的高級菲律賓菜館出現[12]。

菲律賓菜可以說是由以下四層飲食文化所組成。第一，以土著吃的廣義馬來食物為基礎，料理中用到果實、果汁，葉片用來包裝與裝飾的椰子，還有米飯都很重要。十分具有特色的「酸湯（sinigang）」（加了羅望子的酸味湯），也包含在馬來體系的料理之中。

第二，菲國與中國的交易始於九～十一世紀，中國食物影響極其深遠，所以菲律賓人已不將其視為外來食物。例如「pancit（炒麵）」、「lumpia（春捲）」、「tokwa（豆乾）」、「toyo（豆油）」（醬油）、「bihon（米粉）」、「sotanghon（冬粉）」、「siopao（燒包）」、「siomai（燒賣）」等菜品都融入為日常食物，熱炒的烹調手法也是從中國帶進來的。

第三，西班牙料理與中國菜不同，主要作為聖誕節、家族聚餐時的喜慶料理。例如「lechon（烤乳豬）」、「morcon（牛肉捲）」等菜品。另外，「adobo」是意味著醃漬的西班牙語，是一種將雞、豬、魚、花枝、貝類、空心菜等食材浸漬在醋、醬油、大蒜的醬汁當中，再加熱燉煮的料理。

第四，美國的影響可見於派、炸雞、三明治等食品之中。其他諸如阿拉伯和印度飲食文化的影響則顯見於南部。

在這些料理當中的 pancit 和 adobo 是菲律賓「國菜（national dish）」的候選者。然而，pancit 雖已在地化，但很明顯的就是源於中國麵食。至於 adobo，至少它的名字是來自西班牙或墨西哥的醃豬肉（adobada）[13]。

除此之外，漢堡、熱狗、義大利麵、沙拉、火腿、培根等美國的飲食文化也在美國統治時期（一八九八～一九四六年）進入菲律賓。過去的飲食西（班牙）化，主要僅限於與西班牙官員或修道士有所往來的部分精英人士。但飲食美國化則是透過衛生、科學的食育、雜誌及報紙、電影及音樂、食譜等大眾文化，普及到更多人的生活當中。美國的食物雖比被視為傳統食物的西班牙料理更加缺乏威信力，卻也擁有更加強大的影響力。美國統治不足五十年，但對菲律賓民眾生活帶來的影響，卻比西班牙逾三百年的殖民統治（一五六五～一八九八年）還要更加深遠。

此外，美國統治時期對華人來說也是個相對安穩的時代。街頭各處的「沙利沙利（sari sari）」（家族經營的雜貨店）都能買得到中國食物[14]。民眾經常會在菲律賓的中國餐館或其他飯館點雜碎來吃，而且因為價格便宜，所以一般人也能在家自己煮來吃。雜碎一般來說應該是在美國統治時期普及的食物，但缺乏明確的佐證。

菲律賓化的中國菜

菲律賓近九成華人的祖先都來自福建省南部。菲律賓餐桌上必不可少的「白菜（pechay）」、「韮菜（kuchay）」、「豆油（toyo）」（醬油）、「豆芽（toge）」等食品，用的都是中國話中的閩南語名稱。菲律賓的中國菜，深入許多人的日常生活。

一九四九年中國共產黨建立中華人民共和國之後，中國與菲律賓之間的往來日顯阻滯。在一九六〇年代末到七〇年代中期限制稍微寬鬆一點的時候，許多移民從華南經由香港來到菲律賓。這些人都是菲律賓華商的親戚，有的人是被困在了中國大陸，有的人則是被留在香港。所以此時期的馬尼拉等地，中國餐館、中國藥品店以及賣包子、燒賣、廈門春捲等小吃的小吃店如雨後春筍般湧現。即使是源自中國的食物，也被當時的菲律賓人當作是菲律賓的食物。

菲律賓的中國菜原本是福建或廣東菜，後來才演變成了菲化的料理。這種進化的典型例子就是 pancit 和 lumpia[15]。此處將介紹五種源自中國，而後在菲律賓飲食文化牢牢紮根的料理。

① pancit（菲式炒麵）

「pancit」的名稱指的是中式麵食，應是源自於福建話的「便食（pain-sit）」（準備起來很方便的食物）或「扁食（pian sit）」（薄而扁的福建米粉麵）。菲律賓的 pancit 和中國一樣都有著健康長壽而多福的寓意，同時也會用於聖誕節的饗宴當中。

菲律賓各地都有當地的 pancit，像「馬拉邦炒麵（pancit Malabon）」、「馬禮勞麵（pancit Marilao）」。還有，雞蛋麵做的「菲式廣東炒麵（pancit Canton）」（圖2－22）還出現了用辣椒、卡曼橘（calamansi，菲律賓很受歡迎的柑橘類）、甜辣各種口味的速食麵。

這意味著菲律賓的 pancit 和日本的拉麵、韓國的炸醬麵、馬來西亞與新加坡的叻沙一樣，都是經過在地化的中國麵食之一[16]。

圖2－22　廣東麵（馬尼拉中國城的美贊尼咖啡店〔Café Mezzanine〕）。

圖2－23　上海春捲（馬尼拉）。

② lumpia（春捲）

「lumpia」（春捲）這個語彙，源自於福建話的「潤餅（lun bnia）」。在菲律賓，福建的春捲，尤其是以「廈門春捲（E-meng lumpia）」最為有名。另外「上海春捲（Lumpia Shanghai）」（圖2－23）也很受歡迎。餡料包有豬絞肉、胡蘿蔔丁、馬鈴薯、洋蔥，沾取佐附的番茄醬或以番茄醬為底的甜醬來享用。Lumpia 有生春捲和炸春捲兩種[17]，而這裡提到的都是炸春捲。

菲律賓式中國食品，也擴散到了菲律賓人前去出國打工的周邊國家。在國外舉辦的菲律賓人宴會上，絕對不會缺少 panict 和 lumpia。菲律賓人早就將它們是源自中國的食物，甚至連名稱都來自福建話的事情忘得一乾二淨了。

另一個值得注意的事情是，菲律賓的廣東炒麵和上海春捲，並不存在於廣東和上海。據說前往中國的菲律賓人通常都會得到：「不要在上海找上海春捲，也不要在廣東找廣東麵」的建議[18]。就像在天津找不到日本的天津飯一樣，同理可以用在菲律賓的上海春捲和廣東炒麵上。

③馬麵（雞湯麵）

「馬麵（mami）」（雞湯麵）是二戰後一位名叫馬文祿的教師以豬肉麵「把麵（ba-mi）」為藍本，開發並販賣的食品。它被視為菲律賓國民的文化遺產，收錄於一九七八年出版的《菲律賓的遺產——國家的創立》之中[19]。

④燒包與燒賣

「燒包（siopao）」和「燒賣（siomai）」是來自廣東的食物，但這些他加祿語的名稱卻是從福建話衍生而來。燒包與燒賣在學校或辦公室等場合是一項派對食物，就連 7-ELEVEn 等便利商店也都會販售。

燒賣裡頭包的餡料以豬肉為主，但是自一九九〇年代點心（中國的小吃）開始流行以後，燒賣也出現了蔬菜、蟹味棒、鵪鶉蛋、培根、火腿、雞肉等多樣化口味[20]。

⑤霍皮亞（hopia）

「霍皮亞」是用薄餅皮包入綠豆或紫山芋餡的中國風菲律賓甜點（圖2—24）。如今在 7-ELEVEn 等商店也有販售，菲國人去往國外的時候經常會拿來當作見面禮。

他加祿語中的「霍皮亞」源於福建話的「好餅（ho bnia）」，且福建省也有類似霍皮亞的甜點。此外，馬來西亞的甜點「豆沙餅（mung bean biscuit）」也與霍皮亞十分相近。霍皮亞是在二十世紀初期以前傳到菲律賓，最初是用綠豆或紅豆做餡，用麵粉做餅皮的簡單甜點，由小商人挑著兩個籃子叫賣。早期還出現過被稱為「日本霍皮亞（hopiang hapon）」的款式，據說它的外皮像日本紙一樣薄。

圖2—24　霍皮亞（左側為「永美珍」〔Eng Bee Tin〕製品）

霍皮亞在菲律賓人眼中成為一項平平無奇的食物，逐漸被外觀精美又衛生的機械製餅所取代。就在霍皮亞的銷量漸走下坡之際，「永美珍（Eng Bee Tin）」（一九一八年從攤販開始創業）第三代老板蔡國強（Gerry Chua）從紫山藥（ube）冰淇淋得到靈感，在一九八五年想出了紫山藥餡的霍皮亞。該款餡餅熱銷大賣，霍皮亞的營收才又走回正軌。二〇〇六年起，蔡國強進一步開發出菲律賓人會喜歡的，源自西班牙與美國口味的霍皮亞，販賣紫山藥奶、紫山藥起司、紫山藥波羅蜜、巧克力花生等不同口味的霍皮亞[21]。

至於觀光化較晚的馬尼拉中國城[22]，二〇一九年筆者拜訪時已經整頓完善，出現了許多雖然明亮清潔且時尚，但價格較高的餐廳與禮品店。如今馬尼拉的中國城，到處都看得到包裝精美的「永美珍（Eng Bee Tin）」霍皮亞。

其他還有「tofu（豆腐）」、豆乾、「taho（豆花）」、豆油（醬油）、「tausi（豆豉）」、「toge（豆芽）」等多種樣貌的大豆食品，也全都接收自中國（主要是福建）。而「sotanghon」（綠豆冬粉）的語源來自「山東粉（sua-tang-hun）」，經常會放進湯裡食用[23]。

一九八〇年代，速食在菲律賓普及開來，出現了中國菜的速食店，在明亮清潔的環境中，提供既快速又低價的菲式中餐廳簡易食品。眾所熟知的「快樂蜂（Jollibee）」一開始是華裔菲律賓人陳覺中（Tony Tan）於一九七五年創業的冰淇淋店。時至今日快樂蜂開了一千多家漢堡連鎖速食店，穩坐菲律賓速食業龍頭，並且成為國家品牌。一九九八年首度進軍加州的戴利城（Daly City，位於舊金山北方），之後也在美國發展連鎖店。

快樂蜂集團自一九八五年起，發展中國菜連鎖速食店「超群（Chowking）」，提供中式小吃（麵、炒飯、肉包、餛飩、燒賣等）[24]。從世界的角度來看，菲律賓的超群，可以說是繼美國熊貓快餐之後第二個成功的中國連鎖速食店。

日本對菲律賓料理，以及菲律賓飲食文化所知不多，不過它和日本之間也存在不少共通點，諸如南方系中國菜的在地化、受美國飲食文化影響之大等方面。以麵食、春捲、大豆食品為首的中國料理，早已不知其由來地深深扎根到菲律賓當地日常生活當中，就連在中國找不到的原創菲式廣東炒麵和上海春捲也已完全生根發芽。菲律賓的這種狀況，很容易令人聯想到出現在日本的中國菜。

不過在馬來、中國、西班牙、美國這四層飲食文化交集中形成的菲律賓料理，單是從其國宴菜色當中就能看出還未發展出一套完整體系，中國系食物在菲律賓料理中的定位也尚不明確。而且一跟日本做對比，也很難說菲律賓有發展得很好的老字號高級中國餐館。

話雖如此，很少有國家能出現如此成功的中國菜連鎖速食店，就如華人已與菲國人同化一般，中國菜也充分與菲律賓的飲食文化同化到一起。菲律賓自創的獨特中國食品越見精緻考究，隨著菲律賓人進軍海外市場以及菲律賓觀光人數的增加，今後很可能會更加受到矚目並擴大銷路。

第五章　印尼——荷蘭殖民地、伊斯蘭教與中國菜的困境

爪哇的華人與中國菜的傳入——大豆食品與中國蔬菜

從考古學上的發現可以得知，中國自漢朝開始就已經和印尼群島有交易關係。七～十世紀初，靠著馬六甲海峽的交易而在蘇門答臘半島鼎盛一時的三佛齊王國，自六七〇年到七四一年曾向唐朝朝貢。華人向海外拓展也是始於唐代中期（八～九世紀），在造船發達的北宋中期（十一～十二世紀）開始正式開展起來。其後娶當地人為妻的華人與定居下來的華人增加，在明朝以前形成了中國城[1]。

一二九三年，蒙古帝國（元）軍遠征爪哇，但當地人打退元軍，建立了滿者伯夷王國。當時元軍的逃兵害怕受到處分而留在爪哇，於是便開始有華人在印尼群島定居。一般認為應該是這些元軍將豆腐的作法，以及白菜、芥藍菜等中國蔬菜和炒菜的烹調方法傳入當地。中國菜的炒或是燜、紅燒等烹調法，都是爪哇人從未見過的作法。而海參和燕窩的烹調方式，也需要與過去不同的技術。

話題回到中國，在南宋、元、明時代，城市地區的飲食生活水準提高，胡椒的需求量增加。其最大供應地正是蘇門答臘。爪哇的三佛齊王國和泰國的阿瑜陀耶王國都靠著與明朝的朝貢貿易及東南亞區域內貿易的相結合而繁榮興盛[2]。

明朝（一三六八～一六四四年）為阻絕倭寇等不法分子的走私貿易，下達了《海禁令》，在一三八一～一五六七年間嚴密封鎖沿岸，但卻允許進行沿岸貿易，因此福建南部到廣東之間的海禁形如虛設。只有後來清朝的廣東貿易體制（一七五七～一八四二）的海禁才是相當於日本的鎖國。

早在一四〇六～一四二三年鄭和率艦隊到訪爪哇之前，就已經有許多華人定居在爪哇沿岸地區主要的貿易港和周邊中心地帶[3]。鄭和是生於雲南的伊斯蘭教徒，在一四〇五～一四三三年的三十年間，一共率隊遠征七次，航行軌跡自東南亞橫跨東非東岸。鄭和的南海大遠征，主要目的在於率領大艦隊鼓吹各地勢力向明朝朝貢，但是促進交易熱絡，進而開拓一條從中國到麥加朝聖的海上安全路線，應該也是其目的之一。

如今約有九成人口為穆斯林的印尼，自創出一套強調華人歷史重要性的說法，將鄭和下西洋的歷史視為中國人對印尼伊斯蘭化做出貢獻的典範。鄭和也因而成為了後蘇哈托時期熱烈討論的「多元主義（pluralism）」或「寬容（toleransi）」的象徵之一。然而呼籲重新評價鄭和，暗示印尼國內伊斯蘭教的起源不只來自阿拉伯，也有可能經由中國的論點，卻因涉及過度敏感議題，並未獲得普遍的善意支持[4]。

伊斯蘭教傳入印尼群島之前，人們大啖豬肉，尤其嗜吃森林裡的野豬。十三世紀末之後伊斯蘭教傳入印尼，禁止民眾吃豬肉，可食用肉只限家禽類與牛隻。當然，並非所有當地人都信奉伊斯蘭教，也有人信仰天主教、基督教、印度教，但豬肉卻儼然成了華人的標誌。

現今爪哇島的穆斯林分成虔誠的「山卓依（santri）」，和融入印度教、佛教、泛靈論，實踐較寬鬆戒律的「阿班甘（abangan）」。只要中國餐館沒有明確標示餐點不使用豬肉，且皆為按正規伊斯蘭儀式宰殺的家禽肉與牛肉的清真食物，山卓依都會盡力避開。為了應付山卓依，容易被誤解為內含豬肉的菜名，如「蟹肉捲」這類內含「肉」字的菜品，就必須全都做出一番調整[5]。

但是印尼與菲律賓一樣，華人的人口數比馬來西亞和新加坡少。因而透過提供清真中國菜，讓中國菜進一步在地化，融入當地的飲食文化之中。爪哇有許多人喜歡中國菜，即使是虔誠的穆斯林平常也會吃麵、豆芽菜、白菜、豆腐、豆皮、豆醬、醬油、醬油膏（濃稠甜鹹醬油）等。

街頭也會販賣包子或燒賣，受到當地人的喜愛。齋戒月期間的晚上可以用餐，所以包子賣得很好。齋戒月結束後，東南亞的穆斯林會吃一種名叫「克圖帕（ketupat）」，將粳米包入椰子葉編成的袋子裡蒸熟的粽子（由於馬來半島的人也很常吃，所以中文稱為「馬來粽」）。另外，爪哇島中部的華人在元宵節那天也會吃上名為「十五夜飯糰（Lontong Capgomeh）」的類似食物，不過用來包米飯的不是椰子葉，而是香蕉葉[6]。

荷蘭殖民統治的開始——承包徵稅與專利的華人

一五七〇年代可以說是世界資本主義體系拉開序幕的時代。南美波托西銀礦全力運轉，長崎和馬尼拉港口開放，日本銀和墨西哥銀大量交換成中國商品，東高西低型的世界貿易盛極一時。於是十六世紀末的爪哇中部，掌握稻米生產和海上貿易的馬打蘭蘇丹國（Saltanah Mataram）隨之崛起。順利來到爪哇的華人在當地娶妻，改信伊斯蘭教（即使當下只是名義上）永久定居下來。他們也和泰國的華人一樣，承攬各種稅賦，為馬打蘭蘇丹國效力。

然而波托西銀礦的銀產量從一六三〇年代起急速衰退。亞洲屈指可數的銀產地日本，又自一六三五年起斷絕南蠻貿易，走向鎖國。清朝又傾全力在鎮壓鄭成功一族。因而東南亞海上雙雄馬打蘭和爪哇西部的萬丹蘇丹國（一五二七年左右～一八一三年），約從一六二八年開始受到荷蘭的武力壓制，於是東亞許多地區都出現貧困的徵兆[7]。

之後，荷蘭東印度公司（Vereenigde Oost-Indische Compagnie，簡稱 VOC，一六〇二～一七九九年）不只壟斷貿易，還獲得準政府特權（可簽訂條約或交戰等）成為特許公司，開始在印尼群島進行殖民地統治。一六一九年，荷蘭東印度公司占領查雅加達（Jayakarta）興建巴達維亞城，將地名也改成了巴達維亞（Batavia）。而過去巴達維亞也曾被稱為雅卡特拉（Jacatra），江戶時代就與荷蘭有過貿易往來的日本便沿用後者名稱，這也被認為是日文馬鈴薯「Jagaimo」（雅卡特拉的薯類）名稱的由來。

巴達維亞城建設之際，從福建運來技術師和數千名苦力，同一時期福建的製糖業也轉移到爪哇。荷蘭除此之外還需要建設房屋、道路、運河的勞工，以及修補士兵衣褲與鞋子、維修鐘錶的工匠，因而鼓勵華人移民。華人聚居在巴達維亞及爪哇島北岸，他們的命運都掌握在荷屬東印度總督的手上。

荷蘭東印度公司並不謀求種族間的融合，而是以分而治之的方式採行分區居住制度，將華人趕出農村，讓他們住在城市。荷蘭東印度公司將管理的人民分成「外來東方人（Foreign Orientals）」與「原住民」，嚴格區別身分和適用法律。有聲望和財富的華人被延攬進最高階級稱為甲必丹的公務員團體。華裔有力人士成為甲必丹或更高級的宗長（Mejar）等，除了徵稅外，也承包鴉片、酒、鹽等物品的專營買賣，從中誕生出富裕的商人。華人的勤奮雖受人尊敬，但是貧窮的華人也被當成了會威脅國家安全的存在。

這種荷蘭殖民時期的居民區隔與華人徵稅者等政策下的統治形態，成為印尼獨立之後，在法律和社會上歧視華人的來源。換句話說，華人住在荷蘭分而治之下的印尼，經歷了十五世代仍未捨棄中國姓氏，繼續編寫族譜。相較於印尼，住在泰國的華人還有條出仕為官的路可走，所以三到四個世代就改為泰姓與之同化。殖民地的統治形態，對華人社會地位的影響十分深遠[8]。

荷屬東印度的華人與來自福建的食物

自一六九〇年代到一七三〇年間，巴達維亞走向製糖的巔峰期，只是這榮景背後經營製糖廠的企業家幾乎都是華人。不過巴達維亞的砂糖在歐洲市場需面對西印度殖民地低價砂糖的挑戰，在亞洲市場又受到東山再起的孟加拉砂糖的挑戰。而且波斯的砂糖需求量自薩法維王朝衰亡後減退，日本也在德川吉宗殖產興業的方針下，轉向砂糖國產化的路線。在熱潮消逝的徵兆中，東印度公司壓低砂糖收購價，許多華裔企業家因而破產，也出現了失業的非法集團。

一七四〇年當時，巴達維亞的華人人口約達一萬五千人，但因為砂糖出口低迷導致許多人失業，進一步惡化了巴達維亞的治安。而且華人跟荷蘭官員還有當地人的關係都並不算友好。為了打發失業華人，東印度公司擬定將華人苦力發配到荷屬錫蘭的計畫。然而「可能會被遺棄在大海上」的假消息四處流傳，於是華人發動叛亂，向荷方宣戰，巴達維亞市內也有人響應叛亂。而荷方為了報復，與原住民和奴隸連手，大舉屠殺包含女性和兒童在內高達一萬名的華人。這便是史稱的「巴城大屠殺」或「紅河事件」、「紅溪慘案」。

這起巴城大屠殺之後，意欲在經濟上功成名就的華人與當地女子結合而誕下的混血「土生華人（Peranakans）」變得相當引人矚目。雖然僅占人口的百分之一左右，但土生華人獨占了富貴榮華。雖然華人男子與爪哇女子結婚，一再混血，但仍存在伊斯蘭教入教與否等問題，所以維持著半同化的狀態。這些人接納爪哇飲食、爪哇服飾與西式建築的同時，也沒有放棄中國姓和祭祖，形成獨特的混合文化。他們作為還記得祖先姓名的土生華人，與爪哇人形成明顯的區別。

到了十九世紀，來自華南和東南亞一帶的新移民增加，在栽種藍染原料蓼藍、砂糖、菸草、咖啡、茶葉的種植園，以及邦加島的礦業公司、蘇門答臘的煤礦等地方工作。十九世紀中期為止的華人，有三分之二住在爪哇本島，幾乎全是福建人。不過十九世紀中葉以後也有廣東移民遷來，一口氣增加了印尼的華人人口。廣東移民以「合約移民」的形式，先得到船費和三年分的酬勞，在嚴苛的條件下到白人經營的種植園當苦力。例如十九世紀末到一九三〇年代前，就有約一百萬人從汕頭遷來蘇門答臘的東岸州[9]。

因此，原本巴達維亞和爪哇島的華人多為福建人，廣東和客家人直到稍晚才移入。雅加達說的語言中，借自中國話的字彙有八成以上是福建話。雅加達源自中國話的地名、路名也有近九成是福建話。印尼語並不是最多人說的爪哇語，而是以通商語言馬來話為主體，再經人工規範出來的語言，於一九四五年被訂定為國語。以食物為例，如「粿條（Kueitiao）」、「米粉（bihun）」、「白菜（pecai）」、「雜菜（capcai）」應該都是源自福建話的印尼語例子[10]。

關於荷蘭殖民時代的食物，不知其詳，不過阿爾道夫・沃德曼（A. G. Vorderman）在一八八〇～一九〇一年間任職於荷屬東印度衛生部門的時候，曾對當時華人及當地人的食物做過詳細的調查。根據他的報告，華人的食物除了魚、肉、雞鴨、青菜之外，醬菜、鹹蛋、金針菇等食品大多從中國進口而來。但豆腐、醬油膏以及用米釀造的「亞力酒（arak）」（東印度公司賣給荷蘭士兵的低價酒）等都是在當地生產[11]。

順帶一提，荷蘭殖民者也把米飯定位為亞洲人的主食，認為那是與自身不相稱的食物。儘管如此，他們還是發揮創意想出了被稱為「印尼式飯菜（rijsttafel; ricetable）」，這是將米飯和印尼各地食物盛到盤裡個別擺放到桌上的特殊餐食。不過這些餐食在荷蘭本國人眼中依然被視為殖民地食物，對其抱持著敬謝不敏的態度[12]。

二十世紀的民族主義與華人社會——土生華人與托托克

十九世紀末起，來到印尼群島的華人已經在祖國接受過民族主義的洗禮，時刻心繫中國，對祖國的政變十分敏感。到了二十世紀，中國女性移居者也有所增加。這些以廣東人為主的新移民被稱為「新客」（廣東話發音shinke）。這些「新客」當中也出現了中國同鄉在當地結合，組建起中國式家庭，他們不忘中國話（廣東話）地保留下中國文化，凝聚成被稱為「托托克（totoks）」的社會集團。結果就是華人社群分成了托托克，以及與當地同化到一起的土生華人，而托托克的勢力甚至凌駕於土生華人之上。這種托托克化的動向也發生在馬來西亞和菲律賓。

而後在一八九八年，殖民政府廢除利潤最高的鴉片專賣承包制度，爪哇島上多數土生華人的經濟陷入困窘。這種狀況下，富裕土生華人開始探究華人為何會陷入貧困的根本原因，並摸索起土生華人的自我認同。

一九〇〇年，土生華人和托托克的仕紳設立了中華會館，此舉也成為華人凝聚出超越出身地與語言差異方面身分認同的契機。但在一九〇一年中華會館學校開校後，荷蘭殖民政府也在一九〇八年創立了荷蘭中華學校與之對抗。更在一九一〇年制定屬地主義的荷蘭臣民法，許多華人成為雙重國籍，華人也分成了中國派與荷蘭派。

一九一一年，辛亥革命的成功與中華民國的成立，讓土生華人與托托克在心理上都拉近了與中國的距離，強化了華人之間的團結。但這也加大了荷蘭殖民政府對華人的疑慮，成為華人與華人以外的當地人產生摩擦的導火線。反華情緒的高漲，隨著伊斯蘭群眾團體「伊斯蘭聯盟（Sarekat Islam）」在一九一一～一九一二年之間於爪哇島東部城市梭羅（Solo）組成，並在幾年內擴大到爪哇全境而浮上檯面展開組織化。爪哇的中國派團體，甚至也在一九二〇至三〇年代，中國本土境內的國民黨與共產黨對立深化後，更進一步細化分裂[13]。

第二次世界大戰與中國菜——上海羅惹與上海冰

一九三七年七月中日戰爭全面爆發，許多上海廚師為尋求安全的容身之地而來到了巴達維亞。戰時自上海而來的廚師就這樣留在巴達維亞，有些人還被當地顧客誤認為是日本人。這些上海廚師，不只帶來了「咕嚕肉（kuluyuk）」等中國菜，也在巴達維亞想出「kuluyuk（糖醋雞丁）」、取名為「上海羅惹（rujak

Shanghai）」（圖2—25）的墨魚沙拉，以及被稱為「上海冰（es Shanghai）」的水果刨冰。

一九四二年二月日軍攻占印尼，終於結束了延綿三百多年的荷蘭殖民統治。巴達維亞改名為雅加達（Djakarta，一九七二年更名 Jakarta）。據說雅加達在二戰期間，也提供上海羅惹和上海冰給日本人。此外，戰時致富的有錢人也會帶著家人到有名的餐廳去吃這兩道菜。

二戰後，中國餐館的主要顧客成了聯合國軍的相關人員，生意也再次興隆起來。從一九五〇年的雜誌廣告可以得知，雅加達潘佐蘭（Pancoran）的唐人街地區，至少有六家大型中國餐館，每一間都是從戰前經營發展起來的店鋪[14]。

圖2—25　上海羅惹。

印度尼西亞共和國的成立與中國餐館

「印度尼西亞」這個名稱是由歐洲地理學家所命名，意為從印度次大陸延伸出來的群島。一九二八年一月，第二屆印尼青年大會在巴達維亞召開，通過「青年誓言」，宣布以「印度尼西亞」作為祖國、民族、語言的名稱[15]。

第二次世界大戰日本戰敗，一九四五年八月十七日，印度尼西亞共和國的首任總統蘇卡諾（一九〇一～一九七〇年）與副總統穆罕默德・哈達（一九〇二～一九八〇年）發表獨立宣言，在第二天的十八日制定《印度尼西亞共和國憲法》。但是荷蘭不承認該獨立宣言，意圖再度殖民印尼。

印度尼西亞共和國經歷了幾個階段才成為單一的主權國家，一九四九年十二月，荷蘭在海牙圓桌會議中，將主權移交給印度尼西亞聯邦共和國。隔年一九五〇年八月，轉移為單一國家的印度尼西亞共和國。為了去除荷蘭色彩，其首都雅加達不僅在蘇卡諾的主導下變更了地名和路名，更利用紀念碑和新建築展現國家空間。例如，將荷蘭殖民時代政治中心的國王廣場（Koningsplein），更名為獨立廣場，並於其中央建造獨立紀念塔[16]。此後，對擺脫荷蘭殖民統治並建立起民族國家故事的共同理解，成為了印尼超越政治對立，繼續作為一個國家團結在一起的最大依據[17]。

蘇卡諾政權成立後擁護社會主義，所以在亞洲中率先於一九五〇年四月與中華人民共和國建交。如同一九五五年萬隆會議所象徵的，印度尼西亞共和國與中華人民共和國成為東西冷戰下非同盟國的連盟，共享戰略上的多種利益，蘇卡諾、哈達、毛澤東、周恩來等政治領袖的私人交流也很熱絡。蘇卡諾藉由支持印尼共產黨，平衡與軍方的關係。對親近中國共產黨的華人也採取較開放的政治策略。而在此期間，隨著荷蘭的商業權益被撤回，華人幾乎一手掌握了全印尼的非農業經濟。

不過在印尼獨立之初，就已約有一萬名華人前往荷蘭。印尼政府在一九五〇年代前半實施了「堡壘計畫」，優先批准印尼民族資本企業進口特定物品的相關許可或融資。進而在一九五九年，印尼政府發布第十號總統令（“PP 10”），禁止華人居住在農村地帶或經營零售業。因而有更多的華人遷移到中國大陸、台灣、荷蘭或歐洲各國、美國、澳洲和南美洲等國家[18]。

由於華人周遭的政治、經濟狀況惡化，雅加達的中國餐館也隨之衰退。為了擴張道路，唐人街的大型餐廳消失，只剩下幾家小店鋪。其中一家是一九二三年以前創業的客家菜老店「蕭接記（Siauw A Tjiap）」。該店聲稱他們是用「苦脈（ku mak）」（用紅麴調味的苦菜）烹煮炒鰻魚的創始店，在雅加達開了多家連鎖店。

此外，一九五九年創業的麵店「Bakmi Gajah Mada 77」，其廣東籍店主原本經營的是家具製造廠，在日本占領時代丟了工作，戰後重起爐灶又經營困難，便改用平時拿來招待客人又頗受好評的麵食做起了小吃生意。該店後來也發展成連鎖餐飲，成為一家成功的麵店。

其他還有名叫「永源（Jun Njan）」的海鮮餐廳，是一九五〇年由一位朱姓廣東移民第二代，在雅加達外港丹戎不碌港（Tanjung Priok）貧民區草創開店。朱的父親是錫礦運貨船的修理工，在二戰後來到雅加達。朱用以前修船時吃過的鮮蝦料理擺起攤子，他的蒸蝦和辣椒沾醬漸漸闖出名號，連高官、銀行家、外交官和將軍都前來光顧。他在一九七六年把重心轉移到雅加達，永源海鮮餐廳後來也由朱的兒女繼承[19]。

蘇哈托政權的成立與華人的困境——從「中華」到「支那」

一九六〇年代隨著經濟狀況的惡化，反華情緒高漲。在這過程中，陸軍煽動反華情緒，但與中國共產黨關係親近的印尼共產黨反而採取庇護華人的立場，因而使得華人當中有越來越多人對共產黨產生親切感。然而一九六五年，印尼國軍部隊的左派軍人發動政變（九三〇事件），蘇哈托（一九六七～一九九八年擔任總統）帶軍鎮壓，大量屠殺印尼共產黨相關人士，剿滅共產黨組織。

一九六六年，蘇卡諾將政權轉移給蘇哈托領導的陸軍，陸軍為了掌握權力，決定排除北京政府公然反對政權移交的影響力，並且徹底監視印尼華人與中國的連繫。陸軍不滿北京政府利用中國話打資訊戰，於是便關閉或接收了為北京政府做政治宣傳的絕大多數華語學校與華語出版社。而後，蘇哈托政權在一九六七年與中國斷交。其間有許多華人因而選擇了移民[20]。

蘇哈托政權企圖以政治來管理文化的多樣性，將多民族文化混雜定性為國民文化，不過這個由國家制定的文化計畫完全將華人排除在外。一九六七年七月，蘇哈托政權發布「解決華人問題的基本方針」。蘇哈托體制下「華人問題」的對象，是作為一個人種與民族裡的華人，是中國這個國家，是抱持儒教等信仰和文化的所有人。貫徹統一使用蔑稱的「支那（Cina）」（至二〇一四年蘇西洛總統才終於廢止）來稱呼過去被喚為「中華（Tionghoa）」的華人，和被稱為「中國（Tiongkok）」的國名。

印尼的華人也曾在同化主義（否認中國特色或僅有華人表達意見的主張）與多元文化主義（維持華裔印尼人獨有

文化的同時，採取與其他種族一視同仁的主張）之間有過爭議。蘇哈托政權採用同化主義式的政策，發布「有關中國宗教、信仰、習俗的一九六七年總統訓令十四號」，禁止在公開場所舉行中國式的宗教儀式或文化活動。禁止使用華語、實踐華話教育、過農曆新年等中國式的風俗習慣，將儒教從公認宗教裡剔除。個人或商店的中國名字必須改成印尼語。

在這段時期裡，部分家庭仍傳承逢年過節的相關飲食，或是聘用華語學校的前教師擔任家庭教師，費盡心力地私下傳承華人文化。但即便如此，還是形成了沒有華人文化相關集體記憶的失落的一代[21]。

蘇哈托政權下華裔財閥的興起與高級中國餐廳的盛況

以反共和開發主義為主軸的蘇哈托政權期間（一九六七～一九九八年），對許多華人來說是受難的時代。但對另一批接近權力的華裔企業家來說，卻是一個黃金時代。林紹良等多位企業家，成為蘇哈托及陸軍的企業夥伴，獲得具壟斷性與特權的事業權，建構起龐大的財富。一九六五年起，由於基礎建設正要起飛，所以蘇哈托透過和當地企業家合資企業的形式招攬外資，許多華人都成為外資企業的合夥人。另一方面，資產雄厚的印尼籍企業家須得等到一九七〇年代末期才會出現。

一九七三年八月，萬隆發生反華暴動。繼而一九七四年一月，藉著日本田中角榮首相訪問雅加達的機會，對印尼政府的不滿發展成了反日暴動。這起馬拉里事件（又稱一一五慘劇），隨著發展性獨裁的推進造成貧富差距的擴大，民眾對特權階級的軍人，以及與日系企業有合作關係的華裔財閥的不滿逐漸浮上檯面。之後華裔財閥仍然持續發展，在一九八〇年代後期，搭上一連串經濟自由化政策的順風車，出現了足以代表亞洲的華人企業家。這種利用權力致富的華人，被稱為「主公（Cukong）」[22]。

在蘇哈托政權與親近的華人財閥引領的經濟發展中，一九八〇年代印尼的餐飲業出現復甦的氣象。例如，一九八〇年代初期，高級飯店的餐廳開始裝設卡拉OK設施。一九八〇年代後期開始，出現了提供港式點心午餐的餐廳，特別受到想與好友來場午間聚餐的女性族群青睞，因而也出現了大量生產點心供應給餐廳的廠商。

一九九〇年，印尼與自一九六七年斷交的中國恢復邦交，也重啟貿易關係，所以中國餐館紛紛開張。當時，除了中國大陸和台灣的高級餐廳之外，簡便的麵館也相當令人耳目一新。中國菜的選項變多，除了南方的廣東、海南、潮州、汕頭、客家菜之外，甚至連上海、北京、四川、湖南菜，以及台灣清粥小菜也都吃得到。到了一九九〇年代更開始了，為住在公寓大樓的顧客配送中國菜的宅配服務[23]。

一九九八年排華暴動的衝擊

不過伴隨貧富差距而產生的勞動及土地爭議起因，應該並非由於政府的苛政，而是華裔企業家的貪得無厭，這也危及了印尼華人的社會立場。華裔企業家的合夥人蘇哈托總統試圖把人們對社會不滿的矛頭，從政府轉向華裔企業家。一九九〇年代，爪哇、蘇門答臘的主要城市，頻頻發生燒砸華人商店的事件。

一九九七年七月，泰銖暴跌引發亞洲金融危機，蘇哈托政權無法提出有效的因應方案。一九九八年一月起，盧比（印尼盾）暴跌與日用品的暴漲難以扼止，全國各地陸續發起要求蘇哈托下台與實現民主化的示威。而且這些示威活動很快就發展成矛頭直指蘇哈托體制下享受經濟利益的華人之暴動。

尤其是一九九八年五月，雅加達唐人街所在的草埔（Glodok）商業地區一帶，有五千家以上的華人商店和住宅遭殃，慘遭放火與洗劫。據說造成了包含華人在內約一千兩百人死亡，數萬人逃往國外避難。混亂中更發生了多起以華人女性為目標的性侵事件。事後得知這些事件是在部分軍方的故意煽動下所發生，更令華人社會陷入恐懼的深淵。由於一九九八年五月的暴動是在首都雅加達發生，因而引來國內外的廣泛報導，不僅遭到來自國際社會的抨擊，更成為了一起充滿衝擊性的事件，揭發了印尼社會內部究竟存在多麼危險的種族歧視認知。

其結果導致蘇哈托下台之後的政權，將施政方向轉為減少「華人性」這個負擔，成為發揚「華人文化」的助力，令中國菜逐漸推廣開來[24]。

印尼料理的形成與即食調味料

現今的印度尼西亞共和國是個由使用七百種語言的近三百個民族所組成，人口達兩億六千多萬人以上而坐擁一萬七千座以上島嶼的巨大民族國家。端看如此驚人的文化多元性，就能輕易聯想得到，要想形成單一的「印尼菜」究竟會有多麼困難。

不過在多語言且多民族並存的印尼，即食調味料在國民美食的形成上面，扮演了比食譜更重要的角色。依據久保美智子的研究，食譜可以讓全國的烹調技術趨於標準化，同樣地，人們也只需打開即食調味料混入食材當中，就能次次產出相同風味的料理。通過這一點，超越印尼民族族群和地方菜框架的「印尼料理」共通概念才漸漸得以形成。

日本的味之素公司在東南亞，繼菲律賓（一九五八年）、泰國（一九六〇年）、馬來西亞（一九六一年）之後，也開始在印尼本地生產。因此在一九六九年設立印尼PT味之素公司（PT Ajinomoto Indonesia），其主力商品「Masako（雅子）」是印尼第一品牌的風味調味料。它相當於日本的「烹大師（hondashi）」，有雞湯風味和牛肉風味等口味，更以不同的名稱在泰國、越南、菲律賓等地銷售。

味之素也販售蠔油風味、照燒風味的液體調味料「Saori（沙織）」、「Nasi Goreng（印尼炒飯）」（有人說是從印尼式炒飯、中國炒飯的烹調法中傳下來的）和炸雞綜合調味料等。二〇一〇年代，味之素又在印尼擴廠，增強本地生產。除了味之素外，一九八七年在萬隆創業的KOKITA、一九九四年整合上市的「Indofood」

等品牌，都成為印尼的代表性速食食品企業。

久保美智子曾針對印尼綜合即食調味料、食譜書（印尼語、英語、日語）、雅加達的問卷調查（二〇〇八年進行）、東京的印尼菜館等方面進行過綜合性調查。依據她的研究，印尼料理有幾道共通的菜品：「加多加多（gado-gado）」（淋上甜辣花生醬的溫沙拉）、「仁當（rendang）」（又叫巴東牛肉的牛肉類燉煮料理）、「古來（gulai）」（椰子風味湯咖哩）、「索多（soto）」（湯）。這些菜與特定民族族群無關，是許多人都認同的一般常見「印尼菜」。

這些菜主要是蘇哈托時期經由勞工的移動而傳遍全國的地方菜，用即食調味料也做得出來，遂成為了國民美食。另外，用印尼代表性調味料「kecap manis」（用椰子糖做的濃稠狀甜醬油）調味的沙嗲（串燒），以及用該款甜醬油和代表性的參巴辣醬作為調味的印尼炒飯、炒麵等料理也極受歡迎，尤其是印尼炒飯和沙嗲，都稱得上是印尼的國民美食。不過這些菜在馬來西亞等地也都吃得到。而且，上述的仁當已被馬來西亞政府國家文物部列入非物質文化遺產的名冊中。仁當究竟是印尼菜還是馬來菜，在兩國之間引發熱議[25]。印尼則是將仁當歸類為「巴東（Padang）」菜。

說到巴東菜，在印度尼西亞共和國旅遊和經濟部的日文官方網站〈享受印尼料理〉單元裡，也在首都雅加達料理之前，搶先將巴東菜作為鄉土料理介紹。官網的介紹裡提到，「談到最受群島民眾喜愛的餐點，大概就是西蘇門答臘米南佳保族（Minangkabau）香辣有勁的巴東菜。由於西蘇門答臘地處群島最西端，是印度、阿拉伯貿易商人第一個靠港地，沿岸的蘇門答臘人欣然地接受了貿易商人帶來的香料、濃湯、咖哩、烤串」[26]。如今走在雅加達街頭，經常可以從店門口的櫥窗看到裡面疊了十幾盤菜的巴東菜餐廳。

華人文化的解禁與娘惹料理、中國料理

一九九八年五月的暴動過後，蘇哈托請辭下台，優素福．哈比比（Bacharuddin Jusuf Habibe）副總統遞補接任。哈比比總統整頓言論自由和人權保障等民主主義基礎的同時，著手修改蘇哈托時代制定下來歧視華人的法令，華人文化也獲得解禁。二〇〇〇年，哈比比之後繼任的阿卜杜拉赫曼．瓦希德（Abdurrahman Wahid）總統宣布廢止「有關中國宗教、信仰、習俗的一九六七年總統訓令十四號」，廢止所有歧視華人的法律效力。

於是被壓抑長達三十多年的華人文化在隱含政治意圖的催化下，再次在台前亮相。以雅加達郊外的公營主題公園「印尼縮影公園（Taman Mini Indonesia Indah）」（原意為美麗的印尼迷你公園，一九七五年開園）為例，該主題公園原本沒有與華人有關的展示。但一九九八年，作為全國各種華人團體傘下組織的印華百家姓協會（PSMTI）正式成立，並以此為企業主體設立了「印華文化公園」。更在公園附近開設了鄭和紀念館和印尼客家博物館（二〇一九年八月造訪）。

此外，印尼政府從二〇〇八年起推動觀光行銷案「Visit Indonesia」。其主辦單位印度尼西亞共和國

旅遊和創意經濟部，在英文官方網站上刊登了多個與中國農曆新年節慶習俗、食物，以及與華人相關的寺廟各項資訊[27]。由此可知，如今各地的華人文化已經成為一項觀光資源，容納進印尼的官方文化當中[28]。

繼華人文化之後，土生華人文化（華人與當地混血子弟的文化）也開始分割出來，以可消費的形式提供。例如，土生華人結婚的時候不採西式婚禮，而是穿上類似殖民時期甲必丹的「傳統土生華人裝束」，舉行中國婚慶儀式。此外，二〇一三年，以土生華人為主題的個人經營「班丹遺產博物館（Benteng Heritage）」在丹格朗（Tangerang）開幕。館方還規劃過清真娘惹料理派對，和穿著土生華人服飾的攝影展等展出。

於是娘惹料理大受歡迎，其中尤以①提供牛排等荷蘭菜的「峇峇廚房（Dapur Babah）」，②推出據稱是「娘惹料理最高傑作」的「黑果燜雞（ayam keluak）」等菜品的「三女店（Kedai Tiga Nyonya）」，③推出「酸湯排骨」等菜品的「紅石榴（Mira Delima）」三家餐館知名度最高。顧客在這些餐廳可以自由選擇多種口味的「參巴辣醬（sambal）」（印尼最基本的辣調味料）[29]。

自從印尼走向民主化以後，印尼的購物商場也吃得到中國菜。近年來，在雅加達擺攤販賣粥品、麵食、燒賣等吃食的攤主都不是華人，而是印尼人。中國菜的食材大多從中國大陸、香港、新加坡進口，在雅加達北部的唐人街市場也都能買得到。甚至近年來，超級市場還把中國的進口食品擺到了日本進口食品的旁邊[30]。

筆者在二〇一八年向雅加達的波多摩洛大學提交的博士論文裡，談及了在華埠開設「中華民族料理文化保存中心」的構想[31]。話雖如此，筆者於二〇一九年夏季造訪時，雅加達草埔地區的華埠治安雖不差，但遊民和老鼠蟑螂隨處可見，衛生環境惡劣。附近街道雖也有中國餐館，不過占國民近九成人口的伊斯蘭教徒擔心中國餐館使用豬肉，很難放下心來大膽地上門光顧。

唐人街入口附近，有一家比較大而醒目的中國餐館「汲泉茶舍（Pantjoran Tea House）」，筆者在那裡點的「芙蓉蟹（fuyunghai）」和「雜碎（capcay seafood kembang taihu, Chinese mix vegetable & dried beancurd with seafood / chicken）」非常好吃。不過這些菜全都是二十世紀前半以前，世界各國都看得到的傳統經典菜色。而且，汲泉茶舍的菜單雖然有數種類似中國炒飯的印尼炒飯，但中國菜的變化較少，感覺印尼的中國餐點菜色還有很大的進步空間。

如以上所見，印尼群島在荷蘭殖民時代到獨立後的共和國時代裡，出現了經濟上輝煌騰達的華人富豪。但另一方面，卻也間歇性發生刺激民眾反華情緒的事件，政府也屢次施行反華政策，令華人的社會地位一直搖擺不定。

再加上避諱豬肉的伊斯蘭信徒占據國民人口的絕大多數，所以印尼算是中國鄰近國家當中，中國菜發展得比較晚的國家之一。但即使如此也不能忽略與中國之間悠久的交易歷史中，麵條及大豆商品等來自中國的食物，早已深入許多印尼民眾日常生活中的事實。

第六章　韓國——胡餅・雜菜・強棒麵・炸醬麵

日本統治下的朝鮮料理——神仙爐、雪濃湯、韓式烤肋排、泡菜

近年來關於韓國中國菜與韓國（朝鮮）料理的詳細歷史研究，正如火如荼地展開。本章希望在關注民族主義的視角下，穿插個人拙見，將最新研究成果做一番簡潔的整理與介紹。

首先必須指出來的一點是，近代朝鮮料理是作為殖民地料理發展起來的，所以當時朝鮮菜館的狀況，有許多地方都與台灣十分類似。日本人是最早大批進入朝鮮的外國人，所以在一八八七年以前出現了高級日本料亭。朝鮮更是在一八九六年開放日本藝伎前往朝鮮之後的一九〇〇年代，增設了日本料亭。

四處林立的日本料亭帶動了仿效它的朝鮮菜館與食堂的發展。一八九〇年代起，出現了由朝鮮人經營，提供朝鮮男客用餐時與妓生一同飲酒作樂的高級餐館。一九一〇年日本併吞韓國前後，王室專屬的

廚師「熟手」也創業開起餐館。其中之一的「明月館」（一九〇九年創業）成長為代表朝鮮殖民時期的著名朝鮮菜館。

例如在宮廷裡被稱為「悅口子湯」，用中間留有煙囪的獨特鍋具盛裝的火鍋料理「神仙爐」（圖2－26），就是日本人眼中的朝鮮名產。不過殖民時期的高級朝鮮菜館，不單單只有以神仙爐為首的宮廷御膳，也供應廣納中、西、日的國際料理。換句話說，部分只會做宮廷御膳的廚師，為了確保菜品數量，會加入西式餐點，甚至也會端出中國菜或日本料理[1]。

圖2－26　神仙爐（悅口子湯）（首爾的韓國屋）。

一八九五年，從朝鮮回國的日籍老板，在神戶湊山溫泉開設了日本內陸第一家朝鮮蕎麥麵店「日韓樓」。接著，一九〇五年，來自京城（現首爾）的朝鮮人李人稙也在東京上野開設了日本最早期的朝鮮菜館「韓山樓」。韓山樓的菜單除了神仙爐等朝鮮料理之外，同樣也混合了中國菜和西式餐點。據說上門的顧客都是韓國的外交官員與知識分子、有調派朝鮮經驗的日本官員、好奇心旺盛的日本人等。而後在一九二七年時，京城的妓生盧瓊月在東京神田，創業開設了「明月館」（與京城〔首爾〕的明月館無關）。明月館最初是專做朝鮮留學生生意的食堂，但逐漸走向高級化，一九三二年進軍永田町之後，還成為了政治人物的應酬場所。

除了這些高級餐館之外，日本的朝鮮人社群中也有很多針對朝鮮人的低價食堂。「平壤冷麵」、「關東煮」、「千枚」（牛百葉）等菜品都頗受歡迎。不過這些朝鮮料理不同於中國菜，在當時的日本並沒有什麼知名度。

題外話，據佐佐木道雄的研究，顧客自烤自吃的「烤肉店」並非是提供大阪豬的朝鮮食堂，而是從朝鮮引進烤肋排或烤牛肉片加以變化誕生的產物。一九三〇年代，住在大阪的朝鮮人想出烤肉的點子，又透過朝鮮人從日本帝國內的大阪流傳到京城，以及滿洲。受到朝鮮殖民地化以及「滿洲國」建國的影響，從朝鮮北部遷移到滿洲的朝鮮移民大增，朝鮮菜館也隨之增加。

值得注意的是，這份研究顛覆了過去普遍認為，在朝鮮進行殖民統治的日本人對朝鮮料理的態度「冷淡得令人驚訝[2]」的說法。日本人雖然時常嚴苛批評高級朝鮮餐館，不過對於雪濃湯或烤肋排這類平民小吃，多半都給出了還算過得去的評價。

而且當時完善出來算得上是奢侈醬菜的韓國泡菜，還得到了比中國醬菜更高的評價，昭和戰前期關於醬菜的日語書籍中，半數都有提到韓國泡菜。日本人初入朝鮮半島之際，使用的是源於朝鮮話的名稱（沈菜、kimchi等），但很快就改成日本立場的稱呼「朝鮮漬」。日本人自日本併吞掉韓國以後，對韓國泡菜有了廣泛的認知，但卻並不怎麼普及。儘管如此還是屢屢收錄到食譜書裡的原因，應該是基於「內鮮融和」、「內鮮一體」的方針，為了讓日本人熟悉朝鮮文化，由政府與民間合作展開的韓國泡菜普及活動[3]。

而處於殖民時期的朝鮮，也在一定程度下允許發行用韓語撰寫的朝鮮料理相關書籍。例如，方信榮（一八九〇～一九七七年，擔任過梨花女子大學教授等職務）在一九一〇年開始於母校（京城）貞信女子學校執教鞭，一九二五～一九二六年到東京的營養學校留學，成為著名的朝鮮料理研究家兼營養學者，多次投稿《朝鮮日報》等報刊。特別是方信榮出版並用於教材的《朝鮮料理製法》（一九一七年初版已散失），更是被譽為朝鮮第一本近代食譜書，附上帶有計算分量的食材表，簡單記述五百多種朝鮮料理的作法。

在食譜書的數量相比他國還要少的朝鮮料理相關書籍中，方信榮受到某獨立運動家的愛國啟蒙運動感召，開始撰寫《朝鮮料理製法》[4]。一九三三年，她在侵害著作權的審判中勝訴[5]，在一九四二年前共增補、再版達二十四版之多[6]，在整個殖民時代裡擁有強大的影響力。

如前文所述，「朝鮮料理」大多象徵了殖民地的民族主義，恰好與第一部第五章所介紹，多由日本殖民者宣揚開來的「台灣菜」和「滿洲料理」形成明顯對比。《台灣日日新報》一再報導皇太子、皇族、首相訪台之際，接受「台灣菜」款待的新聞，但《朝鮮日報》卻看不到同樣的報導[7]。

朝鮮宮廷御膳的公式化與黃慧性

一三九二～一八九七年李氏朝鮮王朝、一八九七～一九一〇年大韓帝國延續下來的朝鮮半島宮廷御膳和根植於平民生活的泡菜等飲食文化，在朝鮮半島脫離日本殖民統治並建立起大韓民國之後，被拿來作為國家的象徵進行制度化與商品化。

著名的朝鮮宮廷御膳專家黃慧性（一九二〇～二〇〇六年）從朝鮮來到日本，在京都女子專門學校（京都女子大學的前身）畢業後，自一九四三年起向韓熙順學習宮廷廚房的烹調祕訣。韓熙順（一八八九～一九七二年）被視為是最後一位曾為朝鮮王準備御膳的尚宮。一九六一年靠軍事政變奪權的朴正熙政權（總統任期一九六三～一九七九年）在一九六二年制定文化財保護法後，黃慧性與韓熙順為政府效力，一九七一年宮廷御膳被登錄為重要非物質文化遺產第三十八號。

之後，黃慧性及其家人為宮廷御膳的定義、流程上的公式化與標準化上面，發揮了巨大的影響力。一九九〇年代以後，朝鮮宮廷御膳成功品牌化與商品化。例如，一九九一年黃慧性在國立劇場內開設「池花子（지화자）」餐廳，販賣該品牌的糕點和小食。黃慧性後來在首爾樂天百貨地下樓，也設置了以池花子菜單為號召的宮廷御膳展示空間。

二〇〇二年，黃慧性為韓亞航空頭等艙的旅客提供宮廷御膳的菜品，接著又在二〇〇三～二〇〇四年播出的電視劇《大長今》裡擔任御膳料理顧問。這部爆紅的電視劇是作為實現宮廷御膳國家品牌化目標的文化政策計畫中的一環，為了在日本及世界都熱賣而打造出來的創作商品。

電視劇裡著重強調宮廷內尚宮的烹調技術，但實際上尚宮只負責輔佐和御膳配送等工作，即使做吃食也只限於點心與飲品，宮中的餐點基本上還是交給有官職的男性御廚[8]。

成為國家象徵的韓國泡菜與日本、中國

此外，韓國飲食文化的另一個象徵——泡菜，是為了在一九六五～一九七三年提供給派去參與越南戰爭的韓國軍人，而開始開展產業化進行罐頭生產。韓國國內在一九九〇年代出現「missy族」（外表仍像未婚的已婚婦女）的新興詞彙，人們逐漸不再重視在家自己做泡菜。二〇〇六年，宗家府公司為了宣傳自家的泡菜，在電視上播出強調懷念往昔母愛的廣告，成功打動人心。泡菜隨著商品化的進行，也推動了以首爾口味為基準的標準化生產。

此外，自一九八〇年代開始，韓國泡菜開始出口國外，輸往日本的泡菜量更是在一九九〇年代的十年間爆增近九倍。韓國泡菜在日本的高人氣，刺激韓國泡菜產業發展，韓國泡菜成為金泳三總統（任期一九九三～一九九八年）因應全球化經濟策略的成功範例。然而諷刺的是，當時韓國人的泡菜消費量卻漸趨減少。附帶一提，二〇一〇年代的馬格利酒也和一九九〇年代的泡菜一樣，都是因為在日本市場的熱銷而成為韓國國內重新評估其商業價值的契機，刺激了商品化與外銷出口[9]。

一九八六年漢城亞運賽、一九八八年漢城奧運以及泡沫經濟時期（一九八六～一九九八年左右）的異國料理熱潮，促使九〇年代日本國內的韓國泡菜消費激增，泡菜產量增加近四倍。而且泡菜的生產量已超過

日式醃黃蘿蔔、福神漬、酸梅、淺漬粗菜，成為產量最高的醬菜。但是，韓國的泡菜生產商發現道地的韓國泡菜在日本的銷量並不理想，最暢銷的反而是日式韓國泡菜。日式韓國泡菜不死鹹也沒有發酵的酸味，也不使用發酵的魚、蝦、貝、墨魚、魚內臟。一九九〇年代中期以前普遍認為風味清爽的日式韓國泡菜，與韓國泡菜是不同的東西。

而後到了一九九六年亞特蘭大奧運時，日本產韓國泡菜列為官方食品。韓國與日本為此展開激烈論戰。韓國在一九九五年提出設置韓國泡菜國際標準的必要性，向聯合國糧食及農業相關的食品法典委員會（The Codex Alimentarius Commission, CAC）提出，不以日本產韓國泡菜為標準的議案。二〇〇一年，韓國國內都以為韓國的主張會獲得認可而勝券在握，但實際上，長時間協議的結果是採用韓國與日本官員的共同提案，並未排除日本產韓國泡菜[10]。

而且近年韓國有許多食品廠商都放棄自己生產泡菜，而是採用從中國進口，貼上自家品牌上架的「專業代工」（original equipment manufacturing，簡稱OEM）作法。然而二〇〇五年秋，中國製的韓國泡菜樣品驗出寄生蟲卵，此事一經韓國食品醫藥品安全處公布，許多韓國人都對中國製品的食品安全產生疑慮。

中國政府為此關閉國內韓國泡菜的工廠並禁止出口。同時聲明許多韓國產泡菜裡也發現了寄生蟲卵，不僅下令禁止進口泡菜，更意圖禁止進口韓國製的其他副食品和化妝品，以資對抗。面對如此態度強硬的警告，韓國政府力圖將事態降溫，同樣發布在韓國產泡菜裡發現寄生蟲卵的事實，重傷韓國產泡菜的信譽。認真說起來，中國大部分泡菜工廠都是韓國企業家所經營。這一場與中國之間的泡菜風波，並沒有減少韓國市場的中國產泡菜市占率，反倒迎來了日本市場韓國產泡菜市占率下降的諷刺結果[11]。

自二〇〇九年起，在李明博總統（任期二〇〇八～二〇一三年）與金潤玉夫人主導下，正式啟動「全球韓食」的推廣活動，希望利用飲食提升韓國的國家形象，目標是增加韓國農產品和食品出口、海外韓國菜館及來韓觀光客人數。

二〇一一年，韓國政府強烈意識到日本的會席料理在國際上享有高度評價的同時，以朝鮮的宮廷御膳向聯合國教科文組織提交非物質文化遺產登錄申請，卻遭到駁回[12]。同年日本為了振興東北大地震帶來的衝擊，也以會席料理為主的「和食」，向聯合國教科文組織遞交非物質文化遺產的登錄申請，因此日本相關人士對於韓國申請受挫一事都感到十分驚訝[13]。韓國宮廷御膳與日本的會席料理，都稱不上是根植於民眾日常生活的飲食文化，所以並不符合聯合國教科文組織非物質文化遺產的意旨。

後來，二〇一三年韓國的「醃泡菜（kimjang）」，韓國泡菜的製作與分享」，日本的「和食，日本人的傳統飲食文化，尤其是新年宴」，二〇一五年北韓的「朝鮮民主主義人民共和國的泡菜製作傳統」都分別成功列入聯合國教科文組織的非物質文化遺產名單[14]。而首爾市也在二〇一四年為慶祝醃泡菜列入世界非物質文化遺產，舉辦「首爾醃泡菜文化祭」。主辦者在現場發表了：「我們已經沒有必要討論韓國是不是泡菜的宗主國，中國跟日本都不能主張泡菜是他們的東西」等言論[15]。

此外，一九八六年首爾中區筆洞開幕的「泡菜博物館」很可能是韓國第一家食品的專門博物館。同年首爾舉辦的亞洲競技大賽，成為於市政府前展示兩百種以上塑膠製泡菜食物模型的主要展場。泡菜博物館營運主體的食品公司圃美多（Pulmuone）在一九九八年，將其重新整建成體驗型的博物館，開設到江南區三成洞的COEX中心。後來泡菜博物館又在二〇一五年遷移到仁寺洞MARU複合文化空間，命名為「辛奇間博物館」。參觀者以五到十歲的孩子和外國人最多[16]。

日本統治時期朝鮮的中國菜——山東菜與粉食

朝鮮半島的華人歷史，普遍認為應是始於一八八二年，隨平定壬午兵變的大清軍隊一起來到朝鮮的一群大清商人。很多研究都述及，朝鮮半島是從這時候開始吃中國菜的[17]。壬午兵變是在大院君煽動下而在漢城（現首爾）發動的兵變。握有政權的閔妃一派向駐紮朝鮮的袁世凱求救而逃離困境，但也成為了袁世凱和大清在朝鮮政治上的影響力快速膨脹的契機。因此一八八二年依據大清與朝鮮締結的《中朝商民水陸貿易章程》，分別在一八八四、八六和八八年於仁川、釜山、元山設置大清專管租界[18]。這些中國租界通稱為「清館」，成為中國菜在近代朝鮮半島上的發祥地。

繼而，一九〇〇年中國發生的義和團事件，令朝鮮半島對岸的山東一帶陷入戰禍頻仍的局面。有許多華人因而渡海來到仁川避難，於是仁川大清租界成為與漢城並列的一大華人聚居地[19]。即使大清租界

在日本殖民時期的一九一四年廢止之後，仁川該地也依然被人們稱為「清館街（청관거리）」[20]。

說到仁川，二〇〇一年仁川廣域市的中區廳展開以「仁川中華街」為主軸的建設觀光開發。二〇〇二年中區廳的職員到橫濱中華街視察。橫濱的華人在一九五五年，不再用昔日的「唐人街」、「南京町」來稱呼，而是提出新名稱「中華街」，謀求街區形象的提升。仁川的中國城之所以使用僅日本才普遍使用的「中華街」名稱，理由在於仿效橫濱之名的前例。

圖2－27　仁川中華街的中心（正前方看得到共和春與清館，2020年）。

於是，二〇〇一年只剩五家店的仁川中國餐館，到了二〇〇七年底前已超過三十家。大型中國餐廳的廚師、服務生，以及中國物產、食品店業者，大多是此後從山東省來的「新華僑」。直到這個期間，「清館街」才終於被稱為「中國城」或「中華街」。今日仁川中國城的中心地帶，在名店共和春隔壁引人矚目的中國餐館「清館」，並不是殖民時代流傳下來的老店，而是近年在觀光開發推展中，有意讓人回味昔日風情和口味才開設的餐館[21]。

言歸正傳，早期來到朝鮮半島的中國移民各省人都有，山東人只占半數左右。一九〇〇年義和團事件之後，山東省附近的移居者快速增加，形成了以山東人為中心的華人社會。山東省及河北省籍的群體稱為「北幫」，而山東省中又以福山縣（現煙台地區）人最多，大多經營販售綢緞、日用雜貨等貨物的小商店，以及餐飲店。所以即使到了現在，韓國的中國菜還是以山東菜系最多。

朝鮮半島的華人人口在日本殖民時期多達近十萬人（現今除去朝鮮族也有二十萬人以上）。中國人在當時華人人口最集中的首都京城（日治時期首爾的稱呼），約莫就居住在現今中國大使館所在的明洞到小公洞一帶、塔谷公園南側一帶。另外仁川也約有一萬華人居住。據說當時有些朝鮮人對擅長經商和種菜的華人十分反感。朝鮮華人大半會在春節前回到家族所在的故鄉，所以被喚作「燕子」，隱含著如同候鳥一般在韓國賺飽了錢回故鄉的意思[22]。

中國餐館早在一八八〇年代就已經在漢城出現。二十世紀初期為止，販售朝鮮話稱「胡餅家（호떡집，Hotteok）」、中文稱「烤餅鋪」、日語稱「饅頭屋」的胡餅店十分興盛。「胡餅」是一種包了黑糖和胡桃餡的烤餅，在日本統治時期的京城，鐘路的唐人街、學校和宿舍多的齋洞、雲峴宮等地，都出現了許多家有名的烤餅鋪。低價的烤餅是賣給平民的食物，朝鮮工人也會買來食用。

朝鮮人早早就加入這種作法簡單的烤餅鋪經營，也參與了後來麵食類的粉食店營運。因此一九二一年，華人的中國餐飲業者組成同業工會「中華民國料理店組合」，以維持業界秩序，防止過度競爭。經歷史學家李正熙依照一九三〇年十月實施的人口普查資料計算出來的結果，當時朝鮮半島的中國餐館（包含麵店和包子等小吃鋪）共一千六百三十五家，胡餅家一千一百三十九家，合計多達兩千七百七十四家。一九二〇年代為止，胡餅及其他中國小吃類食品，受到朝鮮半島朝鮮人和日本人的喜愛而逐漸大眾化[23]。

京城・仁川的名店

在京城（漢城）開業的大型中國餐館有「雅敘園」（一九〇七～一九七〇年）、「四海樓」（一九〇九年創業）、「大觀園」（一九一〇～一九七七年）、「悅賓樓」、「金谷園」。仁川則有「共和春」（山東會館在一九〇七年開館，更名共和春後從一九一二～一九八三年、二〇〇四年為韓國人借用其名義重新開幕）、「中華樓」（一九一八～一九一九年時創業）[24]。

這裡先就雅敘園和中華樓，詳細進行一番介紹。

①京城的雅敘園

一八九九年，出身山東省福山縣的徐鴻洲（廣彬）在二十歲時來到韓國（大韓帝國），在雜貨商和小吃店當了七年的會計職員後，一九〇七年與二十多名朋友合資，在漢城市中心乙支路創設雅敘園。

一九三四年半島飯店開幕後，一九三六年雅敘園也遷到半島飯店與朝鮮飯店（一九一四年開幕至今，在殖民時期成為招待歐美人的迎賓館）之間的土地，建設三層磚造店面。一九五〇年，雅敘園更進一步擴建為四層樓的店鋪，成為韓國足可容納九百多人的最大一家中國餐館。華人的婚禮幾乎都選在雅敘園辦酒席。

雅敘園的全盛時期是韓戰（一九五〇～一九五三年）休戰後，到一九六〇年代初期的這段時間。一九五四～一九五六年左右，雅敘園的主顧客是參加韓戰的美國軍人。此後也成為自由黨、共和黨政府相關人物的社交場所。金九（大韓民國臨時政府主席）、李承晚（大韓民國首任總統）、李起鵬（李承晚政權下的掌權者）、丁一權（國務總理、國會議長）等人都是座上客。另外，中國語言學家林語堂、擔任過中華民國立法院院長等職務的孫文之子孫科也都曾上門光顧過。

一九六九年，徐鴻洲的獨生女以低價將雅敘園的土地及建築賣給樂天集團，在七〇年以前結束經營[25]。樂天集團後來收購下半島飯店的土地，而後樂天飯店本館在一九七九年全館開張，直到現在依然可以從其飯店大廳望見雅敘園庭院中的瀑布[26]。

②仁川的中華樓

仁川的中華樓由於後續還有人接手經營，所以歷史紀錄保留得十分完整。一八八九年，以後來的「朝鮮海運王」之稱而廣為人知的堀久太郎，將仁川作為事業的根據地，開設朝鮮半島第一家西式飯店的大佛飯店。當時的仁川還沒有外國人專用的旅館，所以大佛飯店的開張讓仁川日本使館相關人員都拍手叫好。

但是一八九九年，京城—仁川間的京仁鐵路通車，旅客已不用在仁川歇宿。而且一九〇五年日俄戰爭結束，同年日本成為大韓帝國的保護國，一九一〇年更進一步併入日本，朝鮮成為日本內地的延伸。再加上一九〇五年，京城與釜山間的京釜線通車，仁川失去了作為朝鮮交通門戶的作用，成為一個國內港口。基於這些環境變遷，仁川大佛飯店失去西方投宿旅客而被迫歇業[27]。

但是，一九一八～一九一九年左右[28]，賴紹唱（一八七二年生，山東福山籍[29]）等華人接手大佛飯店，重新以北京菜館「中華樓」開張。一路生意興隆，不只是仁川，聲名甚至遠播京城。中華樓的招牌塗上與洋樓不搭調的金箔，喚起異國情懷，只有人們當玩具來彈奏的老鋼琴，藏著不為人知的大佛飯店過往[30]。

一九三〇年代改由親戚賴家聲成為店主之後，中華樓依然興隆如常。然而一九五〇年韓戰爆發，賴家一族大部分逃往釜山、台灣和美國，中華樓的經營也大受影響[31]。一九六〇年代以後，仁川的「清館街」衰微，中華樓到七〇年代初也陷入經營困難，一九七八年以前完全停業。

不過，二〇一八年仁川廣域市的中區廳，在大佛飯店，即中華樓洋樓開設生活史展示館，重現往日大佛飯店的面貌。此外，擔任中華樓主廚的孫世祥之子孫德俊（曾任仁川中華街協會會長、仁川華僑協會副會長等職務），在附近另一間商鋪重新經營中華樓[32]。

成為民族運動據點的中國餐館

除了華人之外，朝鮮民族運動家、知識分子和反殖民活動者，也都經常利用這些中國餐館。進而不只是華人、朝鮮人，包含朝鮮總督府官員在內的日本人也都經常在中國餐館舉辦各種宴會，一九三〇年代，日本人經營的中國餐館也陸續在京城、釜山等地開張。

不過，在朝鮮民族運動家和反殖民活動者眼中，中國餐館比日本料亭更能與統治階層保持距離而更易於作為據點。根據李正熙的研究[33]，殖民時代的中國餐館至少發生過以下幾起事件。

- 一九一九年一月，在基督教青年會（ＹＭＣＡ）學生會幹部朴熙道領導下，八名京城市內專校學生代表會合，決定參加位在大觀園的三一獨立運動。這家大觀園是一九一〇年山東籍王某開的餐館，曾與雅敘園、泰和館並列為京城三大中國餐館，但在一九七七年歇業[34]。
- 一九一九年四月，二十三名十三道代表在京城（鐘路區瑞麟洞）的「奉春館」集合，發表樹立臨時政府宣言，朗讀國民大會的主旨和決定事項。
- 一九二一年五月，李載根等五名朝鮮獨立運動家在「第一樓」商議籌措獨立運動的資金時遭到逮捕。
- 一九二五年四月，朝鮮共產黨祕密召開組黨大會。地點就在雅敘園。

- 一九三一年五月，擔任朝鮮日報副社長等職務的朝鮮獨立運動家安在鴻等人發起，為李瑄根（自早稻田大學畢業後，即進入朝鮮日報，曾任政治部長等職務）著作《朝鮮最近世事》舉行出版紀念會。其會場在四海樓。
- 一九三一年十一月四日，《朝鮮日報》發出號外，報導曾發表反對出兵滿洲檄文，隸屬反帝國主義地下組織及朝鮮共產黨的京城帝國大學的學生等人，在兩個月前遭到檢舉。報導中附上照片，解釋這些「反帝同盟」的組成是在中國餐館「中華園」。
- 一九三三年十二月，詩人金億等人發起，為在法政大學學習法國文學、抒情詩運動先鋒的異河潤，舉辦翻譯詩集出版紀念會，地點在金谷園。
- 朝鮮文學家金台俊，從新羅的鄉歌開始蒐集起，編纂成《朝鮮歌謠集成・古歌篇》，一九三四年四月由李光洙號召，在雅敘園舉辦出版紀念會。
- 一九四〇年，兒童小說家兼民族運動家方定煥（雅號小波）出版的朝鮮語全集《小波全集》，在悅賓樓舉辦出版紀念會。

如上面幾個例子，中國餐館成了民族運動與反殖民活動的據點。不只如此，中國餐館也成了鴉片走私的溫床。由《朝鮮日報》的報導可知，掛著中國餐館招牌，實際從事鴉片走私而被揭發的事件層出不窮[35]。十九世紀美國的華埠，鴉片窟與中國餐館經常毗鄰而居，這種現象在二十世紀的朝鮮也看得到。

排斥華人與中國餐館——一九二七年、一九三一年、一九三七年

在這樣的背景下，當地人反華、反中情緒一高漲，就將中國餐館當作發洩對象的狀況，即使是日本統治時期的朝鮮也不例外。在坊間出現中國苦力為賺取低薪而流入朝鮮的威脅論之際，中國東北三省的政府又發布了關於朝鮮人驅逐、居留、土地租借限制等諸多規定和命令。對此，朝鮮語報紙呼籲應發起在滿同胞擁護運動，成為間接導致一九二七年十二月爆發排華事件的契機。

襲擊華人經營的麵麭屋（麵包店）等餐飲店的暴力事件不斷擴大，許多中國餐飲店遭到群眾攻擊，玻璃與器物被搗毀，甚至被迫停業[36]。之後報紙上也不時出現某地區屢見對中國餐館丟石頭[37]，或中國餐館因朝鮮籍客人不再上門而倒閉的報導[38]。然而即使如此，中國餐館的數量還是漸漸回升。

然而在日本政府命令下，從間島遷到中國吉林省萬寶山的朝鮮人，與當地反對移民的中國農民之間發生的小摩擦，在一九三一年七月二日發展成了將日本、中國警察都牽扯在內的激烈衝突。間島是豆滿江以北滿洲朝鮮民族的居住地，是現今中國延邊朝鮮族自治州一帶。此次「萬寶山事件」雖以無人傷亡告終，但七月三日《朝鮮日報》派發的號外卻報導「三百餘名中國官民包圍三姓堡同胞，事態越趨惡化」，指稱同胞安危迫在眉睫。因而出現了嚴重的攻擊華人事件，到七月六日為止，持續了四天之久。[39]

一九三一年排華造成的災損，比一九二七年的排華規模更大，也更嚴重。朝鮮的中國餐館減少了約六百家。京城的中國餐館約有四成遭到砸店、門窗破損的損失。值得注意的是，京城的高級中國餐廳受害並不大，不過朝鮮客群較多的鐘路區胡餅家成了最大的受害者，後續的復元也緩慢了很多。話雖如此，歸國的華人還是逐漸又回到朝鮮開起新的中國餐館，所以到一九三六年為止的短短一段時間，中國餐館的數量就回升到了一九三〇年的九成以上[40]。

因而這個時期的朝鮮，中國菜的廚師並未從華人轉變為朝鮮人。與日本內地的華人廚師在一九三一年九月九一八事變影響下返國，導致日本籍的中國菜廚師增加的情況大不相同[41]。

然而一九三七年七月中日戰爭全面爆發，住在朝鮮的華人大舉返國，中國餐館倒閉的情況比一九三一年排華時期更嚴重。之後雖然緩步回升，但一九四三年，朝鮮總督府強化實施戰時經濟管制與麵粉配給制，中國餐館數量再次減少[42]。

由此可知，朝鮮的中國餐館數量縱使會因為成為攻擊目標，或華人受戰爭影響回國而減少，但還是會很快就又回到恢復原狀的傾向。這件事顯示當時中國菜已深入朝鮮半島民眾的日常生活，成為不可缺少的飲食。一九三〇年代出生於朝鮮、畢業於日本女子大學，並長住中國的中國菜研究家鄭順媛不時出現在媒體上面，展開中國菜的啟蒙及推廣活動。舉例來說，一九三三年鄭順媛在家庭講座廣播中介紹家常中國菜[43]。亦自一九三五年五月起，在女子基督青年會主辦、朝鮮日報學藝部協助下，主持「中國

（清）（支那）料理講習會」[44]，並將會中教授的料理食譜寫成教材，在《朝鮮日報》上連載[45]。

於是一九三〇年代後半，除了《朝鮮日報》之外，《東亞日報》與《每日新報》等大型報社爭先恐後地開辦中國菜講習會[46]。而在朝鮮料理方面，《朝鮮日報》也在一九三四年五月開辦了家庭婦人協會主辦、朝鮮日報學藝會協辦的「朝鮮料理講習會」[47]，也連載了洪承嫄的〈朝鮮料理講座〉[48]。但這些活動都未能持續下去，相較於一九三五年才開始的中國菜講座，朝鮮料理講座開辦次數少，而且也很快就結束了。

雜菜——中國的影響

日本的韓國菜館常常吃到的「雜菜」，正是受十九世紀末以後傳入的中國菜影響，蛻變為新口味朝鮮料理的典型例子。一六七〇年左右編纂而成，相傳是朝鮮最古老食譜的《飲食知味方》中，對「雜菜」給出了：「生的小黃瓜、白蘿蔔和綠豆芽備用，水煮桔梗根、苜蓿、葫蘆乾撕扯開來以後調味。各材料都切成一寸長的細絲，各別以油和醬油炒熟，任意混拌到一起盛到大盤中。細緻地淋上湯汁，撒上山椒、胡椒和薑」的描述[49]。

由此可知十七世紀當時的雜菜，是一道會淋上湯汁且不放冬粉（唐麵）和牛肉的菜品，與現在的雜菜截然不同。朝鮮王朝時期的食譜書也未出現放冬粉的雜菜[50]。

也就是說雜菜分成了，始於李朝時期只用到蔬菜的版本，以及近代以後受中國菜影響而放入冬粉和肉的兩種版本。前一種雜菜保留在「韓定食」（始於李朝宮廷御膳的高級宴會菜）中，後一種雜菜則是現今韓國，以及日本的中國餐館、韓國餐廳常見的菜色。

冬粉被認為是十九世紀末由華人帶進朝鮮半島，被朝鮮人稱呼為「唐麵（당면）」等名。例如，一九二三年十月的《東亞日報》刊登了沙里院（平壤南方）廣興工廠製麵部的廣告，宣傳「我們親手製作在來支那製的唐麵、粉湯、胡麵」[51]。隨著中國餐館的增加，一九二〇年代朝鮮各地已成立冬粉（唐麵）工廠[52]，至三〇年代以前，沙里院的冬粉已是當地馳名全國的名產[53]。

查閱雜菜的食譜，就可以發現方信榮的《朝鮮料理製法》（一九二一年版）裡就收錄放了炒豬肉、冬粉的雜菜作法[54]，可知此時的民眾已將其接納為朝鮮料理。李用基於一九二四年發行的著作《朝鮮無雙新式料理製法》（韓國書林，一五二～一五三頁）中，記載了雜菜（잡채）的製法。不過這個版本也是採用將豬肉調味後以油炒熟，並放入冬粉的作法。此外，一九三〇年《東亞日報》刊出京城「同德女高等普通學校」教師宋今璇介紹「尊夫人想知道的春季料理法」中提到的雜菜，也是加了冬粉和豬肉快炒的配方[55]。

在一九三七年七月中日戰爭全面爆發，華人大舉返國，許多中國餐館停業之際，朝鮮人家庭都已經會做加冬粉的雜菜了。而且黃慧性教授於一九七六年出版的《韓國料理百科事典》（首爾，山中堂，一九八頁）將雜菜列入與韓式涼拌菜（Namul）一樣的朝鮮宮廷御膳「熟菜」（對比「生菜」，是煮熟的拌菜）之中，裡面放了炒牛肉和冬粉。於是，加冬粉的雜菜得到韓國的公民權，成為朝鮮傳統料理之一[56]。

如此可知，一九二〇年代，加冬粉和豬肉的雜菜已經出現在朝鮮的食譜書中，所以雜菜是受到韓戰駐紮美軍的美國雜碎影響而發生變化的說法是不正確的。另外，在韓語的網站也會看到「加冬粉的雜菜起源於美國，是中國駐美大使把在美國接受款待吃到的菜品帶回中國」這種市井說法，相當於意指源自美國途經中國，再傳到韓國。但是，中國既沒有雜菜也沒有雜碎流傳，所以這個說法很難成立。

強棒麵——日本的影響

日本統治時代下的朝鮮，中國菜也受到不少日本飲食文化的影響。舉例來說，最典型的「強棒麵（炒碼麵）」在現今韓國的中式餐廳裡已是僅次於「炸醬麵」的熱門選項。強棒麵（chanpon，日式什錦麵）的語源，最有力的說法是帶有混合含意的中國話（攙和）或馬來語的發音[57]。一八九九年，福建人陳平順在長崎創業的四海樓雖不是最早的強棒麵店，但應是由其確立下如今這樣分量十足的整體風格[58]。

朝鮮半島的強棒麵起源有兩種說法，一是來往於九州—釜山航線的船員，將強棒麵帶入釜山而流傳開來；一是朝鮮日本人將華人帶來的「炒碼麵」叫成了「強棒麵」。一般認為強棒麵是從中國（福建等地）傳到日本長崎，再傳到朝鮮，它的傳播路徑，與直接從山東（中國）傳進朝鮮的「炸醬麵」不一樣。

順帶一提，一向嗜辣的韓國，很早就在強棒麵中加入辣椒絲。不過強棒麵進行在地化，配上用辣椒煮成紅通通的辣湯，已是一九七〇年代以後的事了[59]。

除了強棒麵之外，韓國的「烏龍（udon，우동）」原本是山東系湯麵「大滷麵」，在殖民時代改用日語的「烏龍麵」稱呼。此外，炸醬麵必不可缺的配菜「韓式醃黃蘿蔔（danmuji，단무지）」則是殖民時期傳入朝鮮半島的日本「醃黃蘿蔔（沢庵）」演變而來的醃漬菜[60]。進而日本的海苔卷也改良成「海苔飯捲（kimbap，김밥）」而普及。

不過，韓國有時會用批判的口吻，批判日本統治時期接納的食物為「日帝殘滓」（日本帝國主義的殘渣）。

二次大戰後的中國餐館——蔑視與懷舊

一九四五年八月，美軍與蘇聯軍以北緯三十八度為界分占朝鮮半島南北。九月起，美蘇兩軍施行軍政，不承認朝鮮人建國。儘管美軍政府宣布十月將引進美國的自由市場，但在一九四六年二月前恢復日本統治時期的配給制度，到一九四七年以前，二戰末期出現的黑市大為興盛繁榮。大量糧食輸入美軍占領地區，軍用罐頭被拿到黑市裡交易，美軍也會拿出糖果和口香糖給朝鮮半島的小孩。

另一方面，戰後北韓的糧食狀況，比南韓美軍占領地區好。這是因為二十五萬名日本兵與外籍居民全部遷到南部，再加上在北部工業地區工作的朝鮮人也回到南部的故鄉，大大舒緩了北韓的人口壓力。

話雖如此，蘇聯軍在北韓經常徵收糧食載走。甚至在一九四六年二月，成立北韓臨時人民委員會（委員長金日成），強化徵收糧食給蘇聯軍。北韓自同年開始利用糧食配給制度作為管理社會工具的同時，徹底執行土地改革，作為向農地改革起步較晚的韓國進行政治宣傳的武器。

在這樣的糧食情勢之下，一九四八年八、九月分別成立了大韓民國（韓國，總統李承晚）與朝鮮民主主義人民共和國（北韓，金日成首相）。建國未久，兩國之間便爆發了韓戰（一九五〇～一九五三年）。韓戰的戰局瞬息萬變，先是金日成獲得史達林和毛澤東的應允，發動北韓軍南侵，接著麥克阿瑟率軍執行登陸仁川戰術，聯合國奪回漢城。隨即中國人民志願軍參戰，中、朝兩軍重新占領漢城，之後聯合國軍再次奪回，接著兩軍戰線隔著三八度線時進時退。

激戰不斷的朝鮮半島，到一九五一年以前已有三百萬人以上淪為難民，引發一場缺糧危機。日本轉眼間就成了美軍、聯合國軍、韓軍的物資供應據點。例如一九五一年春季，日本每天都要空運七噸以上農家生產的洋蔥、萵苣、櫻桃蘿蔔。因而，韓戰也是第一次正式動用到空運補給和冷凍設備的戰爭[61]。

一九四七年時的北韓，華人約有四萬人，但是一九五〇年六月韓戰爆發後，一些淪為難民的華人跨越三十八度線南下。以貿易為主要營生的華人中，大商人移居中華民國（台灣），中、小或零售商人則在各地開起了中國餐飲業勉強謀生。一九五〇年十月，中國人民志願軍加入韓戰，一九五一年一月占領漢城時，也有華人被中國軍抓到送回中華人民共和國。北韓方面從一九五三年開始進行大規模的集團返國，回國的華人高達三萬人。繼而於同年八月起強化經濟管制，不再有華人商人從事餐飲業[62]。

韓國在二戰結束時約有一萬名華人，他們在殖民時期到韓戰期間的生活算是優渥，但後來韓國與中國大陸斷交，再加上韓國政府刁鑽的限華政策，華人進入苦難的時代。從一九四八年大韓民國成立之初，韓國政府便以匯率交易限制與倉庫封鎖令等政策壓制華人的經濟活動。並且不承認外國人名義的貿易商登記，外國人不可擁有農地、林野等，種種限制變本加厲。因此，也有人說在韓華人是「世界上唯一無法成功的華僑」。

在如此嚴厲的管制中，許多華人為了求生存轉業到餐飲業。也因為這種現象，韓國人產生了蔑視中國菜、中國廚師、中國人的心態。直到今日，韓國人還是有視日本料理、廚師為上等；視中國菜、中國廚師為下等的觀念。話雖如此，對當時的韓國平民來說，中國餐館幾乎是唯一可外食的場所，所以中國菜後來也成為懷舊的對象[63]。

韓國的中國菜在一九五〇年代為華人所壟斷。一九六〇年代，在韓國華人的事業整體縮小的傾向中，唯獨餐飲業生意鼎盛。韓國華人經營的中國餐館來到約四千家的全盛期[64]。此時韓籍中國廚師未能增加的原因之一，很可能就在於中國在一九五〇年韓戰爆發之際雙方敵對的惡劣印象所影響[65]。

一九六〇年的四月革命迫使李承晚辭去總統，隔年朴正熙（總統任期一九六三～一九七九年）發動軍事政變（五一六政變），實施軍政。朴正熙政權初期的一九六六年以前，特別獎勵節約，禁止軍公人員出入餐館，所以許多中國餐館停業或是出租店面。

此外，積極投入經濟重建的朴正熙政權，在一九六二年六月實行貨幣改革，十韓圜貶值為一圓（現行的新韓圓），以平息通貨膨脹。但是，貨幣改革後，韓國人的購買力降低，中國餐館更是叫苦連天。之後，韓國政府實行食品的價格限制，白米等糧食的定量販賣制。因此，中國餐館若想照常營業，就不得不到黑市尋找食材。在食材價格狂飆之際，卻不准餐館菜品調漲，所以中國餐館的營業狀況很不理想[66]。

一九七〇年代中國菜的韓國化——又黑又甜的炸醬麵與又紅又辣的強棒麵

一九七〇年代初期前，韓國華人的人口增加約十萬人，但是七〇年代，韓國華人的中國餐飲業卻走入「沒落時代」[67]。一九七〇年朴正熙總統發布的外國人特別土地法，禁止外國人使用五十坪以上的店鋪、兩百坪以上的住宅用地，所以，華人無法再經營大型餐廳。

到了一九七三年，朴正熙政權更進一步發布家庭儀禮準則[①]，以及向中國餐館發出米飯禁示販賣令。雖然因為華人抗議，三個月後就廢止了，但是在高聲呼籲簡樸節約的聲浪下，過去靠著喜宴獲得寵

① 譯注：一九七三年六月一日制定《家庭儀禮準則》、《家庭儀禮相關法律》及《施行令》，以強制性法律來規範家庭儀禮。目的是要求全國簡化冠婚喪祭的家庭儀禮，並進行限制。

大利潤的中國餐館，遭到重大打擊。因而在一九七〇～八〇年代，漢城的雅敘園、大觀園、仁川中華樓、共和春等著名的中餐老店陸續關門倒閉[68]。

一九七〇年代，越來越多華人從韓國移居美國或台灣，韓國華人經營的中國餐館，在一九六〇年代減少了近半數的兩千家上下。同時期韓國華人在美國開的中國餐館約一千家，光是洛杉磯推估就有兩百家以上[69]。另外，日本一九七〇年舉辦大阪萬博會時，出現了中國菜廚師人力不足的情況。由於二戰前，大阪、神戶有很多山東華人經營的中國餐館，似乎是韓國華人來到關西的山東菜系餐館，解除了廚師不足的問題。但當時的韓國華人還保留著中華民國（台灣）的國籍，因為一九七二年日本與中華民國斷交，所以他們必須在短期間內離開日本。

另一方面，韓國人經營的中國菜館是從一九五〇～六〇年代開始出現。一九六三年左右，韓國人開的中國菜館，只有華人中國菜館的百分之五。當時華人經營的中國餐館，會雇用人事成本低的韓國人當助手，以圖增加利潤。但是韓國人學到工夫後就辭職自己開店，以低價經營成為華人餐館的對手[70]。

一九七〇年代初期，一提到中國菜還是處於華人壟斷的狀態。但是一九七六年朴正熙政權執行剝奪華人財產權與教育權的嚴厲政策，所以到了七〇年代末期，漢城的中國餐廳業者主要都變成了韓國人。韓國籍老板開的店面裝潢新穎且乾淨，讓華人店主老舊又骯髒的餐館相形見絀。於是一九七〇年代，隨著韓國人經營的中國餐館增加，端出來的中國菜也越趨於韓國化。舉例來說，強棒麵變得又紅又辣，炸醬麵也變得更黑更甜。炒飯會淋上炸醬麵的黑醬汁，或是附上強棒麵的紅湯[71]。

一九六五年日韓邦交正常化，五年後的一九七〇年，朴正熙總統解禁日本文化，日本料理店隨即快速發展，這讓韓國人覺得日本料理的味道比中國菜更高級。但韓國也有一些民眾對日本料理懷抱著自殖民時期遺留下來的抗拒感、對西餐抱有距離感，還是中國菜吃起來更感親切。如同如今韓劇裡也會出現的場景，政經界的大佬會在日本料理店密談，但反政府活動家，會在愛國的旗幟下到中國餐館聚集，把日本料理評得一文不值。人們把過去中國餐館曾是反殖民運動的基地，以及對朴正熙政權對日本開放的批評聯想到一起，於是中國餐館在培養韓國人民愛國主義的歷史意識方面發揮了不小的作用[72]。

中韓建立邦交與「中國」／「中華」料理

一九七〇年代韓國的中國菜，除了在地化（韓國化）之外，還看得到重要的發展。首先早在一九七〇年代末期以前，韓國的一般家庭就會吃「糖醋肉」（不是糖醋排骨，而是用炸過的牛肉做的糖醋牛肉）、「八寶菜」、「饅頭」（餃子）、「冷菜」、炸醬麵等中國菜了[73]。

此外，從一九七〇年代起，韓國的中國菜為了與一般山東口味的「清料理」有所差別，韓國的高級中國餐廳也會掛上北京、四川、廣東等各地方菜的招牌。至少到現在為止，北京烤鴨已經是北京菜的代表、辛香嗆辣則成了四川菜的象徵[74]。

話雖如此，後來的一九八〇～九〇年代中，韓國的中國餐館發展並不理想。一九八七年，韓國華人經營的中國餐館有九百多家，比六〇年代約莫減少了四分之一，而且全都是中、小型或家族經營的小吃店[75]。一九八〇～九〇年代的韓國，外食產業有所發展，日本料理店的數量增加了六倍以上，但中國餐館只增加了一．四倍[76]。

而後一九九二年八月，韓國與中華人民共和國建立邦交，和中華民國（台灣）斷交。當下部分中國餐館便在宣傳用詞上，將容易聯想到中華民國的「中華」更改成「中國」。尤其是韓國籍店主多會在廣告中用到「中國」二字。相對於此，大半韓國華人在斷交後，依然保有中華民國（台灣）國籍。因此中國餐館的華人業者，還是喜歡繼續沿用「中華」二字，認為這不只代表了中華民國，更是一個能讓人聯想到傳統中國的普遍性用詞[77]。

一九九二年中韓建立邦交以後，韓國民眾紛紛到中國大陸觀光旅行，親自品嚐到當地的料理才發現韓國的中國菜已經做了多少韓國化。而對韓國旅客來說，北京成了最像中國的城市。這一點與當時更喜歡上海的日本人恰成鮮明對比。對韓國民眾來說，北京烤鴨是最純正的中國菜，到北京非得去全聚德吃一頓北京烤鴨不可。

反之，韓國民眾認為廣東菜是異國食物，不太像道地的中國菜，因此在韓國並不流行飲茶餐廳。這一點也與日本在一九八〇～九〇年代，從橫濱中華街的聘珍樓等開始流行點心的狀況互為對照。一九九〇年代的漢城，北京全聚德、天津的狗不理、香港的蓮花園等餐館也都在中產階級的居住區附近開起了分店，樂天飯店也從台灣、中國大陸聘請廚師，嘗試提供正宗口味的中國菜[78]。

另外，移居美國及台灣的韓國華人在一九七〇年代前開始回到韓國，他們重開的餐廳強調是「山東」菜，而不是「中華」或「中國」，刻意設計出樸實的農民風中國菜，定下比上等高級料理還高的價位。這種中國菜館喚起了韓國民眾過去的回憶，讓人產生這才是道地中國菜的印象。懷舊的山東菜館在中產知識分子之間大受歡迎，他們會帶著孩子，到這裡說些韓國的老故事。在這種風潮中，糖醋肉被重新定位為勾起鄉愁的食物，許多中國菜館，包含連鎖店在內都將它當成重點菜[79]。

炸醬麵的誕生——仁川共和春與炸醬麵博物館

炸醬麵（圖2－28）是一種淋上「炸醬」的麵食。炸醬則是先往大豆等材料做成的黑味噌裡添加焦糖製作成春醬，再用它來翻炒洋蔥或豬肉等餡料炒製而成的醬料。

炸醬麵如今已成為韓國的「國民美食」之一。不論大宴小酌，還是家族、朋友聚會，都會在用完餐點之後、喝咖啡之前，端出一碗炸

圖2－28　共和春的炸醬麵（2020年）。

醬麵，並搭配泡菜、醃黃蘿蔔、洋蔥（稱為「yangpa」，直接吃或沾醋、春醬或甜麵醬）等配菜；儼然已成為固定的韓式中國菜吃法了。直到近年，街頭的中國菜館即使只點了一碗炸醬麵也願意外送，這樣的方便性也讓它與韓國平民的生活更加緊密[80]。

炸醬麵源於仁川港碼頭工人的吃食，最早應該是在一九〇七～一九〇八年，出現在仁川山東會館的食堂菜單裡。該食堂在辛亥革命促成亞洲第一個共和國——中華民國誕生的一九一二年，改名為寓有「共和國的春天到了」之意的「共和春」。一九一四年，日本朝鮮總督府廢除中國租界時，仁川的華人社會一時陷入蕭條。不過從一九二〇年代中期開始，許多移民工人從山東流入朝鮮，一九三〇年代前出現了為數眾多的中國餐館。共和春等老字號也因政經界名人和地方大佬的光顧而興隆，但還是在一九八三年倒店[81]。

不過一九九二年，中韓兩國建立邦交以後，仁川與釜山兩個地方政府重新開發中華街，帶動了中華街觀光客人數的增加，但也招致浮濫開發的罵名。到了二〇〇四年，韓國籍老板取得「共和春」店名，在重新開發中的仁川中華街中心地帶重新開張[82]。另一方面，原共和春的舊店面經過改裝，自二〇一二年起搖身一變成為炸醬麵博物館，重現炸醬麵歷史的多種場景來吸引人氣。

韓式炸醬麵剛推出時，有段時間主要還是華人在吃，朝鮮人幾乎都沒吃過。中國餐館也未把炸醬麵當成主要的招牌菜。炸醬麵第一次登上報紙，成為朝鮮中國菜之一，是在一九三六年二月十六日的《東亞日報》（晚報三版最下層）東亞日報社學藝部主辦的第三屆全朝鮮男女專門學校畢業生家長會的〈大會餘記〉中提到「我們吃烏龍麵、吃炸醬麵、吃冷飯，教育你們」。

在一九四〇年前後，只要去到城市就能看到中國餐館。炸醬麵則是與強棒麵一樣，都是在接待遠道而來親戚等特殊場合或節日才會吃的高級外食。當時吃炸醬麵算得上是一種炫耀[83]。

炸醬麵的多樣化、附加價值化、國民美食化

圖2－29　獅子牌春醬（仁川的炸醬麵博物館）。

第二次世界大戰後的一九四八年，山東華人王松山在漢城創立「永華醬油」工廠，配合韓國人的口味在醬料中加入焦糖（白砂糖加熱黏稠褐化而成）製造出帶甜味的「獅子牌春醬」販賣銷售（圖2－29）。此舉也成為炸醬麵廣受歡迎的關鍵[84]。

一九五四年，韓國與美國修訂《相互安全保障法》（*Mutual Security Act*, MSA，一九五一年～），插入四〇二條，規定以一定比例的援助金額抵付美國剩餘的農產品。同年美國議會制定《剩餘農產品處理法》（又稱美援四八〇公法），內容包含可無償提供美國剩餘農產品用於援助國的學校營養午餐[85]。藉由此法案，美國無償供給日本和韓國學校營養午餐用的麵粉，

吃麵包因而流行開來。更重要的是，美國無償提供小麥援助，還成為了日本拉麵、韓國炸醬麵、台灣牛肉麵（第一部第五章）得以普及，進而成為國民美食的一大契機。

在韓國，一九六三年就任總統的朴正熙推動粉食獎勵運動，促進小麥食品的消費。此後，炸醬麵、強棒麵、烏龍麵都成為中國餐館常規的大眾化菜式。進而到一九七〇年代前，炸醬麵必定色黑和味甜的印象已然牢不可破，甚至還會加入焦糖狀的人工色素。

此外，炸醬麵到一九七〇年代為止，一直是政府管制價格的對象。因而自一九六四年美國政府不再無償提供小麥開始，中國餐館為了壓低成本，在炸醬麵裡加入馬鈴薯。小麥等原物料價格上升期間，於一九七五年應漢城中華飲食業公會的要求，爭執二月餘的結果是漢城同意炸醬麵漲價。但這次的爭論也引發社會對華人的反感[86]。

一九八〇年代，炸醬麵更加大眾化，市面上推出了炸醬麵再加工的「炸醬義大利麵」（Chapagetti，一九八四年～〔農心〕）、「炸醬義大利麵」（一九八五年～〔三養〕）等速食食品，如同辛拉麵（一九八六年，農心發售）一樣，隨時都吃得到。

一九九〇年代起，炸醬麵又有了更多樣化的口味，發展成由韓國人開發、韓國人消費的韓國料理。例如「四川炸醬麵」（加了辣醬的炸醬麵）、「古早味炸醬麵」（懷舊風的炸醬麵）、「宋炸醬」（用手打麵做的炸醬麵）、「大盤炸醬」（裝在大托盤中幾個人一起吃的炸醬麵）等獨特的口味改良紛紛出籠。甚至還出現了與情人節、白色情人節無緣的年輕男女，相約穿著黑衣服吃黑色炸醬麵的「黑色情人節」（black day）。

炸醬麵在韓國電視劇、電影中也頻頻出現，二〇〇〇年初期甚至發行了名為《炸醬麵》的漫畫，描寫人們在韓國受一九九七年亞洲金融危機的影響，面臨財政危機和經濟蕭條的大環境下，必須做炸醬麵來維持生計，或是得吃便宜的炸醬麵才能存活下去的故事[87]。

二〇〇六年，韓國文化部選定炸醬麵為「百大民族文化象徵」之一。於是，炸醬麵名副其實地成為韓國的「國家代表食品」。市面上出版了很多關於炸醬麵的書籍，炸醬麵很可能是著作品數量僅次於日本拉麵的「國家代表食品」。

而炸醬麵也已成為不論海外韓國華人，或韓國人經營的中國餐館、韓國菜館都看得到的料理，這也是韓國人在國外核實自身國家認同的食物。例如，一九七〇年代末期，韓國的山東華人移居洛杉磯或紐約，在韓國城或其附近開起中國餐館，提供炸醬麵和糖醋肉。夏威夷的基亞摩克街（Keeaumoku Street）原本是日裔人的社區，一九七〇年代開始卻變成韓國街。韓國的山東華人在那裡經營的中國餐館，也有提供黑色的炸醬麵和紅色的強棒麵。

此外，台灣新北市永和區的中興街形成韓國華人的社區，曾經開在那裡的韓國式中國餐館也供應過附泡菜和醃黃蘿蔔的炸醬麵。說到這裡，台灣二〇〇四年受到韓劇《大長今》播出的影響，掀起一陣韓國料理旋風，新開張的韓國餐館都會推出「韓式炸醬麵」（拌入韓式黑色炸醬）。此外，東京新大久保的韓式中國餐館、北京韓國人或中國朝鮮族經營的餐廳，也都吃得到炸醬麵[88]。

日本的殖民統治的確延緩了朝鮮料理的形成與發展，殖民地的日本人對宮廷御膳的神仙爐、泡菜、雪濃湯、烤肋排等都給予很高的評價。但直到大韓民國建國、韓戰也休戰一段時間後的一九六〇年代，以宮廷御膳為首的朝鮮料理才得到保護和體系化。

而在朝鮮菜館之外，中國菜餐館備受殖民時期民族活動家，和發展性獨裁政權下反政府活動家的愛戴，這一點頗耐人尋味。但日本的朝鮮總督府並沒有直接壓迫華人的中國料理業者。大韓民國向華人實施的嚴苛經濟政策對朝鮮半島中國菜發展緩慢帶來的影響，比日本殖民統治造成的影響還要來得更加深遠。

若把韓國跟日本的中國菜放在一起比較，就會發現韓國找不到老字號中國菜餐館，因此高級中國菜的水準直到近年都還落後日本一大截。二十世紀初期，大韓帝國與日本統治時期的漢城與仁川有幾家大型高級中國餐廳開張，但絕大多數在一九七〇年代就紛紛結束經營了。

另一方面，平民取向的中國菜也豐富了二十世紀朝鮮、韓國的飲食文化。炸醬麵、強棒麵、糖醋肉等源自中國的菜品，主要經由韓籍老板與廚師之手改良成發展獨特的韓國式料理，像胡餅這樣既便宜又好吃的食物廣泛流傳開來，深深地在韓國日常生活中扎根。如同日式中國菜裡缺少不了拉麵和煎餃一樣，這樣的變化也賦予了韓式中國菜美味而獨特的魅力。

第七章　印度——紅褐色的四川醬

英屬印度帝國的華人與雜碎

南亞近年來也開始興起了應該稱之為印度式中國菜的風潮。東京個人經營的印度餐廳，也會在菜單裡加入炒飯、炒麵、雜碎（勾芡的炒麵），以及菜名冠上「四川（Schezwan）」的辣味魚或雞肉料理等[1]。

這種印度式中國菜，似乎在中印關係惡化導致華人人口減少之後，從城市年輕人之間流傳開來的飲食文化。但無奈的是目前的研究付之闕如，不管是其歷史還是現狀都不知其詳。不過在論述中國菜的世界史之際，它仍是今後必須研究的重要主題，所以筆者想就目前已知的狀況進行一番簡要介紹。

一七五七年，英國東印度公司（設立於一六〇〇年）在普拉西戰役①（Battle of Plassey）中戰勝法國，之後與印度各地的地頭勢力作戰，擴大統治領域。華人最早進入印度次大陸東部距離中國較近的加爾各答，

① 譯注：印度孟加拉王公在法國支持下，與英國東印度公司之間的戰爭。當時英法兩國在歐洲正處於七年戰爭之中。

是在一七七八年，據說加爾各答南方約三十公里的村莊裡，還留有最早期華人的墓地[2]。一八五七年英國東印度公司鎮壓印度爆發的印度叛亂，在翌年的五八年促使蒙兀兒帝國覆滅。一八七七年，維多利亞女王就任印度女皇，成立印度帝國。於是大清的商人和造船工等人為尋求經濟機會，紛紛來到英屬國際城市加爾各答與孟買。

不過如今住在加爾各答的華人祖先，大多是二十世紀前期中華民國時期移民過來的華人[3]。一九二〇年，印度第一家中國餐館「歐州酒店」是廣東省梅縣移居加爾各答的華人家族所開設。二戰之前，加爾各答開設了多家中國餐館，最有名的就是這家「歐州酒店」和「中華酒樓」。除了加爾各答之外，孟買、馬德拉斯（現清奈）、大吉嶺等地也都有中國餐廳[4]。

二戰期間，印度的中國餐廳進入一個巔峰期，加爾各答和孟買、喀拉蚩等地的廣東、北方（北京、天津）、江蘇、浙江等菜系的餐館與茶館，共計約一百五十家左右。很多華人在這個時期，從日軍進攻的東南亞各地逃到印度避難[5]。

尤其加爾各答在一九一一年以前，一直肩負著英屬印度帝國首都的作用，後來也成為經濟重鎮。二戰期間更是聯軍的基地和中國遠征軍的駐守地。一九四二年，蔣介石、宋美齡夫婦前往會見甘地，國民政府的要員也經常親訪，所以加爾各答吸引了很多華人前往[6]。當時加爾各答和孟買的中國餐館具有國際性，有些店家甚至還擁有與中英敵對的日籍常客[7]，當然也有很多餐館是專做增援的聯軍人員生意[8]。

因而可以想見，美國的代表性中國菜——雜碎，早在二戰期間就已經傳入印度。如戰後的一九五一年，往返印度加爾各答與日本的英籍大型客貨船「桑格拉」（Sangola）就有「浮在海面的美食天堂」的美稱。乘客的早餐和午餐可以選擇不同國籍的餐點，有培根蛋、雜碎，以及巴基斯坦・果亞・印度式烹調的三種咖哩等餐食可以任選[9]。

特別值得注意的是，英國籍客船的餐點中，與英國、印度（巴基斯坦、果亞）分庭抗禮的中國餐點，是英美式的雜碎。這現象顯示雜碎是從美國傳到英國，再傳入印度的可能性很高。

第三部第一章將會詳細提到，雜碎在一八八〇年代前於美國誕生，而後倫敦到了一九二〇年代也吃得到各種口味的雜碎，成為二戰時期美軍食堂中不可或缺的一道菜品。雜碎在印度廣泛普及開來，並且時至今日都認為這是來自美國的中國菜。筆者在東京西大島的南印度餐廳「馬哈拉尼」，就曾吃過「American Chop Suey（印度風勾芡炒麵）」。

唐人街的衰退與中國菜的興盛

英國在一九四七年承認印度、巴基斯坦兩國的獨立，成為英國聯邦內的自治區，印度在一九五〇年，巴基斯坦在一九五六年成為共和國。於是，印度的華人人口在一九五〇年代一度達到接近最高峰的六萬人[10]。當時從共產化的中國逃到加爾各答的華人開了中國餐館，一間廣東籍家族開設的「南京」飯館遠近馳名[11]。一九六〇年左右，印度的中國餐館在加爾各答、孟買等大城市約有三十多家，擁有暫居印度的歐美人、印度的中上層階級人士、華人等多元客群。當時印度的中國菜，以廣東菜和河北菜（冀菜）為主[12]。

但一九五〇年代後半，由於國境問題和西藏動亂導致中印關係惡化，一九六二年爆發中印國境糾紛。於是不再有新的華人移民來到印度，許多華人從加爾各答等地移民到加拿大多倫多、美國、香港、澳洲、歐洲[13]。英國BBC紀實節目就曾尋訪唐人街一位傳說中的製麵高手，透過拍攝該位女性來還原一九六二年以後加爾各答華人的困境[14]。

直到一九八八年拉吉夫・甘地總理（任期一九八四～一九八九年）訪中以後，中印兩國才重新開啟領袖層級的交流，並在之後持續擴大商貿為主的交流。話雖如此，但礙於雙方國境問題、中國與印度敵對的巴基斯坦之間的關係等因素，印度依然對中國抱持強烈戒心。

加爾各答在如此情況之下，於一九九〇年代以後加強環境管制，許多皮革工廠因而停業，轉換跑道到中國餐飲業。此外加爾各答也計畫將唐人街重新開發為觀光區。不過，商店歇業和華語學校廢校依舊，加爾各答的華人街逐漸縮小[15]。

但與加爾各答唐人街的沒落恰成對照的是，印度式中國菜卻以大城市為中心擴展開來。依據二〇一七年的數據調查，印度三十六個城市的五萬四千一百零三家餐廳中，有兩萬三千零二十五家店（百分之三十七．六）提供中國菜。印度式中國菜的特徵在於使用南亞常用的辛香粉末和馬薩拉（多種辛香料磨粉混合而成），以及使用當地的食材。綜合大蒜、薑、醬油、辣椒的味道，成為印度人都能接受的中國風味，讓印度的中國食物有了自己的獨特性。

印度式中國菜裡的炒飯或炒麵等菜餚，都會因為混合了醬油、辣椒、辣醬而帶著紅色或棕色。在印度，人們認知中的中國菜特色就是紅棕色、辛辣而油膩。帶著濃郁蒜香和紅辣椒風味的「四川醬（Schezwan sauce）」（四川念成「謝川」，而非「四川」）更是印度獨有的調味料，相當受到歡迎。印度式中國菜很少用到魚或肉，家禽肉類也只使用雞肉[16]。

另外，在印度，書、龍、提燈、中華炒鍋、中國寺廟、肥胖的華人廚子、碗筷、佛像、許多長相似華人的東北印度員工等人事物，經常會成為中國餐館的象徵，此外，將菜餚裝到碗裡，而非扁平的盤子上面，也是印度式中國菜的一大特色。碗和筷都是中國或曾受中國文明影響的地區（日本、朝鮮半島、越南）常用的餐具[17]。

印度和中國一樣都是人口眾多、領土廣大，又擁有多元民族，本身的飲食文化還對東南亞及全世界產生重大影響。印度獨特的中國菜能夠如此廣泛普及，這本身就是一個十分有趣的主題，令人期待今後的研究。

就筆者自身來看，中國菜普及於印度的過程中，英國殖民統治、美軍和當地的餐館老闆等非華人，起到了相當大的影響力。

接下來的第三部，我們將把目光從亞洲轉向歐美，將焦點放在歐美人士如何看待華人和中國的民族情感，以及他們對中國菜的社會態度及其關係。同時也看看中國菜在各國是如何普及的。

第三部

Part Three

歐美的種族主義與亞洲人的中國菜

第一章　美國——從雜碎到熊貓快餐

美國人的對中情感與飲食文化——茶和牛肉的象徵性

美國種族主義式的反中情緒，以及和中國人有所共鳴的心情，可以說是雙雙交錯產生的。本章後面會提到，美國人的反華人、反中國情緒在一八七〇至一八八〇年代到達高峰，帶動了一八八二年《排華法案》的制定。另一方面，就美國形成親中民族情感的時期來說，可以例舉出：淘金熱以前的十九世紀初期、簽訂《中美天津條約續增條款》（蒲安臣條約）的一八六〇年代、李鴻章訪美的一八九〇年代、中國作為美國盟軍參與第二次世界大戰的一九三〇至四〇年代、尼克森總統訪中準備建立美中邦交的一九七〇年代等時間段[1]。

美國在一七七六年發布美國獨立宣言，經歷與母國英國的戰爭，於一七八三年簽訂《巴黎條約》，達成政治上的獨立。獨立戰爭過後，不仰賴英國而直接從中國進口茶葉，也成了美國獨立的一種象徵。

一八二〇年代以前，美國一般家庭也都已廣泛使用茶葉和青花瓷器。十九世紀中葉的美國企業家及政治家也都認同中國有可能成為民主的貿易對手國[2]。

美國人獨立後的一世紀間，在肉類和砂糖的消費量上出現比英國人多的傾向，但也並未從英國飲食文化的傳統裡得到解放。到一八六〇年為止，對盎格魯・撒克遜裔的美國人來說，豬肉是主要的食用肉，這讓美國甚至有了「豬肉共和國」（The Republic of Porkdom）之稱。

但到了一八八〇年代，冷凍貨車運輸系統完善且牛肉降價之後，白人們開始推崇牛肉而鄙視豬肉，按牛、羊、雞、豬的順序為食用肉做出排名。能夠盡情享用豐盛的牛肉，讓美國人開始相信自己的飲食生活過得比歐洲人更好。豐盛的牛肉成為白人的美國夢之一，也成為美國民主主義的象徵。但豐盛的牛肉並不意味著就能創造出更多樣的烹調方法，很長一段時間，牛肉的主要菜色多是大塊牛排、燉牛肉、漢堡[3]。

淘金熱與南北戰爭時期的華人

十九世紀到一九三〇年左右，世界走向大規模移民的時代。這個時期，累計約有四千兩百萬人從歐洲移居到新大陸。尤其是美國加州和澳大利亞掀起淘金熱潮的一八四〇至五〇年代，愛爾蘭和德國卻因農作欠收而蕭條，所以有一百五十萬人搭船前往新大陸。印度在一八九〇～一九二〇年之間，也約有一千兩百萬人離鄉背井，到錫蘭和東南亞打工，其中約九百萬人返國。中國東北（滿洲）也自十九世紀前期開始大遷徙，人數累計約有四千萬人。繼而在一八六〇年代以後，隨著開放海參崴港、闢建東清鐵路，以及開發建設旅順、大連等殖民城市，不僅吸引了俄羅斯人、漢人，就連朝鮮人與日本人也都來到滿洲。

一八九一至一九三八年移入東南亞的華人共一千四百萬人以上，其中多數屬於勞工性質，有八成以上之後回國；但據推估，一九三〇年代後半大約有六百二十萬名華人移民至東南亞。概略來說，這個時期的世界資本主義體系從歐洲擴散到新大陸，以及亞洲在內的周邊地域，到處都形成勞動力市場吸引廉價的勞動力[4]。

比起日本等地，美國的中國菜歷史，與華人的歷史有較大範圍的重合之處。以「雜碎（chop suey）」為代表的美式中國菜，對華人來說是在排華時期謀生的一種工具和策略，可謂是華人以創造性適應美國社會的一種象徵[5]。有一說認為最早一批中國移民是在一八〇八年來到美國，但根據實際紀錄，美國移民局最早的入境紀錄是一八二〇年[6]。即使以後者為準，距離一七七六年美國發布獨立宣言，也不過是四十四年後的事。

而原本為西班牙屬地的加州，因美墨戰爭而在一八四八年二月二日從墨西哥割讓給美國。不過就在合約簽署的九天前，也就是一月二十四日，加州的薩克拉門托谷發現了砂金、金塊。一八四九年以前，加州掀起了淘金熱，華裔移民也蜂擁而來。「四九人（fourty-niners）」指的就是最早趕上淘金潮的人。薩克拉門托谷的金山在一八五〇～一八五九年間，大約吸引了七萬廣東人到來，其中約有半數都留在了美國[7]。

一八四九年起，舊金山開始出現中國餐館，據傳美國第一家中國餐館是「廣東酒樓」[8]。一八五〇年代，舊金山開始形成被稱為「小中國」的華埠。這裡原先是「四九人」度過冬季不淘金時期，停放馬車、投宿、飲食、遊樂的基地營發展起來的。

然而一八五二年起，因為煤礦地區混亂、經濟威脅、與民主主義原則不相容，以及不衛生、帶入疾病等理由而引發了反華情緒。中國餐館不只賣中國菜，也提供牛排、火腿、雞蛋等基本菜品，但卻並未如願得到美國顧客的青睞，上門光顧的顧客主要還是華人[9]。一八六〇年代，借香港、上海著名的廣東菜館「杏花樓（Hong Fer Low）」（一八四六年作為香港最早的茶樓〔茶館〕開張[10]，一八五〇年代也在上海開立同名店鋪）之名，在舊金山開設中國餐館（經營到一九六〇年代）。名為「杏花樓」的中國餐廳，後來也開設在波特蘭、波士頓的唐人街中心[11]。

一八六三年南北戰爭中，林肯總統（任期一八六一～一八六五年）發表解放奴隸宣言。而後共和黨激進派議員們領導戰後重建期的政治，摸索包含華裔移民在內的新國民統一形式。結果就是一八六八年，美國與大清簽訂《中美天津條約續增條款》，中美雙方互相承認兩國國民自由往來，也獎勵接納基於自由意志的中國移民。再加上南北戰爭前加州嘗試對華人苦力制定歧視性法案，也因為違反《中美天津條約續增條款》獲判違憲而遭到撤銷。

然而南北戰爭後的激進政治並沒有維持太久[12]。舉例來說，創建中央太平洋鐵路公司的企業家利蘭・史丹佛（Leland Stanford，一八二四～一八九三年），最為有名的事蹟，就是開設史丹佛大學紀念早夭的兒子。史丹佛也是第一位成為加州州長的共和黨政治家，一八六二年在就任州長的演說中，做出了煽動白人勞工擴大反華情緒的發言，之後他便成為白人的捍衛者。

當時加州的共和黨和民主黨都爭相表明反中國的立場，到一八七六年為止，兩黨都把反中國的條目放入政治綱領之中。但史丹佛在建設鐵路上，其實雇用了大批華人勞工，也很愛吃中國菜，聽說他還經常到舊金山有名的中醫館就診[13]。

十九世紀的反華情緒與中國餐館的困境——一八七〇～八〇年代

大清最早派到美國的常駐使節，是一八七八年到華盛頓就任並設置公使館的第一任駐外公使陳蘭彬（任期一八七五～一八八〇年）。舊金山在次年的一八七九年設立領事館，一八八二年成立中華會館，一九〇七年成立中華總商會前身的金山中華商務總會。一八八二～一八八五年擔任舊金山總領事的黃遵憲，曾與當地華商組織中華會館等活動，熱心參與華人社會，認為在外使館處理「僑務」（與華人相關的業務）為內政的延伸[14]。

但另一方面，一八七〇至一八八〇年代，也是《被遺忘的對華裔美國人的戰爭》（珍・菲爾策〔Jane Pfaelzer〕的書名）展開的時期。例如一八七一年，洛杉磯爆發反華人暴動，造成十九名華人身亡。一八八五年發生美國史上最慘烈的種族暴動之一「石泉城大屠殺」，五十一名華人遭到殺害（死亡人數眾說紛紜）。美國的小城區截至一八六〇年代都曾形成華埠，但在七〇年代後消失，華埠成了僅限於大城市的存在[15]。

一八七五年，美國制定了第一道限制移民的法律《佩奇法案》（*The Page Act*），禁止亞洲的賣春婦女及受威逼的勞工入境。一八七〇年代，在市或州等地方層級也增加了差別對待中國勞工的律法制定。

而後在一八八二年，制定了禁止中國勞工（商人或留學生除外）入境的「中國人登陸限制法十五條」，這便是眾所周知的《排華法案》。這是一向堅持自由移民原則的美國政府，首次針對特定國籍移民制定的移民限制立法，也是美國移民政策史上帶來轉機的法案。從中國跨海到美國的移民，在一八八二年到達高峰，然後逐漸減少，自一八九〇年到一九二〇年左右，美國的華人從十萬多人減少到六萬多人[16]。

美國這種排華的舉措，也被周邊正在經歷民族國家化的鄰國拿來做參照。加拿大在一八八五年，澳大利亞在一九〇一年，墨西哥在一九〇八年，秘魯在一九〇九年也陸續成立直接或間接的《排華法案》[17]。

日本由於薪資水準與當時的中國差距不大，所以並不像美國那般有大批華人勞工流入國內。甚至在中國勞工遭受美國排斥之際，許多日本人也因為相同的理由移居美國或夏威夷，代替華人成為勞工。話雖如此，日本也在一八九九年限制中國勞工在日本就業。再加上中國受到自一九二一年開始發生的自然災害、戰爭、經濟蕭條影響，大批中國勞工流入日本，因而從一九二四年起，又加強取締中國勞工入境日本[18]。

回歸正題，中國餐廳在十九世紀的美國，可以說是相對低迷。舊金山的華人人口從一八六〇年的三千人不到，增加至一八七九年的三萬多人，形成北美最大的華人社群。而南北戰爭之後，舊金山的白人人口激增，為接待住旅館的單身開拓者、中產階級家庭、觀光客等客群，各式各樣的餐廳林立，生意興隆。

儘管如此，中國餐館數量仍舊成長緩慢，一八八二年地址簿中華人洗衣業者有一百七十五家，相較之下中國餐館只有十四家。一八七〇至八〇年代，舊金山的白人又拒上中國餐廳。總歸來說，可以從中看出華人的洗衣業能做非華人的生意，但餐飲業只能做華人生意[19]。

十九世紀末中國菜普及的徵兆

然而，當時美國對華裔移民有了新的看法，認為他們比他國移民優秀，尤其是對華人廚師的評價也開始看得出好轉的徵兆。舊金山的唐人街很快就成為白人城市觀光的目的地，到了十九世紀結束之際，唐人街終於成為了一個向非華人傳播中國菜的場所。

例如，一八八〇年，拉瑟福德・海斯總統（Rutherford Hayes，任期一八七七～一八八一年）是第一位光臨唐人街的美國總統。一八八〇年代前半，前總統尤利西斯・格蘭特（Ulysses S. Grant，任期一八六九～一八七七年）與家人、英國女明星莉莉・蘭特里（Lilie Langtry）及其男友等許多名人都曾造訪舊金山唐人街的中國餐館。但實際上只喝茶，不吃中國菜的人似乎也為數不少[20]。

十九世紀結束前的美國，常利用中國餐館在地區社會建立良好關係，例如舊金山的華人企業和社群領袖，常常會招待有權勢的白人參加中國菜的宴會，力圖與加州市民、公家人士保持良好關係。繼而，在一八七〇年代末前，紐約也形成了僅次於舊金山的美國第二大唐人街。紐約的華人在一八九九年六月在中央大廈（Grand Central Palace）舉辦中國節，展示約一百種中國食品[21]。

此外，芝加哥的唐人街，也是華人躲避美國西岸的歧視與暴力之際，會選擇的目的地之一。那裡不只成為華人同化運動和獲取權利運動的據點，也明顯展現出支持清朝政治改革運動的動向。

一九〇六年，陳宏勳（Chin F. Foin）在芝加哥開了「瓊彩樓（King Joy Lo）」。陳宏勳曾在一八九九年於加拿大的維多利亞，為康有為設立的改革派政治團體「保皇會」提供活動資金，所以瓊彩樓的開幕典禮，康有為也有出席。陳在一九一一年又開立芝加哥後來的名店「滿大人客棧（Mandarin Inn Café）」，這家店呈現東方異國情調的同時，又提供炒雜碎、炒麵（chow mein）以及西餐[22]。

李鴻章與雜碎的傳說

甲午戰爭戰敗一年後的一八九六年夏天，李鴻章（圖3—1）啟程前往美國（紐約→西點軍校→費城→華盛頓）和加拿大（多倫多→溫哥華）。訪美的主要目的是強化對美關係、抗議一八八二年制定的《排華法案》和中國移民勞工的待遇。

據說，李鴻章是第一位在美國受到名士待遇，或「貴族款待（royal reception）」[23]的中國人。李鴻章這趟訪美之行促進了中國在北美的地位提升[24]，因而，美式中國菜「雜碎（chop suey）」是在此時發明出來的說法，也就成了廣為民眾採信的坊間傳聞。

圖3－1　李鴻章。

雜碎是將豬、雞肉或火腿等肉類，與洋蔥、香菇、豆芽菜等蔬菜一起拌炒，加入高湯煮滾，再用太白粉勾芡的一道菜，可以直接吃，或是淋在麵條或白飯上享用。雜碎可謂是一九〇〇～一九六〇年代美式中國菜的代名詞[25]。

美國的中國餐館常被稱為「雜碎店」、「雜碎餐廳」、「雜碎館」，而且中國餐館的店名裡也會加上「雜碎」二字。比如，在一八九八年夏威夷併入美國之前的一八七九～一八八三年於夏威夷度過少年時光的孫文，有家很喜歡去的「和發（Wo Fat）」餐廳，後來就改名成了「和發雜碎（Wo Fat Chop Suey）」[26]。

雜碎的起源有兩種說法，一是十九世紀從事大陸橫貫鐵路工程的華工廚師想出來的。另一種則是李鴻章一八九六年訪問紐約時，身邊陪同的廚子想出來的點子。後者的說法表示，李鴻章在造訪美國的旅途中，主辦宴會招待美國賓客，讓自己的廚子下廚準備。於是廚子端出一道用可口的醬汁拌炒芹菜、豆芽和肉的菜，最後賓主盡歡，這就成了雜碎的源頭。後來雜碎大為風行，一路從紐約流行到舊金山的中國餐館[27]。

但雜碎從一八八〇年代起頻頻登上美國的報紙、雜誌[28]，繼而一八八九年發行的食譜書《餐桌（The Table）》將加了豬肉的雜碎，列為典型的「香港菜單（Hong Kong Menu, China.）」之一。而《餐桌》的作者亞歷山大・費里庇尼（Alexander Filippini，一八四九年生於瑞士）曾在紐約高級餐廳老店戴爾摩尼科（Delmonico's，一八二七年創業）當過大廚。

《餐桌》在香港（中國）的菜單中特別強調米飯和菜，也舉出了魚翅和燕窩等菜品。在「橫濱菜單（Yokohama Menu, Japan.）」則列舉了生魚片、煮魚、照燒、鹽烤等多種魚料理，也介紹了醬油和酒。另一方面，在「韓國菜單（Corea Menu.）」卻舉出美式中國菜「炒麵」等料理，記述韓國很愛追逐中國的流行[29]。也就是說，早在一八八〇年代以前，費里庇尼就對雜碎和炒麵十分熟悉，也相信這些菜在中國、韓國是很普遍的食物。

而一八九六年八月至九月，雜碎二字出現在報導李鴻章出席酒會的《華盛頓郵報》及《紐約新聞報》標題上。但顯然它與李鴻章並沒有什麼關連[30]。

另外，李鴻章曾接受《紐約時報》的採訪，表示《排華法案》是非常不公平的法律，他強烈控訴：「低廉的勞力意味著便宜的商品，而且是價格實惠的好商品。你們美國人以自由為傲，但這也能叫作自由嗎？」[31]由於他如此主張，所以坊間流傳李鴻章曾多次前往唐人街，也吃過雜碎[32]。但實際上，他從未到過唐人街。大清歷代駐美國的出使大臣（駐外公使）幾乎都是李鴻章的人脈，他們從一八八二年《排華法案》成立當下就頻繁地向李鴻章傳遞消息[33]。因此李鴻章十分了解美國將華人視為劣等人種的態度，並沒有與華裔美國人交流[34]。

說到李鴻章國外訪問的餐飲問題，還有另一個有名的傳聞。一八九六年八月，李鴻章來到前往紐約的前一站倫敦之際，一位舊識將領的遺屬送給他一隻寵物犬。但李鴻章誤以為那是食用犬，因而寫了封提到「年紀老邁飲食少進，能品嚐珍味珍貴可喜。」的感謝函過去[35]。這則看起來煞有介事的故事，並無史料上的根據，跟雜碎的故事一樣，都是有關李鴻章的坊間傳聞之一罷了。

另一方面，一八九六年李鴻章訪美期間，許多紐約人走進唐人街，享受異國情調的中國文化，紐約市長威廉・史壯（William Lafayette Strong，任期一八九五～一八九七年）也是其中之一。他在一八九六年八月造訪華埠的消息廣為流傳，帶動了中國餐館、商店的繁榮。

中國餐館礙於對華人種族歧視的限制，不能販賣利潤高的酒飲，只能繼續提供茶飲。話雖如此，對在美華人來說，李鴻章的這趟訪美之行，繼洗衣業之後又為他們提供了另一個餐飲業的職業機會[36]。一九〇〇年一月二十九日《紐約時報》的市內資訊指出中國餐館急遽增加，已到了「瘋雜碎」（"chop-suey" mad）」的狀況[37]。

而據一九〇三年訪美的梁啟超記述，光是紐約就有三～四百家雜碎館，放眼全美則有三千名以上的華人以此維持生計。雜碎館的菜單上面大大寫著「李鴻章雜碎」、「李鴻章麵」、「李鴻章飯」等中國人不會點來吃的菜名。梁啟超觀察到「西洋人崇拜英雄的特性與獵奇的個性，孕育出了這種食物[38]。」也就是說，在美華裔餐廳經營者，把一八九六年訪美而聲名大噪的李鴻章名字，積極運用到了生意上[39]。李鴻章的私廚想出雜碎的傳聞，恐怕也是在這些中國餐館商業宣傳促銷下的產物。

雜碎後來成為摩登的美式中國菜流傳到世界各地，也於一九二〇年代傳入日本銀座的亞斯特（Aster）和京都濱村餐廳的菜單（第四部）。但美國早在這個時期以前，就已經漸漸有人存疑雜碎並非道地的中國菜，而是源於美國本土為美國人想出來的菜品。因此到了一九三〇年代，許多美國的中國餐館還必須在雜碎之外擴大菜單的範圍[40]。

《排華法案》、「排日移民法」與亞洲主義、黃禍論

美國進入二十世紀以後，還是繼續嚴格限制華人及亞洲人移民。一八八二年制定的《排華法案》，本來是有十年時限的立法，但一八九二年與一九〇二年採取延長措施，最後在一九〇四年通過無限期延長。這也成為一九〇五年，中國城市發起美國商品拒買運動的導火線之一，但此舉也使得美國反中情緒高漲[41]。

此外，駐美日本大使館的努力也徒勞無功，一九二四年美國聯邦議會通過的移民法（《詹森—里德法令》（Johnson-Reed Act））增加了全面禁止「無法歸化的外國人」（包含日本人）移民的條款。實際上，移民法只適用於離鄉工作之人，商社高階人士和外交官並不在此限，儘管如此，日本還是大受衝擊，將其稱為「排日移民法」，日本全國反美情緒越演越烈[42]。

其實早在五年前的一九一九年，日本就已經在巴黎和會上提案，要求在國際聯盟盟約中添加廢除人種歧視的條文。但是白人優越主義強烈的澳洲事先與英國私下達成共識，提案最後遭到了否決[43]。此時，日本的輿論也大力鼓吹撤銷種族歧視的要求，但中國的知識分子也注意到，日本的提案是為了在國際社會成為「一等國家」，將其他亞洲國家拋在後面[44]。於是一九二〇～三〇年代，加拿大、巴西、秘魯也跟進美國的《一九二四年移民法令》，實施排斥所有亞洲移民的法令[45]。

一九二四年，由於對美國「排日移民法」的反感，日本反美、反西洋意識攀升。其原因之一是二十

世紀初期開始，美國西海岸發生排日事件的消息，激怒了日本人，因而提倡反美和亞洲主義。所謂的亞洲主義，指的是日本與亞洲各國團結抵抗西洋列強的壓力，從西洋列強的統治中解放亞洲的思想潮流[46]。而亞洲主義一傳到美國，在美國引發了黃禍論（黃色人種威脅論），造成了更加強烈排斥日裔人士的惡性循環[47]。

在這種情勢下，一九二四年，晚年的孫文受邀在神戶發表著名的〈大亞細亞問題〉演講。在日本聽眾的聽來，孫文的訴求是希望日本與中國攜手合作，謀求亞洲各民族的團結，一起反抗歐美列強的侵略[48]。當時在日本訪問的孫文使用「亞洲主義」一詞，再三闡釋中日合作對抗西洋列強的論調。但是孫文所謂的亞洲主義框架，並未納入中國以外的亞洲各國，孫文的發言無非是一種為了獲取日本支援的投機之詞，以期達成中國革命成功與國家建設的目的[49]。順帶一提，美國的《排華法案》是在一九四三年，中美在二次大戰聯合抗日時才終於撤銷。

馬鈴薯與白米飯——延續到二十世紀的中國菜困境

而二十世紀的美國對於中國菜抱持的否定態度，就如同他們對華人的看法一樣根深柢固。大眾報刊描述華人喜歡吃老鼠和蛇肉，還用筷子來喝湯，更發表了中國菜除了雜碎和炒麵外就只有米飯等看法。

他們對中國人吃老鼠肉的偏見尤其牢不可破。例如，預防鼠疫用的捕鼠器「rough on rats」就曾以華人的飲食習慣，進行種族歧視式的宣傳。一八九七年的廣告中畫著華人男子張嘴想吃老鼠的圖畫，還加上了：「牠們必須滾！（They Must Go!）」的標語（圖3—2）。這句標語也成為加州白人勞工極端的政治口號，廣告上的「牠們（They）」指的不是老鼠，而是華人。

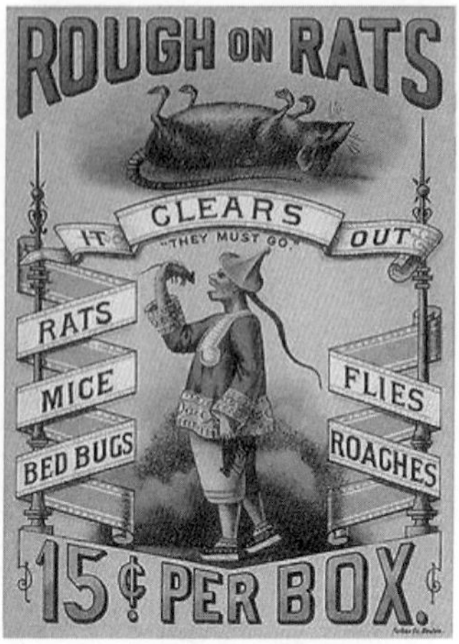

圖3—2　捕鼠器的海報廣告（1897年）。

更甚者，一九三〇年代以採訪延安中國共產黨幹部而聞名的記者艾德加・史諾（Edgar Snow，一九〇五～一九七二年）曾提及，幼年在小學時經常唱過一首歌詞為：「中國人，中國人，會吃死老鼠！他們嚼鼠肉就像咬薑餅！（Chinaman, Chinaman, Eat dead rats! Chew them up Like gingersnap!）」的兒歌[50]。連美國小學生隨口唱的兒歌都在中傷華人吃老鼠。

其他還有諸如，中國以米飯為主，不同於盎格魯・撒克遜族的美國人以肉、麵包和馬鈴薯為中心的飲食文化，也發展成種族上的討論。一九一七年美國加入第一次世界大戰之後，出現了糧食不足的情況，紐約市政府獎勵白人勞工多吃米飯、少吃馬鈴薯，引起民眾的反抗，批評政府讓美國工人吃中國人的食物。這場一九一七年的糧食風波中，紐約的母親們也抗議用米飯作為解決飢餓的糧食。吃米飯等於是糧食的降級。數百名白人勞工在波士頓的糧食店前高喊「我們要馬鈴薯！（We want potatoes!）」。

在此要順帶一提的是，稻米是美國南卡羅萊納州、喬治亞州等南部地區的主要作物。高品質的稻米是上流階級的食物，也會出口輸往英國或歐洲。可儘管如此，只要米飯與中國人沾上邊，就會被擺到比馬鈴薯更低賤的位置上[51]。眾所周知，一九一八年發生全國性白米騷動的日本，人們為了彌補白米的不足，只好吃馬鈴薯充飢，與同時期美國主食的定位恰恰相反。

雜碎餐廳——東方情調與便宜好吃的午餐

不過美國自十九世紀以來對華人和其飲食文化的抗拒反應，到了二十世紀漸漸演變成一種相對化現象。二十世紀前期，雜碎普及的程度甚至稱得上美國的國民美食，中國餐館展現了美國的現代城市文化。

一九一一年，孫文為籌措革命資金，第四次訪問美國大陸巡迴各個城市，當時的他發現「美國沒有一個城市沒有中國餐廳」的現象。孫文在一九一九年發行的《建國方略．孫文學說》中自傲地表示：「昔者中西未通市以前，西人只知烹調一道，法國為世界之冠；及一嘗中國之味，莫不以中國為冠矣。」[52]。

世紀轉換期時，歐美中產階級興起大眾旅行。對富人階級以外的民眾來說，美國國內城市成了便宜、距離近、時間短的遠足對象，唐人街也成了充滿異國情調的觀光地。由於當時的華埠給人一種不太安全的形象，所以觀光旅行的時候必須跟隨嚮導，參觀為觀光客設置的假鴉片窟，和寺廟、劇院、土產店以及中國餐館。

而且在當時，若說法國菜是屬於上流階級的餐點，中國菜就屬於較下層的史拉瑪（冒險又有反抗精神的城市年輕人）和波西米亞主義者（生活自由奔放的人）的吃食。由於雜碎餐館營業到深夜，夜遊男子帶著十幾歲少女出入的案例屢見不鮮。但在一九一〇年末，警方查緝趨嚴，這種狀況逐漸減少[53]。

到了十九世紀末，美國絕大多數華人都住在西海岸城市的華埠。但紐約的華人大多住在白人管轄的郊外，忍受著嚴重的種族歧視。一九一八年，紐約有五十七家中國餐館，其中的三十三家座落在唐人街以外。

第一次世界大戰期間，紐約市中心的中國餐館經常邀來知名的樂隊，所以成為既可跳舞，又可享用中、美兩國美食的娛樂空間，也成為美國夜總會的先驅。所以紐約的中國餐館分成了，開在低租金地區服務低所得階層顧客的飯館，以及讓觀劇結束後的賓客等人能沉浸在仿如置身東方的氛圍與美國樂隊演奏的飯店。後者重視現場演奏和舞蹈更勝於菜色，尤其吸引白人男性光顧。

在華埠附近工作的女性也會為了低價可口的午餐，選擇進中國餐館[54]。一九二五年十二月二十七日，《紐約時報》刊出〈雜碎扮演的新角色〉報導。文中指出職場女性走進華埠，只是為了找個方便吃午飯的地方，而非為了追求東方情調[55]。

然而在舊金山，覺得工作被低薪華人和日裔勞工搶走的白人勞工，因而產生了排外的情緒。在這種氣氛下，一九〇六年發生大地震和火災導致街道毀損之際，也挑起了醜陋的反黃種人事件。這次的地震導致許多日裔人士移居洛杉磯，並且在那裡發展出「小東京（Little Tokyo）」。

與此同時，舊金山也透過災後復興，建設出比往日更加整潔的東方街區（Oriental city），在華埠之外也出現了中國餐館。以一九二二年開張的「上海樓」及其分店「新上海咖啡廳（New Shanghai Café）」為首，出現許多新的夜間娛樂場所[56]。一九二九年開張的文華咖啡」（Mandrin Café），據稱是第一家「美國人經營（American-managed）」（白人經營）的中國餐館[57]。如果這是事實，那麼美國的中國餐廳約有八十年的時光都是華人在經營的。

特別一提，從一九二〇年代美國的婦女雜誌可以得知，到華埠咖啡館吃中國菜的中產階級主婦之中，出現了在家使用醬油或豆芽做菜、在家庭聚會炒雜碎或炒麵的婦女。但這樣流行開來的中國菜，還不至於改變社會上對華人的態度[58]。

而後舊金山的唐人街發展成了近代化的觀光區。根據一九三八年三月《商業週刊（*Business Week*，彭博商業週刊前身）》的報導，舊金山唐人街的年輕企業家們，將唐人街改頭換面，試圖重新找回街區的「種族個性」。他們做出了諸如重新上演野外劇、穿上中國服飾、向大眾開放的中國式庭園、美化交通標誌、讓街道名稱吻合唐人街、增加中式建築物及樓房的中國風裝飾等改變[59]。繼而在一九三九年金門萬國博覽會（Golden Gate International Exposition）時，許多人到舊金山旅遊，促進了唐人街的觀光區化。

在一九三〇～一九四〇年代之間，美國全土有二十八座唐人街，但只有紐約和舊金山的人口有所增加。紐約的勿街（Mott Street）與舊金山的都板街（Grant Avenue）是唐人街的主幹道，有許多中國餐館和骨董店等店鋪林立。兩個城市的唐人街，也都成為全美中國餐館需要的食品、食材生產與流通的中心。

其他還有洛杉磯在一九三八年將新設的唐人街入口，布置成電影《大地》（*The Good Earth*）的場景吸引觀光客。《大地》是賽珍珠於一九三一年出版的小說，在一九三七年拍成電影，也在同一年於日本上映。如大家所知，賽珍珠也獲得一九三八年的諾貝爾文學獎[60]。

圖3－3　劉英培（Charlie Low）。

紫禁城夜總會——中國式美國料理與亞裔舞者

著名的「紫禁城（Forbidden City）」夜總會，是一九三八年劉英培（Charlie Low，圖3—3）在舊金山唐人街旁開的夜店。劉英培繼承了富豪母親的遺產，過著花花公子的生活。他一生結過四次婚，每晚在電影或舞台明星的身邊流連，也做過賽馬的馬主，以作風豪放恣意而為人所知。

但另一方面，劉英培曾支持戰爭債券的資金調度，也曾當過彬彬有禮的農民。一九三七年之前舊金山的唐人街組織了中國戰爭救濟協會（The Chinese War Relief Association, CWRA），呼籲所有在唐人街工作的人來捐獻。這場捐獻行動緩和了人們對紫禁城夜總會奢華娛樂、消費的批判[61]。

在一九六二年紫禁城夜總會歇業之前，佛雷．亞斯坦（Fred Astaire，好萊塢音樂電影全盛期的影星、舞者）、金．凱利（Gene Kelly，好萊塢影星、舞者、編舞指導）、埃莉諾．鮑威爾（Eleanor Powell，有踢踏舞女王之稱的女星）都曾在這裡展露舞技，平．克勞斯貝（Bing Crosby）、蘇菲．塔克（Sohpie Tucker）、法蘭克．辛納屈（Frank Sinatra）等歌手也在這裡演唱過。

紫禁城夜總會的舞蹈表演經常來自好萊塢電影。好萊塢電影中東方色彩的全盛期是一九一六～一九二六年，但一九三〇至四〇年代也還看得到東方色彩。紫禁城夜總會的舞者經常全身穿著中國化的舞衣，將好萊塢與蕭恩舞團①概念化的印度和北非動作融入舞蹈裡演出。

劉英培安排紫禁城夜總會上演「華人的愚昧（Chinese Follies）」、「華人的奸詐（Chinese Capers）」與「絕妙的醜聞（Celestial Scandals）」舞劇，這些舞劇雖然主要由華人扮演，但創作並非出於華人之手，成為挖苦華人的諧擬劇，也算是向外宣傳並強調華人在美國扮演的種族角色。

---

① 譯注：Denishawn。一九一五年由現代舞蹈家露絲．聖．丹尼斯與泰德．蕭恩夫婦在洛杉磯創立的舞團與學校，東方色彩為其特色之一。

此外，劉英培也宣傳反日口號「逮住小日本鬼子（Let's "nip the Nips"）」，但是這也可以看作是精心算計向外宣告愛國忠誠的小動作。事實上，在紫禁城夜總會工作的藝人（演員）中有多名日裔明星，甚至還有擁有朝鮮（韓國）、愛斯基摩、菲律賓血統的人，但劉都讓他們假扮成華人。例如，有位名叫桃樂絲・高橋的舞者，便以桃樂絲・崔的藝名登台表演。劉的紫禁城夜總會因為保持了華人舞台的身分特質，因而出現了亞裔美國人得先偽裝成中國人才能扮演白人的扭曲現象[62]。

一九四三年殘存的紫禁城夜總會菜單，分成了「美式菜單」與「中式菜單」。前者有沙拉、三明治、牛排和豬排，後者有炒麵、雜碎、湯麵、炒飯，應有盡有。耐人尋味的是前者的沙拉還分成了「上海式（SHANGHAI GESTURE）」和「香港水果沙拉（HONGKONG FRUIT SALADA）」，可知上海和香港兩城皆是會讓人聯想到西方的國際都市。

另一方面，雜碎有「李鴻章（LI HONG JANG）」口味，放了「中國青菜、維吉尼亞火腿和雞肉（Chinese Vegetables, Virginia Ham and Chicken）」。此外，如果提前一天預約的話，還可以吃到尼克森總統訪中之前，在美國相當罕見的「北京烤鴨（用中國多層折疊的薄餅包著吃的烤全鴨特殊料理）（PEKIN DUCK, Special Whole barbecued Duck with Chinese Tissue Layer Buns）」[63]。劉英培的紫禁城夜總會對於菜品也和舞台一樣，保持華人身分特質的同時，提供美國的料理與美國化的中國菜。

但紫禁城夜總會之所以聞名，並不是因為這些中式西餐或美式中餐，而是華人領軍的亞裔舞者、脫衣舞孃的表演。唐人街的人相信劉英培曾要求女舞者多露一點，並對休養中的船員和士兵表現得過分親暱。紫禁城夜總會的賓客並不是為了餐點而來，而是被裸體的舞孃所吸引，亞洲女子帶著誘惑的異國情調形象是店裡的最大賣點。連鮑伯・霍伯（英國出生的美國喜劇明星、演員）、隆納・雷根（從電影明星轉戰政界，成為加州州長，一九八〇年代當選美國總統）都光臨過紫禁城夜總會[64]。

正如紫禁城夜總會所象徵的，舞蹈和戲劇表演搭配餐點的中國餐館營業型態，在一九三〇至四〇年代遍布全美國[65]。例如，一九四三年訪美的中國社會學者費孝通也造訪了華盛頓的中國餐館，據說那裡就像夜總會。

根據費孝通的描述，店裡的裝潢是誇張刺眼的中國裝飾，服務生是華人，穿著燕尾服，會說廣東話（台山方言）和英語，聽不懂北京官話。菜單有雜碎和炒麵。舞台上半裸的女子配合美國流行的爵士樂，跳起了西班牙舞。此外還有貌似古巴來的女子唱著故鄉的鄉村歌曲，且主持人是南歐男性。費孝通將這種多元文化密切交替的中國餐館，稱為「新文化」或「年輕文化」[66]。

美國大眾文化中的雜碎——繪畫・攝影・音樂・電影

到了二十世紀前半，雜碎頻頻登上美國現代藝術、音樂、電影等大眾娛樂，融入進美國文化當中。雜碎餐廳作為現代紐約的一大風景，成了繪畫和攝影的題材。繪畫方面，約翰・法蘭奇・史隆（John

圖3－4　愛德華・霍普〈雜碎〉（1929年）。

French Sloan）在〈中國餐廳（Chinese Restaurant）〉（一九〇九年）畫作中，描繪了白人妻子拿食物給桌下小貓吃的一幕。另外，愛德華・霍普（Edward Hopper）在畫作〈雜碎（Chop Suey）〉（一九二九年）中，正面摹畫出兩名在雜碎餐廳吃飯的白人女子，莫名散發出大都會紐約的寂寥氣氛（圖3－4）。從這些畫作裡可以看出美國白人女子對中國菜的偏好[67]。

在攝影方面，出生德國的美國攝影家阿諾・讓特（Arnold Genthe）在攝影集《老華埠的照片（*Pictures of Old Chinatown*）》（一九〇八年），拍了多張舊金山的華埠照片。讓特鏡頭下的華埠盡可能地去除了西洋元素[68]，但是與他相反的，美國著名女攝影師伊摩根・康寧漢（Imogen Cunningham）在一九三四年發表的紐約唐人街照片，雖然拍了雜碎餐廳，華人卻沒有入鏡，看起來不似唐人街的景象[69]。這是因為雜碎的形象已經普遍到完全與唐人街分離了。

在音樂方面，爵士薩克斯風、單簧管演奏者席尼・貝徹（Sidney Bechet）在一九二五年以一首雜碎之歌（"Who'll Chop Your Suey When I'm Gone"）走紅。另外，知名的爵士音樂家路易斯・阿姆斯壯在一九六七年越戰時發表的〈多美好的世界（What a Wonderful World）〉成為全世界的熱門金曲，不過他年輕時也曾在一九二六年發行過〈短號雜碎（cornet Chop Suey）〉一曲[70]。

而便宜實惠的雜碎餐廳也經常作為典型城市勞工出入的用餐場所，頻繁出現在一九三〇年代前半經濟大恐慌時期的好萊塢電影裡。這就跟同時期日本人與拉麵之間的關係一樣，寓意了非白人精英層的食物，很可能已成為美國國民身分的象徵。只是人們對美國華人的種族刻板印象和社會態度，也和同時代的日本一樣，依然沒有分毫改變[71]。

插個題外話，一九〇〇至六〇年代是美式中國菜雜碎的全盛期，在東亞料理中無可出其右，唯獨日本的壽喜鍋可與雜碎匹敵[72]。壽喜鍋在一九一〇年代前就已為美國人所知，例如一九一三年，桑山仙藏在紐約開的日本料理店「都」，供應生魚片、鹽烤魚、湯鍋等菜品，並將壽喜鍋作為主打菜色[73]。一九一九年的《紐約時報》上用「至少符合日本人的口味」、「是日本人的快餐」來介紹壽喜鍋[74]。

一九六〇年代以後，除了壽喜鍋之外，鐵板燒與壽司也都從美國的大城市流傳開來。但直到坂本九的〈昂首向前走（上を向いて歩こう）〉翻唱成〈壽喜燒（sukiyaki）〉在英、美走紅的一九六二～一九六三年為止，壽喜燒肯定是歐美知名度最高的日本料理。

中國菜的普及與在地化——炒麵、三明治與 Tiki Pop

到二十世紀前半為止，非裔美國人也接受了中國菜，並成為美國中國餐館顧客中的重要一員。中國餐館是個歡迎非裔美國人光顧的場所之一，不過有些中國餐館為顧及白人顧客，會把黑人顧客趕到角落去。

一九三〇年代費城的中國餐館，黑人顧客的人數已然超越了白人顧客。另外，底特律有許多想到汽車相關產業求職而從南部搬來的非裔美人。底特律到一九五〇年代為止都還有唐人街，而且早在一九二〇年代之際，中國食品就已經開始普及到唐人街以外了。即使現在，非裔美國人居住的地區也有許多中國餐館，只不過華裔店員與非裔顧客之間並不交談，有些店甚至還用鐵窗圍住店門，從小窗推出食物供餐。因此在非裔美國人中，有不少人認為社區裡確實有中國餐廳，但並不屬於其中的一分子。聖路易的情形也差不多，非裔美國人會到社區內的雜碎餐廳吃飯，但他們也對華人感到憤怒，認為他們是對社區沒有貢獻的外人[75]。

圖 3－5　炒麵三明治（福爾・里弗）。

而中國菜也被改良為美國獨特的地方食物，例如：「炒麵三明治（chow mein sandwich）」（圖 3－5）便是一種用長麵包夾著炒麵的夾心麵包。一九三〇年代起，在麻薩諸塞州的福爾・里弗（Fall River）成為爆紅的地方食品，如今在新英格蘭地方也依然聞名遐邇。

一九四〇年代前的麻薩諸塞州，裝潢成玻里尼西亞風格的店內，在穿著夏威夷衫的樂隊演奏的「提奇流行樂（Tiki Pop）」之下端出中國菜的「提奇中國（Tiki Chinese）」餐館出現增加的趨勢。人們常到這樣的餐館裡享用炒麵三明治。順道一提，夏威夷衫是一九三〇年代夏威夷的日裔人用日本與夏威夷的布料裁製而成，被美國觀光客拿去穿到身上才大為風行起來的服飾[76]。

此外，一九六〇年代明尼蘇達州聖保羅的華人，也開始在聖路易斯經營的雜碎餐廳提供「聖保羅三明治（St. Paul sandwich）」。那是一種用「芙蓉蟹（egg foo yong）」（中式煎蛋卷）做餡料的三明治。後來中國餐館以外的餐飲店也開始賣起聖保羅三明治，因而開始廣為流行[77]。

猶太人與中國菜——猶太三角餛飩與中國餛飩

在美國，除了亞裔人士，最愛吃中國菜的應該就是猶太人了吧。一八八〇～一九二〇年期間，約兩百五十萬名東歐猶太人離開歐洲，其中約有九成來到美國，大部分都在紐約落腳。這些留在美國的猶太人，與中國菜的特殊關係，可以追溯到十九世紀末，猶太人與華人在紐約曼哈頓的下東區（Lower East Side）毗鄰而居的過往。連一八九八年因戊戌政變逃亡國外的康有為和梁啟超都注意到，美國的猶太人與華人處境相近。

一九一〇年前後住在紐約的東歐猶太人約有一百萬人，占紐約總人口的四分之一以上。另一方面，華人也在一八八〇年代以後，從加州搬到紐約的下東區並大多都從事餐飲業。由於一八八二年制定的

《排華法案》，華人不敢把家人叫來，唐人街也有衰微的傾向，但是猶太顧客的增加，保住了紐約中國餐館的生機[78]。

關於猶太人吃中國菜的最早記述，很可能是紐約《美國希伯來（*American Hebrew*）》雜誌一八八九年六月二日號的編輯後記。文中指責猶太人在不做「寇修（kosher）」（適合猶太教戒律的食物）的餐廳用餐，吃下不符合「科謝魯特（kashrut）」（猶太教食物的潔淨規定）的食物，尤其點名批評中國菜[79]。

但在美國的猶太人依然繼續吃中國菜，他們在自身的飲食與中國菜之間，找到許多共通點，像是會用大蒜、洋蔥、芹菜、雞肉，和避諱牛奶（寇修規定肉和乳製品不可一起攝取）等飲食規範。而且，雖然使用豬肉、貝類、蝦、蟹等食材對科謝魯特來說是個問題，但中國菜把不符合戒律的食物，處理成了安全的食物（safe treyf），例如猶太人不能吃豬肉塊，但雜碎把豬肉削成薄片藏在菜中，如此一來就可以吃了[80]。

猶太人對中國菜的偏愛不只局限於餐廳，也普及到餐點外帶和在家自炊當中。例如，出身密爾瓦基的猶太裔美國人麗茲．布萊克．坎德（Lizzie Black Kander）從一八九六年開始，為猶太移民開設廚藝教室，在一九〇一年出版了該廚藝教室的教科書，據說雜碎的食譜也包含在內[81]。但當時吸引猶太人的，並不是正宗的中國菜，而是雜碎、炒麵、芙蓉蟹等美式中國菜。他們在二十世紀末以前，還愛上了宮保雞丁（Kung pao chicken）、木須肉（moo shu pork）等菜品。而中國的餛飩也因為外觀酷似東歐猶太人禁食前吃的三角餛飩（kreplach）而受到喜愛[82]。

直至一九四〇～五〇年代，美國的猶太人都覺得在中國餐廳吃飯，比去價格同樣便宜的義大利餐廳吃飯更為舒適。以義大利餐廳為首的美國族群料理，最初只服務同種族的顧客，然而紐約中國餐館的特色就在於他們打從一開始就是為非華人顧客提供料理。

猶太人之所以覺得中國餐廳舒適，一是他們星期天和聖誕節也會開業，更重要的是華人對猶太教和猶太人並沒有先入為主的偏見。還有就是猶太人到中國餐館與華人一對比，會覺得自己更像美國人。一九三〇年代以前，猶太人已經養成了在中國餐廳過聖誕節的習慣[83]。

其他像是麻將也隨著中國菜，從紐約華人社會傳進了猶太人社會。一九二〇～三〇年代的紐約猶太婦女，將其視為充滿異國情調的東方事物。一九三七年，美國組成麻將全國聯賽之際的初期大半成員，都是德國裔的猶太女性[84]。

紐約的猶太人對中國菜青睞有加的狀況，比上海的猶太人更加明顯。一九一八年俄羅斯革命，約有四萬名俄羅斯人和俄羅斯裔猶太人，經由西伯利亞逃到哈爾濱，所以到一九二二年以前，哈爾濱已有超過一萬一千名的猶太人，但多數在後來又轉到上海的共同租界。進而自一九三八年起，又有一萬五千至二萬名猶太難民，從納粹統治下的德國與奧地利兩地亡命至上海。這些猶太人自然有接觸中國食物的機會，但並不似美國的猶太人那般藏著必須與當地社會同化的壓力。因此中國菜對逃亡上海的猶太人來說，並不是什麼特別的食物[85]。

一九五九年，「艾塞克的伯恩斯坦（Bernstein-on-Essex）」是紐約最早推出寇謝中國菜的餐廳之一。另外，一九六四年創業的「卡利奧（Kari-Out）」是全美小包裝醬油銷售冠軍的企業，其業主為猶太家族。與中國菜之間長久相處出來的關係，也成為猶太裔美國人自我認同的一部分。因而有許多猶太裔美國人在一九七二年尼克森總統訪中以後，前往中國追求道地的中國菜。於是中國到二〇〇八年為止，共有五百多家工廠製造獲得認證的寇修食品[86]。

在美日本人經營的中國餐廳——直至雜碎飛行員東善作登場之前

繼猶太人之後，讓我們再來看看日本移民與日裔美國人，作為烹製及食用美式中國菜的一員，在其中所扮演的至關重要角色。到一八九〇年為止，在美的日本人主要居住在舊金山一帶。然而他們在一九〇六年發生舊金山大地震之後，便大舉遷往洛杉磯。

一九〇七年，地方報紙反映了日本人口急速增加的狀況，鼓吹日本人威脅論，間接助長了洛杉磯地區排斥日本移民的風向。那些曾在舊金山遭受排日境遇的日籍移居者們也集居到了洛杉磯，所以一九〇七年也可以說是「小東京」的誕生年。

但是一九〇七～一九〇八年，日美兩國政府簽訂紳士協定，日本政府限制發行船票給欲前往美國的日本人。一九二四年美國的移民法，禁止目的在於打工的日本人徹底移民美國[87]。此舉雖減少了日本男性移居人數，但憑著在美日本男性寄來的照片和介紹信就結婚移居的「相片新娘」，以及身為其子女的日裔二代人口數量卻有所增加[88]。

於是一九四〇年時的洛杉磯市約有三萬八千名日本人。珍珠港事變兩個月後的一九四二年二月，富蘭克林．羅斯福總統簽署隔離敵國僑民的行政命令，強制驅離住在美國的日本人及日裔美國人。洛杉磯的「小東京」沒了日本人，約有五千名非裔美國人入住，一時間轉變成爵士樂處處可聞的城區。戰爭結束後，日裔民眾回到「小東京」，雖在困難重重中展開復興，但卻再也不復戰前榮景。如今的「小東京」有許多韓國人來此開店，也在進行開發，但開發業者不是日裔人，所以日本文化的氣息有日漸淡薄之虞[89]。

一八八〇年代（一八八七年左右[90]）以前的日裔美國人，在舊金山開設日本料理店、食堂。此外，一八八〇～九〇年代的洛杉磯，有不少日本人經營「十分錢店」（以每盤一律十分錢為招牌的小西餐店）等餐飲店謀生。進而在一九一〇年代以前，日裔美國人的外食業，從簡易食堂發展到了經營豪華餐廳的階段，也開設了大規模中國餐館。

自一九一〇年代中期開始，洛杉磯陸續有日本人經營的雜碎館開張，「蝶蝶」、「龍」等大規模飯館也獲得了成功。日本人經營的雜碎餐館是一種集結了日、中、西方魅力的餐飲店，做出設置了正面搭配大幅富士山裝飾的「東方雜碎雞尾社交廳」等方面的改變[91]。當時美國許多中國餐廳是由日本人經營的現象，與現今許多日本料理店、壽司店都是由中國或韓國人經營的狀況，恰好形成了鮮明的對比。

早先，美國的日本人街附近就有華人經營的中國餐館，很多日本人與美國人都是店家的熟客。一九一〇年代前後，日本人上美國的餐廳時，日本男客們會占據通常攜女客才會入座的包廂，因而經常遭到美國人的白眼以對。所以很多中國餐館也會特地為日本人設立幾個包廂[92]。

白人經營的餐館有時會出現不來為日本顧客點菜的情況，但在中國餐館就沒有這層顧慮。日本人知道中國餐館也同樣歡迎日本人，所以可以放心入內，在此舉行婚宴或其他聚會[93]。這種中國餐館與日本人、日裔美國人的關係，同樣出現在南美秘魯，在美洲大陸也是到處可見。

一九二〇年代，洛杉磯最大的中國餐館是位於郊外帕莎蒂娜（Pasadena，聖蓋博谷的中心）的「王冠雜碎廳（Crown Chop Suey Parlor）」，據說是日本移民開的餐館[94]。

當時在帕莎蒂娜，有位名叫東善作（一八九三～一九六七年）的日本人，協助未過門的妻子鈴子（壽壽）經營雜碎店「紅翼」。東善作利用這家雜碎店積攢的資金，在一九三〇年六月至八月，成為第一位完成飛越（洛杉磯→紐約→倫敦→莫斯科→哈爾濱→東京）三大陸（美洲、歐洲、亞洲）壯舉的日本人，新聞報導稱東善作為「雜碎飛行師（Chop Suey Flyer）」[95]。

幸運餅乾的誕生

說到幸運餅乾（fortune cookie），那是一種美國境內許多中國餐館會拿來在餐後招待，往裡面放入籤運紙條的餅乾。它並不是美國人總是認為的中國風俗，而是戰前移居舊金山的日本人作為籤運煎餅製作出來的食物。

依據中野泰子的研究，日本國內早在江戶時代就出現了，在宴會席間端出籤運煎餅這類帶有占卜籤詩紙片的點心來娛樂賓客的史料記述。到了昭和時代，料亭及咖啡館仍然風行。日本移民將日本國內籤運點心的趣味娛樂，原封不動地照搬到加州的雜碎餐廳。而且由於這類餐廳可以招來藝伎作陪，享受日本式的宴席，所以帶進了籤運煎餅來炒熱氣氛，或是作為簡單的飯後招待。一般認為是這類高級餐館的款待行為，作為飯後小點心傳進大眾食堂形式的雜碎餐館裡[96]。

在一九八三年決定發祥地的裁判中，幸運餅乾是在一九〇七～一九一四年間由山梨縣人萩原真在舊金山製作出來的說法得到了認可[97]。靠著餐飲業致富的萩原真，承接了一八九四年加州冬季國際博覽會時興建的日本庭園，重新開張茶室，提供自製的籤運煎餅作為茶點，進而讓勉強堂大量生產。

籤運煎餅最初以直譯的「幸運茶點」命名，一九四一年太平洋戰爭開戰後，刪掉了傳達和式點心意義的「茶點」，改名「幸運餅乾」（但本書皆統稱「幸運餅乾[98]」）。此外，一九八三年裁判中另一方的說法則認為，是源於廣東移民大衛・翁（David Jung）在第一次世界大戰稍早前，於洛杉磯創業的香港麵條公司

（Hong Kong Noodle Company）[99]。

而最有名的幸運餅乾製造業者，是一九一八年創業於洛杉磯「小東京」，在一九二四至一九二五年成立法人公司的「梅屋（Umeya）」。從日本三重縣移居美國的創業者濱野保夫（Hamano Yasuo，音譯）從做煎餅起步，後來也經營過中國餐廳，所以開始製造幸運餅乾。梅屋一天烤兩千個手工餅乾，在加州有一百二十家以上日本人經營的雜碎餐廳都是他們家的客戶。

二次大戰中，梅屋從洛杉磯搬到坦帕市，繼續製作煎餅。一九五〇年回到洛杉磯，重新開始製作幸運餅乾。二〇一七年，第三代濱野・雷克斯（Hamano Rex）就任社長後，賣掉梅屋在「小東京」的土地，發展住宅開發計畫[100]。

從日式茶點變成中國點心的幸運餅乾

幸運餅乾可以說是二戰到戰後，由日本移民、日裔美國人發想出來的食品，轉變成了中國移民、華裔美國人的食品。一九四二年二月的行政命令，雖是針對所有敵國移民的隔離命令，但只有日裔移民遭到大規模的強制收容。住在美國西海岸和夏威夷的十萬名以上日本移民、日裔美國人被勒令強制撤離，關進在沙漠中臨時建立的收容所。以致後來成為駐日大使的艾德溫・賴世和（Edwin Oldfather Reischauer）就曾對這個政策表示擔憂，認為它會助長日本人將當時的戰爭視為從白人統治中解放有色人種的戰爭[101]。

由於日本利用美國長達數十年的反亞洲移民法與國籍法，作為政治宣傳的工具，所以美國議會與羅斯福總統承受了很大的壓力[102]。美國眾議員華倫・馬格努森（Warren G. Magnuson）在議會中介紹日本在中國大陸的宣傳小冊。冊子裡提到美國雖然是中國的同盟，卻不讓中國人進入美國，只會讓中國兵代替美軍上戰場，此外還宣揚了日本建立的大東亞共榮圈就沒有這樣的種族歧視[103]。

接著在一九四三年二月，蔣介石夫人宋美齡訪問美國國會時，提議撤除《排華法案》，同年三月馬格努森議員向國會提出廢除《排華法案》的法案，十一月表決通過[104]。但這項《排華法案》的廢除，源自於合中抗日同盟的戰略，依據一九二四年設置國籍移民配額制，限制華人每年只有一百零五人可獲入境權[105]。話雖如此，這還是導致了二次大戰期間美國的日本人／日裔人，與華人／華裔移民立場的翻轉。

幸運餅乾在戰時是價格管制的對象，但在一九四六年八月解除。戰後日本人與日裔移民離開收容所以後，發現幸運餅乾上的籤文從日語變成了英語[106]。由於中國在二次大戰中加入美國盟軍，民眾因而接納了中國菜，許多中國餐館都需要幸運餅乾，但因為失去了日本的製造商，所以戰後幸運餅乾的華人製造商如雨後春筍般冒了出來[107]。

華人開始提供幸運餅乾之後，餅乾內的籤文多了以「子曰」開頭的孔子（《論語》）名言，各種各樣的訊息假借孔子之名呈現出來。孔子在美國成了中國餐館淺顯易懂的華人文化象徵之一，連美國的美食家都耳熟能詳[108]。於是幸運茶點、幸運餅乾在美國，便從日式茶點完全轉變成了中國點心[109]。

到了一九六〇年代，幸運餅乾更屢屢被運用到了政治場合上面，吸引了眾人的目光。比如，據說在一九六〇年，作為總統大選前哨站的民主黨大會上分發了幸運餅乾。接著在一九六五年，民主黨參選紐約市長的候選人亞伯拉罕・貝姆（Abraham David Beame，一九〇六～二〇〇一年）也分送了幸運餅乾[110]。貝姆生於倫敦的波蘭裔猶太家庭，在紐約的下東區長大。他在一九六五年的選舉裡，敗給了共和黨候選人約翰・林塞（John V Lindsay），但在一九七三年的市長選舉裡獲勝，成為第一位猶太教徒的紐約市長。關於文化方面，也有部好萊塢的黑色喜劇電影《幸運餅乾》在一九六六年上映。

現在市售的幸運餅乾有巧克力、焦糖、卡布奇諾、薄荷、藍莓、櫻桃等多種口味。據說幸運餅乾也提供在餅乾裡放入求婚訊息，或是將結婚戒指藏進餅乾裡的服務。不過有件希望大家知道的事情是，近年來幾乎洛杉磯所有的幸運餅乾和多數中國食品，都是經由墨西哥工人之手生產的[111]。

美軍所到之處都有雜碎

一九三〇～四〇年代，美國對華人的認知從生物學上定義的人種，漸漸進步到社會與文化定義的民族（ethnicity）。一九四二年，美國新聞署（The US Information Agency）成立戰時情報局（The Office of War Information）。戰時情報局聘用華人擔任美中的橋梁。

例如，美國在一九四二年二月的春節（農曆新年）播放了廣播節目《中國的勝利》（*Victory for China*），介紹全美各地華人社區舉行的春節活動，向國內外聽眾宣傳美國是華裔移民的安全天堂。經過二戰及戰後，華埠成為美國民族與人種的多樣性，也就是「人種熔爐（melting pot）」的範例，成為政治宣傳電影裡不可或缺的場景。這個著名的「人種熔爐」概念在一九六〇年代以後，也因為具有向美國多數派文化同化的傾向而遭到批評，認同多元民族與人種文化的同時建構出社會的「沙拉碗（salad bowl）」和「文化馬賽克（cultural mosaic）」的概念更能表現多元文化主義。

回到主題，一九三〇年代起的中日戰爭和四〇年代的美日戰爭，改變了歐美人將「亞洲」、「東方人（Orientals）」視為一體的印象，讓他們注意到「東方（Orient）」之中的差異和亞洲人的多樣性，明確區分日本（人）與中國（人）。而且，種族敵意的矛頭也從中國人轉向日本人，歧視亞洲人的刻板印象，也不再是針對中國的苦力，而是日本的士兵[112]。

於此情況下可以確定的是，一九四〇年前的美國已廣泛接納中國菜。由於英美兩國在二戰時與中國結盟，所以美國的中國餐館有所增加。例如，舊金山為成立華人支援中國抗日戰爭的基金，舉行「飯碗（rice bowl）」派對，美國白人也參加其中。以小說《大地》聞名的諾貝爾文學獎作家賽珍珠，也向美國的主婦稱讚中國的烹調方法。賽珍珠會說流利的中國話，也是直接了解真實中國的活躍人物，因而在二次大戰期間多次為中美親善的政治宣傳亮相。

一九四一～一九四三年間，舊金山唐人街的餐廳營業額增加了百分之三百。再加上舊金山日裔美國人自一九四二年遭到強制驅離，原本擁有的房產多數都被華人低價購入。因此二次大戰後的舊金山，許多中國餐館的華人店主都擁有自己的店鋪。只不過此時美國的中國餐館不再互相競爭，菜單停止求新求變，雜碎等菜品也都成了經典常備菜色[113]。

話說一九一二年時，有位新聞記者不相信香港沒有雜碎而尋遍了香港許多餐館。他苦苦尋找卻沒有雜碎的任何相關線索，最後只得到餐館拿出與「雜碎」英語發音相近的「筷子（chop sticks）」的結果[114]。另外，一九二八年北京也開了家雜碎餐廳，但沒多久就倒店了。

不過，二次大戰期間來到重慶的美國大兵，發現了好幾家宣稱「我們提供正宗舊金山口味的雜碎（We serve authentic San Francisco-style Chop Suey.）」的地方餐廳。大戰後許多美國大兵駐守的上海，也看得到「這裡有道地的美式雜碎（Genuine American Chop Suey Serve Here）」的霓虹招牌。甚至在一九五〇年代的東京，供應美式食物的大型餐廳裡也提供雜碎。在當時日本人的認知中，雜碎是美國食物而非中國菜[115]。甚至可以說，美軍所到之處都看得到雜碎。

雜碎成為美國大兵的伙食，納入一九四二年版美軍用烹飪手冊當中，和義大利麵、塔馬利（蒸玉米麵糰的墨西哥家常菜）同樣作為族群料理，成為軍隊食堂的必需品[116]。一九四四年版的美國海軍食譜除了記載「蝦仁雜碎（shrimp chop suey）」、「豬肉雜碎（pork chop suey）」的食材和烹調方法，還加進「雜碎麵（chop suey over noodle）」的示範菜譜[117]。

此外，二次大戰期間就任總統的哈瑞・杜魯門（Harry S. Truman，任期一九四五年四月～一九五三年一月）在白宮的部分飲食紀錄被留了下來。依據該紀錄，一九五二年，有回他與家人在白宮一起共進午餐的時候吃了九次（多數是每週）雜碎沙拉佐蘇打餅（"Farmer's Chop Suey Salada Crackers"）[118]。可以想見二戰後的當下，雜碎在白宮也已然成為一道十分尋常的餐點。

而美軍中最大的雜碎擁護者，是一九四二年就任歐洲戰區同盟國最高司令官，將司令部設在倫敦，於一九四四年指揮諾曼地登陸戰術並帶領聯軍走向勝利的德懷特・艾森豪（Dwight David Eisenhower）。根據《紐約時報》的報導，一九三〇年代艾森豪從官拜少校留駐華盛頓時，就經常帶著太太去雜碎館子吃飯。在二次大戰中大顯身手之後回到美國，仍舊不忘點一客他最愛的雞肉雜碎，就任總統（任期一九五三年一月～一九六一年一月）期間也依舊熱愛雜碎[119]。

義大利配方的雜碎——傑諾・保盧奇的春金

讓中國菜從美國軍隊普及到一般家庭裡的關鍵人物，是食品企業家傑諾・保盧奇（Jeno Paulucci，一九一八～二〇一一年）。保盧奇生於明尼蘇達州貧窮的義大利裔移民家庭。他在二次大戰期間到亞洲服兵役，就此愛上了中國菜。由於中國菜在軍隊同袍間也頗受歡迎，因此保盧奇在回國後的一九四七年，貸款買下中國食品的罐頭工廠，打算大量生產中國食品並銷往全國。

保盧奇創業的公司「Chun King」（以下按音譯為「春金」），其發音令人聯想到二戰時期中國的臨時首都重慶。這家公司開在明尼蘇達州杜魯斯的斯堪地那維亞人開拓區，最初販賣的是炒麵的量產冷凍食品（圖3－6）。

圖3－6　春金（Chun King）的冷凍廣東菜。

不過保盧奇生產的中國食品罐裝雞湯和辣味調味，都是根據他義大利籍母親的指導。一九五七年，保盧奇靠著一罐炒麵或雜碎，另一罐加了青菜的中國食品罐頭取得了專利。一九六七年，保盧奇將春金賣給美國雷諾斯菸草公司（R. J. Reynolds Tobacco Company）時，該公司賣出的中國食品罐頭市占率為全美的八成。到了一九八九年，春金又被賣給新加坡企業[120]。

傑諾・保盧奇擔任一九七五年創立的義裔美國人財團（Italian-American Foundation）第一任會長。一九七六年九月十六日華盛頓希爾頓飯店舉辦的財團晚餐會上，傑拉德・福特總統（Gerald Rudolph Ford）稱讚保盧奇創辦春金的成功是「象徵美國的魔法」。又說「還有什麼比做美味義大利口味雜碎的生意更美國化的呢？（What could be more American than a business on a good Italian recipe for chop sue?）」逗樂了全場來賓[121]。從這則笑談裡可以得知，由義大利裔移民大量生產的中國菜曾一度獲得堪稱美國國民美食的地位。

除了春金之外，筆者還想介紹一下經營中國・亞洲食品的美國老牌企業「拉奇食品製造公司（La Choy Food Products）」。一九二〇年，密西根大學學生沃利・史密斯（Wally Smith）與朝鮮出身的合伙人柳一韓（Ilhan New）共同創業。拉奇從食材雜貨店出發，一九二四年開始銷售餐廳與飯店用的罐裝豆芽、醬油、綜合蔬菜（雜碎的材料）等商品。一九三七年，拉奇在底特律設立工廠，但因戰爭爆發被徵用去生產來福槍，公司搬到俄亥俄州的亞齊波德（Archbold）。

拉奇的醬油銷售量和認知度在美國排名第一，春金第二，但一九七〇年代日本的龜甲萬超越這兩家公司而獨占鰲頭。不過小包裝醬油在美國還是前面提到過的卡利奧公司穩居榜首。另外，目前家樂氏（Kellogg）和豪生（Howard Johnson Co.）等美國大型食品廠商也加入中國食品的製造之列[122]。

中國菜食譜在美國的普及——將「炒」和「紅燒」英譯的楊步偉

接下來，讓我們來探究一下美國東亞食譜書的出版史。美國在一九一一年出版了第一本中國食譜書，由芝加哥的女記者暨教育家傑西・諾爾頓（Jessie Louise Nolton）撰寫[123]。

其後出版的美國第一本日本食譜書，同時收錄了中國菜與日本料理的食譜，從中不難看出當時中國菜的優勢[124]。這本書將雜碎納入了中國菜範疇，但與之相對地，號稱日本料理的食譜書，卻幾乎都是烤肉或烤魚，連壽喜鍋跟壽司都未收錄。從此時到一九六〇年代，美國有很多人都以為日本料理是中國菜的一種[125]。

順帶一提，美國直到很晚才有了朝鮮・韓國食譜書的出版，第一本應該是住在漢城教家政學的循道教牧師哈莉葉・莫里斯於一九四五年出版的作品[126]。此外，許多韓國、朝鮮裔移民居住的洛杉磯到一九七〇年為止，經營的大多都是中國風格的餐廳，因此洛杉磯最早成功的韓國（朝鮮）餐廳，應該是一九六五年開業的「高麗屋（Korea House）」[127]。

至於英文版的中國食譜書則是自一九二〇～三〇年代起出版了許多著作。中國食譜成為華人，尤其是華人婦女表現自我的途徑，到了一九四〇年代，中國食譜的華人女性作者人數，超越了華人男性作者[128]。

歐美原本沒有「熱炒」這種以大火加熱又同時用偏少的食用油翻炒食材的烹調方式。現在十分普及的英文用詞 "Stir-Frying"，是出於南京並在東京就學的女醫師楊步偉（一八八九～一九八一年）於一九四五年出版的英語食譜書《中國食譜（How to Cook and Eat in Chinese）》所自創的名詞[129]。《中國食譜》是由楊步偉夫婿，同時也是著名語言學家的趙元任，和諾貝爾獎作家賽珍珠為之寫序，因而在歐美成為極具影響力的中國食譜書。另外，該書將上海菜中常見的「紅燒」（醬油滷煮料理）譯為「Red-Cooking」（四〇～四一頁）

的單詞應該也是首創[130]。

冷戰期間，中華民國與中華人民共和國之間為「中國」與「中國菜」的正統性之爭，也對食譜書帶來了一些影響。例如一位替一九五三年雪梨出版的一本中國食譜書撰寫序文的中華民國大使，便在文中表示吃中國菜未必是認同共產中國的表現[131]。

而一九七二年二月尼克森總統訪中時，全美透過電視轉播將尼克森吃中國菜的模樣盡收眼底，提高了美國人對中國菜的興趣，中國食譜書也有了出版量大增的趨勢。美國和英國至少因此出版了二十六本新書[132]。

圖3－7　賽珍珠撰寫的《賽珍珠的東方食譜》（1972年）封面。

賽珍珠也在一九七二年出版了《賽珍珠的東方食譜》（圖3－7），介紹包含中國在內十一國超過四百五十種料理食材和簡單的食譜。賽珍珠稱讚中國菜道：「許多美食家都認為它比法國菜更出色。」但賽珍珠介紹的中國菜也包含了如「芙蓉蝦（SHRIMP FOO YONG）」、「中國青花菜沙拉（CHINESE BROCCOLI SALAD）」等中國沒見過的美式中國菜[133]。

此外，在一九二〇年代前，部分中國通的西洋人已認識到中國各地料理的差異，但美國的中國菜食譜是直到一九六〇年代末，才逐漸有了中國各地方菜出現，人們除了過去一向處於主宰位置的廣東菜，也開始對中國各地菜系產生了興趣。進而到了一九八〇年代前，食譜書也收錄了融合西式烹調法與亞洲風味的家常菜食譜[134]。

第二次世界大戰後的移民及其料理地位——法國菜與中國菜

一九五九年著名的「廚房爭議」是美蘇冷戰時期的象徵性衝突之一，美國博覽會在莫斯科開展時，時任美國副總統的尼克森以美國的現代廚房為範本，向蘇維埃聯邦共產黨第一書記尼基塔・赫魯雪夫展現資本主義的優越性。美國的富裕對物資困窘的蘇聯人造成了衝擊。

華人歷史學家Y・Chen將便宜又可口的中國菜，定位為如這般作為「消費帝國」崛起的美國速食先驅。也就是說，在美國的中國菜就如同一九四〇年代以後的麥當勞，將日常享用由他人準備餐點的經驗，擴大到特權富裕階級以外的平民階級，藉此達到普及富裕與社會平等的功能。

但是美國人看待中國菜如同速食，不像面對法國菜那般懷抱敬意。因為速食與其說是餐點，更像是工業產品，而中國菜是中國移民廉價勞力的產物[135]。法國菜不只在歐洲聲名卓著，美國境內少有下層法國移民的現象，也提高了法國菜在美國的地位。

簡單來說，移民在地主國的地位也會影響其族群料理的地位。雜碎在美國到底只是暫時成為「國民美食」，還是根植於國民生活的「族群料理[136]」，意見分歧。但不管是哪一種，雜碎在美國的地位無法提得更高，應該是華人的社會地位在二十世紀中葉以前就一直很低，所以拉低了中國菜的文化地位[137]。與一九六〇年代以後便在美國人氣走下坡的雜碎相比，在日本奠定下國民美食的地位，還出口到發源國中國和美國等海外地區的拉麵恰成鮮明對比。

此外，與中國菜、墨西哥菜這些非白人族群料理相比，義大利料理更早被美國社會接納，在二次大戰中確立了地位[138]。戰時的義大利麵、番茄醬，戰後的披薩等源於義大利的美國食品都相當普遍。

第二次世界大戰後的華人與中國菜——從雜碎到口味道地的廣東菜

至於中國料理方面則是雜碎和炒麵廣受歡迎。一九四〇年代，舊金山和紐約的唐人街觀光客雲集，舊金山的都板街沿路開起了專門接待觀光客的餐廳，郊外也有外帶雜碎和炒麵的小吃店，二次大戰期間掀起中國菜的熱潮，但在戰爭結束後，受韓戰影響帶來的反作用又讓中國餐館又陷入低潮[139]。因為中華人民共和國在韓戰裡是美國的敵國，美國的右翼懷疑華人可能是間諜[140]。

但後來公民權運動在美國甚囂塵上，一九六四年成立公民權法，可以看出對於種族的打壓出現了變化。一九六五年，移民法的修正也為美國的中國菜帶來了重大的轉機。《排華法案》已在一九四三年廢除，中國人獲得了一年一百五十人的入境許可配額。此外，一九五二年制定的《麥卡倫－沃爾特法》，承認亞裔移民第一代的歸化，華人也脫離了不可歸化的外國人立場[141]。進而在一九六五年表決通過的移民法裡訂定，在三年內逐次廢除國籍移民配額制，自一九六八年起生效。

其結果導致華裔移民快速增加，每年約有兩萬人依靠親友從台灣或香港來到美國，其中近半數落腳在舊金山（圖3－8）。此後，許多新移民流入舊金山、洛杉磯和紐約的華埠。唐人街對新移民來說是適應美國社會的文化資源，而對美國土生土長的華人而言，那裡卻是他們想離開的民族聚集區[142]。

圖3－8　舊金山的唐人街（2017年）。

在這股新移民的潮流中，從一九四九年成立的共產黨政權下逃至台灣或香港的中國大陸廚師們，來到紐約等地開起口味道地的餐館。這個現象為美國的中國菜帶來極大的變化[143]。美國的中國餐館在二戰結束前，一直靠著美式雜碎和炒麵來吸引顧客。先是從正宗的廣東菜開始發展，到了一九六〇年代後半，北京、四川、湖南菜也相繼興起，與廣東菜分庭抗禮。

當時美國的豪華宴席，菜餚的品質與香港無異，但價格卻比香港便宜一成。一九七〇年代中期，華人在全美經營的中國餐館超過了一萬家，光是六〇年代末以後開的店就有三千五百家左右，從事餐飲業的華人約達十五萬人[144]。

值得留意的是對美國人來說，即使同為廣東菜，大城市精緻而國際感十足的港式廣東菜所代表的文化意涵，也與廣東省農村純樸的食物截然不同。以前的廣東菜讓人聯想到貧困的廣東苦力，但港式廣東菜的高檔地位卻與香港富裕階層相結合。即使是相同國籍、民族、地區的料理，也會因為是由不同階層的移民帶入，而在地主國占據不同的飲食地位。

例如，香港的點心和飲茶雖自一九七〇年代傳入美國，但這些都是由香港的富裕移民帶來美國的飲食，飲茶被美國人歸類到了與舊有廣東菜不同的範疇之中。另一方面，飲茶對香港移民來說是文化認同的歸屬，有助於提高社會群體的團結力，即使身在美國也能保有與香港連繫在一起的感受[145]。

北京烤鴨與毛裝——尼克森訪中帶來的中國熱潮

一九七〇年代的美國，對待非歐洲的民族文化與異國食物的態度有了轉變，在一九六〇年代以前，要求廢除種族歧視的公民權運動沸沸揚揚，對七〇年代的嬉皮或左翼一類文化的叛逆青少年來說，吃異國食物是一種非主流文化（Counter Culture）的表現方式。

擁護非主流文化的年輕族群，批評大量生產的食物是有害自然、社會、人體的東西，因而開始尋找取代美國主流食物的菜品。他們把食用美國以外的料理，解釋為對美國文化帝國主義的抗議行為。再加上人們認同族群料理是健康的飲食習慣，而且中國菜又是以蔬菜為主的飲食，也比較健康。從此時期起，美國的中國餐館不再提供美國的食物，只供應中國菜[146]。

而對美國的中國菜來說，一九七二年二月尼克森總統訪中，是僅次於一九六五年移民法修訂的一大事件。中國周恩來總理擺宴招待尼克森總統的電視轉播，激發了美國民眾對中國文化的興趣，再次掀起李鴻章訪美時的中國熱潮。例如，百貨公司賣起中國的工藝品，紐約老牌百貨店布魯明黛，「毛裝」（中山裝）賣到缺貨。

特別是在尼克森的宴會上端出的北京烤鴨，更是讓美國人趨之若鶩。當時美國許多來自台灣的中國餐館店主，大多沒有吃過北京烤鴨，卻因為想點這道菜的顧客太多而必須準備。尼克森是北京烤鴨最大的推銷員[147]。

美國的中國餐館端出招牌菜北京烤鴨的時候，經常會安排精緻的表演。例如，先敲響銅鑼，穿著黃色禮服（馬褂）的服務生就會端著蔥和味噌醬現身，最後將烤全鴨放在銀色的餐車上推出來，由主廚在客人面前一片片切下來[148]。其他一些位在紐約的餐館，還會準備類似尼克森宴會的套餐料理。

台灣的國民政府為了對抗尼克森訪中之後掀起的中國菜熱潮，也派遣主廚組隊，宣傳自己才是真正的中國菜傳統守護者[149]。在這段北京烤鴨熱潮的時期裡，以往廣受眾人喜愛的雜碎幾乎消聲匿跡。此外，也不再有人把醬油稱為「昆蟲汁」（beetle juice）[150]。甚至許多美國人吃中國菜的時候不再用刀叉，而是熱情十足地拿起筷子[151]。

紐約的華埠從一九六〇年代開始，承包大型成衣廠的裁縫工廠激增，不少積蓄了資本的華人業者也開起了餐廳或貿易公司。此外，在裁縫工廠工作的華人婦女，由於沒有做菜的時間，也刺激了地方上餐飲業的活絡。一九七二年尼克森訪中後的中國菜熱潮，也帶動了附近在華爾街金融機構或市政廳工作的民眾，紛紛到唐人街吃商業午餐。

隨著華埠的逐漸成長，紐約的華人精英也開始來到唐人街的餐館，對自己的根源感到驕傲。唐人街不但有中國各地的地方菜館，也有中式的泰國、越南、緬甸菜餐廳，以及華人經營的西餐、日本料理店。成衣產業和餐飲業這兩種產業的茁壯加速了華埠經濟的發展[152]。

一九七〇年代的新式中國菜——源於紐約的左公雞和南加州的小台北

一九七〇年代的紐約，華人經營的餐廳約有七百至一千家。中國菜需要的食材，除了自紐約州等地的農場採購菜心、白菜、豆、甘藍等蔬菜外，也從台灣進口罐裝荸薺菜（馬蹄菜）、冬筍、菇類、枇杷、荔枝、龍眼等蔬果，從香港進口魚翅、燕窩等食材，從日本進口芥菜、白蘿蔔、蓮藕等蔬菜[153]。

一九七〇～八〇年代的紐約及其周邊一帶，湖南菜成了最受歡迎的中國菜。尤其是一九七四年左右從台灣移居美國，在紐約曼哈頓開設「彭園」的彭長貴，想出來的左公雞（左宗棠雞）（圖3—9）新創菜（第一部第五章），取代了「李鴻章雜碎」成為美國人心目中最有名的中國菜。直到一九八〇年代末以前，港式點心等廣東菜名氣漸漲，湖南菜的人氣才逐漸下滑[154]。

同時期在美國走紅的中國菜還有沾番茄醬吃的蛋捲（炸春捲）、咕咾肉（Sweet and sour pork）、芥蘭牛肉、腰果雞丁，還有以烤鴨用的餅皮，把蛋、蔬菜、豬肉等炒過後包起來吃的木須肉捲餅（Moo Shu Pork，圖3—10）等菜品[155]。

圖3—9　左宗棠雞（General Tso's Chicken）。

圖3—10　木須肉捲餅（Moo Shu Pork Burritos）。

此外，一九六五年移民法修正之後，南加州的蒙特利公園（Monterey Park）和聖蓋博谷（San Gabriel Valley）等郊區，形成了新的華埠「小台北（Little Taipei）」，成為中國飲食文化的中心地。一九七〇年代後半，香港和台灣的房屋仲介公司將蒙特利公園宣傳成「中國人的比佛利山莊（Chinese Beverly Hills）」，算是大城市郊區某一到多個民族族群聚居的「民族郊區（ethnoburb）」的先驅。蒙特利公園的餐館和紐約的餐館一樣，也會推出諸如前述佛跳牆等最新的宴客菜，發揮出將分散的中國移民凝聚起來的作用。

之後，通往阿罕布拉、聖蓋博谷、羅斯米德的山谷大道（Valley Boulevard），成了比附近蒙特利公園和洛杉磯華埠更出名的中國食品集中地。來自台灣的移民陳河源（Roger Chen）開設「大華超級市場（99 Ranch Market）」後，又興建大型商場「聖蓋博谷廣場（San Gabriel Square）」，讓人可以吃到中國各地及日本、韓國、泰國的料理。大華超市成立後，無法充分進行市場調查的家族型中國餐館，依附在超市附近開業。南加州的華人人口，從一九九〇年代開始，十年內就從三十二萬人增加到五十二萬人，好幾個街區的華人人口都占整體的三到四成[156]。

一九八〇年代，追過墨西哥菜的中國菜

一九七〇年代末，中國大陸「改革開放」後，從中國來到美國的新移民大多選擇落腳紐約，因此一九八〇年代，紐約超越舊金山成為美國擁有最多華人人口的城市[157]。於是一九九四年中國大陸播出的電視劇《北京人在紐約》大受好評，九六年又拍了姊妹劇《上海人在東京》。

而後到了一九八〇年代，美國的民族餐廳約占所有餐廳的一成。中國、義大利、墨西哥餐館，占異國料理餐館的七成左右，光是中國餐館就約莫占據了民族餐館的三成。

墨西哥菜原本只在西南地區通行，一九八〇年代前，塔可・貝爾（Taco Bell）和戴爾・塔可（Del Taco）

這類連鎖店，以及大量生產的墨西哥食物大受歡迎，漸漸在全國打開知名度。美國多數墨西哥人依然待在底層社會，大眾對其也一直停留在勞動工人、服務業員工、非法移民等刻板印象。即使如此，墨西哥的塔可餅、玉米餅、捲餅等食物深受美國人喜愛，已融入美式飲食生活。

不過到了一九八〇年代，中國菜超越墨西哥菜，成為在美國僅次於義大利菜的第二受歡迎族群料理。一九八九年六月，在北京提出民主化訴求的學生及市民示威抗議，演變為中國政府調遣解放軍鎮壓的「天安門事件」。即使如此，中國菜在美國依然人氣不墜。因為美國的中國菜早已成為與政治情勢脫鉤的日常飲食了[158]。

現代美國的中國餐館源流——江孫芸的福祿壽餐廳

接下來，筆者將介紹在美國的中國菜歷史上留下一筆的四家名店故事，帶大家一同追溯現代美國更加道地且更加親民的中國菜足跡。

①強尼・簡的冠園餐廳——雜碎以外的菜品

一九五三年，強尼・簡（Johnny Kan，一九〇六～一九七二年），在舊金山華埠的主幹道都板街開設廣東菜館「冠園餐廳」。強尼・簡的餐廳開張之際，正是前述春金等大廠製造的罐裝雜碎、炒麵風行全美的時候。強尼·簡心想如果能讓歐洲裔美國人吃到道地的中國菜，原本應該被罐頭公司賺走的錢應該有一部分會流入華人的口袋裡吧。因此，強尼·簡批評雜碎餐廳賣的不是正宗的中國菜，還強調中國菜的根源在王朝皇帝的御膳，堅持其純正性。

一九二〇年代，舊金山、紐約唐人街的高檔中國餐廳雖然生意興隆，但也在經濟大恐慌下紛紛倒閉。強尼·簡在二戰後開張的餐廳，不但追求戰前高級中國餐館的規模與講究，也致力於吸引更多華人之外的顧客。簡的餐廳成功地將雜碎之外的中國菜，推廣給舊金山想點雜碎來吃的觀光客和本地人。

除此之外，永年醬油公司（Win Nien Soy Sauce Company，現更名為Wing Nien Foods）是二戰時創立於舊金山華埠的美國第一家醬油工廠。雖然醬油工廠賺的利潤不多，但創始人還是投資了簡的餐廳使其收益能提高。

儘管處於中美對立的冷戰期，強尼·簡的冠園餐廳依然經營了數十年。其成功的原因，應該是在於美國的華人雖被視作為共產主義效力的敵國代言人，面臨種族歧視的風險，但實際上美國已經將其視作為強化美國自由民主主義形象的民族，在社會和文化上接納他們了[159]。

②福祿壽餐廳——堅持道地口味的北京·山東·四川·湖南菜

如果說強尼·簡是美國本地高級中國餐廳的先驅，那麼江孫芸（Cecilia Sun Yun Chiang，一九二〇~二〇二〇年，圖3－11）當之無愧就是美國高級中國菜歷史中最重要的一名人物。這裡將根據她的自傳[160]與評傳[161]，介紹這位與日本也有深刻淵源的女子，以及她跌宕起伏的人生軌跡。

圖3－11　江孫芸（東京，1950年）。

孫芸一九二〇年出生於無錫的富裕家庭，是家裡的第七個孩子（三女兒），四歲時搬到北京，在那裡長大。由於家族屬於與國民黨有關係的特權階級，據說北京四合院的家裡有五十二間房和六間浴室。家裡有個從無錫帶來，會做上海菜的資深廚師，和在北京雇來做北方菜的年輕廚師。

大約是日軍占領北平（北京）約一年半後的一九三九年某天，四個日本兵到孫家來搶食物，但他們把米藏在供桌下逃過一劫。日軍占領下的北京漸漸買不到糧食，米的配給也不足，私藏的米也見了底，孫芸必須騎著自行車到遠處去買。一九四〇年，家裡的房子被日軍接收，被迫與幾個日本家庭共用樓房，因而被趕到一間小屋。學校裡沒有了教師與學生，他們早已經從北京逃到重慶。

一九四二年一月，孫芸與姊姊孫芩一同從北京逃往重慶，中途得到國民黨軍的幫助，在一九四二年六月到達重慶。重慶的氣氛十分樂觀，與北京完全相反，街頭處處張貼著蔣介石與宋美齡的海報，人們在愛國主義的熱情下團結一心。她在重慶的叔父家寄宿了三年，找到一份在美國大使館和俄羅斯大使館教中國話（北京官話）的工作。進而認識了曾在孫芸就讀的輔仁大學教經濟學，後來到重慶煙草公司工作的江梁（Chiang Liang）。孫芸與江梁歷經數次在重慶唯一的廣東餐館吃飯、到「勝利廳」跳舞的約會，最後在一九四五年五月結婚。

抗戰勝利的一九四五年十月，夫妻倆回到江梁家族擁有較多土地的上海，在買下的舊法租界洋房裡居住。孫芸在上海開心地發現出色的法、德、俄餐廳和南京路的永安公司（百貨店），不時也與曾向她求婚的蔣緯國（蔣介石次子）等人吃飯跳舞。一九四六年六月，長女江梅誕生。江梁與蔣緯國、政府高官都有來往，早就看出國民軍敗象已露，便在台灣買了兩棟房子，做好逃亡的準備。但江梁被任命為外交官，遣調到東京。一九四九年四月，人民解放軍進駐上海的三週前，一家三口從上海的虹橋機場出發飛往東京[162]。

江孫芸（婚後冠夫姓）在飛機上問丈夫，為什麼要搬到讓我們生活一無所有的日本去。到了東京之後，她也十分畏懼日本人，尤其是男人，個個看起來都像軍人。但當時東京的婦女比男人多，不論是維持交通，還是修理電線、挖排水溝、拼裝房屋等勞務，女人什麼工作都得幹。由於江梁是受遷台的國民黨政權任命的大使館員，所以在東京的江孫芸也可以到美軍的PX用品店買東西。

一九五一年秋，江孫芸與朋友在明治神宮旁開了一家名叫「紫禁城（Forbidden City）」的中國餐廳。她聘來手藝超群的廚師，將自己童年記憶裡吃過的好菜重現出來。

值得一提的是，東京這家紫禁城餐廳的廚師，為美國的中國菜帶來了巨大的影響。紫禁城的二廚王青庭（音譯，Wang Ching-Ting）在一九五六年飛往華盛頓，在中國大使館擔任廚師，之後到紐約的「順利園（Shun Lee）」餐廳工作，後來頂下這家店成了老板。順利園是美國一九七〇年代「左公雞」普及的推手，因而享有盛名。另一位也在紫禁城工作的程明才（Cherng Ming-Tsai）後來協助兒子發展中國菜速食店——熊貓快餐[163]。

一九六〇年江孫芸接到姊姊的來信，前往舊金山。第二年就在唐人街開了「福祿壽餐廳（Mandarin Restaurant）」（以下簡稱福祿壽）的一號店。但當時中國餐飲界，女性店主可說是絕無僅有，而且不是廣東人的江孫芸，在唐人街的餐飲界就是個門外漢，福祿壽的烹調技術也不過平平。即使如此，江孫芸還是到一九五三年開業並已奠定地位的強尼・簡餐廳一面實習歐美式服務，一面鑽研更接近道地口味的中國菜。強尼・簡也建議她削減品項簡化菜單，不要太集中於上海菜，但是服務和裝潢必須保持高水準。

福祿壽採用的食材，除了來自舊金山華埠，也向日本街和義大利人社區調貨。一九六〇年代的福祿壽菜單，雖然打破了美國廣東菜的傳統，但也並未完全與華人過去推廣的菜色切割關係。例如，雖然沒有雜碎和芙蓉蛋，但是準備了牛、豬、雞肉、蝦仁的炒麵。

福祿壽至少是舊金山第一家提供正宗北京、山東、四川、湖南口味的餐廳。但是剛開始，賓客很難接受北方和四川的辣味菜餚，所以還是以廣東菜為主。而且，她將魚翅羹、叫化雞（beggar's chicken）等高檔菜，與冬瓜湯、蝦仁吐司等美式標準的廣東菜無縫融合。福祿壽算是美國相當早期推展「酸辣湯（hot-and-sour soup）」和粥品等菜餚的餐廳。此外甜品則有「八寶飯（eight precious rice pudding）」和拔絲香蕉等品項，後者更成為許多高級餐廳爭相仿效的菜。

福祿壽在舊金山華語報紙刊登小廣告，雇用了從山東經由韓國來到美國的一對夫妻擔任餐廳的廚師。夫妻中的妻子擅長做餃子，她做的鍋貼（pot sticker）在美國人之間逐漸受到歡迎，訂餐電話幾乎忙不過來。福祿壽是美國最早期讓餃子普及的餐廳，美國的餃子是從高級餐廳普及開來的這一點與日本頗為不同。

福祿壽一開始的常客，是思鄉的華北移民、日裔美國人，以及日系企業高階主管等等。江孫芸曾在日本開過中國菜館，福祿壽也是日本航空及日商住友銀行舉辦招待會的合適場地。

福祿壽後來聘請曾任舊金山中華民國領事的林堅（音譯，Lin Chien）擔任餐廳經理，經營終於步上軌道。到了一九六三年，《舊金山紀事報（*San Francisco Chronicle*）》的專欄作家哈伯・肯恩（Herb Caen）來到福祿壽吃飯，他後來發表評論，盛讚福祿壽的菜是「太平洋東側最好的中國菜」，餐廳因而一舉成名。

一九六八年，加州大學柏克萊分校等學校的學生發動激烈抗爭②時，福祿壽遷移到漁人碼頭的吉拉德里廣場（Ghirardelli Square），座位也從六十五增加到三百個。新館地址原本是巧克力與成衣工廠，準備

② 譯注：全美基於爭取黑人人權、反對越戰等各種理由，共發起兩百多起大學生示威抗議活動。

改裝成高級商場與餐飲店。當時人們認為中國餐廳既骯髒又不衛生，社會地位低下。因此，福祿壽不論是向美國銀行申請融資，或是請求房東答應她在吉拉德里廣場開店，都非常不容易。

設計吉拉德里廣場的店面時，江孫芸提出「不要金色、不要紅色、不要龍和燈籠（No gold, No red, No dragon, No lanterns）」的訴求，還設置了蒙古式的烤肉席，與其他餐館做出明顯區隔。江孫芸也飛到香港採購裝飾用瓷器，從香港招聘新廚師。於是福祿壽遷到吉拉德里廣場後，包括約翰．藍儂與小野洋子夫婦等多位名人都上門光顧[164]。

尼克森訪中的一九七二年，江孫芸在福祿壽開設烹飪教室。此舉吸引了許多非華人廚師對中國菜的興趣，並將其融入菜色之中。一九七四年，她在洛杉磯比佛利山莊開分店，更在那裡增添了使用品牌蔬菜的料理、青菜丸子、豆腐等低卡菜單。

但是一九七〇年代，餐館服務生的勞工運動高漲，人們往江孫芸身上貼上中傷亞洲女強人的刻板標籤，稱呼她為「龍女士（dragon lady）」，三番兩次批評她[165]。不過一九七〇年代的飲食與觀光緊密結合，餐廳、大廚、飲食作家都成為明星焦點，江孫芸也躋身名人，成為象徵正宗中國菜，及中國王朝時代燦爛與輝煌的人物。

不論是強尼．簡還是江孫芸，有時也都會端出迎合非華人偏好的料理（如雞肉沙拉等）。如江孫芸所說，她汲取中國各地的菜色，並沒有純粹的「北京官式（Mandarin）」料理這種東西。即使如此，江孫芸為了向美國人提供優質的中國菜，一直致力於喚起顧客對中國皇帝、多種風貌的廣大帝國、悠久歷史，以及各種文化遺產等充滿魅力的傳統[166]。江孫芸回顧過往，表示一九八〇年代可以說是福祿壽的全盛期。一九九一年，江孫芸賣掉福祿壽，之後生意雖依舊興隆，但仍在二〇〇六年歇業[167]。

③江一帆的華館——中產階級普及的正宗中國菜

另一方面，江孫芸的兒子江一帆（Philip Chiang）在一九八九年加入福祿壽的經營。一九九三年，江一帆成為美國白人的餐飲經營者保羅・佛列明的事業合伙人，在亞利桑那州的史考茲代爾（Scottsdale）開設「華館（P. F. Chang's China Bistro）」。其店名取自保羅・佛列明（PF）與江（Chang=Chiang）兩人的名字。

這家華館在美國的桌邊服邊餐廳市場中，可以說是第一家提供正宗中國菜給廣泛中產階級顧客的餐廳。許多美國人不敢靠近家族經營的小型中國餐廳，卻會到華館用餐。

華館也是一九九八年第一家在納斯達克上市的中國餐館。二〇〇九年更在墨西哥城開設第一家海外分店。二〇一〇年代在美國、拉丁美洲、中東展店達兩百家以上[168]。

④熊貓快餐——較多炒食與牛肉的中國菜連鎖速食

華館在激發美國主流階級開始吃正宗中國菜上深具意義。相對地，「熊貓快餐（Panda Express）」則是在結合中國餐飲業與美國速食概念這方面具有劃時代的意義。程正昌（Andrew Cherng，一九四八年～）一九六六年與家人移居美國[169]，在一九七二年買下加州西南部帕薩迪納一家歇業的咖啡店，取名為「熊貓客棧（Panda Inn）」重新改裝開張[170]。加州是美國許多中國餐館的誕生地，總數加起來比美國麥當勞漢堡、溫蒂漢堡加起來還多[171]，也是麥當勞、小卡爾（Carl's Jr）等許多全國性連鎖速食店的大本營，所以相當適合作為熊貓快餐的發祥地。

而關於「熊貓」這個店名，源自於一九七二年二月尼克森總統訪中的兩個月後，大陸贈予美國的熊貓。熊貓客棧開張之際，美國對中國和熊貓的興趣很高。可愛又天真的熊貓，緩和了中國政治體制不同於美國民主主義所帶來的威脅，有助於塑造中國菜速食的親民形象[172]。

程正昌的父親程明才為江蘇人，在上海、台北（圓山大飯店）、橫濱、東京（江孫芸的紫禁城）擔任過廚師後，於一九七三年移民美國[173]。一九八三年，程明才等人在南加州格倫代爾的購物商場開設「熊貓快餐」。供應的菜色根據父親程明才的原創食譜，營運上則是融合了熊貓客棧的操作與購物商場的快餐作法。

熊貓快餐的中國菜特色在於使用其他料理所沒有，且最能以節省時間的熱炒食物為主。話雖如此，由於美國人喜歡酥脆的口感（crispiness），所以許多食材都會先炸過。此外，熊貓快餐用了很多中國菜少見的牛肉，並非削成薄片，而是切成牛排般的塊狀後快炒[174]。

熊貓快餐之後推動流程標準化，發展連鎖經營，至二〇〇九年為止，店面已增加到三百家。一九九八年到二〇〇四年，程正昌擔任執行長之後，延攬墨西哥速食龍頭塔可・貝爾的高級主管湯姆・達文（Tom Davin），入主熊貓快餐擔任總經理兼執行長。二〇一八年時，華館的中國餐館在美國約有兩百一十家店，而熊貓快餐則約有兩千家。

中國菜本來就不能像西餐的漢堡那樣可以手握方向盤的同時單手拿著吃，所以並不符合速食所提供的可以邊做事邊吃的生活方式。但是熊貓快餐的成功，在為全美速食消費者提供了一個中國菜選項的這件事上，還是具有重大的歷史意義[175]。

而且，熊貓快餐現在已在世界十個國家，發展出兩千家以上的連鎖店。二〇〇〇年代後期首度進軍日本，二〇〇九年一度撤出，二〇一六年捲土重來從LAZONA川崎廣場重新起步[176]。

這麼多年來，中國菜大多是靠著一個個華人廚師、店長的努力，在異地將故鄉菜在地化，進而普及到世界各國。但熊貓快餐的世界展店卻不同於此，和麥當勞一樣能在世界各地配合當地人的喜好進行口味調整，但基本上提供SOP化的標準烹調菜品。因此，熊貓快餐可以說是為中國菜帶來新的「全球化」（全世界均質化與在地化同時進行）潮流。

美國亞洲料理的混合與融合——華人開設的泰國、日本、亞洲餐館

本章接著想再來看看美國對中國之外的東亞各國料理的接受程度，進一步探討中國菜和日本料理在美國亞洲料理中的文化定位。一九七〇年代以後，拉斯維加斯的東南亞移民增加，泰國、越南、菲律賓、印尼、馬來西亞、寮國等國家的餐館紛紛出現，其中絕大多數是泰國餐館。這些店主要是從東南亞移民過來的華人開設的。

二〇〇四年，來到拉斯維加斯的賭博大亨，約有八成都是來自亞洲。由於造訪拉斯維加斯賭場的亞洲人及亞裔美國人激增，東南亞料理餐館紛紛在此開張。

例如二〇〇五年，在韋恩（Wynn）高級飯店開店的中國菜館「道（Tao）」是一家餐廳兼夜總會，提供受中國、日本、泰國、韓國影響的菜品。此外，「沙蒂馬來西亞美食（Satay Malaysian Grille）」雖自稱是「拉斯維加斯的道地馬來西亞料理」，不過實際上在店裡也可以吃得到泰國的炒麵、印度的煎餅（Roti canai，在馬來西亞等地經常可吃到的印度式薄餅）、菲律賓的春捲（lumpia）、新加坡的炒米粉、馬來西亞的咖哩蔬菜豆腐、福建麵（馬來西亞的蝦仁麵）、廣東的炒米粉（肉汁炒粉）等菜品。

同樣的，「暹羅之蓮（Lotus of Siam）」雖然得到「北美最棒的泰國餐廳」美名，但實際上也提供日本的味噌湯、越南的奶油蝦、帕能魚香（泰式鮮魚咖哩餐）、四川的炒茄子（魚香茄子）、新加坡的麵食和越南的米麵等菜品，甚至也創作如「蟹肉奶酪餛飩」一類的中國西洋混合料理。

二〇〇六年，泰國當時的外交部長坎塔提・蘇發孟功（Kantathi Suphamongkhon）主張：「以前我們以亞洲的飯碗聞名，現在人們稱我們是『世界的廚房』。」蘇發孟功提到，當時全世界有九千家泰國餐廳，其中有四千家在美國，因此泰王國強調泰國菜是世界料理（world cuisine）重要的一環。不過泰國菜在美國被定位為族群料理的一種。

在美國的城市區，泰國餐館大多比泰式佛教寺院出現得還要早。舉例來說，拉斯維加斯最早的泰國餐館出現在一九七三年的華埠之內，第一間泰式寺則落成於一九八六年。這家拉斯維加斯最早的泰式餐館，英文名叫「功夫泰與中國餐廳（Kungfu Thai & Chinese Restaurant）」，把「功夫」嵌入店名，向美國人暗示中國元素。但它的中文名字叫作「泰國潮州餐館」，強調「潮州」用以和華埠其他中國餐館做區隔。

美國的泰國餐廳本來只放叉匙，而沒有筷子，但是不去區分東方料理的美國顧客會要求提供筷子，於是出現了擺放筷子的泰國餐館。話雖如此，現在許多美國人已經知道泰國菜的餐桌禮儀，和中國、日本、韓國、越南不同，所以幾乎沒有泰國餐廳再擺放筷子了[177]。

甚至在一九九〇年代，美國還出現了許多由非華人經營、廚房也沒有任何華人的中國餐館。同時，許多華人跟韓國人開始進軍更具高級感，也更容易賺取更高利潤的日本料理業[178]。根據一九九六年版（一九九七年發行）的《華僑經濟年鑑》，當時美國的中國菜有偏向清淡或蔬菜料理的傾向，而且華人開的日本料理店也有增加的趨勢。以休斯頓為例，當地約有近三十家華人經營的日本料理店，約占所有日本料理店的四分之一[179]。

近年來美國提供組合或融合東亞各國口味創作料理的亞洲餐館數量，與提供中國、泰國、日本等單一國家料理的餐館相比只多不少。另外，近年來舊金山的唐人街和日本街一樣，顯露出影視角色商品占據賣場的「亞洲流行城化」變化。來自日本、韓國、台灣、香港、中國、泰國、越南等地的流行文化雜處，將對亞裔人士概括視之的「東方式」目光轉化為商業買賣[180]。如果今後會循著這樣的趨勢發展出「泛亞洲料理」式的菜品，一般認為很可能出現在美國大城市這種亞洲各國移民容易交流的地方。

加拿大的中國菜——從美式到港式

在本章的最後，筆者想附加記述一下加拿大的中國菜概況。加拿大和美國同為與英國淵源深厚的盎格魯撒克遜族，而加拿大華人與中國菜的歷史，和在美國的發展有著極為相近的軌跡。

中國人移民到加拿大始於一八五八年，大不列顛哥倫比亞省（一八五八年維多利亞女王命名）菲沙河谷（Fraser Valley）的淘金熱潮。一八六七年，根據《英屬北美法令》（*The British North America Act*）承認加拿大為自治領，組成加拿大聯邦。第二波中國移民則始於一八八〇年代興建另一條橫貫北美大陸的鐵路，也就是橫越加拿大南部的加拿大太平洋鐵路。

但是當礦場開發、鐵路建設熱潮漸入尾聲時，加拿大開始限制中國移民。留下的華人社群，幾乎只限於維多利亞與溫哥華的華埠，而華埠被視為不衛生與疾病的發源地。此外，華人在該處經營的食堂，只有華人專用，和提供西餐給西方人用兩種[181]，所以當地的中國菜並未推廣開來。

加拿大的反華情緒催生出了一八八五年以後，以限制移民為目的「人頭稅法」等法令。並最終在一九二三年制定了限制中國移民的法律，禁止外交官和學生以外的中國人入境。

一九一五年，溫哥華針對華人洗衣業者與青菜行商人的反對運動越演越烈，但華人社群卻在一九三六年溫哥華市慶祝市政五十周年之際，扮演了重要的角色。之後又多少受到第二次世界大戰的影響，加拿大人對華埠的印象漸漸有所改善。華裔商人，例如溫哥華哥倫比亞街的白宮雜碎餐廳，就在店門裝上了霓虹燈等裝飾，讓華埠的街頭符合歐洲人期待的東方形象[182]。

順帶一提，加拿大透過一九三一年《西敏法規》取得外交權，實質上已經獨立。而後，一九八二年在英國的加拿大法令和後續成立的加拿大憲法下，加拿大從英國手上完全接管修憲權，成為真正的獨立國家。

一九二三年制定的中國移民限制法，也在一九四七年廢除，並於同年承認華裔加拿大人在聯邦、省的選舉權[183]。而後一九六七年，加拿大的聯邦政府引進計分制，透過審核移民候選人的學歷、經歷、語言能力等方面來判斷是否同意移民。

這個新的移民法規，讓香港、東南亞的移民大增，尤其在一九九七年香港回歸前的十年間，約有三十萬人從香港移民到加拿大，他們絕大多數住在多倫多、蒙特利奧等大城市區，香港移民較多的溫哥華甚至還有了「香哥華」之稱。

加拿大的中國菜本來是美式口味。既是使用甜酸醬、番茄醬、胡椒和加了味精的炸粉製作而成的多油炸食品，也是會在結帳時附贈幸運餅乾的料理。

但到了一九八〇年代，前述的「新派粵菜（nouvelle Cantonese）」餐廳，在大城市中出現。一九八〇年代後半以後，提供新派粵菜的港式廣東餐館蓬勃興起，有的是獨立的大型餐館（大酒樓），有的則是躋身於大規模港式購物商場和高級飯店之中。於是舊有的美式中國餐館成為平民僅限的簡便用餐場所，新興的港式餐廳則成為富裕香港移民和中上階層白人顧客的光顧之地[184]。

如同本章所介紹到的，美國的中國菜相關研究之所以豐富，是因為其中充分表現出了美國作為移民國家、多民族國家的特色。尤其是二十世紀前半，美式中國菜雜碎超越了美國人對華人的排斥和打壓，博得如國民美食般的莫大歡迎。於是中國菜作為美國流行文化的一環，乃至美軍大兵的日常飲食流傳到了世界各國，對世界飲食文化史來說深具意義。

在美國軍旅中接觸到中國菜的義大利裔移民，一手創建出中國食品罐頭公司而飛黃騰達，將「義大利配方的雜碎」普及到全美。繼而是許多日裔美國人在美國經營中國餐館，店中提供的籤運煎餅在後來發展成幸運餅乾，被中國人傳承下來成為美式中國菜的固定元素。也有猶太人吃了中國菜才感覺自己是美國人，於是中國菜也成了美國猶太人身分認同的一部分。這些都是美國這個多民族國家將文化融合的力量傳遞至今日的珍貴史實。

第二章　英國——雜碎・中國飯店・中國菜大使

十九世紀的華人與中國菜——燕窩羹、鼠肉派、乳狗排

英國商人彼得・曼迪（一六〇〇～一六六七年）是第一個留下「chopsticks」這個意為「筷子」的英文單詞紀錄的人。據說它是廣東話和英語結合到一起的「洋涇濱語」[1]。

英國首批中國移民最晚出現於一八一四年[2]，最早則大概可以追溯至十八世紀東印度公司的船員、工人落腳到利物浦或倫敦的時候[3]。進入十九世紀以後，隨著工業革命發達而興起的產業資本家，強硬主張自由貿易主義。因此，獲得皇家特許的東印度公司，在一八三三年決定廢除中國茶葉貿易的專利權，第二年以與中國商人合約到期為由，停止商業活動。中英貿易自由化之下，英國許多商行或貿易商開始經由廣州走私印度產鴉片到中國。於是許多廣東、福建的農民紛紛以低廉的工資受雇出海跑船，他們就是早期移居英國的華人[4]。

一八六五年開通了利物浦到亞洲的直達航線，碼頭一帶形成中國船員停留區域。利物浦的華人主要來自香港，他們在十九世紀的英國形成最大的華人社群。清朝的出國禁令不管實情如何，一直維持到一八九三年。因此外國船可以進出的香港、澳門，以及黃浦（廣州）和汕頭就成了華人外流的出口，廣東繼地位下滑的福建，成為華人踏出國門的中心地[5]。

話說十九世紀中期的歐洲，普遍以為中國人愛吃狗肉，視燕窩為珍寶。例如，一八五一年倫敦舉行第一屆萬國博覽會時，英國的大眾週刊《笨趣（*Punch*）》刊登了揶揄中國人飲食生活的插畫（圖3－12）。畫裡的中國人推薦服務生吃燕窩羹、鼠肉

圖3－12　刊登在《笨趣》週刊上揶揄中國人食物的插畫（1851年）。

派和乳狗排[6]。

另一方面，一八八四年倫敦舉行的萬國健康博覽會（International Health Exhibition），最熱門的賣點之一就是中國餐館。其中為食品供應和廚師聘雇做準備的是長期居留在上海的海關總稅務司羅伯·赫特（Robert Hart）。赫特在北京和廣州招聘廚師，其中還有位住在北京十五年的法國人。服務生除了二、三名中國人之外，也有瑞士、德國、法國人等。

當時英國的大眾週刊，介紹了博覽會的中國餐館。舉例來說，《帕摩爾摘要（*Pall Mall Budget*）》雜誌（一八八四年七月十一日）讚賞燕窩羹、海參派、魚翅、蓮子等料理，以及奉茶的服務，但對現場演奏的中國音樂不以為然[7]。《笨趣》裡甚至還譏貶紹興酒（"Shaoshing Wine"）是「辣口白酒與傳統家具打磨的氣味加上巧克力霜混合出來的味道」[8]。

但《健康博覽會資料（*The Health Exhibition Literature*）》刊載了杜德珍（John Duddgeon）醫師的長文，這可能是第一篇詳細論述關於中國飲食的文章。文中對多吃米飯、大豆、蔬菜的中國飲食給予很高的評價，認為與食用高價肉類的西式料理相比，中國菜既便宜又有營養，鼓勵大家多攝取中國菜來改善西式飲食[9]。

倫敦東區的唐人街——二十世紀初的華人與中國餐館

華人也經常把唐人街稱為「華埠」，該名稱寓有中國港口之意，可知中國城是從碼頭開始形成的[10]。直至十九世紀結束前，倫敦、利物浦、卡地夫等地的船塢附近，都有小規模的華人社群形成。倫敦的東區，尤其是萊姆豪斯（Limehouse）一帶，早在一八八〇年代以前就已經有華人的雜貨店、食堂、集會所，並在一九一〇年以前形成了唐人街。一九一〇年代前期，住在倫敦的華人約有四成是沿街居住在萊姆豪斯的幾條大馬路旁。華人當中也有人娶了英國妻子生兒育女[11]。

一九〇六年，倫敦的華人在船員的主導下，創設了最早的互相扶助團體。到了次年，更在與宗教的結合下成立支援組織，目的在於支援華人生活、保護華人免受英國社會歧視，還在利物浦創設了分部[12]。

相傳倫敦最早的雜碎餐廳（中國餐館）開張於一九〇八年。一九一〇年左右倫敦的中國餐廳，在東區唐人街僅有少數幾家，西區也只有兩、三家。當時中國餐廳的主要顧客是中國學生，倫敦本地的民眾除了部分下層苦力，一般人對中國菜都是敬而遠之[13]。

一八九九～一九〇二年的南非戰爭（波耳戰爭）是英國人與布爾人①為爭奪一八八〇年代發現金礦的南非作為殖民地而發生的戰爭。當時留學倫敦的夏目漱石曾冷眼目睹此戰軍隊凱旋的遊行。戰後由於川斯瓦地區雇用中國勞工，引發英國本國也可能流入低酬中國勞力的擔憂。一九〇四年，英國把約兩萬名中國勞工帶進南非。他們形同奴隸的勞動狀況，在一九〇五年的大選中，導致自由黨支持者對亞瑟・貝爾福（Arthur Balfour）的保守黨政權投下了反對票。

實際上，在英國勞動市場上占據少數的華人幾乎不曾與白人勞工競爭，唯獨船員是個例外。一九〇八年，英國船員再三阻撓中國船員的雇用合約，雙方劍拔弩強。

此外，一九一一年，白人對卡地夫所有的三十三間華人洗衣業者展開破壞行動，一九一九年，倫敦萊姆豪斯一帶也發生攻擊華人的暴力事件，這種對華人勞工的反感一直延續到一九二〇年代。而且華人還隨著人口的增加，居住到萊姆豪斯之外的地方，也引發當地人因住宅不足而升起反感[14]。

東方怪人傅滿洲博士與倫敦唐人街的鴉片窟

而在文化方面，一般認為鴉片窟早在十九世紀末以前，就已經出現在倫敦東區的乾船塢，與萊姆豪斯的華人區產生連結。奧斯卡・王爾德唯一的長篇小說《道林・格雷的畫像》（*The Picture of Dorian Gray*）（出版於一八九一年）、柯南・道爾創作的夏洛克・福爾摩斯故事中，也出現過東區的鴉片窟。甚至一九二〇年左右的報紙或雜誌還竭力宣揚，中國船員或萊姆豪斯的華人店東會誘騙白人女子或妓女，把鴉片中毒傳播到全倫敦[15]。

圖3－13　薩克斯・羅默的小說《傅滿洲的謎團》（1913年）封面。

當時有位作家薩克斯・羅默（Sax Rohmer，一八八三～一九五九年）就將倫敦華人和華埠的陰森形象寫進了自己的創作當中。羅默是位經常到倫敦唐人街採訪的年輕記者，在一九一三年發行了怪人傅滿洲（Fu Manchu）博士的

① 譯注：阿非利卡人，南非和納米比亞的白人後裔，祖先多來自荷蘭。

（圖3—13）小說，描寫東方人暗中企劃征服世界與建設帝國的故事。這部小說從一九二三年開始就多次搬上英美大銀幕[16]。

至於「傅滿洲」這個名字，當然是源於滿清最後一位皇帝——愛新覺羅溥儀。傅滿洲博士系列故事在歐美散播東方人邪惡、狡猾的可怕形象，也成了當時黃禍論盛行的背後推手。羅默的其他小說也把唐人街描寫成鴉片走私猖獗的罪惡淵藪，一九一六年更是出版了《唐人街故事》（*Tales of Chinatown*）作品集。

此外，阿嘉莎・克莉絲蒂（Agatha Christie，一八九〇～一九七六年）的推理小說《四大天王》（*The Big Four*）（一九二七年），描寫名偵探白羅與策劃國際犯罪的中國人組織展開對決。傅滿洲及與之類似的複製故事，一再於許多雜誌、書籍、廣播、電影中登場[17]。

除了上述文學作品之外，出現唐人街的電影或音樂創作更是不勝枚舉。大眾文化中的唐人街，經常被描寫成危機重重的場所。因而儘管一九二〇年代的西班牙巴塞隆納地區沒有華人，還是被稱為危險的「中國城（Barrio Chino）」[18]。但人們在另一方面也不難看出中國人保持儒教傳統，和善、紳士等完全相反的外在表現。與之相關的中國藝術作品和工藝品，在英國收藏家之間也非常受到歡迎，這種雙面性也是我們必須多加留意的部分[19]。

世界大戰與英國的中國菜——各種口味的雜碎

第一次世界大戰爆發後，歐洲各國面臨勞力不足的問題，所以一九一六年五月起，法國開始大舉啟用中國勞工。中國勞工打入法國的軍需品、化學、兵器工廠、港灣、煤礦、鋼鐵廠、交通等各個領域的工作當中。一九二〇年代，青年時期的周恩來與鄧小平也曾「勤工儉學」（半工半讀）到法國留學，在當地從事中國共產黨的活動。而法國對中國勞工的接納，也在中國近現代史上帶來了重大的影響。只不過法國多達四萬名以上的中國勞工，有一大半在第一次世界大戰過後就返回家鄉，僅約三千人留在法國[20]。

繼法國之後，英國也在一九一六～一九一八年，從中國山東省等地招攬了約九萬五千名中國勞工。但英國幾乎並未雇用他們到英國本土，或是將之投入到戰爭前線（即使如此也有約兩千人殞命），而是支援前線軍隊，從事建設臨時軍營、修築道路與鐵路、挖掘戰壕、堆沙包等工作。

英國對外國移民的管理，始於一九〇五年的《外國人條例》（*Aliens Act*）。一九一四與一九一九年的《外籍人士限制法令》（*Aliens Restriction Act*）限制了中國移民的入境。因此第一次世界大戰之際，雖約有十萬名中國人在歐洲工作，但來到英國本土的中國勞工卻是寥寥可數。當時在法國的華人主要是勞工，相較之下，在英國的華人則多以船員和洗衣業者為主。

但在第一次世界大戰期間，英國人對中國人產生了憤憤不平的情緒，他們認為英國男性在前線為了國王和國家英勇作戰的時候，中國移民卻搶走他們在工廠、飯店、餐廳的工作和房產，賺得優厚的報酬，騙走英國女子[21]。不過中國勞工的人數經常被誇大，中國作家老舍就曾提出警告，指出一九三〇年時，如果倫敦的「唐人街住了二十名中國人，中國人在記錄上必定寫成五千人」[22]。

話雖如此，但在另一方面，第一次世界大戰後，英國人對中國文化的看法出現了變化。他們對中國菜興起了濃厚的興趣，中國菜繼鴉片和犯罪之後，成為中國文化特色的象徵。自此時期開始出現了專做歐洲人生意的中國餐廳，在一九二〇年代中期前，倫敦等地也開起了連鎖性的中國餐廳[23]。倫敦的衛爾康收藏館（Wellcome Collection）收藏了應是一九二〇到三〇年代初期的中國菜英文食譜集。其中手寫的雜碎食譜共有十二種，包括普通（豬肉）、特級、雞肉、鴨肉、羔羊、牛肉、魚、蝦、牡蠣、龍蝦、鴿子、鵪鶉的雜碎。雜碎是當時英國中國餐館的主力菜色，因而想出各種各樣的口味變化[24]。

一九三〇年代的英國，海運貿易衰退，人工洗衣逐漸進化成電動洗衣機。船員或洗衣店的華人工作因而銳減，再加上澳洲的金礦、錫礦業吸引了大批華人前往，所以英國的華人人口並未增加。但中國與英國在二次大戰成為同盟國，許多中國人因而來到英國。二次大戰期間，利物浦成了美國和加拿大補給物資的基地，一九四二年之後光是在這裡就大約雇用了兩萬名中國船員，更有近一萬名中國船員加入了英國海軍[25]。

一九三九年九月，二戰開戰不久，英國對肉類、砂糖、紅茶、起司等基本食材實施配給制。但由於小麥的庫存比歐洲其他國家多，所以主食的麵包還不受配給限制。不過到了戰爭中期，麵包品質逐步下滑到幾乎接近黑麵包，但即使如此也無法阻止小麥的短小，政府開始宣傳用馬鈴薯代替麵包，糧食、酒類的黑市買賣大行其道，曾有倫敦一流飯店的經理或主廚被檢舉經營黑市。據傳黑市生意通常是猶太人在經營。

餐廳的菜品固定為一餐三道菜，定價五先令。不過，高級餐廳需外加餐桌費、服務費、咖啡費、飯後水果費等費用，提供外面吃不到的肉類、雞蛋和水果。一流餐廳門庭若市，二、三流餐廳更是大排長龍[26]。

二戰期間，中國菜在英國普及開來。由於戰時採行配給制，英國人必須改變傳統的飲食習慣，因此嘗試外來食物或外食的機會增加。當時英國的中國菜水準也有所提升，所以民眾也漸漸注意到中國餐廳是個價格低廉又美味的外食場所。中國與英國結盟，也是中國菜普及的一大因素。在英國殖民地待過而對中國菜有所了解的英國人，也在英國境內發揮了宣揚中國菜的作用[27]。

倫敦的日本人與中國菜——藤井米治的中國飯店

對日本人而言，倫敦是進入歐洲的門戶。一次大戰後，旅居倫敦的日本人有所增加，隨之而來的是大英博物館往西南走約五分鐘，短短的一條丹麥街道上就集中林立了「常磐料理店」、「大和飯店（舊常磐旅館）」、「阿座上商會」、「酒井商會」、「大島理髮店」等設施。

其中的常磐料理店是倫敦最有名的日本餐館，其店主畢業於東京的私立大學，招牌菜為蒲燒鰻。據說他們的鰻魚產於丹麥，使用的白米產自西班牙。不但饅②、生魚片、魚板蓋飯等日本菜色應有盡有，還雇用英國年輕女子，由穿著洋裝的日本女總管負責指揮。除了常磐之外，倫敦的日本移民還開設了「東洋館」、「湖月」、「都俱樂部」（一九〇六年宇野萬太郎創立其前身「都亭」）、「日之出家」（日出家，一九一六年越後人矢野琢馬創業，成為日本人經常來訪的社交場所）等日本料理店，以及「橫濱洋食店」等西餐廳和中國餐館。

二次大戰前，日本料理店一般只有日本人光顧，幾乎完全沒有歐美客。開在紐約的日本料理店寥寥可數，雖然有美國顧客來吃牛肉火鍋或鰻魚飯，但屬於例外。相較之下，美國和歐洲即使是小城市，也到處都看得到雜碎。因此在倫敦的日本人眼中，中國菜與「土耳古〔土耳其〕料理」一樣都位居食物烹調的最高等級」[28]。

倫敦的中國餐館中，位於白金漢街二十八號的「中國飯店（Strand Chinese Restaurant）」是日本人藤井米治經營的餐館，經常有日本人上門光顧，除了中國菜之外，也提供壽喜燒。倫敦針對旅居日本人發行的月刊《日英新誌》從一九二五年二月（一一〇號）到一九三八年八月（二六八號），都頻頻刊登這家中國飯店的廣告。除中國飯店外，提供「純廣東式」的「支那御料理」及壽喜燒的「大眾中國餐廳（Popular

Chinese Restaurant）」、雜碎餐廳「新中國飯店」、「廣東酒樓（Canton Restaurant）」，甚至是巴黎的「萬花酒樓」等餐飲店都在《日英新誌》刊登了廣告[29]。這些應該是華人經營的中國餐館針對日本人所刊登的廣告。

至於日本人在二戰前的歐美究竟經營了多少家中國餐館，據外務省通商局於〈在外本邦實業者調〉（一九三七年十二月調查）中登載，倫敦除了中國飯店外，還有舊金山的「藤井茂美」（店名不詳），洛杉磯的「三光樓」、「新芝加哥咖啡館」、「日光雜碎」，西雅圖的「新風軒」、「錦華樓」、「日光樓」、「玉壹軒」共九家[30]。這些餐館裡應該有部分店家同時供應中國菜和日本料理。

一九三六年十一月開始在倫敦生活了一年半的主婦伴野德子表示，比起辛普遜的烤牛肉，「還是藤井的中國菜、大和飯店、常磐料理店的日本料理更合胃口」[31]。而據小說家野上彌生子表示，「日本人開在倫敦能從西洋人手裡賺到錢的店」就只有中國飯店[32]。

中日戰爭全面爆發的一九三七年夏季時期，倫敦皮卡迪利的中國餐館，掛出謝絕日本人的牌子。藤井米治經營的中國飯店也出現了華人廚師害怕遭到同僚迫害而逃走的狀況，後因人手不足而停止外送[33]。

② 譯注：又叫饅膾，用醋味噌拌海菜、鮪魚、墨魚或貝肉的涼拌菜料理。

倫敦的對日、對中情感——淞滬會戰・天津事件・占領香港

第二次世界大戰前，英國人幾乎無法區別中國人與日本人。當時的日本人一被誤認為中國人，腦海裡就會氣憤地浮現出「清國奴」之類侮辱性十足的詞彙。但英國人並不了解日本人的這種心情[34]。

一九三七年八月爆發淞滬會戰，使得英國人對日本人印象完全惡化。據長期旅居倫敦的畫家牧野義雄表示，當時倫敦的報紙報導了日軍在上海大肆屠殺的消息，民眾發起拒買日本貨的示威運動，街頭貼滿募款給中國人的海報。而後上演日本人屠殺中國人的電影陸續上映，排日熱席捲全英國。倫敦的街頭都成了中國的後援會，百貨公司掛出中國絲絹特賣，咖啡館和餐廳的餐桌和椅子都換成了中國風。牧野判斷這些行為是猶太人為迎合平民而想出的點子[35]。

之後，一九三九年六月發生的天津事件③導致英日關係更加惡化。「親日派」中國籍官員遭到殺害，日本當地軍隊以英國拒絕引渡凶手為由，對天津租界實施了交通管制。當時日軍刻意對英國人採取差別待遇[36]。日本兵在英國租界的出入口設立檢查站，要求英國人在公眾面前脫光衣服受檢。此事一經新聞報導，英國民眾情緒惡化[37]。這起事件丟盡了中國大陸白人的面子，不只英國人，連美國人都擔心會對白人的威信造成不良影響[38]。話雖如此，後來英日談判好轉，在一九四〇年六月簽署協議，英國並未撤銷《日英通商航海條約》[39]。

不過一九四一年七月，英美下令凍結日本人資產，《日英通商航海條約》也遭到毀棄。當時除了《泰

晤士報》和《每日電訊報》，英國各主要報紙都開始使用「jap（日本佬）」的字眼，赤裸裸地表達「反日態度」。日本人認為，嚴厲批判日本的批判者必定是受到了重慶國民政府大使館的指使。

一九四一年十二月，日本因為偷襲珍珠港與馬來亞海戰，而與英、美兩國開戰，一時間出現了應重新評估日本軍力的論調。但媒體很快就報導了日本軍在香港虐待白人的新聞，隨後更仿效美國「勿忘珍珠港」的作法，在報上登出「勿忘香港」（因為日軍在一九四一年聖誕節占領香港）的標語，並張貼到了餐廳和劇院門口。

於是，自一九四一年十二月八日英日開戰後，旅居英國的日本人也被羈押到愛爾蘭海中央的曼島。便服警員來到被羈押者的家中，日本人大都已把行李打包好待命，自行率先走出來，這樣的表現讓英國警員十分驚訝[40]。一九四二年七月，日英之間互換羈押者的談判成立，曼島的日本人乘坐交換船回國，但也有日本人自願留在英國[41]。

③ 譯注：一九三九年四月九日投靠日本的程錫庚遭到愛國青年槍擊身亡。英國拒絕引渡四名凶手，導致日軍自六月封鎖天津英租界近兩個月。

二次大戰後的倫敦與利物浦——華人的餐廳開張

倫敦雖然是世界上的歷史古城，但直到一九五〇年代在印度菜和中國菜的帶動下，才終於掀起真正的民族食物熱潮，而中國菜是在印度菜（咖哩）之後才漸漸普及開來的。戰時基於配給制度講求統一平等和公平主義的食堂文化消失，英國人發現中國菜能豐富西方飲食生活而大為歡迎[42]，此後中國餐館逐漸增加。二戰後配給結束，倫敦所有的餐廳都開始生意興隆，飲食生活產生了變化，許多民眾開始外食。其中的中國餐館因為比其他餐館更能吃到營養豐富的食物，所以成為一大熱門選擇。

再加上從遠東回到英國的殖民地官員、士兵、留駐倫敦的美國大兵及其家屬等人，都會習慣上中國餐館。對大多數的英國人來說，自己和華人之間只是中國餐館與顧客之間的接觸，華人的形象與中國餐館密切聯繫到了一起。另一方面，隨著洗衣機的普及，從事洗衣業的華人也被迫轉行經營餐飲業[43]。

一九四五年八月，二戰剛結束不久，利物浦的華人大多決定回國。但少部分有創業精神的華人，開設了以地方菜作為特色的寧波、福州、海南、汕頭、上海等地方菜系餐廳，作為各省籍華人的社交場所。這些中國餐館的菜品，都是大廚們賭上尊嚴做出來的正宗口味中國菜，可以說是英國最早期的正規中國地方菜館[44]。

而在利物浦城中，住在尼爾遜街等區域的華人即使在一九五〇年代，也並未有意融入當地社會，由於他們沒有威脅到英國工人的生活，所以受到當地人和善的對待[45]。不過因為二十世紀的利物浦港漸趨沒落，所以很多人搬遷到曼徹斯特。中國社群從利物浦到曼徹斯特的遷移，一直持續到一九六〇年代。一九七〇年代，幾個華人宗族，對曼徹斯特商業街附近廢棄不用的棉花倉庫進行一番改造，經營成中國餐館街。之後曼徹斯特中國餐館街的一角，與倫敦唐人街的傑拉德街，在政府的主導下推行了開發計畫[46]。

二戰後，大批湧入香港的大陸民眾人數，在一九四九年中共建國之際迎來了最高峰。因而郊外的新界出現了有人放棄農業，把土地租給大陸來的民眾，靠土地租金作為收入。再加上工廠與住宅快速開發，地價高漲，也有人因此賣掉農地。於是為了尋找更有賺頭的工作，部分民眾出走香港，前往英國。

此外，從新界農村饑荒逃難而來的稻農裡，也有人為了謀求中國餐館的工作而來到英國。一九六二年英聯邦移民法加入勞動許可制度，對來自英聯邦各國的移民增設限制，要求移民者在移民英國之前必須保證已被雇用。不過中國籍的廚師可以申請入境英國。一九六四年當時，從香港新界移民英國的華人約為二萬至二萬五千人，集中住在倫敦和利物浦[47]。

英國的中國餐館雇用的華人分為兩種，一是出生香港的英籍人士，以及出生於中國本土且長居香港的非英國籍人士。不過後者在一九七〇年前後人數驟增。這是因為英國的法律明確禁止，以低薪酬非法雇用非英國籍勞工，但是英國的中國餐館為了解決人手不足的窘境，還是會以低薪和一定雇用期限的條件，聘用居住在香港的非英籍中國人。

如同詹姆斯．華森（James Watson）所研究的文氏宗族，到倫敦開餐廳成了香港新界村民的經濟命脈，也形成了連鎖移民系統。文氏移民雖然沒有英國籍的朋友，卻並不覺得遺憾。英國外食業界極大占比掌控在移民手中，英國人並不會到倫敦中、低階層的餐飲店裡打工，因此餐飲業也是移民比較容易踏足，又不會與地主社會的勞工發生競爭而招惹上麻煩的少數行業之一[48]。

一九六〇～七〇年代的倫敦——香港新界與馬來半島移民的中國餐館

倫敦的唐人街本來位在碼頭附近的東區萊姆豪斯，聚集了中國船員還有以他們為顧客的店鋪。但在二次大戰期間，被德軍轟炸成一片廢墟，戰後也並未復興。不過到了一九六五年，倫敦東區劇院街的陰暗小路，倒是相繼開了五家高級中國餐館。這些餐飲店不再是過去賣雜碎的飯館，而是以不斷增加的華人為顧客的正宗中國菜餐館。這類餐廳林立的傑拉德街成為中心地帶，形成了新的唐人街。

位於傑拉德街附近的蘇活區在一九六〇年代當時，是充斥著性交易與電影院的娛樂區，自八〇年代起轉變為媒體、高級餐館林立的街區。傑拉德街上有中國餐館和賭場，成為華人社會展現活力和激情的集中區。而掌控倫敦餐飲業的張氏等宗族，也與唐人街的發展共榮共存。在鼓勵香港人移民英國的氣氛中，英國城市中產階級對中國菜的態度也有了轉變，中國餐館生意熱絡[49]。

一九六〇年代倫敦中國餐館的特色是在廣闊的地區裡零星分布，菜品的味道也迎合英國人的口味。

當時英國許多中國餐館都是廣東菜館，最具代表性的中國菜是美式雜碎和炒麵。其他如「叉燒」、「咕咾肉」、「芙蓉蛋」等菜品也是常規菜。倫敦中國餐館上的菜，主要是歐美化或英國化的廣東菜，不過一九六六年也開了倫敦第一家北京餐館[50]。

一九六〇年代中期，倫敦約有一百五十到兩百家中國餐館。其中一部分是店老板從二戰前就來到倫敦開起的餐館，另一部分則是戰爭過後才來到倫敦的餐廳。後者又可依據店老板的出身地進一步劃分成四大群體。各群體內互助合作，但群體之間幾乎沒有往來。

第一種群體的店主，以來自香港（尤其是新界）移民最多。其餐館規模大多屬於小規模，位於東區劇院街之外，大多會有幾個來自同村的主廚或服務生，共同擁有該家店鋪。不過儘管如此，他們相當自負於自己是最專業、最合適的餐飲業者，看不起國民黨員開的餐廳，認為他們是「外行人」。

第二種群體的店主是中華民國大使館的前館員。大使館雖在一九五〇年代關閉，不過館員們留在倫敦或利物浦開起了中國餐館。這些國民黨出身的老板是在一九五〇年以後才開始經營餐館，所以餐飲經驗淺薄，而且他們大多都是華北人，只會說北京官話，但雇用的員工主要都是香港新界出身，只會說廣東話的人，所以都是以英語溝通。

第三種是來自新加坡等地的馬來西亞華人開的中國餐館。馬來西亞華人老板會特別找來同鄉的馬來西亞人當餐館員工。

第四種則是有些非華人開的中國餐館。

進而員工也可以分成從二次大戰前就在中國餐廳打工的舊有移民，以及在戰後才來到倫敦中國餐館工作的新移民。前者主要是中國大陸出身且長期薪資微薄，後者主要來自香港新界，待遇也有了改善，因此世代間對立嚴重[51]。

一九六一年，倫敦成立華人餐飲協會（Association of Chinese Restaurants），全英國華人餐飲經營者都積極加入協會，希望維持中國菜的水準和中國餐館的評價。協會創立之初在電視、廣播、地方報紙上大力宣傳中國菜。而且一九六三年協會還發起了一場運動，擁護因在中國餐館發生糾紛而衍生成殺人案的華人員工凶手[52]。

此外，一九六〇年代後期開起了許多服務勞工的中國菜外帶店。這些華裔移民不只經營中國餐館，也開起了炸魚薯條店[53]。小型外帶店鋪的增加，讓只靠家人幫忙而不雇用員工的經營方式變得合理化，因而迫切需要家族的人力協助。再加上當時的移民條件限制漸趨嚴苛，所以大家都想趁著真的移民困難以前把家人找來英國。其結果就是，自一九六三年起的十年間出現了移民高潮，許多華人的妻子和子女都移民到了英國[54]。

到了一九六〇~七〇年代，從馬來西亞與新加坡移民英國的華人激增，造成這個現象的原因是馬來西亞在一九六九年發生了馬來人與華人衝突的暴動（五一三事件），促使馬來人開始主導政治。此外，新

圖3－14　羅孝建。

加坡在一九六七年通過國民兵役法，實行徵兵制，為了逃避兵役而導致海外留學者大增。再加上一九七〇年代，來到英國的一萬六千名越南難民中，約有七成是華裔。一九八一年以前，英國的華人人口增加到超過十五萬人。其中，英國消費者對英式中國菜抱持越來越大的疑問，開始追求道地的中國菜[55]。

不過一九五〇～六〇年代移居到英國華埠的移民雖在九〇年代紛紛退休，其兒女卻並未打算繼承餐廳，所以中國餐館又賣給了新的移民。因此一九九〇年代中國餐館店老板，從香港人或馬來西亞人，轉變成了中國大陸移民。而後到了一九九〇年代以後，英國的中國餐館越來越難留住人才，第二代之後的華人都以醫師、律師、會計師為首要目標，與家業間的紐帶日益薄弱。中國菜的廚師開始從缺，因此也創設了「李茲東方菜學院（Leed's Academy of Oriental Cuisinem）」（一九九五年開校）一類的學校[56]。

羅孝建——倫敦的「中國菜大使」

向來以在英國推廣中國菜而聞名的羅孝建（Kenneth Lo，一九一四～一九九五年，圖3－14）生於中國福州，六歲時隨著成為英國大使的父親來到倫敦。羅孝建的祖父羅豐祿（一八五〇～一九〇三年）清末時留學英國，曾擔任李鴻章的英文祕書、外交顧問（《馬關條約》用印時隨行）以及駐英公使等職務。其外祖父魏瀚（一八五〇～一九二九年）是製造軍艦的專家，在清末擔任海軍部造船總監，於民國時期任職福州船政局局長等職務。

羅孝建在北京的燕京大學修完物理學後，於二十三歲時移民英國，在劍橋大學取得英國文學的碩士學位。畢業後，一九四二～一九四六年在利物浦的中國領事館工作。一九四六～一九四九年調至曼徹斯特任副領事，後來轉行到企業界。羅孝建從一九五五年到晚年，出版了三十多本英文版中國菜譜，後來獲得了「中國菜大使」（Ambassador Of Chinese Cuisine）的美譽[57]。

一九七五～一九八〇年，他在倫敦組織「中國美食俱樂部（Chine Gourmet Club）」，邀來富豪和評論家等人在形形色色的餐廳舉辦晚餐派對，介紹中國菜。羅孝建最滿意「朗迪佛（Rendezvous）」餐廳，主廚是一九五〇年代從倫敦中國大使館逃出的北京人，會做道地的北京烤鴨推廣北京菜。中國美食俱樂部鼎盛時期的成員雖多達一千人，但是卻不怎麼善於經營[58]。

一九八〇年，羅孝建在倫敦開了一家取名為「憶華樓（Memories of China）」的中國菜館，供應其故鄉福建菜在內的中國各地菜品。該菜館擁有當時倫敦中國餐館中最大的廚房。身為山東人的大廚，在香港學過點心和海鮮料理，也是製麵的高手。

憶華樓曾登上英國的報章雜誌，美國的旅遊娛樂雜誌《美食（*The Gourmet*）》也對此做了一個大型專訪，所以開張之初的顧客多以美國人為主。羅孝建在稍早前的一九七四年出版的中國菜食譜（Quick and

Easy Chinese Cooking）在英國滯銷，在美國卻大受歡迎。從這件事可以得知，美國對中國菜的接受度進展得比英國還快。而倫敦也在一九八〇年開設歐洲第一家中國料理學校（Ken Lo's Kitchen）[59]。

羅孝建表示，戰後倫敦最大也最興隆的中國餐廳，是距離皮卡迪利圓環不遠的「香港（Hong Kong）」，聯合國軍相關人士也經常上門光顧。華人老板與他的英國妻子因而致富，妻子開了一家專門經營中國物產的超市。

還有另一間在戰後由福州出身的張凱昌（音譯，Zhang Kaichang）在蘇活區開設的「法瓦（音譯，Fava）」中國餐館。中共建國前，十幾歲的張凱昌是北京俄羅斯大使館財務官的私人司機。雇主返回莫斯科後，張與俄羅斯女子結婚後移民倫敦。他在義大利餐廳工作幾年以後自立門戶，開設了法瓦這間餐館。羅孝建說，張凱昌做的義大利肉醬麵口味與眾不同，吃起來有著醬油和薑的風味。

其他還有一間位於附近沃達街上，麵食特別好吃的「雷翁斯（Ley-Ons）」中國餐館。「香港」、「法瓦」、「雷翁斯」，是戰後倫敦最具代表性的三家高檔中國餐館。「周先生（Mr. Chow）」則是繼這幾家餐館之後，作為第二代崛起的高級中國餐館之一[60]。

一九六八年，周英華（Michael Chow）在倫敦騎士橋開設高級中國餐廳「周先生」。周英華一九三九年（一說為一九四〇年）生於上海，父親是著名的京劇演員周信芳，姊姊是女星周采芹。他在十二歲的時候遠渡英國，在倫敦的大學修讀戲劇，大學畢業後在倫敦市內開了間美髮沙龍，同時也參與幾部電影的演出。

一九七四年，周先生中國餐館在洛杉磯的比佛利山也開了分店。雖是中國餐廳，卻是由歐美籍的侍者提供義大利式的服務，營造完全西式風格的氣氛，向好萊塢的明星們推廣中國菜，成為知名的名流御用餐廳。一九七八年在紐約也開了分店，並在美國各地連鎖展店。不過，周先生在華人圈裡並不怎麼出名[61]。其中一個原因應該是菜品設計得太洋派的關係（圖3—15）。

圖3－15　周先生麵（Mr. Chow Noodle）。

倫敦的華人政治團體與中國餐館

一九一一年辛亥革命的十年後，倫敦創立國民黨的組織，但二次大戰後，國民政府貪腐敗露，一九五〇年英國一承認中華人民共和國，國民黨的倫敦總部與各地分部當即關閉。攝政街的「自由中國中心（Free Chinese Centre）」雖然繼續運作，但英國政府並不承認它是外交機關。自由中國中心會發行帶有宣傳性質的英文週刊、月刊分發給中國籍學生，雙十節時會聚在前國民黨官員開的中國餐廳，慶祝中華民國國慶。

話雖如此，英國在外交上並不承認國民黨政權，而國民黨的預算也不充裕，無法保護英國的華人。因而毛澤東的中華人民共和國政治宣傳，遠比蔣介石的台灣（中華民國）政宣更為有力。尤其毛澤東的中國軍隊，還在韓戰中獨自迎戰美國和聯合國軍，大大提升了中華人民共和國威在英國民眾之間的信。華人在戰後的英國與美國面臨了截然不同的處境。

一九六〇年代，倫敦的華人組織不同於印度籍工人團體，幾乎沒有政治性壓力團體（利益團體）。也就是說，除了中國國民黨和中國共產黨的辦事處之外，只有左派的「太平俱樂部」。歸納其主要的背景原因，大抵是二戰前的舊移民雖體驗過英國人的歧視，但戰後來自香港新界的新移民，並未威脅到白人勞工的工作權，所以未曾受過歧視，對英國人抱持既非友好也非敵對的印象。再加上香港並沒有發動過獨立運動，所以多數人並不關心政治[62]。

但一九六〇年代倫敦的華埠，在紅衛兵式的政治運動、中國大使館員發起的戰鬥示威④，以及二戰前後香港新界參與過反日游擊隊和農民運動的廚師和服務生等事件的加乘作用下，以年輕工人為中心醞釀出了一股激進的氛圍。與其說他們氣憤的原因是毛澤東對香港的暴行，倒不如說是憤怒於英國對香港表現出了英國殖民地式的漠不關心。對這些從香港移民到英國的港人來說，中國大使館給的幫助比倫敦的香港政府辦事處（The Hong Kong Government Office, HKGO）還要來得多。例如，中國餐館的員工與吃霸王餐的客人扭打送警，只有中國大使館會發起保釋行動。中國大使館的影響力漸漸高於香港政府辦事處，也讓華埠變得更加激進[63]。

④ 譯注：一九六七年香港六七暴動引發中英兩國對立，發生火燒英國代辦處事件，之後也影響了倫敦華埠的政治氛圍。

一九八〇年代至今——倫敦華埠的發展和中國食材的普及

一九五八年成立英國中國商會（The Chinese Chamber of Commerce, United Kingdom），而後於一九七八年組建倫敦華埠商會（The London Chinatown Chinese Association），開始主辦春節活動。一九八〇年，民間團體「華人社群中心（The Chinatown Chinese Community Centre）」也在倫敦創立[64]。

倫敦的華埠在一九八五年得到官方承認，當時西敏區的區長、中國大使、英屬香港專員都出席典禮。那一年舉行了以觀光客為主的春節遊行，搭建牌樓（arch）、寶塔（pagoda）、石獅像，設置英語和華語標示及行人徒步區[65]。

華埠整建好以後，春節活動的規模也不斷擴大，靠著地方政府的參與，春節活動自二〇〇三年起擴大成中國新年節慶規模。中國政府每年派遣文化藝術團前往參與，每天都能吸引三十萬觀光客到訪。中國新年不只是華埠和倫敦的祭典，也成了國家之間的文化節日。

附帶一提，歐洲的唐人街只有倫敦、利物浦和曼徹斯特立有牌樓門，東南亞或北美的唐人街上高大聳立的牌樓則常見。例如在北美洲，紐約、波士頓、費城、舊金山、華盛頓、維多利亞港等地的華埠也都時能可見[66]。

而後在一九七〇年代，香港的企業「永業（Wing Yip）」奠定了中國食材在英國的批發與流通。由於這個時期英國的中國餐館已經處於飽和狀態，所以許多餐廳業者紛紛轉移到德國、比利時、法國、丹麥、荷蘭等國家。在一九九〇年代以前，森寶利（Sainsbury's）、特易購（Tesco）和阿斯達（Asda）等大型超市會向李錦記、永業等廠商，進口販賣中國的調味料與食材。而馬莎百貨（Marks & Spencer）也與名廚合作，銷售紐約風格的外帶用中國熟食[67]。雖然這些都對既有的中國餐廳造成威脅，但也促進了中國菜的普及。

圖3－16　倫敦唐人街的中國餐館。

二〇〇七年十一月，英國政府內政部整頓了唐人街的幾個餐廳，逮捕四十名以上非法入境的中國勞工。內政部的這項舉動雖然有很高的風險會激起華人社區的緊張感，進而傷害到與中國政府之間的關係，但卻並未發展成重大衝突。事件最後的結果是一眾相關人員在小型抗議遊行後的公開會議上，同意禁止非法勞工。後來查爾斯王子在次月訪問了華埠，向大眾傳遞一種訊息，表明華埠已經確立下在倫敦，亦即在多元文化主義下的「典範社群」的角色。

話雖如此，倫敦的多數華人對英國人將酒吧拿來作為交流場所的文化並未習慣，反倒覺得不適。此外，即使到了近年，華人還是會受到種族歧視的待遇。舉例來說，在中國大陸移民違法販賣盜版DVD的二〇〇〇年代，英國人會以「DVD」來稱呼華人，取代過去的「Chinks（中國佬）」[68]。

如前所述，大英帝國曾在十九世紀占領馬來半島和香港作為殖民地。儘管如此，中國菜是直到一九二〇年代開始才在英國普及起來。兩次大戰的戰間期中，日本人也在倫敦開起中國餐館並且生意興隆。但直到一九六〇年代，英國最具代表性的中國菜還是美式雜碎和炒麵。

二戰過後，英國移入了許多殖民地香港的移民，在一九六〇至七〇年代，來自馬來西亞、新加坡、越南的華人移民也逐漸有所增加。這股移民潮成為英國出現正宗口味中國菜的契機。

一九七〇年代出現了不少如羅孝建這般因為介紹中國菜而備受矚目的名流，但正如羅孝建著作的讀者和餐廳顧客，剛開始都是美國人居多所示，英國對中國菜的接受度顯然一直落在美國之後。

第三章　歐洲・大洋洲・拉丁美洲

——中菜文化意義上的多樣性

法國——中國、越南菜

第一次世界大戰過後，僅有幾家中國餐館率先於巴黎開業，一九二〇至四〇年代中國餐館的數量增加到四十家左右。小說家兼劇作家獅子文六在他的《達磨町七番地》一書中描述，巴黎中國餐館的顧客除了中國留學生外，還有法國、美國、日本顧客。而與之恰成對比的是，日本料理店只有日本人光顧。《達磨町七番地》也提到了「雞肉雜碎」，可以想見法國的中國菜也強烈受到英、美兩國的影響[1]。

法屬印度支那（一八八七～一九五四年）地區，越南民主共和國等國為脫離法國、追求獨立，發動了印度支那戰爭（一九四六～一九五四年）。一九五四年奠邊府戰役中越南獲勝，法國按《日內瓦公約》撤出越南。正值此時，許多難民從印度支那半島湧入法國。進而在越南戰爭（一九五五～一九七五年）結束至一九八〇年代，更多討厭社會主義政權的難民也逃到法國。據統計，在一九七五～一九八七年間，約有十四萬五千名難民湧入法國。法國政府不問難民來自法國、越南或中國，一律視為從印度支那半島到法國的移民，所以越南出現了取得法國國籍的華裔法國市民。印度支那難民中有五到六成是華裔人士[2]。

因此法國在一九五〇至六〇年代，出現了越南華人經營的中國餐館，除了中國菜之外也提供越南菜。巴黎也有一些越南人開的店，供應與中國菜完全不同的傳統越南家常菜。巴黎越南菜館的主要顧客是從印度支那歸國的印度支那殖民官和法國軍人。相較之下，越南華人的餐館經常自稱「中式越南（Chinese-Vietnamese）」餐館，以雙招牌吸引很多顧客。但在法國顧客眼中，中國菜的定位卻是含糊不清的[3]。

一九六五年時，巴黎有一百七十多家中國餐館，許多華人從皮革業轉行到利潤較高的餐飲業，若加入印度支那難民開的店就有近三百家。當時巴黎的中國餐廳有近半數店主都是法國人，雇用中國的廚師或員工，所以嚴格來說並不能算是華人經營的店鋪。法國的中國餐廳以廣東菜最多，其次是淮揚（江浙、揚州）菜和北方菜。但不論是哪一種菜系，到了一九六〇年代都已經迎合外國人的口味進行歐洲化，供應純正中國菜所沒有的生菜（沙拉）和炸蝦等菜品[4]。

巴黎的唐人街是從一九七〇年代才發展出來的。隨著第十三區的重新開發，新建成的公寓被分配給了來自東南亞的難民。而唐人街從一九八〇年代開始，除了家族經營的餐館，也出現了專業企業家向法國的銀行籌措資金經營的大規模餐廳。這些餐飲店的員工形形色色，有來自中國大陸的職工、香港來的廚師、台灣來的侍者，也有非洲來的洗碗工[5]。

巴黎的中國餐館在一九七〇年代末，增加到了八百多家。法國的中國餐館在一九八〇年之際已經超過了二千五百家，其中半數是印度支那難民經營的餐館，越南式的中國餐館則約占整體四分之一。一九九二年，法國的中國餐廳超過三千家，逼近歐洲中國餐館數量最多的英國，其中半數都在巴黎[6]。尤其是巴黎十三區的華埠，歷經早期華裔移民融入本地又離開，由印度支那（越南、寮國、柬埔寨）出身的華人移入取代，增加了不少越式三明治、越式法國麵包的專賣店和咖啡館[7]。

當時法國的中國餐館可以分成大、中、小三種規模，華人經營的大型餐飲俱樂部豪華氣派，有些還有卡拉OK設備，撒大錢從香港招聘手藝出眾的廚師，提供港式廣東菜。一九八四年十二月，中英發表聯合聲明，決定在一九九七年七月一日將香港主權歸還中國，香港期望移民的廚師眾多，促進了法國中國菜的發展。有的大型餐廳會派遣廚師到香港，學習新式菜色和烹調方法。有的中型餐廳會同時提供中國、法國、泰國、越南、柬埔寨、寮國等六國料理，熱門程度不下於法國菜。小型餐館則是家族經營[8]。

套餐與粉紅酒

法國許多中國餐廳會仿效法國菜的上菜順序，最先端上「entrée」（在前菜之後端出的開胃小菜），然後是主菜、點心。中國菜裡通常最後才端出的湯品（Pottage），則改成在飯前先出。每道菜不用大盤盛裝後分菜，而是直接盛裝成單人份個別端出。中國的主食白飯，在法國式套餐中改為附帶選項，多數人都會選擇用炒飯代替白飯，而且人們也不會把它視為相對於配菜的主食。

另外，法國的許多中國餐廳的大前提是統一而均質化的中國菜，並不會考慮中國各地菜色的差異。法國人認知中的中國菜，會經常用到翻炒（stir-frying）等烹調技術。薑、蝦夷蔥、醬油、蠔油等常見的食材和辛香料，也同樣起到了象徵中國菜的作用。

法國的中國菜自一九八〇年代開始逐漸進化，發展出多元菜品。一九六〇～七〇年代的法國，中國餐廳裡的招牌菜是杏仁雞（poulet aux amandes）或洋蔥炒牛肉（bœuf aux oignons）。這些菜色在中國原本就不存在，所以在法國也漸漸失去異國情懷，時至今日已然完全消聲匿跡。

另一方面，一九八〇～九〇年代，港式餐廳流行起在櫥窗展示表面烤成紅褐色的廣式烤豬。也出現了提供百道以上亞洲菜色，按泰國、越南、柬埔寨等國籍分類的大規模港式餐廳。一九九〇年代以後開張的多國籍餐廳改變了飲食概念，原本依法國套餐模式，訂為「開胃菜、主菜、點心」的上菜順序，也變化成更重視個人喜好的選擇方式。

此外，法國的中國菜還有一個特色，那便是用餐習慣佐粉紅酒。從美食的觀點來看，粉紅酒的評價不高，也不被視為正式的酒品。但人們經由中國餐館對粉紅酒有了新的認識，中國菜與粉紅酒的結合成了法國人的用餐習慣。因此，亞洲廚師若想追上米其林星級主廚，就必須強調自己具備粉紅酒以外的葡萄酒知識，或是店裡會準備特別的粉紅酒[9]。

一九九〇年代起，中國大陸移民成了華裔移民的主力，法國的華人超過三十萬人，成為華人人數在歐洲僅次於英國的國家[10]。巴黎第三區的工藝學院地區，四處可見溫州人經營的皮革製品店、工藝品店和餐廳，以至於有了「溫州街」之稱。在中國始於一九七九年的改革開放政策之下，溫州人移民日盛。尤其青田縣人大多移民到了盛產的青田石大受歡迎的歐洲地區。而從歐洲返國的人在故鄉開設咖啡館或西式餐廳，也讓歐式飲食文化在青田普及開來。另外，溫州人為避免同業競爭，也有人去到了荷蘭或義大利開中國餐館。

法國東北的鄰國比利時，在一九六〇年代初期只有寥寥十幾家中國餐館，但在九〇年代初期爆增到約一千家。一九九〇年代初期，比利時的華人百分之九十五以上都從事餐飲業。進而到了一九九〇年代，來自印度支那半島和中國大陸的華人第二代也開起餐廳，整體競爭更加激烈。在盧森堡和首都安特衛普的唐人街上的華人餐廳業者，也會提供來自廣東、日本、泰國、越南、印尼等國的各式菜品[11]。

德國——成為近代主義與世界主義象徵的中國菜

一八八〇年代，德意志帝國皇帝威廉一世，明確闡述起了亞洲人至今也仍舊意圖入侵歐洲的「黃禍

圖3－17　「黃禍圖」（1895年）。

論」。當時德意志帝國登記在案的華裔移民為六十三人[12]。

甲午戰爭過後，德意志帝國皇帝威廉二世對《馬關條約》表示反對，聯合法俄要求日本歸還從大清得到的遼東半島，為了讓三國干涉合理化，宣稱中日聯合會造成威脅。一八九五年夏，威廉二世提出自身構想，下令宮廷畫家克納克福斯（Hermann Knackfuss）繪製寓意畫〈歐洲各民族，保衛你們的信仰和家園！〉，並將複製畫作贈予歐美君主、政治領袖、發表在報紙和雜誌上，在西方宣揚黃色人種威脅論。這幅畫雖然遭受嘲笑，但後來被稱為「黃禍圖」，起到了散播黃禍論的作用（圖3－17）。

日俄戰爭期間，俄羅斯與同盟國法國、威廉二世統治的德國，不斷宣傳如果日本戰勝，中國將在日本的指導下覺醒，結成可怕的泛亞洲聯盟。但日本與其同盟國英國，還有當時親日的美國都反對黃禍論。日俄戰爭後，威廉二世認為日俄戰爭是第一次黃白人種之間的戰爭，向白人發出了警告。之後，雖然嚴肅報章極少採用「黃禍」這種字眼，但黃禍論還是成為前述怪人傅滿洲博士之類的大眾小說或B級電影的主框架流傳開來[13]。

一九二〇年代歐洲城市的中國餐廳是人們探尋多元文化現代性的場所。歐洲有許多知識分子對亞洲，尤其是中國十分著迷。德國第一家中國餐廳，是一九二一年開在漢堡市中心的「北京（Peking）」，店裡播放著摩登爵士樂，展現時代思潮。可以說北京這家中國餐廳，讓德國人得以領略當時正處於爵士時代的美國城市，提供了別樣的近代體驗[14]。

一九六〇年代的西德，尤其是漢堡開了多家中國餐廳。一九六五年西德的中國餐廳來到一百一十四家，在短短幾年之內倍增。西德人平均所得增加，美軍大兵和外國觀光客也多，所以各城市的中國餐館急速增加而蓬勃發展。在德國開中國餐廳的時候，還能獲得啤酒工廠出資[15]。

漢堡的華埠是世界主義（cosmopolitanism）的新象徵，與漢堡的鬧街聖保利及漢堡國際港等十分吸引觀光客的景點相得益彰，聖保利也開了許多家中國餐館。一九六二年在聖保利開設的音樂俱樂部「Star Club」，與東尼・雪瑞登（Tony Sheridan）和披頭四等英國樂團有很深的合作關係，讓當時的年輕音樂迷感受到中國菜的魅力[16]。

一九七五年，漢堡有六十餘間中國餐館，西柏林有五十餘間，全西德應超過五百家。規模較大的中國餐館主要座落在大城市，家族經營的小店城市以外的地方也找得到。

西德的中國菜廚師，有從香港或台灣直接延攬，也有從英國招聘而來。一九七三年英國加入歐盟的前身歐洲共同體後，英國的華人廚師往來西德變得方便許多。另外，西德的中國餐廳經常會招募工資低的印尼或土耳其等外國勞工來打下手，他們有些人工作一段時間也會升為廚師。

一九九〇年代中期，由於中國餐館競爭激烈，出現了不少業者回台灣，或是賣掉店面轉行。當時來自中國大陸的難民從事非法行為，屢屢引發關注，對華人經營的餐廳也造成負面影響。尤其一九九五年，德國發行量最高的小報《圖片報（*Bild-Zeitung*）》報導中國餐廳用狗肉的謠言，令住在德國的華裔中國餐館業者們陷入不安與困境[17]。

此外，在隸屬共產主義的東德（德意志民主共和國，一九四九～一九九〇年），也看得到中華人民共和國介紹中國菜的痕跡。東德僅次於柏林的第二大城市萊比錫，自一九四六年開始，每年都會舉辦國際性的和平博覽會。根據一九五六年的新聞報導，活躍於上海的粵菜老師傅蕭良初，在這項和平博覽會開設的「中國食堂」中，展露了他的拿手菜「八寶鴨」（糯米蒸鴨肉），博得好評[18]。

進而，中國餐館也在一九八〇年代中期以前，遍布與德國東南部接壤的奧地利全國各地。維也納也從一九八四年的七十五家，激增到一九九一年約三．五倍的兩百六十九家。據推算全奧地利在一九九一年已有五百多家中國餐館[19]。

荷蘭——印尼中式菜餚

一九一一年組成中國社會黨，中日戰爭期間在汪精衛政權下擔任要職的江亢虎，在一九二二年的《東方雜誌》中刊載了關於荷蘭港口城市鹿特丹的訪查報導。該篇文章指出，中國船員頻繁往來鹿特丹，居住者也固定有七～八百人，其中六～七成是廣東人。因此也有了雜碎館，其中最大的一家叫「惠馨樓」[20]。此外，有資料指出一九三九年的荷蘭有七家中國餐館，其中最老的一家是「中國樓」[21]。

值得注意的是，中國菜在荷蘭的發展，受到荷蘭帝國東南亞殖民主義的影響。荷蘭最早的印尼華人是二十世紀初從荷屬東印度來的留學生。此後的印尼歷經一九四二～一九四五年的日本軍政期、一九四五～一九四九年的獨立戰爭期、一九六五年九三〇事件後印尼政局不穩期等動盪，印尼人為了躲避社會混亂從印尼移民到荷蘭，這樣的狀況一直持續到七〇年代[22]。

一九三〇年代以前，華裔印尼人已在荷蘭開起餐廳，一九四九年印尼獨立後，許多印尼華人前往宗主國荷蘭。再加上曾經住在印尼且習慣了當地料理的荷蘭官員、士兵返回母國，促進了荷蘭中國餐廳的增加。這些餐廳強調推出摩登且最新的菜式，但也會迎合荷蘭人的偏好，使用荷蘭食材烹製中國菜，所以提供的菜餚口味與中國傳統料理有些距離。

荷蘭中國餐廳的華人老板不時會在菜單裡加入印尼料理，自稱「印尼中式菜館（Indo-Chinese restaurant）」。阿姆斯特丹是荷蘭華人社群與中國外送餐飲業的中心，一九六〇年時已有四十四家印尼中式菜館。這些店賣的春捲（loempia）、麵（bami，炒麵）、炒飯（nashi goreng）等菜品，都成了荷蘭的家常飲食[23]。

一九六〇年代後半到七〇年代初，荷蘭的印尼中式菜館市場急速擴大。當時，三家大型啤酒廠為了擴大產品銷路，貸款給中國餐廳作為開店資金。他們投入資本額的五到六成，年利率百分之六上下，償還年限為五到十年，許多華人申請這筆貸款，開設中國餐廳。一九六六年底，阿姆斯特丹的中國餐廳有八十九家，一年半就增加了一倍。

這種狀況也同樣出現在阿姆斯特丹之外的各城市，中國餐廳的陡增，不僅激化了華人餐廳之間的競爭，連荷蘭人經營的餐廳也承受很大的壓力。因此，一九六六年底，荷蘭餐飲業界團體要求荷蘭政府禁止華人入境，不向華人新設菜館發放營業許可。一九九〇年以前，荷蘭全國的中國餐廳約達三千家[24]。

但歐洲的中國菜熱潮在一九八〇年初走到盡頭。原因之一是中國菜用的化學調味料（味精）會引發過敏反應的「中國餐廳症候群」（Chinese restaurant syndrome）成了一大問題。之後，壽司等日本料理逐漸走紅取代了中國菜。

俄國——中國・朝鮮・日本料理的定位

一八八〇年代，從華北遷到中國東北部（滿洲），進而前進到俄羅斯東端的移民急速增加。而後中國移民勞工（華工）支撐了十九世紀末到二十世紀初，俄羅斯遠東的經濟發展。舉例來說，一八九一年動工的烏蘇利鐵路（西伯利亞鐵路）的建設工地，除了囚犯和士兵之外的自由工人大多是華工。但當時中國菜並未能在俄羅斯有所發展[25]。

另一方面，朝鮮移民從十九世紀後半來到俄羅斯，將朝鮮的飲食文化帶了進來。現今居住在俄羅斯的朝鮮裔移民，大多是第二代或第三代子女，持有俄羅斯國籍。而且朝鮮料理已成為俄羅斯人日常飲食習慣的一部分。俄羅斯大型超級市場的沙拉區，可以看到用煙燻鯡魚和酸奶油做成的韓式沙拉，與俄羅斯沙拉一併陳列。俄羅斯人會買辣椒醃漬的胡蘿蔔絲、韓國泡菜、韓式沙拉等蔬食。在北美的俄羅斯食材雜貨店裡也同樣看得到它們[26]。

相較之下，在俄羅斯只有中國觀光客造訪的聖彼得堡等地的飯館，或居住在俄羅斯的外國人或外交官常去的超市才看得到中國菜。而且中國菜用的辛香料和食材，不同於日本料理或泰國料理，很難在一般食材的雜貨店裡看到。即使是莫斯科華人較多的居住區，也很少看到中國菜。俄羅斯的中國餐廳不多，購物商場的美食街或街頭，也許看得到賣餃子或麵食的店，但大多被趕到角落。看得出在俄羅斯飲食文化的階層結構中，中國菜的地位較低[27]。

除了中國食品的品質和安全性受到質疑的原因之外，還因為中國與中國國民對俄羅斯經濟來說是一大威脅，普遍認為中國廣泛影響了俄羅斯的經濟衰退。二〇〇〇年代以後，中國勞工來到俄羅斯，到建築工地工作或是擺攤做生意，都讓俄羅斯人警覺他們會搶走俄羅斯人的工作。而且中國廉價的商品，也取代了俄羅斯和歐洲的商品，讓俄羅斯市場變得飽和，並且壓迫到俄羅斯的國內產業。從莫斯科建築工地的塗鴨，可以領略到嚴重的反中情緒。因而俄羅斯當局採取了一連串的措施，將中國勞工逐出市場、破壞中國的商品，對中國勞工進行特定的衛生管制強化，讓工人做不下去[28]。

另外一提，麥當勞在社會主義的國家內，分別於一九八〇年代在南斯拉夫、一九九〇年在蘇聯開店。一九九〇年代初期，日本的羅多倫咖啡連鎖餐飲店也在莫斯科開店，但俄羅斯人對此不太關注。俄羅斯最早的一家星巴克咖啡開在二〇〇七年。此外，從一九九〇年代末期開始，也紛紛開設了以日本料理為首的中國、泰國、西藏、蒙古等亞洲料理餐飲店[29]。

說到日本料理，一九九〇年代末，莫斯科最早的日本高級壽司店始於專做富裕外國商務人士或俄羅斯黑手黨員生意的夜總會裡。並且還與咖啡店普及的時期重疊，所以有些餐廳會同時供應咖啡與壽司。同時也出現了在俄羅斯創業，於舊蘇聯成員國發展連鎖事業的日本料理店（串燒店等）。

對俄羅斯人而言，日本料理是異國風情的飲食，壽司取代薯條成為俄羅斯最受歡迎的外國食物。壽司、烏龍麵與義大利麵、披薩、漢堡等食品，登上餐廳或外帶餐飲店的主要品項。中國餐廳也開始提供壽司和烏龍麵，甚至還出現了單點菜單中不只提供壽司，還可以自由選擇「中式午餐」或「日式午餐」的餐廳。想來是因為日本料理的品質和口味，都和麥當勞一樣值得信賴，所以中國餐廳也運用日本料理來找回體面[30]。

保加利亞——作為一種西方體驗的中國菜

日本人一提到保加利亞，可能立刻會聯想到優格吧①。但如同瑪麗亞・約托瓦（Maria Yotova，立命館大學人類學副教授）的研究所示，優格是直到近年才被定位為「保加利亞固有」的國民食品。而優格之所以能一躍成為保加利亞的國民食品，是因為在日本的行銷成功。

保加利亞於一九〇八年宣布脫離鄂圖曼帝國自行獨立後，成為西歐巴爾幹地區地理位置複雜的一個小國。而後一九四四年在蘇聯的侵略下，保加利亞成了它的屬國。二〇〇七年加入歐盟之後，歐盟要求的標準讓保加利亞國內的酪農和企業家吃足苦頭，挫傷了個人與國家的自尊心。

但日本對保加利亞的看法，與歐盟國家的著眼點完全不同。日本人認為保加利亞是個充滿大自然豐饒之美的優格聖地。於是保加利亞透過優格搭建的橋梁，得到了日本不同於西歐或蘇聯嚴厲審視的善意回應，得以展現本國飲食文化的獨特性[31]。

話說，社會主義體制垮台的一九八九年以後，漸漸有東北三省和浙江省人等地的華裔移民流入東歐。此時期開始，保加利亞街頭出現了門口掛著紅燈籠的中國餐廳。對許多保加利亞人而言，中國菜象徵著被社會主義時代奪走的正常生活。中國的食物是全球化的象徵，消費中國菜被視為一種「西方」體

① 譯注：日本知名食品大廠明治生產的優格直接以「保加利亞」（ブルガリア）作為商品名稱，故而日本人一提到保加利亞就會聯想到優格。

驗。保加利亞人認為，吃中國菜意味著本國在世界層級中的政治、經濟地位提升。分辨中國菜正宗與否的能力，甚至也間接展現出了消費者的地位[32]。

保加利亞的中國餐廳剛開始與歐美一般中國餐廳的不同之處就在於，他們並沒有用低價作為賣點，也不提供中西融合料理，更不將其視為族群料理，而是作為一種異國料理來供應。吃中國菜對保加利亞人而言，與其說是在體驗中國的族群料理，倒不如說更像是在體驗全球化之下的西式美食，如同其他地域的人們在象徵現代化和全球化的麥當勞用餐的一樣。美國電影裡，吃外帶中國菜的場景也作為日常生活的片段頻繁出現。對保加利亞人而言，中國菜就是西方生活模式的象徵。

二〇〇〇年時，保加利亞首都索菲亞的中國餐廳急速增加，來到了一百五十家以上。二〇〇〇年代初期，中國菜也會用來慶祝生日等特別節日，成了保加利亞主要的飲食文化之一。保加利亞人認為他們國內的中國菜都是道地菜色，並未進行在地化。但實際上索菲亞成功的中國餐廳，提供的是保加利亞口味的中國菜，裡頭加了很多砂糖和醋，突顯保加利亞人印象中典型的中國甜酸醬汁。

然而二〇〇三年以後，保加利亞出現了中國餐廳倒店潮，餐廳數量開始減少。一方面是因為餐廳競爭趨於激烈，但更大的原因是保加利亞人不再像從前那般覺得中國菜「很酷」。中國菜在他們眼中成了可以外帶，「便宜」還「快速」的食物，特別是年輕人會用來待客。

二〇〇七年保加利亞加入歐盟，增進了社會、經濟的流動性，二〇〇八年～二〇〇九年中國餐廳完全失去了新鮮感。保加利亞人如果想吃美食，會改去亞美尼亞餐廳、塞爾維亞燒烤（surbskata skara）、壽司店等餐飲店。

即使吃到的中國菜是由華人烹調，保加利亞人吃中國菜也並非是為了體驗中國文化，而是一種連結西方，尤其是美國的飲食體驗。保加利亞雖然在地理上位處歐洲，但該國家人民卻是用西方的標準來評價自身生活的非西方人[33]。

南歐——義大利與西班牙的中國菜

依據中華民國（台灣）的《華僑經濟年鑑》，義大利自一九五九年開始就有中國餐廳[34]。例如一九五八年從溫州文成縣來到義大利的胡昭卿，就在米蘭創業開設了中國餐館。胡昭卿等人從香港招募廚師，雇用義大利店員而獲致成功[35]。

按一九八七年十月的調查，中國餐館在羅馬約有一百家，在義大利全國約有兩百五十家。多數中小規模的中國餐廳，是印度支那半島的難民所經營。接著從一九八〇年代末開始，中國大陸移民義大利的人數也有所增加。一九九一年時，來自中國大陸的中餐廳業者，已是香港、台灣業者的六倍。

香港與台灣業者聘用的廚師大多十分專業且極富信譽，料理的價格也高。相較之下，中國大陸籍業者雇用的廚師大多未受過專業訓練[36]。但隨著義大利產業結構的轉變，中國大陸來的新移民主要職業也從餐飲轉變為製造、貿易和零售業[37]。

西班牙方面早在一九六五年就已經有二十四家中國餐館，其中十家座落在南部的羅塔。美國依據一九五三年的《美西共同防衛援助協定》在羅塔建立了美軍基地，許多美國軍人駐守在此。

到了一九七〇年代，地處大西洋靠近非洲大陸西北沿岸的西屬加納利群島，發展為歐洲的觀光地。這裡也是各國遠洋漁業的補給基地，所以餐飲、娛樂業蓬勃發展。一九七五年時的華人約有兩百人，華人經營的中國餐館也增加到約三十家。

但一九九〇年代中期，由於非法勞動、衛生、商標問題，西班牙人對中國餐館的印象明顯惡化，西班牙的中國餐館經營狀況苦不堪言，馬德里的中國餐飲業者還專門為此以「中國菜與健康」為題召開記者會。也有一些台灣籍中國餐館業者把店頂讓給從中國大陸來的移民[38]。

澳大利亞的華人——淘金熱．白澳主義．多元文化主義

十八世紀末，牧羊、農園、水運的工人從福建來到開拓草創時期的澳大利亞。雪梨有華人存在的紀錄最早出現在一八二七年。一八二三年發現第一座金礦，五一年新南威爾斯和維多利亞州正式掀起淘金熱。到這些金礦工作的華人，絕大多數都是來自廣東的珠江三角洲，尤其是三邑、四邑。巔峰時期的一八五〇年代，甚至曾經有過一段澳洲四十萬人口裡約有十萬人是華人的時期。

截至一八八〇年代為止，居住在澳洲的華人約有九成集中在金礦區。在淘金熱逐漸走向尾聲的一八七〇年代前，相對於「舊金山」而有了「新金山」之稱的墨爾本，成為澳洲擁有最多華裔人口的城市[39]。

然而華人勞工的增加令白人感受到威脅，高舉黃禍論發起反華人暴動和排華運動。華人與白人之間的抗爭導致縱火殘殺事件，一八五〇～一八八〇年代間，各州對亞洲移民課徵入境稅、居留稅。華人被迫在返國，或是與當地婦女結婚落地生根之間做出抉擇。

一八八八到一九〇〇年間澳大利亞民族主義高漲，以建立純粹由白人組成的澳大利亞，或爭取白人勞工的生活保障為目標。一九〇一年成立的聯邦（澳大利亞聯邦）提出脫離英國殖民主張的同時，還強化了各州充滿歧視性的移民法規。這種「白澳主義」（澳洲白人至上主義）下通過的移民限制法，要求入境者必須參加語言測驗（到一九五八年都還嚴格要求以任一歐洲語言聽寫出五十字），能夠入境的亞洲人只剩寥寥幾人。因此華人的人口從一九〇一年的四萬人左右，銳減到一九五〇年代的六千五百人上下。

但由於一九六六年放寬了入境管制和取得公民權的條件，所以年輕一代高學歷的華裔人口從馬來西亞、新加坡、香港等地大規模移入澳洲。到了一九七〇年代，隨著印尼難民的增加，印尼華人也加入移民的行列。一九七二年澳洲與中國建立邦交後，澳洲人對國內華裔社群的印象有所改善。再加上東南亞來的華人擁有豐富的專才與文職人才，過去勞工階級的華人形象也有了很大的改變。一九七三年實施的多元文化主義政策，令華裔組織的活動更加活絡[40]。

西方與中國在澳洲飲食文化中的融合

一九七六年，南澳大利亞州長唐・鄧斯坦（任期一九六七～一九六八、一九七〇～一九七九年）出版了自己的食譜書。鄧斯坦宣稱「澳洲並不單純是歐洲在亞洲的前哨站，我們已經是多種族社會，將來應該還會有更大的種族融合吧！」因而大力鼓吹將亞洲的烹調技術融入澳洲人熟悉的歐洲傳統當中，亦大力推薦中華炒鍋是廚房不可缺少的廚具[41]（圖3—18）。

圖3－18　揮動中華炒鍋的鄧斯坦（1976年）。

談及鄧斯坦這號人物，他在一九五三年當上南澳大利亞州的州議會議員之後，就一直為廢除白澳主義充滿歧視的移民政策而奔走，為之奮鬥了二十年。出版食譜書的那一年，鄧斯坦梅開二度，與出身檳城的華裔馬來西亞記者阿黛兒・柯（Adele Koh）步入婚姻。

二〇〇三年，澳洲的北領地政府宣布首府達爾文為「澳洲的亞洲大門」、「澳洲最好的咖哩叻沙故鄉」。如前所述，叻沙是添加馬來辛香料的米粉湯麵，也是娘惹料理之一。於是，娘惹料理意外地在澳洲達爾文這個地方，得到了重新規劃與設計[42]。

廖耀祥（Cheong Liew）出生於馬來西亞的吉隆坡，一九六九年移居澳洲墨爾本。一九七五年開設了傳奇性的餐廳「奈蒂斯（Neddy's）」，製作馬來西亞料理和中國菜。廖耀祥選用豬腳、海膽、鯊魚唇一類，都是當時其他廚師不會用的食材。一九八〇年，譚榮輝（Ken Hom）與陶爾（Jeremiah Tower）在澳洲正式推出「東方遇到西方（East-Meets-West）」的料理。不過廖耀祥創作追求中西融合的料理，比他們還早上了五年。

一九八八年，奈蒂斯關門大吉，廖耀祥進入阿德雷德引領澳洲餐飲教育的麗晶飯店學校傳授廚藝。進而在一九九五年，成為阿德雷德希爾頓國際飯店內「格蘭吉（Grange）」餐廳的顧問主廚。同年廖耀祥推出「海洋四重舞（Four Dances of the Sea）」的烹飪概念受到矚目，這也可以算是「澳洲味覺亞洲化」的一部分[43]。

結合馬來西亞與澳洲的咖哩叻沙

廣東籍的邱奇蘭（音譯，Khut Chee Lan）在老家吃的是客家菜。一九五九年，二十二歲的她嫁給馬六甲的邱國展（音譯，Khut Koh Chin）後，開始學習「薄餅」（生春捲）、叻沙等娘惹料理的作法。一九八二年，邱家夫妻與兩個孩子依附邱國展的兄弟，從馬來西亞的馬六甲移民到南澳大利亞州的首府阿德雷德。邱國展從事外帶用熟食店和食品中盤商的工作後，一九八二年中在阿德雷德的中央市場相中一間店面，開設「馬六甲天地（Malacca Corner）」咖啡店。直至二〇〇二年頂讓退休之前，都是邱太太一手掌理廚房。

回溯馬來西亞與澳洲歷史上的淵源，昔日的大英帝國中的海峽殖民地（現馬來西亞、新加坡）與澳洲的阿德雷德關係匪淺。舉例來說，一八三六年南澳大利亞最早的總檢察長（surveyor-general）萊特上校（Colonel William Light）最聞名的事跡，即是創建了阿德雷德。而且萊特上校的父親，也是創建英國東印度公司殖民地——檳城喬治市的人物。另外，一九六〇年代中期以後，移民法限制放寬，大英聯邦之間學生往來頻繁，到澳洲的留學生以馬來西亞人最多。而南澳大利亞州州長鄧斯坦是在一九七六年與華裔馬來西亞記者結婚的。

圖3－19　咖哩叻沙（墨爾本）。

一九七〇年代末到八〇年代之間，亞裔移民對阿德雷德中央市場的飲食文化居功厥偉。當時阿德雷德有「亞細亞美食」（Asian Gourmet）和前述邱太太的「馬六甲天地」兩家咖啡餐飲店，提供叻沙、春捲、麵和飯等便宜又好吃的家常亞洲菜。

據邱太太表示，一九八〇年代，馬六甲天地的顧客幾乎全是想念故鄉滋味的亞裔大學生。不過其中也不乏去過馬來西亞的澳洲人上門光顧，所以她也帶領許多澳洲人認識了亞洲食物。當時的澳洲人不知道叻沙是什麼，邱太太成了將叻沙帶進阿德雷德的人物。

叻沙（咖哩叻沙）成了「澳大利亞式（Australianness）」的「種族熔爐（melting pot）」，以及世界主義性（cosmopolitan）亞洲風格的象徵（圖3—19）。如果說檳城叻沙代表檳城華人的血脈，那麼咖哩叻沙代表的就是澳洲人的血脈[44]。

反多元文化主義崛起下的中國菜——雪梨的港式飲茶

一九八〇年代出現了高呼反亞洲人、反多元文化主義的人士，爆發移民爭論。面對這種情勢，部分關心澳洲政治的華裔領袖開始受人矚目。其中更出現擔任議員等公職的華人。一九九〇年代，相對於提出種族歧視綱領並主導了移民爭議的「一國黨（One Nation Party）」，這群華裔領袖創設了史上第一個將反種族歧視作為黨綱的「團結黨（Unity Party）」組織，活躍於政壇之中。

話雖如此，華裔政治家在保守化輿論的因素下日漸減少。二〇〇〇年代，在世界保守潮流和反恐浪潮的支持下，保守系政黨積極推動反多元文化主義政策的行動分外鮮明。白人、中間階層、盎格魯—凱爾特等多數派開始重新提起主張，實施打壓女性、原住民、移民等族群利益的政策。

也因此，當年以砧板、菜刀、中華炒鍋等美食交流而聞名的鄧斯坦，以及他提倡的「多種族社會（multi-racial society）」在一些人眼中早已不復記憶。但也正因為如此，叻沙在澳洲人的文化想像中，象徵著必將到來的時代，以及了解其料理成熟度的標誌，可望成為「亞洲化（Asianess）」與「澳洲化（Australianness）」二者意義兼具的食物[45]。

而今澳洲最大的城市雪梨，華裔移民隨處可見，也有唐人街，感受不到歧視亞洲人的待遇。港式飲茶在雪梨是最受歡迎，也是最為人熟知的中國菜，連上海、北京等各地方菜館都會在菜單裡加入飲茶而變得難以分辨菜系。受一九八九年天安門事件的影響，以中產階級為主的移民從香港湧入澳洲，不過港式飲茶直到一九九〇年代末才在雪梨的民眾之間廣泛流傳開來。

雖然人們說澳洲最好的飲茶餐廳在雪梨，但飲茶在包含塔斯馬尼亞島在內的澳洲各地都廣為普及。澳洲各大超級市場都有販售盒裝點心，就是飲茶在地化的最好實例。食品雜貨店裡也找得到飲茶點心的冷凍食品，其中包含了「蝦多士（Shrimp toast）」和「馬拉糕」[46]。

秘魯——成為國民美食的炒牛柳

從印加帝國時代的首都庫斯科來看，利馬只是邊境的地方城市，但在後來的一五七二年成為西班牙總督領地秘魯的首都。於是來自歐洲等地而來之人攜入的飲食文化融入進本地，孕育出殖民地城市利馬獨特的飲食文化。

家中非洲裔奴隸為西班牙裔居民做的菜，叫作「克里奧料理（cocina criollo）」，據說後來成了秘魯料理的精髓。而近代以後沿海城市一帶衍生出來的料理則被稱為「克里拉料理（cocina criolla）」。後面會提到的中國式克里奧料理炒牛柳也包含在這個領域內，一般日常中的克里奧料理就是秘魯料理。

利馬是拉丁美洲中國餐廳最多的城市。在此將根據山脇千賀子的研究先驅，整理並介紹這一段歷史。一八二一年，秘魯脫離宗主國西班牙完成獨立，一八四九年大清首批正式移民來到秘魯。之後在短短的二十五年間，就有九～十萬名中國移民來到秘魯。中國移民被奴役去做鐵路建設工程、撿拾鳥糞（作為肥料的原料出口歐洲）和耕種甘蔗田的苦工。

中國人雖是簽了勞工契約的移民，但實際上卻是在奴隸制的勞動條件下工作。對原本居於社會最底層的黑人奴隸來說，被定位在更下層的中國移民的出現是一種莫大的撫慰。在私人種植園工作的黑人奴隸粗暴地虐待中國移民，整個十九世紀屠殺事件層出不窮。黑人可以說是把在白人那裡承受的憎恨轉嫁到了華人身上。

十九世紀後半，結束種植園合約期的中國移民，轉而從事各種工匠、行商、家僕、小吃店、舊貨店等小規模的商業買賣，或理髮廳、洗衣店等服務業。一八五二年，利馬建設中央公設市場後，結束種植園合約的華人聚集到這附近落腳謀職。中心街的第二區因而形成了唐人街（bario chino），許多中國餐館、食品店、雜貨店櫛比鱗次地集中在離中央市場最近的卡邦（Capón）街，隨後也發展出了鴉片窟和賭場。中央市場是個聚集了跨越種族與階層民眾的商業空間，所以原住民或非裔貧困人民，在幾乎與市場合為一體的唐人街裡吃華人煮的食物，著實意義重大。

中國移民涉入外食市場的十九世紀中期，法國廚師已享譽世界。因此，利馬的富人階層也①開始從法國聘請法國廚師。在利馬，②義大利移民也跟法國人一樣開展餐飲業。不過義大利人的餐廳層級位居法國餐廳之下。

層級更低的是③販售當地料理，被稱為皮坎特利亞（Picantería）或飯達（Fonda）的涼棚店或攤子。支持這些店家的是隸屬社會底層的非裔、原住民族群的婦女。雖然其中也不乏在上流階層受到好評的店家，但主力顧客還是原住民族群、非裔民眾。這種底層料理融合了整個殖民期間發展起來的西班牙裔、非洲裔、原住民族群的料理文化。

然而，位在最底層的是④華人經營的小吃店。這些店鋪急速擴增，依據一八七二年的政府公報來看，利馬最低層級的食堂半數為華人所有。華人開的食堂在衛生方面屢遭批評，但是在十九世紀末以前，秘魯強制華人離境，反倒讓貧困階層的國民大感不便到甚至去擁護華人。

華人經營的食堂，對十九世紀後期秘魯人的餐桌有重大的影響。例如，米飯成了每天三餐必不可少的食物，擴大沿海地帶的稻米栽培。調味料方面則是醬油大為普及，用於炒飯等各式炒菜料理當中受到諸多歡迎。華人將「快炒」的烹調法與中華炒鍋一起帶進秘魯，成為一種常規。由於華人這番烹調料理的模樣能夠抓住秘魯人的好奇心，所以也有些中國移民會利用在棚子裡翻動中華炒鍋現炒的方式來販售炒飯。

西班牙語裡原本沒有相當於「炒」的詞彙。所以秘魯有個說法表示炒菜「saltado」這個詞，是從西班牙語中動詞「saltar」（彈跳）的過去分詞挪過來代用的。

於是，菜名裡有 saltado 的料理，成為秘魯料理的一部分，例如「lomo saltado（炒牛柳）」（圖3—20）這道菜，一如字面意思就是炒牛肉條，不但是中國餐館，也是秘魯菜館的代表菜。

圖3－20　炒牛柳（東京·五反田的秘魯餐廳「Arco Iris」）。

秘魯菜當中並沒有上菜時不用刀切就能食用的牛肉絲料理，但炒牛柳用的是切成細長條的牛里肌肉。烹調之際，除了洋蔥和番茄，還加進了中國菜不會放的炸薯條一起翻炒，最後才用西洋芹增添香氣，有時再加點醬油做提味。大多會附上白飯一起盛盤。還有日本移民使用的「味之素」也是不可欠缺的調味料。如炒牛柳這種有了獨特變化的中國菜在秘魯並不少見[47]。

秘魯的秘魯中餐——高級中國菜與餛飩湯

有說法認為一八六〇～七〇年代是秘魯飲食文化的轉換期。歷經西班牙殖民時期（一五七二～一八二一年），孕育出融合西班牙、原住民、非洲文化的飲食文化。不過到了一八六〇～七〇年代，再次出現融入法國系、義大利系與中國系飲食文化的情形。十九世紀末，秘魯相當富裕的家庭多會雇用法籍廚師，不過一般中、上階層家庭雇用的幾乎都是華人廚師。華人廚師擅長烹煮秘魯菜而頗受好評。

但另一方面，秘魯也和北美一樣，對中國菜懷有否定的負面印象。在秘魯民眾的認知裡，中國菜是一種會使用貓、狗、鼠、昆蟲等古怪食材的怪異料理。不過中國為了翻轉這種形象而開始採取了一系列舉指，以期獲得人們對中國及其飲食文化的尊重。一八八四年底，大清正式設立駐秘魯大使館，一八八五年七月至九月時，大使館連續舉辦了幾場舞會。一九二一年，秘魯最早的高級中國餐廳開幕，主廚是在大清駐秘魯大使館工作多年的廚師。看得出這個時期的中國菜在秘魯的上流階層裡已經逐漸受到歡迎。

中國菜在一九三〇~四〇年代漸漸走向高級化，整個一九三〇年代，高端的中國餐館以快於小吃店的速度在增加。華語、西語的雙語雜誌《東方》從一九三〇年代中期，出現了用來指稱中國餐館的「chifa」一詞。關於「chifa」的語源眾說紛紜，諸如可能源於華語中的「酒飯」、「吃飯」、「炒飯」等詞彙。近年來「chifa」不光是指中國餐廳，有時也會用來指稱中國菜本身（秘魯中餐）。

秘魯的中國菜越是大眾化，秘魯的元素便增加得越多。秘魯的大眾型中國餐館和一般食堂一樣，會準備由湯品與主食組成的各類套餐。供應的湯品絕大多數會選擇雞高湯做成的餛飩湯。最受歡迎的食物不是燒賣或餃子，而是餛飩。比較熱門的主餐是炒飯和芡汁炒麵，配料可以自己選擇。秘魯人大多會撒上秘魯菜必備的辛香料「阿希（aji）」（一種辣椒醬）。阿希醬與中國風套餐的組合，也算是秘魯菜與中國菜的融合了。

中國式秘魯菜 chifa 的誕生，未必是華人刻意促成的結果。華人將中國菜作為自己的民族料理展現在秘魯社會面前，而後被秘魯社會所接受，漸而成為秘魯人本身的料理。秘魯政府把 chifa 定位為秘魯菜的核心料理之一，積極展開宣傳。同時為了與大眾化的 chifa 有所區隔，名為「東方餐廳」的餐飲店也顯著增加[48]。

秘魯的中國移民絕大多數來自廣東，不過自一九九〇年代以後，也有大批福建籍移民飄洋過海而來。利馬的福建人在唐人街之外的地方，也發展餐廳、飯店、超市、進口品批發店等事業，他們還將轉盤圓桌進口到秘魯。

現在的唐人街雖然也有一九三〇年代以來經營的中國餐廳，但都是由外稱「Tusan」（語源為「土生」、「台山」）的第二代以後華人所擁有。很多店在一九九〇年代以後世代交替，或是開設新店。中國式克里奧料理餐廳，在華埠和中產階級的住宅區已呈飽和狀態，開始朝其他地區發展[49]。

而已經成為秘魯菜一部分的 chifa 也朝世界邁開步伐，秘魯政府繼泰國、台灣之後也積極展開美食外交，推出「全世界的秘魯料理（Peruvian Cuisine for the World）」戰略構想。二〇一一年秘魯名廚加斯頓・阿庫里歐（Gastón Acurio）開設的「Madame Tusan」便以「世界的秘魯 chifa（Peruvian Chifa for the World）」為口號，發展連鎖事業[50]。

中國菜成了「日僑之味」

另外，在此將根據柳田利夫的研究，概觀介紹一下日本移民在秘魯菜及秘魯中國菜的發展中貢獻良多的相關事蹟[51]。日本人是從一八九九年開始正式移民秘魯，日本移民也和中國移民一樣，簽下農業勞動合約，在沿海一帶的種植園展開生活，然後在農園認識了中國菜。

日本移民每天可以得到米的配給，以及每週約一次有羊或牛肉塊的配給，而日裔移民第一代從周遭的華人處學會了將肉切成細片，再與青菜一起拌炒的調理方法。這些中國菜用的是當時日本的農民幾乎沒有機會吃到的肉和油脂，因而固定成為日本移民間在秘魯生存的必備菜品。

而後日本移民也開始經營食堂和雜貨店。話雖如此，當時日本移民經營的餐飲業幾乎都是秘魯料理，直到第二次世界大戰後，中國餐館才開始有所增加。進而，也證實了日本移民受雇於華人經營的餐館。在秘魯人看來，華人和日本人同樣都是的「chino」（中國人、東方人），所以日本人會做中國菜是理所當然的事。

另一方面，日本料理店以一九一〇年初在利馬市中心開的「八千代亭」和「喜樂園」最為有名。但是，這些店也並不是專業的日本料理店，而是強調「和洋宴席」的餐館。日本料理店幾乎完全不用當地人愛吃的肉或油脂，顧客也只限於日本移民，店家數量很難有所增加。

第二次世界大戰前開始，中國菜對日本移民來說就是最高級的享受。舉例來說，一九一三年創刊、南美第一份日文報紙《安地斯時報》，也在一九一五年全年刊登「高等支那料理．新燕菜」的廣告，到一九一八年為止都還斷斷續續看得到中國餐館的廣告。日裔居民雖然用蔑視的口吻稱呼中國菜是「大清奴飯」，但在態度上卻還是將其定位成自己心中「最高級的美食」52。

日本人對於若是到秘魯中等階層以上的人們常去的餐廳，會遭受歧視的眼光，而傷及身為「一等國民」的自尊心與好勝心一事有所自覺。相較之下，chifa（中國餐館）就是個日本移民可以繼續維持一等國民身分的場所。

在日裔居民累積到一定經濟力的一九三〇～四〇年代，中國餐館成了他們的應酬場所。尤其是到了一九五〇年代，包下高級秘魯中餐館舉行日裔移民的婚禮更是習以為常的事情。所以中國菜對秘魯的日裔移民來說也成了「民族味道」、「日僑之味」。

秘魯的國民美食——檸汁醃魚與日系料理

一九六七年，國上稔（音譯，Minoru kunigami。一九一八～二〇〇四年）在利馬的市中心開的「拉布葉那・穆耶路提（La Buena Muerte）」成為秘魯料理史上的傳奇餐廳。因為它向抗拒吃生魚的秘魯人，提供素材新鮮的醃魚（ceviche）。除了將生魚長時間浸漬在檸檬汁中，還加入日系食物常用的醬油、味噌、薑等調味料，成功襯托出海鮮的鮮甜滋味。

利馬人不再抗拒海產，日僑經營的海鮮餐廳在檸汁醃魚成為國民美食的過程中，扮演了相當重要的角色。此外，生魚片是秘魯人熟知的日本料理之一，秘魯人敢吃章魚和海膽，據說也是日本僑民貢獻出來的成果。

一九八〇年代為止，秘魯的日本料理主要服務派駐當地的日本企業員工，和秘魯部分上流階層的狹隘客群，與大街小巷都看得到的秘魯中餐館恰成對比。但在一九八〇年代，日本料理由於幾乎不含肉和油脂，因而在歐美富人階層之間成為了具有高度價值的「健康飲食」。此時秘魯的美食家則是把焦點都投注到了日裔二代獨具特色的創作料理，命名為「日系料理（cocina Nikkei）」，並認同其為秘魯料理之一。後來日裔二代的阿爾韋托．藤森當選總統（任期一九九〇～二〇〇〇年）一事也造就了日系料理奠定地位的契機。

二十一世紀，在秘魯人移居國外及秘魯料理隨之在世界流行起來的背景下，秘魯料理的多樣性和豐富性也在幾位名廚的積極努力活動下，與國家認同連結到一起，獲得廣大的回響。秘魯日裔第三代創作的「日系融合料理（cocina Nikkei fusion）」作為秘魯料理一支開始嶄露頭角。許多名廚都是名副其實的日本料理大廚，並將自己的名字品牌化，當中也有人在衣領別上秘魯和日本國旗。日系融合料理是一種秘魯國家認同的重建、內含秘魯菜進軍世界政略意圖的高級料理。

另一方面，曾在日本生活過的日裔移民在離鄉工作中，將拉麵、餃子、咖哩或豬排飯等日本大眾飲食，推廣到秘魯的中間階層。他們不僅在秘魯重現了中國起源菜餚在內的日本美食，也在食材和調味上發揮巧思製作出迎合秘魯人喜好的拉麵、咖哩和蓋飯，創作成另一種日系融合料理[53]。

巴西聖保羅的中國菜——雜碎、炒麵、炒飯

依據中國駐巴西公使館的調查，一九三一年住在巴西的華人為八百二十人，一九四〇年時有五百九十二人，巴西的華人居住人數極少。巴西的華人本來就與葡屬澳門有較深的關係，主要都是來自澳門周邊的廣東人。

自一九四九年中華人民共和國成立到一九六〇年代為止的這段時間，是中國人移民巴西的第一波移民潮。這個時期，資本家（如上海的榮家等）和國民黨政權相關人士從中國逃到了巴西。

此外，香港、澳門、台灣的企業家和知識分子也移居巴西，依據中華民國（台灣）的調查，到一九六七年以前，巴西的華人人口增加到一萬七千四百九十人之多。而後一九七一年中華民國被迫脫離聯合國，也促使憂慮台灣前途的人們移居巴西。此外，從印尼和菲律賓等東南亞地區移居巴西的華人也為數不少。

一九七四年，巴西與中華人民共和國建立邦交，一九七八年底隨著中國實施改革開放，許多移民從中國大陸流入巴西。因而到了一九八〇年代初，居住在巴西的華人約達十萬人，而根據二〇〇六年山下清海的調查，巴西的華人人口約有二十萬人，約九成集中在聖保羅。多數華人從商，多為小規模家族經營模式，其中經營餐館的人占了多數[54]。

巴西的中國餐館在一九七七年時達到約一千家，其中最多的是小型餃子店，其次是廣東人經營的中國餐館或酒吧。巴西華人經營的餐飲店約有一半集中在聖保羅，光是中國餐館就有一百三十多家，相當繁榮[55]。炒雜碎、炒麵、炒飯、宮保雞丁等菜品都是巴西人相當喜歡的中國菜代表。

另外，巴西的華人也經營餡餅（pastel）店，「pastel」是一種包了蛋或肉等餡料的小派餅，也是義大利移民的義大利麵料理之一。餡餅店主要是義大利人在經營，但後來也有許多廣東人加入餡餅店的經營行列。

而在洗衣業方面，巴西和北美一樣都是以華人為代表的民族事業。即使是巴西人經營的洗衣店，也會被喚作「中國（China）」。

第二次世界大戰過後，不少台灣人移居巴西。當時的台灣人多數在日本統治時期接受過日本教育，日語能力不成問題，所以他們集中在自由區（Liberdade）的「卡沃布宜諾街（Galvão Bueno Street）」（通稱東方人區），與日裔移民混居。台灣來的商店業者會在招牌上使用日語標示，比起作為一條唐人街，他們更樂意於展現日裔移民為主的日本城特色，試圖以此招攬更多的巴西顧客。

韓國人和中國大陸來的新移民也成功進駐日本城，韓國人經營的餐廳有增無減。此外，中國大陸來的新移民來的時間較晚，又缺乏資金，所以大多在日本城邊緣經營中國餐館。日本人、華人和韓國人在以日裔移民為主的東方人區漸漸融為一體，「東方人區」的特性更加強烈。

聖保羅自二〇〇一年開始推動自由區更新計畫，目標是將東方人區整建成觀光區，成為日本人、華人、韓國人歷史和文化特色兼備的地區。以日僑為主體的東方節和七夕節在聖保羅十分有名，但自二〇〇六年開始也舉辦起春節慶典（中國春節園遊大會），東方人區的大阪橋上，春節必不可少的餃子等中國美食攤成排林立，吸引了大批人潮，好不熱鬧。這種從日本城變化成中國城的變遷模式，也出現在檀香山的唐人街或西雅圖的國際地區[56]。

本章儘管介紹得不盡完整，但也概觀了亞洲、英美以外的國家接納中國菜的歷史。如果試著做出比較，促成中國菜普及的原因有：①來自廣東等中國本土及台灣移民的直接影響，②來自曾受西方帝國殖民的東南亞移民而來的華人影響，③成為現代象徵的美式中國菜的影響等以上三點。中國菜便是在這些因素交叉影響下，在世界各國裡傳布開來。其中受②影響較大的是法國、荷蘭和澳洲，③較為明顯的有德國和保加利亞。

進而我們可以發現，以獨特的中國菜為主體再次進化，並將之化為本國料理一部分的國家，並非只有日本、韓國、新加坡等亞洲各國。南美的秘魯將秘魯式中國菜「chifa」當成秘魯的一部分積極展開宣傳，而中國風味炒牛柳也成為了在秘魯扎根的國民美食。這種狀況與美國的雜碎互成對比。

此外，也可以確定中國菜的文化地位，在某種程度上左右了地主國對華人的社會態度。在俄羅斯，民眾對中國勞工和中國產品有很重的戒心，中國菜也不如朝鮮、日本料理顯眼。相較之下，中國菜在澳洲從一九五〇年代開始就與白澳主義鬥爭，在一九七〇年代出現了為中華炒鍋做宣傳的政治人物鄧斯坦。之後，融合中國烹飪手法與馬來半島食材和辛香料的娘惹料理——咖哩叻沙，也成為了多種族社會下「澳洲本色」的象徵。

不過雖說是多元文化主義，但也充滿了多樣化與變化。站在一九八〇年代以後澳洲反多元文化主義崛起的立足點上，更能深深感受到，將現今世界各國多元文化主義的料理樣貌，重新定義成珍貴傳統的意義。

第四部

Part Four

日本膳食與中國料理的界線

——世界史裡日本的中國菜

第一章　淺談近代這個時代

——偕樂園·雜碎·轉盤圓桌·味之素

對日本中國菜的新觀點

筆者想根據前面介紹到的中國、亞洲、歐美的中國菜歷史，在第四部裡重新評價日本的中國菜，重新界定一下日本人與中國菜的關係在世界史裡的定位。

關於日本的中國菜近現代史，存在著古典性的研究[1]，也有在日華僑與華人史範疇的探究[2]，繼而也有人從多種觀點開始進行實證性研究[3]，而筆者本身也已經嘗試過概說[4]。本書的再次論述是希望從不同於以往的世界史觀點，重新評價日本中國菜的文化價值。

值得關注的是，即使在亞洲各國各地的料理當中，也找不出一個像日本膳食（包含西餐、中國菜在內的廣義日本料理）這麼熱中、真摯地持續與中國菜對話的飲食文化。而且近代以後，日本膳食與中國菜在歐美兩地，存在著認知和人氣相互競爭的對立關係，但與此同時，經由歐美得到接納的中國飲食文化，對日本來說也具有相當重要的意義。

本書最後會把焦點放在涉及近現代日、中與歐美等國的飲食文化交流。藉此解明日本膳食經由各種途徑引進中國飲食文化的同時，不斷重建日本膳食與中國菜分水嶺的過程。

桌袱料理與普茶料理——生魚片・角煮・豆腐

話說一五六七年明朝海禁令一放寬，與日本之間的走私貿易便大為增加。一五七一年，長崎對葡萄牙開放港口，一六三五年，江戶幕府雖然實施鎖國政策，但長崎依然與荷蘭和中國之間維持貿易關係。「桌袱料理」就是在貿易港長崎孕育出來，富有國際色彩的鄉土料理。

「桌袱」二字源自於中文，「桌」即是餐桌，「袱」則是桌巾。不過據說桌袱的日語發音「ship-poku」是從安南東京（現今越南）傳來的[5]。大菜盤互相緊挨著擺在桌上的作法與菜名也都來自中國。其中的代表性菜色為「角煮①」，有人說桌袱料理就是「生魚片與角煮的攙和[6]」。換言之，桌袱料理就是日本與中國的折衷料理，而且還加入了蝦多士（夾入蝦泥的油炸吐司，東南亞和中國普遍吃得到）等西式料理的元素。

① 譯注：類似東坡肉的日式滷豬肉。

至於「普茶料理」則是素食版桌袱料理。隱元隆琦在一六五四年自福建省福清來到長崎，一六六一年在德川家康將軍御賜的山城國宇治郡的寺地，建立黃檗宗萬福寺，傳揚中國式的齋飯普茶料理。「普茶」意為喝茶。由此可知，普茶料理是一種與隱元等明僧帶進日本的煎茶飲茶文化，有著密切關係的料理。煎茶是把茶葉裝進茶壺，注入熱水沖泡來品飲的茶飲，不同於在粉末狀茶粉裡注入熱水攪均後啜飲的抹茶。

圖4－1　普茶料理略式（八百善，1835年）。

普茶料理與桌袱料理在餐點的樣式上沒有太大的差異，二者的區別僅在於料理的食材。普茶料理為素食，不使用肉類食材，所以大多改用「南京豆腐（隱元豆腐、黃檗宗豆腐）」之類的豆腐料理，或是豆腐經過油炸、拌炒再佐以醬油等調味的菜品來做替代。此外普茶料理禁止飲酒，因而以茶代之[7]。

後來在江戶後期以前，出現了擷取桌袱、普茶料理的形式，但內容卻是日中折衷模式下，由日本料理構成的「略式」料理。舉例來說一八三五年，江戶的高級料亭「八百善」（一七一七年創業）的東家栗山善四郎為宣傳自家店鋪，寫下了《料理通》（第四篇）（圖4－1）。書裡提到的裝潢擺設都是中國風格，但供應的料理卻是日式桌袱料理，或是不坐椅子，直接坐在地上的普茶料理，可見這種略式料理已經深入生活[8]。

這種「略式」的桌袱料理與普茶料理，可以說是中國菜的日本化，或日本膳食引進中國菜的典型實例。在此必須指出來的一點的是，將十七世紀如此早期就傳入國內的中國式餐飲形式確立為本國料理一支，並由當地民眾傳承至今的實際例子，全世界也就只有日本的桌袱料理與普茶料理了。

普茶料理隨著黃檗宗的寺院一起傳到日本全國，明治以後也依然存在。相對地，桌袱料理在江戶時代從長崎傳到上方（京都、大阪）和江戶，但到了明治初年，便只剩長崎還看得到[9]。話雖如此，明治初期的中國菜仍然依託在江戶時代以來桌袱料理的強大影響下。

偕樂園的「超國境料理」——從桌袱到「本式」

明治期間最具代表性的大型中國餐館，偕樂園（一八八三～一九四三年）可以說是數一數二。偕樂園是一家透過中國菜達到中日友好的俱樂部，主要由長崎通辭（華語口譯）、陽其二[10]等長崎人所發起，並得到長崎出身的政治家伊東已代治援助[11]，以及澀澤榮一、大倉喜八郎、淺野總一郎等財閥創始者出資，開在了東京日本橋。「偕樂園」是澀澤榮一依據「俱樂部」的意思，轉換成相應漢字而來的名字。

一八八五年，笹沼源吾接手經營，偕樂園轉型為料亭重新開張，一九〇九年源吾遽逝，繼承人笹沼源之助是谷崎潤一郎的小學同學，也是人盡皆知的終生好友[12]。谷崎曾說，那股當時的東京街頭根本聞不到異國美食香氣，大大刺激了少年谷崎的食欲，所以他便請笹源與自己交換便當的配菜。少年谷崎對笹源天天山珍海味的待遇，簡直羨慕得不得了[13]。

多位長崎人參與創設的偕樂園初期菜單受到桌袱料理極大的影響。大橋又太郎編輯的《實用料理法》（一八九五年出版）刊載了偕樂園的採訪記事。文內提到「《卓子式》也提及的東坡肉是一種豬肉油脂烹煮之物。小菜盛在支那燒②的高腳盤中，羹湯類盛在花形或六角形的不同小碗裡，筷子以白紙包裹，以紅唐紙為束帶，調羹擺在小碟上端出等，與《卓子式》相同」[14]。偕樂園的餐食與桌袱料理可以找出很多共通點。《實用料理法》登出的偕樂園菜單，也被轉載到明治末年其他食譜書中，所以偕樂園的中國菜在當時日本的地位就相當於範本[15]。

一八七〇年代到一九〇〇年左右，新出版的食譜書幾乎都是西洋食譜，沒有單單是由中國菜構成的食譜書。食譜書中即使有「支那料理」出現，絕大多數內容也都是江戶時代桌袱、普茶料理的翻版[16]。明治時代之所以西式料理率先普及，中國菜落後一步是因為明治維新以後，文明開化的風潮、歐化取向、西方崇拜大為提升的因素[17]。

而明治時期日本對西式料理的追求，如第二部第三章所見，與同時期泰國（暹羅）重用西式料理的立場相同。也就是說，十九世紀後期拉瑪四世、五世時代，泰國結束與大清朝貢關係的同時，不得不與英國簽訂不平等條約。隨後泰國拋開中國文明，將西洋文明視為最高目標，力圖文明化。宮中的御膳也將西餐放在桌子正中央，使用全套的西洋餐具。於是西方列強的抬頭、大清的頹敗，更加壓低了中國菜相較於西式料理的地位，更是推遲了十九世紀後期的亞洲各國，尤其是精英階層對中國菜的接納。

進入大正、昭和時期，承襲桌袱料理一脈的偕樂園中國菜已漸漸趕不上時代。當代首屈一指的中國通語言學者後藤朝太郎（一八八一～一九四五年），只覺得偕樂園擺放在日本席位間中央，臨時增加客人也無妨的長崎製紅色圓桌袱台[18]有趣。另一方面，後藤也批評偕樂園的出菜方式，指責小碗碟用得太多，分量不夠又缺乏中國菜的格調[19]。

不過到了一九三〇年代，人們反倒看到了偕樂園的歷史價值，還給予高度評價。身為一名美食記者先驅的新聞記者松崎天民（一八七八～一九三四年），就認為東京偕樂園的存在，光是讓日本民眾習慣吃中國菜，就是大功一件。偕樂園清淡的日本式風味絕非不好吃，他對於「身為往日開拓使的偕樂園」也並非沒有好感。松崎還表示偕樂園的「支那料理」可以說是一種雖未完成，但已然「超越國境的料理」，給予了高度的評價[20]。

於是，評論家們開始檢視東京以偕樂園為首的中國菜，重新給出了「往日的開拓者」、「超越國境的料理」等評價。然而這段時期，中國餐館這邊卻為了配合時代的需求而被迫更新口味。當時東京的消費者追求的不再是源於江戶時代長崎的桌袱風日式中國菜，而是更接近於同時期美食之都上海的料理，認

②譯注：中國風的陶瓷器皿總稱。

為那才是「道地」、「純粹」的味道。

谷崎潤一郎指出，當「純粹的中華料理」流行起來以後，偕樂園也順應時勢招聘中國廚師、增設中國風格的餐室，試著烹製「道地的支那料理」[21]。中國公使黎庶昌曾帶來北京菜的廚師，也有上海、寧波菜系的廚師進駐笹沼源之助時期的偕樂園[22]。

和・洋・中的結構化

即使是現在，「和・洋・中」（日本、西洋、中國菜）仍然是日本人用來區分料理最基本的重要分類方式。「日本料理」一詞與「西洋料理」對仗分立。日本第一本按「西洋」、「日本」、「支那」三種烹調法分別記述的書籍，是一八八七（明治二十）年出版的《現今活用　續・記臆一事千金》（樋口文二郎編，忠雅堂）。

另外，「和食」這個詞自從在十九世紀末出現以來，使用率就不像「日本料理」那麼普遍。與「洋食」相對的「和食」一詞主要用於外食的場合中，尤其是進入昭和時期以後常用於百貨公司的食堂，才漸漸普及開來[23]。

此外，日文裡的「日本食」這個用詞恐怕比「和食」更早普及。日本料理店在一八八四年倫敦舉辦的健康博覽會裡的相關報導[24]，以及在德國學習衛生學回國的森林太郎（森鷗外）演講集（一八八八年十二月發行）等著作[25]，應是最早使用「日本食」的例子。「日本食」最初是用來與「西洋食」做對比，多用在與國外有關的場合當中。而後「日本食」便經常用來指稱包含日式西餐或中國菜在內的廣義日本飲食文化。

這種「和・洋・中」的料理分類也普及到隸屬日本殖民地的台灣和朝鮮半島。一八九五年日本占領台灣後，隨同官員和軍隊來台的民間人士，開設了日本料理店、西餐店。台灣的日本料理店也提供中國菜，有時還會與西餐店合作。進而，當地的酒樓（中國菜館）也開始提供日本料理、啤酒、咖啡和蛋糕等餐食[26]。

此外，在一九一〇年成為日本殖民地的朝鮮半島上，朝鮮菜餐館不只有傳統的宮廷御膳，也加入和、洋、中口味，展現豐富多元的國際色彩[27]。殖民地時期朝鮮的外來食物有①日本膳食，②多數經由日本或俄羅斯傳入的西式料理，③主要為山東半島移民引進的中國菜。韓國外來飲食＝和、洋、中的結構，到一九八〇年代都沒有改變[28]。

另一方面，中國以「中、西」（中國菜與西餐）兩大範疇來區分料理，其中幾乎看不到日本料理的立足之地。近年來即使日本料理已在中國普及，但本國料理還是占有壓倒性比重，外來飲食先是西式料理，接著才終於會意識到「日本、韓國」這些範疇。如第三部所見，東亞料理在歐美大多涵括在同一範圍，但在東亞地區，每個國家對他國料理的定位都各不相同。

經由西洋傳入的中國娛樂——中國服飾．麻將．大陸流行歌與中國菜

日本到了一九二〇～三〇年代，終於走入中國風（支那風）的時代。所謂的中國風，指的是明治時期文明開化之後，對西方文化的吸收告一段落後，透過西方的濾鏡，重新接納中國風俗與文化的風潮[29]。這種時髦的中國風作為大正、昭和的現代主義，不僅在少部分文化人士之間流傳，也擴及到城市大眾的生活文化和娛樂之中。

舉例來說，一九二〇年代後期，日本婦女流行穿旗袍[30]，「支那服女子」一再成為新穎的繪畫主題，反覆為人所摹畫[31]。中國服飾變成日本現代城市的尖端時尚，而這股流行的最前端落在上海。日本女性雜誌上頭密切關注上海春秋賽馬季過後，法租界一流商店的櫥窗、公共租界的惠羅公司（Whiteaway）、先施、永安等百貨公司發布的流行訊息[32]。

日本婦女穿著中國服飾的原因，在於中國服飾容易裁製、功能性出色，以及當時的中國婦女積極改良本國服飾，再大方地穿到身上。不過西方婦女受中國服飾熱潮所帶來的影響同樣也不容小覷[33]。

其他像是麻將、庶民器具收集[34]、音樂（歌曲）等，也是大正、昭和初期不可忽略的中國娛樂。麻將在兩次大戰戰間期先在歐美等地流行起來，日本也在大正末期從上流和中產階級的家庭裡傳播開來[35]。另外，在中日戰爭期間，日本的作曲家也參照西方的東洋娛樂愛好，創作出帶有獨特中國色彩的異國情調「大陸流行歌」，如「支那之夜」（一九三九年）、「中國．探戈」（一九三九年）、「蘇州夜曲」（一九四〇年）

等作品皆大為流行[36]。

而在大正、昭和初期，日本的中國風愛好裡最引人注目的就是中國菜熱潮。東京雖自明治時期起也開了幾家中國餐館，在一九二三年關東大地震之後數量驟增。此外，寫給一般家庭的食譜書也開始介紹多樣化的中國菜[37]。

中國菜在近代日本的普及主要是始於宴席菜，所以最初是先在男性之間擴展。而且因為中國菜實惠可口，又營養豐富，又有助於改善體格和增進健康，因而漸漸普及開來。

另一個值得注意的是，「因為吃膩西式料理和日本料理，所以興起了偏好稀奇的支那料理」的趨勢[38]。如同人們為了追求不同於西服與和服的新穎服飾，才促使中國服飾走紅一般，中國菜開始普及也是因為大眾為了追求不同於西餐與日本料理的新奇口味。再加上，紐約、倫敦、巴黎等歐美大城市在兩次大戰的戰間期也都流行起中國菜，也可以說是這股流行風傳到了東京[39]。換句話說，日本流行吃中國菜，與中國服飾、麻將、大陸歌曲（中國風的流行歌）等一樣，都有著始於追隨歐美流行的一面。

舉例來說，近代東京的繁華鬧區淺草，早在日俄戰爭前就有中國餐館開張，但只經營了近一年就倒店。一九〇七年，平野洋食部也開始兼做中國菜，同樣一年左右倒店。不過一九〇八年，「中華樓」雇用中國廚師，開設以「支那麵、燒賣、餛飩」為招牌菜的「支那麵屋」，成為淺草中國餐館的始祖，直到一九三〇年代依然生意興隆。明治末年「來來軒」、「Shinporu（シンポール）」、「東勝軒」等中國餐館也紛紛開張。

到了大正時代（一九一二～一九二六年），淺草進入中國菜的全盛期，許多西式餐廳也開始兼營中國菜。但西餐店的中國菜大多是「冒牌料理」，到一九三〇年代前，幾乎都不再做兼營的生意。淺草代表性的中國餐館在關東大地震前是來來軒，之後則是一九二三年創業的「五十番」[40]。

另外，大正、昭和初期的銀座有「沙龍滿洲[41]」、「南京亭」，澀谷道玄坂有「台灣館[42]」咖啡座，築地有「上海亭」等餐飲店[43]。這些蕩漾著異國情調的店名，讓人充滿了對現代中國式飲食及喫茶文化的想像。

百貨食堂的中國菜——大阪・東京・京城

一九三二年，大阪梅田的阪急百貨開設「支那食堂」，是日本百貨公司最早設立的中國菜專門店。支那食堂雇用了六名中國籍廚師，以「支那料理的始祖阪急百貨」、「阪急的支那料理便宜又美味」而遠近馳名。值得關注的是，支那食堂裡最受歡迎的菜品是「雜碎與烤雞串」這道中國沒有的中國菜[44]。雜碎如同後述一般，是一種很符合在阪急百貨裡吃的現代中國菜。

翻開一九三三年東京發行的餐廳指南《大東京美食食記》，百貨公司食堂中也提供與「洋食」、「和食」並列的「支那食」。例如，在銀座三丁目的松屋百貨七樓大食堂，也吃得到中國菜，東京車站正對面丸大樓地下樓層的日式食堂花月也有放了「支那筍（筍乾）」的「柳麵」和「燒賣」，同棟大樓二樓丸菱和服店後面的丸菱食堂裡，也供應兩菜一蛋花湯，還附白飯的「支那午餐」。

這些百貨食堂在以家庭主婦為首的婦女之間，起到了推廣中國菜的作用。當時，不少婦女討厭「支那料理屋的臭味」，必須「用手帕掩住口鼻」[45]。不過這幫婦女來到百貨公司的食堂，在那裡養成外食習慣的同時[46]，還體驗到了「文化性現代化[47]」的中國菜。

另外在一九三〇年代，京城（現今首爾）的三大百貨公司（三越、三中井、丁子屋）也都設有大食堂，提供日本、中國、西式料理。這些地方是富人階級的社交休憩場所，也是年輕情侶約會、相親的景點[48]。因此，三中井食堂的門口還專門為女性顧客安置了一面大鏡子[49]。

雜碎傳進日本——矢谷彥七、濱村保三、秋山德藏

由此可知大正、昭和時期的現代主義中國菜，是受到歐美流行中國菜的刺激而蓬勃發展起來的。因此，當時歐美中國菜的常規菜式——雜碎，也傳到了日本。而這個時期的銀座亞斯特（一九二六年創業）與創業者矢谷彥七（一八八八～一九六七年）的故事，更是在述說

圖4－2　矢谷彥七（前排中央）與銀座亞斯特的職員與顧客（1926年聖誕派對）。

中國菜的國際交流時，不可缺少的一部分。

矢谷彥七是國際組的企業人士，一九〇五年進入東洋汽船公司，一九〇八年登上貨船亞美利加號做船員，在橫濱—夏威夷—舊金山的航線上服務。一九一〇年左右從船上職務轉調上海分店工作。在一九一一年辭去東洋汽船工作後，看準牛奶、乳製品的未來潛力，將矢谷奶油與虎印乳瑪琳扶植成日本第一品牌，矢谷的營業範圍遍及上海和北京。

就在矢谷奶油受關東大地震的影響而生意停擺之際，矢谷彥七買下銀座一丁目的店面，於一九二六年開設中國餐館銀座亞斯特，在入口掛上「美式、雜碎・豪斯・餐廳」的招牌。矢谷將店名取為「亞斯特」來自他在東洋汽船任職期間，十分憧憬且後來併購矢谷奶油的上海浦江飯店（英文名Aster House Hotel）。矢谷思及中國餐館遍布世界，但銀座地區卻一間也沒有，而且銀座的年輕人正為好萊塢電影著迷，在時髦的銀座開店，當然是美式最宜。因此，矢谷將他在舊金山吃過的美式雜碎作為主打，開了一家不用筷子，而是用西式刀叉用餐的餐廳。

打開銀座亞斯特開店時的菜單，雜碎這道菜旁邊寫著「四十年前李鴻章在華盛頓市創造出來的料理」，將其作為「美式中華料理」來做宣傳，而非「支那料理」。日本也和美國一樣，把有關於李鴻章的傳說用在雜碎的宣傳促銷上。就在上海—舊金山—東京的連結中，銀座誕生了摩登的中國餐館，看得出銀座亞斯特便是一個近代日本接納經由歐美傳來的中國菜的經典實例。

一九二六年開店之初，銀座亞斯特的經營概念是全體走時髦高級路線，裝潢美式、菜品中式、服務日式。不過時髦歸時髦，日本人一般很難接受用刀叉吃的美式雜碎。初期的菜單也出現炸豬排、印度咖哩等西餐，看得出矢谷的舉棋不定。正當矢谷為攬客操碎了心時，上門光顧的一位中國商人對他說：「多營造中國風情吧……如果走純粹的高級中國風，客人肯定會上門的。」因此他才調整路線，從美式雜碎改變成「高級中華料理」[50]。

除了銀座亞斯特之外，一九二四年在京都祇園開業的「支那料理濱村」（繩手本店於一九四〇年代倒閉，但又另外開了多家分店經營至今）也將同時期歐美的雜碎引進日本。濱村的創業人濱村保三，幫忙家中經營馬戲團的父親率團前往歐洲，但因第一次世界大戰日本與德國敵對而被迫返回日本，在一九一八年回到京都。

此時的濱村保三想到了一個點子，想在京都開一家先前於歐洲各國唐人街吃過的中國餐館，因而開設了支那料理濱村。濱村有段時期兼營牛奶廳③，可見他其實是個洋食派。「支那料理濱村」創業之初的菜單裡有「炒什碎」，由後來的「濱村河原町店」（一九三七年開店）繼承下來，直到近年都還吃得到[51]。

就在東京開張了雜碎餐廳「銀座亞斯特」，京都也有了賣雜碎的濱村餐館之際，雜碎也首度被引介

③ 譯注：milk Hall，明治大正時期提供民眾牛奶和輕食的簡易小吃店型餐飲店。

到日本的軍隊當中。一九二三年關東大地震後，東京缺乏青菜，從仙台運來豆芽菜後，陸軍糧秣廠（進行糧食研究、保存、生產的機構）在軍隊烹飪講習中，介紹各種使用豆芽菜的料理，其中也包含了雜碎[52]。而且，一九二六年十二月，旅順、奉天的關東軍財務部對各部隊進行的烹飪講習中，不但有「支那料理日本化」的課程，同時也安排「雜碎集」、「炸力脊」、「三絲湯」的烹飪實習[53]。

這種對經由歐美傳來的中國菜產生的興趣，也傳進日本皇室。總管大正、昭和兩代天皇一家飲食的秋山德藏，是位一九〇九年赴歐，修習法國料理的廚師。秋山第二次赴歐回國時（一九二〇年左右）順路經過美國，親眼看到當時中國菜在紐約風行，中、西部大城的雜碎餐廳也是賓客盈門。因此秋山「有股刻不容緩的急迫感」，一九二二年，秋山在宮內省指派下前往中國，用了半年時間來往上海↓廣東↓上海↓青島↓天津↓北京↓大連↓吉林↓大連，研究中國菜。

秋山德藏在上海透過總領事的安排，請來中國廚師到著名的「六三亭」日本料亭兼旅館工作[54]。秋山走訪中國的消息，也登上了上海最具代表性的《申報》報紙。從該篇文章中可知，秋山前去調查中國菜時，對中國廚房的不乾淨大感吃驚[55]。由於秋山訪中，日本宮中到一九二五年以前也時不時會推出中國菜[56]。秋山德藏受到歐美雜碎盛況的刺激而開始在日本製作中國菜，這段過程與銀座亞斯特的矢谷彥七、支那料理濱村的濱村保三類同。

歐美・中國・日本的轉盤圓桌——超越文化民族主義

在昭和現代主義的中國菜風潮中，轉盤圓桌也是隨之普及的器物之一。據說轉盤圓桌發祥於一九三一年細川力藏在目黑建造雅敘園之際，找人製作出來的。他央請當時經常往來的木匠，打造一張人人都能坐在位置上將菜品轉給下一人自由取菜的轉盤餐桌[57]。

圖4－3　松崎天民（左）等人在濱之屋（東京日本橋）圍坐在轉盤圓桌旁進行座談會（1929年）。

"Lazy Susan"
Old and ingenious contrivance resuscitated by John Laurie at Hingham.

圖4－4　「懶惰的蘇珊」（轉盤圓桌）（1903）。

圖4－5　亨利・福特與哈丁總統、愛迪生等人圍著轉盤桌吃飯（1921年）。

根據近年來發掘出來的多數史料，東京雅敘園飯店的中國餐館「旬遊紀」（舊目黑雅敘園）修復好的轉盤圓桌，據稱是「現存最古老」且至今仍在使用的一張圓桌。不過目前已知日本最古老的轉盤圓桌紀錄，是一九二九年九月三日晚間，第十六屆食道樂漫談會，在羊肉火鍋聞名的日本橋「濱之屋」裡聚餐時留下的轉盤圓桌照片（圖4—3）[58]。

轉盤圓桌的使用最早始於十八世紀初期的英國，當時被稱為「dumb-waiter」[59]。一八九一年，有人在美國申請了「self-waiting table」的專利[60]，一九〇三年《波士頓日報》首次以「懶惰的蘇珊（Lazy Susan）」（這桌子讓女侍者蘇珊都變懶了的意思）的稱呼，輔以插圖做出了一番介紹[61]（圖4—4）。

更重要的一則記事是一九二一年七月二十四日，在亨利．福特主持的露營之旅用餐照片中，哈丁（Warren Gamaliel Harding）總統與愛迪生等四人赫然圍著一張巨大圓桌而坐[62]（圖4—5）。之後，轉盤圓桌在美國褪了流行，然而到了一九五〇～六〇年代，又從南加州開始為人所使用[63]，至今依然銷路廣闊。

但是另一方面，中國菜是從何時開始使用轉盤圓桌卻已不可考。在這種狀況下，筆者認為接下來要介紹的史料十分重要。

一九一五年十一月，《中華醫學雜誌（*The National Medical Journal of China*）》創刊號中，生於檳城的華人醫師兼衛生學家伍聯德（一八七九～一九六〇年），在〈衛生的中國餐桌〉一文中提倡「衛生餐桌（Hygienic Dining Tray）」[64]。內容有點長，但在此附上抄譯以做介紹。

一九一五年一月，上海召開醫療傳道會（The Medical Missionary Association）的最後一場協議會上，美國的同事請我替他想想在家中有衛生地享用中國菜的方法。他相信如果能將中國菜以更具魅力的方式做供應，一定能帶來更多好處。經過幾個月的個人經驗，我想向關心這件事的朋友隨心介紹一下我的「衛生餐桌」。那便是準備一個構造盡可能簡單，以木材或金屬製作而成，大小足以擺放一只大湯碗和四道菜的圓形或方形盛盤旋轉台。這個旋轉台必須放在桌子上，並且盡可能低矮，以便於圍坐一旁的每個人伸手都能容易搆到。就座的男女老少，各有自己全套的筷子、湯匙、飯碗和湯碗，擺放在旋轉台上的各道菜盤上也都分別安置一只公勺。用這個方法夾取食物，就不用擔心自己的筷匙會沾到共同的碗盤傳染他人。只要這樣一個簡單的小巧思，也許就能用最衛生的方法，正確而盡興地享用中國菜了。這樣的作法還有另外一個優點，那便是看到自己屬意的主菜，不用站起來伸長手，只需把圓盤轉到用餐之人的正面位置即可，可以有效防止絲質衣袖浸到油汪汪的菜餚裡。

我期望有人能將上述的方法更進一步改良，且廣為各界採用。我最早做的模型只需花費八十分錢，而且並沒有打算申請專利。

如同前述所說，轉盤圓桌在歐美推廣由來已久，所以伍聯德就算想申請專利，恐怕也不容易成功取得。不過這位伍聯德應該是第一位正式建議中國菜採用轉盤桌的人物。而且從這份史料還可以推測出一

圖4－6　日本婦女在轉盤圓桌前吃中國菜（1941年）。

件重要的事情，那就是轉盤圓桌在中國菜裡普及，與衛生有很大的關係。筷子湯匙分成公用與個人用，大碗、大盤各別備有公筷母匙，使用轉盤圓桌更方便以公筷母匙取菜到各人的小碟中食用。還能輕鬆將菜盤轉給餐桌對面的人。（圖4－6）

一九一五年二月，伍聯德等人在上海創立中華醫學會，十一月創辦會刊《中華醫學雜誌》，創刊號中圖文並茂地刊載了這篇建議採用「衛生餐桌」的論文。而促使伍聯德想到「衛生餐桌」靈感的契機，來自於同年一月在上海開會時，收到的美國同僚醫師的委託。此外還有一件事值得留意，有紀錄顯示，上海近郊南開代用師範學校木工組的學生，曾在一九一六年製作、販售過轉盤圓桌（〈中華職業教育社通訊〉，《申報》，一九一七年九月七日十一版）。

若此事為真，那麼人們會覺得中國菜是從上海開始普遍使用轉盤餐桌，自然也十分順理成章。如前所見，中華民國時代的上海堪稱中國的美食之都，所以上海衛生水準高的餐館試用了轉盤圓桌和公筷母匙，再將它傳到歐美、日本的中國餐館的可能性很高。事實上，日本濱之家與雅敘園等中國餐廳，是在一九三〇年前後開始使用轉盤圓桌。距離伍聯德基於衛生上的理由提倡中國菜使用轉盤圓桌，大約已經過了十五年。近代日本人主要也是從上海那裡接納的中國菜[65]，所以自然也就有了是哪個人在上海見識到轉盤圓桌以後傳進日本的見解。只不過在後來，也有可能是特別重視衛生條件的日本中國餐館，快速地普及了轉盤圓桌的使用率，使得知道日本這種狀況的中國餐館又重新發現轉盤圓桌的實用性。

不論如何，儘管有上述的史實佐證，但日本的大眾媒體依然深信不疑地繼續宣揚「中華菜的轉盤圓桌是日本發明出來，推廣到中國和全世界」的道聽塗說[66]。雖說這可能是無意識犯下的錯誤，但這種將極可能來自外國的事物，說成是源於本國的作法，可謂是文化民族主義的一大範例。筆者與中國學者多次到目黑的東京雅敘園飯店用餐，中國學者屢屢因為發現日本獨立孕育的中國菜傳統文化而大為感動。傳述轉盤圓桌正確的史實，不再隨便宣傳發祥於日本的說法，才更能提高日本的中國菜品級吧。

中國菜與日本料理的比較論——近代中國的視角

儘管近代日本積極接納自上海等大城市經由歐美傳入的中國菜，但與之大相逕庭的是，近代中國對日本料理的評價往往不高。清末著名的外交官黃遵憲（一八四八～一九〇五年），在一八七七年來日擔任第一任駐日公使的書記官，之後也活躍於舊金山、倫敦、新加坡等地。一八七九年出版的《日本雜事詩》中，黃遵憲以日本的食物為題，對日本人給予了「多吃生冷，喜食魚」、「火熟之物亦喜寒食」、「尋常茶飯，蘿蔔竹筍而外，無長物也」等描述[67]。之後，中國留學生或知日派知識分子也一再提出魚、青菜和冷食為日本膳食特徵的看法。

一九二〇年，徐珂（浙江杭州人氏）在上海商務印書館發行的《清稗類鈔》（第四十七冊〈飲食（上）〉）中寫到的〈西人論我國飲食〉，算是對中國・日本・西洋料理進行比較的典型看法。徐珂論及：「西人嘗謂世界之飲食，大別之有三。一我國，二日本，三歐洲。我國食品宜於口，以有味可辨也。日本食品宜於目，以陳設時有色可觀也。歐洲食品宜於鼻，以烹飪時有香可聞也。其意殆以吾國羹湯餚饌之精，為世界第一歟？」[68]

儘管很難斷定《清稗類鈔》是否是第一個做出中國＝味＝口，日本＝色＝目，西洋＝香＝鼻，如此單純而鮮明的對比者，但後來這樣的對比也在中國和日本的料理評論中出現。這些看法以中國菜為中心，並將中國菜的等級列在日本料理和西餐之上。除了民國時期的中國，日本人或長居東京的中國人（男性）眼中，「中國飯、日本女人、西洋房子」最好的說法也十分普遍[69]，直到現在都還能聽到這句話。言談中提到關於飲食的部分，中國還是名列第一。

而且在民國時期，即使是美食之都上海也幾乎完全不見接納日本料理，這一點從一九三〇年出版的美食指南《上海的吃》中所做的下列比較即可一目了然。書中提到，日本料理與中國菜的食材完全相反，例如，中國人會吃豬的內臟，但日本人棄之不食，中國人不吃魚腸，但日本人視為珍品。所以中國人大多吃不慣日本料理。上海虹口有許多家日本料理店，不過其中幾家仍留有席地而坐（沒有椅子）的陋習，客人入店首先必須脫鞋，但不習慣的人受不了坐地上。日本的筷子是木製，極為粗劣，用過一次就丟。菜色方面最常見的是魚，燒烤時不去魚腸所以腥味很重，海參、鮑魚、海苔等海鮮全都很腥[70]。

周作人的日本飲食文化論——發現中日共通點

如上所述，近代中國的日本飲食文化論主流，便是視中國菜與日本料理為對比，對日本料理採取否定論調。但也有另一種看法反其道而行，強調中國菜與日本料理的共通性，對日本料理給予正面的評價。其中最具代表性的是近代中國聞名的作家兼思想家魯迅之弟，周作人（一八八五～一九六七年）的論述。

一九〇五年，日俄戰爭中日本勝利，清朝廢止科舉後，中國掀起日本留學熱，東京的神田、神保町一帶形成了中國留學生街和許多中國餐館。周作人在一九〇六～一九一一年的五年間，也在當地的清國留學生會館參加講習會以及法政大學的特別預科[71]，實際體驗日本的衣食住行。

周作人在一九三五年發表的日本相關論文中，闡述日本「平民的下飯的菜到現在仍舊還是蔬菜以及魚介。中國學生初到日本，吃到日本飯菜那麼清淡，枯槁，沒有油水，一定大驚大恨。」儘管如此，他又肯定「但是我自己卻不以為苦，還覺得這有別一種風趣」。此外，「總之對於食物，中國大概喜熱惡冷，所以留學生看了『便當』恐怕無不頭痛的」，但同時也肯定地說，故鄉（浙江省紹興）也有吃冷飯的習慣，所以日本的便當也很好[72]。

話說回來，中國從明清時代開始也有將食物裝入食盒當中攜帶外出的作法[73]，不過用便當盛裝冷飯冷菜吃的習慣，還是在台灣成為日本殖民地後定性下來的習慣，所以第二次世界大戰後，中國大陸遷到台灣來的人對此感到不解[74]。

繼而，周作人也說「有些東西可以與故鄉的什麼相比，有些又即是中國某處的什麼，這樣一想就很有意思。如味噌汁與乾菜湯，金山寺味噌與豆板醬，福神漬與醬咖嗟，牛蒡獨活與蘆筍，鹽鮭與勒鯗〔鹽漬鯗魚〕，皆相似的食物也。又如大德寺納豆即鹹豆豉，澤庵漬即福建的黃土蘿蔔，蘗藕即四川的黑豆腐，刺身即廣東的魚生，壽司（黃遵憲的《日本雜事詩》作壽誌）即古昔的魚鮮，其製法見於《齊民要術》。」（〔〕為岩間補注）[75]

周作人是近代中國知識分子中，對日本膳食給予最多肯定評價的人物之一，也是最能具體指出日本膳食與中國菜餚之間共通點的人。周作人之所以做出此番論述，並不是為了對比當時關係惡化的中日兩國料理，而是因為他想念以故鄉紹興為首的中國各地食品，所以才拿來與日本的食物相比較。

再者，周作人這番日本飲食文化論的基調，來自於中國人與日本源於同種，應互相合作對抗西方的亞洲主義式思想。周作人在該篇文章中也提到，諸如「中日同是黃色的蒙古人種，日本文化古來又取資中上」、「日本與中國在文化的關係上本猶羅馬之與希臘，及今乃成為東方之德法」、「日本與中國畢竟同是亞細亞人，興衰禍福目前雖是不同，究竟的命運還是一致，亞細亞人豈終將淪於劣種乎，念之偶然」的觀點[76]。必須釐清的是，即使是周作人的論述，也是以西洋為媒介，才得以發現並指出中國與日本的共通性。

周作人自一九四一年一月起的兩年多裡，任職華北對日協力政權下的教育總署督辦要職，站到了在日本占領下執掌教育行政官職的立場。因為這個緣故，他在戰後的一九四五年十二月遭到逮捕，一九四六年七～八月受審，被判為「漢奸」。後來在文化大革命期間，因「漢奸」的前科遭批鬥而死[77]。於是受亞洲主義影響而熟知日本的周作人，就這樣走上了懷才不遇的末路。周作人發現日本膳食與中國鄉土食物的共通性，給出積極的評價，其獨特的飲食文化論，在中國也未能成為主流見解。

中國菜與日本料理的比較論——日本的視角

中國知識階層主張的日本料理論，雖是以嚴酷評價為主，但也有如周作人這樣持肯定評價之人。相對地，日本人方面也有各種角度的中國料理論，有些適切地批評中國菜的現狀，也有人對等地評價日本與中國菜，認為兩國料理難分軒輊。

例如，一九二二年在上海等地學做中國菜的秋山德藏認為，中國菜會在一套菜單中多次反覆使用豬、雞、洋蔥等材料，日本料理和西餐沒有這種作法。此外，還過度使用砂糖、酒、味醂、醬油等調味料，所以每道菜的味道都差不多。同時，他也批評視覺要素不佳，少有生鮮菜色。

不過秋山也讚美中國菜，製作乾燥食品再將其還原烹調的技術精湛發達，堪稱世界第一。燕窩、白木耳、魚翅等一品中國菜，幾乎都是用乾貨製作而成。尤其魚翅羹，更是廚師展露廚藝之所在，即使是中國菜有著禮貌上不吃完的禮儀（用來賞給傭人及家僕），這幾道菜卻是全部吃完才是禮貌[78]。

秋山指出來的這幾點，許多中國菜研究家也都異口同聲地談到了。中國考古學家西谷大對此表示，中國廚師挖空心思就是為了添加更多的鮮味到魚翅、燕窩、海參這類本身只是淡而無味的明膠質地或相近的食材裡。這一點與日本乾貨著重於品嚐魚肉本身的美味，或是從魚肉中提取鮮味熬煮出可口的高湯，完全是截然相反的烹調法[79]。

傳統料理研究家奧村彪生[80]及文化人類學家西澤治彥等人則用「中國菜是加法的料理，日本料理是減法的料理」來表現這種差異。此外，中國料理研究家木村春子對中日兩國料理，曾提出一番尤為精練的比較論。木村認為日本的名菜大多是僅採一種烹飪法烹製而成的「單一調理」，中國的大菜多是經過數個階段烹調的「複合調理」，二者互成對比。她將中國菜本身的香味、口味，與整體統合，比喻成「混聲的大合唱、交響樂」，並把日本料理純粹展現食材本身香味和口味的姿態，比喻成「鋼琴的獨奏與獨唱」[81]。

眾所周知，中國菜有許多以火字邊來表現的烹調法，按照用火的方式有「快炒」、「爆炒」、「炸」、「烤」、「燻」、「燒」（多指熬煮之意）等。所以木村春子稱中國菜為「火的料理」，稱日本料理為「水的料理」的對比形容著實活靈活現。

木村春子認為中國菜曠日累時汲取好湯的努力、挑選補充水分來源的上好鮮美食材，細火慢燉熬煮出濃郁湯品的智慧，成為促進烹調技術高度發展的起始點。中國自六千年前就十分發達的「燜蒸」烹調法，恐怕也與若是直接在水裡烹煮會有土腥味而導致難以下嚥不無關係。相對地，如果水質不好，日本多數單純「用水煮」或「用水汆燙」加熱烹調的料理也會變得難以下嚥。日本料理多是將海帶或柴魚片快煮一下，迅即「取其湯汁」、「汲取精華」，而不會長時間熬煮到把多餘的雜質和腥味都煮出來。這種作法以不含太多礦物質，沒有異味的優質軟水較為適合[82]。

如上所述，將中國菜與日本料理當作對照組來論述的研究不勝枚舉。而中國在提到日本料理與中國菜比較上，多給予清淡、素簡、魚腥味的惡評。然而，日本方面卻讚許這樣的作法引出食材純粹的美味和香味。反之，從日本廚師的角度來看，中國菜有著過度使用調味料的傾向，以致每道菜的味道都差不多，然而中國菜專家卻讚譽有加地指出中國菜是經過多重烹調，追求整體味道調和的濃郁風味。

味之素造成的中國菜標準化——口味全球化的濫觴

味之素可以算得上是對中國菜影響最大的日本發祥的食品吧。一九〇九年在日本上市的味之素，也從一四年起於台灣和中國大陸開賣。味之素先被台灣、中國市場納入中國菜之中，而後日本的中國菜才跟進使用。味之素可以說是與中國菜一起普及的人工調味料。

味之素在東亞銷售通路的擴張，與日本帝國勢力圈的擴大同步。由於味之素自上市之初以來，在台灣銷售成績就一直比日本國內還要亮眼，平均每人全年消費量冠居各地之首，證明味之素相當符合華人的口味。殖民地台灣成為味之素進軍中國大陸的「試金石」。

味之素與仁丹在中國大陸同樣被視為象徵日本帝國主義的商品。因此自一九一九年以後，大受拒買日本貨運動的影響，但當排日氣勢平息以後，銷路又再度轉好。味之素在這種起起落落的狀況中，業績漸漸有所提升。味之素在中國東北（滿洲），最初銷售的對象主要是日本人，但也擴大到中國上流家庭和中國餐館。一九二九年，鈴木商店第一代老板鈴木三郎助，在奉天與東三省主席張學良見面時，張學良一句：「如果讓我獨攬滿洲的業務，有多少賣多少。」也為味之素的銷路打了包票[83]。

順帶一提，朝鮮半島也會在冷麵和雪濃湯等菜品裡加入味之素，飯館、麵店也經常使用，直到一九六〇年代韓國製的味元、味豐等品牌出現才取代了味之素。而美國自一九三〇年代起，也將味之素用於罐頭、加工食品和軍糧，不知不覺地成為大量消耗品[84]。

不過，中國人以一九二三年開業的天廚味精廠為首，在上海成立了多家類似味之素的製造工廠，儘管這些產品品質低劣，但還是憑藉愛國訴求的行銷策略擴大市占比，銷路甚至通往香港、新加坡。在上海創設天廚味精廠的吳蘊初，因為發明、製造「味精」調味料，成為馳名遠近的「味精大王」。吳蘊初也因為對化學工業的發展大有貢獻而被視為近代中國的「愛國企業家」、「民族資本家」的代表之一[85]。不過在日本味之素的公司史中，吳的天廚味精廠只是多數「類似品工廠」之一[86]。中日之間對於調味料發明與普及的歷史認知出現了分歧。

以往研究的重心集中在日本企業「味之素」與中國企業「味精」之間的競爭[87]，但其實還有另一個必須關注的重要層面，那便是味之素或味精的銷路擴大，就如同食譜書、烹飪知識的普及，讓家庭、餐館、各地區的烹調技術趨於標準，更讓中國菜的味道變得均質化。

味之素是如何在引進與成長的期間成為中國菜味道關鍵的軼聞不勝枚舉。例如，一九二二年秋山德藏在上海學做中國菜的時候，邀請中國廚師來到日本料亭「六三亭」。廚師每晚前來製作各式各樣的料理給秋山看，只有一種白褐色粉末，他始終三緘其口，無論如何都不肯告訴秋山。秋山好不容易趁他不注意摸了一把來檢查才知道，原來是味之素[88]。

又如陳建民（後述）一九五二年來到日本，一九五八年在東京新橋的田村町開設四川飯店。陳建民自一九五九年在NHK的料理節目亮相，就開啟了廚師以個人身分走入聚光燈下的時代。當時陳建民在料理之間一邊加入味之素，一邊對著鏡頭微微一笑說出：「這是神祕粉末。」讓主婦們備感親切[89]。於是不論是在戰前中國的餐館，還是戰後日本的家庭，味之素都成為了簡單烹調出美味中國菜的祕訣。

味之素也被運用到了歐美、東南亞等各國的中國餐館都之中，可以說是促進了中國菜風味的全球化

（世界性均質化）。但這也帶來了副作用，一九六〇年以後出現的「中國餐廳症候群」成了世界性的問題，味之素（麩胺酸鈉，MSG）正是造成人們頭痛等身體不適的原因。

除了味之素外，中國菜需要的人工調味料也在擴大生產與行銷推廣之下，推動世界各地中國菜風味的標準化。舉例來說，現今在中國角逐調味料龍頭的李錦記（Lee Kum Kee）是一八八八年在廣東省珠海的南水鎮，經營小吃店的李錦裳發明出蠔油而開始的企業。李錦記在一九〇二年把據點移到澳門，將銷路擴大到廣東、香港。當蠔油與蝦醬在北美也贏得好評後，一九三二年又將總部移到香港，更在一九九六年到廣東開設工廠，二〇〇七年將中國地區的總部設在上海[90]。

除此之外，第二部第五章也介紹過，日本的味之素自一九五〇年代末以後，開始在印尼等東南亞各國當地生產風味調味料，印尼國內的烹調技術因而得以標準化，明顯促進了國族菜的形成。

而在日本，丸美屋的「麻婆豆腐之素」（一九七一年上市）、味之素的綜合調味料「庫庫都」（Cook Do）（一九七八年上市）也讓一般家庭的中國菜烹調方法和味道獲得標準化，並發售同一道菜的數種調味版本而達到種類上的多樣化。這些調味料在日式中國菜的地位奠定和鞏固上面都扮演了相當重要的角色。

本章透過深受近代桌袱料理影響的偕樂園、「和、洋、中」三大料理分類鼎立的形成、日本及其殖民地百貨食堂的摩登中國菜、接納經由歐美傳入的中國風雜碎等事例，重新思索近代日本的中國菜特質。此外，也指證中國菜轉盤圓桌的引進，與歐美傳入中國的衛生觀念有很深的關係，對轉盤圓桌的日本起源說提出了質疑。

其次，近代中國、日本大多將中國菜與日本料理作為對照組論述，但也介紹了如周作人這般確實存在過的，強調二者與西洋料理對比下、同屬亞洲料理的共通性論點之少數人士。

近代日本雖時時受歐美動向影響，但也是一個中國菜在日本飲食文化中占有一席之地的時代。大正、昭和戰前期構築出我們如今對中國菜懷抱的印象基礎。當時是中國菜傳入日本並成長壯大的重要時期，這一點與同時期中國及歐美各國的日本料理相比，便可一目了然。下一章中將介紹二次大戰前到戰後的變化與延續性，再次重新定義日本中國菜的成熟、發展和未來性在世界史中的定位。

第二章　從近代到現代

——拉麵．陳建民．橫濱中華街．中華年菜

南京麵、支那麵、拉麵——國民美食的形成與稱呼問題

本章中將從世界史的觀點，重新思考第二次世界大戰前後到今日，中國菜在日本的發展與其社會背景。具體的切入點有①「日本拉麵」、「韓國拉麵（ra-myun）」、「中華涼麵」、「沖繩麵」、「天津飯」等菜名的由來，②第二次世界大戰後，在中國、台灣、日本、美國奠定下中國菜基礎的名廚、店主的經歷，③獲得世界性成功的速食麵、餃子、橫濱中華街的發展，以及④日本獨特的「和魂漢才」中國菜體系。

首先關於日本拉麵的歷史，已有許多優秀的論著為人所知[1]，但過去卻未充分整理和分析，拉麵稱呼的變化與二十世紀國際政治情勢是如何緊密相扣。這裡筆者在此想以稱呼變化的政治背景為中心，回顧一下拉麵的近現代史。

首先必須釐清的是一個著名的說法：水戶光圀（一六二八～一七〇一年）①是日本第一個吃拉麵和餃子的人物。水戶光圀愛吃麵在水戶家的家臣之間無人不知，一六六五年時，他自己做了烏龍麵招待自明朝而來的亡命儒學家朱舜水（一六〇〇～一六八二年），而朱舜水用蓮藕粉做成扁麵，佐以鹽醃豬肉（火腿）熬湯煮成的拉麵宴請光圀[2]作為回禮。

但這個說法源於「水戶藩拉麵會」，指稱朱舜水親授中國麵，光圀再用以款待僧人與家臣。著名的飲食文化史研究家小菅桂子聽到後，將其撰寫下來，後來橫濱拉麵博物館便根據這篇文章推廣這則鄉里傳說。確實，翻開《朱氏談稿》（安積覺著，陳列於水戶的德川博物館），除了餃子與餛飩之外，還有冷淘（涼麵）、溫麵、索麵等記載。但這些全都不是如今拉麵的麵體，而是烏龍麵。

其實用蓮藕粉與麵粉根本做不了手拉麵[3]，而且也很難想像明代的儒學家朱舜水有下廚的經驗。因此，水戶光圀既不是拉麵的發明者，也不是將拉麵介紹到日本的人，幾乎是不爭的事實[4]。

①南京麵——對明朝的嚮往

一八七一年，日清簽訂《中日修好條約》，住在日本開港城市的華人，得到法律承認和領事的保護。「南京麵」第一次出現在日本的印刷物，是一八八四年設於函館外國人居留地的「養和軒」西餐店

① 譯注：本名德川光圀，江戶時代初期大名，水戶藩第二代藩主，祖父是德川家康。

打出的廣告。在西式食堂工作的中國廚師做出來的雞湯麵，可以被定位為拉麵的先驅。

十九世紀末，橫濱的華人用濃稠的肉湯煮麵，這也連結到現在的拉麵。一八八九年治外法權與外國人居留地的廢止，以及內地雜居的許可，是南京麵流行到條約港以外日本各地的主因[5]。

「南京麵」的「南京」指的是明朝初期的首都。明朝在江戶時代初期的一六四四年滅亡，是漢族最後的王朝，所以滅亡之後，儒生等許多日本人仍舊對明朝懷抱著敬意和嚮往。除了「南京麵」以外，江戶、明治時期許多自中國傳來的事物，都以「南京」為名，如「南京豆」(花生)、「南京錠②」、「南京玉簾」、「南京蟲」、「南京町」等命名皆因於此。

②支那麵——不用「中國」的稱呼

但到了一九一〇～二〇年代左右，「南京麵」的稱呼漸漸轉變為「支那麵」。例如一九〇〇年代，淺草的日本人開始經營起支那麵攤，一九二〇年代初期前，到電影館後的支那麵攤吃麵成了例行公事。後來，頻頻出入橫濱南京町中國餐館的海關職員尾崎貫卸下公職，一九一〇年在淺草開設了來來軒[6]。淺草來來軒名氣漸高，全國各地都開起了同名店。

近代日本常用的「支那」稱呼，大多隱藏著看輕中國的含意，所以支那二字如今在中國仍是忌諱使用的名詞。在江戶幕府的公文中，大致用「唐」來代稱，但十九世紀以後的文件，除了依照王朝稱

「清」、「清國」，或統稱「唐」、「漢」等指稱之外，漸漸多採用「支那」一詞。明治維新之後，「唐國」、「漢土」等詞彙漸少，「清國」、「支那」成為常態性用詞。明治初期的中日關係在出兵台灣（一八七四年）及「琉球處分」（一八七二～一八七九年）的事態發展下惡化之際，報紙版面有八成使用「支那」一詞。「支那」二字可以說是早在甲午戰爭以前就在日本國民之間扎根了。

十九世紀中期，清朝對外開放後漸漸使用「中國」作為國名，一八九八年的戊戌變法之後，用「中國」作為非滿族王朝的近代國家自稱的風潮漸盛。而後在一九一二年成立了簡稱「中國」的「中華民國」。然而儘管如此，日文的公文規定使用以「支那共和國」為正式國名的「支那」簡稱，「支那」的稱呼在日本依舊多於「中國」。

中國方面自一九一五年發布《對華二十一條要求》以後，以留日學生為主的中國人反日情緒高漲，出現要求日本反省使用「支那」稱呼的聲浪。於是一九三〇年五月，南京國民政府外交部下達指示，拒絕接受使用「支那」一詞的日本公函。故而同年十月，濱口雄幸內閣在內閣會議決定，變更中國的正式稱呼為「中華民國」。次年一月，臨時總理代理兼外相幣原喜重郎在國會發表劃時代的演講，宣布不再使用「支那」，而是改用「中華民國」、「民國」、「日華」。但在議場遭到松岡洋右的抨擊後，幣原態度立刻軟化，在答辯時也使用「支那」。

② 譯注：意即掛鎖。帶有一個卸扣的可攜式鎖具。

一九三二年隨著滿洲國建國，外務省礙於既有條約的適應範圍問題，促請禁止使用「支那國」或「支那」作為國名，將這些詞限定為地理性稱呼。然而實際上，即使在公文上並未貫徹執行，包含軍部在內的日本社會一般仍廣泛使用「支那」[7]。

「支那麵」的名稱就這樣在一九一〇～三〇年代的政治、社會情勢下普及，即使許多人只是當作一般名稱使用，本身並未含有侮蔑的意思，但對在日華人和中國民眾來說還是很刺耳。

③拉麵的語源——「柳麵」與「好了」

另一方面，淺草的來來軒（一九一〇年創業）等店使用「拉麵」的稱呼[8]。一九二八年，東京上野「翠松閣」的日籍料理長吉田誠一出版了《美味而經濟的支那料理烹調法》（博文館），是日本食譜書中第一次出現「拉麵」的書籍[9]。在麵粉裡加入鹼水再用手延展拉伸而成的「拉麵」，自明清時代以前的山東省發展而來，後來傳到西方和南方[10]。不過，日語拉麵的語源，並不是山東式的「拉麵」，最有力的說法是源於廣東式的細湯麵「柳麵」[11]。

此外，札幌從第二次世界大戰前開始，「拉麵」的名稱就比「支那麵」更加普遍。當時山東籍的廚師王文彩在西伯利亞的尼古拉耶夫斯克開店，但在一九二〇年遇到尼港事件③，經由庫頁島逃到札幌。一九二二年，在北海道大學正門前開設「竹家」食堂的大久昌治夫妻，在留學生的介紹下認識王文彩，將食堂改成「支那料理竹家」。

竹家最多人點的是加入炸豬肉細絲煮成的「肉絲麵」，但客人經常使用侮蔑中國人的「chian麵」（チャンそば）、「chian料理」（チャン料理）稱呼來點菜。大久太太看不下去，才想出「拉麵」的稱呼，這便是日本「拉麵」名稱發祥之一。竹家的「拉麵」稱呼，並不是來自於將麵「拉」長的意思，而是從吆喝聲「好了」（好了啦）的尾音演化而來[12]。

第二次世界大戰後的稱呼變化——「中華麵」、「中華涼麵」與「日本拉麵」、「韓國拉麵（ra-myun）」

到了中日戰爭期間，「支那」一詞在日本逐漸帶上強烈的貶抑意義，以及侵略對象的語感。另一方面，「支那」二字在中國亦是日本蔑視中國的象徵而遭到敵視，直到戰爭結束。戰後，國民政府代表團要求日本禁止使用「支那」一詞。駐日盟軍總司令部（GHQ）調查「支那」一詞，指出「支那」在使用上隱含輕蔑之意，勸告應採取「中華民國」、「中國」等相應稱呼。一九四九年，中華人民共和國成立

③ 譯注：又稱廟街事件。尼港即尼古拉耶夫斯克的簡稱。一九二〇年駐尼港的日本占領軍遭到蘇俄游擊隊包圍，日本兵及平民七百餘人遭到屠殺。

後，普遍以「新中國」稱呼新政權，日本的「支那」稱呼也隨之漸漸不再為人所用[13]。

第二次世界大戰後，美國占領日本期間，「支那料理」、「支那麵」、「支那筍」逐漸被「中華料理」、「中華麵」、「麵麻（men-ma，筍乾）」所取代。到一九六〇年代以前，「麵」指的大多是「中華麵」，因而也相對出現了「日本麵」的說法[14]。另外，麵麻應是源於華語中的「麵碼」（麵的配料之意）[15]。

此外，「中華涼麵」的部分則是在一九二九年出版的《料理相談》中，作為「冷蕎麥」的食譜刊載。那是一種將「支那炒麵」煮熟，盛在盤中，以醋、糖調成的醬汁調味，再擺放上冰塊做提供的麵食[16]。而中國餐館在第二次世界大戰前，就提供過稱為「涼拌麵」、「涼麵」的同款麵食。例如，神田神保町的「揚子江菜館」（一九〇六年創業），在一九三三年以「雲罩頂峰的富士山四季」為意象，發想出將配料堆成小山狀的「五色涼拌麵」[17]，並就此固定成為中華涼麵中的一款。不過「中華冷麵」（冷やし中華）、「冷中華麵」（冷やし中華そば）等稱呼應該是戰後才出現的。

至於「拉麵」的稱呼則是在一九五八年，日清食品（當時為SANSHI殖產）開賣速食麵「雞湯拉麵」銷售爆量之後才舉國聞名。同一時期開始普及的電視廣告頻繁宣傳「速食拉麵」更是讓拉麵的稱呼傳遍全日本。以前的拉麵原本只是中國餐廳的一道菜品或是餃子店的附餐，但日本全國各地從一九六〇年代開始紛紛出現了拉麵專賣店[18]。

再說到韓國，他們管拉麵叫「ra-myun（라면）」。這是因為在摸索日韓關係正常化的一九六〇年代，

速食麵從日本傳進了韓國。一九六三年，三養食品獲得日本明星食品公司免費提供的技術援助，開始生產速食麵。上市之初產出的產品都是明星食品符合日本人喜好的口味，經過三年的不斷摸索試驗，終於改良出符合韓國人口味的麵和湯。三養食品成為韓國市占率居冠的代表性拉麵廠商。但在不久後就把冠軍拱手讓給了一九六五年脫離樂天獨立經營，於一九八六年發售辛拉麵的農心（一九七八年從樂天工業改名為農心）。

因此，由於韓國的拉麵始於速食麵，所以韓國現在提到ra-myun，指的就是速食麵[19]。而且不只是韓國，日本以外的國家提到「拉麵」，大多也是在說速食泡麵，連中國現在說到「拉麵」，聯想到的也多是速食方便麵[20]。

話說日本在一九六〇年代到一九八〇年間，用「中國料理」的名稱更多於「中華料理」，這是因為在當時的華語圈中，有「中華」指中華民國（台灣），「中國」指中華人民共和國（中國大陸）的不成文習慣，因此一般以為「中國料理」的稱呼之所以變得普遍是源於一九七二年中日建交的說法，其實是錯誤的。

自東京奧運舉辦在即的一九六一年開始，許多大型高級餐廳與飯店紛紛開立，這些餐飲店為了與街頭一般中華小吃店做出區隔，大力標榜自己是「中國料理」，因而讓大眾留下了「中國料理」是一種比「中華料理」更需要高級技術的正宗中國菜形象。話雖如此，近年來標榜「中華料理」的高級餐廳也很多，一般人早已不在意「中國料理」與「中華料理」之間含意的不同了[21]。

沖繩麵——在邊界開花結果的飲食文化

這裡想在拉麵之外，特別提一下「沖繩麵」（圖4－7）。這是一道思考日本膳食與中國菜的分水嶺，或從世界史觀點重新審視日本的中國菜時，必須特別關注的料理，也是有待今後更加詳細探討的研究。

二〇一九年經文化廳核定為「日本遺產」的「御冠船料理」，是琉球王國招待中國（福建）冊封使的宴席菜，大量使用了諸如燕窩、魚翅、松茸、鹿肉腳筋等，沖繩本身沒有且極具代表性的大清高級宴客菜食材[22]。琉球王國的宮廷御膳深受中國菜影響，除了類似中國「東坡肉」的「沖繩風滷豬肉」（ラフテー〔Ra-fu-te〕）等豬肉料理以外，沖繩還有不少源自中國的料理。

圖4－7　沖繩麵。

而後沖繩在明治中期出現了用鹼水加到麵粉裡和成糰，再用擀麵棍推開、翻折，以菜刀手切的「沖繩麵」。當時除了橫濱、神戶、長崎的南京町之外，中國系麵食並沒有流傳開來，所以沖繩鹼水麵的普及早於其他地區[23]。

一九〇二（明治三十五）年四月十一日《琉球新報》（四頁）廣而告知地刊登了「支那麵屋」於九日開張的廣告。上面寫著「從大清禮聘廚師」、在

「那霸市警察署肥料公司後方」開店。這則廣告多次被引用來作為「沖繩麵」的起源，地方店家組織的「沖繩麵發展繼承會」在二〇一九年將四月九日定為「唐人麵之日」，重現沖繩麵前身帶有「醬香味黑色高湯」的「唐人麵」。之後，沖繩縣內外有好幾家店都賣起這道麵食[24]。

必須注意的是，沖繩人口中的「麵（soba）④」並非用蕎麥粉做的蕎麥麵，而是在麵粉中加入鹼水揉製而成的粗麵，其原料與作法都和中華麵（支那麵）一樣。但即使如此還是被人們稱為「soba」，是因為第二次世界大戰之後，日本本島歷經過的從「支那麵」（支那そば）到「中華麵」（中華そば），再到「拉麵」的稱呼轉變，並沒有傳進美軍統治下的沖繩。

一九七二年沖繩回歸日本之際，沖繩說的「soba」指的仍是源自「支那麵」用麵粉製作而成的沖繩麵。一九七六年公平交易委員會裁示，蕎麥粉含量不足百分之三十的沖繩麵，不得標示為「soba」。但沖繩生麵協同組合發起聯名運動，要求保留地方上親近的「soba」稱呼。最後在一九七八年，公平交易委員會正式認可「本場沖繩麵」的商標登記。為紀念這一天，沖繩生麵協同組合在一九九七年定下十月十七日為「沖繩麵之日」[25]。

另外，沖繩許多老字號餐廳都還吃得到雜碎。以雜碎為首的美式中國菜，應該是在第二次世界大戰後美軍統治時代，普遍滲入到沖繩人的生活當中。有一位橫須賀出身的學生告訴筆者，戰後美國海軍設

---

④ 譯注：沖繩麵的日文為「沖縄そば」，而日文裡的「そば」（soba）指的是以蕎麥粉製成的蕎麥麵。但沖繩麵並非蕎麥粉製品。

置基地的橫須賀，學校午餐的菜單裡也加入了「雜碎」，現在都還放在網站主頁上[26]。沖繩與橫須賀，以及愛好雜碎的菲律賓和印度等地區，可以說遍布著美軍與雜碎之間關連密切的痕跡（圖4－8）。

從國民美食到世界美食的拉麵

日本經常忽略，日本人除外的華人和朝鮮人，在拉麵成為日本國民美食之前，也都扮演了相當重要的角色。正如歷史學家喬治．索爾特（George Solt）指出的，除了前述札幌拉麵的創始者王文彩之外，朝鮮出身的高本光二及其弟子掌控了和歌山的拉麵界，從台灣到日本打工的朱阿俊也成為了尾道拉麵的開拓者[27]。此外，浙江人潘欽星的小吃攤則是喜多方拉麵的源頭[28]。

其中，尤以日清食品的創始人安藤百福（一九一〇～二〇〇七年）居功厥偉。台灣出生的安藤，本名吳百福，是許多台灣、朝鮮人士為了在日本不受歧視，而隱瞞自己非日本人血統的其中一員[29]。在日清食品一九五八年上市的雞湯拉麵和一九七一年上市的杯麵帶動下，拉麵鞏固了身為日本國民美食的地位。

一九八〇年代中期以後，正值股票、不動產泡沫經濟高峰的日本國內，美食報導與拉麵評論風行一時。但其實拉麵的消費量本身早在一九八二年就已經達到巔峰。人們豐衣足食之後，在飲食消費方面比

圖4－8　雜碎（菲律賓．宿霧的中國餐館）。

起食物本身的追求，越發看重食物的資訊與形象。一九九四年，拉麵主題公園「新橫濱拉麵博物館」開幕，館內重現了第二次世界大戰前到戰後時期的拉麵屋形象，拉麵被美化成日本高度經濟成長的懷舊象徵。但裡頭強調的是日本人戰後的苦難和努力，卻看不到拉麵發展中勞苦功高的華人或朝鮮人[30]。

根據世界速食麵協會的調查，二〇二〇年全世界一年消費的速食麵，達到一千一百六十五．五億碗。若按國家來看，中國香港四百六十三．五億碗居榜首，第二名的印尼一百二十六．四億碗、第三名越南七十．三億碗，第四名印度六十七．三億碗，第五名日本五十九．七億碗，第六名美國五十．五億碗，第七名菲律賓四十四．七億碗，第八名韓國四十一．三億碗，第九名泰國三十七．一億碗，第十名巴西二十七．二億碗。

日本速食麵的消費量，分別在二〇一八年和二〇二〇年被印度和越南超越，跌到世界第五名[31]。這項源自中國、台灣，自日本發祥的速食麵，成為了從國民美食成功發展成世界美食的代表性食品。

餃子——成為另一種世界美食

近年來煎餃和拉麵一樣，漸漸獲得日本國民美食的地位。餃子在日本是比餛飩、燒賣還晚，但比春捲早成為大眾小吃的中國點心。

燒賣早在一九二〇～三〇年代，就已經占有日本中國菜的核心地位。舉例來說，一九二二年，橫濱的博雅亭（一八八一～一九八〇年）在相模產的豬肉裡加入北海道產干貝和斑節蝦，烹製出獨一無二的「燒賣」，成為人們口中「橫濱燒賣始祖」的熱賣商品[32]。一九二八年，崎陽軒（一九〇八年創業）也賣起包入帆立貝干貝的「崎陽軒燒賣」[33]，燒賣自此成為橫濱的固定招牌。後來主婦會隨心入內的百貨食堂與百貨店式餐廳門口的展示櫥窗上擺放燒賣[34]，在大正末期、昭和初期的東京帝都風靡一時。

相對來說，日本人對春捲的接納就晚了很多，即使是一九六〇年代也很難買到春捲皮，甚至會用餛飩皮來代替[35]。

另外，在《舜水朱氏談綺》（一七〇八年）中記載，德川光國也吃餃子。而「八幡餃子」的起源則可以追溯到一九一〇年官營八幡製鐵廠還在運作之時。

九一八事變爆發之後，一九三一年餃子開始年年出現在食譜書裡[36]。第二次世界大戰前開始，就有開設以煎餃當賣點的中國餐館。例如，和田忠一九三二年在大連開設「甜包子（sweet pouzu）」鋪子，五年後回國在神保町開了一家叫「滿洲」食堂的餃子店。第二次世界大戰之後歇業了一段時間，一九五五年又重新以「甜包子」店名開張[37]。神保町這家甜包子的名菜，是餃皮不封口，看得到內餡的春捲狀煎餃套餐，但已在二〇二〇年六月新冠疫情中悄然歇業。

煎餃在戰敗後的日本，勾起了滿洲遣返者對中國大陸的鄉愁，因而取代燒賣一躍成為外食的寵兒。像是一九四八年自大連遣返回國的高橋通博，與中國籍妻子在東京澀谷開設「友樂」，一九五二年改名為「珉珉羊肉館」。低價又料多的煎餃人氣爆紅之後，從滿洲回來的其他人也競相模仿高橋開店，所以澀谷的戀文橫丁成為煎餃朝聖之地的名聲不脛而走。

此外，餃子也隨著一九六〇年開始大量販售的冷凍食品，深入一般家庭當中。一九九〇年代以後餃子也被運用來作為鄉鎮復興的賣點，民眾對餃子的認知，甚至發展出宇都宮餃子⑤、濱松餃子⑥等日本各地多樣化的餃子。進而，二〇〇二年，「餃子園地（gyoza stadium）」（南夢宮公司）在東京池袋開幕，重現第二次世界大戰後，餃子開始在日本普及時的街頭景象。餃子與拉麵、咖哩、甜點等一樣，進展到足以成為主題公園主題的娛樂性[38]。

即使把目光轉向歐美，在法國、英國、美國、泰國等地，各國對餃子的認知，都是日語的「gyo-za」（有關這個發音的由來，請參照書末注第一部第五章注（26）），而不是華語的「jiao-zi」或是英語的「dumpling」。例如二〇一二年，巴黎就開了一家餃子專賣店「餃子吧」（Gyoza Bar）。內餡可以自由變化的餃子容易改良製作，法國大多會選擇不論信什麼宗教大多都能吃的雞肉餡。二〇一五年八月在東京青山開幕的「GYOZA BAR comme à Paris」，以淋上法式調味醬汁一起食用的「gyoza」，成功初次登陸日本（二〇二〇年因新冠肺炎大流行而關門）。此外，二〇一六年十一月，於東京青山骨董街首次登陸日本的法國冷凍食品

---

⑤ 譯注：特色在於內含大量蔬菜，菜多於肉的菜肉餡煎餃。
⑥ 譯注：以高麗菜等蔬菜製成菜肉餡煎餃。特色在於會擺放成圓形煎製，後演變成在中央的空洞內加入豆芽菜。

專賣店「皮卡爾（Picard）」也有販售「gyoza」。

於是，主要從中國東北地區流傳到日本的煎餃，在第二次世界大戰後，從懷念中國大陸的思鄉食物，發展成了日本的「國民美食」，近年來更是作為日本食品，開始流傳到以法國為首的世界各國。另一方面，如同第一部第四章提到過的，中國目前也正試圖以全民包水餃過農曆除夕的習慣，向聯合國教科文組織申請非物質文化遺產。

請容筆者在此提醒，本書已帶大家看過中國與韓國、中國與越南、新加坡與馬來西亞之間，關於料理歸屬的爭議。希望能以此減少今後中日之間為了餃子的歸屬權與正統性而在網路上展開無意義的情緒化爭論。日本餃子的起源當然在中國，中國的餃子至少已有一千三百年以上的歷史。但另一方面，日本則是在第二次世界大戰後，在極短的時間內就讓中國非主流的煎餃展開多樣性進化，並普及到成為國民美食的程度，甚至將傳播到歐美。

天津飯的誕生——天津蛋、天津麵到天津飯

筆者想在此介紹一下，某種意義上在日本相當有名的中國菜「天津飯」的由來。眾所周知，除非是會順應日本顧客點餐的飯店等餐飲店，天津本身並不存在「天津飯」這道料理[39]。不過天津人都知道日本有「天津飯」這道菜，還因此產生了日本的中國菜有些「莫名其妙」的一些偏見。而且，現在中國觀

光客大多都是因為日本的中國菜黏稠的勾芡太多而不太怎麼愛吃[40]，淋上蛋花蟹肉勾芡的天津飯，自然也是其中之一。

關於「天津飯」的來歷已有詳盡的研究，它的前身「天津麵」出現在大正後期至昭和初期左右，但小吃店因為在第二次世界大戰中、戰後難以為繼，而銷聲匿跡[41]。例如，有份很可能是京都的濱村創業之初（一九二四年左右）的菜單裡，列出了「天津麵」，並附上「加了煎蛋的麵」的說明[42]。

附帶一提，中國出口雞蛋到日本，始於一八九六年的上海雞蛋，日俄戰爭後一九〇五年的天津雞蛋。一九一九年，日本廢止對中國雞蛋的關稅，一九二三年到達出口的高峰，中國雞蛋占據了日本雞蛋消費量的三分之一。然而一九二五年重新開始課徵關稅，國產雞蛋一增產，進口雞蛋就變得不划算，所以在一九三一年畫下了休止符。於是可以想見的是一九〇五～一九三一年的二十六年間進口到日本的天津雞蛋，就是後來的「天津麵」，以及「天津飯」名稱的由來[43]。

「天津飯」據推測應該是始於第二次世界大戰後，東京的「來來軒」或是大阪的「大正軒」[44]。在文獻中的首次出現，是一九六一年家庭用中國菜食譜書中〈雞蛋飯〉作法最後的附記「煮成芙蓉蟹盛在白飯上，就成了天津飯」[45]。

政治流亡者經營的中國菜館——西新橋田村町的留園

關於日本二十世紀中後期的中國菜，已經有過概述，尤其還提及其中心地從一九六〇年前後號稱「東京小香港」的西新橋田村町，以一九八〇年左右為分水嶺，移動到以香港為構思而開發的橫濱中華街[46]。本書將從世界史的角度出發，針對在這兩個不同時代面貌下引領中國菜業界的人物，進行補充說明。

對處於高度經濟成長期的日本來說，當時引領中國菜的是為準備一九六四年東京奧運而陸續建設的高級飯店，以及東京西新橋田村町的高級餐廳。鄰近ＮＨＫ、第一物產（三井物產）、日比谷公會堂、帝國飯店、盟軍總司令部及美國大使館等知名地標的西新橋一帶，「留園」、「四川飯店」、「中國飯店」等一流餐飲店都在此展店。而且日本的中國菜在第二次世界大戰前，主要是受上海的影響，但是在戰後上海成為共產地區以後，轉而漸漸受到香港的強烈影響。當時東京的中國菜即使從世界的角度，也堪稱高水準。

西新橋的名店中，留園（一九六一～一九八〇年代初）以龍宮為意象，雄偉高雅的宮殿式中國建築最是引人注目。留園的食材極佳，大半從香港進口，甚至連中國蔬菜也轉向香港採購。廚房裡分成鍋、砧板、煮物、烤物、湯、點心等各部門，都有自香港招聘而來的專門廚師負責，因此做得出正宗的料理[47]。

留園的創業人盛毓度（一九一三～一九九三年），乃是清末李鴻章的左右手，並在洋務運動上多有貢獻的盛宣懷之孫。八幡製鐵和三井物產之所以出資讓留園開業，是因為盛家過去持有的大冶鐵礦，供應了日本官營製鐵廠使用的鐵礦石[48]。一九三三～一九四二年盛毓度讀完日本舊制成城高中和京都帝國大學後，學成歸國，在日本勢力不斷擴張下，於上海公共租界的行政機關工部局就職。因此戰後，盛因「漢奸」的罪名遭到逮捕與審判，獲判有罪但保釋。隨後在一九四九年中國革命如火如荼之際，從上海經由香港逃往日本[49]。

另外，留園總管王遵伯，是在NHK《今日料理》等節目擔任講師一職的料理研究家王馬熙純的夫婿，也是王克敏（一八七三～一九四五年）之子。王克敏則是在一九三七年末於北平組織對日協力政權「中華民國臨時政府」，一九四〇年與汪精衛的「南京國民政府」合併，戰後因「漢奸」罪被捕，最後死在獄中[50]。

留園因香港雙胞姊妹藝人玲玲、蘭蘭唱的電視廣告曲「去留園幸福吃一頓」風靡一時，成為修學旅行、東京觀光行程中與東京鐵塔齊名的名勝[51]。但在這麼光鮮亮麗的形象下，留園卻是個在中日戰爭中背上「漢奸」污名的亡命富豪所創，後由日本占領下的華北臨時政府首腦的大政客之子經營。日本最知名的中國餐廳之一，殘留著深刻的中日戰爭痕跡，可以說是一九六〇～七〇年代的時代面貌。

飄泊在動盪東亞的中國廚師——伍鈺盛、傅培梅、陳建民、程明才

而在日本確立下四川菜的陳建民（一九一九～一九九〇年）一九五八年在西新橋田村町開設四川飯店。生於四川省的陳建民十幾歲就在當地餐廳工作，在中日戰爭後，一面當廚師一面從重慶輾轉飄泊到武漢、南京、台灣、香港，在一九五二年來到日本。

陳建民不是盛毓度那種政治性流亡者，反倒是為了躲避政治的影響，才輾轉來到東京。陳在日本的成就，包括將重辛辣的麻婆豆腐、回鍋肉、乾燒蝦仁、擔擔麵等菜品，配合日本人的味覺做在地化的調整，使之普及。更在一九五九年參加錄製電視節目，開啟了廚師以個人身分走進聚光燈下的時代，還培育了多位弟子，做出的貢獻不勝枚舉[52]。

各位應該還記得，與陳建民同世代的四川名廚還有一位伍鈺盛（一九一三～二〇一三年）（參照第一部第二章）。伍鈺盛也是從重慶輾轉來到上海、香港，烹煮政府要人的宴會菜等。一九五一年，周恩來請他到北京，因而與陳建民走上了不同的命運軌跡。伍鈺盛做出了在北京的峨嵋酒家確立四川菜的一支，菜品收錄進《中國名菜譜》等貢獻，成為中華人民共和國極具代表性的四川主廚，走上精英之路。與伍相比，在日本傳揚四川菜的陳建民，他的生涯可謂是獨樹一幟。

另外，與陳建民同一時期，台灣的傅培梅（一九三一～二〇〇四年）則展現出光芒耀眼的才華（參照第一部第五章）。一九四九年從大連撤到台灣的傅培梅，自一九六二年起主持電視的烹飪節目，時而接受中華

民國政府的指示，在一九七〇～八〇年代訪問各國，教授中國菜。

進而，在陳建民與傅培梅風光一時的一九六〇～七〇年代，不只日本的中國菜，就連歐美的中國菜也走向一個轉換期。雜碎、炒麵、芙蓉蛋當紅的時代畫下句點，正宗的廣東、北京、四川、湖南菜興起，誕生了以「左公雞（General Chicken）」為首的新熱門料理。

而第三部第一章中介紹的江蘇人程明才（生卒年不詳），與陳建民幾乎同世代，也同樣是從上海漂泊到台北、橫濱、東京、加州的大廚。程明才一九七三年移居美國之後，為兒子程正昌經營的熊貓快餐把關，發揮實力幫助美國的中國菜快餐化。

如同上述，從中日戰爭到中國革命這段兵荒馬亂的時期，有不少中國廚師在東亞漂泊。其中，伍鈺盛、傅培梅、陳建民、程明才分別在最後的中國、台灣、日本和美國，成為各個定居國的名廚、中華美食大使、日本四川菜之父，以及為世界最大的中國菜快餐連鎖打下基礎的廚師，留下偉大的功績。

總的來說，在一九四〇年代這個起伏而動盪的時代，許多飄泊在東亞的廚師和他們烹煮出來的菜品，在第二次世界大戰後重組的國際秩序，與在其間樹立的民族國家裡，各自擔當了重要的角色，直到一九六〇～七〇年代。

橫濱中華街的勃興——唐人街的全球化

就這樣，一九六〇～七〇年代，來自中國的流亡經商者和移民廚師，以東京為中心占有一方天地。但在一九八〇年代以後，生於日本的中國廚師在橫濱中華街等地開始有了耀眼的成績。一九九〇年代頻頻出現在螢光幕前，因而聞名全國的周富德（一九四三～二〇一四年）正是為這兩個時代與地點搭起橋梁的廚師。

中日戰爭期間的一九四三年，周富德誕生在橫濱的「南京町」（一九五五年後改稱「中華街」），一九六一年進入西新橋田村町的「中國飯店」工作。中國飯店（一九五五～一九七三年）為日本正宗高級廣東餐廳的先驅，培養出多位廣東菜名廚，更是奠定今日日本正宗中國菜基礎的名店。周富德等橫濱中華街出身的一眾廚師，扮演起香港手藝高超的廚師與日本廚師之間的連接橋梁，在這裡一展長才。

一九七一年，作為西新宿摩天大樓群第一號的京王廣場飯店開幕，周富德成為其中的中國餐廳「南園」的副主廚。南園第一任主廚黃江來自香港，是「新派粵菜」（參照第一部第二章）的引領者，所以周富德一方面學習中國飯店正統烹飪法，一方面也學習黃江現代風格的菜品改良。

據周富德表示，廚師分成兩種，一種是喜歡單槍匹馬，追求自我風味的孤傲型，另一種是廣闊地與人交流，放大美味範圍的類型。周富德正是後者的典型。一九八〇年，周富德接受橫濱中華街聘珍樓老板林康弘的邀請，就任總主廚。之後，周數度往來香港，敏銳地掌握XO醬、木薯澱粉甜點、芒果布丁等最新流行，並且引進餐廳。不只如此，周廚師更打破聘珍樓高級餐館的形象，在店門前現蒸現賣可以邊走邊吃的「點心（dim sum）」，孕育了日本中華城獨特的消費文化[53]。

另外，「橫濱假日酒店」（現為橫濱玫瑰飯店）在一九八一年於橫濱中華街開幕。該飯店的老板是第二次世界大戰後，從台灣移居日本的李海天、吳延信夫婦倆，他們在一九五九年開設了重慶飯店。二人某次到舊金山旅行時，下榻在唐人街入口的假日酒店，從此便下定決心，希望能在橫濱中華街也興建這樣的飯店，最後如願以償地實現了[54]。

其他像是第二部第六章提到的，二〇〇一年仁川廣域市中區廳在對「仁川中華街」進行觀光開發時，派遣職員遠渡橫濱中華街視察訪問。世界各地的唐人街與其消費文化，就這樣在互相參考中完善了整體發展。這副光景著實堪稱為中國餐館環境的「全球化」（同時進行世界性的均質化與在地化）。

一九七五年就任聘珍樓社長的林康弘（一九七二年歸化前的本名為龐競康）生於一九四七年，為橫濱南京町萬珍樓（前身為萬新樓）老板龐柱琛（林達雄）之子。林康弘在橫濱山手的美國學校聖約瑟學院畢業後，考入上智大學國際學系，後來留學加州大學弗雷斯諾分校，作為一名「國際人」受到栽培。

林父龐柱琛從廣東省到日本擔任廚師，經營萬珍樓有成，在林康弘五歲時，買下當時沒落的老字號聘珍樓（一八八七年創業），從小叉燒店重新出發。一九七五年，林康弘繼承聘珍樓時，這家店變成以三碼麵（豆芽菜芡汁拉麵）為招牌的廉價麵店。林康弘走訪香港、台灣的口碑名店，即使被中國菜的博大精深所打擊，但仍然無意標準化，一味追求高品質的中國菜，十年後聘珍樓急速擴張成可容納一千名客人的中華街本店和東京都內的五家分店[55]。

另外，林康弘的哥哥林兼正從龐柱琛手中繼承萬珍樓。據林兼正表示，橫濱中華街與山下町、元町合作舉辦宣傳活動和特惠服務，就像由不同主題館概念形成的迪士尼樂園一般，觀光客可以在山下町玩樂、去元町購物、到中華街吃飯，享受不同的樂趣。進而萬珍樓也以迪士尼樂園的經營方針為目標，進行員工教育，希望能達到超越顧客期待的滿意度[56]。

橫濱中華街就像是中國菜的主題公園，成為吸引全世界最多觀光客的唐人街。而唐人街的主題公園化，也隨著餐飲街的商場化、美食廣場和吃到飽自助餐廳的增加，加速了全世界中國菜「飲食風景（foodscape）」的「全球化」（全球化與在地化同時進行）。

「和魂漢才」的系統——京都的中國菜

本書最後，想從「和魂漢才」的概念來思索日本對中國菜的接納樣貌。「和魂漢才」可以理解為重視日本膳食精神的同時，從中國菜汲取傑出知識與技術的態度。例如，從奈良時代以前，「料理」二字，以及用兩根小木桿組成的食筷從中國傳入日本。平安時代傳入豆腐、餺飥（麵食）和茶。日本膳食的源流有許多都已認定是來自中國[57]。而江戶時代從中國傳來的桌袱料理和普茶料理也已經日本化，與其稱之為中國菜，倒不如說是歸入日本料理的一支更為適切。

如第四部第一章中所見，中國菜與日本料理具有對照性的一面，正因為如此，也很容易形成相輔相成的關係，在雙方交流與對話的交會處中培育出獨特的飲食文化。其中，在日本飲食文化中心——京都的中國餐館，很容易找到典型的中國菜日本化。比如說美食家兼中國通谷崎潤一郎的愛店「飛雲」（一九三六年創業）便是仿似日本料亭的中國菜名店。飛雲的外觀是座京都風格的料亭建築，店內幾乎全部是榻榻米房，料理也偏素雅、清淡。谷崎來這裡最愛吃海蜇皮與皮蛋、燕窩羹、魚翅、東坡肉。一九六五年五月，谷崎帶著家人最後一次造訪京都時，也到飛雲用餐[58]。

「京都的中華」最大的特徵在於減少大蒜、油、辛香料，保持清爽的口味，並用昆布和雞骨架煮出高湯。一九九〇年以後，京都有多家堪稱「京風中華」體系的高級中國餐館開張。老字號的「京風中華」餐廳中，不單單只是使用京都的食材、調味料和水，不少店鋪更是具備了作為「京料理」的歸屬意識。另一方面，京都的日本料亭也積極地接納中國菜，如保留完整外觀烹製的東坡肉或魚翅[59]。

而今走在「和魂漢才」中國菜最前線的是一位擁有年輕天才廚師盛譽的川田智也。川田曾在中國餐館「麻布長江」與「日本料理龍吟」裡學習，二〇一七年在東京南麻布開設了「茶禪華」，僅僅九個月就得到米其林二星評價，二〇二〇年憑藉著日本國內的中國菜首次升級到三顆星，加入頂尖主廚的陣容。川田的目標在於製作出調和清爽美味和突顯食材特性的料理，表現中國菜傳統性的同時，理解日本

「食材的天性」，不做多餘的調味，最大程度尊重素材原味，製作出精粹的中國菜[60]（圖4—9）。

中華年菜的成立與普及——新年吃的重箱疊盒裝中國菜

「和魂漢才」不僅如上述的高級料理，「中華御節」年菜也是一種與民眾生活文化緊密相關的一般「和魂漢才」料理。「御節」是全家人在新年或節慶日舉辦聚會時享用的大餐。也是奈良時代受中國影響而開始有的年節餐食。江戶時代中期以後，限制新年吃的年節菜才能稱為「御節」，直到現在，一到過年還是看得到雜煮或裝在重箱疊盒裡的御節年菜[61]。

圖4—9　茶禪華的「雉雲呑湯」。

話雖如此，近世到明治中期，重視本膳料理或宴席料理，把鯡魚卵、蜜汁核桃小魚乾、黑豆、滷牛蒡等品數有限的吉祥菜裝進重箱裡。但明治以後，紅白魚糕和栗子泥等的開胃菜，成為重箱料理的重要構成元素，大正時期以後，重箱料理開始有了多種變化[62]。

看看近代日本主要的女性雜誌《婦人之友》、《婦人畫報》、《主婦之友》刊登過的年菜料理一覽（山田真也製表）[63]，可以發現西式年菜比中國菜更早出現。如一九〇四年十二月刊有「牛舌為西洋料理食材」的介紹（宇山錄子〈正月料理〉《婦人之友》二卷七號）。一九二三年一月介紹了由湯、包魚蒸烤、義式牛肉烏龍麵、蔬菜沙拉組成的〈新年的重箱年菜 西式料理〉（川崎正子，《主婦之友》七卷一號）。一九二四年十二月，介紹了裝滿三明治或雞肉凍的〈正月的重箱年菜（和洋合菜）與花牌會的饗宴）〉（龜井真紀子，《婦人畫報》二三〇號）。

中國菜比這些更晚一點，從昭和初期開始才首先被放入普茶料理的年菜中。舉例來說，一九二七年一月，〈新年的普茶料理〉裡刊載了用千枚漬與紅薑做成的「日本國旗」（澪標，《婦人畫報》二五九號）、一九二九年一月，刊登了新年首次歌會〈來自御題田家之晨的新年普茶料理〉（婦人記者，《婦人畫報》二八二號）。

至於「支那料理」的年菜，最早有一九二九年一月的《料理之友》（十七卷一號）中刊載的〈五人八圓開一個新年宴會——日本料理、西式料理、支那料理〉（大日本料理研究會）。

至於重箱年菜，一九三一年一月《婦人之友》（二五卷一號）編載的〈新時代的重箱年菜〉（增田稻子）裡將「支那料理」、「日本料理」和「西洋料理」組合到三層的重箱裡頭。這是最早期加進了中國菜的御節年菜，裡面放了「玻璃瓜（炸魚）」、「凍雞」、「春捲」、「蟹丸子」、「叉燒」。

而疊盒中只放中國菜的最早期年菜，為一九三七年一月的《料理之友》（二五卷一號）〈支那重盒年菜料理〉（吉田誠一），連同封面照片在內，連帶介紹如何將十五種中國菜，放入名為福、祿、壽的三層重箱疊盒裡（圖4－10）。

戰時，年菜也因陋就簡，以能夠經濟實惠地有效攝取營養為目標。但是第二次世界大戰後，形成了一股將自製煮料和在外購買的吉祥菜、前菜一起擺進重箱疊盒，全家一起迎接新年的風氣。傳承到近年，不論是料亭、餐飲店、百貨公司、超級市場、便利商店，都會販售盛放在重箱裡的各式御節年菜，並接受提前預訂[64]。新冠肺炎肆虐的二〇二〇年底，盛放在重盒裡的華麗年菜銷量賣得比往年更好。

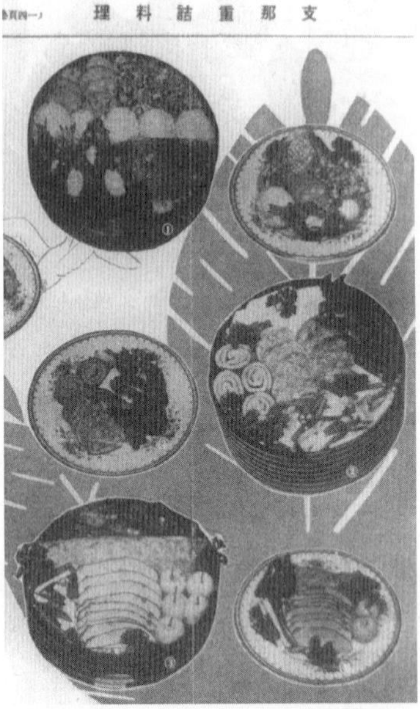

圖4－10　中國菜的御節年菜（吉田誠一作，1937年）最下層中央的「醬肉片」（鮮豬肉片）是以蔥、薑、醬油、高湯烹煮過的豬肉。

外國料理的年菜「洋食御節」在一九五八年底[65]，「中華御節」在一九六五年底都成為了百貨店的熱門商品。根據一九六五年十二月十五日的《讀賣新聞》報導，「將以往稱為『下酒小菜組』的組合，改良成如今內容更充實，色彩更繽紛的款式來作為賣點。中式口味有包入鮮蝦、蛋和肉、豆芽菜的春捲、叉燒等的雙拼組合，將提前接受社區等以團體為主的訂單預約，並提供月底宅配到家的服務」[66]。

知名的中國菜餐廳當中，銀座亞斯特是中華御節年菜的先驅，一九六五年底開賣中華年菜「精撰中華料理組合」，一推出就獲得熱烈回響[67]（圖4－11）。一九七〇年代維新號、新橋亭、四川飯店等中國餐廳也都紛紛開賣年菜[68]，後以赤坂離宮和聘珍樓的中華年菜特別出名[69]。到了一九八〇年代，中華御節年菜在超市也成為熱門商品，抓住一般大眾「想吃點比平時更高級一點的中華料理拼盤」（西友百貨[70]）、「中華御節年菜有滿滿的肉，小孩子也能吃得無比滿足」（大榮[71]）等需求。

「和魂漢才」中國菜的可能性——從中華御節年菜出發的設想

綜上可知，日本御節料理的源流可以回溯到，深受中國文化強烈影響的奈良時代年中節慶膳食。而後到了內向發展傾向較強的江戶時代，進一步形成了盛裝到重箱裡的御節年菜。進入全力朝國際發展的大正時代以後，又加入了西式料理和中國料理，而後延續至今。在過年這樣的本國傳統節慶裡吃外國菜的主意，在近代以後的國民生活裡重新萌芽並廣泛普及至今，可以說是全世界都極為罕見的日本獨特現象。

圖4－11　銀座亞斯特的中華御節年菜（峨眉）宣傳單（1970）。

話說回來，將冷掉的高級中國菜裝進重箱裡提供的中華御節年菜形式，在世界的中國菜裡都十分少見。確實，中國各地也都有慶祝農曆新年（春節）、吃團圓飯、吃開年飯的習慣。人們會在過年的時候包餃子、油炸點心、做年糕，在餐桌上擺滿各種有「發財」等好兆頭的美味菜餚。正月時也會透過食用特製的粥、糯米糰子、湯，及雞鴨魚肉菜品，祈求來年平安順利[72]。但日本的中華御節年菜是一九二〇年代以後才形成的習慣，已經有快一世紀的歷史，與中國過農曆年的這些風俗習慣並無關係。

二〇一三年，登記在聯合國教科文組織非物質文化遺產的「和食，日本人的傳統飲食文化，尤其是慶祝新年（Washoku, traditional dietary cultures of the Japanese, notably for the celebration of New Year）」中，列舉出雜煮、御節年菜等新年的年菜，作為傳統「和食」的代表例。不過早在半世紀之前就有人指出，即使是「純日本式的『傳統御節年菜』」也用到了許多以中國產鯡魚子為首的外國產食材[73]。連新年年菜這種象徵著民眾想守護的「傳統純日本膳食」，都少不了亞洲等外國產的食材，而且吃中式或西式年菜的習慣也普遍流行開來。

新年吃亞洲食材做的年菜、中華御節年菜、西式御節年菜，的確也反映出了日本膳食面臨危機的狀況。但從另一面來說，我們也可以認為日本膳食是亞洲及世界飲食文化的一部分，所以這種現象不足為奇。

例如，從銀座亞斯特保留的「聖夜之星　亞斯特烤雞」的宣傳單就可證明，日本最晚在一九六四年以前就已經有人企劃「中華耶誕」（圖4—12、圖4—13）。話雖如此，但在之後也沒有流傳開來。不過美國

圖4－12（上）亞斯特烤雞賣場（澀谷，東急暖簾街，1965年）。
圖4－13（左）銀座亞斯特中華耶誕「宴華」的宣傳單（1968年）。

的猶太人社會在聖誕節會吃中國菜（三九四頁），菲律賓人在聖誕節也習慣吃麵食等源自中國的食物（二九七頁）。創造或繼承在本國逢年過節時食用異國食物的傳統，並沒有不合理之處。從這個觀點來看，中華御節年菜可望發展成超越「下酒小菜組合」和「中華料理拼盤」的「和魂漢才」日本飲食文化代表典範。

「和魂漢才」或「和魂洋才」並不是技術後進國的精神論，而是一套積極追求技術革新的理論。例如，將熱菜奉為至上價值的中國菜中，橫濱崎陽軒從中開發出了冷掉也好吃的「燒賣便當」（一九五四年上市[74]）。中華御節料理方面，銀座亞斯特從一九六〇年代開始，也「一再苦心研究，即使放涼了也不會走味」的烹調技術[75]。例如，豬油由於融點低，一旦冷卻油脂就會凝固浮於表面，所以不會用到御節料理當中。把「熱菜」做成好吃的「冷菜」的創意巧思，不正是日本才容易推動的烹調主題嗎？

本書三番兩次闡述的是近代以後，世界各國民眾汲取中國各地方菜系的食材或烹調法，應用到本國料理的同時，又與中國菜做出區隔，創作出屬於自身國家的料理。即使在歷經過這些過程的世界各國飲食文化當中，「和魂漢才」的中國菜是有著足以自豪的悠久歷史和豐碩成果的日本飲食文化之一。

雖然如此，日本與中國雙方對彼此料理的看法，多為嚴厲的批評。而近代日本也有過積極引進經由歐美傳入的中國菜的時期。此外，日本對中國麵食的稱呼，也隨著國際政治情勢的變化，近乎無底線的頻頻變更。進而能從以「沖繩麵」為首的「沖繩料理」的形成過程中窺知，「日本膳食」汲取中國菜和沖繩料理的範疇也是極具流動性的。

但如同拉麵和煎餃一樣，在世界上學有所成且與日本甚有淵源的人才和企業創造出來的「made in Japan」中國食品，幫助了很多人。希望「和魂漢才」的中國菜，今後也能與傳承給華人的中國本地中國菜一起，繼續獨特地發展下去。

終章　民族國家框架下的料理分類

國族菜與族群料理

最後，筆者想在重新回顧一下本書內容的同時，從民族主義與超越它的視點，重新審視中國菜的世界史。

二十世紀中葉的亞洲，隨著西方帝國及日本帝國的殖民主義走向尾聲，許多民族國家實現了獨立。而亞洲的新興民族國家，也和歐美、日本等近代民族國家一樣，為許多料理賦予「國籍」（nationality），還將一部分熱門料理拿來當作極具象徵性的「國民美食（national food, national dish）」。不只如此，民族國家還將多個地區、多元民族的飲食文化整合為一體，建立起體系和制度，組建成「國族菜（national cuisine）」，用以對外宣傳。

於是這些國民美食或國族菜，在國內被積極地利用來培養國民的自尊心和一體性，成為人民對國家認同的根據。與此同時，這些美食也被利用到本國期望締結的國際關係，以求也能普及到國外。

本書在泛論中華圈的第一部中，主要闡述中國菜是如何建構出「國族菜」，而後在放眼世界各國的第二部裡，主要論述中國菜作為「地方菜」的向外普及。不過不論是哪一部，中國菜都帶有族群（ethnic）料理的特性。

必須釐清的是，作為國族菜核心的主要族群料理，與民族服飾、民族建築、民族藝術的開創有密切的關係，本書也介紹了幾個事例。舉例來說，中華人民共和國在建國初期，將首都北京的仿膳國營化，提供「滿漢全席」，同時也把店面遷到清朝乾隆年間古建築林立的北海（湖）島上。另一方面，在國共內戰中戰敗而退守台灣的中華民國，則在日本統治時期的台灣神社舊址，引進中國古典風格的建築模式，建設圓山大飯店，作為舉辦國宴的地點。圓山大飯店舉行國宴時，會展現中國傳統的家具、音樂和文字，更由身著宮廷宦官或宮女服裝的服務生端菜上桌。

而後第二次世界大戰後的香港，也在商業目的下重現「滿漢全席」，而且服務生也會打扮成宦官和宮女的模樣，播放宮廷背景音樂。此外，新加坡推動娘惹料理的再興，並將其作為國家的代表料理，在分棟排屋形式的「店屋」開設土生華人餐廳，由穿著可巴雅、紗籠的女服務生接待顧客。

其他像是美國麻薩諸塞州「提奇．中國」店裡的夏威夷衫和「提奇流行樂」，以及從舊金山華人經營的夜總會、料理中看到的東方色彩等方面，族群料理與民族服飾、音樂、舞蹈一起發展的例子不勝枚舉。能在京都的傳統木造民居（町家）等處的餐飲店吃到的，有和服侍者相迎的「和魂漢才」中國菜[1]，應該也具有與前述事項並立的文化意涵吧。

這裡必須關注的一點是，我們很難說國族菜在族群料理中的文化定位，與社會、政治對該民族的態度無關。二十世紀東南亞推動的華人同化主義政策，帶動了對華人文化的打壓，中國菜陷入困境的事例斑斑可考。例如，一九三〇～五〇年代，泰國總理披耶帕鳳和鑾披汶推動重視「châat」（民族、國民、國家）的政策；一九六七年印尼的蘇哈托政權禁止在公共場所舉行中國式的文化活動，都是典型的例子。

此外，由於中國菜即使普及，也依舊處於一個相對較低的文化地位，因而難以改善社會上對華人的態度，這樣的事例同樣比比皆是。舉例來說，二十世紀前半，美國的雜碎和日本「支那料理」的流行，很難看出會與美日華人地位的提升有什麼直接的關連。因此自一九五〇年代起，與白澳主義對抗、力圖建立多種族社會的唐・鄧斯坦，在一九七〇年代成為了南澳大利亞州州長，他當時建議所有人都該擁有中華炒鍋的舉動，可謂是一個彌足珍貴的嘗試。

成為國族菜・國民美食的廣東、福建、山東、四川菜

更重要的是，本書在跨越國境散布到世界各地的中國系食品和料理當中，介紹了各種麵食、豆腐、炒菜、雜碎、海南雞飯等在海外發展起來的創作料理，以及以叻沙為首的娘惹料理等等。這些菜品在世

界各國或成為了國民美食，或被定位為國族菜的一部分。

也就是說，有不少世界各國的國民美食是源於中國地方料理。中國各地方菜不只構築出了「中國菜」，更成為了「新加坡菜」、「馬來菜」、「越南菜」、「泰國菜」、「菲律賓菜」、「印尼菜」、「朝鮮（韓國）菜」、「日本料理」、「秘魯菜」等的一部分。我們也可以從這樣的世界史觀點裡，相對性地掌握中國國內中國菜的形成。

世界各國流傳最廣的中國菜是廣東菜，出生於廣東省廣東府香山縣（現為中山市）的孫文，在《建國方略．孫文學說》（一九一九年初版）中也以：「在美國紐約一城，中國菜館多至數百家。凡美國城市，幾無一無中國菜館者。」「中國烹調之術不獨遍傳於美洲，而歐洲各國之大都會亦漸有中國菜館矣。日本自維新以後，習尚多采西風，而獨於烹調一道猶嗜中國之味，故東京中國菜館亦林立焉。[2]」等評語，一再讚頌中國菜。這是一九一七年孫文剛辭去於廣州成立的中華民國軍政府大元帥時所寫下的。實際上這裡孫文說的「中國菜」、「中國飲食」，指的應該就是廣東菜不會有錯。

一九二五年孫文過世後，一九二六年蔣介石率領國民革命軍從廣州開始「北伐」，一九二八年樹立統一政權南京國民政府。第一部第二章曾提過，一九三〇年代廣東菜在上海的興隆，被比喻為蔣介石國民革命軍的「北伐」。上海式的廣東菜，在外國人眼中就是代表中國的料理。當時的日本籍旅人來到中國菜之都上海，一認識到的「支那料理」、「上海料理」，便是先施公司（百貨公司）內的高級廣東菜[3]。

後來，廣東菜如第一部第二章講到的譚家菜那般傳播到北京，就成了中華人民共和國國宴菜的一部分。接著，廣東菜傳進東亞各國展開在地化，發展成拉麵、越南河粉、帕泰（炒河粉）這些日本、越南、泰國的國民美食。另外，廣東菜也在一九〇〇～六〇年代時的美國，成為雜碎、炒麵這些稱得上是國民美食的料理基礎。

從被殖民統治的香港傳到大英帝國的也是廣東菜，以及以廣東菜為基礎的美式中國菜。

此外，福建菜的食材早在印尼群島受荷蘭帝國統治前就已傳入，也是菲律賓在西班牙帝國時期菲律賓便食（麵）和潤餅（春捲）的原型。而福建菜成為了自日本殖民時期開始形成的「台灣料理」的基礎，對二次大戰前在上海的日本人來說，台灣菜和廣東菜同樣親切。甚至，廣東菜和福建菜也成為了新加坡自大英帝國及馬來亞聯邦獨立後，如海南雞飯和肉骨菜等新加坡菜的基礎。

其他諸如在明代為止一直是北京宮廷御膳主角的山東菜，也在後來的十九世紀末自大清設下的租界傳入朝鮮半島，山東菜因而演變成炸醬麵、雜菜這類韓國的國民美食及韓國菜的一部分。

至於四川菜在二次大戰前，也已經傳進大英帝國的殖民地香港、日本帝國統治下的台灣。不過中日戰爭期間，國民政府撤出南京，定重慶為臨時首都，所以誕生了「川揚」（四川、淮揚融合）菜。戰後，四川菜和川揚菜從重慶散布到中國各地，也隨著國民政府一起遷移到台北。一九四九年成為中華人民共和國首都的北京也很重視四川菜，一九五〇年代更傳到日本。近年來四川菜在中國菜人氣高漲的印度，甚至還成為醬料的名稱而廣為人知。

如此，中國各地方菜在戰後當時中國國內如上海這樣的經濟城市，以及北京、南京、台北、重慶等政治城市，都成為當地飲食文化的一部分。這些菜品甚至都已納入國家公定的中國菜體系，受到制度上的庇護，繼而成為一九四九年建國的中華人民共和國國族菜的一部分。同樣地，中國各地方菜品在中國境外各地在地化的過程中受到包容，有些菜品在新興的亞洲各國國菜體系裡占據了一席之地，有些則被當成他們的日常膳食，融為外國料理的一部分。從地方菜昇華為國族菜、國民美食的現象不只出現在一國之內，而是跨越國境頻繁發生在多個國家，正是中國菜的一大特徵。

一如本書不厭其詳地論述到的一般，中國菜在世界各國華人及當地民眾發揮的創意巧思下，進一步安上地主國民族主義的框架，成為亞洲各國的國民美食。例如對中國懷有強烈抵抗心態的越南，就把廣東麵在地化為國民美食越南河粉。而泰國也在一九三〇～五〇年代民族主義高漲、打壓華人文化的時期中，以中國的「炒粿條」為原型，發想出「帕泰」並風行全國。除上述之外，還有日本的拉麵、韓國的炸醬麵、菲律賓的便食、新加坡的海南雞飯等，源自中國卻成為地主國的國民美食傳揚普及的菜品多不勝數。

美食民族主義的可能性

在此必須強調，這些料理的普及，乃是不表露政治色彩的華人幾番努力下來的成果，絕不是中華民族興盛或中國政府軟實力下的產物。正如在本書中所述，食物有時雖也會被賦予政治意涵，但只是暫時性的現象，之後便會隨著源源不絕的市場競爭和日常生活的沖刷而稀釋消弭。因此生產者販售沒有沾染上政治、文化氣息的食品和調味品，讓消費者自行添加所屬地區、民族、國民的獨特文化氣息，會更容易落地生根。

從向聯合國教科文組織申請非物質文化遺產失敗的案例可以窺知，太突顯民族主義自尊心，或是政治用心太過顯而易見的料理，並不容易在國外得到廣泛接納。反之，不易看出政治色彩的料理或食品，更易在國外融入許多民眾的生活文化，促進飲食生活的全球化。

舉一個典型的例子，經由西方傳入的中國風，在兩次大戰戰間期的日本盛行一時，雜碎隨著這股流行，從美國傳入銀座，從歐洲傳入京都。當時日本人追求的並非傳統中國文化，而是更加偏好於西洋式的中國風，試圖把眼光對上歐美人的東方主義。

更進一步來說，日本人並未將中國菜視為珍貴的族群料理，而是視為與日本料理、西式料理並列的一大料理，追求中國道地正宗美味的同時，也積極熱中地想將其在地化為日常飲食。日本的中國菜上可溯及江戶時代的桌袱、普茶料理，下可論及大正、昭和時期，發展出了自成一格的日本化「中華料理」，其中一部分還流傳到了國外。尤其是源自中國的拉麵，經歷日本的「國民美食」階段，進一步發展成了「世界美食」，更是一個充分表現日本相關人士創意改編能力之高的代表範例。

不過，在了解過帕泰、越南河粉、叻沙、便食、炸醬麵的美味之後，筆者仍想謙虛地讚美日本式拉麵的精湛[4]。同樣地，即使了解了菲律賓有「廈門潤餅」（廈門春捲）、「上海潤餅」、「廣東便食」（廣東麵）；印尼有「上海羅惹」（上海風的花枝沙拉）、「上海冰」（上海式的水果刨冰），筆者還是不免想吹噓一下天津飯這類日本發想出來中國菜的獨特性。

如本書所見，不論願意與否，料理都反映出權力與財富的現實狀況、對民族與國民的看法，甚至是時代精神。當懷有才華和熱情的廚師與開發者、美食家、美食記者，以及餐廳、食品相關企業的經營者、員工，如同喜愛本國、本族料理般喜愛異國、異民族料理，就會在自國與他國的分界上萌生出嶄新可口的飲食文化。當國族菜不是靠著同化與排斥異民族文化的理論而生，而是透過寬容和協調的精神孕育出來的時候，其可能性一定能無限擴大。

二〇二一年三月，本書擱筆的現在，美國國內似是在暗示民眾認為新冠肺炎病毒的流行與亞裔人種有關的大小事件頻發。回顧美國二十世紀史，中國菜的擴展並未直接改變社會對華人的態度，這是個嚴酷的現實。但華人試圖用中國菜適應當地社會的努力，還是在不少地方和時期開花結果，而且中國菜也經常為美中友好的氛圍加溫。筆者真切的期望，在歷經新冠肺炎後的近未來，亞洲的料理能再次成為外國人培養對亞裔民眾包容力的契機。

後記

自一九九一年首次訪問中國之後，須臾間整整三十年就這麼過去了。這段時間裡，筆者一面享受中國高度經濟成長期的低廉物價和菜餚水準的提升，一面大快朵頤地享用便宜又美味的中國菜，過著非常有「口福」的研究生活。中國擁有悠久的歷史、廣大的領土、上億的人口和多元民族，中國菜的豐富和深奧精妙深深吸引著筆者，筆者甚至無法想像人生中少了中國菜會是什麼樣子。

說個題外話，筆者以研究所研究生和訪問研究員等身分，多次前往上海，睡前經常在電視上看到學習華語的節目，播放的是動畫《中華一番！》（小川悅司作）的華語版《中華小當家》。《中華一番！》自一九九五年開始在日本的少年漫畫雜誌上連載，一九九七年改編成動畫，一九九九年開始進入台灣、香港，之後也在中國大陸播出，並且在中國各電視台一再重播。內容以清末的中國為背景，描述的是少年主角四處旅行與人比試做菜，最後成長為「特級廚師」的故事。

中國近年來即使有出色的國產動畫，但卻不太能找得到有趣的料理節目，所以這部動畫才會成為這麼強勢的替代品吧。不過即使如此，以中國菜為題材的日本動畫在中國大受歡迎這件事，還是能作為以日本為首的周邊國家民眾在現代中國菜文化的發展中，發揮了重要作用的實際例子來強調其重要性。

近年，筆者開始執筆撰寫透過中國菜看近現代世界史，所以短暫往來京都、北京、上海、重慶、台北、香港、首爾、仁川、曼谷、河內、胡志明市、馬尼拉、雅加達、新加坡、吉隆坡、馬六甲、檳城、舊金山、倫敦、利物浦、曼徹斯特等大城市，跑遍了當地的中國餐廳、圖書館、文書館、博物館，留下了對筆者而言最美好的回憶，十分感謝在各地陪筆者吃飯的各位人士。

在國外的異文化體驗很愉快，而快樂的外國旅行少不了美食，從中還能學習到世界史，喜悅更是倍增。若本書能夠促成各位讀者享受一趟獨特的飲食之旅，那將會是筆者喜出望外的幸福。這趟吃遍世界各國中國菜的旅行，因為新冠肺炎的肆虐，不得不在二〇二〇年二月取消紐約行之後暫停，不過後來居家工作的時間，正好用來寫作本書。

寫作之間，筆者突然想到如果可以把一國史比喻為專業餐廳的話，那麼世界史的敘述就好比吃到飽自助餐廳或是美食廣場吧！

如果飲食文化的全球化是現在進行式，想必應該就是多國籍企業的連鎖速食、飯店裡的吃到飽自助餐廳、購物商城美食廣場這樣的現象吧！但實際上，這些餐廳的菜色在世界各國也相當富有變化。例如，即使是高級的吃到飽餐廳，本地、本國及周邊國家的菜餚大多會占有較大的比重，或是配合當地的口味，加入大膽的創意改編料理。

在這層意義上，本書可以比喻成由日本人經手打造出來的，以中國菜為核心的吃到飽自助餐廳或是美食廣場，而非一本客觀的世界標準飲食文化史。

此外，如同序章所述，本書雖並不充分嚴謹，但還是期望能兼備一般啟蒙書與學術性研究書的地位。以一般啟蒙書來說，本書的寫作過程讓筆者本身也獲益良多。本書建立在中國－台灣研究、華僑－華人史、東洋史、文化人類學－民俗學等，跨越學術領域的飲食文化研究成果之上。因此非常感謝將充滿魅力的見解借予本書的各位研究學者。

另一方面，以研究書來說，本書盡最大的努力擊退流言貼近事實。但隨著未來資料的數據化或資料庫化，以及學術性飲食文化史研究的更進一步發展後，或能因而刪去本書論述中的「外稱」、「據考」，抑或論述本身會因為新的論點而重新改寫也說不定。這些事情都值得舉雙手歡迎。此外，論中也談到了很多「至於」、「又及」的內容，筆者相信這樣稍微脫離主線的講述更能產生知識的妙趣，相信其中或有能刺激今後學術研究發展之處。

更重要的是我們透過定下「中華料理的世界史」這麼大的題目，也看見了許多先行研究的空白和今後應該推進研究的新課題。首先，本書在中國大陸、台灣族群料理的形成方面，並沒有充分的論述。尤其是與中國民族主義相關的，中華人民共和國的「少數民族」料理與「中國料理」之間的關係，今後也有關注的必要。

例如，有關蒙古國，自十九世紀末開始，烏蘭巴托就有外國菜館出現，源於中國的肉餃子、肉小籠包、肉包子等食物也早已成為日常食品，這些食物歷經了約一世紀的歷史，才被認同為蒙古的食物[1]。而中國內蒙古的蒙古餐廳和觀光區，也形成了應被稱為「內蒙古菜」的內含許多源於中國菜的族群料理。這些地方的個別料理到底哪部分為蒙古菜，哪部分為中國菜，還沒有達成詳盡的共識[2]。

此外，中國新疆的維吾爾族料理，將漢族吃的饅頭當成「饢」的一種接納下來。據說維吾爾食堂的菜單上還看得到其他一些從漢族，或是經由回族流入維吾爾族的料理[3]。如此一來，烏魯木齊、北京、東京的維吾爾料理又會有著怎麼樣的層次變化呢？繼而，近年當局強化了新疆維吾爾族朝向漢族的同化政策，也許維吾爾料理也會增加近似漢族的菜品。其他如中國菜對西藏料理的影響，位於中國菜與朝鮮菜界線上「延邊料理」的形成、傳播過程，也都還未能解明。

再者，本書是以各國飲食文化的角度來談論世界史，所以大多是以中國和世界各國的地方菜為先決條件來研究，很少論及其本身的形成過程。中國各地方菜的形成過程，也是今後重要的研究課題。舉例來說，鄰近緬甸、越南、寮國、泰國，且有許多少數民族定居的雲南省，是如何奠定出「雲南菜」的？又是如何隨著近年突飛猛進的經濟發展和高速鐵、公路網的整建，將雲南菜傳到中國內外的呢？順帶一提，緬甸的中國菜據說是以雲南菜為中心[4]。

進而，根據長居上海的外食業顧問藤岡久士所言，長久以來中國人喜歡選用珍貴食材，以吃也吃不完的海派料理來招待賓客的宴會文化，在二〇一三年發起消滅剩食的「光盤運動」過後，確實產生了一些變化。人們養成減少點菜數、剩菜帶回家的新國民習慣。而今年（二〇二一年）四月公布與實施的《中華人民共和國反食品浪費法》政策，在高度經濟成長告一段落的現今，也因為不但能保住面子，也能減少不必要支出的合理性，且因應了時代的潮流而得到民眾的善意支持。

這種現象雖只是中日戰爭期間或毛澤東執政時代，但從以食品安全保障為主的觀點多次興起的節約糧食運動老調重彈，是否會在不遠的將來又會產生鐘擺效應，回歸消費主義？抑或是中國料理文化不再只是追求美味和健康，更在政府的主導下，肩負起對地球環境的責任，產生劃時代的轉變逐漸往有倫理的料理發展？

這樣的中國菜近現代史是個正在發展途中，還有許多待研究課題的研究領域，筆者本身也有很強烈的未竟之業感。話說回來，中國名菜的菜單中，根脈分明者如鳳毛麟角，即使是日本的中國菜，如第四部等所述，還有不少未開拓的重要課題。

縱觀了「中華料理的世界史」之後，筆者接下來對「日本料理的世界史」、「法國料理的世界史」、「土耳其料理的世界史」等主題會展現出什麼樣不同的世界史風貌充滿了興趣。容筆者再多嘴補充一點，身為研究「跨越中國民族主義傳布的中國菜」的日本籍中國研究學者，筆者也很期待諸如韓國的海苔飯捲、台灣的車輪餅（源於日本大判燒的國民美食）、美國加州捲等「跨越日本民族主義傳布的日本食品」，有一天也能展現出世界史的廣度。

此外，筆者也深切感受到本書雖為單行本，但卻絕非是僅憑一人之力所能獨立完成的著作。首先必須向公益財團法人味之素食之文化中心對筆者〈針對中國菜的民族主義比較文化史研究〉提供的研究資助（二〇一八年度）表示感謝。另外，該中心二〇一八年度食之文化論壇討論的〈「國民料理」的形成〉探討也成為了本書的基礎。筆者在此向舉行論壇熱心奔走的人士，表達深深的謝意。

由於本書以「世界史」這個大範圍來探討中國菜，所以有很多問題都必須向中國、台灣及越南、泰國、韓國、日本等專家討教才能解決疑惑。一再鼎力協助的葛濤、嶋尾稔、陳玉箴，爽快回應筆者無禮提問和請託的宇都宮由佳、大澤由實、川島真、清水政明、丁田隆、周永河、持田洋平、山口元樹、山下一夫、山本英史，以及在泰國協助尋找史料的泰國法政大學多安察伊·羅塔納瓦尼契、尼帕波翁·拉察塔帕塔納昆、帕努綳·契提薩恩，熱心提供重要文獻資料的曾品滄、張展鴻，以及鼓勵筆者寫作本書的森枝卓士等，衷心感謝諸位的關照與協助。

說起來，本書是公益財團法人高橋產業經濟研究財團給予研究資助的《中國菜與近現代日本》（二〇一六～二〇一七年）共同研究計畫的副產物，定位為獲得慶應義塾大學東亞研究所協助而公開之論集《中國菜與近現代日本——飲食與嗜好的文化交流史》（拙編著、慶應義塾大學出版會，二〇一九年）的續篇。從共同研究得到的見解散見於本書，後來共同研究的成員也經常聚首為筆者提供不少協助。

並對論集以過譽的書評、熱烈的書評會激勵筆者的川口幸大、園田茂人、西澤治彥、日野綠、湯澤規子和即將迎來米壽（八十八歲壽辰）勁筆來信的可兒弘明等諸位，致上無盡的感謝。此外，亦對有勞介紹新書的岡崎雄兒、野林厚志、李娜深表謝意。在此也衷心感謝繼前作之後，再次提供富有意趣插圖的銀座亞斯特食品公司和多田麻美等日本的中國餐飲業界諸位的聲援。同樣在此感謝第二刷出版前就已讀完本書，並給予多方犀利批評的村上衛。

本書也反映了接受二〇一八年度與二〇二〇年度慶應義塾學事振興基金的補助，所得出的研究成果。另外，本書也有部分內容是參考慶應義塾大學東洋史概說等的課堂筆記撰寫而成。學生認真聽課回饋犀利的問題並回以出色的答案，是教師無上的榮幸。感謝提供優越研究環境與具工作價值的教育現場的慶應義塾大學、文學系、文學研究科、主修東洋史學的各位同學，讓我們彼此互勉之。另外，這本打破既有書系規格的著作得以出版，得力於慶應義塾大學出版會的精銳編輯村上文，在讀過《中國菜與近現代日本》論集後，熱情提出的邀約，及其強大的工作能力。更多虧尾澤孝萬分認真校對之下挽回了許多錯誤。請原諒我僅能在此以文字聊表謝意。

最後是筆者個人的私心，請容許我在本書的最後，對二〇二〇～二〇二一年多事之秋中依然支持我

國家圖書館出版品預行編目資料

中華料理的世界史：從小籠包、海南雞飯到唐人街雜碎，跨越民族國界的澎湃美食之旅/岩間一弘著．陳嫺若譯．二版．新北市．聯經．2025年5月．644面．15.5×22公分（歷史大講堂）
ISBN　978-957-08-7677-2（平裝）

1.CST：飲食風俗　2.CST：文化史　3.CST：世界史　4.CST：中國

538.782　114004944

歷史大講堂

中華料理的世界史：從小籠包、海南雞飯到唐人街雜碎，跨越民族國界的澎湃美食之旅

2025年5月二版　　定價：新臺幣750元

Printed in Taiwan.

著者　岩間一弘
譯者　陳嫺若
叢書主編　黃淑真
特約編輯　黃美玉
副總編輯　蕭遠芬
內文排版　菩薩蠻
封面插畫　Nana
封面設計　萬勝安

出版者　聯經出版事業股份有限公司
地址　新北市汐止區大同路一段369號1樓
叢書編輯電話　(02)86925588轉5394
台北聯經書房　台北市新生南路三段94號
電話　(02)23620308
郵政劃撥帳戶第0100559-3號
郵撥電話　(02)23620308
印刷者　文聯彩色製版有限公司
總經銷　聯合發行股份有限公司
發行所　新北市新店區寶橋路235巷6弄6號2樓
電話　(02)29178022

編務總監　陳逸華
副總經理　王聰威
總經理　陳芝宇
社長　羅國俊
發行人　林載爵

行政院新聞局出版事業登記證局版臺業字第0130號

本書如有缺頁，破損，倒裝請寄回台北聯經書房更換。　ISBN 978-957-08-7677-2 (平裝)
聯經網址：www.linkingbooks.com.tw
電子信箱：linking@udngroup.com

CHUGOKU RYORI NO SEKAISHI BISHOKU NO NATIONALISM WO KOETE
by Kazuhiro Iwama

主要參考文獻

日文文獻採五十音順，中文文獻採拼音順。若書籍出版地為東京，則不另加標示。線上資料的最後瀏覽日期為：2021年3月17日。

雜誌、新聞、微博上的匿名文章與電視節目，僅列於注釋，不另於書目中呈現。

日文文獻

相沢伸広，2020，「インドネシアの国家建設——分裂の危機と克服の政治史」，田中明彦・川島真編『20世紀の東アジア史　III各国史［2］東南アジア』東京大学出版会，137～173頁。

愛新覚羅浩，1961，『食在宮廷』婦人画報社。

愛新覚羅・溥儀（小野忍他訳），1992，『わが半生』上，ちくま文庫。（愛新覺羅・溥儀「我的前半生』北京，群眾出版社，1964年）。

青山あけみ，1931，「尖端を行く上海の流行衣裳」『婦人画報』308，2月，104～106頁。

秋山徳蔵，2005，「味——天皇の料理番が語る昭和」中公文庫（原著は東西文明社，1955年）。

芥川龍之介，1925，『支那游記』改造社。

朝倉敏夫・林史樹・守屋亞記子，2015，『韓国食文化読本』国立民族学博物館。

味の素沿革史編纂会編，1951，『味の素沿革史』味の素。

亜洲奈みづほ、2004，『「アジアン」の世紀——新世代が創る越境文化』中公新書ラクレ。

荒井利明，1986，「ルポ　食は文化　15フォー（ベトナムうどん）」，『読売新聞』，8月16日朝刊4頁。

蘭信三，2013，「帝国以後の人の移動」，同編『帝国以後の人の移動——ポストコロニアリズムとグローバリズムの交錯点』勉誠出版，4～45頁。

安東鼎，1929，『料理相談』鈴木商店出版部。

安藤百福監修，奥村彪生著，2017，「ラーメンはどこから来たか　麺の歴史」角川ソフィア文庫（原著は，フーディアム・コミュニケーション、1998年）。

家永真幸，2017，「国宝の政治史——「中国」の故宮とパンダ」東京大学出版会。

生田花世，1940，「満洲料理の招宴」『協和』261，3月15日，22～23頁。

池田忍，2002，「「支那服の女」という誘惑——帝国主義とモダニズム」『歴史学研究』765，8月，1～14，37頁。

石毛直道，2006，「麺の文化史』講談社学術文庫。

——， 2013，「世界の食べもの——食の文化地理」講談社学術文庫。

石角春之助，1933，『浅草経済学』文人社。

石橋崇雄，2011，『大清帝国への道』講談社学術文庫。

一記者，1924，「世界的になった支那遊戯「麻雀」」『婦人画報』222，4月1日，144～145頁。

伊藤亜人，2017，「韓国朝鮮におけるナショナル・アイデンティティ」、川田順造編『ナショナル・アイデンティテ

ィを問い直す』山川出版社，237～277頁。

伊東順子，2004，「チャイナタウンのない国——韓国の中華料理店」『言語文化』（明治学院大学）21，3月，132～143頁。

伊藤力・呉屋勇編，1974，『在ペルー邦人75年の歩み』リマ、ペルー新報社。

井上進（紅梅），1920，「上海料理屋評判記」『支那風俗』日本堂，77～143頁。

井上寿一，2016，「増補　アジア主義を問いなおす」ちくま学芸文庫。

イワサキチェ，2018，「プラナカンの食文化とレシピ」「シンガポール」280，9月25日，39～49頁。

岩間一弘，2013，「大衆化するシノワズリ——日本人旅行者の上海イメージと上海の観光都市化」「現代中国」87，9月，17～32頁。

——，2016，「中国料理のモダニティ——民国期の食部・上海における日本人ッーリストの美食体験」、関根謙編『近代中国　その表象と現実——女性・戰争・民俗文化』平凡社；295~313頁。

——，2019a、「「旅行満洲」に見る都市・鉄道・帝国の食文化——「満洲料理」「満洲食」の創成をめぐって」，高媛・田島奈都子・岩間一弘『「旅行満洲」解説・総目次・引』不二出版，67～83頁。

——，2019b、「中国料理はなぜ広まったのか——地方料理の伝播と世界各国の「国民食」」，西澤治彦編『「国民料理」の形成』ドメス出版，109～130頁。

——，2019c，「日本の中国料理はどこから来たのか」、拙編『中国料理と近現代日本一食と嗜好の文化交流史』慶應義塾大学出版会，1～34頁。

——，2019d，京都の中国料理一伝統の創造と料理の帰属」，拙編『中国料理と近現代日本』慶應義塾大学出版会，121～148頁。

岩間一弘編，2019，『中国料理と近現代日本』慶應義塾大学出版会。

殷晴，2015，「「天津飯」の由来」『きんなん』29，6月，103～106頁。

仁川府廳編，1933，『仁川府史』下，仁川府。

ウェイリー=コーエン，ジョアナ（蒲豊彦訳），2009，「完全な調和を求めて——中華帝国の味覚と美食学」、ポール・フリードマン編（南直人・山辺規子監訳）「世界　食事の歴史——先史から現代まで」東洋書林，第3章，98～132頁。(Joanna Waley-Cohen, “The Quest for Perfect Balance: Taste and Gastronomy in Imperial China,” in Paul Freedman (ed.), *Food: the History of Taste*, Berkeley: University of California Press, 2007.)

上田恭輔，1935，「満洲料理の味覚」『日本趣味』1（4），10月，77~79頁。

鵜飼保雄，2010「ダイズ」、鵜飼保雄・大澤良編『品種改良の世界史・作物編』悠書館，179～204頁。

越中哲也，1995，『長崎学・食の文化史』長崎純心大学博物館。

江原絢子・石川尚子・東四柳祥子、2009，『日本食物史』吉川弘文館。

エリス，マークマン／コールトン，リチャード／メージャー，マシュー（越朋彦訳），2019，『紅茶の帝国——世界を征服したアジアの葉』研究社。(Markman Ellis, Richard Coulton,

Matthew Mauger, *Empire of Tea: the Asian Leaf that Conquered the World*, London: Reaktion Books, 2015.)

袁静，2018，『日本人は知らない中国セレブ消費』日経プレミアシリーズ。

袁枚（青木正児訳），1980，『随園食単』岩波文庫（原著は1792年）。

王恩美，2008，『東アジア現代史のなかの韓国華僑——冷戦体制と「祖国」意識』三元社。

太田泰彦，2018，『プラナカン——東南アジアを動かす謎の民』日本経済新聞出版社。

大塚滋，1987，『しょうゆ——世界への旅』東洋経済新報社。

大橋又太郎編，1895，『実用料理法』博文館。

大久昌巳・杉野邦彦，2004，『「竹家食堂」ものがたり』TOKIMEKI パブリッシング。

岡田哲，2002，『ラーメンの誕生』筑摩書房。

小川幸司，2012，『世界史との対話——70時間の歴史批評』下，地歴社。

沖縄そば発展継承の会、2020，「4月9日沖縄そばのルーツ「唐人そばの日」制 定 」4月7日，(http://soba-okinawa.net/hatten-keisho/3451/).

沖縄県立公文書館，n.d.，「あの日の沖縄1978年10月17日「沖縄そばの日」の由 来 」, (https://www.archives.pref.okinawa.jp/news/that_day/4923).

奥野信太郎，1961，「来々軒その他」『中国菜』2号，2月，16～18頁。

奥村彪生、2016，「日本料理とは何か——和食文化の源流と展開」農山漁村文化協会。

尾崎孝宏，2020，「エスニックツーリズムと民族料理——中国内モンゴル自治区中部の事例より」『文化人類学』85（3），12月，505~523頁。

外務省通商局，2007，「在外本邦實業者調」（1937年12月調査，1940年1月刊行），『復刻版 海外日本実業者の調査』7，不二出版，173～335頁。

柿崎一郎，2007，『物語 タイの歴史——微笑みの国の真実』中公新書。

柿崎一郎，2020，「タイにおける国民国家建設——統合と対立」，田中明彦・川島真編『20世紀の東アジア史 III 各国史［2］東南アジア』東京大学出版会，337～389頁。

華僑華人の事典編集委員会編，2017，「華僑華人の事典」丸善出版。

賈蕙萱，2015，「北京の宮廷料理と博物館についての一考察」、国際シンポジウム「世界の食文化研究と博物館」報告書集「社会システム研究」（立命館大学社会システム研究所），7月、157~169頁。

賈思勰（田中静一編訳），1997，「斉民要術——現存する最古の料理」雄山閣（原著は北魏末年に成立）。

勝見洋一，2000，「中国料理の迷宮』講談社現代新書。

株式会社阪急百貨店社史編集委員会編，1976，「株式会社阪急百貨店 25年史」大阪、阪急百貨店。

河合洋尚，2018 →中国語文献へ

——2020，「フードスケープ——「食の景観」をめぐる動向研究」「国立民族学博物館研究報告」45（1），8月，81～114頁。

川北稔，1996，「砂糖の世界史」岩波ジュニア新書。

川島真，2007，「広東政府論——初期外

交からの検討」，松浦正孝編「昭和・アジア主義の実像一帝国日本と台湾・「南洋」・「南支那」」京都，ミネルヴァ書房，22～53頁。
——，1995，_「「支那」「支那国」「支那共和国」——日本外務省の対中呼称政策」『中国研究月報』49（9）（通571），9月号，1～15頁。
川島真・張力・王文隆（川島真訳），2020，「中国の国家建設のプロセス」，田中明彦・川島真編「20世紀の東アジア史　II各国史［1］東北アジア」東京大学出版会，59～110頁。
川端基夫，2016，「外食国際化のダイナミズム——新しい「越境のかたち」』新評論。
姜尚美，2012，「京都の中華』大阪，京阪神エルマガジン社。
関東軍經理部，1927，「大正十五年十二月滿洲諸部隊調理講習B課実施表」「糧友」2（5），5月，69～71頁。
韓邦慶（太田辰夫訳），1969，『海上花列伝』平凡社（原著は1894年）。
菊池一隆，2011，「戦争と華僑——日本・国民政府公館・傀儡政権・華僑間の政治力学」汲古書院。
北村由美，2014，「インドネシア　創られゆく華人文化——民主化以降の表象をめぐって」明石書店。
貴堂嘉之，2018，「移民国家アメリカの歴史」岩波新書。
木下謙次郎，1925，『美味求真』啓成社。
木畑洋一，2012，「帝国と帝国主義」、木畑洋一・南塚信吾・加納格編「シリーズ「21世紀歴史学の創造」第4巻　帝国と帝国主義」有志舎，1～54頁。
木村春子，1988，「中国本土の食文化——地方別による料理系統とその特色」、中山時子編『中国食文化事典』角川書店，156～160頁。
——，1995a，「日本の中国料理小史　戦後の歩みのワンシーン①　新橋田村町の時代」『月刊専門料理』30（1），1月，116～119頁。
——，1995b，「日本の中国料理小史　戦後の歩みのワンシーン② 咲き誇る大輪の花「留園」」『月刊専門料理』30（2），2月，138～141頁。
——，1995c，「日本の中国料理小史　戦後の歩みのワンシーン⑤　四川料理と陳建民」『月刊専門料理』30（5），5月，118～121頁。
——，1995d，「日本の中国料理小史　戦後の歩みのワンシーン⑩ 特殊素材の普及を巡る二人」『月刊専門料理」30（10）、10月，118～122頁。
——，1995e，「日本の中国料理小史　戦後の歩みのワンシーン 12　香港料理の変遷」「月刊専門料理』30（12），12月，149～152頁。
——，2005，「火の料理　水の料理——食に見る日本と中国」農山漁村文化協会。
木山英雄，2004，「周作人「対日協力」の顛末——補注『北京苦住庵記』ならびに後日編」岩波書店。
邱永漢，1996，「食は広州に在り」中公文庫（本書の初版は竜星閣［熱海］より1959年）。
許淑真，1990a、「日本における労働移民禁止法の成立」，布日潮渢博士記念論集刊行会編集委員会「東アジアの法と社会」汲古書院，553～580頁。
——，1990b，「労働移民禁止法の施行をめぐって——大正13年の事例を中心

に」『社会学雑誌』（神戸大学）7，102～119頁。

銀座アスター食品株式会社創業80周年記念プロジェクト編，2007，『銀座口福——銀座アスター　饗宴への招待』文藝春秋。

クォン，ピーター（芳賀健一・矢野裕子訳），1990，「チャイナタウン・イン・ニューヨーク——現代アメリカと移民コミュニティ」筑摩書房。（Peter Kwong, *The New Chinatown*, New York: Hill and Wang, 1987.）

草野美保，2013，「国民食になった餃子——受容と発展をめぐって」，熊倉功夫『日本の食の近未来』京都。思文閣出版，164–205頁。

クシュナー，バラク（幾島幸子訳），2018，「ラーメンの歴史学——ホットな国民食からクールな世界食へ」明石書店。(Barak Kushner, *Slurp!: A Social and Culinary History of Ramen: Japan's Favorite Noodle Soup*, Leiden: Global Oriental, 2012.)

工藤信一良，1943，「問ゆる英国」成徳書院。

熊谷瑞恵，2011，「食と住空間にみるウイグル族の文化——中国新疆に息づく暮らしの場」京都、昭和堂。

栗原浩英，2020，「ベトナムにおける国家建設」，田中明彦・川島真編『20世紀の東アジア史　III各国史［2］東南アジア」東京大学出版会，177～220頁。

桂小蘭，2005，『古代中国の犬文化——食用と祭祀を中心に』大阪大学出版会。

黃遵憲（実藤恵秀・豊田穰訳），1968，「日本雑事詩」平凡社東洋文庫（原書は1877年序）。

鴻山俊雄，1983，『海外の中華街——香港・盤谷・新嘉波・マニラ・米・英・伊・仏への旅』華僑問題研究所。

越川純吉，1982，「アメリカにおける中国人の法律上の地位」『中京法学』17（1）（通52），7月，56~76頁。

呉自牧（梅原郁訳注），2000，『夢粱録——南宋臨安繁昌記」3，平凡社東洋文庫（原著は1334年序）。

小菅桂子，1998，「にっぽんラーメン物語」講談社プラスアルファ文庫（原著は，駸々堂出版，1987年）199頁。

国家戰略室，政策「ENJOY JAPANESE KOKUSHU（國酒を楽しもう）」プロジェクト (http://www.cas.go.jp/jp/seisaku/npu/policy04/archive12.html).

後藤朝太郎，1922，「支那料理の前に」東京，大阪屋号書店。

——，1929，「支那料理通」四大書院。

コリンガム，リジー（東郷えりか訳），2006，「インドカレー伝』河出書房。(Lizzie Collingham, *Curry: A Biography*, London: Chatto & Windus, 2005.)

胡令遠・王盈，2012，「周作人の日本研究における江南文化の意義」，『江南文化と日本——資料・人的交流の再発掘』京都、国際日本文化研究センター。

近藤浩一路，1928，「異国膝栗毛」現代ユウモア全集刊行会。

嵯峨隆，2020，「アジア主義全史」筑摩選書。

砂井紫里，2009，「食から見るアジア——マレーシア：東西をつなぐイスラームと「味」の交差点」「ワセダアジアレビュー」6，8月，58~61頁。

櫻田涼子，2016，「「故郷の味」を構築

する——マレー半島におけるハイブリッドな飲食文化」，川口幸大・稲澤努編『僑郷——華僑のふるさとをめぐる表象と実像』大津，行路社，173～192頁。
佐々木道雄，2009，「キムチの文化史——朝鮮半島のキムチ・日本のキムチ」福村出版。
——，2011，「焼肉の誕生」雄山閣。
佐藤三郎，1975，「日本人が中国を「支那」と呼んだことについての考察——近代日中交渉史上の一齣として」「山形大学紀要』8（2），2月，39～79頁。
佐藤尚爾，1977，「華麗なる台湾・女旅女性のための台湾ツアー見聞記」「レジャーアサヒ」8（3）（通38），6月，85～92頁。
サバン，フランソワーズ，2005，「フランスにおける中華料理の諸形態とその改変」『アジア遊学』77，7月，140～150頁。
サメの街気仙沼構想推進協議会，2016，「気仙沼とサメの歴史」（http://same-machi.com/history/)
サリバン，グレン，2019，「海を渡ったスキヤキ——アメリカを虜にした和食」中央公論新社。
サンド，ジョルダン（天内大樹訳），2015，「帝国日本の生活空間』岩波書店。（Jordan Sand, *House and Home in Modern Japan: Architecture, Domestic Space and Bourgeois Culture, 1880-1930*, Cambridge, Mass.: Harvard University Asia Center, 2003.)
塩崎省吾，2021，『焼きそばの歴史　下炒麵編』塩崎省吾発行，Kindle版。
獅子文六，1937，『達磨町七番地』白水社。
斯波義信，1995，「華僑』岩波新書。
清水展，2017，「ナショナリティとグローバル・ネットワーク——ホセ・リサールの素描をとおして」、川田順造編「ナショナル・アイデンティティを問い直す」山川出版社，303～335頁。
謝肇淛（岩城秀夫訳注），1996，「五雜組』1，平凡社東洋文庫。
——，1997，「五雜組」2，平凡社。
周永河，2015，「食品模型は博物館の所蔵品になりうるか？」「社会システム研究』（立命館大学）特集号，7月，141～142頁。
——（丁田隆訳），2019，「チャジャン麺ロード—— 20世紀東北アジア，チャジャン麺流浪の旅」、岩間一弘編「中国料理と近現代日本】慶應義塾大学出版会，205～223頁。
白本正光編，1933，『大東京うまいもの食べある記』丸ノ内出版社。
白石源吉，1939，『南洋印度等に於ける支那人の排日貨に関する報告』通信調査会。
尽波満洲男，n.d.，「現場主義のジンパ学」(http://www2s.biglobe.ne.jp/-kotoni/index.html).
末廣昭，1993，「タイ　開発と民主主義」岩波新書。
スキナー，ウィリアム（山本一訳），1981，「東南アジアの華僑社会——タイにおける進出・適応の歴史」東洋書　店。（William Skinner, *Chinese Society in Thailand*, Ithaca: Cormell University Press, 1957.)
鈴木明，1982、「ある日本男児とアメリカ——東善作，明治二十六年生れの挑戦」中公新書。

鈴木絢女，2020，「マレーシアの国家建設——エリートの生成と再生産」，田中明彦・川島真編「20世紀の東アジア史　III各国史［2］東南アジア」東京大学出版会，281～333頁。

鈴木静夫，1997，「物語　フィリピンの歴史——「盗まれた楽園」と抵抗の500年」中公新書。

盛毓度，1978，「新・漢民族から大和民族へ——春風吹イテ又生ズ」東洋経済新報社。

関智英，2019，「対日協力者の戦後——日本亡命者盛毓度と留園」，高綱博文・木田隆文・堀井弘一郎編「アジア遊学236上海の戦後——人びとの模索・越境・記憶」勉誠出版，7月，9~22頁。

芹澤知広，2005，「ベトナム華人の離散とベトナム料理の普及」「アジア遊学」77，7月，80～92頁。

芹耀知弘・志賀市子編，2008，「日本人の中国民具収集——歴史的背景と今日的意義」風響社。

曽品滄（鈴木哲造訳），2011，「日本人の食生活と「シナ料亭」の構造的変化」，老川慶喜編「植民地台湾の経済と社会」日本経済評論社，213～231頁。

園田節子，2006，「北アメリカの華僑・華人研究——アジア系の歴史の創出とその模索」「東南アジア研究』43（4），3月，419～436頁。

——，2009，「南北アメリカ華民と近代中国——19世紀トランスナショナル・マイグレーション」東京大学出版会。

——，2019，「近現代の華人の移動にみる制度・国家・越境性」，永原陽子編「人々がつなぐ世界史」京都，ミネルヴァ房，205～231頁。

ソルト，ジョージ（野下祥子訳），2015，「ラーメンの語られざる歴史」国書刊行会。(George Solt, *The Untold History of Ramen: How Political Crisis in Japan Spawned a Global Food Craze*, Berkeley: University of California Press, 2014.)

大日本印刷株式会社CDC 事業部編，1993，「食の魔術師 周富徳」フーディアム・コミュニケーション。

大丸弘，1988，「両大戦間における日本人の中国服観」「風俗」27（3），9月，58～83頁。

高木佑輔，2020，「フィリピンの政治課題と国家建設」，田中明彦・川島真編「20世紀の東アジア史　III各国史［2］東南アジア」東京大学出版会，35～78頁。

高口康太，2021，「複雑化する中韓「キムチ論争」インフルエンサーの台頭が一因か」，NEWSポストセブン，1月24日。(https://www.news-postseven.com/archives/20210124_1630156.html?DETAIL)

高橋登志子，1964，「特集 満漢全席 第一回満漢全席の旅」「中国菜」7，3月，14～16頁。

竹貫友佳子，2017，「黄檗宗の伝来と普茶料理」，上田純一編「京料理の文化史」京都、思文閣出版，197～222頁。

田中静一，1987，「一衣帯水——中国料理伝来史』柴田書店。

田中信彦，2011，「強まるフカヒレ包囲網禁止か保護かで大論争」「週刊東洋経済」6367，12月31日，202~203頁。

田中則雄，1999，「醤油から世界を見

る——野田を中心とした東葛飾地方の対外関係史と醬油』流山（千葉），崙書房出版。

谷崎潤一郎，1926，「上海交遊記」『女性』9（5），5月，144～159頁。

——，1957，『幼少時代』文藝春秋新社。

玉田芳史，1996，「タイのナショナリズムと国民形成——戦前期ピブーン政権を手がかりとして」「東南アジア研究」34（1），6月，127 ~150頁。

田村慶子，2020，「シンガポールの国家建設——「脆弱な都市国家」の権威主義体制の成立と継続」，田中明彦・川島真編「20世紀の東アジア史　III 各国史［2］東南アジア」東京大学出版会，81～133頁。

タン・チーベン（陳志明），1994，「華人社会の文化変容・同化・統合」、サイド・フシン・アリ編（小野沢純・吉田典巧訳）『マレーシア——多民族社会の構造』勁草書房，1994年，第8章，181～223頁。

譚璐美，2004，『中華料理四千年』文春新書。

チフィエルトカ，カタジーナ，安原美帆，2016，「秘められた和食史」新泉社。

中央飯店編，1938，「北京料理・西洋料理献立表」新京中央飯店。

中国研究所編，2018，「中国年鑑2018』明石書店。

張競，1997，「中華料理の文化史』筑摩書房。

張展鴻，2005，「返還後の香港広東料理」「アジア遊学」77，7月、34～44頁。

釣魚台国賓館編，1995，「釣魚台国賓館美食集錦」第1巻，主婦と生活社。

陳建民，1988，「さすらいの麻婆豆腐」平凡社。

陳優継，2009，「ちゃんぽんと長崎華僑——美味しい日中文化交流史」長崎新聞社。

陳來幸，2019，「日本の華僑社会におけるいくつかの中国料理定着の流れ——神戸・大阪を中心として」，岩間一弘編「中国料理と近現代日本——食と嗜好の文化交流史」慶應義塾大学出版会，101～119頁。

月出皓，1903，『台湾館』台北，台湾協贊会。

——，1907，『台湾館』東京，東山書屋。

角山栄，1980，「茶の世界史——緑茶の文化と紅茶の社会」中公新書。

デホーヤ，シー，1924，「面白い室内遊戯麻雀牌の遊び方」「婦人画報」218，1月1日、46～49頁。

デュボワ、クリスティン（和田佐規子訳），2019，「大豆と人間の歴史——満州帝国・マーガリン・熱帯雨林破壊から遺伝子組み換えまで』築地書館。(Christine M. Du Bois, *The Story of Soy*, London: Reaktion Books, 2018.)

董竹君（加藤優子訳），2000，「大河奔流——革命と戦争と。一世紀の生涯」上・下，講談社。（董竹君「我的一个人生』北京，三聯書店，1997年）。

陶野文明，2007，「「国宴」を彩った江南の味を58年後のいまに伝える　北京・无名居 国宴菜」「DECIDE』25（6）（通279），8月，37～49頁。

飛山百合子，1997，「香港の食いしん坊」白水社。

——，1994，「地球の歩き方　旅のグルメ香港』ダイヤモンド社。

外村大，2003，「戦前期日本における朝鮮料理業の展開」味の素食の文化セ

ンター第13回食文化研究助成成果報告書。
留井重平，1957，「中華料理店偕楽園主からライファン工業を築いた笹沼源之助氏の半生」「実業之日本』60（18）（通1419），9月15日，95-97頁。
友田晶子，2012，「酔っ払いでもわかる「國酒」「國酒プロジェクト」」，12月4日，(https://allabout.co.jp/gm/gc/4035341).
トン，クオク・フン（朱国興）（新江利彦訳），2018，「17～19世紀の会安商港における華人と明郷人」「ベトナムの社会と文化』8，2月，234～244頁。
ナイ，ジョセフ・S（山岡洋一訳）。2004，「ソフト・パワー——21世紀国際政治を制する見えざる力」日本経済新聞社。(Joseph S. Nye, Jr., *Soft Power: The Means to Success in World Politics*, New York: Public Affairs, 2004.)
中島楽章，2011，「14-16世紀，東アジア貿易秩序の変容と再編」「社会経済史学」76(4)，2月，3～26頁。
中林広一，2021，「失われた麻婆豆腐を求めて」「神奈川大学アジア・レビュー」8，3月，4～21頁。
中山時子監修，木村春子他編，1988，「中国食文化事典」角川書店。
中町泰子，2009，「日系チャプスイレストランにおけるフォーチュンクッキーの受容」「（神奈川大学日本常民文化研究所非文字資料研究センター年報）非文字資料研究」5，3月，173~186頁。
中村喬編訳，1995，『中国の食譜』平凡社東洋文庫。
——，2000，『宋代の料理と食品』朋友書店。
中屋倍彦，2014，「中国回族ビジネスにおける宗教と政治——蘭州拉麺、チベット・ビジネス、イスラーム金融」、Economic Research Center Discussion Paper, E14-5, 2014-03（名古屋大学大学院経済学研究科附属国際経済政策研究センター).
成澤玲川，1918，『米国物語』泰山房版。
西澤治彦編，2019a，「「国民料理」の形成」ドメス出版。
西澤治彦，2019b，「「中国料理」はいつ生まれたのか——「申報」に見える料理の語彙の分析を通して」，岩間一弘編「中国料理と近現代日本」慶應義塾大学出版会，285～304頁。
西谷大，2001，「食は異なもの味なもの——食から覗いた中国と日本」財団法人歴史民俗博物館振興会。
農林水産省，2011，「日本食文化の世界無形遺産登録に向けた検討会」第4回会合議事録，11月4日，(http://www.maff.go.jp/j/study/syoku_vision/kentoukai.html), 7～9頁。
野上弥生子，2001（1942-43），「欧米の旅」中，岩波文庫。
野村貞吉，1942，「馬來夜話』宝雲舎。
波多野須美，2004，「中国、香港、好好食！一本物の味をもとめて」KKベストセラーズ。
早川貴正，2018，「天津飯の謎』名古屋，ブイシーソリューション，85～104頁。
林兼正，2010，「なぜ，横浜中華街に人が集まるのか』祥伝社新書。
林廣茂，2004，「幻の三中井百貨店——朝鮮を席巻した近江商人・百貨店王の興亡』晩聲社。
林史樹，2005a，「外来食の「現地化」過

程——韓国における中華料理」「アジア遊学」77，（特集　世界の中華料理），7月，56~69頁。
——，2005b，「海外移民にともなう「韓国式中華料理」のグローバル化」「アジア遊学」77，（特集　世界の中華料理），7月，168～175頁。
——，2011，「チャンポンにみる文化の「国籍」——料理の越境と定着過程」「日本研究」30，2月，47～67頁。
——，2019，「朝鮮半島における「中国料理」の段階的受容——分断後の韓国までを視野に」，岩間一弘編「中国料理と近現代日本——食と嗜好の文化交流史」慶應義塾大学出版会，225～241頁。
——，2020，「戦前・戦後期の日韓にみられた粉食中華の普及過程——「食の段階的定着」の差に着目して」，植野弘子・上水流久彦編「帝国日本における越境・断絶・残像——モノの移動」風響社，215～252頁。
パール，シリル（山田侑平・青木玲訳），2013，「北京のモリソン——激動の近代中国を駆け抜けたジャーナリスト」白水社。(Cyril Pearl, *Morrison of Peking*, Sydney: Angus and Robertson, 1981.)
伴野德子，1940，『倫敦の家』羽田書店。
パン，リン編（游仲勳監訳），2012，「世界華人エンサイクロペディア」明石書店。(Lynn Pan (ed.), *The Encyclopedia of the Chinese Overseas*, Richmond: Curzon, 1998.)
東田雅博，2015，「シノワズリーか。ジャポニスムか——西洋世界に与えた衝擊」中公叢書。
東四柳祥子・江原絢子，2006，「近代料理書に見る家庭向け中国料理の形成とその受容の特質」「日本食生活文化調查研究報告集」23，11月，1～61頁。
——，2019，「料理書と近代日本の食文化」同成社。
樋口龍峽，1922，「新世界の印象』国民書院。
日野みどり，2001，「名菜は名店より——広州酒家の60年」「アジア遊学」24，2月，113～127頁。
平山蘆江，1933，「兵糧餅其他」『糧友』8（1），1月，98～99頁。
廣部泉、2017，「人種戦争という寓話——黄禍論とアジア主義」名古屋大学出版会。
——，2020，「黄禍論——百年の系譜」講談社選書メチエ。
福島香織，2005，「東江釀豆腐——孫文、バイタリティーの源」，産経新聞外信部編「食の政治学」産経新聞出版，24～25頁。
藤森照信・初田享・藤岡洋保編，1991，「失われた帝都　東京——大正・昭和の街と住い』柏書房。
藤原利一郎，1986，「明郷の意義及び明郷社の起源」，同著「東南アジア史の研究』法藏館，257～273頁。
古田元夫，2017，「ナショナル・アイデンティティと地域——現代ベトナムにとっての東南アジアと東アジア」。川田順造編「ナショナル・アイデンティティを問い直す」山川出版社，280～302頁。
文藝春秋企画出版部編，2002，「銀座アスター物語」銀座アスター食品株式会社（非売品）。
ペリー，M・C著，ホークス，F・L編，

宮崎壽子訳，2014（2009），「ペリー提督日本遠征記」上・下，角川ソフィア文庫。(Matthew Calbraith Perry, *Narrative of the Expedition of an American Squadron to the China Seas and Japan*, Washington: A. O. P. Nicholson, printer, 1856.)

細川周平、2012，「戦時下の中国趣味の流行歌」，山田奨治・郭南燕編「江南文化と日本——資料・人的交流の再発掘』京都，国際日本文化研究センター，279～287頁。

保利玉子，2009，「横浜の名物、博雅のシウマイ」、伊勢佐木町1・2丁目地区商店街振興組合「イセザキ歴史書をつくる会」編「OLD but NEW——イセザキの未来につなぐ散歩道」横浜，神奈川新聞，72頁。

本誌記者，1934，「三越　丁子屋　三中井食堂合戦記」『朝鮮及満洲』317，4月1日，86～88頁。

牧野義雄，1943，『英国人の今昔』那珂書店。

増田与，1971，『インドネシア現代史』中央公論社。

又吉龍吾，2019，「LA発「パンダエクスプレス」は日本に根付くか」，東洋経済オンライン、4月13日，(https://toyokeizai.net/articles/-/276155).

松浦正孝，2006，「一国史・二国間関係史からアジア広域史へ」「国際政治』146，11月，1～20頁。

——，2010，「「大東亜戦争」はなぜ起きたのか——汎アジア主義の政治経済史」名古屋大学出版会。

松崎天民，1932，「三都喰べある記」誠文堂。

松崎隆司，2020，「ロッテを創った男重光武雄論」ダイヤモンド社。

松田利彦， 2017，「1927年，植民地朝鮮における華僑排斥事件」「韓国朝鮮文化研究』16，3月，1～23頁。

松本佐保，2013，「白人優位主義へのアジア主義の対応——アジア主義の人種的連帯の試みと失敗」，松浦正孝編「アジア主義は何を語るのか——記憶・権力・価値」京都，ミネルヴァ書房，212～239頁。

松本睦子，2013，「北京料理と宮廷料理について」『東京家政大学博物館紀要」18，2月，57~69頁。

麻婆豆腐研究会編，2005，「麻婆豆腐大全』講談社。

丸山信編，1995，「人物書誌大系30　福澤諭吉門下」日外アソシエーツ。

宮尾しげを，1961，「中華料理の想い出」「中国菜」3，7月、46～49頁。

ミンツ，シドニー・W（川北稔・和田光弘訳），1988，「甘さと権力——砂糖が語る近代史」平凡社。(Sidney W.Mintz, *Sweetness and Power: the Place of Sugar in Modern History*, New York: Penguin Books, 1985.)

村岡實，1989，「慶応3（1867）年の仏蘭西料理——15代将軍・徳川慶喜，大坂城に四国公使招聘の背景と謁見当日のプロトコール，将軍主催晩餐会のメニューを探る。」「風俗」28（3），9月、11~32頁。

村田雄二郎，2009，「中華民族論の系譜」，飯島渉・久保亨・村田雄二郎編「シリーズ20世紀中国史1　中華世界と近代」東京大学出版会，207～229頁。

村山三敏，1975，「天の時，地の利，人の和を手中に収めた哲人経営者——

盛毓度」1～4，「月刊食堂」15（5-8）（通172-175），5～8月，245~249，166～170,143～147，168～172頁。
孟元老（入矢義高，梅原郁訳注），1983，「東京夢華録——宋代の都市と生活」岩波書店（原著は1147年序）。
持田洋平，2019，「シンガポール華人社会におけるナショナリズムの形成過程1896～1909年」慶應義塾大学大学院文学研究科博士学位論文，9月。
森川真規雄，2002，「逍遥する味覚——香港広東料理の「美味」をめぐって」，吉原和男・鈴木正崇編「拡大する中国世界と文化創造——アジア太平洋の底流」弘文堂，190～209頁。
——，2005，「カナダの香港広東料理——堕落それとも進化？」「アジア遊学」77，7月，110~118頁。
森枝卓士，1998，「アジア菜食紀行」講談社現代新書。
守屋亜記子，2012，「韓国初の近代的料理書「朝鮮料理製法』」「vesta（ヴェスタ）」87，7月，32～33頁。
安井三吉，1989，「講演「大亞細亞問題の成立とその構造」，陳徳仁・安井三吉編「孫文講演「大アジア主義」資料集」法律文化社，1~39頁。
柳田利夫，2005，「ペルーにおける日系社会の形成と中国人移民」「アジア遊学」76，6月，121～135頁。
——，2017，「ペルーの和食——やわらかな多文化主義」慶應義塾大学出版会。
山内智恵美，2020，『現代中国服飾とイデオロギー——翻弄された120年』白帝社。
山田均，2003、『世界の食文化5　タイ』農山漁村文化協会。
山田政平，1936「滿洲料理」「料理の友」24（12），12月，104～108頁。
山田慎也，2016，「近代におけるおせち料理の形成と婦人雑誌——「婦人之友」・「婦人画報」・「主婦の友」を中心に」「国立歴史民俗博物館研究報告」197，2月，295~319頁。
山下清海，2000，「チャイナタウン——世界に広がる華人ネットワーク」丸善。
——，2007，「ブラジル・サンパウロ——東洋街の変容と中国新移民の増加」『華僑華人研究』4，11月，81～98頁。
——，2016，『新・中華街——世界各地で＜華人社会＞は変貌する』講談社選書メチエ。
——，2019，『世界のチャイナタウンの形成と変容——フィールドワークから華人社会を探究する』明石書店。
山下清海・尹秀一，2008，「仁川中華街の再開発——韓国華人社会の変容」『日本地理学会発表要旨集』2008年度日本地理学会春季学術大会，セッションID806，157頁，7月19日公開。
山本英史，2019，「北京老字号飲食店の興亡——全聚徳を例にして」，岩間一弘編「中国料理と近現代日本——食と嗜好の文化交流史」慶應義塾大学出版会，339～355頁。
山本須美子，2002，「文化境界とアイテンティティ——ロンドンの中国系第二世代』九州大学出版会。
——，2005，「イギリスにおける中国系移民のエスニシティ——第一世代・第二世代における人間関係構築の比較から」「東洋大学社会学部紀要」42

(2)，2月，81～99頁。

山本有造，2003，「「帝国」とはなにか」，同編「帝国の研究——原理・類型・関係」名古屋大学出版会，3~30頁。

山脇千賀子，1996，「文化の混血とエスニシティ——ペルーにおける中華料理に関する一考察」『年報社会学論集』9，6月、47～58頁。

——，1999，「「チーノ」の創造——ペルーにおける中国系・日系住民の生活技法をめぐる歴史社会学的考察」「社会学ジャーナル」24，3月，63～77頁。

——，2005，「料理にみるアジアとラテンアメリカのコラボレーション——クリオーリョ料理・チーファ・ニッケイ料理」『アジア遊学』7，6月，151～162 頁。

ユハイサンサン，田中伸彦，2017，「四川省のインバウンド観光の現状と四川料理の役割に関する考察」『レジャー・レクリエーション研究』83，12月，100~103頁。

横田文良，2009，『中国の食文化研究　天津編』大阪，辻学園調理・製菓専門学校。

吉澤誠一郎，2003，『愛国主義の創成——ナショナリズムから近代中国をみる』岩波書店。

吉田誠一，1928，『美味しく経済的な支那料理の拵え方』博文館。

ヨトヴァ，マリア，2012，『ヨーグルトとブルガリア——生成された言説とその展開』大阪、東方出版。

李盈慧（光田剛訳），2007，「汪精衛政権と重慶国民党によるタイ華僑組織争奪戦」，松浦正孝編「昭和・アジア主義の実像——帝国日本と台湾・「南洋」・「南支那」」京都，ミネルヴァ書房，205～233頁。

李盛雨（鄭大聲・佐々木直子訳），1999，「韓国料理文化史」平凡社。

李正熙，2020，「近代朝鮮における清国専管租界と朝鮮華僑」，大里浩秋・内田青蔵・孫安石編「東アジアにおける租界研究——その成立と展開」東方書店，353～383頁。

李培德（湯川真樹江訳），2019，「1920-30年代における上海の調味料製造業と市場競争——中国の味精と日本の味の素に着目して」，岩間一弘編「中国料理と近現代日本」慶應義塾大学出版会，305~322頁。

劉岸偉，2011，「周作人伝——ある知日派文人の精神史」京都，ミネルヴァ書房。

劉正愛，2006，「民族生成の歴史人類学——満洲・旗人・満族」風響社。

劉玲芳，2020，「近代日本と中国の装いの交流史——身装文化の相互認識から相互摂取まで」大阪大学出版会。

ローダン，レイチェル（ラッセル秀子訳），2016，「料理と帝国」みすず書房。（Rachel Laudan, Cuisine and Empire: Cooking in World History, Berkeley: University of California Press, 2013.）

若林正丈，1984，「1923年東宮台湾行啓の＜状況的脈略＞——天皇制の儀式戦略と日本植民地主義・その一」『教養学科紀要」16，23～37頁。

渡辺たをり，1985，「花は桜　魚は鯛——谷崎潤一郎の食と美』ノラブックス。

渡辺靖，2011，「文化と外交——パブリ

ック・ディプロマシーの時代」中公新書。
——，2015，「<文化>を捉え直す——カルチュラル・セキュリティの発想』岩波新書。
和田博文他，2009，『言語都市・ロンドン——1861-1945』藤原書店。
ワトソン，ジェームズ・L（瀬川昌久訳），1995，「移民と宗族——香港とロンドンの文氏一族』京都，阿吽社。（James L. Watson, *Emigration and the Chinese Lineage : the Mans in Hong Kong and London*, Berkeley: University of California Press, 1975.）
ワン，エドワード（仙名紀訳），2016，『箸はすごい』柏書房。（Q. Edward Wang, *Chopsticks: A Cultural and Culinary History*, Cambridge University Press, 2015.）

中文文獻

包公毅（天笑）（孫慧敏・林美莉校注），2018，『釧影樓日記，1948-1949』台北，中央研究院近代史研究所。
北京民族飯店菜譜編寫組編，1982，『北京民族飯店菜譜・山東菜』北京，中國旅遊出版社。
——，1983，『北京民族飯店菜譜・川蘇菜』北京，中央旅遊出版社。
邊東子，2009，『北京飯店傳奇』北京，當代中国出版社。
陳思絡，1998，「范正明談本幫菜」『文匯報』2月28日6頁。
陳文華，1991，「豆腐起源於何時」『農業考古』21，4月，245~248頁。
陳耀良，1986，「"滿漢全席" 首次在滬應市」『新民晚報』4月2日4頁。
陳玉箴，2008，「食物消費中的國家體現：日治與戰後初期的「台灣菜」」，「台灣史青年學者國際研討會」會議論文，國立政治大學台灣史研究所，東京大學大學院總合文化研究科，一橋大學大學院語言社會研究科，於台北・世新會館，3月。
——，2020，『「台灣菜」的文化史：食物消費中的國家體現』台北，聯經出版。
陳元朋，2020，「梅花餐：近代台灣筵席改單運動的興衰及其所涉及的「社交危機」與「道德焦慮」」『中國飲食文化』16（1），4月，179～206頁。
陳正卿，1998，『味精大王　吳蘊初』鄭州，河南人民出版社。
陳植漢編，2014，『老港滋味』香港，中華廚藝學院。
程汝明口述，閻長貴・李宇鋒整理，2014，「專職廚師程汝明談江青（上）（下）」，『湘潮』2014年1期，1月，49～55頁，2014年2期，2月，50~55頁。
程小敏，2014a，「中餐申遺是否要"高大上"？（上）」『中國食品報』10月7日2頁。
——，2014b，「中餐申遺是否要"高大上"？（中）」『中國食品報』10月14日2頁。
——，2014c，「中餐申遺是否要"高大上"？（下）」『中國食品報』10月21日2頁。
程玉祥，2015，「倒戈與統一：閩系海軍研究（1926 ~1935）」『民國歷史與文化研究』32，新北，花木蘭文化出版社。
戴菁菁，1999，「北京飯店推出"開國第一宴"」『文匯報』6月1日11頁。
第二商業部飲食業管理局編，1958a，『中

國名菜譜』第一輯．北京特殊風味，北京，輕工業出版社。
——，1958b，『中國名菜譜』第三輯．北京名菜名點之二，北京，輕工業出版社。中山時子訳『中国名菜谱』北．南．東．西方編，柴田書店，1972～73年。
獨鶴（嚴獨鶴），1923，「滬上酒食肆之比較（續）」『紅雜誌』34，19～30頁。
芳洲，1988，「國宴改革之後」『新民晚報』1月19日1頁。
馮大彪，2007，『北京前事今生』上海，三聯書店。
馮學鋒．陳正平，1989，「保護“國賓酒”的聲譽」『文匯報』1月22日2頁。
傅培梅，2017，『五味八珍的歲月』台北，四塊玉文創出版（初版台北，橘子出版，2000年）。
傅崇矩，1987，『成都通覽』下，成都，巴蜀書社（原書，成都通俗報社，1909年）。
顧奎琴，2003，『毛澤東：保健飲食生活』廣州，廣東人民出版社。
國家名廚編委會編，2012，『國家名廚』北京，中國商業出版社。
郭成倉，2014，「細說國宴50年」『餐飲世界』2014年1期，1月，50～53頁。
郭文鈉，2009，「滿漢全席與清末民初滿漢關係的變遷」北京師範大學修士學位論文。
郭忠豪，2020，「傳說與滋味：追尋台灣「三杯雞」菜餚之演進」『中國飲食文化』16（1），4月，9～53頁。
郭仲義，1959，「訪四大名廚」『北京晚報』10月20日2頁。
何方，2011，「周恩來張聞天外交風格異同」『炎黃春秋』2011年5期，5月，14～15頁。
何鳳嬌．林秋敏訪問（詹家綺記錄整理），2011，「楊月琴女士口述訪談紀錄」『國史館館訊』6，6月，96~105頁。
河合洋尚，2018，「廣州西關的飲食景觀建構與飲食實踐」，河合洋尚．劉征宇編「社會主義制度下的中國飲食文化與日常生活」「國立民族博物館調查報告』144，2月，151～166頁。
胡克廷，1998，「麻辣不就是川菜」『文匯報』9月12日6頁。
華僑經濟年鑑編輯委員會編，1961, 1962, 1963, 1964, 1965, 1966, 1967, 1970, 1973, 1974, 1975, 1978, 1979, 1981, 1982, 1987, 1988, 1989, 1991, 1992, 1993, 1996, 1997，『華僑經濟年鑑』台北，華僑經濟年鑑編輯委員會。
華僑志編纂委員會編，1962，『印度』台北，華僑志編纂委員會。
季鴻崑，2011，「關於中國烹飪申遺問題的爭論」『南寧職業技術學院學報』2012年17（1），2011年12月，1～6頁。
——，2012，「談中國烹飪的申遺問題」『揚州大學烹飪學報』2，4月、5～11頁。
姜虹，2018，「中國餃子為申遺貢獻力量金龍魚專業餃子粉成為秘密武器」『中華工商時報』9月7日5頁。
江亢虎，1922，「荷蘭五日記」『東方雜誌』19（13），7月10日，100～102頁。
江禮暘，1994，「上海餐飲令人眼花撩亂」『文匯報』1月25日7頁。
江南春，1996，「各大菜系的形成」『文匯報』2月17日8頁。
晉化編，2008，『老北京．民風習俗』北京，燕山出版社。
金受中，1956，「北京的“譚家菜”」『新民晚報』10月26日6頁。

金忠強，1997，「在北京吃上海菜」『新民晚報』1月24日15頁。

鞠景鑫，1999，「上海菜越來越紅火假本幫越來越離譜」『新民晚報』6月18日9真。

崑岡等奉勅撰，1976，『欽定大清會典』光緒25年刻本，台北，新文豐。

狼吞虎嚥客編，1930，『上海的吃』上海，流金書店。

老舍，1931，『二馬』上海，商務印書館。

冷省吾，1946，『最新上海指南』上海文化研究社。

李春光編，2004，『清代名人軼事輯覽』3，北京，中國社會科學出版社。

李斗，1997（1960），『揚州畫舫錄』北京，中華書局（原著1795年）。

李浩明，1997，「上海本幫菜走向全國」『文匯報』4月29日5頁。

李楊，2014，「美食申遺——文化的燥熱？商業的狂歡？」『貴州民族報』3月3日B03頁。

黎貴惇，2011，『芸台類語』台北，國立台灣大學出版中心。

粒粒香著（揚眉繪），2013，『粵菜傳奇』廣州，廣東科技出版社。

梁啓超，1967（1903），『新大陸遊記』台北，文海。

林金城，2008，「肉骨茶起源考」、張玉欣編『第十屆中華飲食文化學術研討會論文集』台北，財團法人中華飲食文化基金會，393～404頁。

林明德，2015，「揭開鼎泰豐的家族與小吃譜系」『料理．台灣』20，3月，104～113頁。

林唯舟，1992，「上海本幫菜如何推陳出新」『文匯報』11月7日2頁。

劉欣，2011，「中國國宴揭秘」『辦公室業務』（北京）2011年2期，2月，54～56頁。

劉曉，2015a，「中餐申遺　讓世界博覽中國味道」『人民日報（海外版）』3月26日8頁

——，2015b，「中餐申遺　拉開序幕」『人民日報（海外版）』3月31日8頁。

逯耀東，2007（2001），『肚大能容：中國飲食文化散記』台北，東大圖書公司。

馬遠超，2012，「“國酒茅台”商標注冊的五大爭議」『電子知識產權』10，10月，35～37頁。

孟剛，2017，「中餐申遺　卡在哪兒」『中國消費者報』4月16日8頁。

孟蘭英，2012，「中南海“御廚”——程汝明」『黨史縱横』2012年10期，10月，10～12頁。

牟敦珮，1948，「吃在成都」『申報』5月1日7頁。

潘宗億，2020，「傅培梅與阿基師之外：戰後台灣的食譜出版趨勢與變遷」『中國飲食文化』16（1），4月，115～177頁。

彭海容，2015，「中國美食走進聯合國教科文組織　中餐申遺拉開序幕」『中國食品』8，8月，76～78頁。

皮國立，2020，「「食補」到「禁食」：從報刊看戰後台灣的香肉文化史（1949-2001）」『中國飲食文化』16（1），4月，55～114頁。

平歩青著（陳文華重校），1982，『霞外攟屑』上，上海古籍出版社（原書19世紀後半）。

謙子，2015，「【麻婆豆腐】2010年入選成都市“非遺”名錄第三批成都市非物質文化遺產名錄」，四川文化網、12月14日，（http://www.scgoo.cn/articlc-1998-1.html）。

秦小冬，1999，「再現開國“第一宴”」『文匯報』9月6日6頁。
邱麻同，1979，「“適口者珍”及其他」『文匯報』3月22日4頁。
——，2010，『中国菜餚史』青島出版社。
潘醒儂等編，1932，『新加坡指南』新加坡，南洋出版社。
饒智．王詩蕊，2009，「解讀國宴變遷」『晚報文萃』（西安）2009年14期，7月15日，62～64頁。
人民大會堂「國宴菜譜集錦」編輯組編，1984，『國宴菜譜集錦』北京，人民大會堂。
阮清華，2012，「“紅色沙龍”梅龍鎮」，『國際市場』2012年1期，1月，54～56頁。
商業部飲食服務局編，1959，『中國名菜譜』4，輕工業出版社。
施筱萍，1998，「“官菜”味如何？」『新民晚報』3月27日29頁。
樹菉，1997，「上海菜在香港」『新民晚報』6月19日15頁。
舒明，1997，「從歷史到未來：對上海菜的一點反思」『文匯報』10月25日7頁。
舒湮，1947，「「吃」的廢話」『論語』132，7月1日，649～651頁。
——，1995，「抗戰時期的吃」『文匯報』9月5日7頁。
絲絲，1995，「本幫菜：粉墨新登場」『文匯報』2月27日11頁。
孫文，1989（1919），「建國方略　孫文学說（心理建設）」，國父全集編輯委員會編『國父全集』1，台北，近代中國出版社，351～422頁。
孫曉青，2009a，「國宴與禮賓變遷」『小康』83，6月，72～74頁。
——，2009b，「國宴上的外交風雲」『小康』83，6月，76~77頁。
孫宗復編，1935，『上海遊覽指南』上海，中華書局，1月初版，9月訂正再版。
譚璐．張旭，2010，「神秘國宴：胡主席最愛開水白菜」『新聞天地』9，9月，28~29頁。
唐嗣堯，1935，「中國的飲食」，『科學時報』2（3），3月，41~43頁。
佟屏亞他編，1990，『畜禽史話』北京，學術書刊出版社。
涂艷．饒智、王詩蕊，2010，「中國國宴外交60年」『中外文摘』2，1月15日，6～9頁。
童世璋，1986，『小吃的藝術與文化』台北，行政院文化建設委員會。
童子達編，1928，「新嘉坡各業調查』新嘉坡南洋工商補習學校。
萬建中，2012，「中國烹飪無需申遺」『中國藝術報』2月8日，(http://www.cflac.org.cn/ys/xwy/201202/t20120208_126434.html).
王寶林，1997，「最好的川菜是不辣的！？」『文匯報』2月1日7頁。
王定九，1934，『上海顧問』上海，中央書店。
——，1937，『上海門徑』上海，中央書店。
王豐，2009，「蔣介石的“國宴”」『文史博覽』7，7月，66~67頁。
王國平，1997，「京菜裡的海味」『文匯報』5月10日7頁。
王煥理，2009，「仁川百年老店　中華樓紀事」『煙台日報』7月11日（https://wenku.baidu.com/view/db2c6e06b52acfc789ebc9f7.html).
王家儉，2004，「閩系海軍歷史地位的重新評價」，李金強他主編『我武維揚：近代中國海軍史新論」香港海防博物

館，12～25頁。
王夢悅，2012，「記錄開國第一宴」『黨史縱橫』7，7月1日，14～16頁。
王思明，2006，「無鴨不成席：「鴨都」何以成為南京的代名詞？」，周寧靜主編『第九屆中華飲食文化學術研討會論文集』台北，中華飲食文化基金會，431～448頁。
王曉楓，2015，「國宴：舌尖上的外交」『決策』Z1，3月5日，88~89頁。
翁長松，1999，「名店．名饌．名廚」『新民晚報』10月16日24頁。
吳道富．沈定，1993，「四川火鍋進軍大上海」『文匯報』11月11日5頁。
吳德廣，2008，「禮賓官的日子」『報告文學』（長江文藝出版社）2月5日，98~108頁。
——，2011，「國宴軼事」『湘潮』1，1月，44～46頁。
——，2012，「親歷者講述國宴變遷」『人民文摘』9，9月，50～51頁。
吳正格，1988，「滿族食俗與清宮御膳」瀋陽，遼寧科學技術出版社。
伍連德，1915，「衛生餐法」『中華醫學雜誌』1（1），11月，30~31頁。
伍廷芳，1910，「衛生新法撮要」『中西醫學報』9，12月，1～6頁。
巫仁恕，2018，「東坡肉的形成與流行初探」『中國飲食文化』14（1），4月，13~ 55頁。
曉鴿，2014，「國宴：舌尖上的外交」『東南西北』8，4月15日，18～19頁。
曉宜，1983，「大閘蟹涉趣」『文匯報』11月12日4頁。
篠田統，1971，「豆腐考」，林海音主編「中國豆腐」台北，純文學出版社，39~58頁。
解希之，1937，「廣州印象記」『學風』（安徽省立圖書館編）7（2），發行月不詳，1～8頁。
謝雲飛，1994，「自釀老酒　自賣老外　“紹釀”獲外貿進出口自主權」『文匯報』3月15日5頁。
——，1998，「周總理與紹興酒」『文匯報』2月22日7頁。
邢渤濤注釋，1986，「調鼎集」北京，中國商業出版社（原著為乾隆年間及之後）。
徐海榮主編，1999a，『中國飲食史』5，北京，華夏出版社。
——，1999b，『中國飲食史』6，北京，華夏出版社。
徐珂，1920，『清稗類鈔』第47冊，飲食（上），上海，商務印書館。
許聖義．許昌浩，2014，「揭開國宴的神秘面紗」『烹調知識』（太原）3，3月，28～29頁。
嚴裘麗口述（傅士玲著），2006，『蔣公獅子頭：豪門家宴私菜食譜與故事』台北，棋碁文化。
揚眉漫畫，2009，『滿漢全席之進宮』上海，東方出版中心。
——，2010a，『滿漢全席之滿菜』上海，東方出版中心。
——，2010b，『滿漢全席之餑餑』上海，東方出版中心。
楊萌，1994，「世界美食城　推陳出新本幫菜」『文匯報』1月30日6頁。
楊昭景等，2017，『醇釀的滋味：台湾菜的百年變遷與風貌』台北，墨刻出版。
楊雪，2016，「中餐申遺真的難於上青天？」『科技日報』1月23日4頁。
姚慧玲，1988，「集各幫之長創海派風味上海菜系自成一體」『文匯報』7月2日2頁。
——，1994，「商戰在滬全方位展開」『文

匯報』5月1日2頁。
——，1999，「本幫老正興興旺140年」『新民晚報』8月14日24頁。
野鶴，1993，「“小吃王國”與英國女王」『文匯報』10月3日6頁。
永旭，2014，「国宴的變遷」『山西老年』10，10月1日，22頁。
俞美霞，2011，「國宴食單與台灣飲食文化探析」『中國飲食文化基金會會訊』17（2），5月，16～28頁。
禹壽，1948，「有鼠來窺閣雜筆　豪食」『申報』8月5日8頁。
苑洪琪，1997，『中國的宮廷飲食』北京，商務印書館國際有限公司。
袁家方，2016，「尋找“都一處”的歷史」『時代經貿』2016年4期，2月，62~71頁。
袁靜雪，2012，『女兒眼中別面袁世凱』北京，中國文史出版社。
曾齡儀，2015，「移民與食物：二次戰後高雄地區的潮汕移民與沙茶牛肉爐」『師大台灣史學報』8，2015，12月，93~128頁。
——，2018，「吳元勝家族與臺北沙茶火鍋業的變遷（1950-1980年代）」『中國飲食文化』12（1），4月，53~89頁。
曾品滄，2012，「從「平樂遊」到「江山樓」：日治中期台灣酒樓公共空間意涵的轉型（1912-1937）」，林玉茹主編『比較視野下的台灣商業傳統』台北，中央研究院台灣史研究所，519～549頁。
——，2013，「鄉土食和山水亭：戰爭期間「台灣料理」的發展（1937～1945）」『中國飲食文化』9（1），4月，113～156頁。
張濤，2011，「孔子：戰後美國華人餐飲的文化標記——基於美國主要報紙的考察」『華僑華人歷史研究』2011年2期，6月，38～50頁。
張秀明，2008，「被邊緣化的群體：印度華僑華人社會的變遷」『華僑華人歷史研究』2008年4期，12月，6~23頁。
張玉欣，2006「台灣的便當文化」『中華飲食文化基金會會訊』12（3）.8月，30~36頁。
——，2008，「從平面媒體與受訪者日記略窺台灣光復後三十年（1945~1975）之餐飲業現況想像」『中華飲食文化基金會會訊』14（4），11月，28～37頁。
——，2011，「台灣料理食譜的發展與變遷」『中華飲食文化基金會會訊』17（2），5月，44～50頁。
趙鴻明．汪萍，2004，『舊時明月：老北京的風土人情』北京，當代世界出版社。
趙榮光，2003，『滿漢全席源流考述』北京，昆侖出版社。
鄭寶鴻，2013，『百年香港中式飲食』香港，經緯文化。
治，1933，「招牌的沒落」『申報』11月16日18頁。
鍾詩，1922，「暑期宜屏除酬應」『申報』8月26日21頁。
周松芳，2012，『民國味道——嶺南飲食的黃金時代』廣州，南方日報出版社。
——，2015，『廣東味道』廣州，花城出版社。
——，2016，「民國廣州飲食的上海報導」，鳳凰網資訊，4月9日（原載於「羊城晚報」），(http://news.ifeng.com/a/20160409/48403851_0.shtml)。
——，2019，『嶺南飲食文化』廣州，廣東人民出版社。
周詢（周伯謙．楊俊明點校），1987，『芙蓉話舊錄』成都，四川人民出版社。

周作人（知堂），1935，「日本管窺之二」『國聞周報』12（25），7月1日，（鐘叔河編「周作人散文全集』6，桂林，廣西師範大學出版社，2009年，657~666頁等收錄。周作人『日本談義集』平凡社，2002年，191～207頁。

朱振藩，2003，「食的故事」長沙，岳麓書社。

卓文倩，2011，「我國歷任總統國宴菜色及政經意涵之比較研究」『中國飲食文化基金會會訊』17（2），5月，4～5頁。

左東黎・鐘朋文，2005，「國宴“權威”正名國宴：訪中國烹飪協會蘇秋成會長」『中國食品』18，9月15日，C6~C7頁。

英文文獻

A'Beckett Arthur. 1884. "Our Insane-Itary Guide to the Health Exhibition," *Punch*, July 26.

Akamine, Jun. 2016. "Shark Town: Kesennuma's Taste for Shark and the Challenge of a Tsunami," in Casey Man Kong Lum and Marc de Ferrière le Vayer (eds.), *Urban Foodways and Communication: Ethnographic Studies in Intangible Cultural Food Heritage around the World*, Lanham, Maryland: Rowman & Littlefield, pp. 71-85.

Allix, P. 1953. *Menus for Malaya*, Singapore: Malaya Publishing.

Amenda, Lars. 2009. "Food and Otherness. Chinese Restaurants in West European Cities in the 20th Century," *Food and History*, 7 (2), pp. 157-180.

Appadurai, Arjun. 1988. "How to Make a National Cuisine: Cookbooks in Contemporary India," *Comparative Studies in Society and History*, Vol. 30, No. 1, January 1988.

Avieli, Nir. 2005. "Vietnamese New Year Rice Cakes: Iconic Festival Dises and Contested National Identity," *Ethnology* (University of Pittsburgh), 44 (2), Spring, pp. 167-187.

Banerjee, Himadri, Gupta, Nilanjana and Mukherjee, Sipra (eds.). 2009. *Calcutta Mosaic: Essays and Interviews on the Minority Communities of Calcutta*, London: Anthem Press.

Bao, Jiemin. 2011. "Transnational Cuisine: Southeast Asian Chinese Food in Las Vegas," in Tan Chee-Beng (ed.), *Chinese Food and Foodways in Southeast Asia and Beyond*, Singapore: National University of Singapore Press, pp. 175-191.

Barbas, Samantha. 2003. "I'll Take Chop Suey': Restaurants as Agents of Culinary and Cultural Change," *Journal of Poplular Culture*, 36 (4), Spring, pp. 669-686.

Benton, Gregor. 2005. "Chinatown UK v. Colonial Hong Kong: An Early Exercise in Transnational Militancy and Manipulation, 1967-1969," *Ethnic and Racial Studies*, 28 (2), March, pp. 331-347.

Bettijane, Levine. 2010. "Back Story: Who Was Susan, and Was She Truly Lazy?" *L.A. at Home, The Los Angeles Times.* March 25, (http://latimes-blogs.latimes.com/home_blog/2010/03/lazy-susan-history-who-invented-mystery.html)

Bosse, Sara and Watanna Onoto. 1914.

Chinese-Japanese Cook Book, Chicago: Rand McNally.

Bray, Francesca. 2019. "Health, Wealth, and Solidarity," in Angela Ki Che Leung and Mellissa L. Caldwell (eds.), *Moral Foods: The Construction of Nutrition and Health in Modern Asia*, Honolulu: University of Hawai'i Press, pp. 23-46.

Brien, Donna Lee. 2019. "Food Writing and Culinary Tourism in Singapore," in Cecilia Leong-Salobir (ed), *Routledge Handbook of Food in Asia*, London and New York: Routledge, pp. 163-175.

Bruce, Allan. 1971. *Good Food Guide to Singapore*, Second Edition, Singapore: Donald Moore for Asia Pacific Press.

Buck, Pearl S. 1972. *Buck's Oriental Cookbook*, New York: Simon and Schuster.

Caldwell, Melissa L. 2015. "The Visible and the Invisible: Intimate Engagement with Russia's Culinary East," in Kwang Ok Kim (ed.), *Re-Orienting Cuisine: East Asian Foodways in the Twenty-First Century*, New York: Berghahn, pp. 129-149.

Chan, Carol and Strabucchi, Maria Montt. 2020. "Creating and Negotiating 'Chineseness' through Chinese Restaurants in Santiagom Chile" in Jenny Banh and Haiming Liu (eds.), *American Chinese Restaurants: Society, Culture and Consumption*, London: Routledge, pp. 3-25.

Chan, Sally, 2016. "Sweet and Sour: The Chinese Experience of Food," in Anne J. Kershen (ed.), *Food in the Migrant Experience*, London: Routledge, pp. 172-188.

Chan, Yuk Wab. 2011. "*Banh Cuon and Cheung Fan*: Searching for Identity of the 'Steamed Rice-flour Roll,'" in Tan Chee-Beng (ed.), *Chinese Food and Foodways in Southeast Asia and Beyond*, Singapore: Nus Press, pp. 156-171.

Chao, Buwei Yang. 1949 (1945). *How to Cook and Eat in Chinese*, New York: John Day.

Châu, Hàm. 2005. "A Taste of the South," in Annabel Jackson, Hàm Châu, Vân Chi (eds.), *The Cuisine of Việt Nam Nourishing a Culture*, Việt Nam: Thế Giởi Pubilishres.

Chen, Yong. 2014. *Chop Suey, USA: The Story of Chinese Food in America*, New York: Columbia University Press.

——. 2020. "Surveying the Genealogy of Chinese Restaurants in Mexico: From High-End Franchises to Makeshift Stands," in Jenny Banh and Haiming Liu (eds.), *American Chinese Restaurants: Society, Culture and Consumption*, London: Routledge, pp. 89-104.

Cheng, Sea-ling. 2002. "Eating Hong Kong' s Way Out," in Katarzyna Cwiertka and Boudewijn Walraven (eds.), *Asian Food: The Globan and the Local*, London: Routledge, pp.16-33.

Cheung, Sidney C. H. 2002. "The Invention of Delicacy: Cantonese Food in Yokohama China town," David Y. H. Wu and Sidney C. H. Cheung (eds.), *The Globalization of Chinese Food*, Richmond: Curzon Press, pp. 170-182.

—— . 2020. "Reflections on the Historical Construction of Huaiyang Cuisine: A

Study on the Social Development of Shanghai Foodways in Hong Kong," *Global Food History*, 6 (2), May, pp. 1-15, published online.

Chiang, Cecilia with Weiss, Lisa. 2007. *The Seventh Daughter: My Culinary Journey from Beijing to San Francisco*, Berkeley: Ten Speed Press.

Choo, Ng Kwee. 1968. *The Chinese in London, London: Institute of Race Relations*, Oxford University Press.

Coe, Andrew. 2009. *Chop Suey: A Cultural History of Chinese Food in the United States*, Oxford: Oxford University Press.

Cwiertka, Katarzyna J. 2006. *Modern Japanese Cuisine: Food Power and National Identity*, London: Reaktion Books.

——. 2012. *Cuisine, Colonialism, and Cold War: Food in Twentieth-Century Korea*, London: Reaktion Books.

Cwiertka, Katarzyna J. and Morita, Akiko. 2008. "Fermented Soyfoods in South Korea," in Christine M. Du Bois, Chee-Beng Tan, and Sidney Mintz (eds), *The World of Soy*, Urbana and Chicago: University of Illinois Press, pp. 161-181.

Dadi Maskar, Khoirul Anwar, Nindy Sabrina, Astawan Made, Hardinsyah Hardinsyah, Naufal M Nurdin, Shanti Pujilestari. 2018. "Promoting Tempe as Indonesian Indigeneous Food and Culture," *ICCD (International Conference on Community Development)*, 1 (1), pp. 36-43.

Demgenski, Philipp. 2020. "Culinary Tensions: Chinese Cuisine's Rocky Road toward International Intangible Cultural Heritage Status," *Asian Ethnology*, 79 (1), pp. 115-135.

Der Ling, Princess. 1933. *Imperial Incense*, New York: Dodd, Mead & Company. 中譯本為德齡（秦瘦鷗譯），《御香縹緲》（1934年）。

Du Bois, Christine M. 2008. "Social Context and Diet: Changing Soy Production and Consumption in the United States," in Christine M. Du Bois, Chee-Beng Tan, and Sidney Mintz (eds.), *The World of Soy*, Urbana and Chicago: University of Illinois Press, 2008, pp. 208-233.

Dudgeon, John. 1884. "Diet, dress, and dwellings of the Chinese," *The Health Exhibition Literature*, 19, pp. 253-495.

Dunstan, Don. 1976. *Don Dunstan's Cookbook,* Adelaide, South Australia: Rigby.

Duruz, Jean. 2007. "From Malacca to Adelaide: Fragments towards a Biography of Cooking, Yearing and *Laksa*," in Sidney C. H. Cheung and Tan Chee-Beng (eds.), *Food and Food ways in Asia: Resource, Tradition and Cooking*, London: Routledge, pp. 183-200.

——. 2011. "Four Dances of the Sea: Cooking 'Asian' As Embedded Australian Cosmopolitanism," in Tan Chee-Beng (ed.), *Chinese Food and Foodways in Southeast Asia and Beyond*, Singapore: National University of Singapore Press, 2011, pp. 192-217.

Duruz Jean and Khoo, Gaik Cheng. 2015. *Eating Together: Food, Space, and Identity in Malaysia and Singapore*, Lanham, Maryland: Rowman & Littlefield.

Esterik, Penny Van. 1992. "From Marco Polo

to McDonald's: Thai Cuisine in Transition," *Food and Foodways*, 5 (2), August, pp. 177-193.

——. 2008. *Food Culture in Southeast Asia*, Westport, Connecticut: Greenwood Press.

Farrer, James. 2010. "Introduction: Food Studies and Global Studies in the Asia Pacific," in James Farrer (ed.), *Globalization, Food and Social Identities in the Asia Pacific Region*, Tokyo: Sophia University Institute of Comparative Culture, published online.

Farrer, James, Hess, Christian, Carvalho Mônica R. de, Wang, Chuanfei, and Wank, David. 2019. "Japanese Culinary Mobility: The Multiple Globalizations of Japanese Cuisine," in Cecilia Leong Salobir (ed), *Routledge Handbook of Food in Asia*, London and New York, Routledge, pp. 39-57.

Fei, Xiaotong. 1989. "The Shallowness of Cultural Tradition," in R. David Arkush and Leo O. Lee (eds.), *Land Without Ghosts: Chinese Impressions of America from the Mid-nineteenth Century to the Present*, Berkeley: University of California Press, pp. 172-175.

Feng, Jin. 2019. Tasting Paradise on Earth: Jiangnan Foodways, Seattle: University of Washington Press.

Fernando G. C. 1978. *Filipino Heritage: the Making of a Nation*, Vol. 10. Manila: Lahing Pilipino Publishing Inc.

Fernandez, Doreen G. 1994. *Tikim: Essays on Philippine Food and Culture*, Manila: Anvil Publishing, Inc.

——. 2002. "Chinese Food in the Philippines: Indigenization and Transformation," in David Y. H. Wu and Sidney C. H. Cheung (ed.), *The Globalization of Chinese Food*, London: Routledge, pp. 183-189.

Filippini, Alexander. 1890 (1889). *The Table: How to Buy Food, How to Cook It and How to Serve It*, New York: Charles L. Webster & Company, pp. 414-417.

Freedman, Paul. 2016. *Ten Restaurants That Changed America*, New York: Liveright Publishing Corpo ration.

Fu, Jia-Chen. 2018. *The Other Milk: Reinventing Soy in Republican China*, Seattle: University of Washington Press.

Genthe, Arnold with text by Irwin, Will. 1908. *Pictures of Old Chinatown*, New York: Moffat, Yard & Co.

Gernet, Jacques, translated by Wright, H. M. 1962. *Daily Life in China: On the Eve of the Mongol Invation 1250-1276*, Stanford: Stanford University Press.

Gerth, Karl. 2003. "Commodifying Chinese Nationalism: MSG and the Flavor of Patriotic Production," Susan Strasser (ed.), *Commodifying Everything: Relationships of the Market*, New York: Routledge.

Hà, Thu and Ly, Uyên. 2005. "Where it all began," in Annabel Jackson, Hàm Châu, Vân Chi (eds.), *The Cuisine of Việt Nam Nourishing a Culture*, Việt Nam: Thế Giới Pubilishres, pp. 16-18.

Han, Kyung-Koo. 2010a. "The 'Kimchi Wars' in Globalizing East Asia: Consuming Class, Gender, Health, and National Identity," in Kendall, L., (ed.), *Consuming Korean Tradition in Early and Late Modernity*, Honolulu: University

of Hawaii Press, pp. 149-166.

——. 2010b. "Noodle Odyssey: East Asia and Beyond," *Korea Journal*, 50 (1), Spring, pp. 60-84.

Handy, Ellice. 1952. *My Favourite Recipes*, Singapore: Malaya Publishing House.

Ho, Sana and Yang, Fongming. 2019. "Pho Migration: Gastronomic Exoticism or Exotic Gastronomy in Paris and Seoul," in *2019 Inter national Conference on Chinese Food Culture "Cross-Cultural Interaction and Chinese Food ways in Southeast Asia,"* in Hanoi, Vietnam in October.

Howell, Elizabeth E. 1891. *Self-waiting Table, Patent No. 464,073*, Maryville, Missouri: United States Patent Office, Dec 1, (https://patents.google.com/patent/US464073A/en)

Hsiao, Hsin-Huang Michael and Lim, Khay-Thiong. 2015. "History and Politics of National Cuisine: Malaysia and Taiwan," in Kwang Ok Kim (ed.), *Re-Orienting Cuisine: East Asian Foodways in the Twenty-First Century*, New York: Berghahn, pp. 31-55.

Hsu, Madeline Y. 2008. "From Chop Suey to Mandarin Cuisine: Fine Dining and the Refashioning of Chinese Ethnicity During the Cold War Era," in Sucheng Chan and Madeline Y. Hsu (eds.), *Chinese Americans and the Politics of Race and Culture*, Philadelphia: Temple University Press.

Huang, Hsing-tsung. 2000. "Fermentations and Food Science," in *Biology and Biological Technology,* part 5, vol. 6, of *Science and Civilisation in China*, Cambridge: Cambridge University Press.

Huang, Hsing-tsung. 2008. "Early Use of Soybean in Chinese History," in Christine M. Du Bois, Chee-Beng Tan, and Sidney Mintz (eds), *The World of Soy*, Urbana and Chicago: University of Illinois Press, pp. 45-55.

Huat, Chua Beng and Rajah, Ananda. 2001. "Hybridity, Ethnicity and Food in Singapore," in David Y. H. Wu and Tan Chee-beng (eds.), *Changing Chinese Foodways in Asia*, Hong Kong: Chinese University Press, pp. 161-197.

Hussin, Hanafi. 2019. "Branding Malaysia as Truly Asia through Gastronomic Representation," *Senri Ethnological Studies,* 100, March, Kazunobu Ikeya (ed.), The Spread of Food Cultures in Asia, pp. 199-212.

Hymowitz, T. and Shurteff, W. R. 2005. "Debunking Soybean Myths and Legends in the Historical and Popular Literature," *Crop Science*, 45 (2), March, pp. 473-476.

Ichijo, Atsuko and Ranta, Ronald. 2016. *Food, National Identity and Nationalism: From Everyday to Global Politics*, London: Palgrave Macmillan.

Itoh, Keiko. 2001. *The Japanese Community in PreWar Britain: From Integration to Disintegration*, Routledge.

Iwama, Kazuhiro. 2021. "How Taiwanese, Korean, and Manchurian Cuisines Were Designed: A Comparative Study on Colonial Cuisines in the Japanese Empire," *Al Madaniyya: Keio Bulletin of Middle Eastern and Asian Urban History,* 1, published online.

——. forthcoming. "Food, Drink and Fashion," in Shigeto Sonoda and Xudong Zhang (eds.), *A Cultural History of East Asia in the Modern Age: 1900CE to the present*, London: Bloomsbury Academic, Chapter 8.

Jones, Douglas. 1979. "The Chinese in Britain: Origins and Development of a Community," *New Community*, 7 (3), Winter, pp. 397-402.

Jung, Kuen-Sik. 2005. "Colonial Modernity and the Social History of Chemical Seasoning in Korea," *Korea Journal*, 45 (2), Summer, pp. 9-36.

Jung, Yuson. 2015. "Experiencing the 'West' through the 'East' in the Margins of Europe: Chinese Food Consumption Practice in Post-socialist Bulgaria," in Kwang Ok Kim (ed.), *Re-Orienting Cuisine: East Asian Foodways in the Twenty-First Century*, New York: Berghahn, pp. 150-169.

Khoo, Tony. 2015. *The Singapore Heritage Cook book: Past, Present, Future*, Singapore: Tien Wah Press.

Kim, Bok-rae. 2009. "Chinese Cuisine in Korean Dining-out Culture," in David Holm (ed), *Regionalism and Globalism in Chinese Culture*, Taipei: Foundation of Chinese Dietary Culture, pp. 285-307.

Kim, Chi-Hoon. 2016. "Kimchi Nation: Constructing Kimjang as an Intangible Korean Heritage," in Casey Man Kong Lum and Marc de Ferrière le Vayer (eds.), *Urban Foodways and Communication: Ethnographic Studies in Intangible Cultural Food Heritage Around the World*, Lanham, Maryland: Rowman & Littlefield, pp. 39-53.

——. 2017. "Let Them Eat Royal Court Cuisine! Heritage Politics of Defining Global Hansik, *Gastronomica*, 4, Fall, pp. 4-14.

Kim, Kwang-ok. 2001. "Contested Terrain of Imagination: Chinese Food in Korea," David Y. H. Wu and Tan Chee-beng (eds.), *Changing Chinese Foodways in Asia*, Hong Kong: The Chinese University Press, pp. 201-217.

——, 2011. "Sichuan, Beijing, and Zhonghua in Chinese Restaurants in Korea: Local Specialty and Consumption of Imagination," in David Y. H. Wu (ed), *Overseas March: How the Chinese Cuisine Sperad?* Taiwan: Foundation of Chinese Dietary Culture, pp. 145-157.

King, Michelle T (金恬). 2019a. "Introdction: Culinary Nationalism in Asia," in Michelle T. King (ed.), *Culinary Nationalism in Asia*, London: Bloomsbury Academy, pp. 1-20.

——. 2019b. "A Cookbook in Search of a Country: Fu Pei-mei and the Conundrum of Chinese Culinary Nationalism," in Michelle T. King (ed.), *Culinary Nationalism in Asia*, London: Bloomsbury Academic, pp. 56-72.

——. 2020. "What Is 'Chinese' Food? Histo ricizing the Concept of Culinary Regionalism," *Global Food History*, 6 (16), March, pp. 1-21, published online.

King, Samuel C. 2019. "Sinophile Consumption: Chinese Restaurants and Consumer Culture in Turn-of-the-Century American Cities," *Global Food History*, 5 (3), May, pp. 162-182, published

online.

——, 2020. "Oriental Palaces: Chin F. Foin and Chinese Fine Dining in Exclusion-Era Chicago" in Jenny Banh and Haiming Liu (eds.), *American Chinese Restaurants: Society, Culture and Consumption*, London: Routledge, pp. 136-154.

Klein, Jakob A. 2009. "'For Eating, It's Guangzhou': Regional Culinary Traditions and Chinese Socialism," in Harry G. West and Parvathi Raman (eds.), *Enduring Socialism: Explorations of Revolution and Transformation, Restoration and Continuation*, New York: Berghahn Books, pp. 44-76.

Kong, Lily. 2015. "From Sushi in Singapore to Laksa in London," in Lily Kong and Vineeta Sinha (eds.), *Food, Foodways and Foodscapes*, Singapore: World Scientific, pp. 207-241.

Ku, Robert Ji-Song. 2013. "*Gannenshoyu* or First-Year Soy Sauce?: Kikkoman Soy Sauce and the Corporate Forgetting of the Early Japanese American Consumer," in Robert Ji-Song Ku, Martin F. Manalansan IV, and Anita Mannur (eds.), *Eating Asian America: A Food Studies Reader*, New York: New? York University Press.

——, 2014. *Dubious Gastronomy: The Cultural Politics of Eating Asian in the USA*, Honolulu: University of Hawai'i Press.

Kubo, Michiko. 2010. "The Development of an Indonesian National Cuisine: A Study of New Movement of Instant Foods and Local Cuisine," in James Farrer (ed.), *Globalization, Food and Social Identities in the Asia Pacific Region*, Tokyo: Sophia University Institute of Comparative Culture, published online.

Lafontaine, Andrée. 2018. "As Ameican as Chop Suey," in Bruce Makoto Arnold, Tanfer Emin Tunç and Raymond Douglas Chong (eds.), *Chop Suey and Sushi from Sea to Shining Sea: Chinese and Japanese Restaurants in the United States*, Fayetteville: The University of Arkansas Press.

Lausent-Herrera, Isabelle. 2011. "The Chinatown in Peru and the Changing Peruvian Chinese Community (ies)," *Journal of Chinese Overseas*, 7 (1), January, pp. 69-113.

Lee, Anthony W. 2001. *Picturing Chinatown: Art and Orientalism in San Francisco*, Berkeley: University of California Press.

Lee, Chin Koon. 1974. *Mrs Lee's Cookbook: Nyona Recipes and Other Favourite Recipes*, Singapore Eurasia

Lee, Geok Boi. 1998. *Singapore: Journey into Nationhood*, Singapore: Landmark.

Lee, Jennifer 8. 2009 (2008). *The Fortune Cookie Chronicle*, New York: Twelve.

Lee, Shermay. 2003. *The New Mrs Lee's Cookbook, Nonya Cuisine*, Singapore: Times Edition.

Lei, Sean Hsiang-lin. 2010. "Habituating Individuality: The Framing of Tuberculiosis and Its Material Solutions in Republican China," *Bulletin of the History of Medicine*, 84(2), Summer, pp. 248-279.

Leow, Annabeth. 2017. "Rise and fall of popular catery," *The Straits Times*, 19 April, (https:// www.straitstimes.com/

singapore/rise-and-fall-of-popular-eatery)

Leung, Angela Ki Che 2019. "To Build or to Transform Vegetarian China: Two Republican Projects," in Angela Ki Che Leung and Mellissa L. Caldwell (eds.), *Moral Foods: The Construction of Nutrition and Health in Modern Asia*, Honolulu: University of Hawai'i Press, pp. 221-240.

Levin, Jacob R. 2020. "Chinese Restaurants and Jewish American Culture," in Jenny Banh and Haiming Liu (eds.), *American Chinese Restaurants: Society, Culture and Consumption*, London: Routledge.

Li, Hui-Min. 2015. "A Taste of Free China: the Grand Hotel, Overseas Chinese Hostel and Its Food and Reception Culture in Taiwan, 1945-1979," in 2015 International Conference of Chinese Food Culture, *Chinese Food Culture in Europe, French Food Culture in Asia*, Proccedings, Tours, France, 12-15 October, pp. 24-38.

Light, Ivan. 1974. "From Vice District to Tourist Attraction: The Moral Career of American Chinatowns, 1880-1940," *Pacific Historical Review*, 43 (3), August, pp. 367-394.

Little Tokyo Service Center. 2019. "Little Tokyo Service Center Announces Purchase of the Former Umeya Rice Cake Company," May 17, (htips:// www.ltsc.org/umeyapurchase/)

Liu, Haiming 2015. *From Canton Restaurant to Panda Express: A History of Chine Food in the United States*, New Brunswick: Rutgers University Press.

——. 2020. "Chop Suey: P. E. Chang's, and Chinese Food in America," in Jenny Banh and Haiming Liu (eds.), *American Chinese Restaurants: Society, Culture and Consumption*, London: Routledge, pp. 155-168.

Liu, Xiaohui. 2016. *Foodscapes of Chinese America: The Transformation of Chinese Culinary Culture in the U.S. since 1965*, Frankfurt am Main: Peter Lang.

Lo, Kenneth. 1993. *The Feast of My Life*, London: Doubleday.

Lui, Mary Ting Yi. 2011. "Rehabilitating Chinatown at Mid-Century: Chinese Americans, Race, and US Cultural Diplomacy," in Vanessa Künnemann and Ruth Mayer (eds.), *Chinatowns in a Transnational World: Myths and Realities of an Urban Phenomenon*, New York: Routledge, pp. 81-100.

Mabalon, Dawn Bohulano. 2013. "As American as Jackrabbit Adobo: Cooking, Eating, and Becoming Filipina/o American before World War II," in Robert Ji-Song Ku, Martin E Manalansan IV, and Anita Mannur (eds.), *Eating Asian America: A Food Studies Reader*, New York: New York University Press, pp. 147-176.

Marsumoto, Valerie J. 2013. "Apple Pie and *Makizushi*: Japanese American Women Sustaining Family and Community," in Robert Ji-Song Ku, Martin F. Manalansan IV, and Anita Mannur (eds.), *Eating Asian America: A Food Studies Reader*, New York: New York University Press, pp. 255-273.

Mclean, Alice L. 2015. *Asian American Food Culture*, Sanra Barbara: Greenwood.

Mayer, Ruth. 2011. "Introduction, A 'Bit of Orient Set Down in the Herat of a Western Metropolis': The Chinatown in the United States and Europe," in Vanessa Künnemann and Ruth Mayer (eds.), *Chinatowns in a Transnational World: Myths and Realities of an Urban Phenomenon*, New York: Routledge, pp. 1-25.

Mclean, Alice L. 2015. *Asian American Food Culture*, Sanra Barbara: Greenwood.

Mendelson, Anne. 2016. *Chow Chop Suey: Food and the Chinese American Journey*, New York: Columbia University Press.

Miller, Harry. 1956. *The Traveller's Guide to Singapore*, Singapore: published by Donald Moore Limited, and printed by Cathay Press in Hong Kong.

Miller, Major Anthony (ed.). 1960. *Good Food from Singapore*, Singapore: Union Printing.

Mintz, Sidney W. 2007. "Asia's Contributions to World Cuisine: A Beginning Inquiry," in Sidney C. H. and Tan Chee-Beng (eds.), *Food and Foodways in Asia: Resource, Tradition and Cooking*, London: Routledge, pp. 201-210.

Mintz, Sidney W., Tan, Chee-Beng, and Bois, Christine M. Du. 2008. "Introduction: The Significance of Soy," in Christine M. Du Bois, Chee-Beng Tan, and Sidney Mintz (eds), *The World of Soy*, Urbana and Chicago: University of Illinois Press, pp. 1-23.

Moon, Okpyo. 2010. "Dining Elegance and Authenticity: Archacology of Royal Court Cuisine in Korea," *Korea Journal*, 50 (1), Spring, pp. 36-59.

Morris, Harriett. 1945. *Korean Recipes*, Wichita (Kansas).

——, 1959. *The Art of Korean Cooking*, Tokyo: Rutland, Vt., C. E. Tuttle Co.

Mukherjee, Sipra and Gooptu, Sarvani. 2009. "The Chinese Community of Calcutta: An Interview with Paul Chung," in Himadri Banerjee, Nilanjana Gupta, and Sipra Mukherjee (eds.), *Calcutta Mosaic: Essays and Interviews on the Minority Communities of Calcutta*, London: Anthem Press, Chapter 6, pp. 131-140.

Najpinij, Niphatchanok. 2011. "Constructing 'Thainess' within International Food Space: Thai Gastronomy in Five-Star Hotels in Bangkok," A Dissertation submitted in Partial Fulfillment of the Requirements for the Degree of Doctor of Philosophy Program in Thai Studies, Faculty of Arts, Chulalongkorn University.

Nahar, Naili, Karim, Shahrim Ab, Karim Roselina, Ghazali, Hasanah, and Krauss, Steven Eric. 2018. "The Globalization of Malaysia National Cuisine: A Concept of 'Gastrodiplomacy," *Journal of Tourism, Hospitality and Culinary Arts*, June, pp. 42-58.

Ngoc, Hüu, and Borton, Lady (ed.). 2006. *Frequently Asked Questions about Vietnamese Culture: Phở - A Specialty of Hà nội*, Hanoi: Thế Giới Publishers.

Nguyen, Andrea Quynhgiao. 2016. *The Pho Cookbook: From Easy to Adventurous, Recipes or Vietnam's Favorite Soup and Noodles*, Berkelry, California: Ten Speed Press.

Nguyen, Can Van translated by Nguyen, Duong Thanh. 2008. "Tofu in Vietnamese Life," in Christine M. Du Bois, Chee-Beng Tan, and Sidney Mintz (eds.), *The World of Soy*, Urbana and Chicago: University of Illinois Press, pp. 182-194.

Nolton, Jessie Louise, 1911. *Chinese Cookery in the Home Kitchen: Being Recipes for the Preparation of the Most Popular Chinese Dishes at Home*, Detroit: Chino-American.

Otterloo, Anneke H. Van. 2002. "Chinese and Indonesian Restaurants and the Taste for Exotic Food in the Netherlands," in Katarzyna Cwiertka and Boundewijn Walraven, *Asian Food: The Global and the Local*, London: Rout ledge, pp, 153-166.

Ozeki, Erino. 2008. "Fermented Soybean Products and Japanese Standard Taste," in Christine M. Du Bois, Chee-Beng Tan, and Sidney Mintz (eds.), *The World of Soy*, Urbana and Chicago: University of Illinois Press, pp. 144-160.

Palma, Patricia and Ragas, José. 2020. "Feeding Prejudices: Chinese Fondas and the Culinary Making of National Identity in Peru," in Jenny Banh and Haiming Liu (eds.), *American Chinese Restaurants: Society, Culture and Consumption*, London: Routledge, pp. 44-61.

Parker, David. 1995. *Through Different Eyes: The Cultural Identities of Young Chinese People in Britain*, Aldershot: Avebury.

Peters, Erica J. 2012. *Appetites and Aspirations in Vietnam: Food and Drink in the Long Nineteenth Century*, Lanham: AltaMira Press.

Peters, Erica J. 2015. "A Path to Acceptance: Promoting Chinese Restaurants in San Francisco, 1849-1919," *Southern California Quarterly*, 97 (1), Spring, pp. 5-28.

Pfaelzer, Jean. 2007. *Driven Out: The Forgotten War Against Chinese Americans*, New York: Random House.

Poon, Shuk-Wah. 2014. "Dogs and British Colo-nialism: The Contested Ban on Eating Dogs in Colonial Hong Kong," *Journal of Imperial and Commonwealth History*, 42 (2), June, pp. 308-328.

Protschky, Susie. 2008. "Colonial Table: Food, Culture and Dutch Identity in Colonial Indonesia," *Australian Journal of Politics and History*, 54 (3), September, pp. 346-357.

Pullphothong, Ladapha. 2013. "'Civilized and Cosmopolitan': The Royal Cuisine and Culinary Culture in the Court of King Rama The Fifth," A Dissertation submitted in Partial Fulfillment of the Requirements for the Degree of Doctor of Philosophy Program in Thai Studies, Faculty of Arts, Chulalongkorn University.

Punyasingh, Temsiri (ed.). 1992. *Thai Cuisine*, Bangkok: The National Identity Board.

Rappaport, Erika. 2017. *A Thirst for Empire: How Tea Shaped the Modern World*, Princeton: Princeton University Press.

Reinitz, Bertram. 1925. "Chop Suey's New Role," *New York Times*, December 27, p. XX2.

Roberts, J.A.G. 2002. *China to Chinatown: Chinese Food in the West*, London:

Reaktion Books Ltd.

Rockower, Paul S. 2011. "Projecting Taiwan: Taiwan's Public Diplomacy Outreach," *Issues and Studies*, 47 (1), March, pp. 107-152

Rosner, Erhard. 2009. "Regional Food Cultures in China," in David Holm (ed), *Regionalism and Globalism in Chinese Culture*, Taipei: Foundation of Chinese Dietary Culture, pp. 95-115.

Sabban, Françoise. 2009a. "Chinese Regional Cuisine: the Genesis of a Concept," in David Holm (ed), *Regionalism and Globalism in Chinese Culture*, Taipei: Foundation of Chinese Dietary Culture, pp. 79-93.

——. 2009b. "Forms and Evolution of Chinese Cuisine in France," in David Holm (ed), *Regionalism and Globalism in Chinese Culture*, Taipei: Foundation of Chinese Dietary Culture, pp. 369-380

Sales, Rosemary, D'Angelo, Alessio, Liang, Xiujing and Montagna, Nicola. 2009. "London's China town: Branded Place or Community Space?" in Stephanie Hemelryk Donald, Eleonore Kofman, and Catherine Kevin (eds.), *Branding Cities: Cosmopolitanism, Parochialism, and Social Change*, New York: Routledge, pp. 45-58.

Sales, Rosemary, Hatziprokopiou, Panos, D'Angelo, Alessio, and Lin, Xia. 2011. "London's Chinatown and the Changing Shape of Chinese Diaspora," in Vanessa Künnemann and Ruth Mayer (eds.), *Chinatowns in a Transnational World: Myths and Realities of an Urban Phenomenon*, New York: Routledge, pp. 198-216.

Sankar, Amal. 2017. "Creation of Indian-Chinese Cuisine: Chinese Food in an Indian City," *Journal of Ethnic Foods*, 4 (4), December, pp. 268-273.

See, Carmelea Yinching Ang. 2008. "Chinese Foodways in the Philippines: A Process of Acculturation and Localization，"張玉欣總編集「第十屆中華飲食文化學術研討會論文集』台北，財團法人中華飲食文化基金會，199～220頁。

——, 2011. "Acculturation, Localization and Chinese Foodways in the Philippines," in Tan Chee-Beng (ed.), *Chinese Food and Foodways in Southeast Asia and Beyond*, Singapore: National University of Singapore Press, pp. 124-140.

Seed, John. 2006. "Limehouse Blues: Looking for Chinatown in the London Docks, 1900-40," *History Workshop Journal*, 62, Autumn, pp. 58-85.

Shu, Joycelyn. 2011. *Nostalgia Is the Most Powerful Seasoning*, Singapore: Ate Media.

Shurteff, William and Aoyagi, Akiko. 1979 (1975). *The Book of Tofu: Protein Source of the Future-Now!* New York: Ballentine Books, condensed and revised [ed.]

Sidharta, Myra. 2008a. "Tracing the Dragon's Trail in Chinese Indonesian Foodways，"張玉欣總編集「第十屆中華飲食文化學術研討會論文集」台北，財團法人中華飲食文化基金會，147～164頁。

——, 2008b. "Soyfoods in Indonesia," in Christine M. Du Bois, Chee-Beng Tan, and Sidney Mintz (eds.), *The World of Soy*, Urbana and Chicago: University of Illinois Press, 2008, pp. 195-207.

——, 2011. "The Dragon's Trail in Chinese Indonesian Foodways," in Tan Chee-Beng (ed.), *Chinese Food and Foodways in Southeast Asia and Beyond*, Singapore: National University of Singapore Press, pp. 107-123.

Simoons, Frederick J. 1991. *Food in China: A Cultural and Historical Inquiry*, Boca Raton: CRC Press.

Sircar, Jawhar. 1990. "The Chinese of Calcutta," in Sukanta Chaudhuri (ed.), *Calcutta: The Living City, Volume II: The Present and Future*, Calcutta: Oxford University Press.

Smart, Josephine. 2009. "Cognac and Poon-chai: A Social History of the Invention of Hong Kong Traditions in Festive Food Culture," in David Holm (ed), *Regionalism and Globalism in Chinese Culture*, Taipei: Foundation of Chinese Dietary Culture, pp. 325-367.

Smith, Andrew F. 2001. "False Memories: The Invention of Culinary Fakelore and Food Fallacies," in Harlan Walker (ed.), *Food and the Memory*, London: Prospect, pp. 254-260.

Snow, Edgar. 1959. *Journey to the Beginning*, London: Victor Gollancz.

Swislocki, Mark. 2009. *Culinary Nostalgia: Regional Food Culture and the Urban Experience in Shanghai*, Stanford: Stanford University Press.

Tam, Siumi Maria. 2002. "Heunggongyan Forever: Immigrant Life and Hong Kong Style Yumcha in Australia," in David Y. H. Wu and Sidney C. H. Cheung (eds.), *The Globalization of Chinese Food*, London: Routledge, pp. 131-151

Tan, Chee-Beng. 2001. "Food and Ethnicity with Reference to the Chinese in Malaysia," in David Y. H. Wu and Tan Chee-beng (eds.), *Changing Chinese Foodways in Asia*, Hong Kong: Chinese University Press, pp. 125-160.

——, 2007."Nyonya Cuisine: Chinese, Non-Chinese and the Making of a Famous Cuisine in Southern Asia," in Sidney C. H. Cheung and Tan Chee-Beng (eds.), *Food and Foodways in Asia: Resource, Tradition and Cooking*, New York: Routledge, pp. 171-182.

——, 2008. "Tofu and Related Products in Chinese Foodways," in Christine M. Du Bois, Chee-Beng Tan, and Sidney Mintz (eds.), *The World of Soy*, Urbana and Chicago: University of Illinois Press, pp. 100-120.

——, 2011a. "Introduction," in Tan Chee-Beng (ed.), *Chinese Food and Foodways in Southeast Asia and Beyond*, Singapore: National University of Singapore Press, pp. 1-19.

——, 2011b. "Cultural Reproduction, Local Invention and Globalization," in Tan Chee-Beng (ed.), *Chinese Food and Foodways in Southeast Asia and Beyond*, Singapore: National University of Singapore Press, pp. 23-46.

Tan, Christopher. 2010. "What Is Singapore Food?" in Joyceline Tully and Christopher Tan (eds.), *Heritage Feasts: A Collection of Singapore Family Recipes*, Singapore: Miele, pp. 15-19.

Tan, Gek Suan, 2004. *Gateway to Peranakan Food Culture*, Singapore: Asiapac Books.

Tan, Mely G. 2002. "Chinese Dietary Culture

in Indonesian Urban Society," in David Y. H. Wu and Sidney C. H. Cheung (ed.), *The Globalization of Chinese Food*, London: Routledge, pp. 152-169.

Tarulevicz, Nicole. 2013. *Eating Her Curries and Kway: A Cultural History of Food in Singapore*, Urbana: University of Illinois Press.

Thompson, David. 2002. *Thai Food*, Victoria, Australia: Penguin Book Ltd.

Tseng, Pintsang and Chen, Yujen 2020. "Making 'Chinese Cuisine': The Grand Hotel and Huai-Yang Cuisine in Postwar Taiwan," *Global Food History*, 6 (16), March, pp. 1-18, published online.

Tully, Joyceline and Tan, Christopher. 2010. *Heritage Feats: A Collection of Singapore Family Recipes*, Singapore: Miele Pte.

United States Navy (Bureau of Supplies and Accounts), revised 1944. *The Cook Book of the United States Navy*, Navsanda Publication No.7, (Collection in the National Archives, USA).

Varè, Daniele. 1938. *Laughing Diplomat*, London: John Murray.

Vu, Hong Lien. 2016. *Rice and Baguette: A History of Food in Vietnam*, London: Reaktion Books Ltd.

Wang, Oliver. 2020. "Live at the China Royal: A Funky Ode to Fall River's Chow Mein Sandwich," in Jenny Banh and Haiming Liu (eds.), *American Chinese Restaurants: Society, Culture and Consumption*, London: Routledge, pp. 105-120.

Watson, James L. 2019. "Afterword: Feasting and the Pursuit of National Unity-American Thanksgiving and Cantonese Common-Pot Dining," in Michelle T. King, *Culinary Nationalism in Asia*, London: Bloomsbury Academic, pp. 252-263.

Wong, Hong Suen. 2007. "A Taste of the Past: Historical Themed Restaurant and Social Memory in Singapore," in Sidney C. H. Cheung and Tan Chee-Beng (eds.), *Food and Foodways in Asia: Resource, Tradition and Cooking*, New York: Routledge, pp. 115-128.

Wongcha-um, Panu. 2010. "What Is Thai Cuisine? : Thai Culinary Identity Construction From The Rise of The Bangkok Dynasty to Its Revival," A Thesis submitted for Degree of Master of Arts, Department of History, National University of Singapore.

Wongyannava, Thanes. 1999. "The Localization of Chinese Haute Cuisine in Bangkok's Chinese Restaurants A Preliminary Study." in 7th International Conference on Thai Studies, University of Amsterdam, 4-8 July, pp. 1-14.

Woon, Kwok Kian, Wan-Ling C. J. and Chia, Karen (eds.). 2000. *Rethinking Chinatown and Heritage Conservation in Singapore*, Singapore Heritage Society.

Wu, David Y. H. 2011. "Global Encounter of Diasporic Chinese Restaurant Food, in Tan Chee-Beng (ed.), *Chinese Food and Foodways in Southeast Asia and Beyond*, Singapore: Nus Press, pp. 75-103.

Wu, Lien-the. 1915. "A Hygienic Chinese Dining Table," *The National Medical Journal of China*, 1(1), November, pp. 7-8.

Wu, Xian. 1927. "Chinese Diet in the Light

of Modern Knowledge of Nutrition," *The Chinese Social and Political Science Review*, 11 (1), January, pp. 56-81.

Yang, Young-Kyun. 2005. "Jajangmyeon and junggukjip: The Changing Position and Meaning of Chinese Food and Chinese Restaurants in Korean Society," *Korean Journal*, 45 (2), Summer, pp. 60-88.

Ying, Duan. 2011. "The Chinese Foodways in Mandalay: Ethnic Interaction, Localization and Identity," in Tan Chee-Beng (ed.), *Chinese Food and Foodways in Southeast Asia and Beyond*, Singapore: National University of Singapore Press, pp. 141-155.

Yoshino, Kosaku. 2010. "Malaysia Cuisine: A Case of Neglected Culinary Globalization," in James Farrer (ed.), *Globalization, Food and Social Identities in the Asia Pacific Region*, Tokyo: Sophia University Institute of Comparative Culture, published online

Young, John Russell. 1879. *Around the World with General Grant: A Narrative of the Visit of General U. S. Grant, Ex-President of the United States, to Various Countries in Europe, Asia, and Africa, in 1877, 1878, 1879*, New York: The American News Company, vol. 1-2.

韓文文獻

김창수，2010，「인천大佛호텔·中華樓의빈천사자료인구」（仁川大佛旅館·中華樓的變遷史資料研究（仁川學研究）13，8월，275～316쪽。

박은경，1994，「중국 음시의역사적 의미」（中國料理的歷史性意義）『한국문화인유하』（韓國文化人類學）26，95～116쪽。

方信榮（방신잉），1921，『韓國料理製法』（조선요리제법）京城（경성），廣義書館（광익서관）。

이용제，2012，「재밴과국가권력에의한화교희생의한사례　연구；아시원（雅敘園）소송사건」（從財閥與國家權力視角看華僑犧牲的事例研究：雅敘園訴訟事件）『증앙사론』（中央沙龍），35，6위；65～108쪽。

이정회（李正熙），2017a，「조선화교의점와요리점인구：1880년대-1920년대나중신으로」（朝鮮華僑的中華料理店研究：以一八八〇～一九二〇年代為中心）『사회와역사』（社會與歷史）114，6원，61～96쪼。

——，2017b，「［한국화교130년사⑥］중하유리입의 시작과 진화」（韓國華僑130年史⑥　中華料理店的開始與進化）10웰 14 일，published online:,（https://www.ajunews.com/view/20171011144537734）.

——，2017c，「조선화교　중화요리점의사태：1927- 1945 년의 시기# 중심으로」（朝鮮華僑中華料理店的實態：以一九二七～一九四五年的時期為中心）『경제사학』（經濟雜誌）41（3）（65），12월.273～305쪽。

주잉하（周永河），2008，「나가사키화교읍식『짬뽄』이 한국에있는까닭」（長崎華僑料理「強棒麵」在韓國的可能性）「신동아］（新東亞）7月25日，（http://news.naver.com/main/read.nhn?mode=LSD&mid=sec&sid1=103&oid=262&aid=0000001606）.

——，2013，『식탁위의 한국사：메뉴로본20 세기한국 음식문화사』（餐桌上的韓國史：從菜單看二十世紀韓國飲食文化史）서유，Humanist.

한몽수，2009，「인천 청국조계지내 공화추의역사변천에 과한 연구」（仁川清國租界地內的共和春的歷史變遷相關研究）『중국학보』（中國學報）60，12원，371～393쪽。

한박진，2001，『우리 생합 100년 · 음식』（我們的生活百年 · 飲食）서을，현암사。

其他語言文獻

Siwi, Yogi. 2018. “Perancangan Pusat Konservasi Budaya Kuliner Etnis Tionghoa Indonesia berdasarkan Analisa Elemen Food Heritage di Pecinan Jakarta,”（以雅加達唐人街飲食遺產組成要素分析為基礎的中華民族料理文化中心之設計）, Podomoro University.

Trịnh, Quảng Đũng（鄭光勇）. 2013 (2010). “100 NĂM PHỞ VIỆT”（越南河粉一〇〇年）,（https://mayphoviet.com/tin-tuc/100-NAM-PHO-VIET-73.html）

Kowibunchay, Punpon. 2013.「權力交涉與泰式炒河粉的意義變遷：從愛國主義者料理到泰國的代表料理」，《語言與文化期刊》，11(2)，頁75-94。

其他資料

陸徵祥文書「手稿雜件（一）」（宴席菜單）（中央研究院台灣史研究所所藏，T1063_05_01_0001）。

上海市第二商業局「關於飲食業基本狀況和飲食公司關於飲食業改造工作匯報」（1956年月日不明）（上海市檔案館所藏，B98-1-134-1）。

——「十年來的飲食服務事業」（1960年4月8日）（上海市檔案館所藏，B98-1-732-1）。

上海市公共飲食公司「上海市公共飲食業調查摸底改造規劃報告（草案）」（1956年3月17日）（上海市檔案館所藏，B98-1-134-1）。

——「上海市酒菜商業摸底情況報告」（1956年3月）（上海市檔案館所藏，B98-1-134-1）。

上海市人民委員會機關事務管理局辦公室「1964年代國務院機關事務管理局培訓廚師的計畫，名單」（1964年1月31日～9月8日）（上海市檔案館所藏，B50-2-398-1～2）。

「上海市人民委員會機關事務管理局　關於代訓廚師工作的報告」（作成日不明）（上海市檔案館所藏，B50-2-398-28～31）。

「商討新生活俱樂部新運區勵志社西餐部及冠生園飲食部出售餐食辦法紀錄」（1943年6月11日）（重慶市檔案館所藏，00610015046780000075000）。

“Collection of Chinese Cookery Recipes,” (Collection in the Wellcome Library, London).

Forbidden City Menu, ca. 1943. The Dragon Lair inc. Nampa Idaho, Applications for Price Adjustment, 1942-1946, Records of the Office of Price Administration, 1940-1949, (Collection in the National Archives, USA).

President Harding Dining with the “Vagabonds” during a Camping Trip, 24 July 1921, (Object ID) P.189.1522. (Digital Collection in the Henry Ford Museum and Greenfield Village), (https://artsandculture.google.com/asset/president-harding-dining-with-the-vagabonds-during-a-camping-trip-1921-

ford-motor-company-engineering-photographic-department/EgEpOCarlE6amA)

Remarks of the President at the Italian-American Foundation Bicentennial Tribute Dinner [Ford Speech or Statement], 9/16/1976, Press Releases, September 16, 1976, Press releases, 1974-1977, White House Press Releases (Ford Administration), 1974-1977, (Collection in the National Archives, USA).

"Singapore Food Carnival 1965" (Collection in the National Library Board, Singapore).

Tourism: A Tourist Guide to Singapore and Malaya, 1st Edition, 1961. (Collection in the National Library Board, Singapore).

White House Lucheon and Dinner Menu, Feb.29, Mar. 3, 22, Aug. 14, 22, Sep. 3, 9, 20, 25, 1952, Bess W. Truman Papers, 1889-1983, White House Menus File, 1947-1952, (Collection in the National Archive, USA).

圖片來源

1－1	銀座亞斯特編（2007: 121）
1－2	公有領域
1－3	公有領域（裕勛齡攝）
1－4	銀座亞斯特食品株式會社提供
1－5	銀座亞斯特食品株式會社提供
1－6	2015年8月14日筆者攝影
1－7	2019年5月23日筆者攝影
1－8	《申報》1927年3月28日6頁。
1－9	公有領域
1－10	《北京晚報》1959年10月20日2頁
1－11	公有領域
1－12	2018年5月5日筆者攝影
1－13	公有領域（PEmniaCHAN, 2 February 2008）
1－14	Young（1879: Vol.1, 408）
1－15	公有領域（搜狐，2018年1月17日）
1－16	人民大會堂編（1984：口繪）
1－17	公有領域（White House Photographer, 25 February 1972）
1－18	公有領域（Richard Nixon Presidential Library and Museum）
1－19	銀座亞斯特編（2007: 95）
1－20	《台灣日日新報》1921年11月18日日刊7頁。
1－21	《台灣日日新報》1923年4月26日日刊7頁。
1－22	《糧友》14卷1號，1939年1月，49頁。
1－23	公有領域（Ceeseven, 7 September 2019）
1－24	公有領域（Rob Young, 22 November 2010）
1－25	公有領域
1－26	傅培梅飲食文化教育基金公益信託提供
1－27	2019年8月2日筆者攝影
1－28	*New York Times*, January 10, 1917, p. 65.
2－1	2019年3月10日筆者攝影
2－2	新加坡國立圖書館藏
2－3	2018年3月20日筆者攝影

2－4	2019年3月10日筆者攝影
2－5	公有領域（Marcin Konsek, 5 March 2016）
2－6	2018年3月23日筆者攝影
2－7	2019年3月11日筆者攝影
2－8	2019年3月10日筆者攝影
2－9	2019年3月12日筆者攝影
2－10	公有領域（JB Macatulad, 30 August 2016）
2－11	2019年3月10日筆者攝影
2－12	2019年3月13日筆者攝影
2－13	2018年3月20日筆者攝影
2－14	公有領域（Jan, 11 February 2013）
2－15	2018年3月20日筆者攝影
2－16	2019年10月13日筆者攝影
2－17	2019年10月12日筆者攝影
2－18	公有領域（Casablanca1911, 30 May 2006）
2－19	2019年3月20日筆者攝影
2－20	2019年3月19日筆者攝影
2－21	2019年3月19日筆者攝影
2－22	2019年8月13日筆者攝影
2－23	2019年8月11日筆者攝影
2－24	2019年8月13日筆者攝影
2－25	公有領域（Gunawan Kartapranata, 19 December 2015）
2－26	2020年1月4日筆者攝影
2－27	2020年1月3日筆者攝影
2－28	2020年1月3日筆者攝影
2－29	2020年1月3日筆者攝影
3－1	梁啓超《李鴻章》橫濱，新民叢報社，1901年，扉頁
3－2	Forbes Co. Boston
3－3	公有領域（Av8trxx, 28 March 2017）
3－4	公有領域（個人收藏）
3－5	公有領域（“New England Bites: Eating our way through Southeastern Massachusetts, Rhode Island and beyond!” 22 October 2012, https://www.newenglandbites.com/2010_06_01_archive.html）

3－6	Hoover Institution Archives, Pardee Lowe papers, 1911-1995, Box 324, Folder ID SAN FRANCUSCO (CHNTOWN)（2017 年3月28日筆者閱覽・攝影）
3－7	Pearl S. Buck, *Pearl S. Buck's Oriental Cookbook*, New York: Simon and Schuster, 1972.
3－8	2017年3月27日筆者攝影
3－9	2017年3月29日筆者攝影
3－10	公有領域（Mark Mitchell）
3－11	Paul Freedman, *Ten Restaurants That Changed America*, New York Liveright Publishing Corporation, 2016, p. 233.
3－12	"London Dining Rooms, 1851," *Punch*, January 1, 1851.
3－13	Sax Rohmer, *The Mystery of Dr. Fu-Manchu*, London: Methuen, 1913.
3－14	Kenneth Lo. *The Feast of My Life*, London Doubleday, 1993.
3－15	2017年11月23日筆者攝影
3－16	2017年11月22日筆者攝影
3－17	*The New Far East*, edited by Arthur Diosy, New York: G. P. Putham, 1899.
3－18	Don Dunstan, *Don Dunstan's Cookbook*, Adelaide, South Australia Rigby, 1976.
3－19	公有領域（Alpha, 1 March 2009）
3－20	2018年4月9日筆者攝影
4－1	《料理通》第4篇，八百屋善主人，1835（天保6）年
4－2	銀座亞斯特食品株式會社提供
4－3	〈長命百歲返老還童〉《食道樂》3卷10號，1929年10月，58頁
4－4	*Boston Journal*, November 8, 1903, Third Section, p. 3.
4－5	亨利・福特博物館數位收藏
4－6	〈在日本之中國飯館風景〉《大陸畫刊》2（3）（通5），1941年3月，21頁
4－7	公有領域（Blue Lotus, 27 March 2006）
4－8	2017年8月23日筆者攝影
4－9	2020年2月11日筆者攝影
4－10	《料理之友》25卷1號，1937年1月刊頭
4－11	銀座亞斯特食品株式會社提供
4－12	銀座亞斯特食品株式會社提供
4－13	銀座亞斯特食品株式會社提供

注釋

序章

1 目前有關亞洲部分，希望參考King（2019a）
2 西澤編（2019a）
3 Appadurai（1988）
4 山內（2020）
5 關於中國與周邊國家的「國族菜」與「國民服飾」的形成，希望以 Iwama（forthcoming）重新整理比較。
6 奈伊（2004: 10, 26, 34）
7 家永（2017: 119-160）
8 渡邊（2011: 22-28）
9 渡邊（2015: 18）
10 勞丹（2016: 8）
11 山本（2003）；木畑（2012）
12 松浦（2006）
13 山本（2003）；木畑（2012）
14 石毛（2013: 58-59）
15 Chen（2014: 22-26, 44-47）
16 Cwiertka（2006: 139, 147-148）
17 岩間（2019c）
18 中林（2021）
19 岩間（2019d）
20 Farrer（2010）
21 Farrer, Hess, Carvalho, Wang, and Wank（2019）
22 已讀過的有西敏司（1988）；角山（1980）等的古典名著
23 Rappaport（2017）；Ellis, Coulton, Mauger（2019）等
24 科林漢（2006）
25 Smith（2001）
26 岩間（2019）

第一部

第1章

1 木村（1988）
2 King, Michelle（2020）
3 江（1996）
4 Sabban（2009a）
5 Rosner（2009）
6 巫（2018）
7 譚（2004）
8 Feng（2019: 77, 106-108）
9 芥川（1925: 121-125）
10 巫（2018）
11 孟（1983: 163-167）
12 Gernet（1962: 133-134）；中村（2000: 377-378）
13 孟（1983: 91）
14 張（1997: 150-151）
15 石毛（2013: 60, 65）
16 Gernet（1962: 133-134）
17 吳（2000: 111）
18 中村（2000: 379）
19 Sabban（2009a）；徐編（1999a: 99）
20 謝（1996: 268-269；1997: 210-211）
21 Huang（2000: 116-117）
22 中村（1995:3）
23 Feng（2019: 19, 24-25）
24 石橋（2011: 60, 269）
25 石毛（2006: 302）
26 郭（2009: 11）；〈完全復元・滿漢全席〉（卷壹 西太后 還曆之宴，卷貳 乾隆帝歡迎之宴）（NHKBS，2002年播出播出）
27 吳（1988: 2-3, 34）
28 石橋（2011: 16-17）

29 吳（1988: 279-280, 433, 435）
30 吳（1988:367-371）；揚（2010b: 103）
31 吳（1988: 264-268, 348, 434）； 苑（1997: 104）
32 徐編（1999a: 371-372）
33 吳（1988: 376）
34 苑（1997: 75-76）
35 石橋（2011: 23-24）
36 吳（1988: 2-3, 355-361, 480）；苑（1997:29）； 揚（2009: 10, 30, 38-39, 47）
37 賈（1997: 182）
38 吳（1988: 2-3, 480）；揚（2010a: 47)；郭（2009）；〈完全復元・滿漢全席〉（2002）
39 周（2012: 63-64, 70-71）
40 飛山（1997: 165, 189）
41 吳（1988: 228, 381）
42 崑岡（1976: 755-762）；揚（2010b: 7）
43 吳（1988: 228, 381, 434, 479）
44 苑（1997: 15, 81-82）； 揚（2010b: 1, 13）
45 吳（1988: 2-3, 479-480）
46 揚（2010b: 98, 127, 151）
47 苑（1997: 152-153）
48 苑（1997: 154-155）
49 苑（1997: 163-165）
50 揚（2010b: 3, 80）
51 吳（1988: 277-280）；揚（2010b: 124）
52 吳（1988:304）；苑（1997: 45-46）
53 吳（1988；375）；Rosner（2009: 95-115）；愛新覺羅（1961: 49）；揚（2010b: 6）
54 Simoons（1991: 427-431）
55 苑（1997: 45）
56 吳（1988: 373）
57 吳（1988: 375, 436）；苑（1997:15）
58 Simoons（1991: 431-432）
59 吳（1988: 432）；愛新覺羅（1961: 50-51）
60 徐（1920: 34-35）；吳編（1988: 316-322）
61 Der Ling（1933: 53-64）
62 吳（1988: 322-326）
63 Der Ling（1933: 53-64）
64 吳（1988: 331-333, 375）；松本（2013）
65 伍（1910）；Leung（2019: 221-240）
66 愛新覺羅（1992: 95 ～ 100）
67 吳（1988:342-345）；愛新覺羅（1961: 33）
68 秋山（2005: 107-110）
69 石橋（2011: 23-25）
70 趙（2003: 208-211, 220-225）
71 吳（1988: 287, 293）；Rosner（2009: 95-115）
72 Waley-Cohen（2009）
73 袁（1980: 46-47）
74 邢（1986: 701-702）
75 李斗（1997: 106）
76 吳（1988: 288-289, 480）；郭（2009: 11, 23）
77 Waley-Cohen（2009）
78 趙（2003: 225-226）
79 平（1982: 179）
80 韓（1969: 142-150）
81 趙（2003: 248-249, 278-286）
82 劉（2006: 97-106）
83 治（1933）
84 吳（1988: 482）
85 禹（1948）
86 吳（1988: 2）
87 中央飯店編（1938）
88 北京民族飯店菜譜編寫組編（1982: 465）
89 鄭（2013: 74）
90 飛山（1997: 164）

91 邱（1996: 177-185）
92 飛山（1997: 165-167）
93 高橋（1967: 14-16）
94 〈13小時吃光300萬日幣的 14人貪吃鬼美食之旅〉（13時間300万円をたいらげた14人の食いしん坊旅行）《女性SEVEN》6（16）（243），1968年 5月1日，162～165頁；陳編（2014: 58）
95 田中（1987:233）；文藝春秋企劃出版部編（2002:222-232）；陳編（2014: 58）
96 飛山（1994: 67）
97 陳（1986）
98 第二商業部飲食業管理局編（1958a: 44）；趙・汪（2004: 80）；郭（2009: 33）
99 《國家名廚》編委會編（2012:22）

第2章

1 郭（2009: 16-20）
2 第二商業部飲食業管理局編（1958b: 130）
3 袁（2016: 62-71）
4 吳（1988: 281-285）
5 郭（2009: 17-20, 30-31）
6 袁（2012: 77）
7 馮（2007: 6）；晉編（2008: 167）
8 斯波（1995；163-165）
9 西澤（2019b）
10 川島・張・王（2020）
11 〈「吃」在上海特輯〉《申報》1947年1月16日9頁；逯（2007:45）
12 井上進（1920: 85）
13 徐編（1999b: 135, 149-150）
14 川島（2007: 22-53）
15 孫文（1989: 355-357）。《孫文學說》，1918年12月30日於上海撰寫序文，初版由上海的華強書局於翌年6月5日發行
16 《申報》1925年11月22日13頁，11月26日7頁，1927年3月28日6頁
17 季（2012）
18 徐（1920: 9-10）
19 King Michelle（2019b）
20 中林（2021）
21 麻婆豆腐研究會編（2005: 18-19）
22 傅（1987: 262）
23 周（1987: 69）
24 中林（2021）
25 牟（1948）
26 謙子（2015）
27 孫編（1935: 60）
28 冷（1946: 104-106）
29 王（1937: 8）
30 Swislocki（2019: 165-175）
31 舒（1947）
32 周（2012: 112-114；2015: 21）
33 周（2012: 16-17, 98-101）
34 周（2016）
35 周（2015: 21）
36 周（2012: 98-99；2016）
37 飛山（1997: 149-162）
38 Cheng（2002: 16-33）
39 陳夢因（《粵菜溯源錄》天津，百花文藝出版社，2008 年）之說。依據周（2012: 157）
40 解（1937）；周（2015: 107-108）
41 根據百度百科〈大三元酒家〉。百度百科（中國版維基百科）的記述可信度雖然低，但由於無其他典據，所以列出作為參考用
42 陳編（2014: 38）
43 依據百度百科〈廣州酒家〉
44 日野（2001: 113-127）
45 商業部飲食服務局編（1959: 5）
46 周（2015: 112）；「大同酒家復業了！

跨區開在天河！現場老街坊擠爆…」《廣州日報》2018年 8 月24日。（https://baijiahao.baidu.com/s?id=1608756402709786355&wfr=spider&for=pc）。

47 獨（1923: 19-30）

48 王（1934: 221）；王（1937:15-17）

49 王（2004:12-25）；程（2015）

50 逯（2007: 29）

51 楊（1994:6）；陳（1998）

52 冷（1946: 110-111）

53 谷崎（1926）

54 逯（2007: 16-17）；絲絲（1995）；姚（1999）

55 飛山（1997: 92-100）

56 飛山（1997: 127-128）

57 絲絲（1995）；樹棻（1997: 15）

58 飛山（1997）

59 Cheung（2020）

60 逯（2007: 32）

61 李浩明（1997）

62 徐編（1999b: 140）

63 Feng（2019: 140-142）

64 〈重慶人的濫吃〉《生力》（重慶）3（11/12），1939年3月15日，139 頁

65 施（1998）

66 「商討新生活俱樂部新運區勵志社西餐部及冠生園飲食部出售餐食辦法紀錄」（1943，重慶市檔案館藏）

67 舒（1995）；施（1998）

68 逯（2007: 50-51）；Tseng and Chen（2020）

69 〈飲食娛樂業統計〉《申報》1946年12月27日6頁。

70 Tseng and Chen（2020）

71 阮（2012）

72 董（2000: 上340-350）

73 上海市第二商業局〈關於飲食業基本狀況和飲食公司關於飲食業改造工作滙報〉（1956年，上海市檔案館藏）

74 董（2000: 上29-30, 358-359；下22-28, 86-172）

75 翁（1999: 24）

76 上海市第二商業局〈關於飲食業基本狀況和飲食公司關於飲食業改造工作滙報〉（1956年，上海市檔案館藏）；上海市公共飲食公司〈上海市酒菜商業摸底情況報告〉（1956年3月，上海市檔案館藏）

77 上海市公共飲食公司〈上海市公共飲食業調查摸底改造規劃報告（草案）〉（1956年3月17日，上海市檔案館藏）；Swislocki（2009: 210）

78 上海市公共飲食公司〈上海市酒菜商業摸底情況報告〉（1956 年3月，上海市檔案館藏）

79 上海市公共飲食公司〈上海市公共飲食業調查摸底改造規劃報告（草案）〉（1956年3月17日，上海市檔案館藏）

80 Swislocki（2009: 211-212）

81 〈本市培養了一批新廚師〉《新民晚報》1956年5月25日4頁

82 季（2011: 1-6）；Cheung（2020）

83 〈上海市人民委員會機關事務管理局關於代訓廚師工作的報告」（上海市檔案館藏）

84 〈飲食展覽會5月1日開幕 展出各幫名菜名點一千四百種〉《新民晚報》1956年4月24日1頁；〈飲食展覽會今天舉行預展〉《新民晚報》1956年4月28日1頁；〈飲食展覽會開幕〉《新民晚報》1956 年5月2日1頁

85 Klein（2009: 44-76）

86 〈發揚飲食業的經營特點〉《新民晚報》1956年4月28日4頁。

87 上海市第二商業局「十年來的飲食服務事業」（1960年4月8日，上海市檔案

館藏）；Swislocki（2009: 212-213）

88 「【烹飪史料】餐飲業國家第一批烹飪技師名單（1960年）」，中國國家名廚網（http://www.mingchu.org/news/chuanqi/76.html）

89 商業部飲食服務局編（1959: 5）

90 上海市人民委員會機關事務管理局辦公室「1964年代國務院機關事務管理局培訓廚師的計畫名單」（1964年1月31日～9月8日，上海市檔案館藏）；Swislocki（2009: 213）

91 勝見（2000: 210-219）

92 王國平（1997）

93 郭（1959）；〈【烹飪史料】北京晚報訪四大名廚（1959年）〉，中國國家名廚網（http://www.mingchu.org/news/chuanqi/27.html）

94 《國家名廚》編委會編（2012:23）

95 第二商業部飲食業管理局編（1958b: 109-117）

96 《國家名廚》編委會編（2012: 2-3）

97 〈“特長和特色”〉《文匯報》1968年5月13日4頁

98 邱（1979）

99 Swislocki（2009: 218）

100 〈黃浦區許多“名菜館”改革為大眾化飲食店〉《文滙報》1968年12月7日4頁；〈春節前上海市場購銷兩旺一片繁榮〉《文匯報》1969年2月12日2頁

101 〈螃蟹之行〉《文滙報》1977年2月4日1頁；曉宜（1983）

102 《國家名廚》編委會編（2012: 2-72）

103 《國家名廚》編委會編（2012: 2-72）

104 姚（1988）；林（1992）

105 絲絲（1995）；李浩明（1997）

106 勝見（2000: 248）

107 江（1994）；姚（1994）

108 吳・沈（1993）

109 王寶林（1997）；胡（1998）

110 河合（2018；2020）

111 金（1997）； 李 浩 明（1997）； 舒（1997）；鞠（1999）

112 樹菜（1997）；鞠（1999）

113 Pan（2012: 37）

114 飛山（1997: 115-120）

115 張（2005）

116 木村（1995c）

117 飛山（1997: 212-216, 241-244）

118 飛山（1997: 213, 217-218）

119 木村（1995c）；森川（2002: 190-209）

120 飛山（1997: 245, 253）

121 張（2005）；Smart（2009: 325-367）

122 Watson（2019: 252-263）

123 Smart（2009）

124 Watson（2019）

第3章

1 Young（1879）

2 Young（1879, Vol.2: 245）

3 Young（1879, Vol.2: 335-342）

4 Young（1879, Vol.2: 401-433）

5 Perry（2014（2009）:下239-241）；江原・石川・東四柳（2009: 195-199）

6 村岡（1989）

7 Young（1879, Vol.2: 489-502）

8 Young（1879, Vol.2: 523-530）

9 Young（1879, Vol.2: 541-546, 558-561）

10 Young（1879, Vol.2: 627-631）

11 陸徵祥文書〈手稿雜件（一）〉（宴席菜單）（中央研究院台灣史研究所典藏）

12 揚（2009: 38-39）

13 郭（2009: 21, 28）

14 Varè（1938: 106-107）； 帕 爾（2013: 390）

15 周（2016）；百度百科〈中國菜〉等。

16 粒粒香（2013: 74, 128-131, 141-144, 155）

17 金（1956）

18 粒粒香（2013: 134-136, 142-144, 155）

19 顧（2003: 52, 62-63, 98-99）

20 芳（1988）

21 〈幾種外交宴會〉《新民晚報》1965年10月15日3頁；〈宴會酒會茶會〉《文匯報》1981年7月6日4頁。

22 戴（1999）

23 饒・王（2009）

24 北京飯店館內的專門頻道介紹（2019年5月31日閱覽）。

25 邊（2009: 131-166）

26 吳（2011: 44-46）。吳德廣，1965年7月從外交學院（1955年開校，直屬外交部的外交官培育機構）畢業，進入外交部禮賓司，擔任禮賓官約20年

27 邊（2009: 146-147）

28 吳（2008；2011）

29 饒・王（2009）

30 邊（2009: 135）

31 孫（2009b）

32 孫（2009a）

33 何・林・詹（2011）；卓（2011；4-5）

34 涂・饒・王（2010）

35 勝見（2000: 170）

36 劉（2011）

37 〈中南海總廚師回憶：國宴吃什麼?〉《東西南北》（長春）2014年12期（6月15日），78～79頁。

38 曉鴿（2014）；王（2012）；吳（2008；2011）；勝見（2000: 197）

39 郭（2014）；饒・王（2009）；王（2012）

40 釣魚台國賓館編（1995: 11-12）

41 吳（2011）；釣魚台國賓館編（1995:11-13）

42 釣魚台國賓館編（1995:14）；陶野（2007）

43 秦（1999）

44 饒・王（2009）

45 左・鐘（2005）

46 吳（2008）

47 王（2006）

48 張（1997: 225-226）；〈完全復元・滿漢全席〉（2002）

49 山本（2019: 339-355）

50 〈北京老字號建烱爐烤鴨技藝博物館〉，新華網，2008年6月20日（http://www.taiwan.cn/xwzx/dl/shh/200806/t20080620_675711.htm）。

51 第二商業部飲食業管理局編（1958b: 25）等為1864年創業

52 「中國全聚德（集團）」官方網站（https://www.quanjude.com.cn/html/History/heritage/）。

53 賈（2015；157-169）

54 第二商業部飲食業管理局編（1958b: 48）

55 佟（1990: 205）；張（1997: 226）

56 吳（2008）

57 勝見（2000: 186, 201）

58 王（2015）

59 Buck（1972: 19）

60 何（2011）

61 孫（2009）

62 何（2011）

63 吳（2011）；王（2012）

64 〈革命不是請客吃飯（歌曲）〉《人民日報》1966年10月12日6頁。

65 永旭（2014）

66 吳（2011）

67 王（2012）

68 吳（2012）

69 顧（2003: 42-43, 194-209, 218）

70 孟（2012）；程・閻・李（2014）

71 吳（2011）
72 永旭（2014）；王（2012）；劉欣（2011）；吳德廣（2011）；郭成倉（2014）
73 孫（2009a）
74 《國家名廚》編委會編（2012:71）
75 飛山（1997: 190-212）
76 吳（2008）；張旭（2009）
77 吳（2011）；郭（2014）
78 郭（2014）；許・許（2014）
79 〈“國酒”——茅台上螢屏〉《文匯報》1986年9月12日 1 頁。紀念巴拿馬太平洋萬國博覽會獲獎70周年，貴州電視台於1986年製作連續劇《茅台酒的傳說》。
80 〈周總理與茅台酒〉《文匯報》1989年10月22日4頁。
81 曉鴿（2014）
82 涂・饒・王（2010）；王（2015）
83 馬（2012）
84 〈“國酒”——茅台上螢屏〉《文匯報》1986年9月12日1頁。
85 〈禮賓工作有改革 國宴不用茅台酒〉《人民日報》1988年8月27日1頁。
86 謝（1994；1998）；馮・陳（1989）
87 〈支援日本酒、燒酎作為「國酒」銷往國外 古川戰略相〉《讀賣新聞》2012年4月15日34頁。
88 國家戰略室，政策「ENJOY JAPANESE KOKUSHU（品嚐國酒吧）」企劃（http://www.cas.go.jp/jp/seisaku/npu/policy04/archive12.html）。
89 友田晶子〈喝醉也能懂的「國酒」與「國酒企劃」〉（2012年12月04日更新）（https://allabout.co.jp/gm/gc/403534/）。
90 王曉楓（2015）
91 前揭〈中南海廚師回憶：國宴吃什麼？〉《東西南北》。
92 吳德廣（2008）；顧（2003: 14）
93 桂（2005: 377-383）
94 張（1997: 98-136）
95 Poon（2014）
96 皮（2020）
97 〈歡迎角先生的北京料理菜單〉《週刊文春》1972年9月18日，32 ～ 34 頁。
98 吳（2008）
99 王（2012）
100 郭（2014）
101 王（2012）；涂・饒・王（2010）
102 北京飯店館內專門頻道的介紹（2019年5月31日閱覽）。
103 王（2015）
104 前揭〈歡迎角先生的北京料理菜單〉《週刊文春》。
105 吳（2008）
106 野鶴（1993）
107 譚・張（2010）
108 飛山（1997: 170-171）
109 Liu（2015: 114-115）
110 飛山（1997: 171）
111 孫曉青（2009b）

第4章

1 季（2012）
2 Demgenski（2020）
3 季（2012）
4 Demgenski（2020）
5 程（2014a）
6 〈中餐申遺為啥這麼難? 代表委員稱“博大精深”是“双刃劍”〉《新華網》2016年1月23日，（http://news.cnr.cn/native/gd/20160123/t20160123_521213958.shtml）
7 程（2014a）
8 季（2012）
9 萬（2012）

10 季（2012）
11 萬（2012）
12 程（2014b）
13 第二商業部飲食業管理局編（1958a: 25-26）
14 1913年10月滿鐵第二任總裁中村是公訪問北京時，應該與同窗山座圓次郎公使在正陽樓聚餐，對「成吉斯汗時代的鋤燒鍋」的美味大為驚豔。回到大連後，中村總裁於1913年11月8日晚上，在滿洲館招待官民要人，舉行「鋤燒會之饗應」（〈珍饌山賊料理 總裁的北京土產〉《滿洲日日新聞》1913年11月9日5頁）。這是將成吉思汗料理傳入滿洲日本人社會的最早記錄（尽波[n.d.]的〈中村滿鐵總裁帶回大連的烤羊肉〉）。
15 第二商業部飲食業管理局編（1958a: 25-26）
16 前揭〈中餐申遺為啥這麼難？代表委員稱 “博大精深”是“双刃劍”〉《新華網》。
17 程（2014c）
18 程（2014c）
19 程（2014c）
20 〈韓國泡菜申遺刺痛了誰？〉《大連日報》2013年11月21日B04 頁。
21 〈中國制定泡菜行業國際標準，韓國政府表態〉《環球時報》2020年11月30日（https://baijiahao.baidu.com/s?id=1684776164932683441&wfr=spider&for=pc）
22 高口（2021）
23 邱（2010: 526）
24 程（2014c）；Feng（2019: 69-70）
25 King, Michelle（2019b: 2020）
26 King, Michelle（2020）
27 程（2014c）
28 李（2014）
29 YU・田中（2017）
30 季（2011）
31 李（2014）
32 程（2014a）
33 孟（2017）
34 中屋（2014）
35 〈【2018年全國網媒甘肅行】蘭州牛肉麵博物館裡的體驗與傳承（圖）〉新華網，2018年7月20日（https://k.sina.com.cn/article_2810373291_a782e4ab02000p04j.html）
36 「金龍魚走進聯合國, 圓中國美食“申遺夢”！」金龍魚官方網站，2015年3月28日（https://www.jinlongyu.cn/news/detail_100000300277636.html）；劉（2015a；2015b）
37 彭（2015）
38 劉（2015b）
39 楊（2016）
40 Cheung（2020）
41 楊（2016）；孟（2017）
42 楊（2016）
43 Demgenski（2020）
44 楊（2016）；孟（2017）
45 姜（2018）
46 孟（2017）
47 Demgenski（2020）
48 姜（2018）
49 中山・木村（1988: 84-85）
50 Demgenski（2020）

第5章

1 代表性的著作，楊等（2017）；陳玉箴（2020）等。
2 〈台南辦務署的新年宴會〉《台灣日日新報》1898年1月18日日報3頁。
3 陳玉箴（2020: 44）

4 陳（2008）

5 關於①～⑤的5家店, 曾（2012）；陳玉箴（2020:38-86）。

6 〈號稱全島第一！蓬萊閣的台灣料理新設的美食食堂也博得好評，永遠人滿為患〉《台灣日日新報》1937年7月16日日報8面。

7 曾（2011）

8 月出（1903: 1-14）

9 月出（1907: 73-77）

10 〈到台灣館吃台灣料理〉《台灣日日新報》1922年2月23日日報7頁。

11 〈已越過山頭的國技館台灣博〉《台灣日日新報》1929年4月20日晚報2頁。

12 〈京都的台灣料理〉《台灣日日新報》1911年4月29日日報7面。關於京都的中國菜歷史，岩間（2019d）。

13 若林（1984）

14 〈於御泊所的大食堂 品嚐台灣料理 隨侍高官全員作陪〉《台灣日日新報》1923年4月26日日報7頁；〈御宴與台灣料理 江山樓之光榮〉《台灣日日新報》1923年4月27日日報8頁。

15 前揭〈於御泊所的大食堂 品嚐台灣料理　隨侍高官全員作陪〉《台灣日日新報》。

16 秋山（2005: 93, 113-116）

17 田中（1987: 207）

18 〈卅日夜晚餐伊澤總督進獻台灣料理菜單共十三種〉《台灣日日新報》1925年5月30日日報7頁；〈朝香宮殿下二日晚餐嚐台灣料理〉《台灣日日新報》1927年10月23日日報5頁；〈進獻台灣料理　江山樓備感光榮〉《台灣日日新報》1928年4月5日日報5頁；〈呈上台灣料理晚餐〉《台灣日日新報》1929年5月15日日報7頁；〈品嚐台灣料理〉《台灣日日新報》1934年10月14日日報7頁等。

19 〈與其稱殖民地 不如稱帝國一地方 以遵從聖旨之信念服務 上山總督之談〉《台灣日日新報》1928年1月1日日報2頁。

20 〈好胃口宴席氣氛融洽　總督官邸之招待晚餐會〉《台灣日日新報》1943年5月9日日報3頁。

21 岩間（2019a）

22 上田（1935）

23 山田（1936）

24 生田（1940）

25 岩間（2019a）

26 例如，在平山（1933）論述中，曾在滿洲生活過的作家平山蘆江曾寫道：「滿洲的食物中，有一種水鮫子特別好吃」、「鮫子又寫成角子，滿洲腔中發音為gyo-za」。如草野（2013: 177-179）推論，1930年代日本聞名的「gyo-za」滿洲腔，源自於許多前往中國東北部討生活或移民的山東地方方言，這種想法頗有道理。韓國等主張的朝鮮漢語音說，或石橋（2011: 21-23）的（滿洲族旗人）的滿洲語說都有點難以想像。

27 尽波滿洲男（n.d.）, 尤其是「討論北京的鶩澤・井上命名 」。

28 〈試食聯盟晚餐滿洲建國記念 成吉思汗料理〉《料理之友》21（5）, 1933年5月，20～24頁。

29 曾（2013）；陳玉箴（2020: 226-240）

30 Iwama（2021）

31 張　玉　欣（2008）；Liu（2015: 92-95, 147）；朱（2003；〈自序〉）

32 Liu（2015: 82, 98-105）；Lee（2008: 66-83）

33 陳玉箴（2020: 228-233）

34 張玉欣（2008；2011）；潘（2020）

35 郭（2020）

36 逯（2007: 194-201）

37 童（1986: 105-112）；陳玉箴（2020: 340-343）

38 Tseng and Chen（2020）

39 「草山行館」官方網站:（http://www.grassmountainchateau.com.tw/index.html）等。

40 Li（2015）

41 佐藤（1977）

42 Tseng and Chen（2020）

43 Tseng and Chen（2020）

44 Liu（2015: 135-136）

45 Tseng and Chen（2020）

46 嚴‧傅（2006；119）；Teng and Chen（2020: 10）

47 Tseng and Chen（2020）

48 Li（2015）

49 北京民族飯店菜譜編寫組編（1983:〈前言〉）；Tseng and Chen（2020）

50 何‧林‧詹（2011）

51 王（2009）

52 卓（2011）；俞（2011）；陳元朋（2020）

53 何‧林‧詹（2011）；陳玉箴（2020: 273-288）

54 田中（2011）

55 吳（2011）；郭（2014）

56 〈戰時國民宴會 限制綱要〉《申報》1944年5月24日1頁。

57 Akamine（2016）；鯊魚街氣仙沼構想推進協議會（2016）

58 華僑經濟年鑑編輯委員會（1964: 599-600；1967: 761）

59 華僑經濟年鑑編輯委員會（1965:346）

60 華僑經濟年鑑編輯委員會（1987: 516；1988: 557；1989；608, 614）

61 傅（2017: 44-48, 52-54, 92-94, 128-131, 150-152, 168-172）；King, Michelle（2019b）；陳玉箴（2020: 219-226）

62 找不到《培梅食譜》（1969 年版），依據King, Michelle（2019b）。

63 King, Michelle（2019b）

64 潘（2020）

65 Ichijo and Ranta（2016: 112-114）

66 Liu（2015: 146-156）；林（2015）

67 King, Michelle（2019b）

68 Rockower（2011）；Ichijo and Ranta（2016: 112-115）

69 〈不可思議的口感 生於台灣的珍珠奶茶〉（NHK教育，2016年6月13日播出）中梁幼祥的說法。

70 亞洲奈（2004: 166-167）

71 川端（2016: 199-201, 215-220）

72 亞洲奈（2004: 174）

第6章

1 小菅（1998）；石毛（2006）；索爾特（2015）；安藤‧奥村（2017）；Kushner（2018）等。

2 Shurtleff and Aoyagi（1979（1975））等。

3 Du Bois（2008）；杜波瓦（2018）等。

4 Tan（2008）

5 Huang（2008）

6 篠田（1971）；森枝（1998: 101-104）

7 篠田（1971）

8 陳（1991）；杜波瓦（2018: 36-40）

9 Cwiertka and Moriya（2008: 165-166）：杜波瓦（2018: 30-32）

10 Cwiertka and Moriya（2008: 165-166）

11 Ozeki（2008）

12 Shurtleff and Aoyagi（1979（1975）:114）：杜波瓦（2018: 38-40）

13 Lien（2016: 76）

14 Lien（2016: 73）

15 黎（2011: 592）

16 Nguyen（2008）

17 Sidharta（2008b）
18 Sidharta（2008b: 196）
19 Protschky（2008）
20 Maskar, et al.（2018）
21 Protschky（2008）
22 Sidharta（2008b）
23 Maskar, et al.（2018）
24 https://web.archive.org/web/20150408094326/ http://www.heritage.gov.my/index.php/heritage-register/national-heritage-register-list/object/intangible-heritage-object#
25 Fu（2018: 23-26）
26 杜波瓦（2018: 52-58）
27 Fu（2018: 33-36, 39）；Leung（2019）
28 周（2012: 160）
29 Leung（2019）
30 Leung（2019）
31 孫（1989）
32 Wu（1927）
33 Fu（2018: 67, 110, 185）
34 Fu（2018: 103-109, 120-123, 130, 186, 188, 252）；杜波瓦（2018: 76-81）
35 田中（1999: 110-182, 326-377）
36 鵜飼（2010）
37 Hymowitz and Shurtleff（2005）
38 Mintz（2007）
39 田中（1999: 11-21）
40 Mintz（2007）
41 "Woman Off to China as Government Agent to Study Soy Bean: Dr. Kin Will Make Report for United States on the Most Useful Food of Her Native Land," *New York Times*, January 10, 1917, p.65.
42 Du Bois（2008）；杜波瓦（2018: 10-12, 69-70, 84-88, 104-113）
43 Mintz, Tan, and Bois（2008）；取自〈世界的大豆（生產量、消費量、出口量、進口量、價格的變化）〉（NOCS!）依據（https://www.nocs.cc/study/geo/soybean.htm）（USDA）發表資料（"World Markets and Trade"）的整理
44 農林水產省（2011）

第二部

第1章

1 山下（2016: 108, 132）
2 中國研究所編（2018: 298 [玉置充子]）；園田（2019）；華僑華人的事典編集委員會編（2017 106 [馬曉華] 118（小木裕文）, 131[王維]）
3 Tan（2011b）；Bao（2011）
4 Tan（2011a）
5 石毛（2013: 70-71）
6 Esterik（2008: 12, 86）
7 Tan（2011b: 40）
8 田村（2020）
9 Tarulevicz（2013: 15,27）. 有一說認為始於海南島的華人酒保嚴崇文（Ngiam Tong Boon）。
10 斯波（1995: 131, 163-165）；Tarulevicz（2013: 15）；華僑華人的事典編集委員會編（2017: 87 [陳天璽], 95 [王雪萍], 96[倉澤愛子]）
11 斯波（1995:166-169）；持田（2019）
12 潘（1932: 233）
13 野村（1942: 276-277）
14 斯波（1995: 182）；華僑華人的事典編集委員會編（2017: 82-83 [原不二夫], 298-299 [山本博之], 304-305 [持田洋平]）；鈴木（2020）
15 Lee（1998: 32）
16 斯波（1995: 185-187）；華僑華人的事典編輯委員會編（2017: 298-299 [山本

博之]）

17 Handy（1952）；Brien（2019: 163-175）

18 Tarulevicz（2013: 95-96, 117）

19 Miller（1956: 87-119）

20 Miller（1960）

21 *Tourism*（1961: 86-88）

22 Khoo（2015: 104）

23 Bruce（1971: 6-7）

24 Khoo（2015: 103）

25 例如，“Did you know that ‘SATAY’ is NOT a Malay word?” *Sunday Standard*, 20 January 1957, p. 5.

26 Khoo（2015: 103）

27 野村（1942: 275）

28 Khoo（2015: 104）

29 曾（2015）（2018）

30 斯波（1995: 185-187）

31 Wong（2007）；田村（2020）

32 “Singapore Food Carnival 1965”

33 Tarulevicz（2013: 105, 129）

34 Lee（1974）

35 Duruz（2007）

36 Lee（2003）

37 Wong（2007）；Tarulevicz（2013: 93, 102）

38 Tarulevicz（2013: 31-33）；Duruz and Khoo（2015: 10-11）

39 Shu（2011）；Brien（2019: 171）；Tarulevicz（2013: 110）

40 Wong（2007: 115-128）

41 Kong（2015: 207-241）；Tarulevicz（2013: 22）

42 Khoo（2015: 39-40）

43 Tan（2004；2007）；Wong（2007）；石毛（2006: 267）

44 北村（2014: 190-191）

45 唐（1994: 181-223）；斯波（1995: 103-105）；Wong（2007）

46 Hsiao and Lim（2015: 31-55）；Tarulevicz（2013: 100）；Tan（2007: 173, 181；2011b: 33）；Iwasaki（2018）；太田（2018: 197-205）；山下（2016: 111）；石毛（2006: 267-268）

47 Khoo（2015: 151-152）；Tan（2011b: 35）

48 Duruz and Khoo（2015: 154-164）

49 Duruz and Khoo（2015: 163-164）

50 Wong（2007: 115-128）；Duruz and Khoo（2015: 170）

51 Wong（2007: 125）

52 Appadurai（1988: 13）；Tarulevicz（2013: 102-103）

53 Kong（2015）；Duruz and Khoo（2015: 166-167）

54 Tully and Tan（2010: 10-11）

55 依據Leow（2017）。但Khoo（2015:24）記述瑞記在1960年代創業。

56 Tan（2001；2011a: 10）；Hsiao and Lim（2015: 32）；華僑華人的事典編集委員會編（2017: 270-271 [瀨川昌久]）

57 櫻田（2016）

58 Tarulevicz（2013: 13）

59 童（1928: 96-104）

60 潘（1932: 234-236）

61 Tarulevicz（2013: 13, 36-37, 146-147）；櫻田（2016）

62 Duruz and Khoo（2015: 15-17, 25）；櫻田（2016）

63 山下（2000: 43, 49）；Woon, Wan-Ling, and Chia（2000: 13）

64 Wong（2007）

65 Hsiao and Lim（2015: 32）

66 Khoo（2015: 199-200）

67 Tully and Tan（2010: 10-11）；Khoo

（2015: 7）
68 〈新加坡的小販文化——小販中心以飲食文化成為文化遺產〉，《世界雜學筆記》2020年5月10日更新（https://world-note.com/singapore-hawker-culture/）
69 新加坡國家文物局（NHB, National Heritage Board）的官方網站"Hawker Culture in Singapore"（https://www.oursgheritage.gov.sg/hawker-culture-in-singapore/）
70 Tarulevicz（2013: 13, 153-154）
71 Huat and Rajah（2001）
72 Hsiao and Lim（2015: 39-41）
73 Yoshino（2010）；Hussin（2019）
74 Hsiao and Lim（2015）；陳（1994）；華僑華人的事典編集委員會編（2017: 83 [原不二夫]，298 [山本博之]，301 [信田敏宏]）；鈴木（2020）
75 Yoshino（2010）；Hsiao and Lim（2015: 35-36, 38）；Nahar, Karim, Karim, Ghazali, and Krauss（2018）；Hussin（2019）
76 Bray（2019）；Hsiao and Lim（2015: 40-41）
77 Khoo（2015: 87-88）
78 Bray（2019: 25）
79 山下（2016: 111）
80 福島（2005）
81 Hsiao and Lim（2015: 35-36）
82 林（2008）
83 Khoo（2015: 71-72）
84 Tan（2001）
85 Tan（2001）；Hsiao and Lim（2015: 36-40）；山下（2000）
86 https://web.archive.org/web/20150408094326/http://www.heritage.gov.my/index.php/heritage-register/national-heritage-register-list/object/intangible-heritage-object#（2013年11月7日更新）
87 Tan（2010）
88 砂井（2009）
89 Tan（2011b）
90 Tan（2011a: 14）
91 Tarulevicz（2013: 23, 38）
92 同注 86。
93 Tan（2001；2011b）；山下（2000: 32-33；2016: 111）

第2章

1 Chan（2011: 163-164）；古田（2017）
2 Esterik（2008: 5）；Wang（2016: 105-139）；石毛（2006: 255, 300）；斯波（1995: 36）
3 古田（2017）
4 Peters（2012: 18）
5 Vu（2016: 136, 176-178）
6 藤原（1986: 257-273）；Ton（2018）
7 華僑華人的事典編輯委員會編（2017: 322 [土屋敦子]）
8 Peters（2012: 98-100, 109）
9 古田（2017）
10 Peters（2012:101-102）
11 Peters（2012: 104-105, 138-139）
12 Peters（2012: 18-20, 136-138）
13 Vu（2016: 128-132）
14 Peters（2012: 142）
15 Peters（2012: 142-143, 148-149）
16 Peters（2012: 20, 98, 105）
17 Peters（2012: 107, 111, 113）
18 Peters（2012: 21, 98, 150-151）
19 Peters（2012: 163-164）；Vu（2016: 137-142）
20 栗原（2020）
21 Peters（2012: 163-164）；Vu（2016:

137-142）
22 Vu（2016: 139-142）；小川（2012: 404）
23 Vu（2016: 151）
24 Vu（2016: 144, 155）；小川（2012: 404-405）
25 Vu（2016: 157-158）
26 Peters（2012: 99-100）
27 Vu（2016: 125-127）
28 Vu（2016: 126-127）
29 Nguyen（2016: 2, 5）
30 Trịnh（2013）
31 Hà and Ly（2005）；Ngọc and Borton（2006: 11-19）
32 Nguyen（2016:9）
33 Hà and Ly（2005: 17）
34 Trịnh（2013）；Nguyen（2016: 6）
35 Ho（2019）
36 Ngọc and Borton（2006: 45）
37 Ho（2019）
38 Nguyen（2016: 6）
39 "Tùy bút 'Phở' của Nguyễn Tuân," Báo An Giang Online, 28 July 2011,（https://baoangiang.com.vn/tuy-but-pho-cua-nguyen-tuan-a8161.html）。阮遵的生日等依據越南版維基百科阮遵的生日等Nguyễn Tuân，據（https://vi.m.wikipedia.org/wiki/Nguy%E1%BB%85n_Tu%C3%A2n）。
40 荒井（1986）
41 Vu（2016: 128）
42 Châu（2005: 44-48）
43 Trịnh（2013）；Nguyen（2016:9）
44 Trịnh（2013）；Nguyen（2016:9）
45 Ho（2019）
46 Kwong（1990: 53-55）
47 〈未來世紀Chipangu（最終回）——全力採訪！從世界的沸騰現場看到日本的未來SP〉（東京電視台，2019年9月18日播出）
48 芹澤（2005）；山下（2000: 116-117）；華僑華人的事典編集委員會編（2017: 98 [倉沢愛子] 442-443 [芹澤知廣]）
49 Chan（2011:167）
50 華僑華人的事典編輯委員會編（2017: 442-443 [芹澤知廣]）
51 Chan（2011: 166）
52 波多野（2004: 189）
53 Chan（2011: 156-163）
54 銀記的官方網頁（http://www.gz-yinji.com/a/news/）。
55 Lien（2016: 123）
56 Avieli（2005）

第3章

1 山田（2003: 77-85, 139-140）；柿崎（2007: 80）；斯波（1995: 59, 94-97）；華僑華人的事典編輯委員會編（2017: 12 [吉原和男]）
2 Wongcha-um（2010:16）；Pullphothong（2013: 34）；山田（2003: 86, 91-97）
3 斯波（1995: 125, 140-144, 196）；山田（2003:86）；華僑華人的事典編集委員會編（2017: 312 [吉原和男]）
4 Pullphothong（2013: 31-32, 64）；山田（2003: 98, 101）
5 Skinner（1981: 71-79）；斯波（1995: 143）
6 Thompson（2002: 67）
7 Pullphothong（2013: 80-82, 96, 111, 128）
8 Esterik（2008: 11, 15）
9 斯波（1995: 144）；山田（2003: 119）
10 Pullphothong（2013: 146-156）；

Wongcha-um（2010: 55）；山田（2003: 110-111）

11 山田（2003: 113-117, 134）

12 Esterik（2008: 86）

13 玉田（1996）

14 Wongcha-um（2010: 54-55）；Skinner（1981: 106）

15 Skinner（1981: 148）；斯波（1995: 171-173）；山田（2003: 119）；華僑華人的事典編輯委員會編（2017: 313-314 [吉原和男]）

16 Esterik（1992）；斯波（1995: 172-173）；柿崎（1996）

17 玉田（1996）；斯波（1995:173）；柿崎（2020）

18 Simoons（1991: 430）

19 Skinner（1981: 164-173, 183-184）；李（2007）；菊池（2011: 352-354）

20 Skinner（1981: 213, 219, 258, 261）

21 山田（2003: 131）；末廣（1993: 28, 205-214）；柿崎（2007: 201～207）；柿崎（2020）

22 Esterik（1992）

23 山田（2003: 127）；Ichijo and Ranta（2016: 110-112）；Wongyannava（1999: 1-14）

24 山田（2003: 134）

25 Esterik（2008: 88）

26 https://ja.wikipedia.org/wiki/%E3%83%91%E3%83%83%E3%82%BF%E3%82%A4

27 โควิบูลย์ชัย（2013: 84-87）

28 https://thipsamai.com/story-thipsamai/

29 Wongcha-um（2010: 83）

30 Wongcha-um（2010: 82）

31 Wongcha-um（2010: 83）；Wikipedia, "Boat noodles,"（https://en.wikipedia.org/wiki/Boat_noodles）

32 Wongyannava（1999）

33 Thompson（2002: 67, 447）

34 Najpinij（2011: 39）

35 Najpinij（2011: 49）

36 Punyasingh（1992: 2）

37 Esterik（1992）

38 Ichijo and Ranta（2016: 110-112）

39 Ichijo and Ranta（2016: 13）

40 Esterik（1992）

41 Esterik（1992；2008: 86）

42 沒有出版日期的記載，但可以推測應該是「全球泰」計畫之後的事。朱拉隆功大學圖書館藏

43 Najpinij（2011: 49）

44 Esterik（1992）

第4章

1 See（2011）；Pan編（2012: 323-329）；斯波（1995: 72-75）；華僑華人的事典編輯委員會編（2017: 63 [松村智雄]）

2 Fernandez（2002）；See（2011: 126-127, 133-134）

3 清水（2017）

4 高木（2020）

5 See（2011: 12）；Pan編（2012: 323-329）；華僑華人的事典編輯委員會編（2017: 76, 330-331 [菅谷成子]）

6 Mabalon（2013）

7 Mclean（2015: 35, 127）

8 Mclean（2015: 35, 127）；Mabalon（2013）

9 鈴木（1997: 228-237, 259-285）；小川（2012: 411）；Pan編（2012: 323-329）；華僑華人的事典編輯委員會編（2017: 98 [倉沢愛子]）；斯波（1995: 72-75）

10 清水（2017）

11 Fernandez（1994: 227-229）

12 Fernandez（1994: 223, 226）

13 Fernandez（1994: 195, 211, 220-224）

14 Fernandez（1994: 222, 225-226）；See（2011: 127）

15 See（2011: 127-130）

16 Fernandez（1994: 43；2002: 186-187）；See（2011: 125, 133- 134）

17 Fernandez（1994: 30）；See（2011: 130-131）

18 See（2008；2011: 124, 128）

19 Fernando（1978: 2592-2595）；See（2008）

20 See（2011: 132-133）

21 See（2011: 137-139）；Eng Bee Tin的官方網站（https://www.engbeetin.com/aboutus/）。

22 山下（2000: 112）

23 See（2008）

24 Mclean（2015: Chronology, xxv）；快樂蜂的官方網頁（https://www.jollibee.com.ph/）

第5章

1 北村（2014: 51）；斯波（1995: 24, 76）

2 Sidharta（2008a；2011）；中島（2011）；斯波（1995: 76）

3 斯波（1995: 44-48）；Sidharta（2011: 109）

4 北村（2014: 52, 173）；小川（2012: 62-63）

5 Sidharta（2011: 111-112）

6 Tan（2011b: 32）；Tan（2002: 158）；Sidharta（2011: 113-114）

7 斯波（1995: 98-100, 216-217）

8 Sidharta（2011: 109）；斯波（1995: 58, 100, 176）；北村（2014: 54-55）

9 Sidharta（2011: 109-110）；斯波（1995: 80-81, 100, 120-122, 176）；華僑華人的事典編輯委員會編（2017: 77 [菅谷成子]）

10 Tan（2002）；相沢（2020）

11 Sidharta（2011: 112-113）

12 Protschky（2008）

13 北村（2014:55-60）；斯波（1995: 101-102, 122）

14 Sidharta（2008a: 158-159；2011: 117）

15 增田（1971: 9,90）

16 北村（2014: 21-23）

17 相沢（2020）

18 北村（2014: 24-25）；斯波（1995: 176-177）；山下（2000: 179）；華僑華人的事典編輯委員會編（2017: 98 [倉澤愛子]）

19 Sidharta（2011: 117-119）

20 北村（2014: 26）；Sidharta（2011: 110）；華僑華人的事典編輯委員會編（2017: 325 [相澤伸廣]）

21 北村（2014:32,62）；華僑華人的事典編輯委員會編（2017: 97 [倉澤愛子], 325 [相澤伸廣]）

22 Tan（2002: 153）；北村（2014: 28）；華僑華人的事典編輯委員會編（2017: 325-326 [相澤伸廣]）

23 Sidharta（2011: 120-121）

24 北村（2014: 64-65）；華僑華人的事典編輯委員會編（2017: 326 [相澤伸廣]）

25 Kubo（2010）；King, Michelle（2019a）

26 http://www.visitindonesia.jp/enjoy/experience/04.html

27 https://www.indonesia.travel/gb/en/home

28 北村（2014:175）；華僑華人的事典編輯委員會編（2017: 328-329 [北村由美]）

29 Kubo（2010: 121）；北村（2014: 192-193）；Iwasaki（2018: 39-49）

30 Tan（2002: 159）；北村（2014: 192-193）

31 Siwi（2018）

第6章

1 外村（2003: 10-13, 19, 26）；佐佐木（2009: 204）；Cwiertka（2006: 138-155；2012: 33-43）

2 石毛（2013, 30）

3 佐佐木（2009: 180-184, 199-206, 218-219, 261-270；2011）；外村（2003: 36-45）

4 한（2001: 203-205）；守屋（2012）

5 〈侵害料理法作權 方信榮氏가勝訴〉《朝鮮日報》1933年7月23日晚報2頁。

6 한（2001: 203-205）

7 Iwama（2021）

8 Moon（2010）；伊藤（2017）

9 Han（2010a）；Cwiertka（2012: 136-137）

10 Han（2010a）；Cwiertka（2012: 136-137, 148-153）；Kim（2016）

11 Han（2010a）；Kim（2016）

12 Kim（2017）

13 農林水產省官方網站〈日本食文化申請世界無形遺產之檢討會〉第4回合議事 錄（http://www.maff.go.jp/j/study/syoku_vision/kentoukai.html），7～9頁。

14 Ichijo and Ranta（2016: 1-18）

15 Kim（2016）

16 周（2015）；Kim（2016）

17 林（2015a）

18 李（2020）

19 〈炸醬麵裡的仁川華僑史〉《新華網》2014年9月16日（http://sports.people.com.cn/n/2014/0916/c22176-25673479.html）。

20 〈청관（清館）〉店門前的解說牌（2020年1月在仁川本地閱覽）

21 山下・尹（2008）；〈청관（清館）〉店門前的解說牌（2020年1月在仁川本地閱覽）

22 王（2008: 65）；伊東（2004）；周（2019）；이（2017b）

23 이（2017a）；伊東（2004）；林（2019）

24 Kim(2001)；Yang(2005)；林(2005a)；한（2009）

25 이（2012）

26 松崎（2020: 275, 280-281）

27 仁川府廳編（1933: 1469-1471, 1477-1479）

28 依據仁川府廳編（1933: 1479）的說法

29 王（2009）

30 仁川府廳編（1933: 1479）

31 김（2010）；王（2009）

32 依據（仁川）中區生活史展示館的說明板（2020年1月訪問）；「인천 중구, 대불호텔 생활사 전시관 개관」，일간투데이，2018年4月17日,（http://www.dtoday.co.kr/news/articleView.html?idxno=264047）；王（2009）

33 이（2017a: 83-85）

34 이（2012: 68）

35 《朝鮮日報》1924年12月22日晚報2頁，1934年2月23日晚報2頁。

36 松田（2017）；이（2017c）

37 〈中國人料理店에 頻頻한投石 개성읍에서〉《朝鮮日報》1929年9月14日晚報7頁。

38 〈朝中人衝突以後 中國料理大打擊 조선손이도모지안와서 各料理店閉門할地境〉《朝鮮日報》1929年10月22日

晚報 7 頁

39 〈三姓堡日, 中官憲 一時間餘交戰 中國騎馬隊六百名出動 急迫한同胞安危〉《朝鮮日報》1931年7月3日號外

40 이（2017c）

41 林（2020）

42 이（2017c）

43 《朝鮮日報》1933年11月7日日報附錄4頁。

44 《朝鮮日報》紙本，可以從1935年5月22日（晚報4頁）到1940年8月10日（日報2頁）查證後續。

45 《朝鮮日報》1937年11月12日～27日の晚報 3、4頁

46 이（2017c: 85）

47 《朝鮮日報》1934年5月9日日報附錄1頁。

48 《朝鮮日報》1934年5月19～26日日報附錄1頁。

49 李（1999: 30, 396-397）

50 주（2013: 281）

51 《東亞日報》1923年10月28日日報3面最下段。

52 주（2013: 280-289）

53 〈沙里院가랑거리興國唐麵社〉《朝鮮日報》1938年8月2日晚報4頁

54 方（1921 24-25）。感謝借閱原本的周永河（주영하）教授。

55 〈부인의알아둘　봄철료리법一〉《東亞日報》1930年3月6日日報5頁

56 주（2013: 285-289）

57 塩崎（2021: 2111-2214）

58 陳（2009）；塩崎（2021: 1777-2232）

59 伊東（2004）；주（2008）；林（2011: 47-67）；朝倉・林・守屋（2015: 88-89）；華僑華人的事典編輯委員會編（2017: 441頁 [林史樹]）

60 Cwiertka（2012: 33-43）

61 Cwiertka（2012: 91-113）

62 周（2019）；華僑華人的事典編輯委員會編（2017: 256-257 [李正熙]）

63 박（1994）；伊東（2004）

64 華僑經濟年鑑編輯委員會編（1982: 275；1987: 316）

65 林（2020）

66 華僑經濟年鑑編輯委員會編（1962: 420-421；1966: 347；1967: 374）

67 華僑經濟年鑑編輯委員會編（1987: 316）

68 伊東（2004）；林（2019）；이（2017b）

69 華僑經濟年鑑編輯委員會編（1987: 316）

70 華僑經濟年鑑編輯委員會編（1961: 448；1963: 384 ）

71 伊東（2004）；周（2019）；박（1994）

72 Kim（2001）；林（2005a）

73 박（1994）

74 Kim（2001；2011）

75 華僑經濟年鑑編輯委員會編（1982: 275；1987: 316）

76 Yang（2005）

77 Kim（2009）；Kim（2011）

78 Cheung（2002）；박（1994）；Kim（2001）

79 Kim（2009）；Kim（2001；2011）；伊東（2004）

80 Kim（2001）；Yang（2005）；伊東（2004）；林（2005a）

81 한（2009）；「자장면 원조, 차이나타운 공와춘 "우리 모두 봄날에　꽃펀듯이　잘　살아보자"〉（炸醬麵的始祖，唐人街共和春"我們大家都像春暖花開一般好好活著吧"）《미추홀신문》（彌鄒忽新聞）2008年4月7日 17頁；「짜장면박물관 특별전 청관（清館），그 기억을 거닐다（炸醬麵博物館特別

展清館，其散步回憶）, Culture & History Traveling, Since 2008, Korea & World by younghwan, published online,（http://www.dapsa.kr/blog/?p=10899）。感謝提供本資料的湯川真樹江女士。

82 山下（2016: 130）；華僑華人的事典編輯委員會編（2017: 256-257 [李正熙]）

83 이（2017a: 67）；김（2010: 292）；林（2005a）

84 前揭〈炸醬麵裡的仁川華僑史〉《新華網》; 이（2017b）

85 周（2019）

86 周（2019）

87 周（2019）; 林（2005a）; Kim（2009）

88 林（2005b）; 周（2019）; Kim（2001）

第7章

1 例如〈印度料理與中華的融合!?在日本極罕見的「印度中華」炒麵5選〉, 請參照「mecicolle」網站2016年7月,（https://mecicolle.gnavi.co.jp/report/detail/8916/）。

2 Mukherjee and Gooptu（2009）

3 Sircar（1990: 64-66）；華僑華人的事典編輯委員會編（2017: 426 [三浦明子]）

4 Sankar（2017）；華僑志編纂委員會編（1962: 48-49）

5 華僑志編纂委員會編（1962: 48-49）

6 張秀明（2008）

7 白石（1939: 26-27）

8 華僑志編纂委員會編（1962: 48-49）

9 " A Floating Gourmet's Paradise," *The Straits Times*（Singapore）, 17 February 1951, p. 7.

10 張秀明（2008）

11 Mukherjee and Gooptu（2009）

12 華僑經濟年鑑編輯委員會編（1961: 485）

13 Banerjee, Gupta, and Mukherjee（2009: 1-20）

14 Rafeeq Ellias, *The Legend of Fat Mama*, 2005.（https://www.youtube.com/watch?v=pQ2QJSHWOqQ）; Mukherjee and Gooptu（2009）

15 華僑華人的事典編輯委員會編（2017: 426 [三浦明子]）

16 Sankar（2017）

17 Sankar（2017）；石毛（2006: 299）

第三部

第1章

1 King, Samuel（2019: 165-166）

2 King, Samuel（2019: 165）

3 Liu（2015: 33-35）

4 斯波（1995: 123-126）; 蘭（2013）(5) Liu（2015: 1-3）

6 鴻山（1983: 138）

7 Roberts（2002: 135）；斯波（1995: 125, 145-146）

8 華僑經濟年鑑編輯委員會編（1979: 298）; Liu（2015: 1）

9 Roberts（2002: 135-136）; Liu（2015: 42-43）; Peters（2015）

10 鄭（2013:6）；陳（2015: 23）

11 Chen（2014: 80-81）

12 越川（1982）；華僑華人的事典編輯委員會編（2017: 360 [貴堂嘉之]）

13 Liu（2015: 45）

14 園田（2009: 165-199）

15 Pfaelzer（2007）; Chen（2014: 94-95）

16 Mendelson（2016: 77）; Roberts（2002: 137）；越川（1982）；貴堂（2018:

101 102）；華僑華人的事典編輯委員會編（2017: 360-361 [貴堂嘉之]）
17 園田（2019）
18 許（1990a；1990b）
19 Liu（2015: 43-47）
20 Peters（2015）；Chen（2014: 71, 96）；Roberts（2002: 137-138）
21 Liu（2016: 40）；Chen（2014: 121-122）
22 King, Samuel（2020）；華僑華人的事典編輯委員會編（2017: 374-375 [大井由紀]）
23 "ROYAL RECEPTION IN THE BAY.: Hundreds of Vessels Whistle Welcomes to the Chinese Statesman," *New York Times*, August 29, 1896, p.1.
24 Coe（2009: 161-165）；Chen（2014: 144）
25 Liu（2015: 49-50）；中町（2009）
26 Coe（2009: 207）
27 中町（2009）
28 Liu（2015: 53）；Chen（2014: 142）
29 Filippini（1890: 414-417）
30 Chen（2014: 142）；Coe（2009: 161-165）
31 "Li on American Hatred," *New York Times*, September 3, 1896, p. 10.
32 李（2004:1303-1304）所收之〈李鴻章笑史〉。
33 園田（2009: 173, 181）
34 Liu（2015: 52, 70）
35 李（2004: 1303-1304）所收之〈李鴻章笑史〉。
36 Liu（2015: 53-54, 58）
37 "Heard About Town," *New York Times*, 29 January 1900, p.7；Liu（2015: 55）
38 梁（1967: 288）
39 Chen（2014: 145）
40 Freedman（2016: 222-223）
41 吉澤（2003:47-86）；園田（2006）
42 廣部（2020: 70-74）
43 松本（2013）；Mendelson（2016: 85）；廣部（2020:56-64）
44 嵯峨（2020:169）；廣部（2020:62）
45 園田（2019）
46 這裡依據嵯峨（2020:12）的定義。
47 廣部（2020:46）
48 安井（1989）
49 嵯峨（2020: 134-140）
50 Snow（1959: 28）；Roberts（2002: 147）；Amenda（2009）；Liu（2015: 40）
51 Liu（2015: 36-37）
52 孫文（1989）
53 Chen（2014: 94, 99, 105-107）
54 Amenda（2009: 61）；華僑華人的事典編輯委員會編（2017: 360[貴堂嘉之]）
55 Reinitz（1925）
56 Chen（2014: 8, 11, 120）；Liu（2015: 62）
57 Barbas（2003）
58 Barbas（2003）
59 "Chinatown, My Chinatown!" *Business Week*, March 12, 1938, p.28；Lee（2001: 251）
60 Light（1974）；Roberts（2001）；Coe（2009: 207-208）
61 Lee（2001: 264-269）；Liu（2015: 63）
62 Lee（2001: 237, .245, 269-270, 274-275, 277, 282）
63 Forbidden City Menu, ca.（1943）
64 Coe（2009: 189-190）；Lee（2001: 273）；Liu（2015: 63）
65 Chen（2014: 120）

66 Fei（1989）

67 Liu（2015: 58-60）

68 Genthe with Irwin（1908）；Mayer（2011）

69 Liu（2015: 58-60）

70 Liu（2015: 58-60）

71 Lafontaine（2018）；Coe（2009: 189-190, 195）

72 "Sukiyaki Joins Rank of Chop Suey Dishes, " *The China Press*,（Shanghai）January 22, 1927, p. 2.

73 Sullivan（2019: 187-189）

74 "Nippon in New York," *New York Times*, July 6, 1919, p.34.

75 Chen（2014: 107-111）

76 Wang（2020）

77 Liu（2015: 65-66）

78 Liu（2015: 73）；Chen（2014: 80-81, 111）

79 Chen（2014: 112）

80 Coe（2009: 204）

81 Chen（2014: 112-113）

82 Liu（2015: 76-78）

83 Chen（2014: 117-119）；Liu（2015: 77, 82）

84 Levin（2020）

85 Liu（2015: 84）

86 Mclean（2015: Chronology, xxii）；Liu（2015: 79-82）；Chen（2014: xi, 113）

87 廣部（2020:45,70）

88 Glenn（2019: 121, 147, 158）

89 中町（2009）

90 Glenn（2019:101）

91 中町（2009）

92 成澤（1918: 81）

93 Matsumoto（2013）

94 King, Samuel（2020）

95 "Zensaku Azuma Finishes America to Japan Flight," *The China Press*, September. 1, 1930., p. 1；"Chop Suey Flyer Now 'Alger hero'," *The China Press*, October. 5, 1930, p. 15； 鈴木（1982: 127-152, 206）

96 中町（2009）

97 中町（2009）

98 Glenn（2019: 154-155）

99 Lee（2009: 38-39, 145-147）

100 梅屋的官方網站（https://www.umeya.co/）；Little Tokyo Service Center（2019）；Lee（2009: 144）

101 廣部（2000: 125-126）

102 Lui（2011）

103 廣部（2020:141-142）

104 華僑華人的事典編輯委員會編（2017: 379 [馬曉華]）

105 園田（2019: 205-231）

106 Lee（2009: 264-265）. 不過根據Glenn（2020:155）的說法，第二次世界大戰之前勉強堂等處，也有製造夾帶英語金句的點心

107 Lee（2009: 264-265）

108 張濤（2011）

109 Glenn（2019: 155）

110 Lee（2009: 41）

111 Lee（2009: 43-44, 143）

112 Lui（2011）；Hsu（2008）；Lee（2001: 239, 263）

113 華僑經濟年鑑編輯委員會編（1970: 365）；Roberts（2002: 152）；Coe（2009: 210）；Lui（2011: 84-85）

114 "Hong Kong Impressions," *Weekly Sun*（Singapore）5 October 1912, p.3.

115 Liu（2015: 66-68）

116 Liu（2015: 49, 63）

117 United States Navy（1944: 11, 89, 134）

118 White House Lucheon and Dinner Menu

(1952)

119 “Eisenhowers Keep Yen For Chop Suey,” *New York Times*, August. 2, 1953, p.44；Liu（2015: 49, 63）

120 Liu（2015: 63-65）

121 Remarks of the President at the Italian-American Foundation Bicentennial Tribute Dinner [Ford Speech or Statement]（1976）

122 Barbas（2003）；Ku（2013）；Liu（2015: 63-65）

123 Nolton（1911）

124 Bosse and Watanna（1914）

125 大塚（1987: 171-172）

126 Morris（1945；1959）

127 Mclean（2015: 94, 125）

128 Roberts（2002: 187-197）；Coe（2009: 171）

129 Chao（1949: 43-44）

130 Freedman（2016: 219）；Liu（2016: 56）

131 Yep Yung Hee, *Chinese Recipes for Home Cooking*, Sydney: Horwitz, 1953. 無法取得，依據Roberts（2002: 193）。

132 Roberts（2002: 193-195）；Chen（2014: 162-165, 237）

133 Buck（1972: 123, 135）

134 Roberts（2002: 197）；Chen（2014: 164）；Mclean（2015: 132）

135 Chen（2014: 3-4, 21-24, 29, 152）

136 Sullivan（2019: 181）

137 Liu（2016: 213-215）

138 Liu（2016: 213-214）

139 Roberts（2002: 163-164）

140 Mendelson（2016: 172）

141 華僑華人的事典編輯委員會編（2017: 361 [貴堂嘉堂]）

142 Liu（2015: 90, 110-111）；鴻山（1983: 134, 141-142）

143 Coe（2009: 217, 223）

144 華僑經濟年鑑編輯委員會編（1974: 312）

145 Liu（2016: 97-98, 103-104）

146 Liu（2016: 64-65, 79）

147 Roberts（2002: 116-118, 166）；Coe（2009: 240）；Liu（2015: 103）

148 華僑經濟年鑑編輯委員會編（1974: 312）

149 Liu（2015: 103）

150 Hsu（2008）

151 Freedman（2016: 242-243）；Liu（2016: 87）

152 Kwong（1990: 41-53）

153 華僑經濟年鑑編輯委員會編（1973: 351；1978: 343）

154 Liu（2015: 90, 98, 104-105, 111）

155 山下（2000: 172）

156 Liu（2015: 107, 112-124）；Mendelson（2016: 251）；華僑經濟年鑑編輯委員會編（1978: 343）

157 Mendelson（2016: 251）

158 Liu（2015: 132-133）；Liu（2016: 58, 154, 213-214）

159 Hsu（2008: 173-177, 180-182）

160 Chiang with Weiss（2007）

161 Freedman（2016: 229-246）；Hsu（2008: 184-189）

162 Chiang with Weiss（2007: 50-51, 131-136, 149-157, 169-178, 189-201）

163 Chiang with Weiss（2007: 202-203）；Freedman（2016: 232- 234）

164 Chiang with Weiss（2007: 1, 12-14, 21-25, 213）；Freedman（2016: 235-242）；Hsu（2008: 184-187）

165 Chiang with Weiss（2007: 244-245）

166 Hsu（2008: 184-189）

167 Freedman（2016: 245-246）

168 Freedman（2016: 245-246）；Liu（2015: 128-135）；Chen（2020）

169 依 據Wikipedia "Andrew Cherng"（https://en.wikipedia.org/wiki/ Andrew_Cherng）

170 Liu（2015: 135-136）

171 Lee（2009: 9）. 推算現在全美中國餐廳數量，約3～4萬家左右。（Chen [2014: 10]）。

172 Liu（2016: 123-124, 158）；Ku（2014: 53）

173 華僑經濟年鑑編輯委員會編（1996: 480）

174 Liu（2015: 135-136）；Liu（2016: 125, 130, 133）

175 Liu（2015: 136-141；2020）

176 又吉（2019）

177 Bao（2011）

178 Wu（2011）

179 華僑經濟年鑑編輯委員會（1997: 460-461）

180 華僑華人的事典編輯委員會編（2017: 373 [河上幸子]）

181 Roberts（2002: 139-140）

182 Roberts（2002: 152-155）；華僑華人的事典編輯委員會編（2017: 352 [森川真規雄]；378～379 [馬曉華]）

183 華僑華人的事典編輯委員會編（2017:378 ～ 379 [馬曉華]）

184 森川（2002；2005）；華僑華人的事典編輯委員會編（2017: 352 [森川眞規雄]）

第2章

1 Wang（2016: 210-226）

2 Choo（1968: 5）

3 Chan（2016）

4 Jones（1979）；山本（2005）

5 華僑華人的事典編輯委員會編（2017: 404 [篠崎香織]）；斯波（1995: 124）

6 "London Dining Rooms, 1851," *Punch*, January 1, 1851； 東田（2015: 165-170, 178）

7 Roberts（2002: 140-144）

8 A' Beckett（1884）

9 Dudgeon（1884: 260, 311-325）

10 Mayer（2011:16）

11 Seed（2006）；Choo（1968: 10, 15）

12 山本（2005）；Choo（1968: 49-51）

13 Chan（2016）；Amenda（2009）

14 Robert（2002: 155）；Seed（2006: 72-75）

15 Seed（2006: 69-71）

16 Mayer（2011: 17-19）；Seed（2006: 78）

17 Seed（2006: 58, 76）

18 Sales, D'Angelo, Liang and Montagna（2009）

19 Parker（1995: 57-58）； 山 本（2002: 40）

20 Sabban（2009b）；Seed（2006: 74）

21 Seed（2006: 74-76）；Choo（1968: 6-10）；Chan（2016）

22 老舍（1931: 18）

23 Amenda（2009）

24 "Collection of Chinese Cookery Recipes"

25 Collins（2013: 228）；Choo（1968: 7）；Chan（2016）；華僑華人的事典編輯委員會編（2017405 [篠崎香織]）

26 工藤（1943: 176-182）

27 華僑經濟年鑑編輯委員會編（1993: 694）；Amenda（2009）

28 樋口（1922, 339-341）；近藤（1928: 502）；和田（2009: 34-36 [和田博文]）；

Itoh（2001: 67）

29 《日英新誌》124號, 1926年4月, 28頁；128號, 1926年9月, 10頁；131 號, 1926年12月, 25頁；214號, 1934年2月, 7頁等。

30 外務省通商局（2007: 269, 275, 277, 292, 295, 334）

31 伴野（1940: 41）

32 野上（2001: 146）

33 伴野（1940: 184）

34 伴野（1940: 209-210）

35 牧野（1943: 211-216）

36 松浦（2010: 742-745）

37 牧野（1943: 223-225）；和田（2009: 492 [西村將洋]）

38 廣部（2000: 109-110）

39 松浦（2010: 742-745）；井上（2016: 217-218）

40 工藤（1943: 176-182, 217）

41 和田（2009: 494 [西村將洋]）

42 Roberts（2002: 171）；Amenda（2009）

43 Parker（1995: 66-67）；Choo（1968: 28-29, 92）；Chan（2016: 174）；山本（2002: 43）

44 Lo（1993: 128, 139）

45 Watson（1995: 131）

46 Chan（2016）

47 Choo（1968: 173-175）；山本（2002: 40）；華僑華人的事典編輯委員會編（2017: 406 [篠崎香織]）

48 Watson（1995:116-118, 130-132）

49 Watson（1995: 119-122）；Chan（2016）

50 Roberts（2002: 181）；Amenda（2009）

51 Choo（1968: 29-31, 45-46）；Amenda（2009）

52 Choo（1968: 56-60）

53 Amenda（2009: 176）

54 山本（2002: 46）

55 Amenda（2009）；Roberts（2002: 174）；華僑華人的事典編輯委員會編（2017: 407 [篠崎香織]）

56 Sales, D'Angelo, Liang and Montagna（2009: 50）；Chan（2016: 184）

57 Lo（1993）；"Obituaries," *New York Times*, August 14, 1995.

58 Lo（1993: 179-182）

59 Lo（1993: 183, 190-191, 198）；'Obituaries," *New York Times*, August 14, 1995, B6.

60 Lo（1993: 173-175）

61 Wu（2011: 86-87）

62 Choo（1968: 47-49, 71-74）

63 Benton（2005）

64 Sales, D'Angelo, Liang and Montagna（2009: 51-52）；華僑華人的事典編輯委員會編（2017: 456-457 [王維]）

65 Sales, D'Angelo, Liang and Montagna（2009: 49）；Mayer（2011: 16）；Sales, Hatziprokopiou, D'Angelo, and Lin（2011: 204）

66 Mayer（2011: 15）；華僑華人的事典編輯委員會編（2017:456-457 [王維]）

67 Chan（2016: 176, 185）

68 Sales, D'Angelo, Liang and Montagna（2009: 50, 57）；Sales, Hatziprokopiou, D'Angelo, and Lin（2011: 209-210, 213）

第3章

1 獅子（1937: 83-85）

2 Sabban（2005）；Sabban（2009b）；Roberts（2002: 185-186）

3 Sabban（2005）；Sabban（2009b）

4 華僑經濟年鑑編輯委員會編（1966: 532；1967: 578-579；1993: 711）

5 Sabban（2005）；Sabban（2009b）

6 華僑經濟年鑑編輯委員會編（1978: 458；1981: 449；1982: 452；1993: 710）

7 華僑華人的事典編輯委員會編（2017: 123 [山下清海]，268-269 [宍戶佳織]，392-393 [鄭樂靜・寺尾智史]）

8 華僑經濟年鑑編輯委員會編（1991: 682；1993: 711；1996: 628）

9 Sabban（2005）；Sabban（2009b）

10 Sabban（2005）；Sabban（2009b）

11 華僑經濟年鑑編輯委員會編（1993: 738）

12 Mayer（2011:8）

13 華僑華人的事典編輯委員會編（2017: 78-79 [飯倉章]）

14 Amenda（2009）

15 華僑經濟年鑑編輯委員會編（1966:533；1967: 580）

16 Amenda（2009）

17 華僑經濟年鑑編輯委員會編（1975: 418；1996: 665）

18 〈讓人人吃得眉開眼笑 談上海幾個粵菜名廚師的做菜法門〉《新民晚報》1956年4月28日4版。

19 華僑經濟年鑑編輯委員會編（1992: 785）

20 江（1922）；周（2019: 310）

21 〈海外之粵菜館〉《健康生活》17（2），1939年7月16日，41頁；周（2019: 312-313）

22 華僑華人的事典編輯委員會編（2017: 409 [北村由美]）

23 Otterloo（2002）；Roberts（2002: 174, 187）；華僑經濟年鑑編輯委員會編（1989: 606-607）；Amenda（2009）

24 華僑經濟年鑑編輯委員會編（1967: 580；1989: 607）

25 華僑華人的事典編輯委員會編（2017: 418-419 [神長英輔]）

26 Caldwell（2015: 134-136）

27 Caldwell（2015: 137-139）

28 Caldwell（2015: 143-144）

29 Caldwell（2015: 129-130, 143）

30 Caldwell（2015: 139-142）

31 Yotova（2012: 13-15, 31-35, 87, 150-151, 193-201, 207-212, 269-277）

32 Jung（2015: 150-153）

33 Jung（2015: 154, 156-159, 161-163）

34 華僑經濟年鑑編輯委員會編（1978: 458）

35 華僑華人的事典編輯委員會編（2017: 416-417 [田嶋淳子]）

36 華僑經濟年鑑編輯委員會編（1987: 519；1988: 559；1992: 803）

37 華僑華人的事典編輯委員會編（2017: 416-417 [田嶋淳子]）

38 華僑經濟年鑑編輯委員會編（1966: 534；1975: 419；1997: 684）

39 斯波（1995: 152-153）；山下（2000: 122-123）；華僑華人的事典編輯委員會編（2017: 420-421 [增田あゆみ]）

40 斯波（1995: 152-153, 170）；華僑華人的事典編輯委員會編（2017: 420-421 [增田あゆみ]）

41 Dunstan（1976: 28, 30）

42 Duruz（2007）

43 Duruz（2011）

44 Duruz（2007）

45 Duruz（2007）；華僑華人的事典編輯委員會編（2017: 184-185, 420-421 [增田あゆみ]）

46 Tam（2002）

47 山脇（1996；1999；2005）；柳田（2005: 2017: 11-12, 44）

48 山脇（1996；1999；2005）；柳田（2005）

49 Lausent-Herrera（2011）

50 Palma and Ragas（2020）；Madame Tusan的官方網頁（http://madamtusan.pe/）

51 本項記述參照柳田（2005；2017: 41, 43, 45, 54-55）。

52 伊藤・吳屋編（1974: 41）

53 柳田（2017: 12-13, 71-73, 84-85, 88-103）

54 山下（2007）

55 華僑經濟年鑑編輯委員會編（1978: 409）

56 山下（2007）

第四部

第1章

1 田中（1987）

2 陳（2019）等。

3 岩間編（2019）；東四柳（2019: 77-157）等。

4 岩間（2019c）

5 越中（1995: 75-78）

6 後藤（1922: 3；1930: 135）

7 竹貫（2017）

8 東四柳（2019: 83-87, 92-99）

9 田中（1987: 239）

10 關於陽其二的部分，丸山編（1995: 7）。

11 後藤（1922: 3）

12 留井（1957）；〈澀澤秀雄對談 話鋒交杯 Ryphan工業社長 笹沼源之助〉《實業之日本》60（23）（通1424），1957年12月1日，74～80頁

13 谷崎（1957: 118）

14 大橋編（1895: 250-256）

15 東四柳（2019: 112-118）

16 東四柳・江原（2006）

17 田中（1987）

18 谷崎（1957: 119）

19 後藤（1922: 2-6）

20 松崎（1932:45-48）

21 谷崎（1957: 119-120）

22 前揭〈澀澤秀雄對談 話鋒交杯 Ryphan工業社長 笹沼源之助〉《實業之日本》

23 Cwiertka・安原（2016: 24, 38-46）

24 《朝日新聞》（大阪）1884年11月29日3頁。

25 〈醫學士森林太郎君演說 非日本食論將失其根據〉《讀賣新聞》1888年12月25日4頁。

26 曾（2011: 213-231）

27 外村（2003; 26）

28 林（2005a）

29 岩間（2013）

30 大丸（1988）

31 池田（2002: 1-14, 37）

32 青山（1931）

33 劉（2020: 71-79, 167-296）

34 後藤朝太郎所撰關於近代日本人收集硯台・玩具・雜貨的中國民具收藏，芹澤・志賀（2008）。

35 See（1924）；一記者（1924）

36 細川（2012）

37 東四柳・江原（2006）

38 後藤（1929: 7, 136）

39 木下（1925: 132）

40 石角（1933: 268-279）

41 藤森・初田・藤岡編（1991: 93）

42 白木編（1933: 187, 296）

43 後藤（1922: 2）

44 株式會社阪急百貨店社史編輯委員會編（1976: 117）

45 後藤（1922: 7；1929: 6）

46 白木（1933: 3-4）

47 後藤（1929: 39）

48 林（2004: 111）
49 本誌記者（1934）
50 文藝春秋企畫出版部編（2002: 18-47, 199-205）。又及，塩崎（2021: 5618-5634）發掘出珍貴的史料，顯示早在1890年代前，雜碎就已傳入橫濱南京町，但美式雜碎後來並未扎根
51 姜（2012: 44, 102-103）；岩間（2019d）
52 〈談新興蔬菜 豆芽菜的座談會〉《糧友》13（5），1938年5月，40～47頁
53 關東軍經理部（1927）
54 秋山（2005: 113-115）
55 鍾詩（1922）
56 田中（1987: 207）
57 例如小菅（1998: 262-263）
58 〈長命百歲，返老還童〉《食道樂》3（10），1929年10月，58～77 頁攝影合集（58頁）。細節可參照尽波（n.d.）的〈夏之夜，在鎌倉由比濱品嚐的燻松葉〉、〈用正陽樓道地的火鍋熱煮的濱町濱之家〉
59 "Weekly Essays in April, 1732," *The Gentleman's Magazine: or, Monthly Intelligencer*, II（16）, April 1732, p. 701.
60 Howell（1891）
61 "Hingham Indian Maidens Revive Ancient Arts: Lazy Susan, Dumb Waitress," *Boston Journal*, November 8, 1903, Third Section, p. 3.
62 President Harding Dining with the "Vagabonds" during a Camping Trip（1921）
63 Bettijane（2010）
64 Wu（1915）；伍（1915）。本史料的存在從 Lei（2010）得知
65 岩間（2016）
66 例如，〈Chico會罵你！中國菜的轉盤圓桌〉（NHK，2020年4月24日播出）等
67 黃（1968: 212-213）
68 徐（1920: 7-8）
69 唐（1935）；周（2012: 140-142）
70 狼吞虎嚥客編（1930: 22-23）
71 劉岸偉（2011: 67-71）
72 周（1935）；胡・王（2012）
73 張（2006）
74 包（2018: 29）
75 周（1935）；胡・王（2012）
76 周（1935）
77 劉岸偉（2011: 270-276, 305-310, 420-424）；木山（2004: 158, 289, 293）
78 秋山（2005: 115-117）
79 西谷（2001: 54）
80 安藤・奥村（2017: 125）
81 木村（2005: 33-44）
82 木村（2005: 8-14）
83 味之素沿革史編纂會編（1951: 201-204,445, 497）
84 味之素沿革史編纂會編（1951: 440-441,504-514）；Jung（2005）；Sand（2015: 59-106）
85 陳（1998）
86 味之素沿革史編纂會編（1951: 480）
87 Gerth（2003）；李（2019）等。
88 秋山（2005: 113-116）
89 木村（1995e）
90 李錦記的官方網站日語版〈李錦記的100年史〉（https://jp.lkk.com/ja-jp/about-lkk/overview）；華語（簡體）版「企業里程碑」（https://china.lkk.com.cn/enterprise/zh-CN/About/MileStones/）

第2章

1 小菅（1998）；石毛（2006）；Solt

(2015);安藤・奧村(2017);Kushner(2018)等。另外關於日式炒麵，也在近刊中(塩崎: 2021)得到證實，日本的醬汁炒麵源於廣東菜的「炒麵」，也提出美國的炒麵傳入長崎，成為炒烏龍麵的獨特假設

2 小菅(1998: 14-32)

3 安藤・奧村(2017: 186-191)

4 Kushner(2018: 108-113)。因此，拙編著(2019c)中所寫「將拉麵和餃子傳給水戶光圀的明代儒者朱舜水」(12頁29行)有誤，應訂正為「將餃子傳給水戶光圀的明代儒者朱舜水」，在此致歉

5 Solt(2015: 28-29);Kushner(2018: 145)

6 Solt(2015: 29-40)

7 佐藤(1974);川島(1995)

8 奧野(1961)

9 吉田(1928: 368-370);安藤・奧村(2017: 198, 229-231)

10 安藤・奧村(2017: 160-166, 172)

11 安藤・奧村(2017: 264-267)

12 小菅(1998: 66-74);大久・杉野(2004: 26-29)

13 佐藤(1974);川島(1995)

14 宮尾(1961);岡田(2002:128)

15 安藤・奧村(2017: 206-208)

16 安東(1929: 253);岡田(2002: 120-121)

17 〈揚子江菜館〉《東京人》302，2011年11月，96～97頁

18 安藤・奧村(2017: 236-237)

19 Han(2010a;2010b)

20 安藤・奧村(2017: 215, 238)

21 岩間(2019c: 14-15)

22 沖繩縣的官方網站(https://www.pref.okinawa.jp/site/bunka-sports/bunka/documents/itiran.pdf)

23 安藤・奧村(2017: 211-214)

24 沖繩麵發展繼承之會(2020)

25 沖繩縣立公文書館(n.d.)

26 橫須賀市的官方網站〈學校營養午餐食譜(手機網站)〉(https://www.city.yokosuka.kanagawa.jp/8335/mobile/s_lunch/recipe/ index.html)(2017年3月的部分都已刊載完畢)

27 Solt(2015:46-48)

28 小菅(1998: 184)

29 Solt(2015: 124,132)

30 Solt(2015: 168, 190-192)

31 世界速食麵協會的官方網站(https://instantnoodles.org/jp/noodles/market.html)

32 保利(2009)

33 崎陽軒的官網(https://kiyoken.com/)

34 白木編(1933: 4-5)

35 木村(1995d)

36 草野(2013)

37 〈甜包子〉《東京人》302，2011年11月，98頁

38 草野(2013)

39 殷(2015: 103-106)

40 袁(2018: 114-115)

41 早川(2018: 85-104)

42 收錄於岩間(2019d: 126)。

43 早川(2018: 141-158)

44 田(2009: 101-104)

45 《家庭烹飪 第3 中國料理》講談社，1961年，166頁;早川(2018: 97-100)

46 岩間(2019c: 10-14, 17)

47 木村(1995b)

48 盛(1978: 25-26);〈口述連載 第130回 錢來錢往 盛毓度〉《週刊文春》30(10)(通1478)，1988年3月10日，72～76頁。

49 盛（1978: 53-56）；關（2019）
50 木村（1995b）
51 村山（1975）
52 陳（1988）；木村（1995c）
53 大日本印刷株式會社 CDC 事業部編（1993: 9-68）；木村（1995a; 1995e）
54 重慶飯店的官方網站（https://www.jukeihanten.com/story/）
55 〈口述連載　第 54 回　錢來錢往　林康弘〉《週刊文春》28（34）（1402），1986年9月4日，112～116頁；〈專訪林康弘氏 聘珍樓社長〉《日經餐廳》246，1998年3月18日，38～41頁；〈我的履歷書409 林康弘〉《週刊文春》45（6）（2214），2003年2月13日，70-73頁
56 林（2010: 122, 184-189）
57 奧村（2016: 67-105）
58 渡邊（1985: 146-152）
59 岩間（2019d）
60 〈PALAIS DE Z —— 美味的未來 Episode 14 川田智也（茶禪華）〉（BS富士，2019年4月20日播出）；〈專業工作的作風 衝擊，為一道菜　中國料理人・川田智也〉（NHK，2020年12月1日播出）
61 奧村（2016: 563-567）
62 山田（2016）
63 山田（2016）
64 山田（2016）
65 〈明天是大年夜“洋式年菜”匯聚人氣〉《讀賣新聞》1958年12月30日日報7頁。
66 〈“中華風年菜”登場〉《讀賣新聞》1965年12月15日晚報9頁。
67 文藝春秋企畫出版部編（2002: 107）
68 〈中華口味的年菜　都內名店的拿手菜〉《日經流通新聞》1998年12月24日12頁。
69 〈想吃的有名年菜——吉兆，豪華餐5萬圓起跳〉《日經plus one》2001年12月22日1頁。
70 〈多變的新年菜單 重箱組合超人氣 中華風銷路飆升〉《讀賣新聞》1981年12月24日日報12頁。
71 大榮的廣告（《讀賣新聞》1984年12月12日晚報 15 頁）
72 飛山（1997: 101-109）
73 〈鯛魚—韓國、海膽—阿根廷，再加上日中友好，有好廚藝外國產也能煮出家鄉味〉《讀賣新聞》1972年12月29日日報20頁
74 崎陽軒的官方網站（https://kiyoken.com/history/）
75 〈“中華風年菜料理”完成 開始接受預約〉《ETERNAL終章 亞斯特速報版》3，1967年12月5日1頁

終章

1 岩間（2019d）
2 孫（1989: 355-357）
3 岩間（2016: 299）
4 岩間（2019b）

後記

1 風戶真理氏的課程〈蒙古的現代肉食〉，依據極東證券贊助講座〈東亞的傳統與挑戰〉從料理思考亞洲（慶應義塾大學文學部，2021年5月7日）的指教
2 尾崎（2020）
3 熊谷（2011: 61-66）
4 Ying（2011）

寫作的內人千春，以及熱心求學，賜予我豐富人生的母親富美江，表示感激之意。

能將探究這些世界歷史的快樂，與許多人共享的這段時間可以說是無可取代的幸福時光。也感謝即使本書多有艱澀之處依舊讀到最後的諸位讀者。如果能夠透過這本中國菜的歷史故事，讓各位對遙遠異國的文化感到一絲親近，進而熱切地討論起中國和中國系料理的話題，將是筆者的無限快慰。

二〇二一年五月